文化ファッション大系
服飾造形講座 ❽

子供服

文化服装学院編

序

　文化服装学院は今まで『文化服装講座』、それを新しくした『文化ファッション講座』をテキストとしてきました。

　1980年頃からファッション産業の専門職育成のためのカリキュラム改定に取り組んできた結果、各分野の授業に密着した内容の、専門的で細分化されたテキストの必要性を感じ、このほど『文化ファッション大系』という形で内容を一新することになりました。

　それぞれの分野は次の五つの講座からなっております。

　「服飾造形講座」は、広く服飾類の専門的な知識・技術を教育するもので、広い分野での人材育成のための講座といえます。

　「アパレル生産講座」は、アパレル産業に対応する専門家の育成講座であり、テキスタイルデザイナー、マーチャンダイザー、アパレルデザイナー、パタンナー、生産管理者などの専門家を育成するための講座といえます。

　「ファッション流通講座」は、ファッションの流通分野で、専門化しつつあるスタイリスト、バイヤー、ファッションアドバイザー、ディスプレイデザイナーなど各種ファッションビジネスの専門職育成のための講座といえます。

　それに以上の3講座に関連しながら、それらの基礎ともなる、色彩、デザイン画、ファッション史、素材のことなどを学ぶ「服飾関連専門講座」、トータルファッションを考えるうえで重要な要素となる、帽子、バッグ、シューズ、ジュエリーアクセサリーなどの専門的な知識と技術を修得する「ファッション工芸講座」の五つの講座を骨子としています。

　このテキストが属する「服飾造形講座」では、被服に関する総合的な知識と製作技術を修得し、さらに創造力と美的感性の開発を目指し、学習できるようになっています。

　まず、服飾造形の基礎知識から入り、それぞれの基本的な服種（アイテム）の「服造り」を通して、服飾全般の知識と応用を学びます。

　さらには、ますます専門分化が進んでいるアパレル産業からのニーズにこたえられるように高度な専門知識と技術を身につけます。

　"作ることは、商品を創ること"の意識のもと、技術の修得を主とするこの講座で研修を積んでいただきたいと思います。

目次 子供服

- 序 …………………………………… 3
- はじめに …………………………… 8
- カラー口絵 ………………………… 9
- 子供服に使われる生地 …………… 12

第1章　子供服の基礎知識 …………… 13

- 1. 子供服の変遷 ……………………………… 13
- 2. 子供の体型の特徴と成長 ………………… 17
  - (1) 子供の体型の特徴 …………………… 17
  - (2) 子供の成長 …………………………… 19
- 3. 子供の成長と衣服 ………………………… 21
  - (1) 乳児期　―新生児― ………………… 22
  - (2) 幼児期　―ベビー― ………………… 23
  - (3) 園児、小学校低学年　―トドラー― … 24
  - (4) 小学校高学年、中学生　―スクール― … 26

第2章　子供服製作に必要な計測 …… 28

- 1. 計測法とJIS規格 ………………………… 28
  - (1) 計測項目と計測法 …………………… 28
  - (2) 参考寸法 ……………………………… 30
- 2. 体型と原型 ………………………………… 32
  - (1) 子供服原型について ………………… 32
  - (2) 原型のかき方　身長90cm …………… 34
    - 身長110cm …………… 36
    - 身長140cm 女児 ……… 38
    - 身長140cm 男児 ……… 40
    - 身長160cm 女児 ……… 42

第3章　スローパーと応用デザイン……43

ワンピースドレス……………………………………………43
　1. スローパー（ワンピースドレスの基本型シルエットパターン）
　　　身長90cm　Aラインシルエットのワンピースドレス……43
　　　　　　　　ウエスト切替えのベーシックドレス………46
　　　身長110cm　ウエスト切替えのベーシックドレス………47
　　　身長90～110cm　ハイウエスト切替えのシルエット……49
　　　身長140cm　ウエスト切替えのベーシックドレス………51
　2. 応用デザイン（作図・縫製解説）
　　　タック飾りのあるワンピースドレス（90cm）…………53
　　　　短冊あき
　　　スモッキング飾りのあるワンピースドレス（90cm）……59
　　　ストレートシルエットのワンピースドレス（110cm）……62
　　　　スラッシュあき、コンシールファスナーあき
　　　ローウエストのワンピースドレス（110cm）……………67
　　　　箱ポケット、スペアカラー、スペアカフス
　　　フォーマルドレス（110cm）………………………………80
　　　ハイウエストのワンピースドレス（140cm）……………86
　　　プリンセスラインのワンピースドレス（140cm）………92
　　　　切替え利用のポケット

ブラウス、シャツ……………………………………………100
　1. スローパー（ブラウス、シャツの基本型シルエットパターン）
　　　身長110cm　シャツブラウス………………………………100
　　　身長140cm女児　シャツブラウス…………………………103
　　　身長140cm男児　シャツ……………………………………106
　2. 応用デザイン（作図・縫製解説）
　　　ピンタックのブラウス　（110cm　女児）………………108
　　　　袖口の持出し・見返し、フリルつきの衿
　　　フラットカラーのブラウス（110cm　女児）……………113
　　　　トリミング仕立てのパフスリーブ（半袖、長袖）
　　　スモック（110cm　女児）…………………………………116
　　　　袖口ゴム
　　　半袖シャツ（110cm　男児）………………………………121
　　　台衿つきシャツカラーのシャツブラウス（140cm　女児）……123
　　　　剣ボロ

スカート ……………………………………………130
   ブルーマーズつきジャンパースカート（90cm）………130
      シームポケット
   ウエストゴムのスカート（110cm）………………133
   つりひもつきフレアスカート（110cm）…………134
   サロペット風スカート（110cm）…………………137
      パッチポケット（ポケット口は三つ折りで始末）、ベンツ
   キュロットスカート（140cm）……………………142
      カーブ切替えポケット
   ローウエストのジャンパースカート（140cm）……144
      片返しのファスナー

パンツ ………………………………………………149
 1. スローパー（パンツの基本型シルエットパターン）
   身長90cm　パンツ …………………………………149
   身長110cm　パンツ ………………………………151
   身長140cm　パンツ ………………………………152
 2. 応用デザイン（作図・縫製解説）
   ショートパンツ（90cm　男児）……………………155
      パッチポケット（ポケット口に見返しをつける）
   ベーシックパンツ（110cm　男児）………………157
      前あきファスナー
   サロペット（110cm　男女児兼用）………………167
   カーゴパンツ（140cm　男女児兼用）……………171
      まちつきパッチポケット

ベスト ………………………………………………177
   衿なしベスト（110cm　女児）……………………177
   衿つきのベスト（110cm　男児）…………………180
      箱ポケット

ジャケット、ブルゾン ……………………………185
 1. スローパー（ジャケットの基本型シルエットパターン）
   身長110cm　テーラードジャケット ……………185
   身長140cm女児　ジャケット ……………………188
   身長140cm男児　ジャケット ……………………191

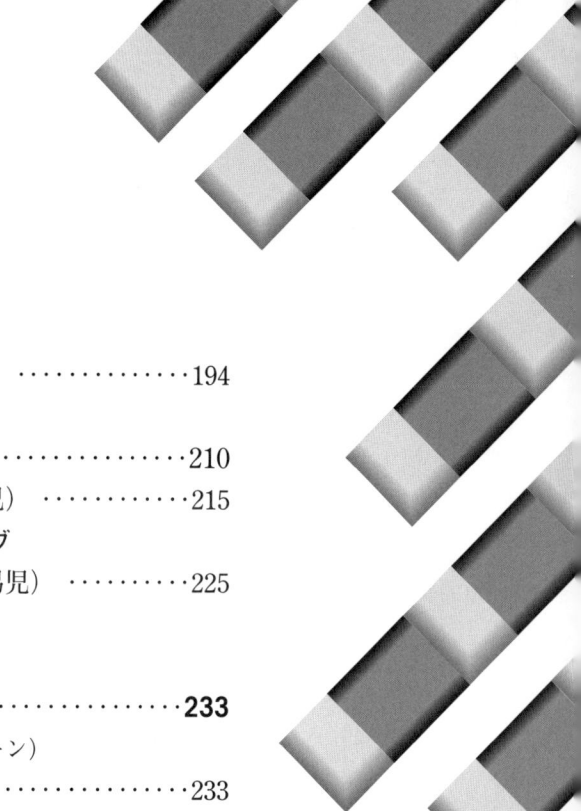

2. 応用デザイン （作図・縫製解説）
　　ノーフォークジャケット（110cm　男児）･････････194
　　　　プリーツ入りパッチポケット
　　ショートジャケット（110cm　女児）･･･････････210
　　シャツスリーブのブルゾン（140cm　男児）････････215
　　　　ファスナーつきポケット、スペアスリーブ
　　ラグランスリーブのブルゾン（140cm　男児）･･････225
　　　　重ね玉縁ポケット

コート、ケープ ･････････････････････････････233

1. スローパー （コートの基本型シルエットパターン）
　　身長110cm　ラグランスリーブのコート ････････233
　　身長140cm女児　トラペーズシルエットのコート ･･････237

2. 応用デザイン （作図・縫製解説）
　　Aラインのコート（110cm　女児）･････････････240
　　　　フラップ続きのパッチポケット
　　ダッフルコート（110cm　男女児兼用）･･････････244
　　　　一重仕立て
　　トレンチコート（140cm　女児）･･････････････254
　　　　斜めの箱ポケット
　　ケープ（90cm　女児）･････････････････････273

参考作図　新生児服 ････････････････････････275
　　ドレスオール ･････････････････････････････275
　　カバーオール、パンツ ･･････････････････････276

　　作図の凡例 ･･････････････････････････････277
　　参考文献 ･････････････････････････････････278

はじめに

　ファッション産業は、今や人々の生活全体を対象とした大きな広がりを持つようになりました。中でもアパレルに関する分野は広く、これらの仕事に携わる人たちにとって、服作りについての専門的な知識は欠くことのできない大切なものといえます。

　「文化ファッション大系　服飾造形講座」の『子供服』編では、講座を一新するにあたり、成人女子、成人男子の原型改定に続き、長年の懸案であった子供の原型も改定いたしました。子供と言っても、幼児から中学生までと範囲が広く、心身ともに大きく変化する時期が含まれています。成長過程では性別の差異もあらわれてくるため、90cm男女児、110cm男女児、140cm男児、140cm女児、160cm女児のダミーを「文化・服装形態機能研究所」と子供服メーカー「株式会社ベベ」との共同研究により開発し、このダミーをモデルとして、新しく原型を開発しました。初めて子供服を学ぶ方のために、基礎知識、体型と原型の関連性、各種アイテム別の作図理論から実物製作までを解説してあります。

　作図法については、デザイン別に原型のダーツ操作、シルエット別パターン展開など手順を追って解説してあります。また、主なアイテムのスローパーからもいろいろなデザインの服に展開できます。応用デザインでは、子供のライフスタイルに合わせて、日常着（遊び着）、通園・通学服、外出着などと幅広くデザインを取り入れ、裁断、縫製については、各種ポケット、あきの作り方など多くのデザインに利用できる方法を取り上げて解説しました。作図解説でのサイズは身長を基準に表示をしていますが、個人差もありますので、個別に製作する場合は採寸をし、採寸ができない場合は本書の参考寸法表を参考にしてください。

　アパレル産業の発展により、何でも購入できる時代となり、子供服を手作りする人は減少していますが、アパレル業界に進まれる方々だけではなく、子供服を手作りされる方々にも本書が役立つことを願っています。

・・・・・・・・・・・・・・・・・・・・・ ワンピース、ブラウス ・・・・・・・・・・・・・・・・・・・・・

・・・・・・・・・・・・・・・・・・・・・・・ スカート、パンツ ・・・・・・・・・・・・・・・・・・・・・・・

……………………ジャケット、ブルゾン、コート……………………

11

● Tシャツやトレーナーなど、主にカジュアルウェアに用いられる素材

| ラクトロン（綿／天竺） | 綿（インド超長綿／テレコ） | 二重編み | パイル（裏毛） | タオル |

| フライス（張抜き模様編み） | デニム | ポンチ・ローマ | 綿ギャバジン | チノクロス |

| ビンテージオックス | ツイル | ブロード | ウールトロピカル | メッシュ |

● ジャケットやコートなどに用いられる素材

| ヘリンボーン | サキソニー | フラノ | ツイード | ウールギャバジン |

| ベネシャン | コーデュロイ | 別珍 | キルティング | ナイロン |

● 入学式や発表会など、セレモニーウェアに用いられる素材

| ラッセルレース | シフォン | シャンタン | タフタ | レーヨンベルベット |

第1章　子供服の基礎知識

1. 子供服の変遷

紀元前―18世紀　大人服のミニチュア時代

　子供服が大人の服から分離し、独自のデザインになったのは18世紀後半である。それまで服装の歴史おいて、子供服は長く成人服のミニチュアであった。

　西欧の歴史において長く、子供は完成されていない大人と考えられていた。子供期という概念がなかったことが、子供服独自のデザインの登場を遅らせたのかもしれない。それが17世紀ごろには、子供は大人とは異なった存在であると認識されるようになる。18世紀半ばには、ジャン・ジャック・ルソーの『エミール』などの著作によって近代的子供観が誕生する。しかし、19世紀までは乳幼児死亡率が高く、子供ひとりひとりに対して、現代のように大きな愛情を傾けることができなかった背景もあった。

　新生児は「スワドリングバンド」という木綿の帯状の布で、顔を除いた全身をかなり固く巻いていた（図版1）。その慣習は、紀元前から18世紀半ばまで、ヨーロッパだけではなく世界各地で見られたという。それは乳幼児が成長する際、背骨が曲がらないで育つため、そして無防備な乳幼児を外傷などから守るためと信じて行なわれた。16世紀には、乳幼児期が過ぎ、スワドリングバンドがとれると、男児、女児ともに丈の長い、前裾の開いたワンピースドレスを着る。その上にはエプロンをつけ、内側にスカートをはいた。そして歩き始めると、歩行の補助や誘導のためにリーディング・ストリングスという背中で結んだ細いひもがつけられた（図版2）。

　17世紀には、男児に女児の服装であるワンピースを着せる慣習が定着する（図版3）。4～5歳になると女児とは違いワンピースが前あきのものになる。前あきはボタンやひもで留めた。やがて下にはくスカートは半ズボンのブリーチズにかわる。7～8歳になるとワンピースは着なくなり、その代わりにダブレットやジュストコールとブリーチズといった成人男性の服装と同じものになる（図版4）。17世紀から18世紀にかけて、女児はスワドリングバンドがはずれると、すぐに固い芯の入ったボディスがついた足首丈のローブを着た。それは成人女性とかわらない服装であり、唯一の大きな違いは、肩から背中に垂らした幅広の2本のリボンがついていることである（図版5）。これは4歳から10歳ころまで見られ、17世紀初期まで成人女性ファッションに見られたハンギングス

図版1

スワドリングバンドで巻かれた新生児
「テレンティウスの喜劇」15世紀　パリ国立図書館、ラテン語写本より

図版2

手前女の子の背中にリーディング・ストリングスがついている
「ルイ14世とその家族」ニコラ・ド・ラルジリエール、1711年、ロンドン、ウォーレス・コレクション

図版3

左がチャールズ、右がジェームスでそれぞれ男児がワンピースを着ている
「チャールズ1世の上の3人の子供たち」アンソニー・ヴァン・ダイク、1635年、トリノ、ガレリア・サボウダ

図版4

「ガートン・オーム肖像画／Garton Orme」J・リチャードソン、1708年、バース、ホルバーン博物館

図版5

「第4代サリスブリー（Salisbury）伯爵、ジェームス・セシルとキャサリン・セシル」マイケル・ライト、1668年、ハートフォードシャー、ハットフィールド・ハウス

リーブの名残が、子供服にだけ残ったといわれる。18世紀後半には、多くの子供がコルセットを着用することが当たり前になる。

18〜19世紀　子供の存在が考え直された時代

17世紀後半ごろから、ジョン・ロックをはじめルソーらがその著作の中で、子供をもっと自然に、愛情を持って育てるべきだと述べ、子供の存在があらためて考え直される時代になった。18世紀には、少年がワンピースを着るのは5〜6歳ぐらいまでになる。その代りに白の木綿地の大きな衿のついたショートジャケットを着て、長ズボンのトラウザーズをはくようになる（図版6）。サンキュロット・スタイルを典型としたトラウザーズは、本来は水兵をはじめとした農夫などの労働着だったものである。成人男性のファッションにおいてトラウザーズが定着するのは、19世紀に入ってからで、子供服はそれに先駆けることになる。またジャケットとトラウザーズをウエスト位置でボタン留めしたコンビネゾンのスケルトン（骨格）・スーツも見られる（図版7）。それらを経て7〜8歳ごろには、成人男性と同じアビとブリーチズというファッションへ移行していく。

フランス革命後、時代は19世紀を迎える。女性ファッションはクラシック・リバイバルからハイウエストで薄地のシュミーズドレスが流行する。それによりコルセットでウエストを締めつけることがなくなった。女児は男児のファッションに比べ、子供服独自のデザインの登場が遅れ、成人女性のファッションのミニチュアの時代が続く（図版8）。1820年代、フランスは王政復古により、コルセットとペチコートでスカートをふくらませたロマンティック・スタイルがリバイバルする。'40年代にはスカートはクリノリンによってふくらまされ、'60年代をピークにスカートは巨大化していく。細いウエストの実現のために、少女時代からコルセットを着け始める時代が再び訪れた。成人女性のファッションと大きく違うのは、スカートが膝下丈であることと、成長にしたがって長くなっていくことである。また、19世紀においてなお、子供とはいえ女性の脚の露出は恥ずべきことであり、そのためスカート裾からのぞく脚を隠すために、ズボン形式の下着であるパンタレッツをはいた。10歳ぐらいまではいたパンタレッツは、子供の記号でもあった（図版9）。

19世紀末まで、相変わらず男児には5〜6歳まではワンピースを着せることが多かった。そして8〜9歳までは、成人男性のものより丈が短いジャケット、ベストとトラウザーズを組み合わせた。ジャケットは腰丈ほど、衿なしで、首もとのボタンを一つだけ留めるデザインが多かった（図版10）。しかし公式の場においては、成人

図版6

「ベネット家族」サミュエル・ウッドフォード、1803年

図版7

最右の男児がスケルトンスーツを着ている。
「ラム家の子供たち」レーノルズ、1780年代、

図版8

「シンメルペニンク家の人々」P.P.ブリュードン、
1801年、アムステルダム王立美術館

図版9

「Le Follet, journal du ground monde」から、
1847年7月　ファッション・プレート全集より

男性と同じフロックコートを着ている。19世紀中ごろには、男性ファッションに略式としてラウンジスーツがあらわれると、少年たちもそれを着るようになる。同じ時期、セーラーカラーのシャツジャケットと太めのトラウザーズやニッカーボッカーズを合わせたセーラースーツが流行、スカートを組み合わせて少女の間でも流行する（図版11）。しかしクリノリン時代から引き続き、女性服で流行だったシルエットであるバッスルスタイルの丈を短くしたものを、パンタレッツと合わせて着るスタイルが多くを占めている（図版12）。19世紀後半には、ミシンの普及などにより家庭での洋裁が容易なものになる。そのためファッション雑誌や市販されたパターンをもとに、家庭で母親が子供のために服を作ることが一般的になる。

19〜20世紀　子供は子供らしく

1851年、女性服の改良がアメリカから叫ばれる。女性解放運動論者のアメリア・ブルーマーは、トルコ風ズボンと膝下丈のスカートを雑誌に発表、機能的な女性服の必要性が叫ばれた。またスポーツや健康ブームという時代背景も、女性ファッションを考え直す大きなきっかけになる。本来成人服よりも機能性や快適性が重要視される子供服にも、成人女性の流行とは離れた子供らしい表現が見られるようになった。

20世紀初頭、コルセットを必要とするＳカーブライン・シルエットが流行の先端を占めていた。そしていまだ少女用のボーンの入ったコルセットも見られる。しかし1906年以降にはポール・ポアレをはじめ多くのデザイナーによって、コルセットを必要としない、スカートの裾が床から離れた作品が次々に発表される。1914年に始まる第一次世界大戦は女性の社会進出を促し、同時に女性ファッションの機能化を推し進めることになる。衣服の機能性という点ではある程度実現していた子供服に、この時期成人女性のファッションが追随するかたちになる。少女たちのファッションは、10歳代では、膝下丈のストレート・シルエットやプリーツやフレアの入ったワンピースが主流になり、ストッキングやハイソックスを合わせている（図版13）。'20年代には、成人女性のスカートが膝丈になるなか、少女たちのスカート丈も膝上に引き上げられた（図版14）。少年たちは、5〜6歳まではセーラースーツやコンビネゾンが依然多く着られた。10

図版10

「フローレンス、アーサーとチャールズ・ムーア」ウィリアム・クロスビー、1868年、ロンドン、ジェフリー博物館

図版11

「セーラー服のアルバート＝エドワード皇太子」フランツ・クサーヴァー・ヴィンターハルター、1846年、ウィンザー・ロイヤル・コレクション蔵

図版12

『La mode Illustree, journal de la fanille』から、1872年8月、ファッション・プレート全集より

図版13

「アイナス」ランヴァンのドレスと子供服、1913年6月2日、『La Belle Epoque』ナダール写真集より

図版14

「ばらの捧げもの」ランヴァンの子供服、「Gazette du Bon Ton」1924年7月号から、ファッション・プレート全集より

第1章　子供服の基礎知識　15

歳前後には、ノーフォークジャケットやブレザーなどさまざまなデザインのジャケットに、半ズボンであるショーツやニッカーボッカーズを合わせるのが主流になる（図版15）。そして10歳代半ばにはショーツがトラウザーズになる。それまで成人男性にならって巻いていたネクタイも、'30年代には公式の場以外ではほとんどしなくなる。動きやすいニット素材のセーターも子供服や学校の制服には欠かせないアイテムになる（図版16）。20世紀初頭、子供服は成人服より一層機能性や快適性を重視すべきであるという思想があたりまえのものになる。そのため子供服独自のデザインや構造が求められるようになり、スポーツ服やワーキングウェアの機能性や新しい素材の採用によって実現していく。'30年代には、アメリカの子役スター、シャーリー・テンプルが6歳でデビュー。スクリーンでのファッションが本国アメリカやヨーロッパでも人気になる（図版17）。

第二次世界大戦後　大衆消費文化と子供服

第二次世界大戦後、子供を取り巻く社会情勢も大きく変化していく。一組の夫婦に対する子供の数も以前のように多くはなくなる。それによって一人の子供にかける支出が大きくなっていく。都市への人口集中が進み、集合住宅での核家族化も顕著になっていく。父親だけではなく母親も仕事を持ち、社会に出て行くことが当たり前になる。'50年代に入るとヨーロッパ各国や日本でも、アメリカの大衆消費文化の影響は大きなものになっていく。特に若い親の世代への影響は絶大だった。そのため子供服は、アメリカ的なカジュアルなものに変化していく。男の子はコットン・ジャージーのシャツ、ダンガリーシャツそしてTシャツなどが主流になる（図版18）。

1960年代以降　激変する子供服業界

'60年代には、子供服にも個性が求められる時代になる。また子供服は丸洗いができることが常識と考えられるようになる。デザインとしてサロペット、ジャンパースカート、サスペンダーつきのものや、素材としてデニムやコーデュロイが多く見られる。'70年代、子供服が服飾産業で重要な一つのジャンルになっていくなか、プレタポルテ・デザイナーたちの子供服マーケットへの進出が相次いだ。またテレビがメディアとして重要性を増すなか、テレビ番組のヒーローたちのキャラクターが子供服のデザインの重要なアイディア源になっていく。

図版15
ニッカーボッカーズのスーツ、
1920年ころ

図版16
ニットの衿つきセーター
1929年版ハロッズ商品カタログより

図版17
映画「The Daughter」（1933年）のシャーリー・テンプル
「HOLLYWOOD A CELEBRATION」より
Photo by Kobal

図版18
デニムのジャケットとパンツにカウボーイハット
1951年秋冬版シアーズ・ローバック社商品カタログより

2. 子供の体型の特徴と成長

(1) 子供の体型の特徴

　子供の体は成人に比べて小さいだけでなく、その形やプロポーションが全く違う。成人の体の図を縮小コピーしても子供の体にはならない。つまり、成人の服を小さくしても子供の体型には合わないのである。また、子供は活発に動くため、形や動きに適合する服を作るためには、子供の体をよく観察し、理解することが大切である。このことをまず念頭に置き図Aを見ると、これは青年女性と身長約90cmの子供を側面から見たシルエットの図である。この図を比較して、子供の体型の特徴としてわかることは、

1) 腹部が前方に強く出ている
2) 頭の大きさが体に対して大きい
3) 足が短い
4) 胸のふくらみがない

などが上げられる。

1)「腹部が前方に強く出ている」のは、幼い子供の場合、腹部を支える筋力が未発達であるからで、背部には脊柱、胸部には胸郭という骨格があるが、腹部前面には骨がないため前方へ飛び出してくる。

　図Bは子供の体を三次元計測機で計測した計測データの水平断面図と重合図であるが、腹部が前方に大きく出ていることがわかる。また、この腹部の前方突出のバランスを保つため、背部から殿部にかけてのカーブが強くなる。

2)「頭の大きさが体に対して大きい」というのは、頭頂から顎までの長さを全頭高といい、身長を全頭高で割った値を頭身指数という。新生児の場合は4頭身前後であり、成長するにつれ頭身指数は大きくなり、青年女性では約7.1頭身、青年男性で約7.3頭身（文化・服装形態機能研究所計測）となる。幼い子は体の割合に対して頭が大きく重いため、バランスをくずしてころんだり、思わぬ事故につながることもある。また、頭身指数が小さいことは美的要素としてかわいらしさにも関係する。

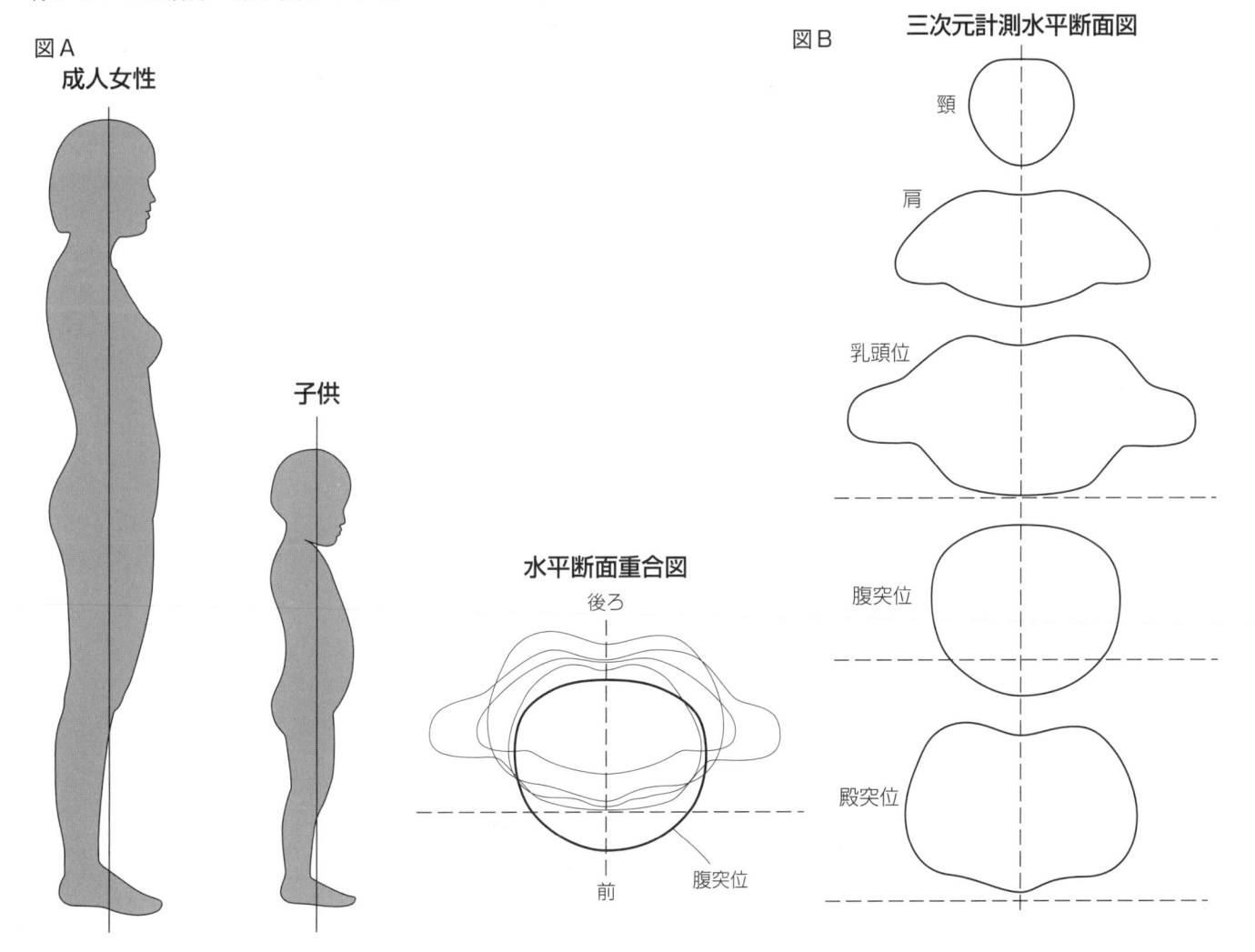

図A
成人女性

子供

水平断面重合図

後ろ

前
腹突位

図B
三次元計測水平断面図

頸

肩

乳頭位

腹突位

殿突位

第1章　子供服の基礎知識

図C

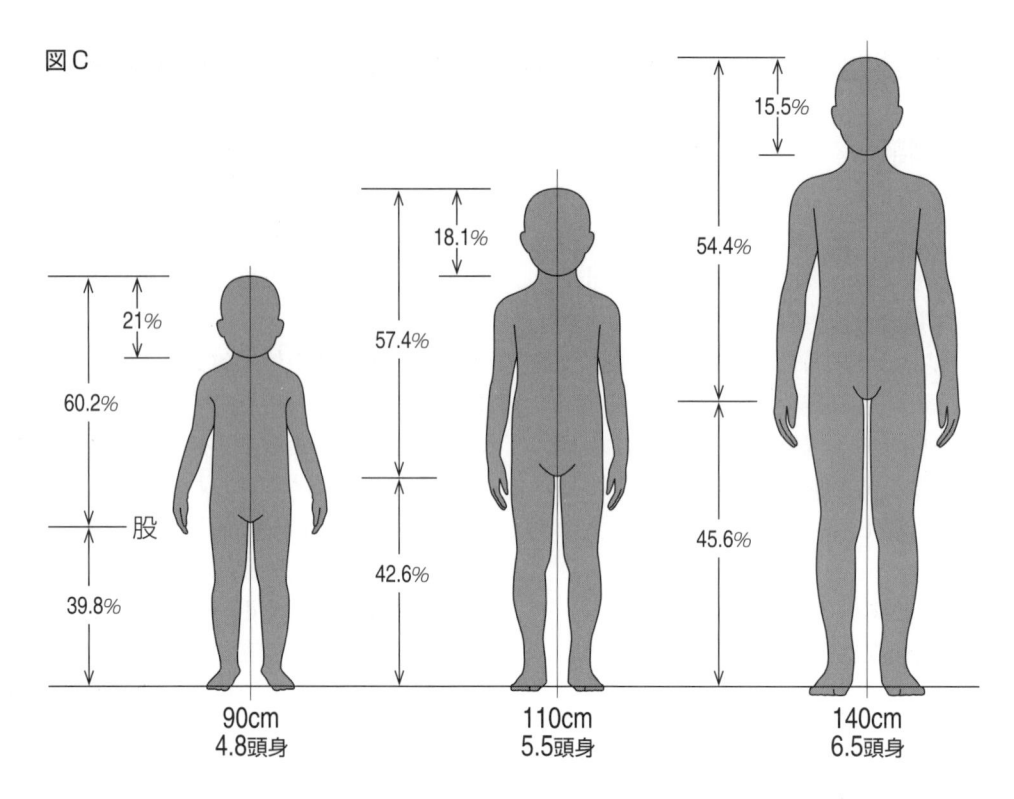

90cm 4.8頭身　21% / 60.2% / 39.8%
110cm 5.5頭身　18.1% / 57.4% / 42.6%
140cm 6.5頭身　15.5% / 54.4% / 45.6%

図Cに子供の身長別頭身指数の変化を示す。

3)「足が短い」とは、人間の子供は生まれたときは体に対して手足が短く、成長するにつれ長くなる。これは哺乳動物の哺乳形態によって異なるものである。たとえば、馬やキリンのように生まれてすぐ立ち上がり、自分で母親の乳房（脚のつけ根）のところに口を持っていって母乳を吸引する動物は、親の乳房の高さに必要なだけの脚の長さを持って生まれる。しかし、人間のように母親に抱かれて授乳される場合は手足を使う必要がないため短いのである。図Cには身長と脚の長さの割合も示してある。

4)「胸のふくらみがない」については、女性では思春期ころから乳房がふくらみはじめ、成長とともに大きくなり、成人になると美しい乳房のふくらみができ上がる。一方、男性では胸郭という骨格の上に大胸筋があり、成長とともに厚みを増す。この筋肉の発達には個人差があり、また鍛えることでかなり厚みを増すことができる。しかし幼い子供では乳房も大胸筋の発達も見られないため胸部のふくらみは目立たない。

これらのことは体の周囲径を計測した結果からも比較することができる。頭回り・バスト（乳頭位胸囲）・ウエスト（腹突囲）・ヒップ（殿突囲）をそれぞれ身長約90cmの子供と青年女性を比べてみた。

図Dで、青年女性の場合は小さいほうから頭回り・ウエスト・バスト・ヒップと差が明確に出ているが、幼い子供の場合はすべてがほぼ近い寸法（約50cm前後）であることがわかる。このことから周囲径についても子供は青年女性のようにめりはりのある寸法差がないことがわかる。

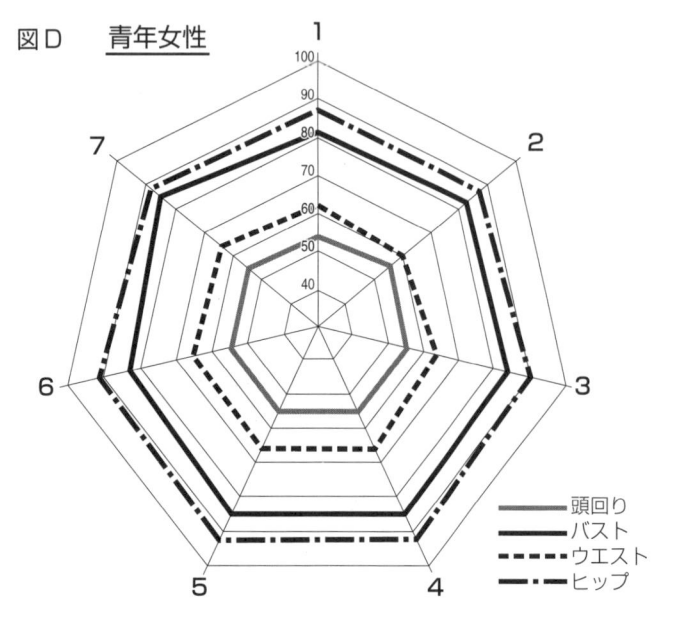

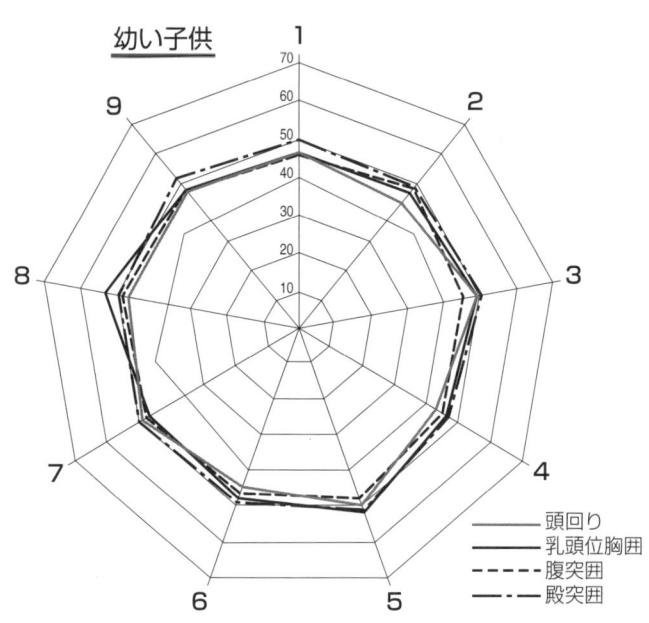

図D　青年女性　　　　幼い子供

凡例（青年女性）：頭回り／バスト／ウエスト／ヒップ
凡例（幼い子供）：頭回り／乳頭位胸囲／腹突囲／殿突囲

（2）子供の成長

　人は生まれてから20歳前後まで成長を続けるが、成長の割合は年齢や身体部位によりさまざまである。たとえば、生後1年間は一生のうちで最も大きな成長をする時期であり、運動機能的にも目覚ましい発達をする。ここで、新生児・6か月・12か月の変化を見てみよう。

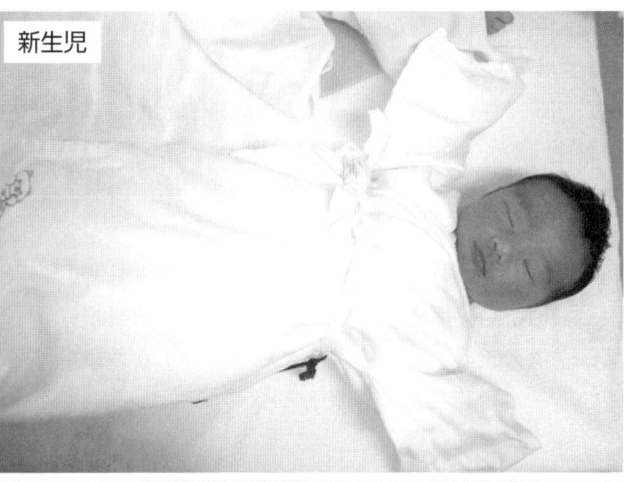

新生児

6か月

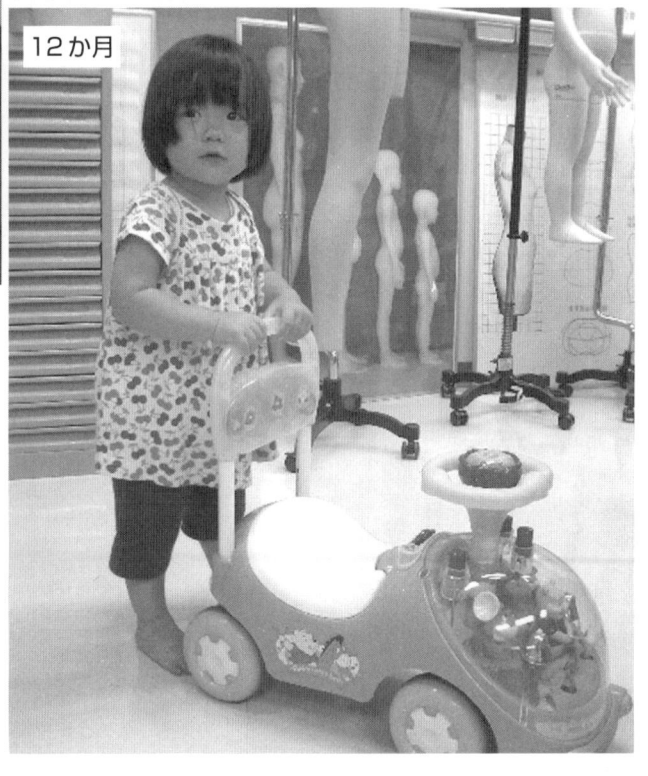

12か月

　生まれたばかりの新生児は一日のうち多くの時間眠っており、おなかがすくと目を覚まし泣くことにより授乳の時間を知らせる。その後、視覚・嗅覚・聴覚などの感覚器官が徐々に発達し、さまざまなものに反応したり手足を動かすようになる。そこで体を締めつけたり動きをさまたげないような衣服を着せることが大切である。生後3〜4か月前後で大きな頭を支える首の筋肉が発達し、一般にいわれる「首が座る」、自分の力で頭を支えられるようになる。さらに6〜7か月からお座りができるようになり、はいはいやつかまり立ちを経て1歳前後で自分で立って歩くことができるようになる。この1年間で平均約3kgで生まれた体重は3倍に、平均約50cmの身長は1.5倍という大きな成長をする。歩き始めるころになると動きも非常に活発になり、日々新しいことの発見の連続となる。しかし、1歳以降子供の発達は個人差が非常に大きく、身長が大きく伸びる時期があったり、伸びる割合が少ない時期があるなど差が大きくあらわれる。また、同じ5歳児でも大きい子もいれば小さい子もいるので、衣服を製作したり購入する場合は、年齢ではなく身長を目安にするとよい。また、既製服の表示も身長が基準となっている。

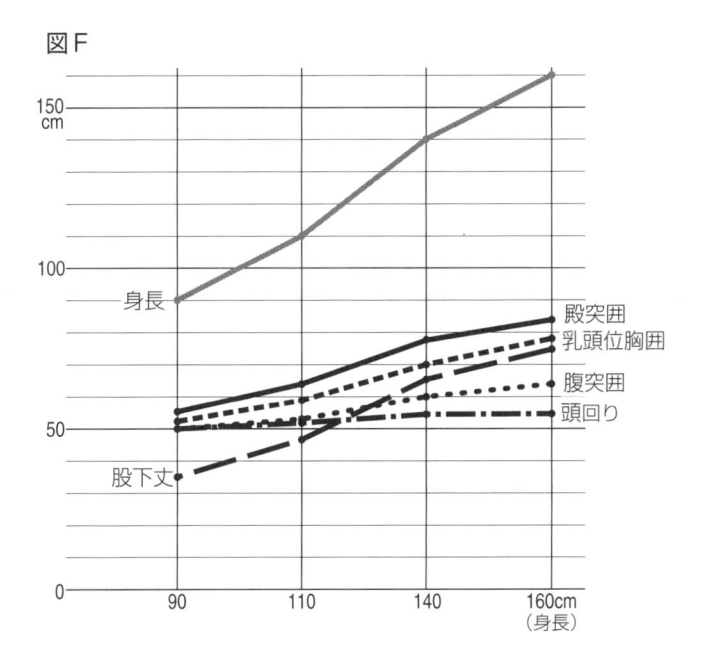

　ここで90〜160cmの子供の計測値をもとにした身長・股下丈・頭回り・腹突囲・乳頭位胸囲・殿突囲の成長に伴う違いを示す。図Fのグラフでわかるように身長や股下丈（脚の長さ）は成長につれ大きくなるが、頭回

図F

第1章　子供服の基礎知識　19

りの変化は少なく、体幹（乳頭囲・腹突囲・殿突囲）については90cmでは差が少なかったが、身長が伸びるとともに差が出て、大きくなっていることがわかる。

　成長期の子供の体型で重要なことは、思春期になると男は男性らしく、女は女性らしい体つきになってくることである。たとえば、図Gのように同じくらいの身長でも小学5年生の女子と中学1年生の女子では体型が異なる。小学5年生の場合、まだ乳房の発達が見られず、腹部が出ているが、中学1年生では乳房がふくらみはじめ、腹部は子供のようなふくらみはなくなり青年女性に近づいている。しかしこれらも個人差が大きい。

　文化・服装形態機能研究所と子供服メーカー「株式会社ベベ」との共同研究で、計測データをもとにダミーを製作した。90cm・110cm・140cm・160cmの側面シルエット（図H参照）を比較することで成長に伴う体型の変化がよくわかる。さらに人間生活工学研究センターの計測値をもとに造形した平均的人体寸法ダミー20代女性と比較すると、成人と子供の相違がより顕著になる（いずれも製作は株式会社七彩による）。

　以上、体型の特徴をよく理解した上で、子供の衣服製作に取り組むと、より適合性の高い物作りに結びつく。

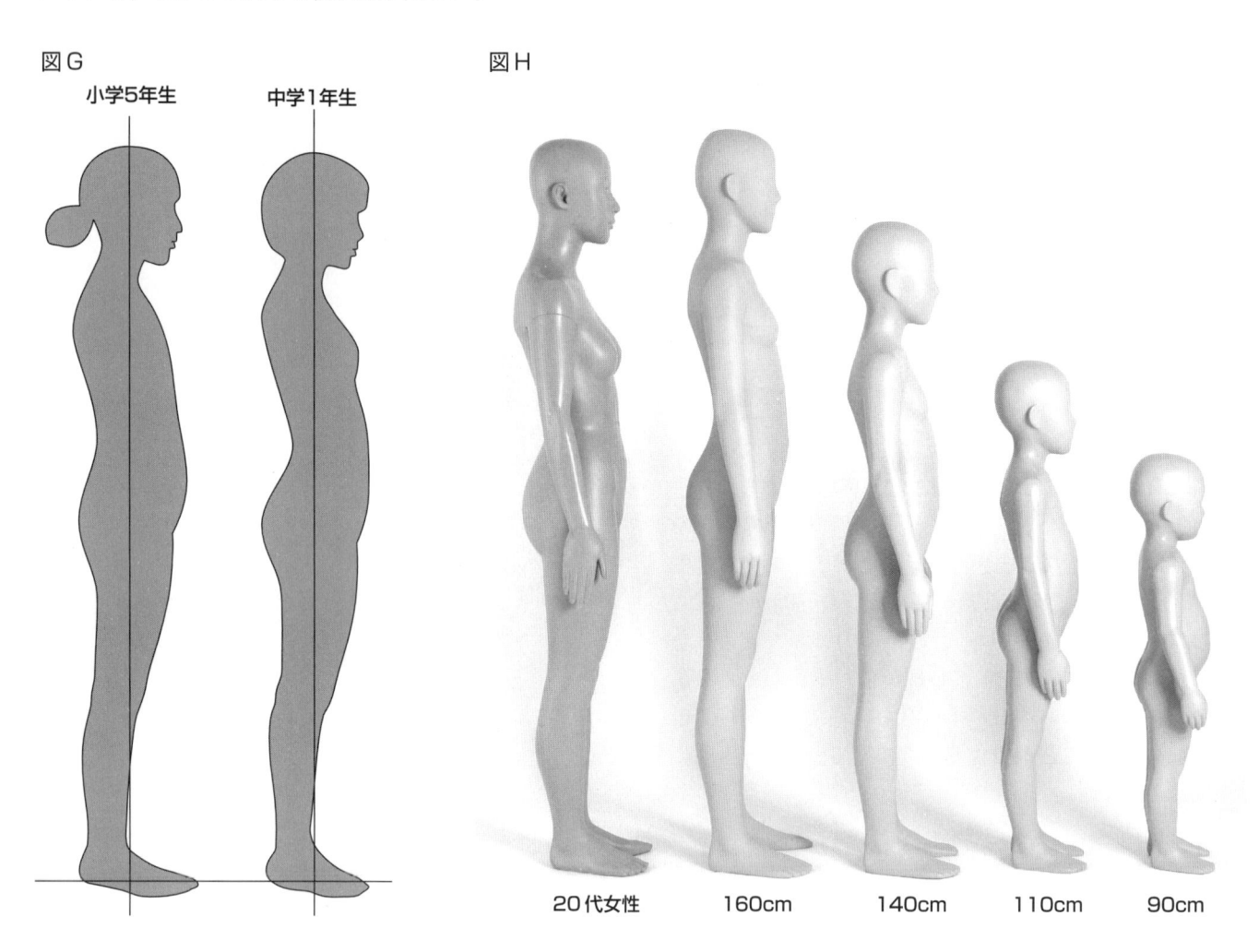

図G　小学5年生　中学1年生

図H

20代女性　160cm　140cm　110cm　90cm

3. 子供の成長と衣服

前項では、子供の体型特徴と成長について解説したが、ここでは、成長過程において着用する基本的なアイテム、デザインについて解説する。

子供はそれぞれの成長過程で体型やプロポーションが異なり、運動機能、知的能力も身体の成長と共に発達してくる。子供服は、その成長過程における運動機能をさまたげないようにすることと、生理的な特徴を考えて素材の選択をしなければならない。そして、正しい生活習慣を身につけさせるためには、着脱しやすい機能的なあきや成長に対応できる着丈、身幅のゆとり、ウエストの調節、使いやすいポケットなども考慮に入れてデザインすることが必要である。また、親の考えだけでなく、子供が喜ぶ、遊びの要素も取り入れ、子供が喜んで着る服であることも大切である。

近年、家族のライフスタイルも広がりをもつようになり、それにともない子供服は大人のライフスタイルに合わせて、アウトドアからあらたまった外出着まで、トータルコーディネートで考えられるようになり、そういったアイテム、品ぞろえが求められている。

デザインの傾向として、乳児期から幼児期の子供服は、母親のファッション感覚が反映されたものが好まれる傾向にある。成長するにつれて個々に自己主張するようになり、自分の好みもはっきりしてくる。さらに中学生くらいになると、自分でコーディネートを考えて服を選ぶようになり、感覚的にも大人のトレンドに近づいてくる。

子供服を製作する際、または購入する場合のサイズについては、成長を見越して大きめにする場合と、ジャストサイズにする場合があるが、服がかわいらしく、子供に似合って見えるのはジャストサイズであることを忘れてはいけない。

乳児期から幼児期の子供はサイズが小さいので、切替線など複雑に入れるよりもシンプルなパターンで、色、柄、素材など、子供の喜びそうなディテールでかわいらしさを表現するとよい。素材は、柔らかく肌触りがよく吸湿性のあるもので、縫製も肌への摩擦を避けるように縫い目は少なめでソフトな仕上がりになるようにするのが望ましい。また、子供は着替えの回数が多く、洗濯が激しいので、日常的に着用するものは水洗いのできるものでなくてはならない。

子供のサイズ表示は、1950年代から年齢ではなく、身長で表示されるようになり、成長過程別にジャンルを分けて作られ、市場で展開されるようになった。

次に、市場における売り場展開を参考に下のように分類し、ジャンル別に主となるアイテムをイラストで表わしてみた。

(1) 乳児期〈新生児〉
(2) 幼児期〈ベビー〉
(3) 園児・小学校低学年〈トドラー〉
(4) 小学校高学年、中学生〈スクール〉

※〈 〉内は子供服業界で一般的に使われている用語。ただし、売り場によっては異なる場合がある。

（1）乳児期 ―新生児―

　生後3か月くらいまでは睡眠時間が長く、ほとんど仰向けの姿勢なので、前あきで着せ替えがしやすい形がよい。4～6か月では寝返りができ、7～12か月でお座り、はいはい、つかまり立ちができるようになる。

　発育が進むにつれて手足の運動も活発になるので、着くずれしないカバーオール、ドレスオール、ロンパースが適している。防寒用にはフード、ミトン、ソックスつきのオーバーオールもある。乳児は体温調節が難しいので、カーディガン、ケープ、ベストも大切なアイテムとなる。

　着替えをさせやすいように、ウエストゴムにしたり、袖口などのあきを決めるときは母親が手を差し入れられる寸法にしなくてはならない。また、乳幼児は肌が柔らかく、デリケートなのでソフトで吸湿性、通気性のある素材で縫い目も少なくシンプルな形がよい。

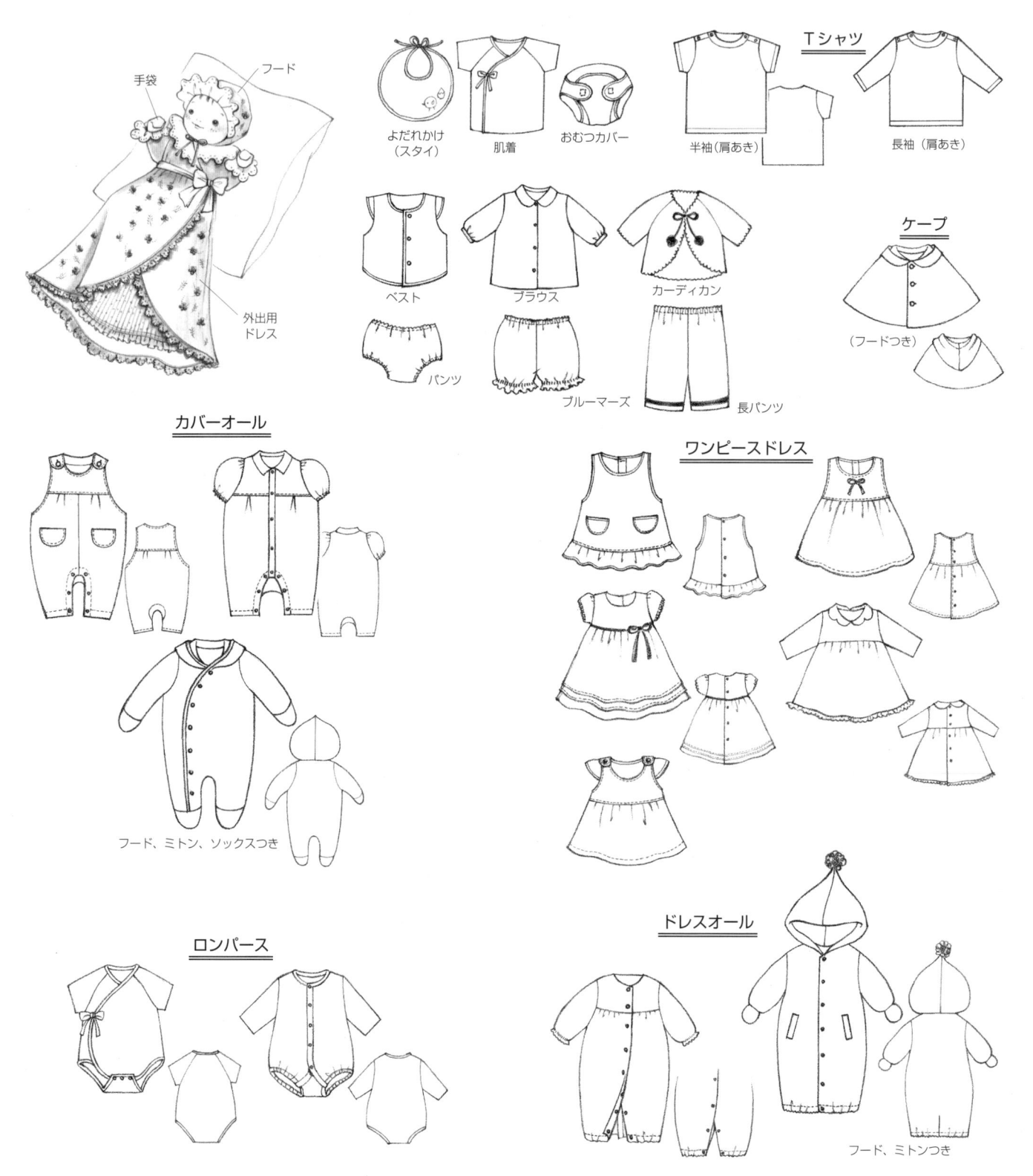

(2) 幼児期 —ベビー—

　1～2歳にかけて、伝い歩きから一人歩き、走る、またぐ、物を投げることができるようになり、走り回るなど運動量が多くなるので、子供の動作のさまたげにならないように、体に合ったサイズを着用させなくてはならない。

　このころの体型は、胸囲や腹囲に比べて頭が大きいので、Tシャツなどかぶって着るものには、肩あき、前あき、背あきをつける。また、ワンピースやジャンパースカートなど上下続きのものは、着脱しやすいあき寸法を考慮しなくてはならない。パンツ、スカートなどウエストで着るアイテムは、寸法調節できるように総ゴム、部分ゴムにする。日常着としては、Tシャツ、ブラウスにパンツ、スカート、オーバーオールなどの組合せが主になる。防寒用としては、コートとリバーシブルジャケットで3通りに着られるスリーウェイなどが便利である。

　外出時、お祝い着などでは、ワンピースドレスやジャケット、ブラウス、スカート、パンツなどのセパレーツを組み合わせて着用する。

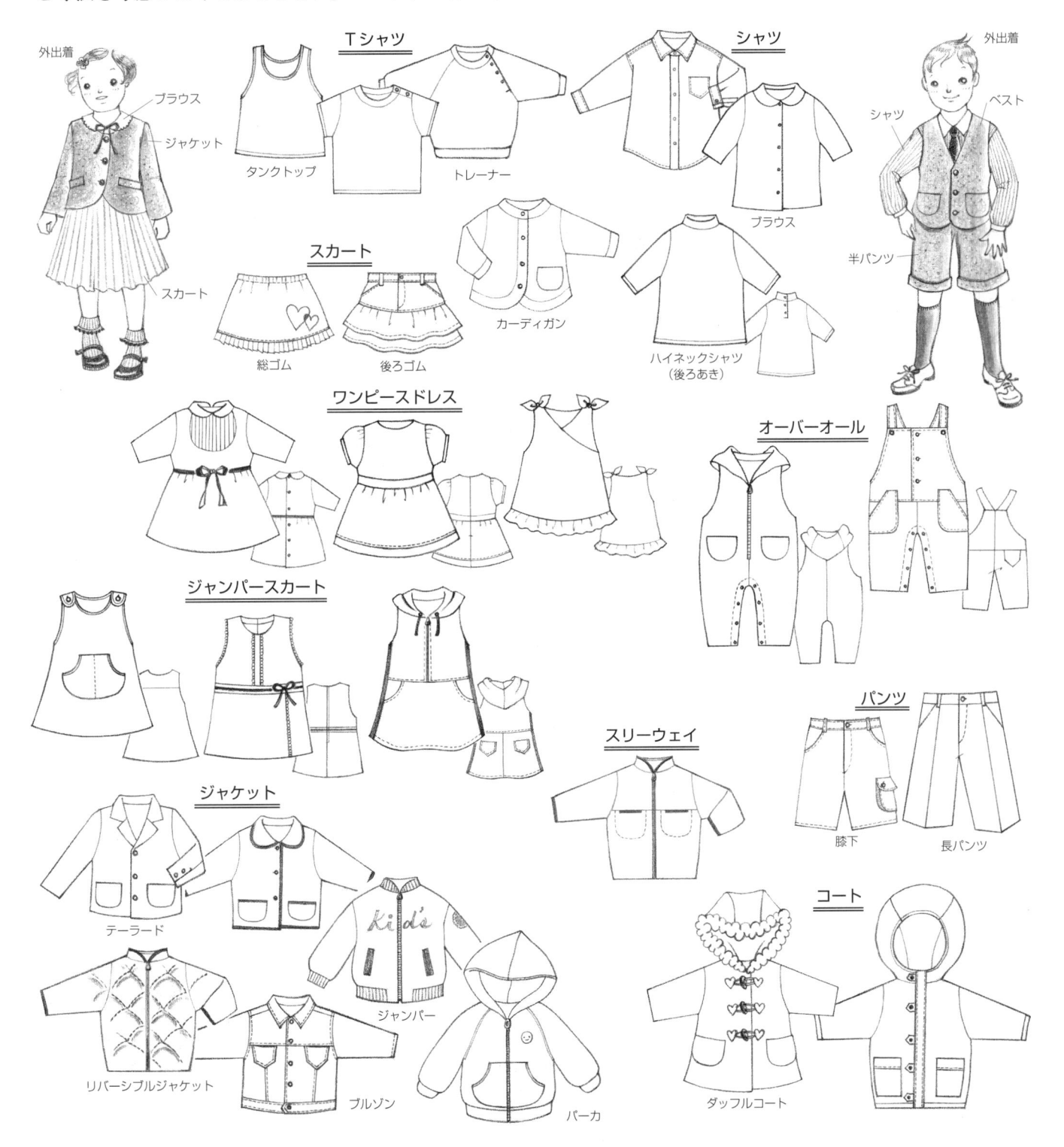

(3) 園児、小学校低学年 ―トドラー―

4歳ぐらいから身体の成長とともに運動機能が発達し、大人の何倍も体を動かし、動作もいっそう活発になる。男女の性別もはっきり見え始め、性格的な特徴もあらわれ、最も子供らしくかわいい時期である。園児としての集団生活も始まるので、衣服の着脱が自分でできる前あきのもの、使いやすい位置にポケットをつけることも大切である。

また、学童期に入ると、体つきにも男女の差があらわれて、衣類に対する好みもはっきりし、自分から意思表示をするようになる。

日常着としては、カジュアルなシャツ、パンツ、スカート、トレーナー、ジャケットなどの組合せになるが、面接、入園、卒園、入学、発表会、七五三など行事のためのセレモニー用の服も必要な年齢である。

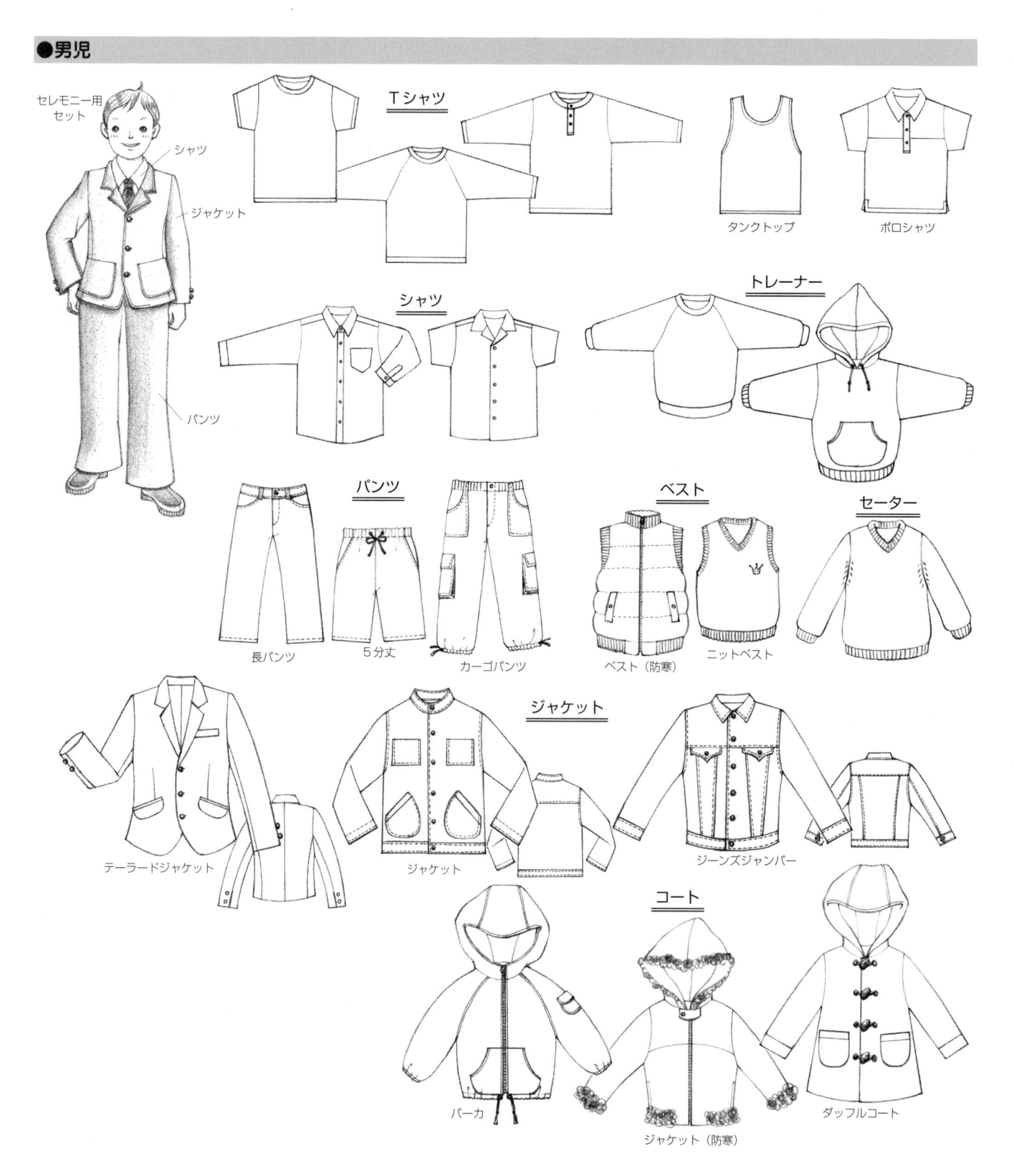

●男児

セレモニー用セット / シャツ / ジャケット / パンツ

Tシャツ

タンクトップ / ポロシャツ

シャツ

トレーナー

パンツ — 長パンツ / 5分丈 / カーゴパンツ

ベスト — ベスト（防寒）/ ニットベスト

セーター

ジャケット — テーラードジャケット / ジャケット / ジーンズジャンパー

コート — パーカ / ジャケット（防寒）/ ダッフルコート

●女児

| キャミソール | Tシャツ | パーカ |

セーター	カーディガン	パンツ
半パンツ	タイツ（総ゴム）
5分丈	カーゴパンツ（後ろゴム）

| ワンピースドレス | ジャンパースカート | 長パンツ |

スカート	ジャケット	セレモニー用
総ゴム	ジーンズジャンパー	ジャケット
アジャスター		スカート
ベルトつき		長パンツ

コート	ベスト	
ハーフコート（防寒）	フードつき（防寒）	
ジャケット（防寒）		

| | シャツ | |
| | シャツ　ブラウス | ブラウス |

第1章　子供服の基礎知識　25

（4）小学校高学年、中学生　—スクール—

　小学校高学年から中学生では、知的発達とともに運動機能の発達も目覚ましく、学校を中心とした集団生活が主になる。幼さが消えて、男女の体型の差がいっそうはっきりと見えてくるようになり、服装についても自分の好みを主張するようになる時期である。

　日常着として、男児はTシャツ、トレーナー、パンツ、ベスト、ジャケットなどカジュアルでスポーティな感覚のものを好む。女児は、Tシャツ、ブラウスにスカート、パンツなど季節に合わせてベスト、ジャケット、トレーナーなどを組み合わせる。

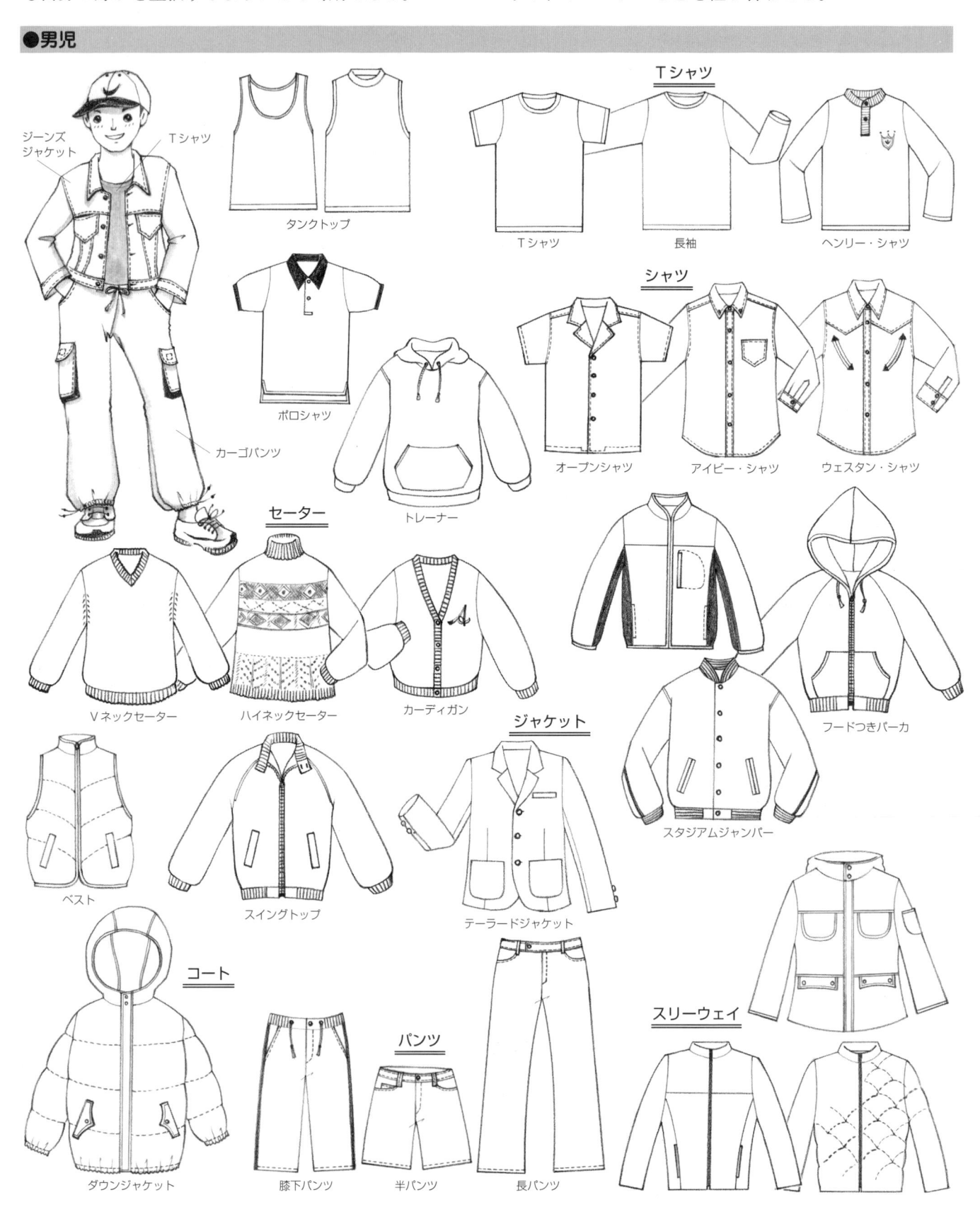

●男児

- ジーンズジャケット
- Tシャツ
- カーゴパンツ
- タンクトップ

Tシャツ
- Tシャツ
- 長袖
- ヘンリー・シャツ

- ポロシャツ
- トレーナー

シャツ
- オープンシャツ
- アイビー・シャツ
- ウェスタン・シャツ

セーター
- Vネックセーター
- ハイネックセーター
- カーディガン

ジャケット
- ベスト
- スイングトップ
- テーラードジャケット
- スタジアムジャンパー
- フードつきパーカ

コート
- ダウンジャケット

パンツ
- 膝下パンツ
- 半パンツ
- 長パンツ

スリーウェイ

入学式、卒業式などのセレモニーウェアは、シャツやブラウスにジャケットのスタイルが一般的である。年齢が高くなるにしたがって、男児は女児に比べて特別な服装を好まない傾向があり、女児よりもアイテムも限られてくる。

● 女児

パーカ
Tシャツ
半パンツ

キャミソール

Tシャツ

タンクトップ

シャツ

ブラウス
シャツ
トレーナー（ハイネック）

ワンピースドレス

ワンピース
ジャンパースカート

スカート

パンツ
半パンツ
膝下丈
長パンツ

ジャケット
テーラードジャケット
ピージャケット

ジーンズジャンパー

コート

ベスト
（防寒）
ダウンジャケット
ラグランコート
ダッフルコート

第1章 子供服の基礎知識 27

第2章　子供服製作に必要な計測

1. 計測法とJIS規格

　子供は眠っているとき以外は常に動いているので、成人の計測のように一定時間をかけて同じ姿勢ではかることは難しい。したがって必要最小限の計測項目にしぼり、計測時間も短くなるように工夫することが大切である。乳幼児は特に、メジャーなどが体に触れることをいやがるので手早くはからなければならない。また、計測器を扱うときに、子供が動いて計測器にあたり、けがをすることのないように充分注意が必要である。乳幼児は授乳や飲食によって腹突囲が周囲径で約1.5～2cm程度大きく変化するので計測表にいつ食事をしたか時間を記録しておくことも大切である。これらを考慮して、子供があきないように、おもちゃなどを用意して遊ばせながら手早くはかるようにしたい。

（1）計測項目と計測法

①身長 ....マルチン式計測器の身長計かメジャーを使う。メジャー計測の場合は壁の前にまっすぐ立ち、頭・背・殿部のうちいずれかの部位が壁についたとき、頭の上に直角を求められるものをあててAから床までをはかる。(図J)

②股下高 ....股の位置から床までの垂直距離を身長計またはメジャーではかる。

③頭回り ....眉間の上にメジャーをあて、後頭部の突出点を通る一周はかる。

④首回り ....乳幼児では特に首が短いためはかりにくいが、首回りにメジャーを一周してはかる。

⑤乳頭位胸囲 ....乳頭点を通る位置を水平に一周した長さをはかる。メジャーが後ろ下がりになりやすいので、体の横に鏡を置き、横からメジャーが水平になっているか確認するとよい。補助者がいる場合は横から水平であることを確認してもらう。

⑥腹突囲 ....側面から見て腹部のいちばん出ている位置をメジャーで水平に一周はかる。

⑦殿突囲 ....側面から見て殿部のいちばん出ている位置をメジャーで水平に一周はかる。

⑧大腿最大囲 ....右足のつけ根の下あたりで最も太い位置を一周はかる。皮膚が柔らかいので、締めすぎないようそっとメジャーをあてるとよい。

⑨下腿最大囲 ....右足のふくらはぎの最も太い位置を一周はかる。

⑩下腿最小囲 ....右足首の細い位置を一周はかる。

乳幼児・子供計測項目表

	計測項目	計測値
1	身長	
2	股下高	
3	頭回り	
4	首回り	
5	乳頭位胸囲	
6	腹突囲	
7	殿突囲	
8	大腿最大囲	
9	下腿最大囲	
10	下腿最小囲	
11	腕つけ根囲	
12	上腕最大囲	
13	手首回り	
14	手のひら回り	
15	袖丈	
16	背肩幅	
17	股上前後長	
18	背丈	
19	総丈	
20	体重	

⑪腕つけ根囲......右腕つけ根を一周はかるが、この部位は特に柔らかく動きやすいのでメジャーを締めすぎないように、脇の下にぴったりあたっているか確認する。細目のメジャーを使うとはかりやすい。

⑫上腕最大囲....右腕つけ根の下で最も太い位置を一周はかる。

⑬手首回り........手首の細いところを一周はかる。

⑭手のひら回り..親指を手のひらに軽くつけた状態で親指のつけ根と4本指のつけ根の位置を一周はかる。

⑮袖丈................右腕のショルダーポイントから手首の小指側の骨を皮膚の上からさぐり、その長さをはかる。

⑯背肩幅............左のショルダーポイントからバックネックポイントを通り、右のショルダーポイントまでをはかる。バックネックポイントは、首を前に傾けて骨（第7頸椎）の突出点を探すが、計測するときは首をもとに戻して（耳眼水平）はかる。

⑰股上前後長....腹突囲にウエストベルトを軽く回し、前腹突位から股をくぐらせ、後ろのベルト位置までをはかる。

⑱背丈................バックネックポイントから体の正中で後ろウエストベルトまでの体表長をはかる。

⑲総丈................バックネックポイントから床までの長さをはかる。

⑳体重................裸またはそれに近い状態で体の重さをはかる。

　いずれの計測も一人で立てない場合は寝かせたり抱き上げたりしてはかる。また、おむつをしている子はアウターウェア着用のときに必ずおむつをするので、周囲径や股上前後長などの計測の際はおむつの上からの寸法をはかる。寝かせて身長をはかる場合は、足もとに箱のようなものを置いて足をつけた状態ではかるとよい。

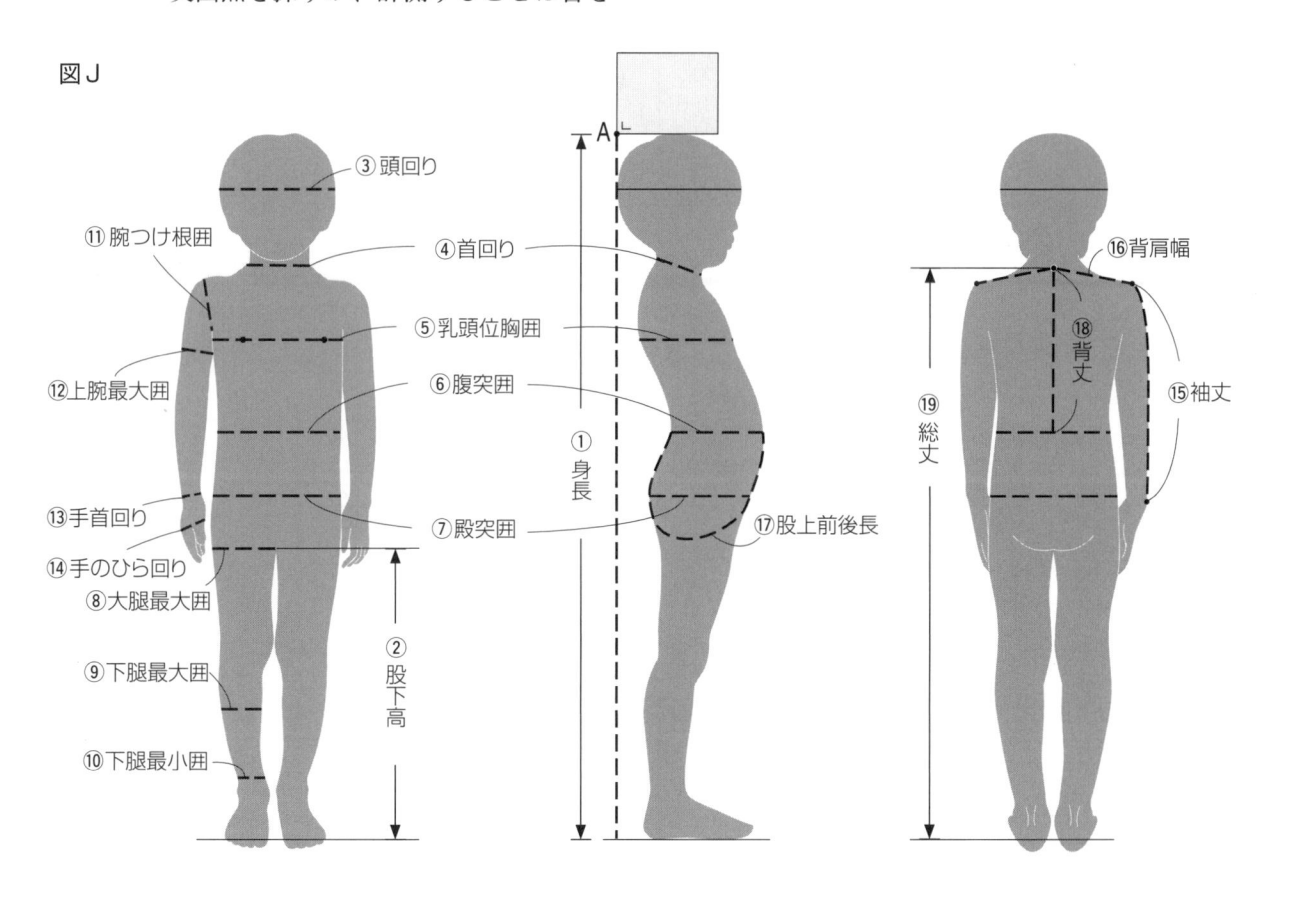

図J

第2章 子供服製作に必要な計測　29

(2) 参考寸法

計測値の参考資料として日本産業規格（JIS）のサイズ表—乳幼児用（L4001）、少年用（L4002）、少女用（L4003）を示す。

乳幼児用衣料のサイズ　JIS L 4001-2023

●サイズの呼び方　　　　　　　　　　　　　　　　単位cm

	呼び方	50	60	70	80	90	100
基本身体寸法	身長	50	60	70	80	90	100
	体重(kg)	3	6	9	11	13	16
参考	身長	49.5*	60	70	80	90	100
	体重(kg)	3.2*	6.4	8.6	10.9	13.1	16.1
	また(股)の高さ	—	—	23.8	29.6	35.4	40.9
	足長	—	8.8	10.6	12.8	14.5	16.0
	頭囲	33.4*	40.5	44.7	47.5	48.7	50.0
	バスト(1)	32.5*	41.7	45.6	48.7	50.7	53.6
	腹囲	—	39.8	42.0	45.4	47.2	50.2
	ヒップ	—	41.1	44.2	46.9	50.1	54.5
	胴縦囲	—	66.8	74.5	80.7	86.7	93.7
	首つけ根囲	—	23.4	24.0	24.1	25.1	26.6
	上腕最大囲	—	14.2	15.0	15.3	15.9	16.9
	手くび囲	—	10.4	11.0	11.0	11.3	11.9
	掌囲	—	9.9	11.0	11.6	12.3	13.3
	大たい(腿)最大囲	—	25.2	26.2	27.2	29.7	32.5
	下たい(腿)最大囲	—	16.3	18.0	19.3	20.4	22.3
	総丈	—	—	55.9	64.0	72.3	80.9
	腕の長さ	—	17.7	21.0	24.9	28.0	31.3
	背肩幅	—	17.2	19.5	21.8	24.2	26.6

注(1)　男子もバスト位で計測した。
参考　参考欄は、昭和55年度に実施した"既製衣料の寸法基準作成のための日本人の体格調査研究"の解析結果によった。ただし、*の数値は、厚生省の調査結果に基づき算出した。

少年用衣料のサイズ　JIS L 4002-2023

●体型区分

体型	意　味
A体型	日本人の少年の身長を90cmから185cmの範囲内で、10cm間隔で区分したとき、身長と胸囲又は胴囲の出現率が高い胸囲又は胴囲で示される少年の体型。
Y体型	A体型より胸囲又は胴囲が6cm小さい人の体型。
B体型	A体型より胸囲又は胴囲が6cm大きい人の体型。
E体型	A体型より胸囲又は胴囲が12cm大きい人の体型。

注(1)　この規格でいう胸囲とは、乳頭位胸囲である

サイズの種類と呼び方

●A体型　　　　　　　　　　　　　　　　　　　　単位cm

	呼び方	90A	100A	110A	120A	130A	140A	150A	160A	170A	180A
基本身体寸法	身長	90	100	110	120	130	140	150	160	170	180
	胸囲	48	52	56	60	64	68	74	80	86	92
	胴囲	48	50	52	54	56	58	62	66	70	74

	呼び方	95A	105A	115A	125A	135A	145A	155A	165A	175A	185A
基本身体寸法	身長	95	105	115	125	135	145	155	165	175	185
	胸囲	50	54	58	62	66	71	77	83	89	95
	胴囲	49	51	53	55	57	60	64	68	72	76

●Y体型　　　　　　　　　　　　　　　　　　　　単位cm

	呼び方	120Y	130Y	140Y	150Y	160Y	170Y	180Y
基本身体寸法	身長	120	130	140	150	160	170	180
	胸囲	54	58	62	68	74	80	86
	胴囲	48	50	52	56	60	64	68

●B体型　　　　　　　　　　　　　　　　　　　　単位cm

	呼び方	120B	130B	140B	150B	160B	170B	180B
基本身体寸法	身長	120	130	140	150	160	170	180
	胸囲	66	70	74	80	86	92	98
	胴囲	60	62	64	68	72	76	80

●E体型　　　　　　　　　　　　　　　　　　　　単位cm

	呼び方	130E	140E	150E	160E	170E
基本身体寸法	身長	130	140	150	160	170
	胸囲	76	80	86	92	98
	胴囲	68	70	74	78	82

備考　身長に対して胴囲が著しく大きなものが必要な場合には、特例として、次表を適用することができる。ただし、この場合対応する身長を範囲で表示する

●E体型（胴囲）

基本身体寸法	胸囲	73	76	79	82	85	88	91

表示例　身長145～155
　　　　　胴囲　76

少女用衣料のサイズ　JIS L 4003-2023

●体型区分

体型	意　味
A体型	日本人の少女の身長を90cmから175cmの範囲内で、10cm間隔で区分したとき、身長と胸囲又は身長と胴囲の出現率が高い胸囲又は胴囲で示される少女の体型。
Y体型	A体型より胸囲又は胴囲が6cm小さい人の体型。
B体型	A体型より胸囲又は胴囲が6cm大きい人の体型。
E体型	A体型より胸囲又は胴囲が12cm大きい人の体型。

サイズの種類と呼び方

●A体型　　　　　　　　　　　　　　　　　　　　単位cm

	呼び方	90A	100A	110A	120A	130A	140A	150A	160A	170A
基本身体寸法	身長	90	100	110	120	130	140	150	160	170
	胸囲	48	52	56	60	64	68	74	80	86
	胴囲	46	48	50	52	54	56	59	62	65

	呼び方	95A	105A	115A	125A	135A	145A	155A	165A	175A
基本身体寸法	身長	95	105	115	125	135	145	155	165	175
	胸囲	50	54	58	62	66	71	77	83	89
	胴囲	47	49	51	53	55	58	61	64	67

●Y体型　　　　　　　　　　　　　　　　　　　　単位cm

	呼び方	120Y	130Y	140Y	150Y	160Y	170Y
基本身体寸法	身長	120	130	140	150	160	170
	胸囲	54	58	62	68	74	80
	胴囲	46	48	50	53	56	59

●B体型　　　　　　　　　　　　　　　　　　　　単位cm

	呼び方	120B	130B	140B	150B	160B	170B
基本身体寸法	身長	120	130	140	150	160	170
	胸囲	66	70	74	80	86	92
	胴囲	58	60	62	65	68	71

●E体型　　　　　　　　　　　　　　　　　　　　単位cm

	呼び方	130E	140E	150E	160E
基本身体寸法	身長	130	140	150	160
	胸囲	76	80	86	92
	胴囲	66	68	71	74

備考　身長に対して胴囲が著しく大きなものが必要な場合には、特例として、次表を適用することができる。ただし、この場合対応する身長を範囲で表示する

●E体型（胴囲）

基本身体寸法	胸囲	72	75	78	81

表示例　身長140～150
　　　　　胴囲　75

日本産業規格の計測データは計測された年度が古いことや、少年少女用では衣服製作に必要な身体各部の寸法がないため、別の参考資料を示す。

1) 2002年度子供計測

対象年齢：2～3歳（立位計測可能）～中学3年生

計測者：文化服装学院、北海道文化服装専門学校、香蘭ファッションデザイン専門学校各学生と教職員

総被験者2,837人

身長別計測平均値（2002年度　子供計測）

単位cm

身長	頭囲	乳頭囲胸囲	へそ回り	腹突囲	殿突囲	背肩幅	背丈(へそ位置)	背丈(腹突位置)	ゆき丈	体重(kg)
70cm	76.8	48.1	48.1	46.4	46.5	48.0	21.6	21.0	21.6	34.3	10.7
80cm	85.6	48.4	49.4	47.6	50.4	50.1	23.8	22.4	23.4	38.1	11.8
90cm	94.5	49.7	51.4	49.1	50.1	52.8	26.2	24.3	25.5	41.4	13.9
100cm	104.6	50.6	55.8	51.0	52.4	56.7	27.5	26.5	27.5	46.3	16.8
110cm	114.0	52.8	57.7	53.6	55.0	64.2	29.0	28.1	29.4	52.0	20.3
120cm	127.7	52.5	61.2	56.3	58.4	65.5	31.4	30.5	32.9	55.3	24.8
130cm	134.3	53.2	65.4	59.9	63.8	71.3	34.0	32.9	34.3	60.0	30.6
140cm	144.3	54.0	71.1	63.4	65.7	78.6	36.2	35.2	36.7	64.9	37.2
150cm	154.4	54.9	77.4	66.4	70.1	83.0	39.7	38.3	39.1	69.6	44.9
160cm	163.7	55.9	80.3	72.1	71.1	86.5	42.3	41.5	42.5	73.8	51.8
170cm	172.3	56.5	83.9	72.1	74.9	89.8	42.6	45.0	46.9	77.3	59.9

2) 2000年度子供計測

対象年齢：都内中学生1～3年生

計測者：文化・服装形態機能研究所

被験者171人

学年別計測平均値（都内中学生）

単位cm

	身長	体重(kg)	バスト	ウエスト	ヒップ	肩傾斜右	肩傾斜左	背丈	袖丈
全体	156.2	49.4	81.9	64.6	89.7	23.5	23.3	36.5	49.6
1年生	152.9	46.6	80.3	64.5	88.1	24.5	24.4	35.7	48.6
2年生	155.9	48.6	81.6	63.6	88.4	23.5	23.5	36.4	49.7
3年生	158.9	52.1	83.5	65.4	91.8	22.6	22.1	37.2	50.5

身長別計測平均値

単位cm

	身長	体重(kg)	バスト	ウエスト	ヒップ	肩傾斜右	肩傾斜左	背丈	袖丈
140～144.9cm	142.7	36.1	71.1	57.4	79.4	24.0	24.0	33.2	45.6
145～149.9cm	148.0	43.9	79.1	62.5	86.4	23.8	24.6	34.5	46.9
150～154.9cm	152.7	46.3	80.1	63.2	88.0	23.6	23.5	35.7	48.3
155～159.9cm	157.4	50.2	82.8	64.8	90.2	23.7	23.6	36.8	50.3
160～169.9cm	163.0	55.3	85.2	67.5	93.3	23.1	23.0	38.1	51.9

3) 子供の計測値

下表は6人の子供を計測した寸法であり、子供は個人差が大きくあらわれるので、あくまでも参考資料として示してある。

女児（生後8日目）

単位cm

	計測項目	計測値
1	身長	49.0
2	股下高	—
3	頭回り	33.1
4	首回り	18.3
5	乳頭位胸囲	32.5
6	腹突囲	35.0
7	殿突囲	28.5（おむつ35.2）
8	大腿最大囲	16.1
9	下腿最大囲	11.5
10	下腿最小囲	8.5
11	腕つけ根囲	14.5
12	上腕最大囲	10.3
13	手首回り	7.9
14	手のひら回り	7.7
15	袖丈	14.0
16	背肩幅	14.3
17	股上前後長	23.3（おむつ29.0）
18	背丈	14.8
19	総丈	36.0
20	体重	2.9kg

男児（6か月）

単位cm

	計測項目	計測値
1	身長	64.2
2	股下高	20.6
3	頭回り	44.0
4	首回り	23.5
5	乳頭位胸囲	42.5
6	腹突囲	41.2
7	殿突囲	43.7（おむつ45.5）
8	大腿最大囲	27.7
9	下腿最大囲	18.9
10	下腿最小囲	12.8
11	腕つけ根囲	19.8
12	上腕最大囲	15.0
13	手首回り	10.0
14	手のひら回り	13.3
15	袖丈	18.9
16	背肩幅	18.3
17	股上前後長	34.0（おむつ38.1）
18	背丈	16.6
19	総丈	50.7
20	体重	7.5kg

女児（14か月）

単位cm

	計測項目	計測値
1	身長	73.4
2	股下高	24.6
3	頭回り	46.5
4	首回り	21.9
5	乳頭位胸囲	45.5
6	腹突囲	42.1
7	殿突囲	45.6（おむつ49.5）
8	大腿最大囲	26.8
9	下腿最大囲	20.2
10	下腿最小囲	14.5
11	腕つけ根囲	20.9
12	上腕最大囲	17.0
13	手首回り	11.9
14	手のひら回り	14.6
15	袖丈	23.1
16	背肩幅	20.5
17	股上前後長	34.7（おむつ40.5）
18	背丈	18.9
19	総丈	55.8
20	体重	8.6kg

女児

単位cm

	計測項目	計測値
1	身長	92.6
2	股下高	38.5
3	頭回り	47.5
4	首回り	25.0
5	乳頭位胸囲	52.6
6	腹突囲	50.4
7	殿突囲	53.6
8	大腿最大囲	32.3
9	下腿最大囲	22.9
10	下腿最小囲	15.4
11	腕つけ根囲	22.7
12	上腕最大囲	18.2
13	手首回り	12.1
14	手のひら回り	15.1
15	袖丈	29.0
16	背肩幅	26.0
17	股上前後長	43.0
18	背丈	21.0
19	総丈	74.5
20	体重	13.8kg

男児

単位cm

	計測項目	計測値
1	身長	107.0
2	股下高	45.1
3	頭回り	51.2
4	首回り	25.5
5	乳頭位胸囲	54.0
6	腹突囲	52.4
7	殿突囲	56.1
8	大腿最大囲	33.5
9	下腿最大囲	23.8
10	下腿最小囲	15.7
11	腕つけ根囲	25.5
12	上腕最大囲	18.0
13	手首回り	11.5
14	手のひら回り	16.8
15	袖丈	34.8
16	背肩幅	27.8
17	股上前後長	44.9
18	背丈	25.0
19	総丈	85.0
20	体重	17.4kg

女児

単位cm

	計測項目	計測値
1	身長	136.6
2	股下高	64.9
3	頭回り	54.0
4	首回り	29.3
5	乳頭位胸囲	69.8
6	腹突囲	58.6
7	殿突囲	73.5
8	大腿最大囲	47.5
9	下腿最大囲	30.4
10	下腿最小囲	19.8
11	腕つけ根囲	33.5
12	上腕最大囲	23.2
13	手首回り	13.6
14	手のひら回り	20.4
15	袖丈	45.8
16	背肩幅	33.4
17	股上前後長	55.5
18	背丈	30.8
19	総丈	114.4
20	体重	33.4kg

2. 体型と原型

(1) 子供服原型について

　文化式子供原型は「株式会社ベベ」と共同開発した、現代の子供の体型の特徴を的確に反映したダミーをモデルとして開発した原型である。

　子供の体型は成人をそのまま小型化したものではなく、成長する過程で体型やプロポーションが変化する。したがって子供用の原型は、成長過程を考慮して作製しなくてはならない。文化式子供原型は、乳児期をのぞき、成長過程別に、身長90cm、身長110cm、身長140cm（男児、女児）、身長160cm（女児）を対象として作製したものである。

1) 原型の特徴（形態について）

　身長90〜110cmまでは男女の体型差はあまりみられず、腹部が極端に突出し、背中から殿部にかけてのカーブが強いため、前身頃では腹ぐせダーツ、後ろ身頃では背面のカーブに合わせて、肩ダーツ、ウエストダーツが入れてある。

　身長140cmくらいから男女の体型差があらわれるため、男児は胸部、肩部が厚みを増し、腹部の突出も目立たなくなる。女児は乳房がふくらみはじめ、バスト寸法とウエスト寸法の差も多くなるため、腹ぐせダーツは胸ぐせダーツとなり、前身頃にウエストダーツが入る。

　原型作図の基本となる身幅のゆとりは、袖のついたブラウスやワンピースに作製した場合にちょうどよい分量を加えてある。

2) アイテム別パターンのゆとりについて

　子供は日々成長しているので、製作する時点で、原型にどの程度のゆとりを加えるかが重要になる。ゆとりが多いと長期に着られるという考え方もあるが、原型に加えるゆとりが多すぎると子供の動きがさまたげられ、デザイン上のバランスやかわいらしさも損なわれてしまう。長期に着用させたい場合は、大きめの原型でパターンを作製するとよい。

原型各部の名称　90、110cm

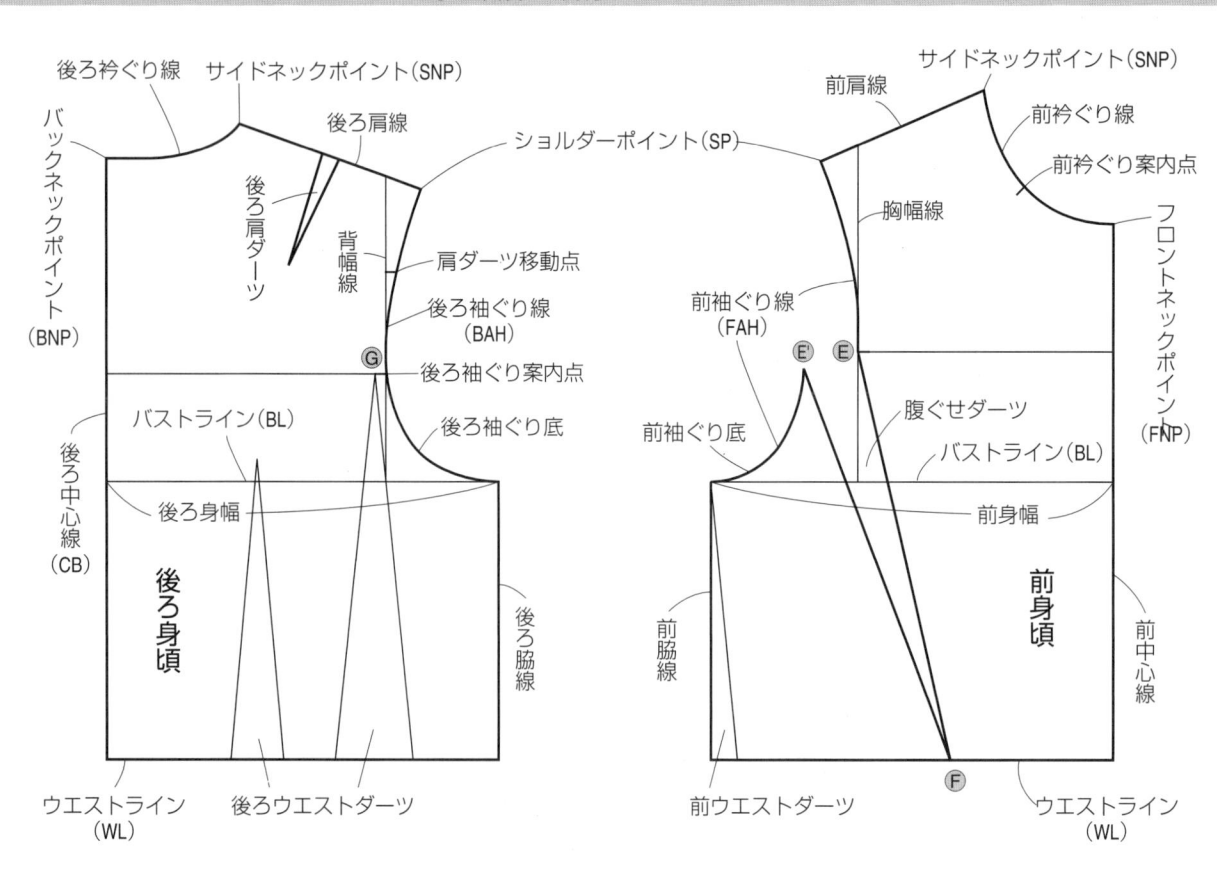

原型各部の名称　140cm

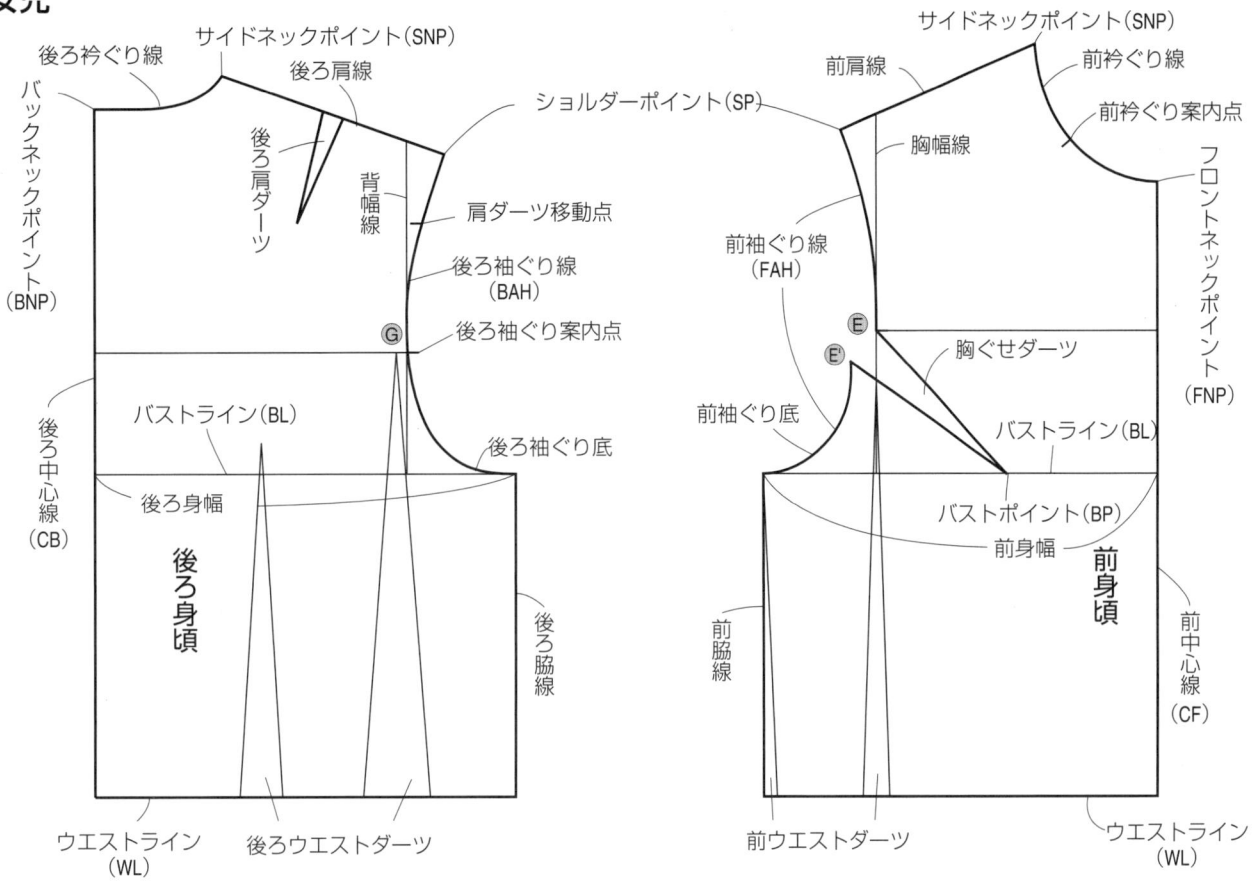

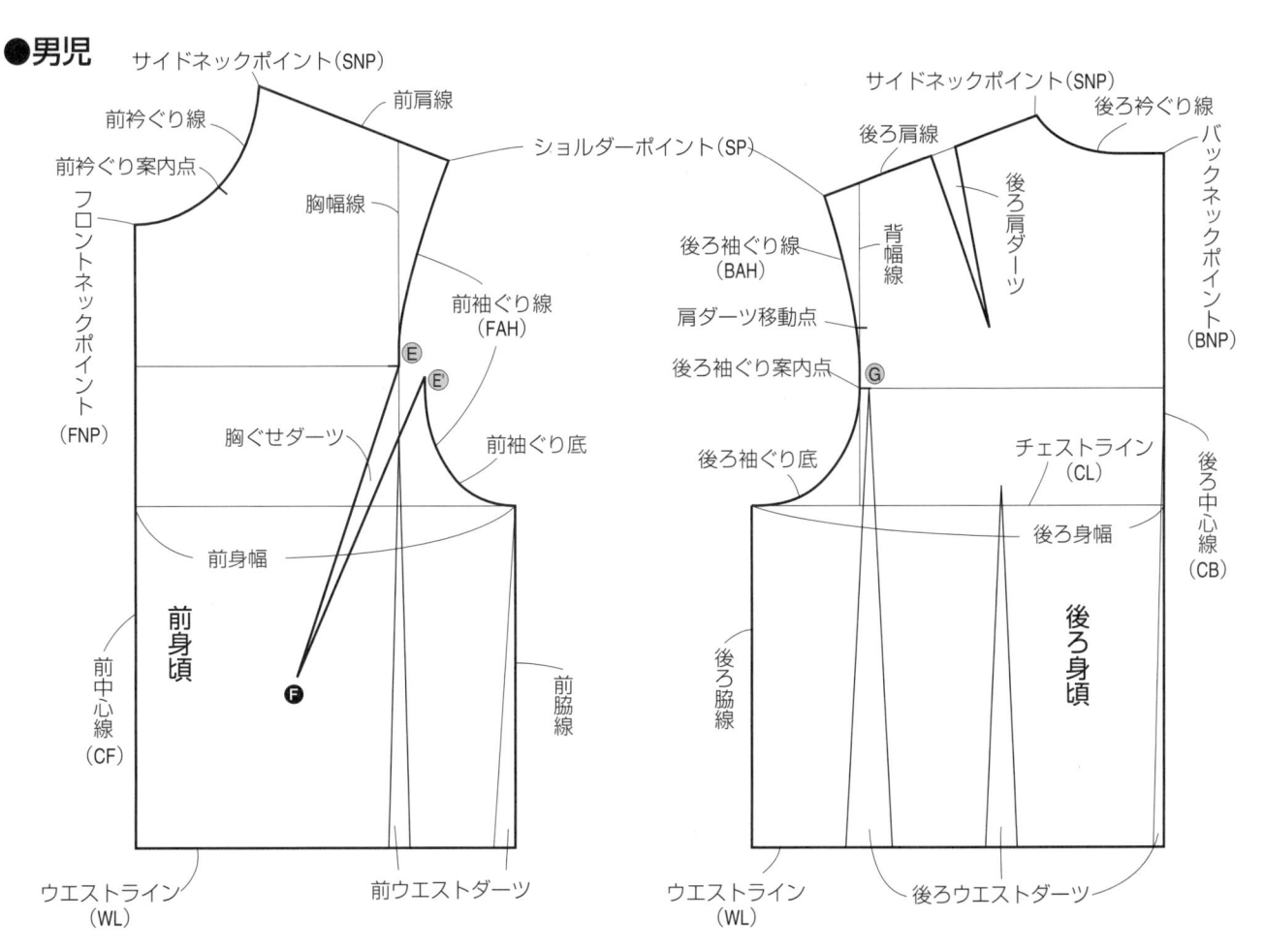

●女児

後ろ身頃:
- 後ろ衿ぐり線
- サイドネックポイント（SNP）
- 後ろ肩線
- 後ろ肩ダーツ
- ショルダーポイント（SP）
- 背幅線
- 肩ダーツ移動点
- バックネックポイント（BNP）
- 後ろ袖ぐり線（BAH）
- 後ろ袖ぐり案内点　G
- 後ろ中心線（CB）
- バストライン（BL）
- 後ろ身幅
- 後ろ袖ぐり底
- 後ろ脇線
- ウエストライン（WL）
- 後ろウエストダーツ

前身頃:
- サイドネックポイント（SNP）
- 前肩線
- 前衿ぐり線
- 胸幅線
- 前衿ぐり案内点
- ショルダーポイント（SP）
- 前袖ぐり線（FAH）
- フロントネックポイント（FNP）
- E・E'
- 胸ぐせダーツ
- 前袖ぐり底
- バストライン（BL）
- バストポイント（BP）
- 前身幅
- 前脇線
- 前中心線（CF）
- ウエストライン（WL）
- 前ウエストダーツ

●男児

前身頃:
- サイドネックポイント（SNP）
- 前肩線
- 前衿ぐり線
- 前衿ぐり案内点
- 胸幅線
- ショルダーポイント（SP）
- フロントネックポイント（FNP）
- 前袖ぐり線（FAH）
- E・E'
- 胸ぐせダーツ
- 前袖ぐり底
- 前身幅
- 前脇線
- 前中心線（CF）
- F
- ウエストライン（WL）
- 前ウエストダーツ

後ろ身頃:
- サイドネックポイント（SNP）
- 後ろ肩線
- 後ろ衿ぐり線
- 後ろ肩ダーツ
- バックネックポイント（BNP）
- 後ろ袖ぐり線（BAH）
- 背幅線
- 肩ダーツ移動点
- 後ろ袖ぐり案内点　G
- 後ろ袖ぐり底
- チェストライン（CL）
- 後ろ身幅
- 後ろ中心線（CB）
- 後ろ脇線
- ウエストライン（WL）
- 後ろウエストダーツ

第2章　子供服製作に必要な計測

（2）原型のかき方

※作図で使用している寸法は、文化・形態機能研究所での計測値である。

身長90cm

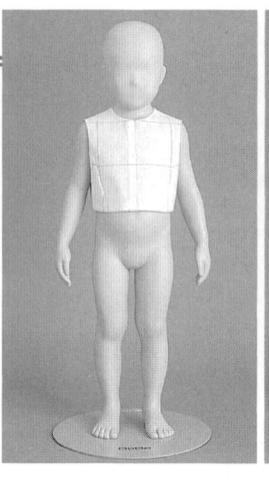

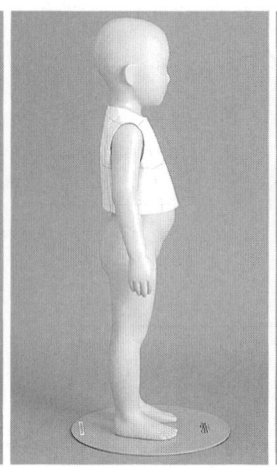

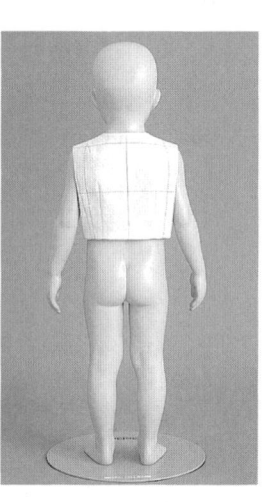

バ ス ト＝53cm
ウエスト＝50cm
背　　丈＝22.5cm

身長90cm前後では$\frac{身長}{4}$
体型的にウエストラインの設定が難しいので、身長とのバランスで決めてある。

基礎線のかき方

①〜⑯の順に各部の寸法を算出し、基本線をかき、作図上の案内点❹〜❺を記入する。

① .... ❹点より下方に背丈寸法（$\frac{身長}{4}$）をとりウエストとし、この線を後ろ中心線とする。

②....... ③ウエストの水平線上に後ろ中心から身幅（$\frac{B}{2}$に$\frac{B}{8}$のゆとりを加えた寸法）をとり、その点を直上して前中心線をかく。

④ .... ❹点から$\frac{\emptyset}{2}$＋1cm下がった位置をバストライン（BL）とし、水平に前中心線と結ぶ。

⑤ .... 後ろ中心線からBL上に背幅（$\frac{B}{5}$＋1.2cm）をとって❹点とする。

⑥⑦... ❹点を直上して背幅線をかき、❹点からの水平線と結ぶ。

⑧ .... ❹点からBLまでを3等分し、$\frac{1}{3}$の点から背幅線まで水平線をかき、交点を❹点とする。

⑨ .... BL上で背幅寸法を2等分した中点を直上し、線⑦と結ぶ。その点から❹点までを後ろ衿ぐり幅（◎）とする。

⑩⑪... 線⑦⑨の交点から後ろ衿ぐり幅の$\frac{1}{4}$を直上して後ろ身頃サイドネックポイント（SNP）とし、この点から前中心線に向かって水平線をかく。

⑫⑬... 前中心線からBL上に胸幅（$\frac{B}{5}$）をとり❹点とする。❹点を直上し、線⑪との交点より1.5cm上がった点を求める。

⑭⑮... 線⑬で求めた点から水平線をかき、前中心線との交点を❹点とする。❹点から線⑭上に前衿ぐり幅（◎－0.2＝○）をとり前身頃SNPとし、その点からウエストライン（WL）まで直下線をかく。

⑯ .... 前中心線のBLから❹点までを3等分し、$\frac{1}{3}$の点から胸幅線まで水平線をかき、交点を❺点とする。

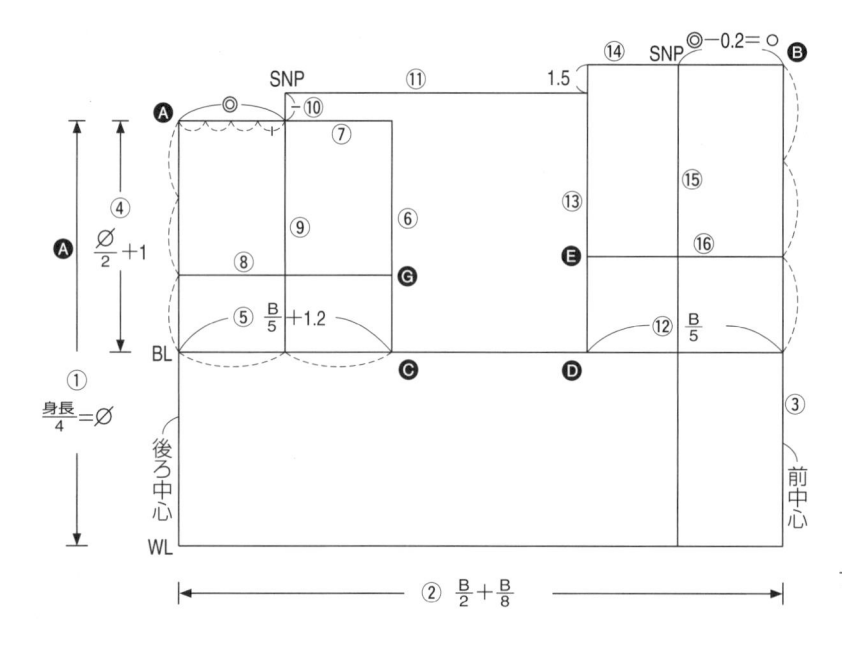

$\frac{1}{4}$縮図

輪郭線のかき方

●前衿ぐり線をかく
⑰ B点から前中心線上に前衿ぐり幅（○）と同寸法をとって線⑮と結び、B点からの対角線を3等分し、$\frac{1}{3}$の点から0.3下がった位置を案内点として前衿ぐり線をかく。

●前肩線をかく
⑱ 前身頃SNPを基点に水平線に対し23°の前肩傾斜をとり、肩線をかく。胸幅線と前身頃SNPの間の$\frac{1}{3}$を●とし、●−0.2cmを胸幅線から水平に延長して前肩幅を決める。前肩幅を△とする。

●腹ぐせダーツをかく
⑲ WL上に線⑮から1.5cm脇寄りの位置をF点としE点と結び、F点を基点に8°とり、この角度を延長してE〜F間と同寸法の点をE点とする。E点を直下し、BLの交点をD点とする。

●脇線を決める
⑳ C〜D間を2等分し、中点から0.5cm前寄りの位置を直下して脇線とする。

●前袖ぐり線をかく
㉑ 前肩先点で肩線に対し直角にかき始め、E点より1.5cm上がったあたりの位置で胸幅線と接するように袖ぐり線をかく。C〜Dを4等分した寸法を▲とし、袖ぐり底はD点から45°の線上に▲−0.5cmの位置を通り、脇線でBLに接するようにかく。腹ぐせダーツを閉じ、線がきれいにつながるように修正する。

●後ろ衿ぐり線をかく
㉒ A点から水平線にそって後ろ衿ぐり幅の中点までかき、SNPに向かってカーブ線をかく。

●後ろ肩線と肩ダーツをかく
㉓ 後ろ身頃SNPを基点に、水平線に対し19°の後ろ肩傾斜をとり、肩線をかく。前肩幅（△）にダーツ量（$\frac{△}{10}$）を加えてサイドネックポイントからとり、肩幅の中点にダーツ分量をとる。中点と線⑧⑨の交点を結び、肩線との中点をダーツ止りとする。

●後ろ袖ぐり線をかく
㉔ 後ろ肩先点で肩線に対し直角にかき始め、G点より1.5cm上がったあたりの位置で背幅線と接するように袖ぐり線をかく。袖ぐり底はC点から45°の線上に▲−0.3cmの位置を通り、脇線でBLに接するようにかく。

●ウエストダーツをかく
㉕ ウエストのゆとりは半身で3cmとし、残りをダーツ分とする。ダーツ分を6等分して後ろと前脇に配分してとる。

　　a＝脇線より前身頃側に$\frac{1}{6}$
　　b＝背幅線より0.5cm背中心寄りの点を直下した線を中心に$\frac{3}{6}$
　　c＝BL上で線⑨より0.5cm脇寄りを直下した線を中心に$\frac{2}{6}$

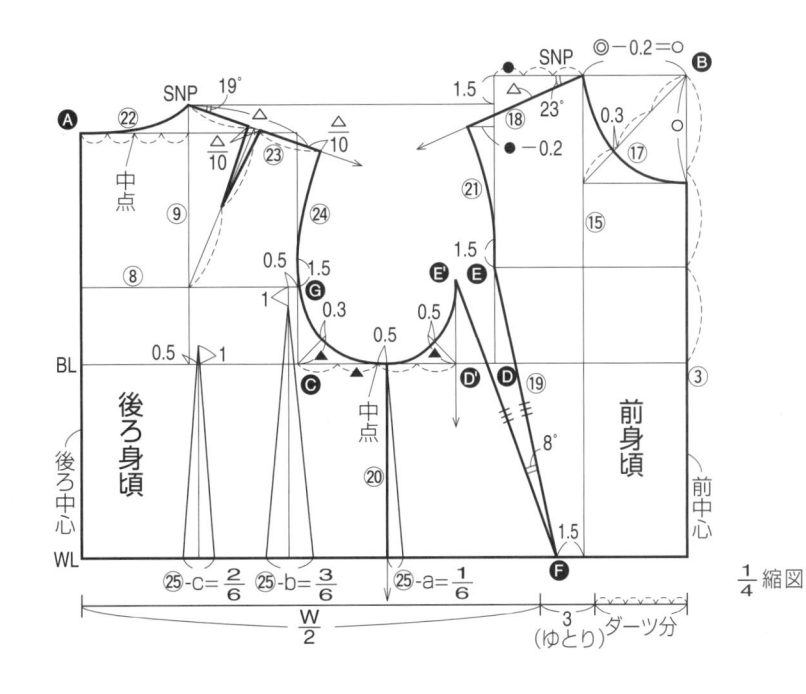

第2章 子供服製作に必要な計測

身長110cm

バスト＝58cm
ウエスト＝52cm
背　丈＝26.5cm

身長110cm前後では $\frac{身長}{4}-1$ cm
体型的にウエストラインの設定が難しいので、身長とのバランスで決めてある。

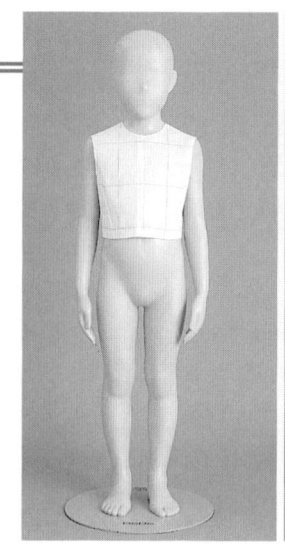

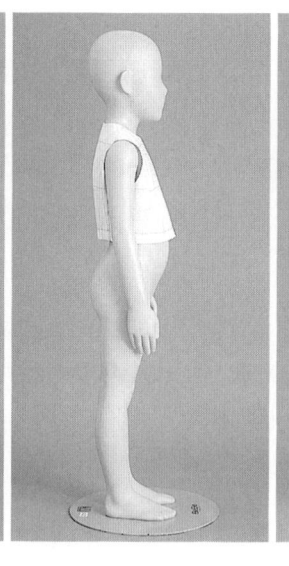

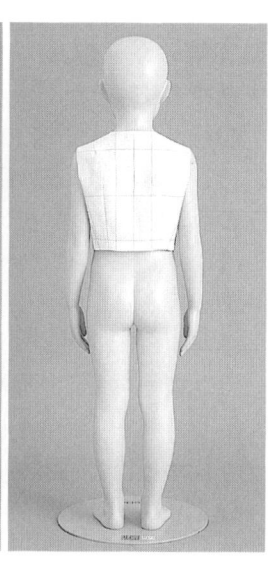

基礎線のかき方

①〜⑯の順に各部の寸法を算出し、基本線をかき、作図上の案内点Ⓐ〜Ⓔを記入する。

① ……Ⓐ点より下方に背丈寸法（$\frac{身長}{4}-1=\emptyset$）をとりウエストとし、この線を後ろ中心線とする。

②③…ウエストの水平線上に後ろ中心から身幅（$\frac{B}{2}$に$\frac{B}{8}$のゆとりを加えた寸法）をとり、その点を直上して前中心線をかく。

④ ……Ⓐ点から $\frac{\emptyset}{2}+1$ cm下がった位置をバストライン（BL）とし、水平に前中心線と結ぶ。

⑤ ……後ろ中心線からBL上に背幅（$\frac{B}{5}+1.2$ cm）をとってⒸ点とする。

⑥⑦…Ⓒ点を直上して背幅線をかき、Ⓐ点からの水平線と結ぶ。

⑧ ……Ⓐ点からBLまでを3等分し、$\frac{1}{3}$の点から背幅線まで水平線をかき、交点をⒼ点とする。

⑨ ……BL上で背幅寸法を2等分した中点を直上し、線⑦の交点から0.3cm後ろ中心寄りの点を衿ぐり幅（◎）とする。

⑩⑪…後ろ衿ぐり幅から衿ぐり幅の$\frac{1}{4}$を直上して後ろ身頃サイドネックポイント（SNP）とし、この点から前中心線に向かって水平線をかく。

⑫⑬…前中心線からBL上に胸幅（$\frac{B}{5}$）をとりⒹ点とする。Ⓓ点を直上し、線⑪との交点より1.5cm上がった点を求める。

⑭⑮…線⑬で求めた点から水平線をかき、前中心線との交点をⒷ点とする。Ⓑ点から線⑭上に前衿ぐり幅（◎－0.2＝○）をとり前身頃SNPとし、その点からWLまで直下線をかく。

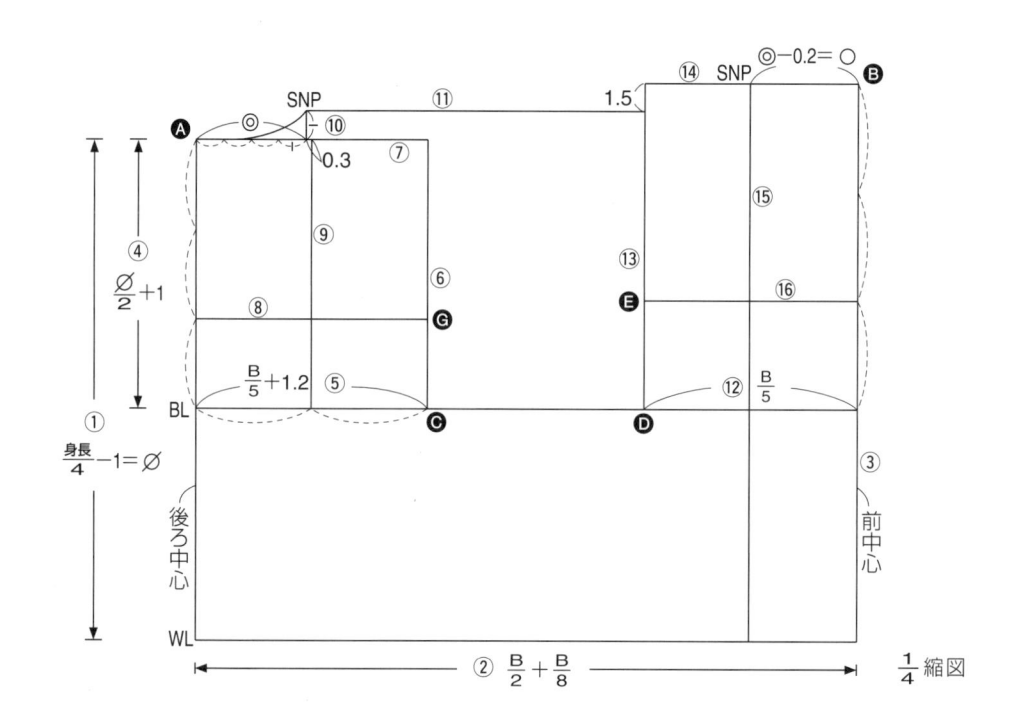

⑯ ……前中心線のBLからⒷ点までを3等分し、$\frac{1}{3}$の点から胸幅線まで水平線をかき、交点をⒺ点とする。

$\frac{1}{4}$縮図

輪郭線のかき方

●前衿ぐり線をかく
⑰......Ⓑ点から前中心線上に前衿ぐり幅（○）と同寸法をとって線⑮と結び、Ⓑ点からの対角線を3等分し、$\frac{1}{3}$の点から0.3下がった位置を案内点として前衿ぐり線をかく。

●前肩線をかく
⑱......前身頃SNPを基点に水平線に対し23°の前肩傾斜をとり、肩線をかく。胸幅線と前身頃SNPの間の$\frac{1}{3}$を●とし、●－0.2cmを胸幅線から水平に延長して前肩幅を決める。前肩幅を△とする。

●腹ぐせダーツをかく
⑲......WL上に線⑮から1.5cm脇寄りの位置をⒻ点とし、Ⓔ点と結び、Ⓕ点を基点に8°とり、この角度を延長してⒺ～Ⓕ間と同寸法の点をⒺ'点とする。Ⓔ点を直下し、BLの交点をⒹ点とする。

●脇線を決める
⑳......Ⓒ～Ⓓ間を2等分し、中点から0.5cm前寄りの位置を直下して脇線とする。

●前袖ぐり線をかく
㉑......前肩先点で肩線に対し直角にかき始め、Ⓔ点より1.5cm上がったあたりの位置で胸幅線と接するように袖ぐり線をかく。Ⓒ～Ⓓを4等分した寸法を▲とし、袖ぐり底はⒹ点から45°の線上に▲－0.5cmの位置を通り、脇線でBLに接するようにかく。腹ぐせダーツを閉じ、線がきれいにつながるように修正する。

●後ろ衿ぐり線をかく
㉒......Ⓐ点から水平線にそって後ろ衿ぐり幅の中点までかき、SNPに向かってカーブ線をかく。

●後ろ肩線と肩ダーツをかく
㉓......後ろ身頃SNPを基点に、水平線に対し19°の後ろ肩傾斜をとり、肩線をかく。前肩幅（△）にダーツ量（$\frac{△}{10}$）を加えてサイドネックポイントからとり、肩幅の中点にダーツ分量をとる。中点と線⑧⑨の交点を結び、肩線との中点をダーツ止りとする。

●後ろ袖ぐり線をかく
㉔......後ろ肩先点で肩線に対し直角にかき始め、Ⓖ点より1.5cm上がったあたりの位置で背幅線と接するように袖ぐり線をかく。袖ぐり底はⒸ点から45°の線上に▲－0.3cmの位置を通り、脇線でBLに接するようにかく。

●ウエストダーツをかく
㉕......ウエストのゆとりは半身で3cmとし、残りをダーツ分とする。ダーツ分を6等分して後ろと前脇に配分してとる。

a＝脇線より前身頃側に$\frac{1}{6}$

b＝背幅線より0.5cm背中心寄りの点を直下した線を中心に$\frac{3}{6}$

c＝BL上で線⑨より0.5cm脇寄りの点を直下した線を中心に$\frac{2}{6}$

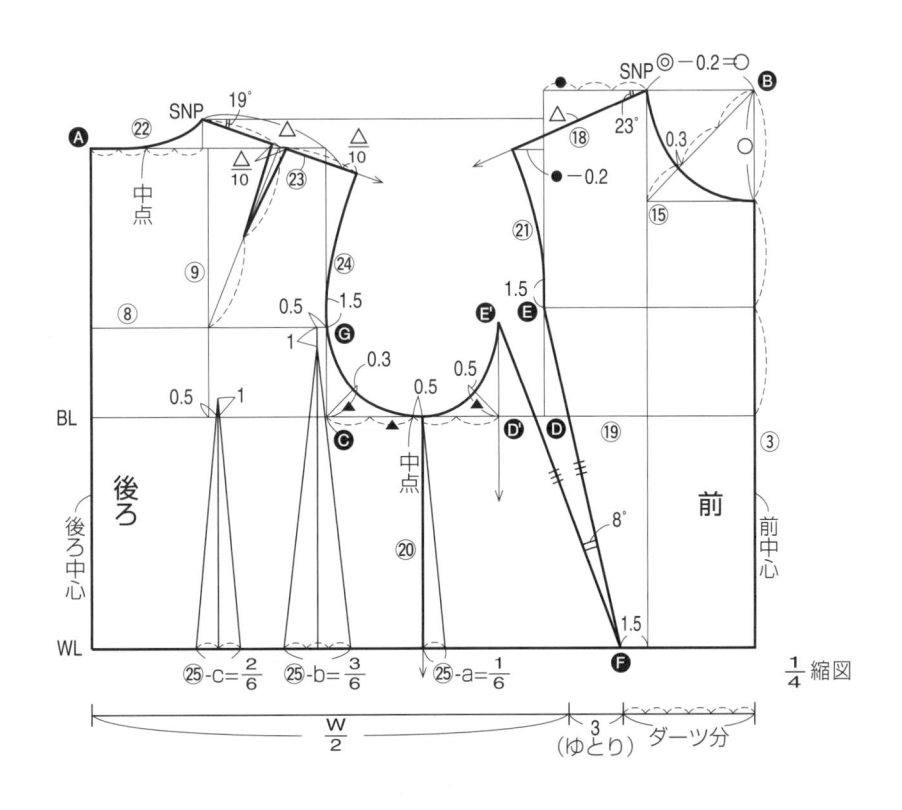

身長140cm 女児

バ ス ト＝70cm
ウエスト＝60cm
背　　丈＝33cm

　　　　身長140cm前後では $\frac{身長}{4}-2$cm
体型的にウエストラインの設定が難しいので、身長とのバランスで決めてある。

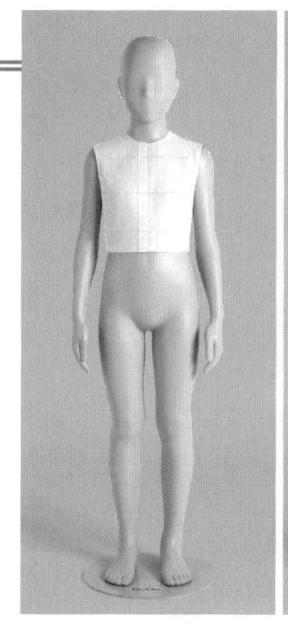

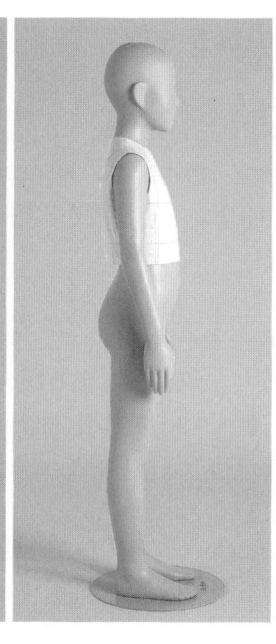

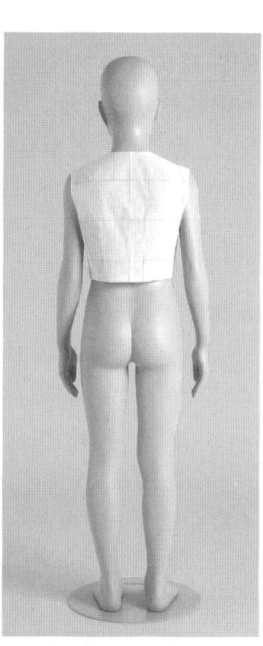

基礎線のかき方

①〜⑭の順に各部の寸法を算出し、基本線をかき、作図上の案内点Ⓐ〜Ⓔを記入する。

①........Ⓐ点より下方に背丈寸法（$\frac{身長}{4}-2$cm＝∅）をとりウエストとし、この線を後ろ中心線とする。

②③...ウエストの水平線上に後ろ中心から身幅（$\frac{B}{2}$に$\frac{B}{13}$のゆとりを加えた寸法）をとり、その点を直上して前中心線をかく。

④........Ⓐ点から$\frac{\emptyset}{2}+1$cm下がった位置をバストライン（BL）とし、水平に前中心線と結ぶ。

⑤........後ろ中心線からBL上に背幅（$\frac{B}{5}+1.4$cm）をとってⒸ点とする。

⑥⑦...Ⓒ点を直上して背幅線をかき、Ⓐ点からの水平線と結ぶ。

⑧........Ⓐ点からBLまでを3等分し、$\frac{1}{3}$の点から背幅線まで水平線をかき、交点をⒼ点とする。

⑨⑩...Ⓐ点より線⑦上に後ろ衿ぐり幅（$\frac{B}{24}+3.4$cm＝◎）をとり、その点から衿ぐり幅の$\frac{1}{4}$直上し、後ろ身頃サイドネックポイント（SNP）とする。さらにSNPから前中心に向かって水平線をかく。

⑪........前中心線からBL上に胸幅（$\frac{B}{5}$）をとりⒹ点とする。

⑫........Ⓓ点を直上して、線⑩の交点から1.5cm上がった点を求め、この点からWLまで垂直線をかく。

⑬........線⑫で求めた点から水平線をかき、前中心線との交点をⒷ点とする。

⑭........前中心線のⒷ点からBLまでを3等分し、$\frac{1}{3}$の点から胸幅線まで水平線をかき、交点をⒺ点とする。

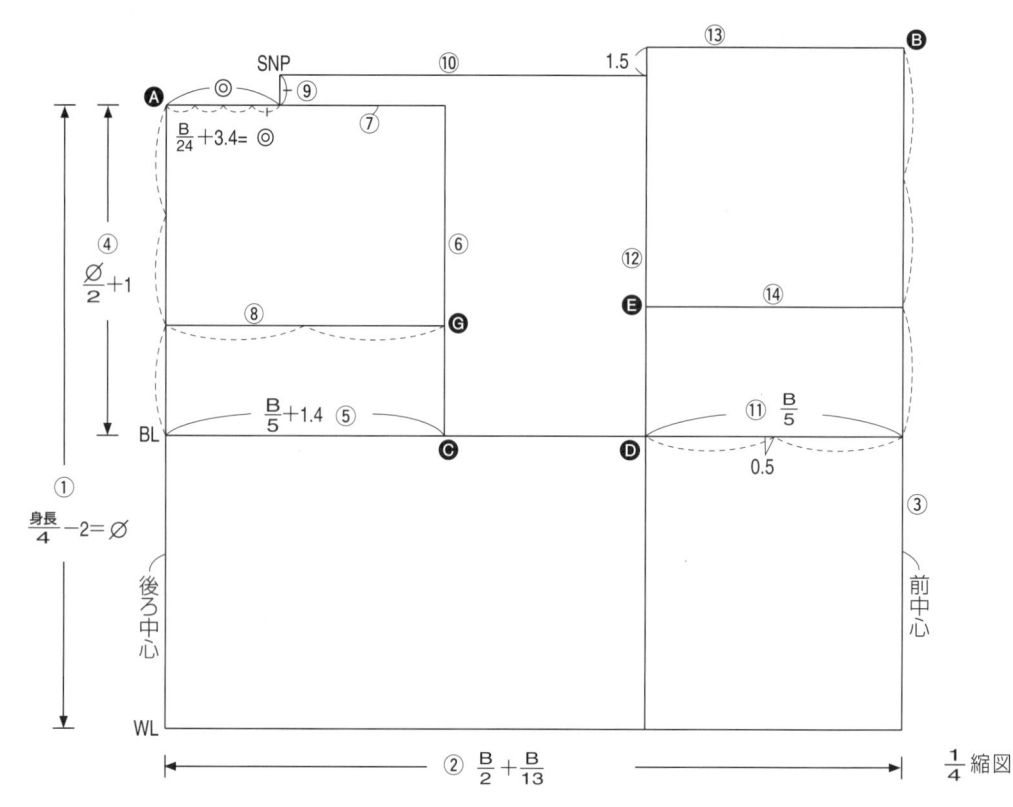

輪郭線のかき方

●前衿ぐり線をかく

⑮.......**B**点から線⑬上に前衿ぐり幅（◎−0.2＝○）をとり前身頃SNPとする。**B**点から前中心線上に衿ぐりの深さ（○＋0.5）をとり、SNPから直下した線と結び長方形をかく。**B**点から対角線をかき3等分し、$\frac{1}{3}$の点から0.3cm下がった位置を案内点として前衿ぐり線をかく。

●前肩線をかく

⑯.......前身頃SNPを基点に水平線に対し23°の前肩傾斜をとり、肩線をかく。SNPと胸幅線の間の$\frac{1}{4}$を●とし、●−0.2cmを胸幅線から水平に延長して前肩幅を決める。前肩幅を△とする。

●胸ぐせダーツをかく

⑰.......BL上で前中心線と**D**点間の中点から0.5cm脇寄りの位置を**F**点とし**E**点と結ぶ。**F**点を基点に胸ぐせダーツ量12°をとり、この角度を延長して**E**〜**F**間と同寸法の点を求め**E'**点とする。**E'**点を直下し、BLの交点を**D'**点とする。

●脇線を決める

⑱.......**C**〜**D'**間を2等分し、中点から0.5cm前寄りの点を直下して脇線とする。

●前袖ぐり線をかく

⑲.......前肩先点で肩線に対し直角にかき始め、**E**点より1cm上がったあたりの位置で胸幅線と接するように袖ぐり線をかく。**C**〜**D**を4等分した寸法を▲とし、袖ぐり底は、**D**点から45°の線上に▲−0.5cmの位置を通り、脇線でBLに接するようにかく。胸ぐせダーツを閉じ、線がきれいにつながるように修正する。

●後ろ衿ぐり線をかく

⑳.......**A**点から水平線にそって後ろ衿ぐり幅の中点までかき、SNPに向かってカーブ線をかく。

●後ろ肩線と肩ダーツをかく

㉑.......後ろ身頃SNPを基点に、水平線に対し19°の後ろ肩傾斜をとり、肩線をかく。前肩幅（△）にダーツ量（$\frac{△}{10}$）を加えてSNPからとり後ろ肩幅を決める。肩幅の中点と線⑧の中点から0.5cm脇寄りの点と結び、肩線との中点をダーツ止とする。

●後ろ袖ぐり線をかく

㉒.......後ろ肩先点で肩線に対し直角にかき始め、**G**点より1cm上がったあたり位置で背幅線と接するように袖ぐり線をかく。袖ぐり底は**C**点から45°の線上に▲−0.3cmの位置を通り、脇線でBLに接するようにかく。

●ウエストダーツをかく

㉓.......ウエストのゆとりは半身で3cmとし、残りをダーツ分とする。ダーツ分量の配分は、
　　a＝胸幅線を中心にダーツ分量の18％
　　b＝脇線より前に向かってダーツ分量の9％
　　c＝BL上で背幅線より0.5cm背中心寄りを直下した線を中心にダーツ分量の45％。線⑧より1cm下がった位置をダーツ止りとする。
　　d＝線⑧上で肩ダーツの案内点を直下した線を中心にダーツ分量の28％。BLより1.5cm上がった位置をダーツ止りとする。

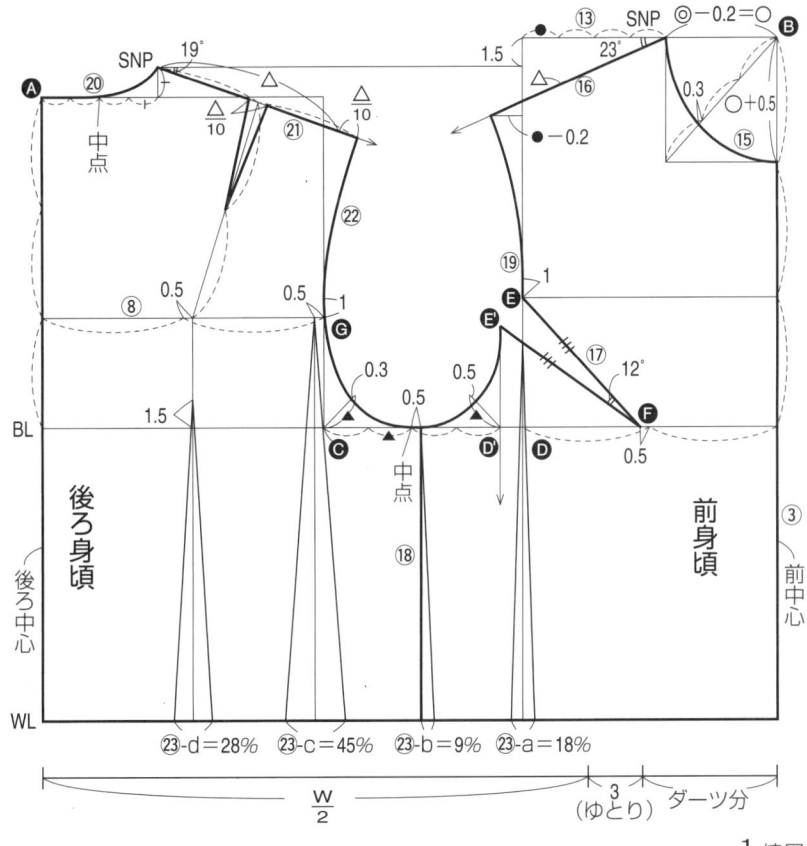

$\frac{1}{4}$縮図

第2章　子供服製作に必要な計測

身長140cm 男児

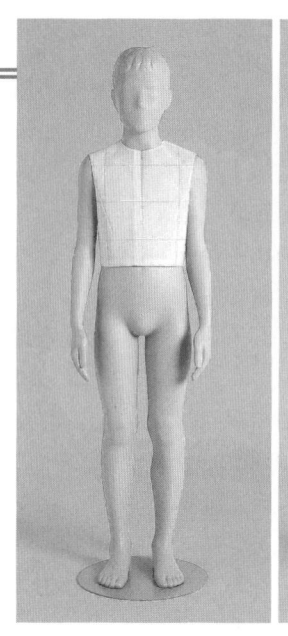

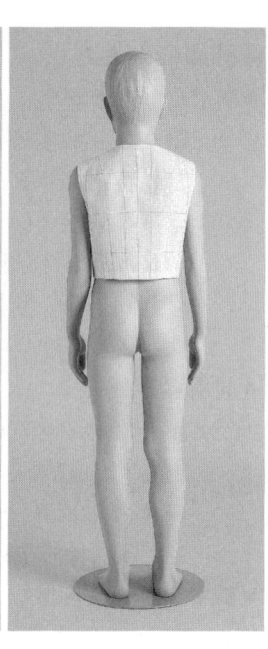

チェスト＝70cm
ウエスト＝60cm
背　　丈＝34cm

　　　　身長140cm前後では$\frac{身長}{4}-1$cm
体型的にウエストラインの設定が難しいので、身長とのバランスで決めてある。

基礎線のかき方

①〜⑮の順に各部の寸法を算出し、基本線をかき、作図上の案内点Ⓐ〜Ⓔを記入する。

①......Ⓐ点より下方に背丈寸法（$\frac{身長}{4}-1$cm）に着こみ分量0.5cmを加えた寸法をとりウエストとし、この線を後ろ中心線とする。

②③...ウエストの水平線上に身幅（$\frac{C}{2}+\frac{C}{12}$）をとり、その点を直上して前中心線をかく。

④......Ⓐ点から$\frac{背丈}{2}$下がった位置をチェストライン（CL）とし、水平に前中心線と結ぶ。

⑤......後ろ中心線からCL上に背幅（$\frac{C}{5}+1.8$cm）をとってⒸ点とする。

⑥⑦...Ⓒ点を直上して背幅線をかき、Ⓐ点からの水平線と結ぶ。

⑧......Ⓐ点からCLまでを3等分し、CLから$\frac{1}{3}$の点と背幅線を水平線で結び、交点をⒼ点とする。

⑨⑩...Ⓐ点より線⑦上に後ろ衿ぐり幅（$\frac{C}{16}+2.2$cm＝◎）をとり、その点から後ろ衿ぐり幅の$\frac{1}{3}-0.3$cmを直上して後ろ身頃サイドネックポイント（SNP）とする。

⑪......前中心線からCL上に胸幅（$\frac{C}{5}-0.5$cm）をとりⒹ点とする。

⑫......Ⓓ点を直上直下し、下はWLと結び、上は線⑩との交点より1.5cm上がった点を求める。

⑬......線⑫で求めた点から水平線をかき、前中心線との交点をⒷ点とする。

⑭......Ⓑ点からCLまでを3等分し、$\frac{1}{3}$の点から胸幅線まで水平線をかき、交点をⒺ点とする。

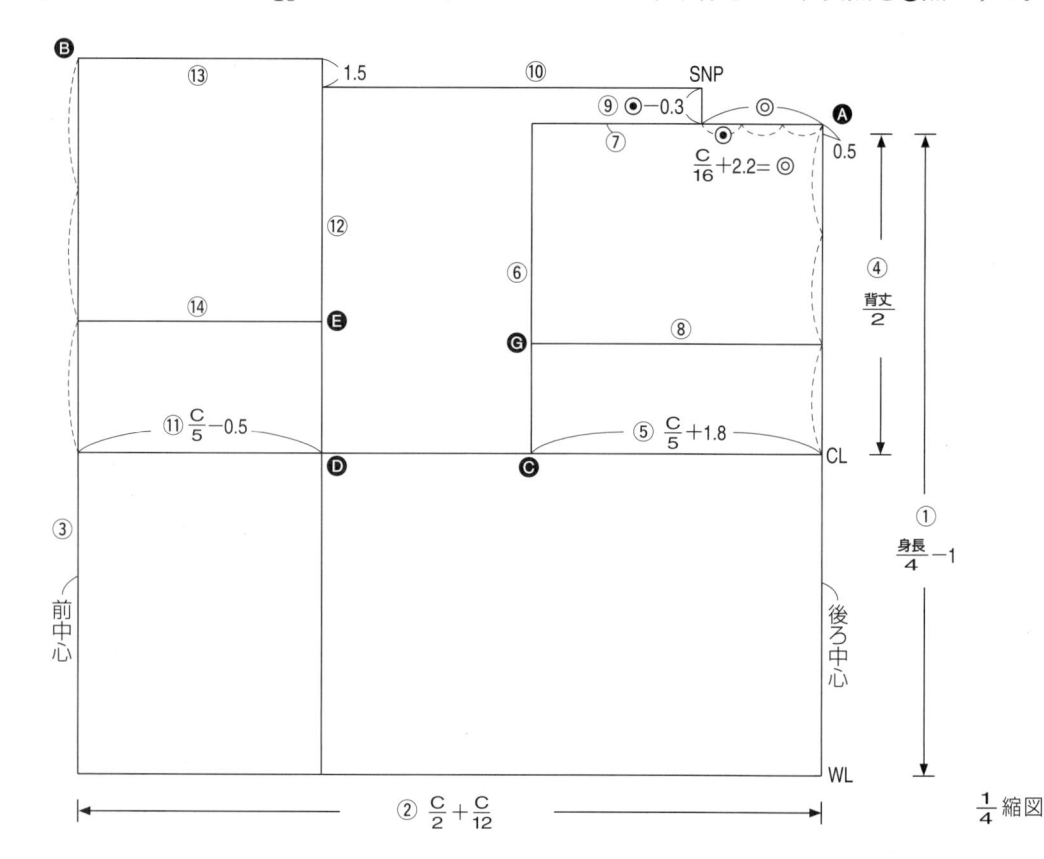

$\frac{1}{4}$縮図

輪郭線のかき方

● 前衿ぐり線をかく

⑮……Ⓑ点から線⑬上に前衿ぐり幅（◎−0.2＝○）をとり前身頃SNPとする。Ⓑ点から前中心線上に衿ぐりの深さ（○＋0.5）をとり、SNPから直下した線と結ぶ。Ⓑ点からの対角線を3等分し、$\frac{1}{3}$の点から0.3cm下がった位置を案内点として前衿ぐり線をかく。

● 前肩線をかく

⑯……前身頃SNPを基点に水平線に対し21°の前肩傾斜をとり、肩線をかく。SNPと胸幅線の間の$\frac{1}{3}$を●とし、●＋0.2cmを胸幅線から延長して前肩幅を決める。前肩幅を△とする。

● 腹ぐせダーツをかく

⑰……BL上で前中心線とⒹ点間の中点から1.5cm脇寄りの点をWLと結び、この線の中点をⒻ点とし、腹ぐせダーツ止りとする。

⑱……Ⓔ点とⒻ点を結び、Ⓕ点基点に腹ぐせダーツ量5°をとり、この角度を延長してⒺ〜Ⓕ間と同寸法の点を求めⒺ点とする。Ⓔ点を直下し、BLの交点をⒹ点とする。

● 脇線を決める

⑲……Ⓒ〜Ⓓ間を2等分し、中点から0.5cm前寄りの点を直下してWLと結び、脇線とする。

● 前袖ぐり線をかく

⑳……前肩先点で肩線に対し直角にかき始め、Ⓔ点より1cm上がったあたりの位置で胸幅線と接するように袖ぐり線をかく。袖ぐり底はⒸ〜Ⓓ間の$\frac{1}{4}$を▲とし、Ⓓ点から45°の線上に▲−0.5cmの位置を通り、脇線でBLに接するようにかく。胸ぐせダーツを閉じ、線がきれいにつながるように修正する。

● 後ろ衿ぐり線をかく

㉑……Ⓐ点から水平線にそって後ろ衿ぐり幅の中点までかき、SNPに向かってカーブ線をかく。

● 後ろ肩線と肩ダーツをかく

㉒……後ろ身頃SNPを基点に、水平線に対し20°の後ろ肩傾斜をとり、肩線をかく。後ろ肩幅は、前肩幅（△）にダーツ量（$\frac{△}{10}$＋0.3）を加えてサイドネックポイントからとる。肩ダーツは、肩幅の中点を求め、中点から後ろSNP側にダーツ量をとり、この点と線⑧の中点から0.5cm脇寄りの点と結び、$\frac{3}{4}$をダーツ止りとする。

● 後ろ袖ぐり線をかく

㉓……後ろ肩先点で肩線に対し直角にかき始め、Ⓖ点より1cm上がったあたり位置で背幅線と接するように袖ぐり線をかく。袖ぐり底はⒸ点から45°の線上に▲−0.3cmの位置を通り、脇線でBLに接するようにかく。

● ウエストダーツをかく

㉔……ウエストのゆとりは半身で4cmとし、残りをダーツ分とする。ダーツ分量の配分は、体型に合わせて比率で算出した分量である。

　　a＝胸幅線を中心にダーツ分量の16％
　　b＝脇線より前側にダーツ分量の16％
　　c＝CL上で背幅線より0.5cm背中心寄りを直下した線を中心にダーツ分量の36％
　　d＝線⑧上で肩ダーツの案内点を直下した線を中心にダーツ分量の24％
　　e＝背中心にダーツ分量の8％

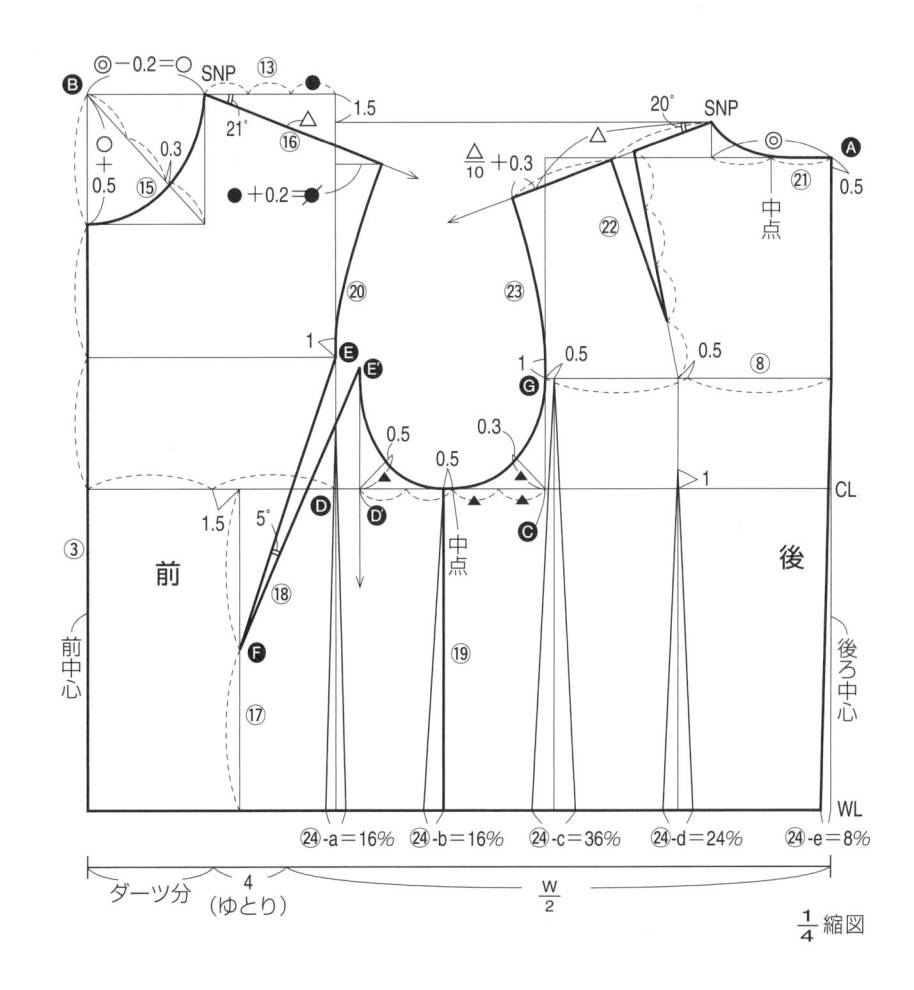

$\frac{1}{4}$縮図

身長160cm女児

　中学生くらいで身長が高く、140cmの女児より胸のふくらみが目立ち、女性らしい体つきであるが全体的には子供の体型の特徴が残っている女児の原型。かき方は、「身長140cm女児（38ページ）」に準じる。

バスト＝78cm
ウエスト＝63cm
背　丈＝37.6cm

身長160cm前後では $\frac{身長}{4}-1$ cm

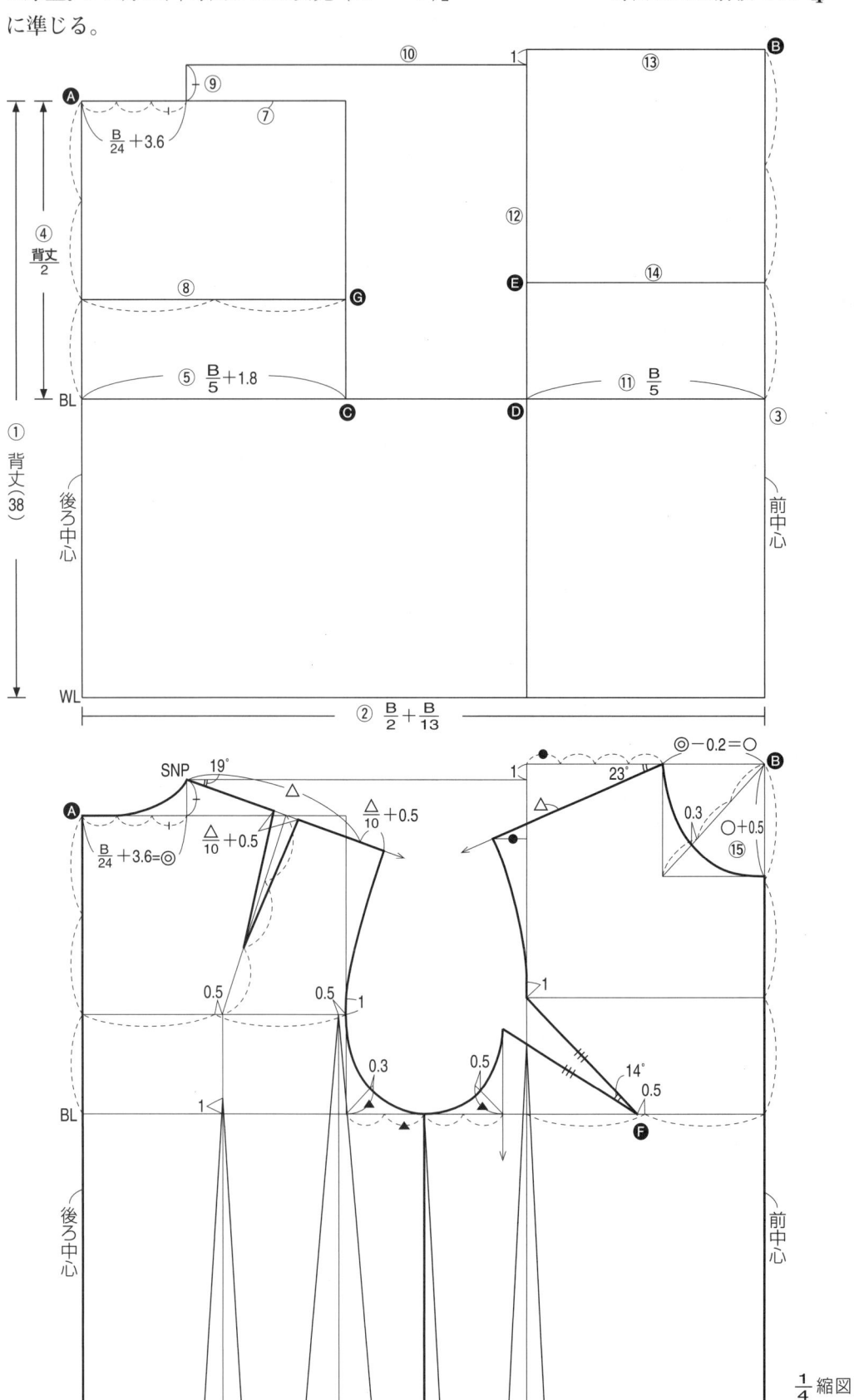

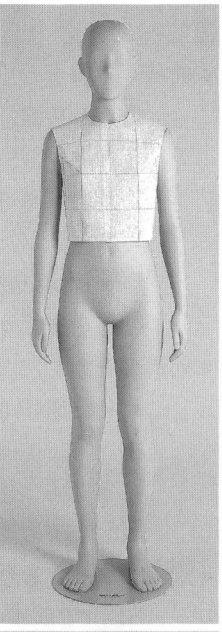

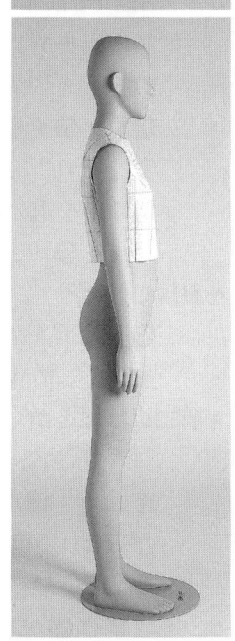

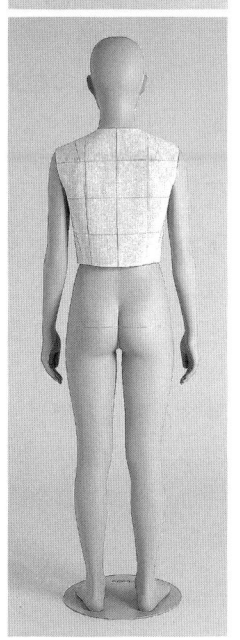

$\frac{1}{4}$ 縮図

第3章　スローパーと応用デザイン

ワンピースドレス

　身頃とスカートが一続きになったものをワンピースドレスという。女児のアイテムとして乳児から中学生まで幅広く着用されている。素材やデザインを変えることにより、日常着から外出着、お祝い着（セレモニー）と着用目的によってデザインのバリエーションも多い。また、ジャケット、ケープ、ベストなどと組み合わせると幾通りにも着られるアイテムである。

1. スローパー・・・・・・・・・・・・・・・・・・・・ワンピースドレスの基本型シルエットパターン

　原型からデザインパターンに展開するための第1段階であるシルエットパターンをスローパーという。
　ここでは子供の体型の特徴である腹ぐせダーツの重要性と、成長するにしたがって女児は胸ぐせダーツに変わっていく過程を把握し、成長過程に合わせたデザインパターンの作製につなげるとよい。

ダーツの展開、移動、分散

　原型には体型にそわせるためにダーツ（腹ぐせダーツ、肩ダーツ、ウエストダーツ）が入っている。このダーツはアイテム別にパターンを作製する場合、移動する、いせる、分散するなどの方法をとる。Aラインシルエットのドレスパターンにする場合、前身頃の腹ぐせダーツは、シルエットに展開する。つまり、閉じて裾に開く場合と、脇線に移動してダーツにする場合がある。
　後ろ身頃の肩ダーツは、分量が少ないため閉じてシルエットに展開する、袖ぐりに分散する、いせる、などの方法をとる。ウエスト切替えのデザインの場合、腹ぐせダーツと原型のウエストダーツbは閉じて作図をする。

袖パターン

　袖は日常動作をさまたげないように、また縫製のしやすさも考慮して成人の場合より袖山を低くするが、おしゃれ着で形をよくしたい場合は山が高いほうがきれいになるので、目的に合わせてパターンを作製する。

身長90cm　Aラインシルエットのワンピースドレス

　バスト、ウエスト、ヒップの寸法差が少なく、腹部の突出が強い体型なので、ウエスト切替えがなく裾に開いた形は、基本的な幼児服のシルエットである。
　このシルエットは腹ぐせを裾に展開する方法と、脇線に移動して腹ぐせのダーツを入れる方法がある。腹ぐせダーツを入れた場合は前身頃の落着きがよくなる。

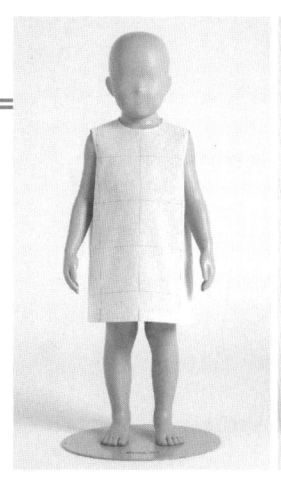

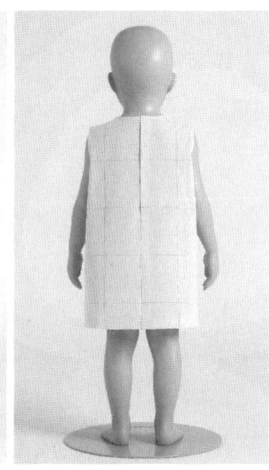

腹ぐせを裾に移動する方法

作図

作図要点

- ドレス丈を決めて切開き線をかく。
- 後ろ身頃、肩ダーツ止りと❻点を基点にウエストラインで開き寸法を決めて展開する。切り開く寸法は写真のシルエットを参考に調整するとよい。
- 前身頃は❻点を基点に腹ぐせダーツをたたみ、❺点を基点に裾に展開する。
- ※このシルエットでは、ウエストダーツは必要ない。シルエット展開の寸法をウエストラインで決めるのは、着丈によってシルエットが変わらないためである。

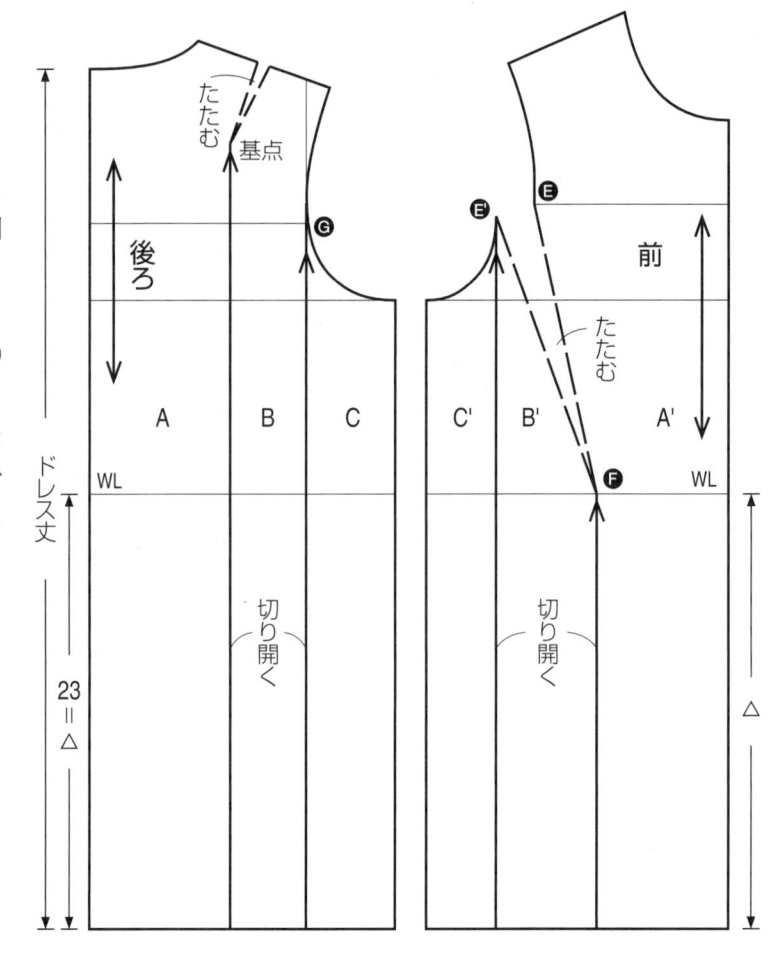

〈展開図〉

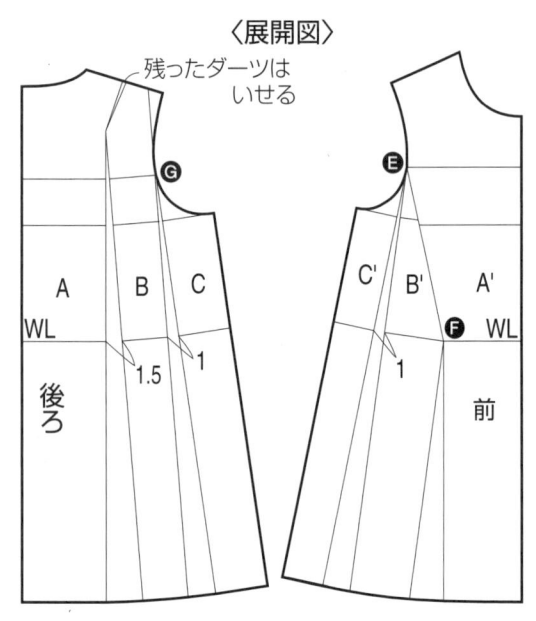

残ったダーツはいせる

作図の展開方法

●後ろ身頃

① 後ろ中心のパーツAをかく。
② ダーツ止りを基点にWLで1.5cm開いてパーツBをかく。
③ AHの❻点を基点に、WLで1cm開いてパーツCをかく。

●前身頃

① 前中心のパーツA'をかく。
② ダーツ止りを基点にWLで1.5cm開いてパーツB'をかく。
③ AHの❺点を基点に、WLで1cm開いてパーツC'をかく。

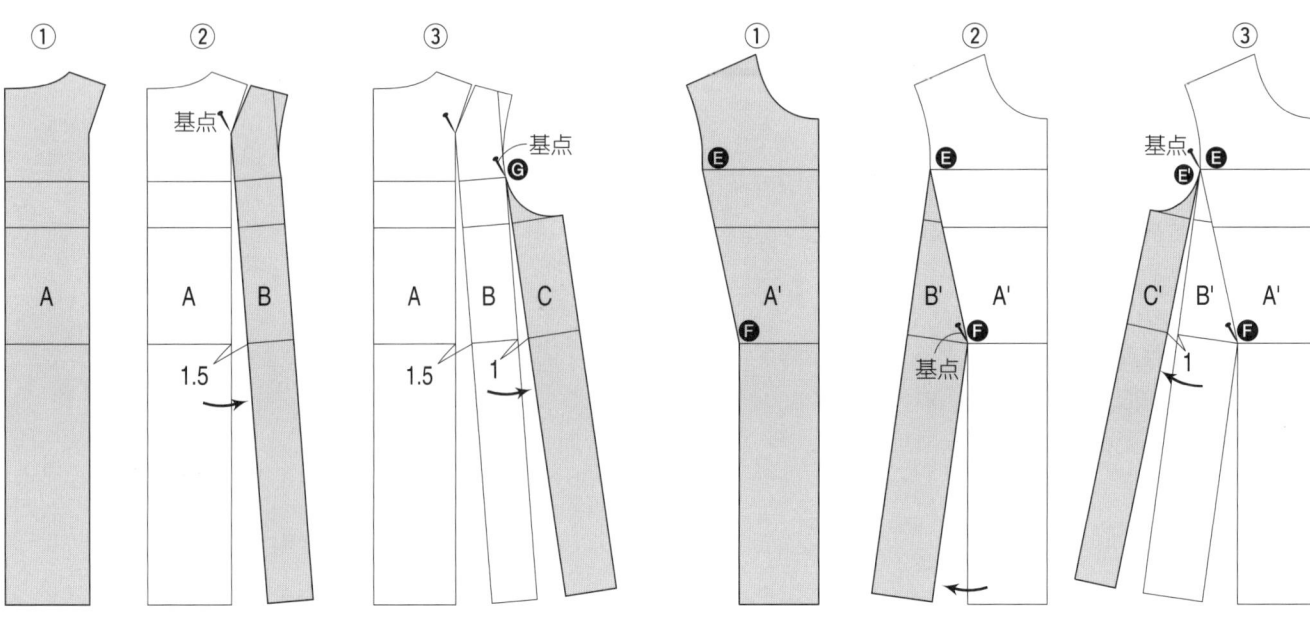

腹ぐせを脇に移動する方法

作図

作図要点

● 後ろ身頃

「腹ぐせを裾に展開する方法」と同様に作図する。

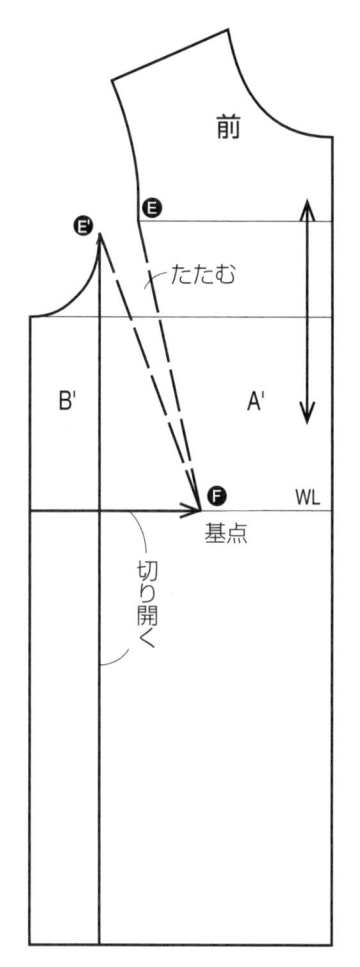

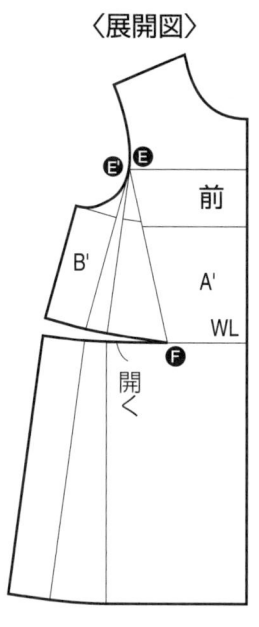

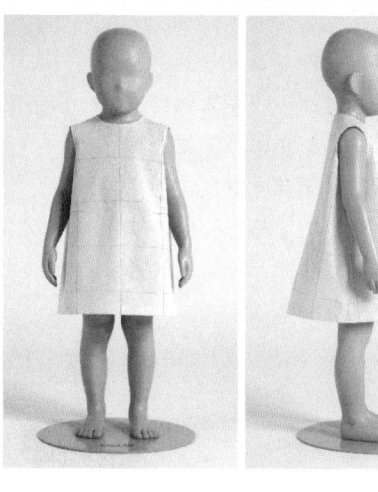

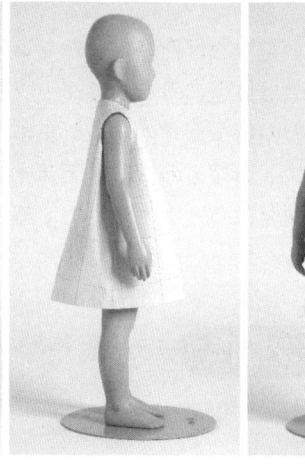

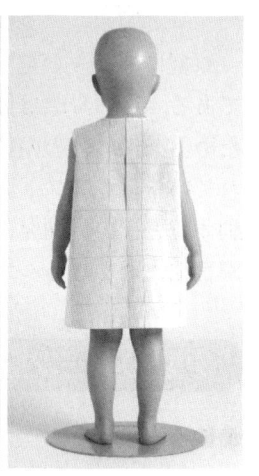

〈展開図〉

● ダーツを目立たせないようにポケットをつける場合

ポケットは前身頃を展開してからかく。

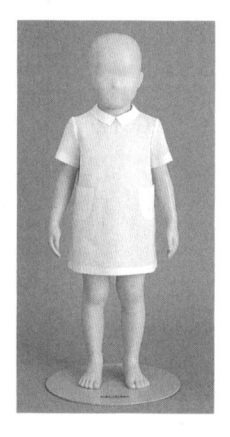

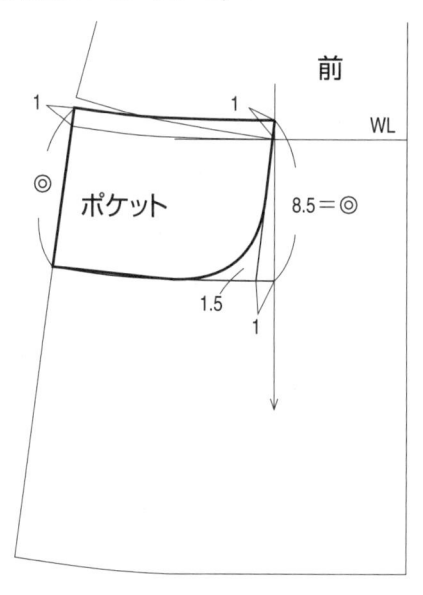

作図の展開方法

① 前中心のパーツAをかく。

② E点を基点にWLで2cm開いてパーツBをかく。

③ 前中心とスカートの部分をかく。

④ F点を基点に腹ぐせダーツをたたむと脇線に移動することができる。

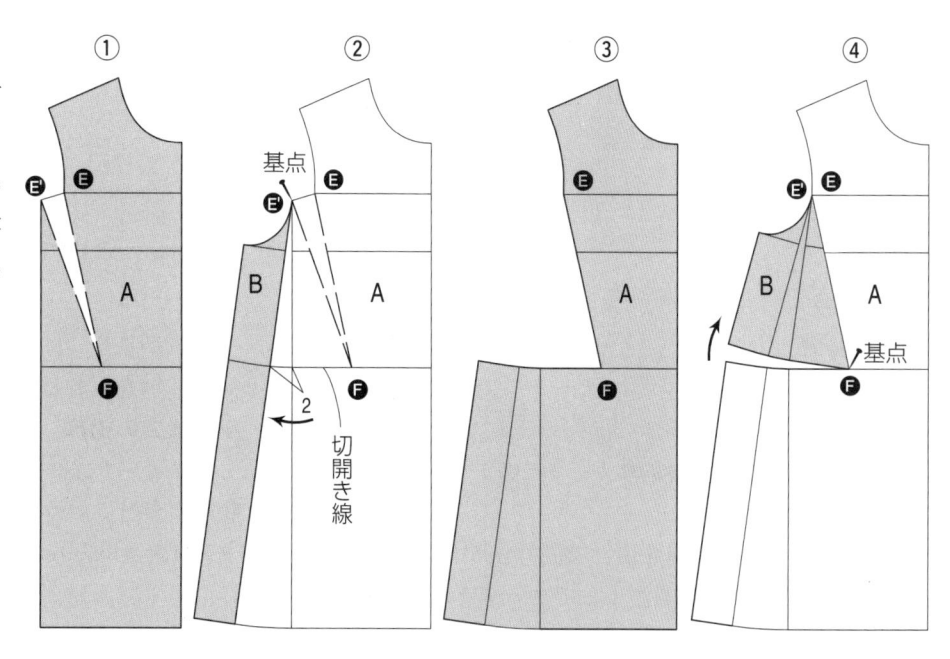

第3章 スローパーと応用デザイン

身長90cm　ウエスト切替えのベーシックドレス

　原型にスカートをつなげた基本型のワンピースドレスである。後ろ身頃は体型にそわせてダーツを入れてあるため、子供の体型の特徴がそのままシルエットに表現されている。ウエスト切替えの位置はデザインによって移動するとよい。幼児はハイウエストにすると腹部の突出が目立たなくなる。

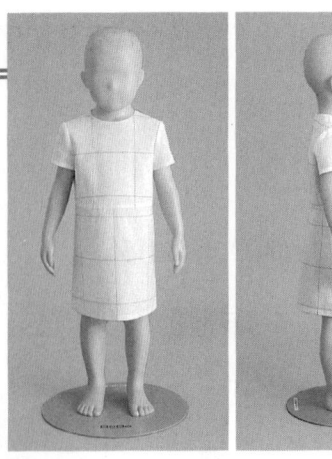

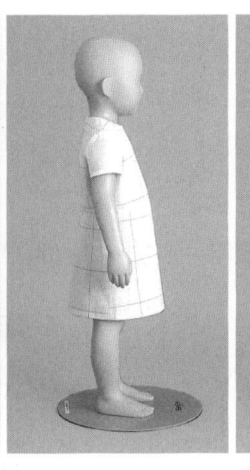

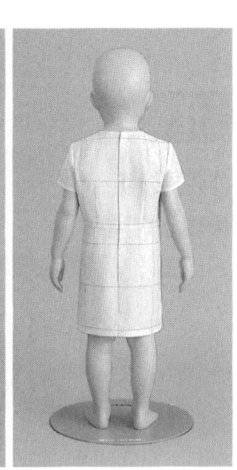

原型のダーツ操作

●後ろ身頃
① ダーツcの切開き線をかく。
② パーツAをかく。
③ ダーツcを閉じてパーツBをかく。

●前身頃
① パーツAをかく。
② 腹ぐせダーツを閉じてパーツBをかく。

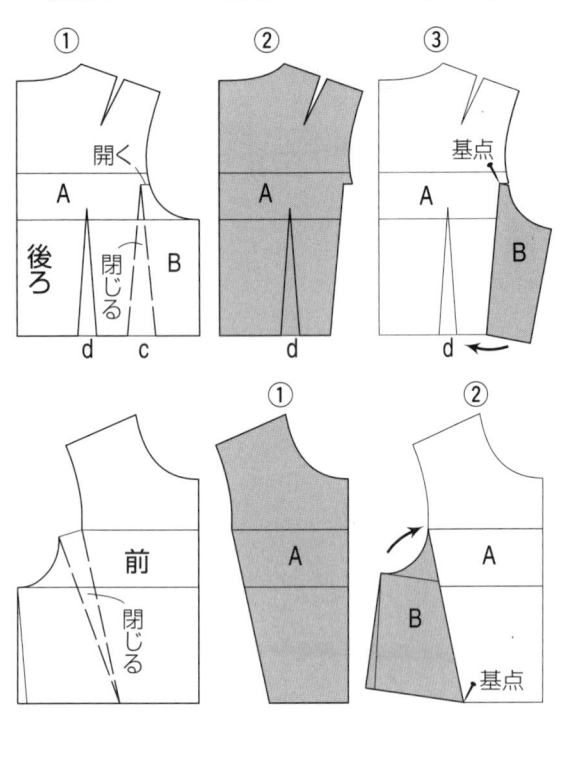

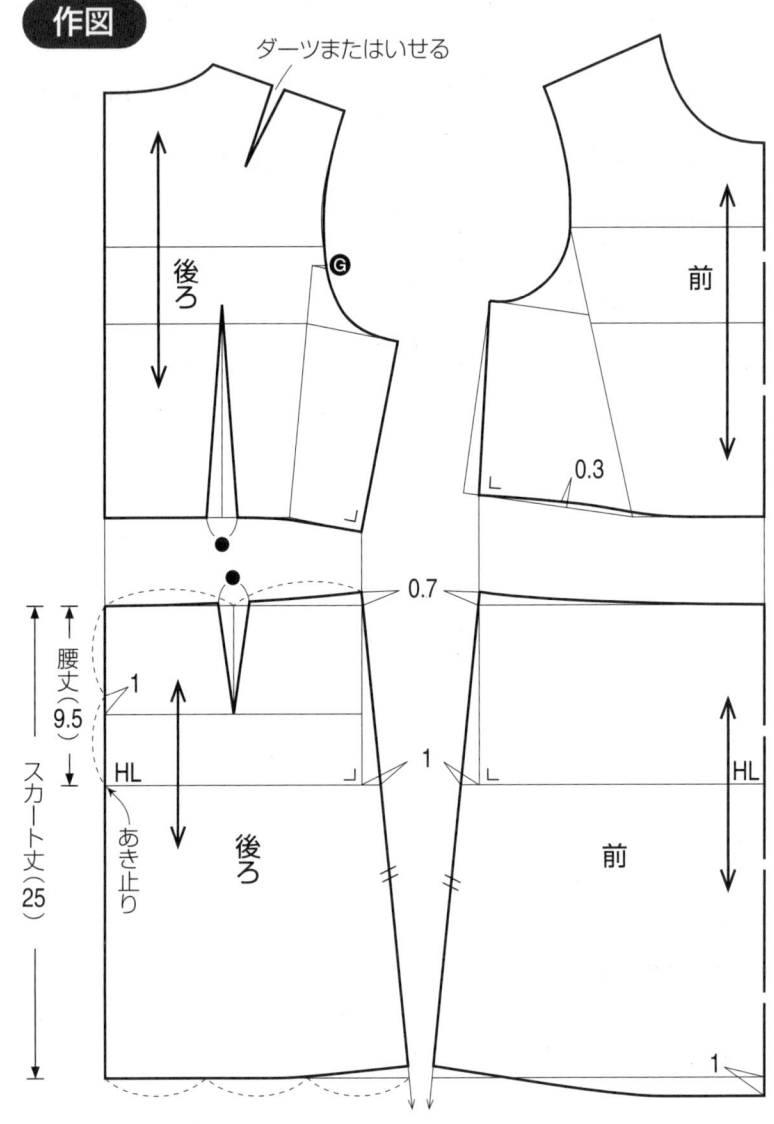

作図

作図要点

●後ろ身頃
　たたんだダーツ位置のウエストラインを修正する。

●前身頃
　ウエストラインを立体的なカーブに修正する。

●スカート
　このサイズでは胸囲寸法と腰囲寸法がほぼ同寸なので、身頃のウエストを直下してヒップラインの位置で裾広がりをつけてかく。後ろスカートは身頃と同寸にダーツを入れる。

※前後丈の追加
　前スカートはタイトシルエットで幅のゆとりがないので腹部の突出で丈が不足するため追加してある。ギャザーやフレアなどゆとりの多いスカートではその必要はない。

身長110cm　ウエスト切替えの ベーシックドレス

作図

作図要点

- **後ろ身頃**
  たたんだダーツ位置のウエストラインを修正する。
- **前身頃**
  ウエストラインを立体的なカーブにする。
- **スカート**
  このサイズでは胸囲寸法と腰囲寸法がほぼ同寸なので、身頃のウエストを直下してHLの位置で裾広がりをつけてかく。後ろスカートは身頃と同寸にダーツを入れる。

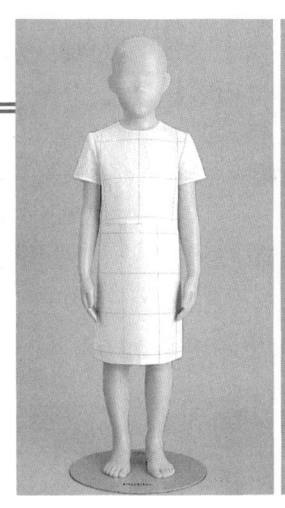

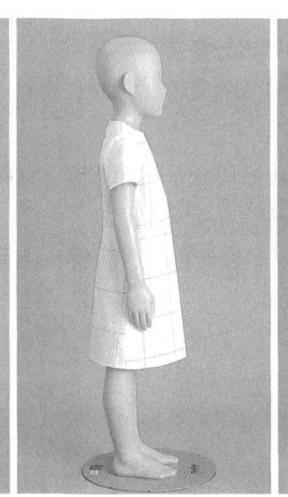

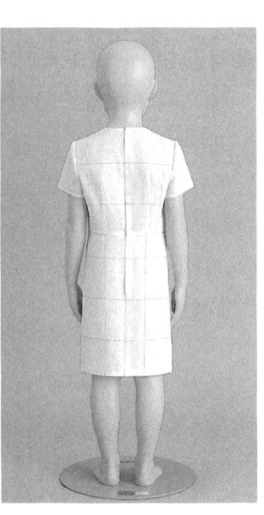

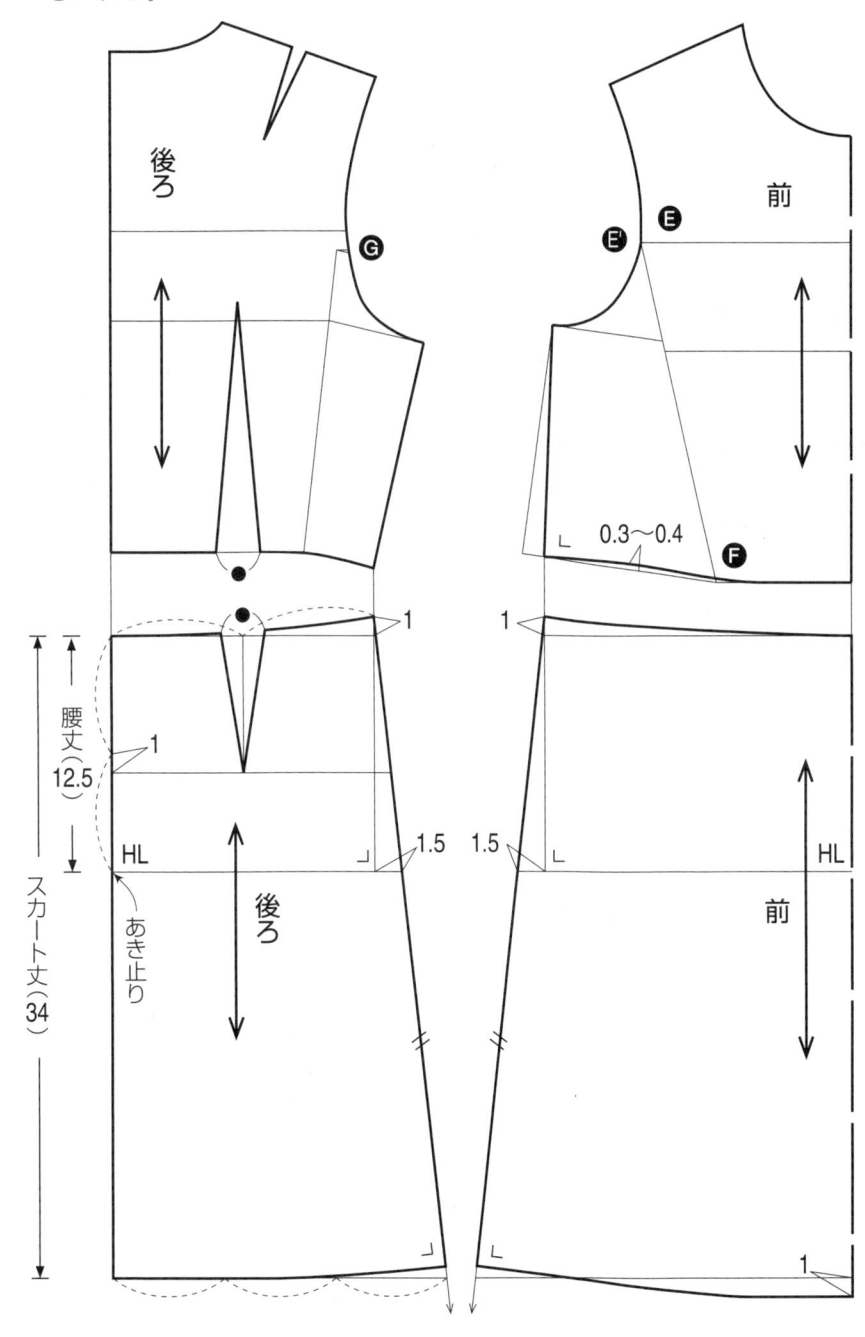

●**身長90～110cmの袖のかき方**

袖は身頃の袖ぐり寸法と袖ぐりの形状に合わせて作図する。
①BLと脇線をかき、後ろ肩先から袖ぐり、背幅線をうつし、G線を水平にひく。
②前袖ぐりE点から脇線までをかき、E点を直下して胸幅線をかく。
③F点を基点に腹ぐせダーツを閉じて、肩先までの袖ぐり線をかく。
④袖山の高さを決める。
⑤脇線を直上して袖山線とする。
⑥前後の肩先点を結びその中点を求め、BLまでの寸法（平均肩丈）の$\frac{3}{4}$を袖山の高さとする。

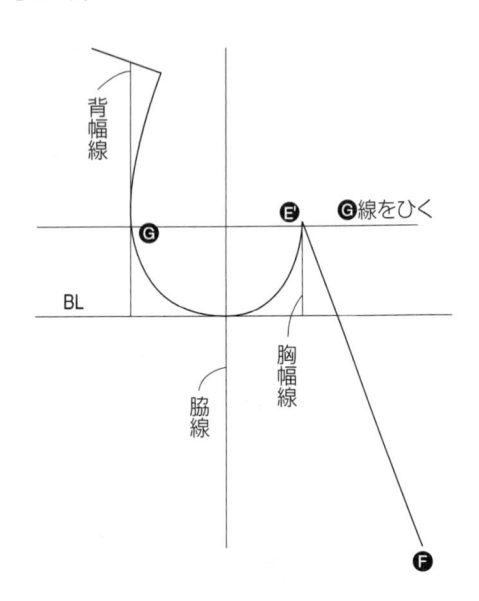

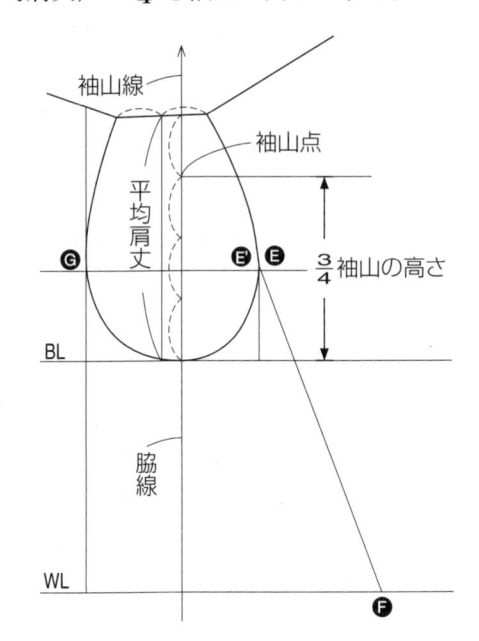

⑦案内線をかき、袖山曲線をかく。

袖山点から前AH（袖ぐり）寸法を前身頃BLに向かってとり、後ろAH（袖ぐり）は0.3～0.5cm加えた寸法を後ろ身頃側のBL上にとる。袖山点から袖丈を決めてとり、前後の袖幅点を直下し袖下線をかき、袖ぐり底は身頃の前後袖幅線をそれぞれ2等分する。脇線と背幅線間、脇線と胸幅線間をそれぞれ3等分する。●印、○印の間の曲線を前後それぞれうつし取っておく。前袖山曲線は袖山点から斜線上に$\frac{前AH}{4}$をうつし取った位置から斜線に対して直角に1cmくらいとった位置を通り、アウトカーブ（凸カーブ）をかき、G線との交点あたりからインカーブ（凹カーブ）に変えて袖ぐり底のカーブにつなげる。後ろ袖山曲線も同様にしてかく。

袖のいせ分量はアイテムにより調整する。AH寸法が小さいので、いせ分量が少ないほうが縫製しやすい。

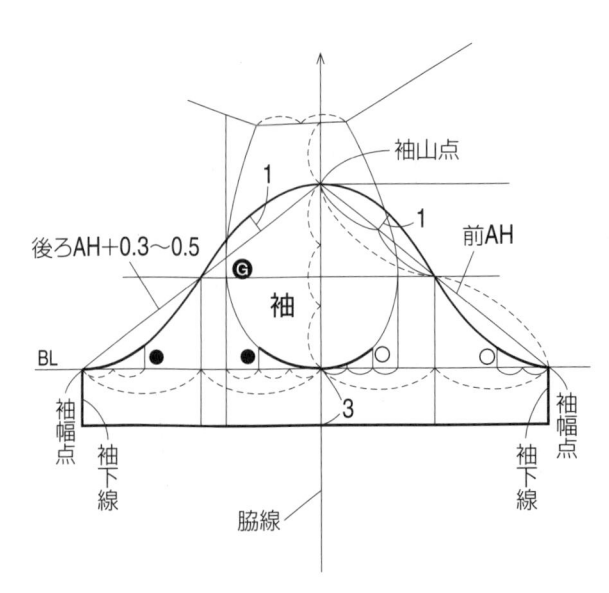

身長90～110cm　ハイウエスト切替えのシルエット

　ウエスト切替えの位置を上にして、スカートをギャザーまたは$\frac{1}{2}$円のセミサーキュラーにした場合の作例である。
　腹部の突出を目立たせないシルエットになる。

フレアスカートにした場合（90cm）

作図

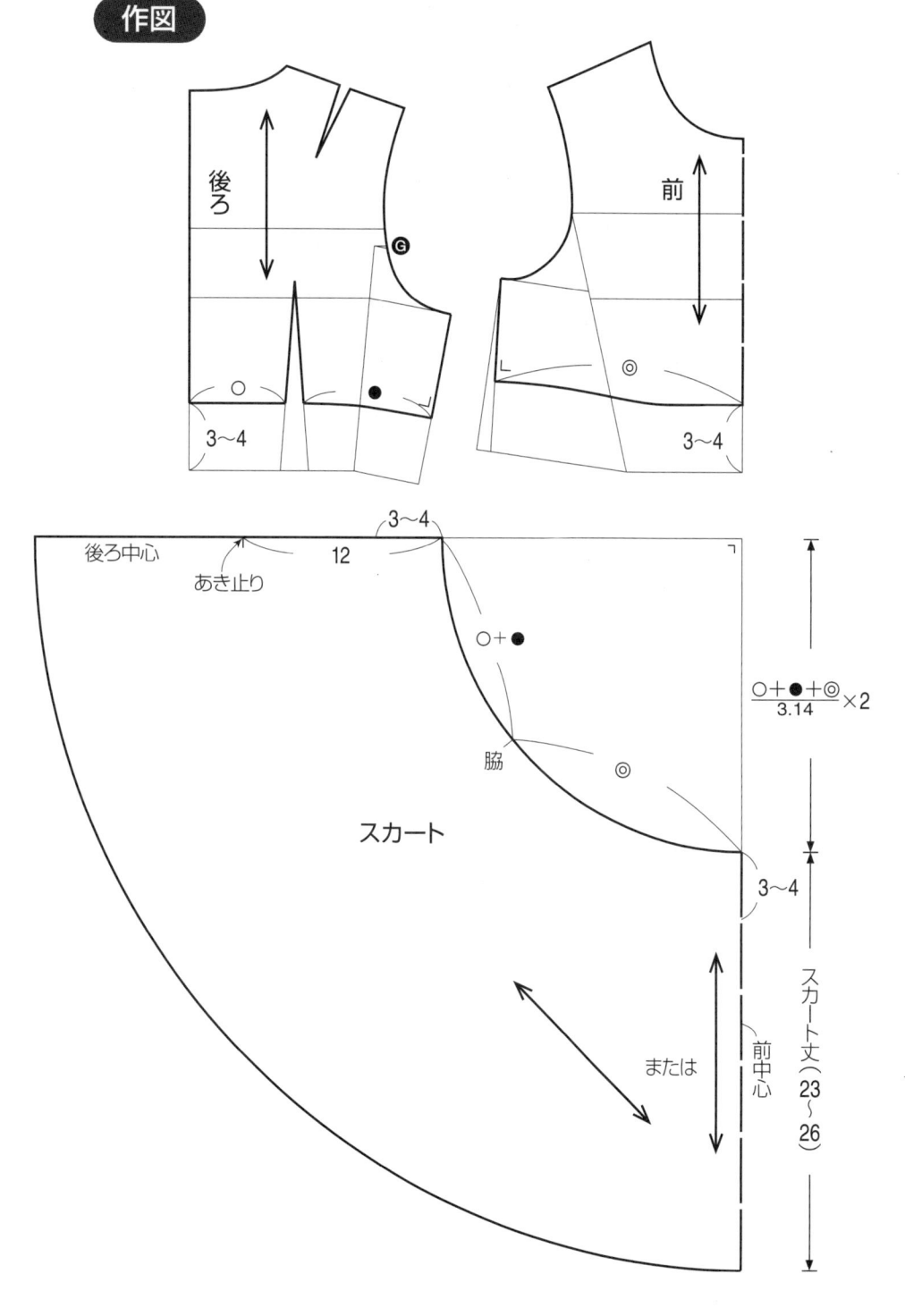

後ろ　前　3～4　3～4

後ろ中心　あき止り　12　3～4

$\frac{○＋●＋◎}{3.14}×2$

脇

スカート

または

前中心

スカート丈（23～26）

ギャザースカートにした場合（110cm）

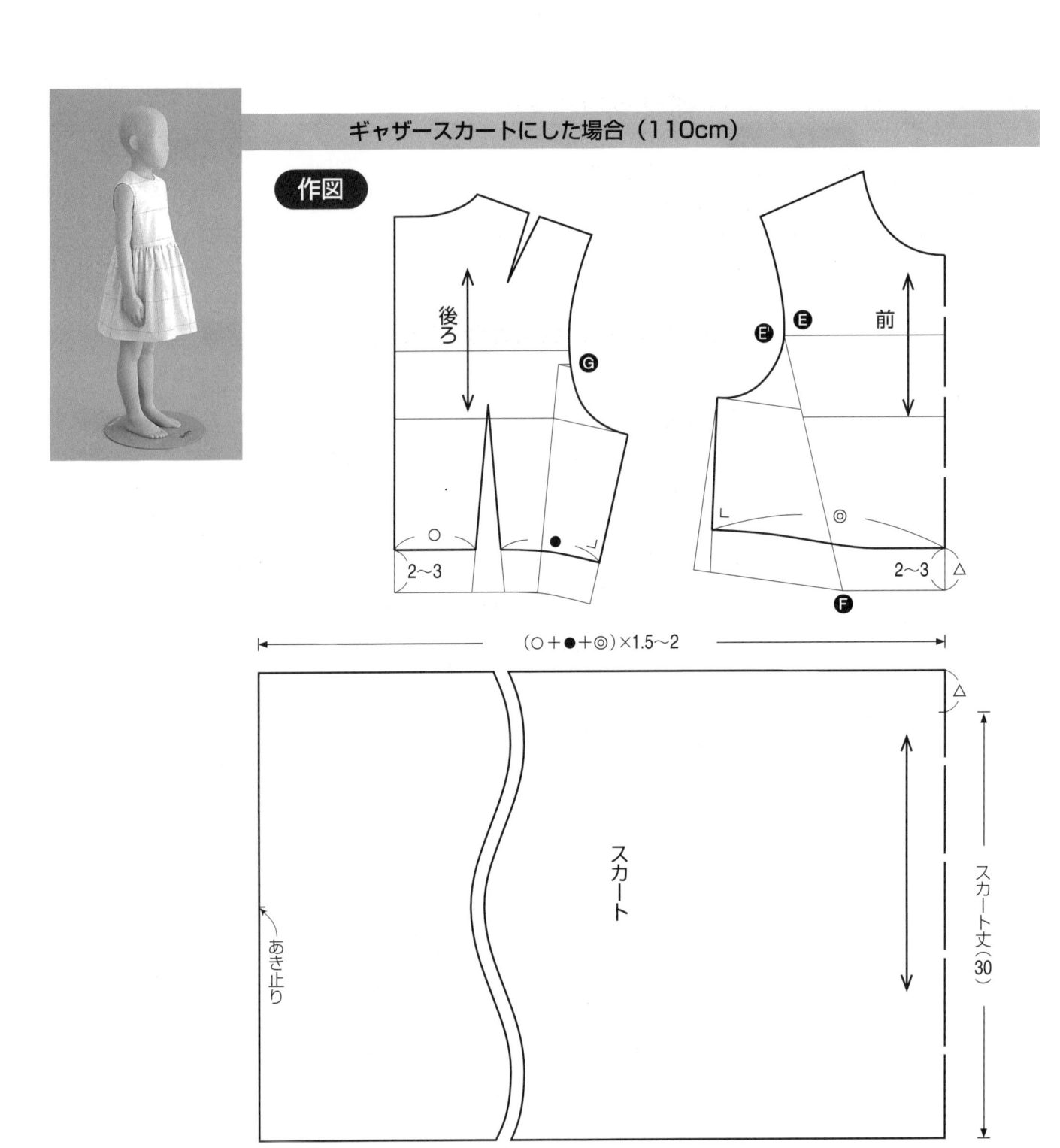

作図

後ろ

前

G

E' E

2～3 2～3

F

(○＋●＋◎)×1.5～2

スカート

あき止り

スカート丈(30)

身長140cm　ウエスト切替えのベーシックドレス

小学校高学年になると女児は胸がふくらみはじめ、バスト、ウエスト、ヒップの寸法差もはっきりしてくる。腹ぐせダーツは胸ぐせダーツになり、スカートも前後にダーツを入れるようになる。

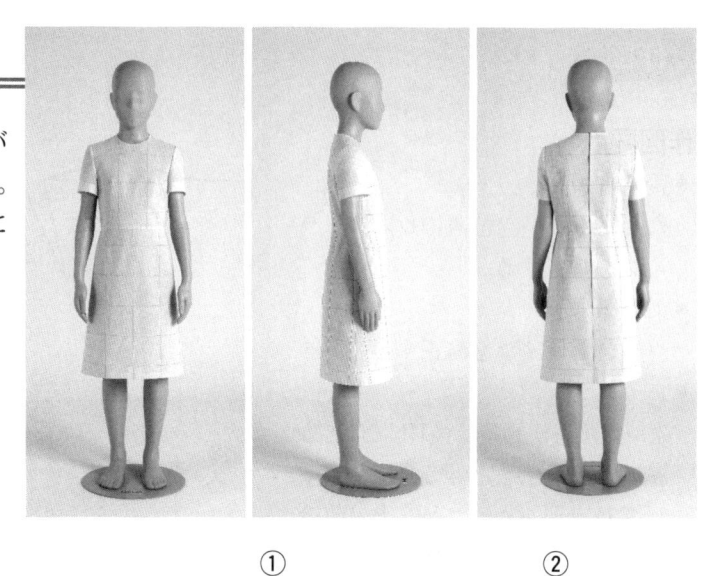

原型のダーツ操作

●後ろ身頃
①パーツAをかく。
②ダーツcを閉じてパーツBをかく。

●前身頃
①パーツAをかく。
②ダーツaを閉じてパーツBをかく。
③脇線の袖ぐり底から2cm下がった位置とバストポイントを結んで移動線をかく。
④胸ぐせダーツを閉じてパーツCをかく。

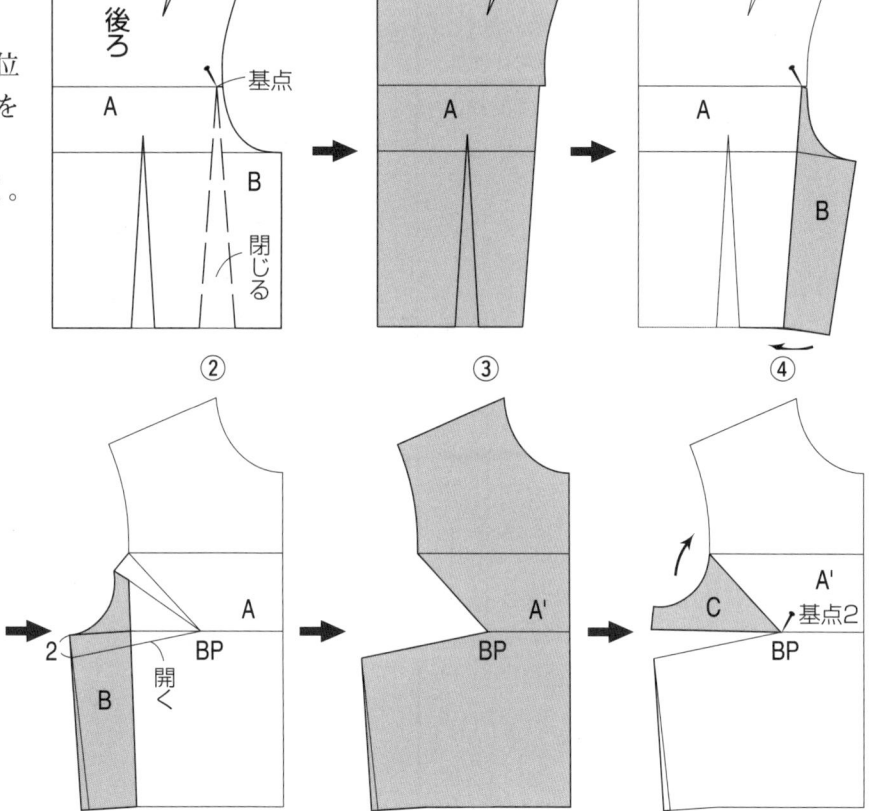

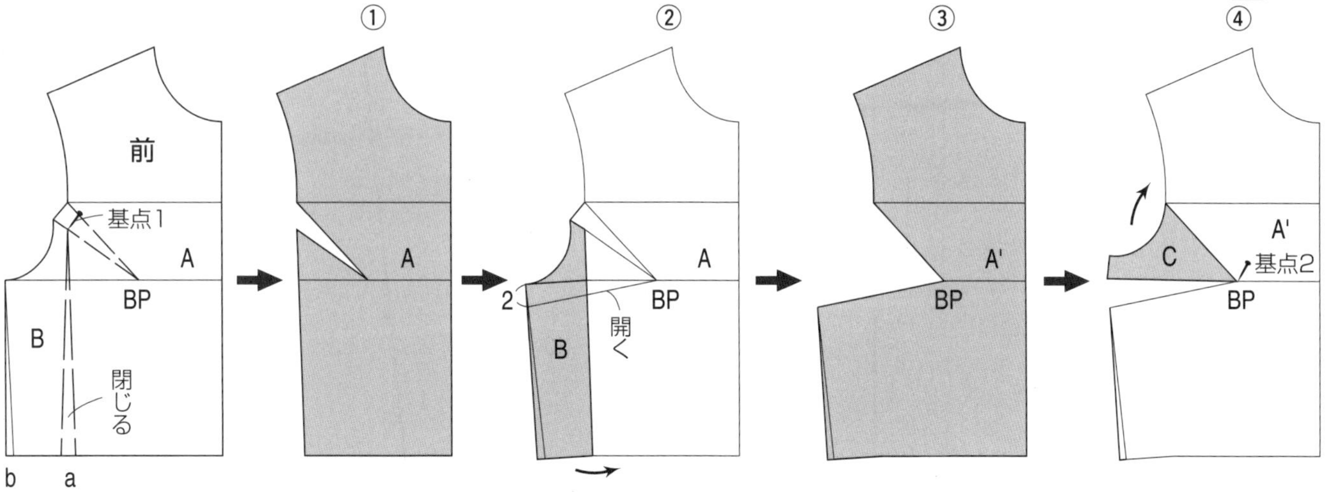

●袖

袖山の高さを高くとった場合、いせ分量も多くなる。袖のかき方は48ページ参照。

〈袖山の高さの決め方〉

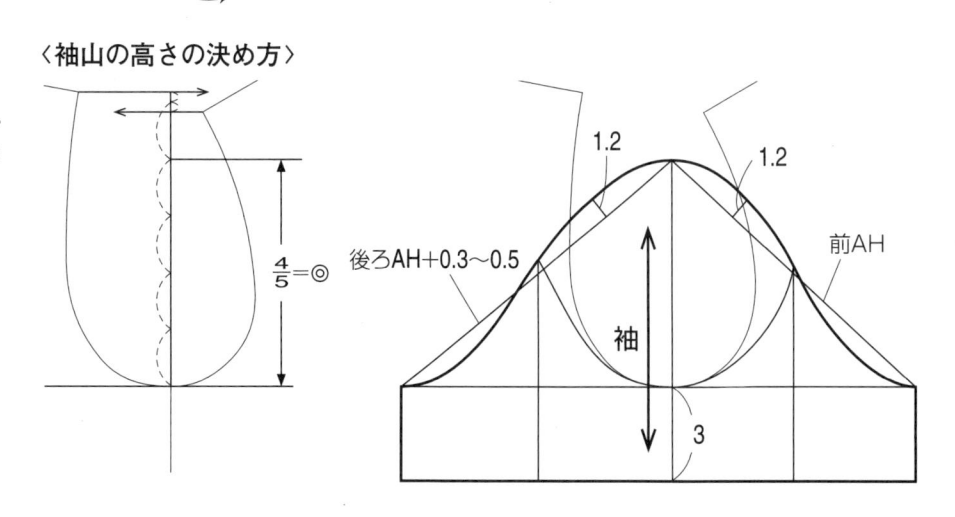

第3章　スローパーと応用デザイン

作図

作図要点

- 後ろ身頃
  たたんだダーツ位置のウエストラインを修正する。
- 前身頃
  ウエストラインを修正する。
- スカート
  ドレス丈を決めて前後HLでゆとりを加えた寸法をとって直上、直下して長方形をかく。WL上の前後脇で1.5cmをとり、身頃のウエスト寸法を引いた残りをダーツとする。脇線をかく。前スカートの裾はやや腹部の突出が見られるため、裾線で寸法を追加する。後ろウエストダーツはWLの中間に、前ウエストダーツは脇寄りに入れる。

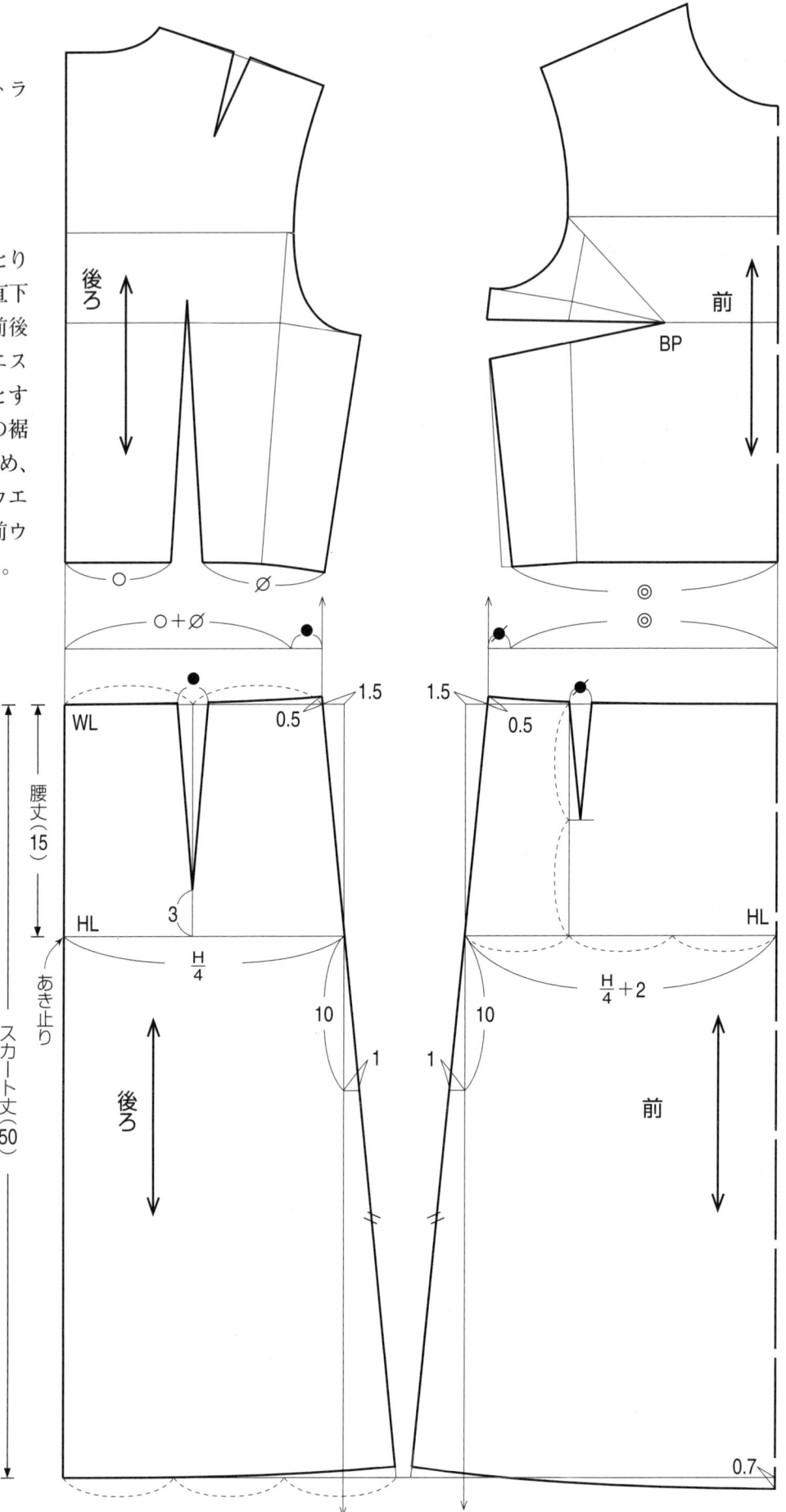

2. 応用デザイン

タック飾りのあるワンピースドレス（90cm）

ハイウエストで切り替え、スカートにギャザーを入れた、衿なし・袖なしのワンピースドレス。丸く切り替えたヨークと、パッチポケットにタック飾りを入れてある。

素材は、涼しく着られる綿の水玉、小花模様、無地などが適している。

使用量

表布　90cm幅105cm
接着芯　90cm幅30cm（前立てのみ）

原型のダーツ操作

「身長90cm　ウエスト切替えのベーシックドレス（46ページ）」参照。

作図

作図要点

- スカート
  - あき止りの位置は、着脱しやすい長さに寸法を決める。
  - ギャザー分量は、素材により加減する。
  - ハイウエスト位置からギャザーが入るので、裾での前下がり分の追加はしなくてよい。

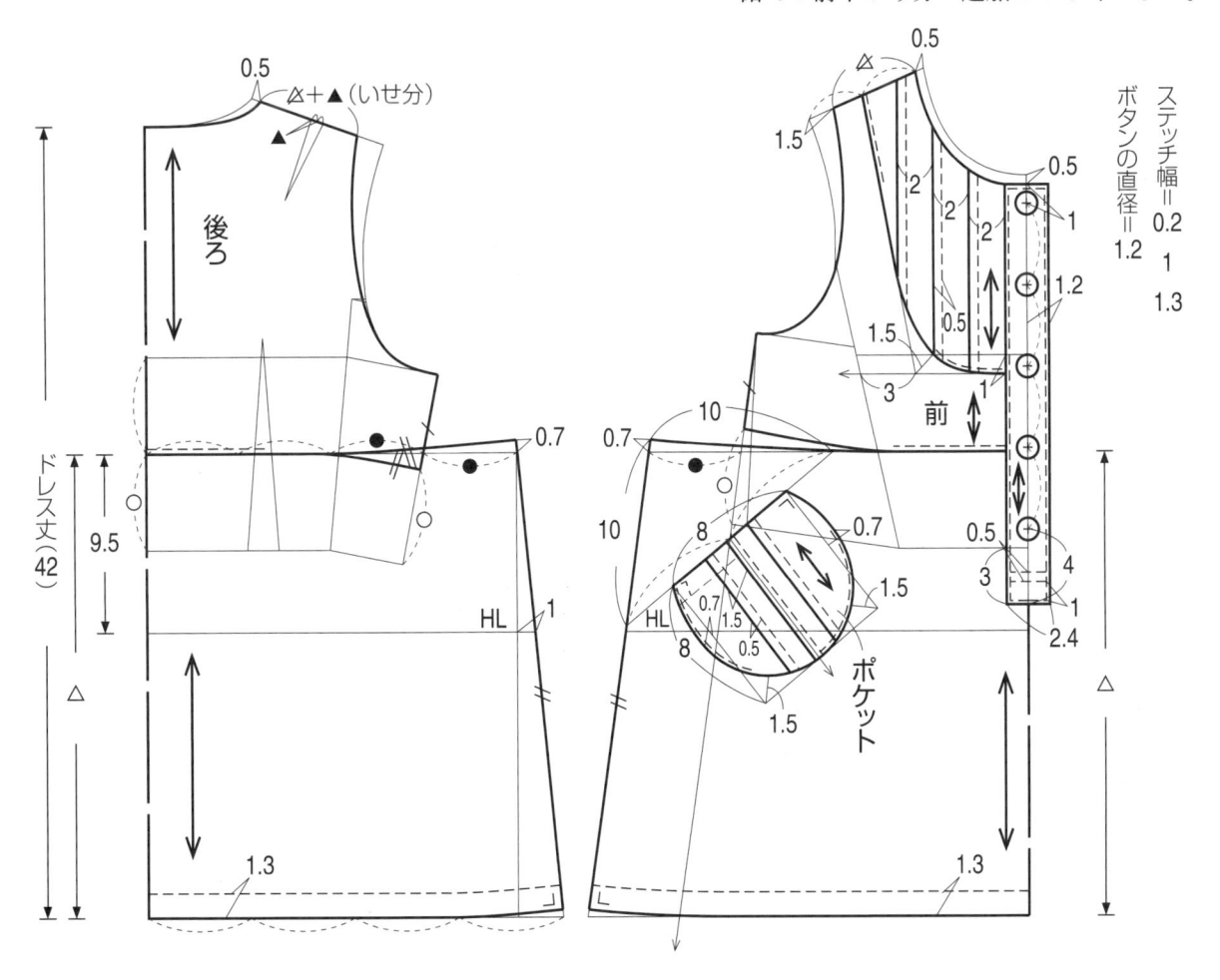

第3章　スローパーと応用デザイン

地づめ（縮絨）

子供服は、丸洗いしても大きく縮んだり、形くずれ、色落ち、縫い目のほつれなどがおきないように作らなくてはならない。一般に、化合繊は収縮がほとんどないが、天然素材（綿、麻、ウール）で防縮加工表示のない布地は洗濯で収縮するので、裁断する前に地づめ（縮絨）が必要になる。

収縮する布であるかどうかを試す簡単な方法としては、布に10〜15cm正方の縫い印を入れて霧を吹くか水につけて、水分を充分に吸収させてから乾燥させ、寸法をはかると収縮度がわかる。

●地づめ（縮絨）の方法
①水通し
　布地をできるだけ大きくたたみ、水につけて一定時間（1時間程度）置き、絞らずに乾かし、布目を正しく直しながらアイロンをかける。
②ドライクリーニング
　厚手のウール地で、ドライクリーニング扱いにする布地は、仕立てる前にドライクリーニングしておけば地づめができる。

●地の目直し
　地づめした布は、縦横の布目が整っているかを確認する。裁ち端の横の織り糸をほぐし、横の布目を通す。薄地や裂ける布地は耳にはさみを入れて、裂いて布目を通してもよい。

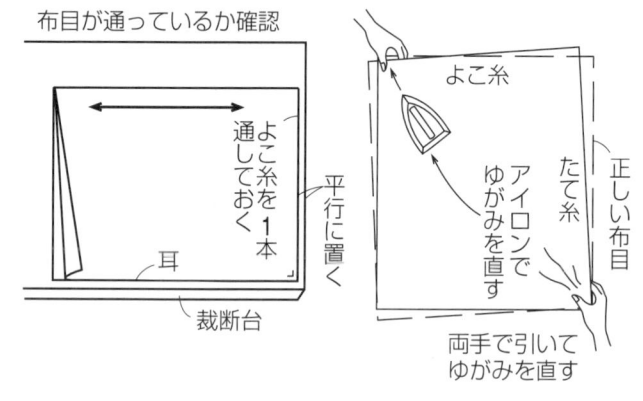

裁合せ図

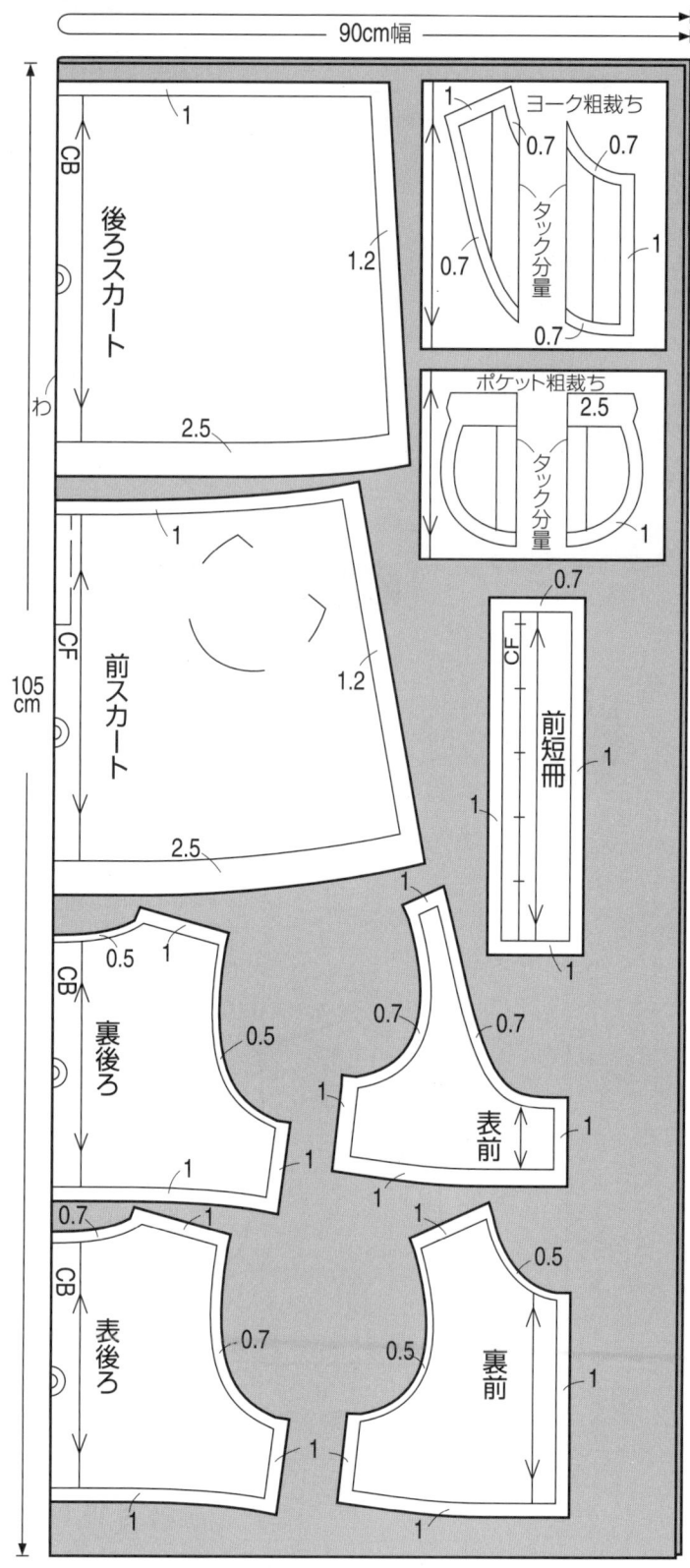

裁断

パターンの配列
・布を中表にしてむだのないように布目どおりに配列する。
・無地などは差込みができるが、柄合せや柄に方向性がある布は一方向に配列する。
・タック飾りのあるヨーク、ポケットは粗裁ちし、タックを縫った後にパターンを置き、裁断する。

印つけ
　使用する布により、切りじつけ、へら、または水で消えるチョークペーパーやチョークペンシルを使う。

縫製要点

【本縫い前の準備】
①前短冊に接着芯をはる
②前短冊の下をカットする
③左前短冊の下にロックミシンをかける

〈タック分量の見積り方〉

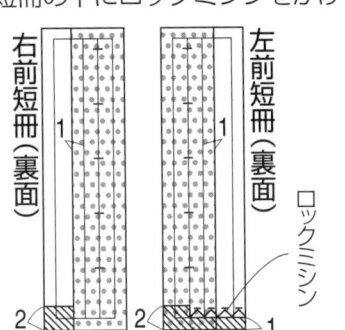

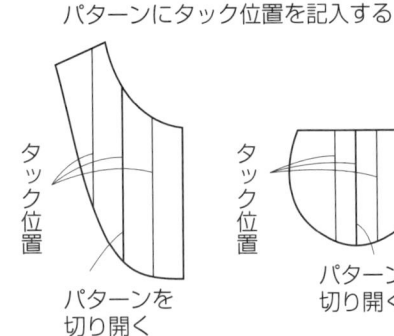

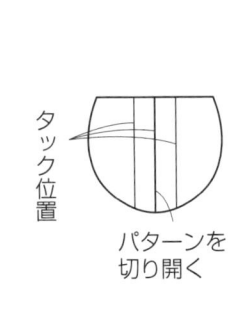

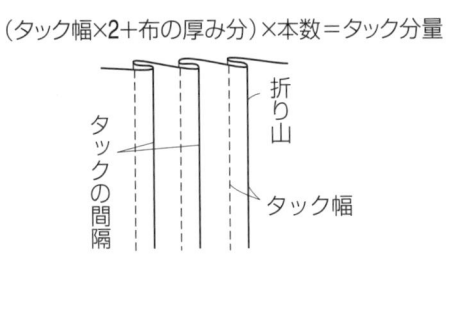

(タック幅×2+布の厚み分)×本数＝タック分量

【本縫い】

1 タックを縫う

①裏面から折り山にへらで印をつける

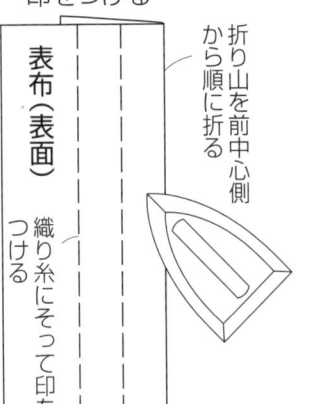

②タックを縫い、アイロンで整える

③布にパターンを置き、裁断する

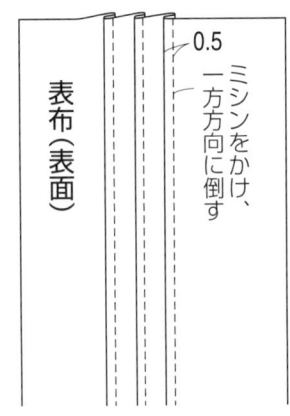

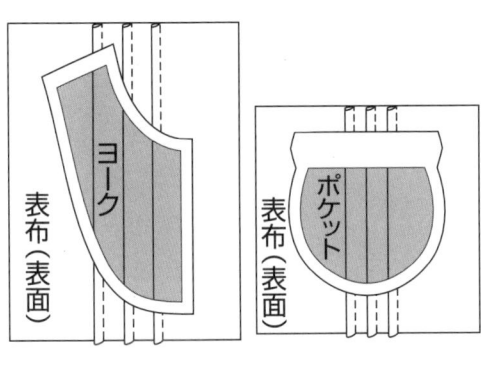

0.5 ミシンをかけ、一方方向に倒す

2 ヨークをつける

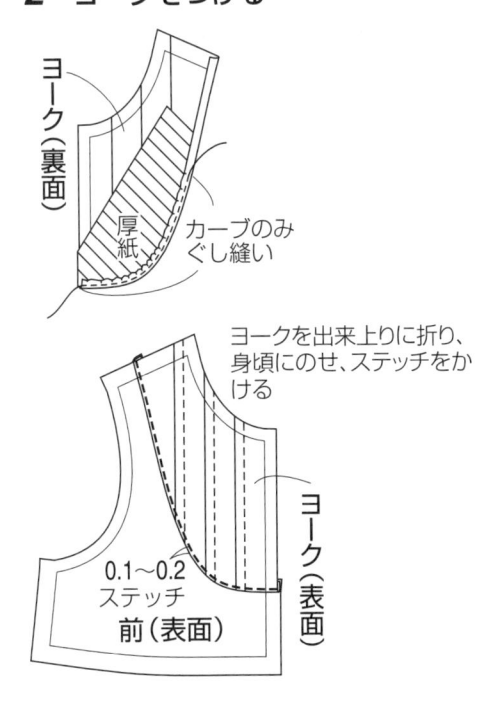

カーブのみぐし縫い

ヨークを出来上りに折り、身頃にのせ、ステッチをかける

0.1～0.2 ステッチ

3 身頃、見返しの肩をそれぞれ縫い、中表に合わせて衿ぐり、袖ぐりにミシンをかける

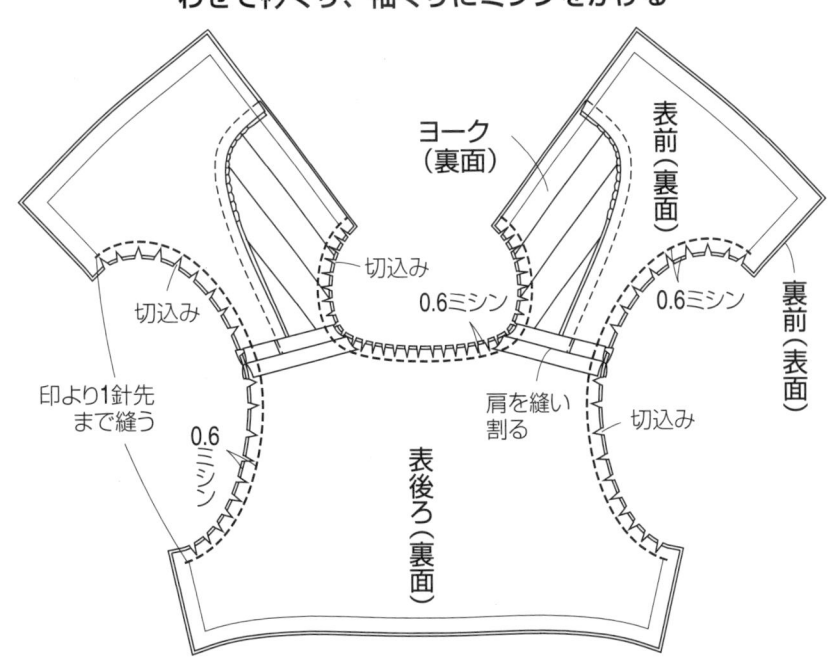

切込み
0.6ミシン
印より1針先まで縫う
0.6ミシン
肩を縫い割る

第3章 スローパーと応用デザイン

4 表に返し、裏身頃を控えて整える

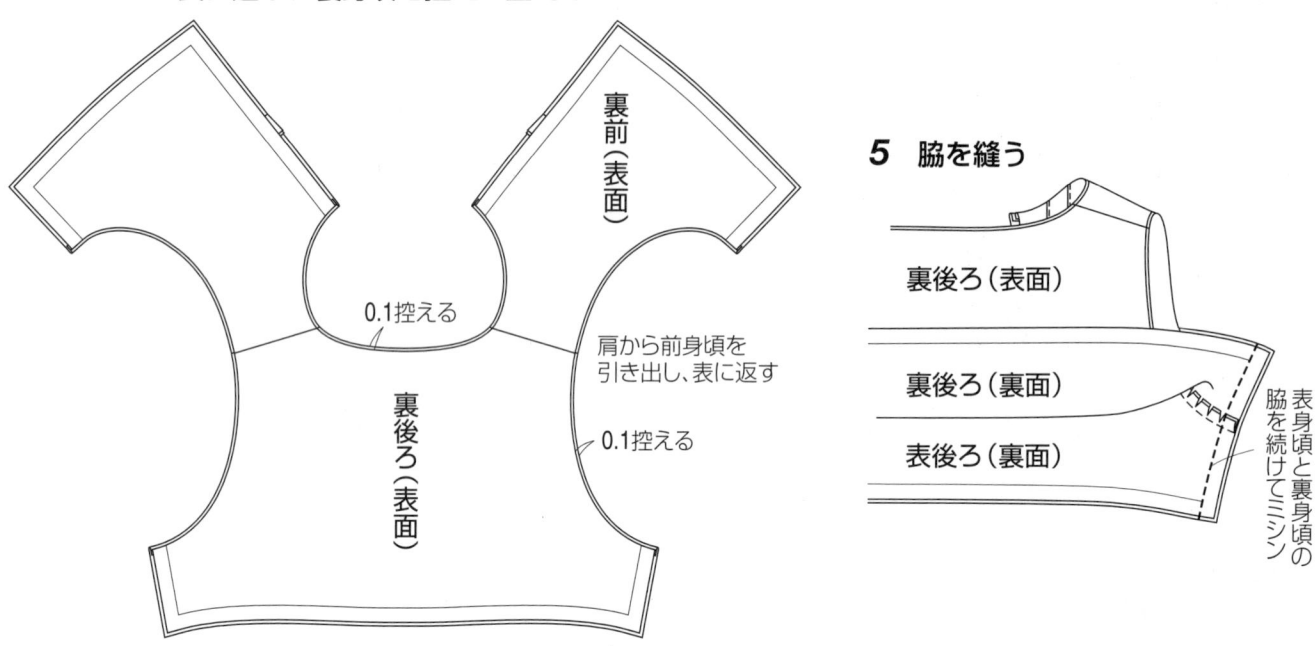

- 裏前（表面）
- 0.1控える
- 肩から前身頃を引き出し、表に返す
- 0.1控える
- 裏後ろ（表面）

5 脇を縫う

- 裏後ろ（表面）
- 裏後ろ（裏面）
- 表後ろ（裏面）
- 表身頃と裏身頃の脇を続けてミシン

6 ポケットを作る

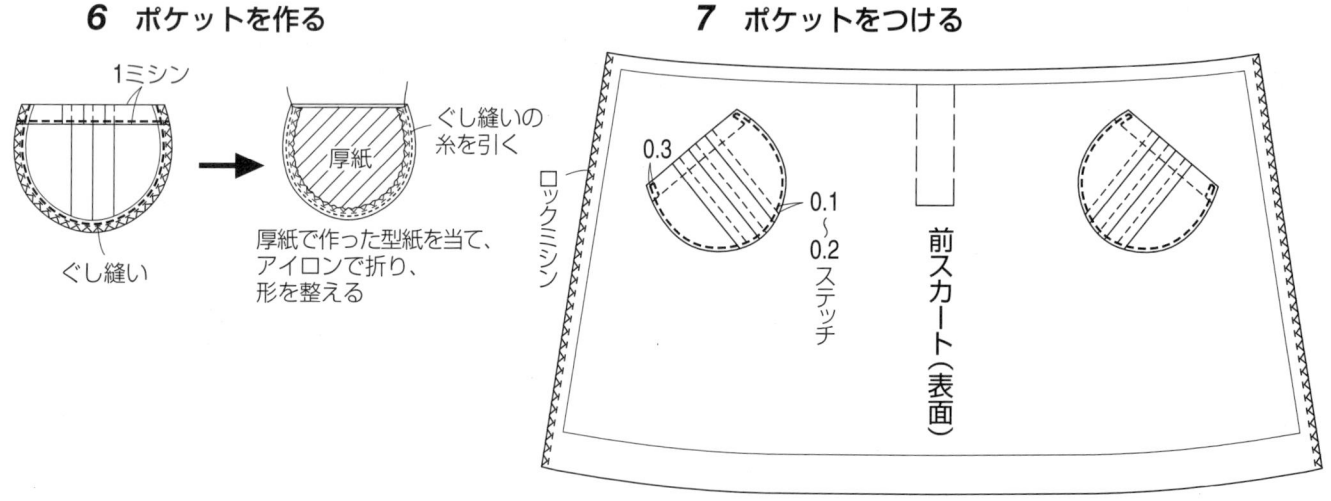

- 1ミシン
- ぐし縫い
- ぐし縫いの糸を引く
- 厚紙
- 厚紙で作った型紙を当て、アイロンで折り、形を整える

7 ポケットをつける

- ロックミシン
- 0.3
- 0.1〜0.2 ステッチ
- 前スカート（表面）

8 スカートの脇を縫い、ウエストに粗ミシンをかける

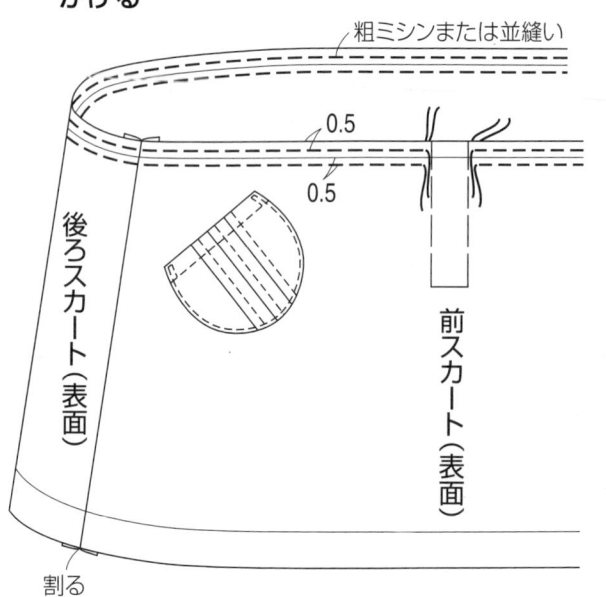

- 粗ミシンまたは並縫い
- 0.5
- 0.5
- 後ろスカート（表面）
- 前スカート（表面）
- 割る

9 ギャザーを寄せて整える

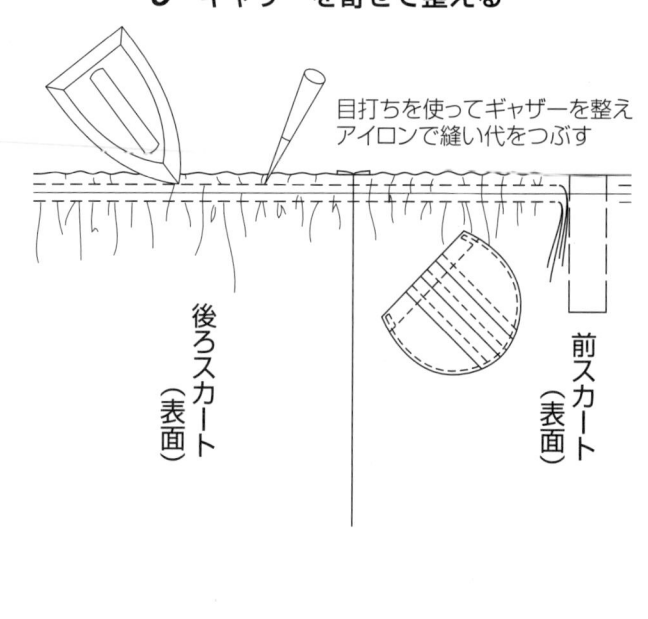

- 目打ちを使ってギャザーを整えアイロンで縫い代をつぶす
- 後ろスカート（表面）
- 前スカート（表面）

10 ウエストを縫う

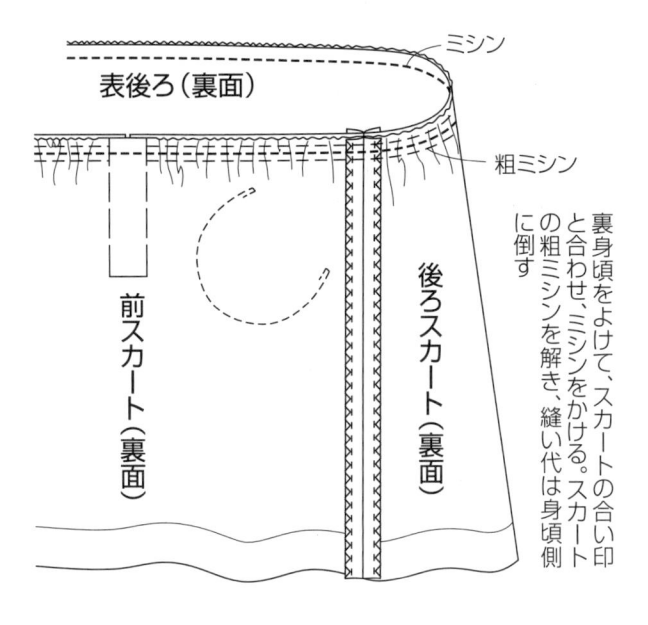

- ミシン
- 表後ろ（裏面）
- 粗ミシン
- 前スカート（裏面）
- 後ろスカート（裏面）

裏身頃をよけて、スカートの合い印と合わせ、ミシンをかける。スカートの粗ミシンを解き、縫い代は身頃側に倒す

11 ウエストの始末をする

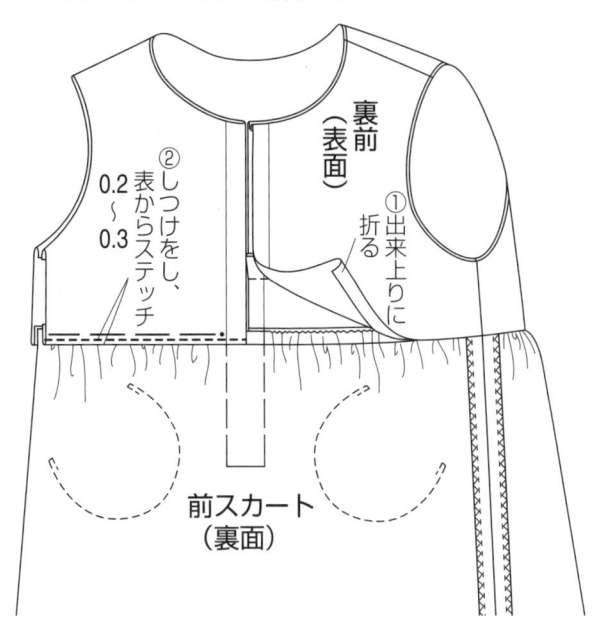

- 裏前（表面）
- ①出来上りに折る
- ②しつけをし、表からステッチ 0.2〜0.3
- 前スカート（裏面）

12 短冊あきを作る

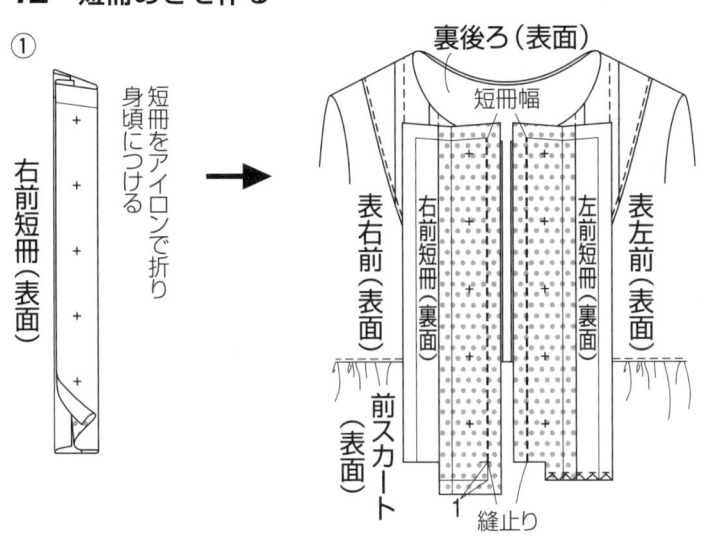

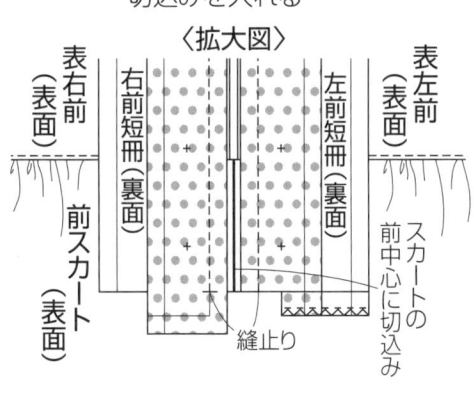

① 短冊をアイロンで折り身頃につける

- 右前短冊（表面）
- 裏後ろ（表面）
- 短冊幅
- 表右前（表面）
- 右前短冊（裏面）
- 左前短冊（裏面）
- 表左前（表面）
- 前スカート（表面）
- 1 縫止り

② スカートの前中心に切込みを入れる

〈拡大図〉
- 表右前（表面）
- 右前短冊（表面）
- 左前短冊（裏面）
- 表左前（表面）
- 前スカート（裏面）
- スカートの前中心に切込み
- 縫止り

③ 短冊を中表にしてミシンをかける

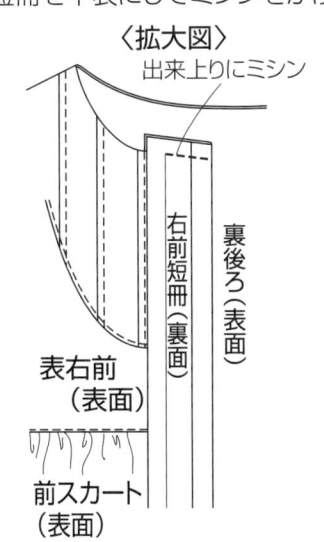

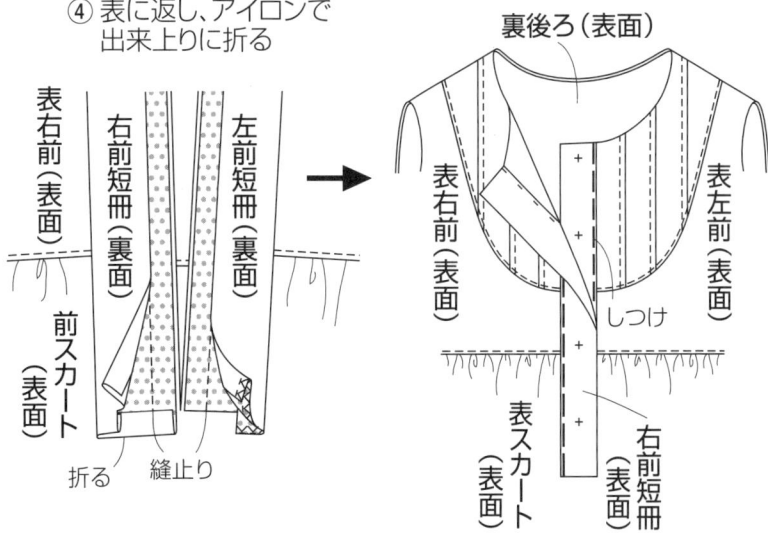

〈拡大図〉
- 出来上りにミシン
- 裏後ろ（表面）
- 右前短冊（裏面）
- 表右前（表面）
- 前スカート（表面）

④ 表に返し、アイロンで出来上りに折る

- 表右前（表面）
- 右前短冊（裏面）
- 左前短冊（裏面）
- 前スカート（表面）
- 折る
- 縫止り

- 裏後ろ（表面）
- 表右前（表面）
- 右前短冊（表面）
- 表左前（表面）
- しつけ
- 表スカート（表面）

⑤ 右前をよけて左前短冊に
　ステッチをかける

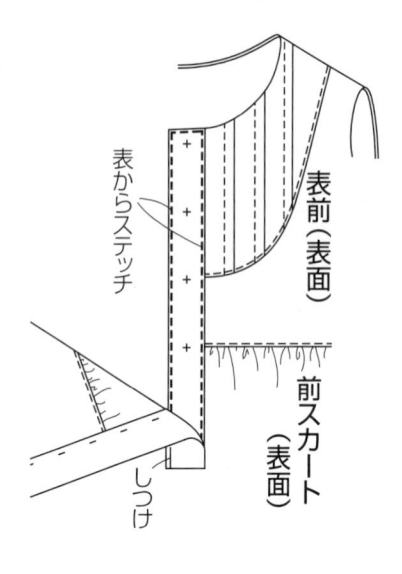

⑥ 左前をよけて右前短冊に
　ステッチをかけ、短冊を重
　ねてステッチをかける

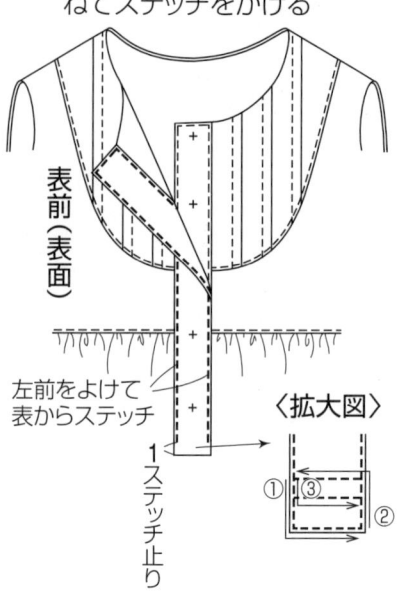

表からステッチ

表前（表面）

前スカート（表面）

しつけ

左前をよけて表からステッチ

〈拡大図〉

1ステッチ止り

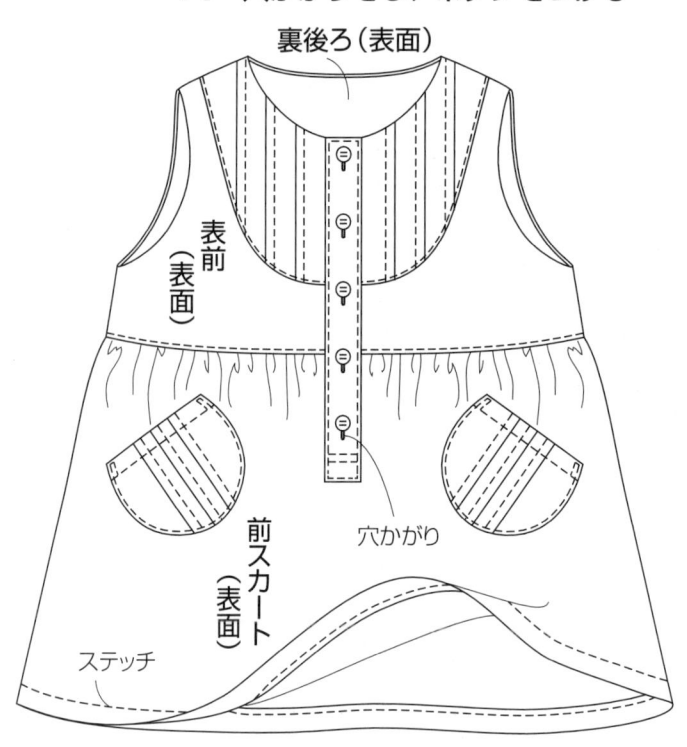

13 裾の始末をする
14 穴かがりをし、ボタンをつける

裏後ろ（表面）

表前（表面）

穴かがり

前スカート（表面）

ステッチ

スモッキング飾りのあるワンピースドレス（90cm）

胸もととポケット口のスモッキングがデザインポイントになった、フリル袖のワンピースドレス。

素材は、綿のストライプ、水玉、ギンガム、無地などがよく、ギャザーを寄せやすい布が適している。スモッキングの糸は、配色を工夫すると変化が楽しめる。

使用量

表布　90cm幅100cm
接着芯　90cm幅15cm（見返しのみ）

作図

作図要点

「腹ぐせを裾に移動する方法（44ページ）」の作図をスローパーとして使用。ドレス丈は好みの丈とする。

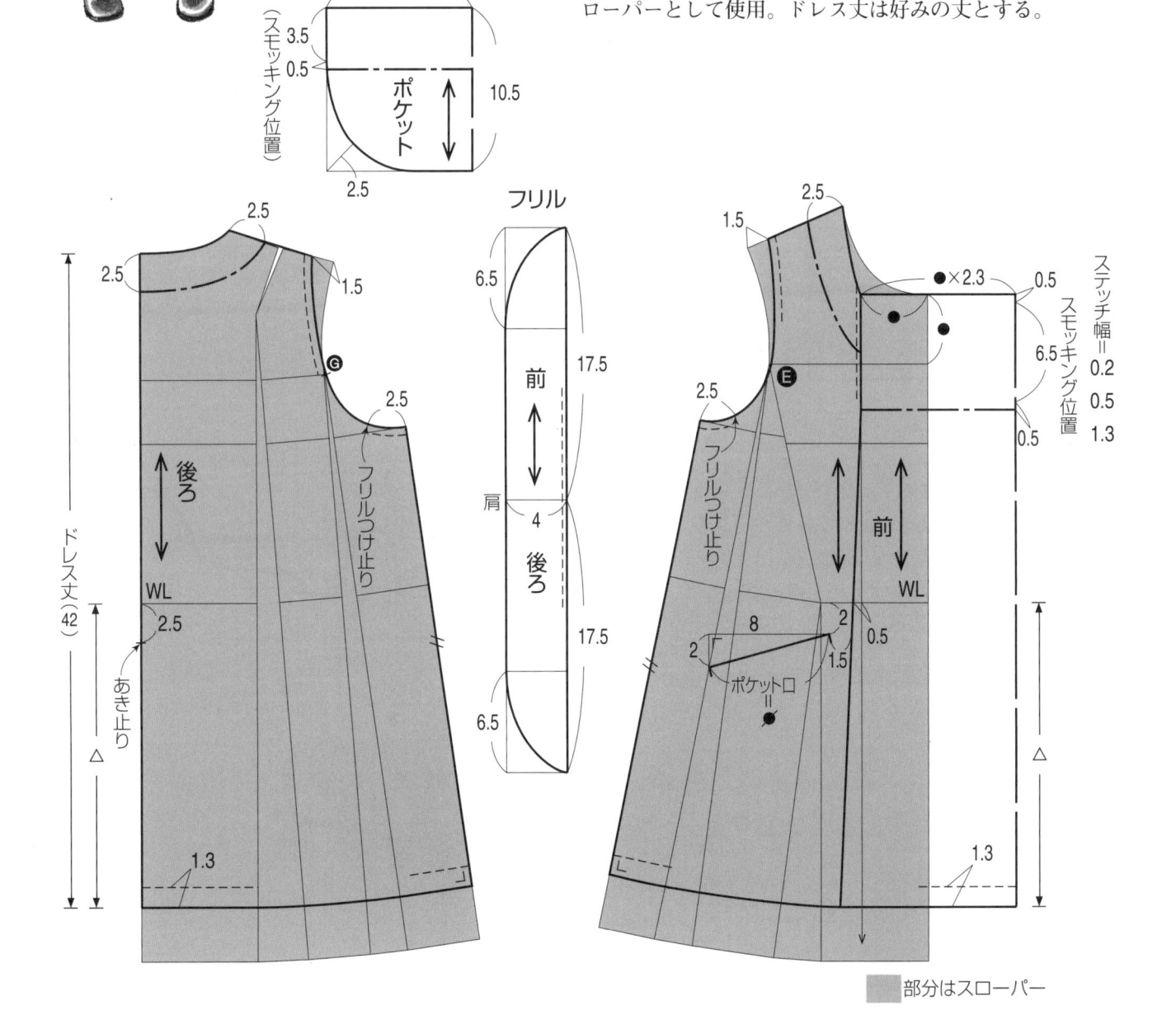

部分はスローパー

スモッキング説明　ベーシックスモッキング（イングリッシュスモッキング）

●布の見積り方

布の使用量は、布の厚み、ひだの深さにより異なるため、実物の布で部分かがりをして見積もるとよい。

参考

布	布の見積り量（横幅）
ごく薄手　（オーガンジー類）	約 3 ～ 4 倍
薄手　（ローン類）	約2.5～ 3 倍
中ぐらいの厚さ（木綿・ポリエステル類）	約 2 ～2.5 倍

●材料と用具

布はギャザーの寄せやすい平織りの布が適している。無地のほか、チェックやストライプ、ドットなど等間隔の柄を用いると簡単にでき、効果的である。

かがり糸は25番刺繍糸の4本どりや、5番刺繍糸の1本どりなど、少し太めの糸を選ぶとよい。

針は刺繍針3番を使用する。

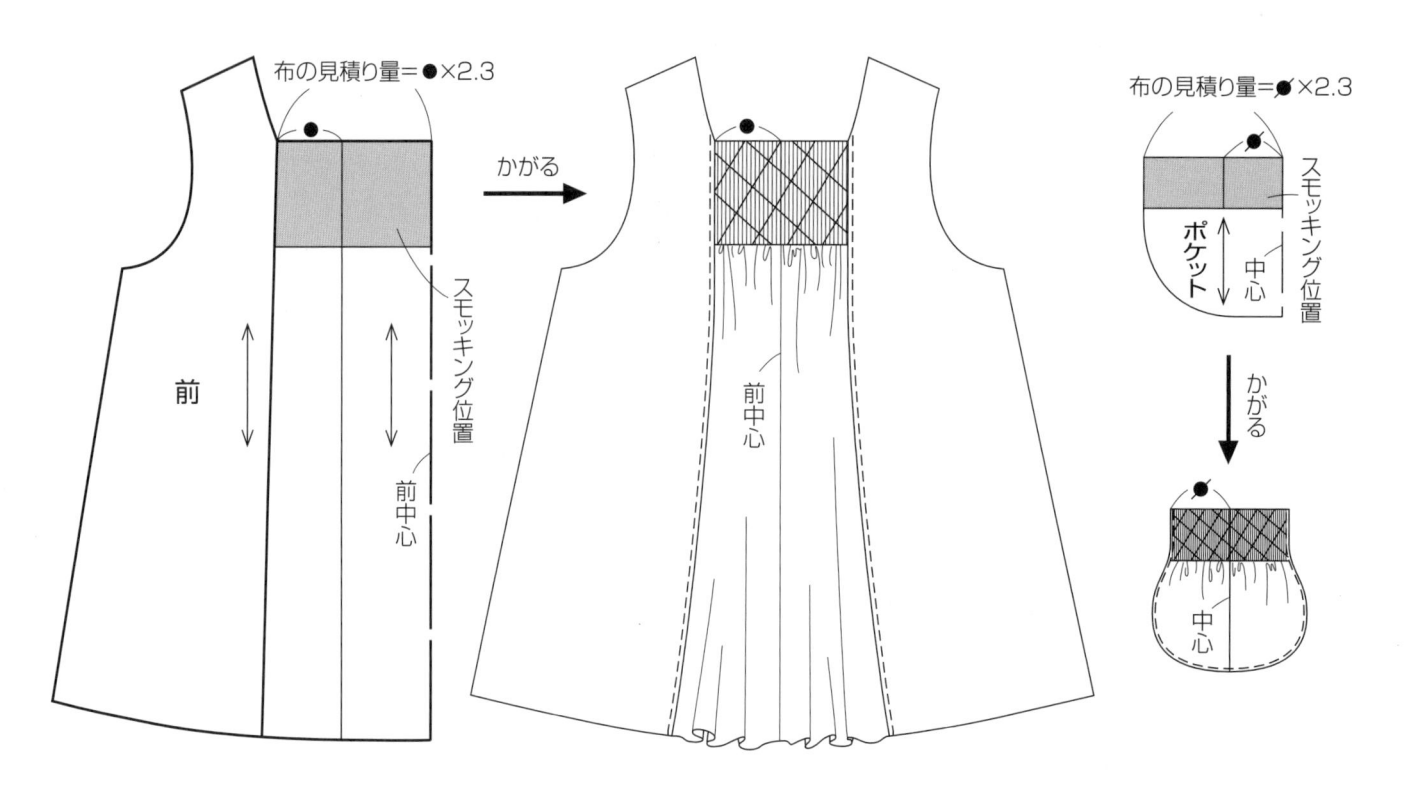

●かがり方

布の表面に線印（へら印）をつけ、交点を0.1～0.2cmくらいすくいながらかがる。チェックやドット柄を使用する場合は柄を目安にかがる。

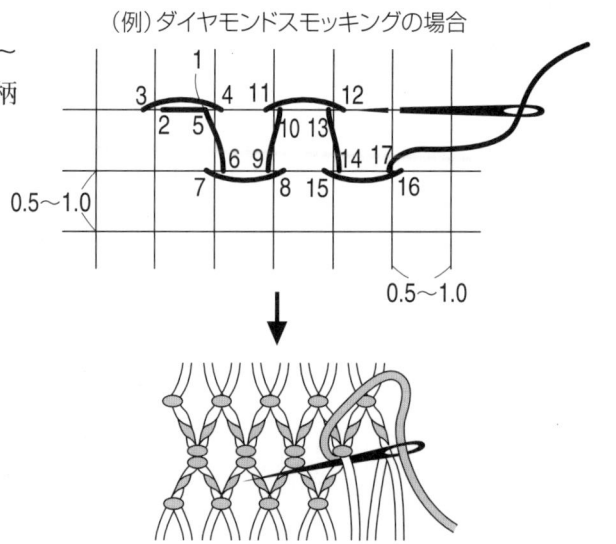

縫製要点

①前身頃の上端の縫い代を折り、縫い代まで通してスモッキングをする。ポケット口も同様にする

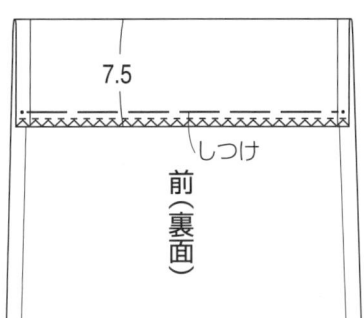

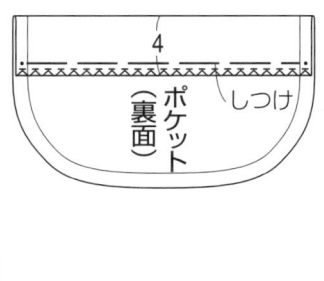

②表からスモッキングをする

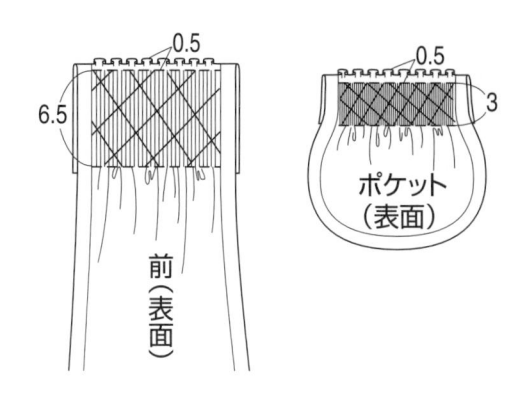

● 前切替え線を縫い、ポケットをつける

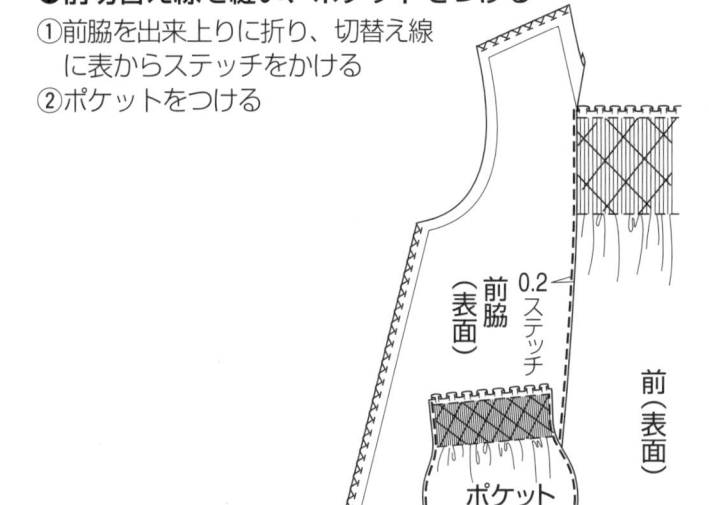

①前脇を出来上りに折り、切替え線に表からステッチをかける
②ポケットをつける

〈裏面の始末〉

● 袖ぐりの始末をする

①フリルにギャザーを寄せて身頃の上にのせ、しつけをする

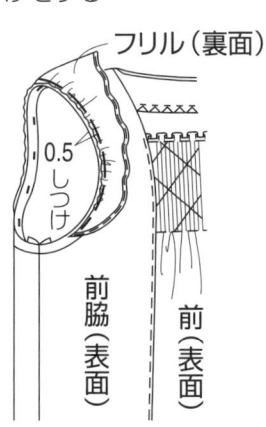

②袖ぐりの始末は共布のバイアス布を使用し、袖ぐりのカーブに合わせ、くせとりをする

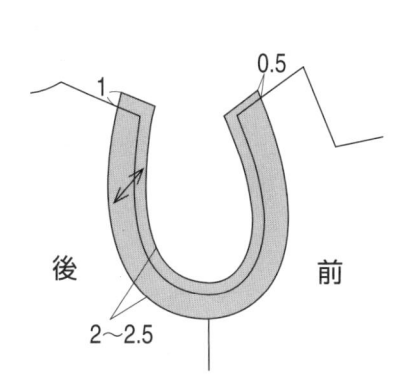

③フリルをバイアス布と身頃ではさみ、ミシンをかける

④縫い代をバイアス布でくるみ、ステッチをかける

バイアス布のはぎ位置は、肩縫い目と重ならないようにする

第3章 スローパーと応用デザイン

ストレートシルエットのワンピースドレス（110cm）

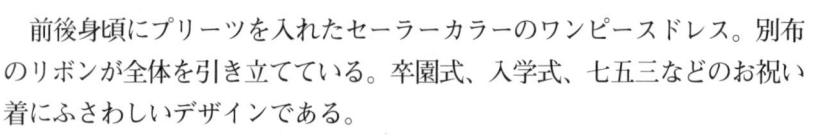

前後身頃にプリーツを入れたセーラーカラーのワンピースドレス。別布のリボンが全体を引き立てている。卒園式、入学式、七五三などのお祝い着にふさわしいデザインである。

素材はプリーツの折りやすい化合繊や薄手ウールの無地など。

使用量

表布　150cm幅100cm
別布（衿）　150cm幅30cm
別布（リボン）　90cm幅30cm
裏布　90cm幅105cm
接着芯（ヨーク、カフス）　90cm幅10cm

原型のダーツ操作

- 後ろ身頃
  肩ダーツの$\frac{1}{2}$を肩のいせ分とし、残りの$\frac{1}{2}$を袖ぐりに移動して、ヨーク切替えとする。
- 前身頃
  腹ぐせダーツを閉じる。

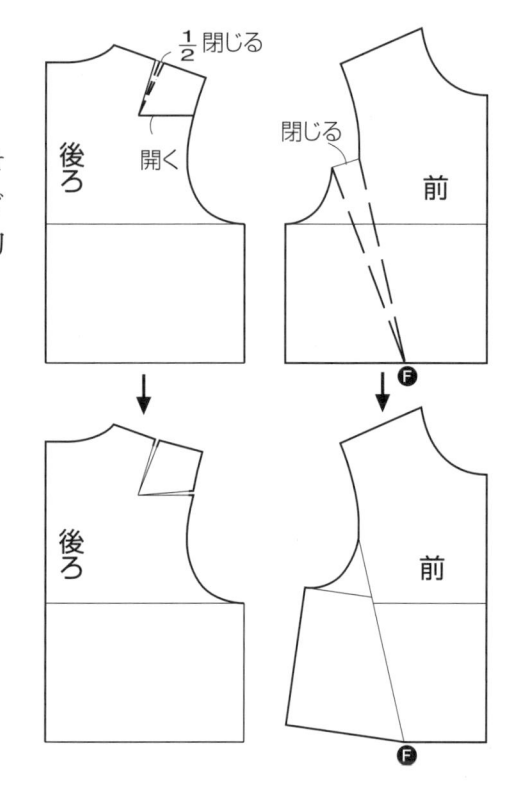

作図

作図要点

- 身頃
  - 袖ぐりに移動した肩ダーツ分はヨーク切替えに入れる。
  - 袖山にギャザーの入った袖をつけるので、肩幅を1cm狭くする。
- 衿
  - 肩幅いっぱいのフラットなセーラーカラーなので、肩線での重ね分は1cmにする。後ろ衿つけ線は衿こしの分0.5cm浅くかき、伸ばし加減にしてつける。
- 袖
  - 48ページを参照して袖をかき、袖口にパフ分を加える。
  - 袖山切開き線をかき、Ⓐ点とⒶ点を基点に袖山タック分を切り開く。袖山、袖下線、基点はなめらかな線に修正する。

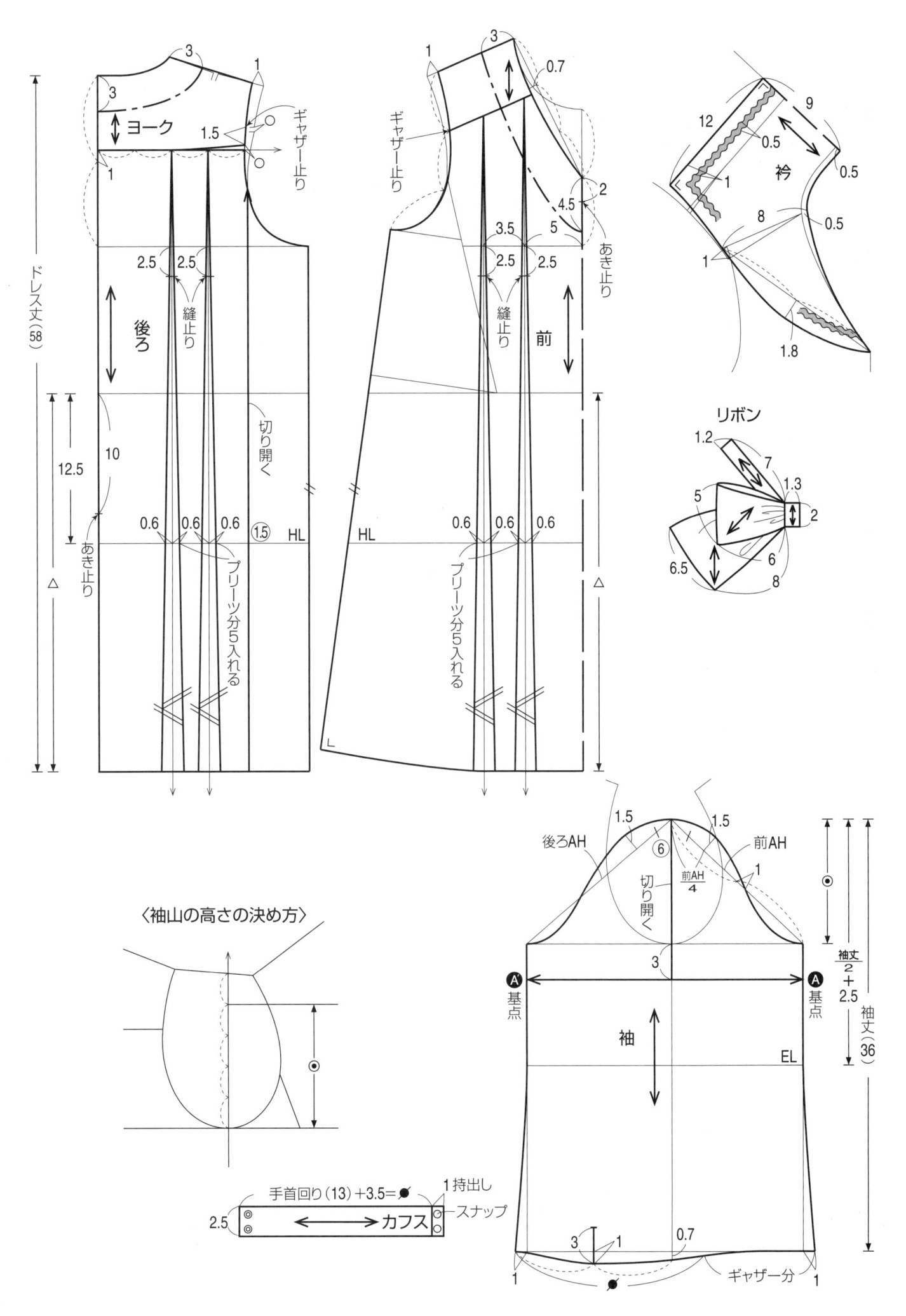

第3章　スローパーと応用デザイン

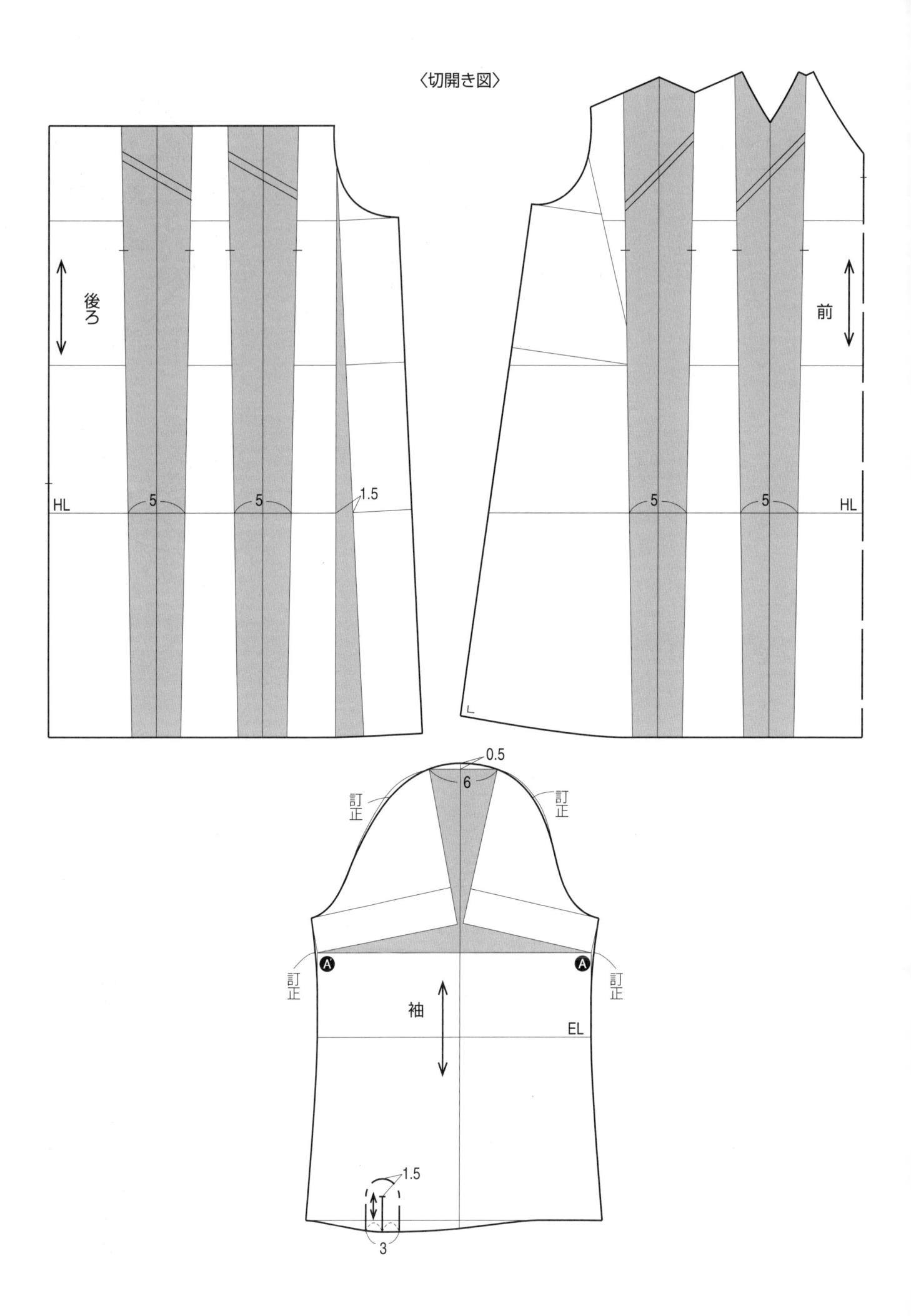

〈切開き図〉

縫製要点

●袖口スラッシュあきを作る（見返しをつける方法）

①見返しを中表に合わせ、あきにミシンをかけて切込みを入れる

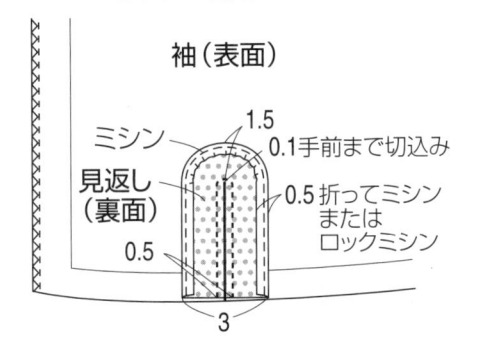

袖（表面）
ミシン　1.5
0.1手前まで切込み
見返し（裏面）
0.5 折ってミシンまたはロックミシン
3

②見返しを裏面に引き出し、0.1cm控えてアイロンで整える

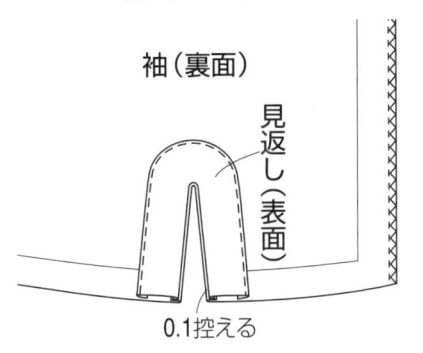

袖（裏面）
見返し（表面）
0.1控える

③表からきわにミシンをかける

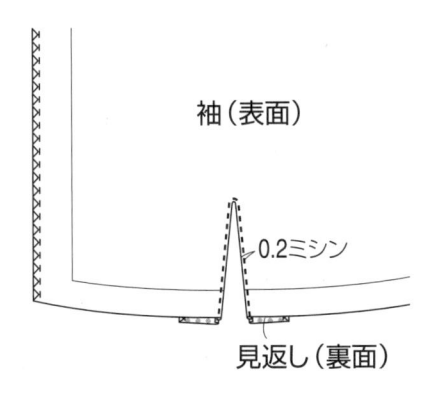

袖（表面）
0.2ミシン
見返し（裏面）

●表身頃の後ろ中心を縫う

プリーツは裾を上げてから、折り山を伸ばさないようにアイロンで折る

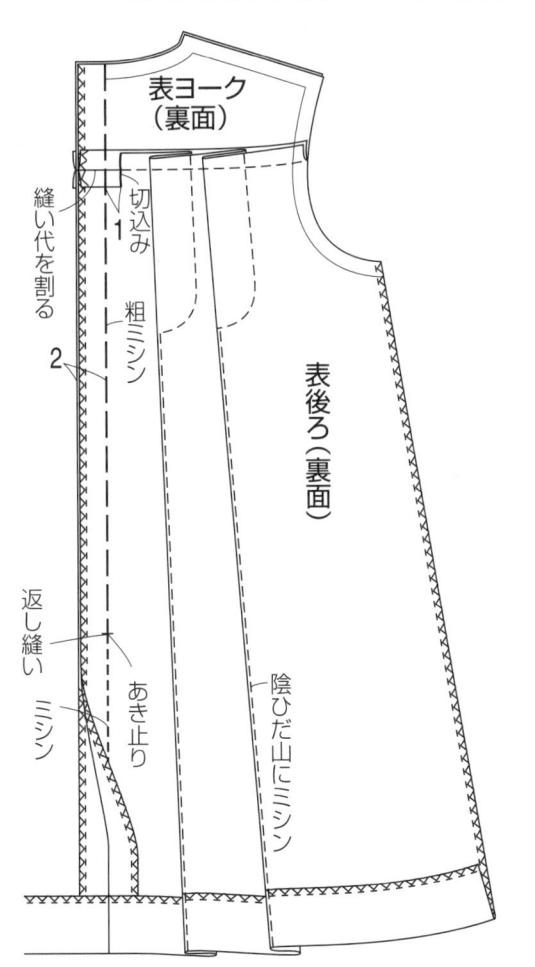

表ヨーク（裏面）
切込み
縫い代を割る
粗ミシン
2
返し縫い
ミシン
あき止り
陰ひだ山にミシン
表後ろ（裏面）

●後ろ中心にコンシールファスナーをつける

・ファスナーの長さは、つけ寸法より3〜3.5cm長いものを用意する。

①後ろ中心縫い目にファスナーの中央を合わせてピンを打ち、エレメント（務歯）のきわに返し縫いでしつけをする。

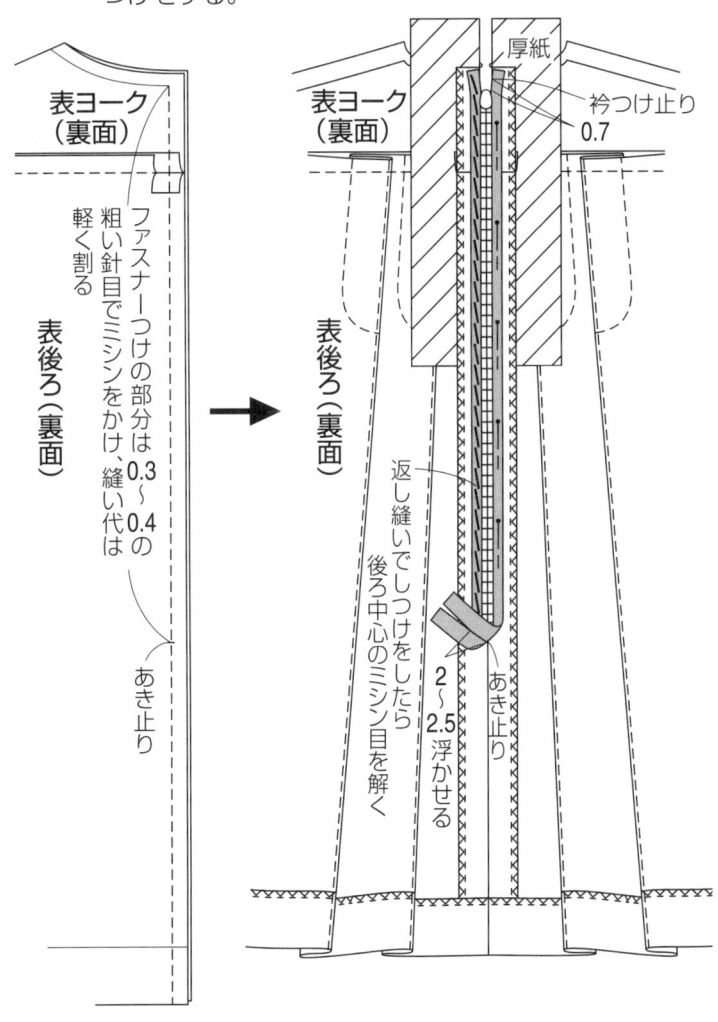

表ヨーク（裏面）
ファスナーつけの部分は0.3〜0.4の粗い針目でミシンをかけ、縫い代は軽く割る
表後ろ（裏面）
あき止り

→

表ヨーク（裏面）
厚紙
衿つけ止り
0.7
返し縫いでしつけをしたら後ろ中心のミシン目を解く
2〜2.5浮かせる
あき止り
表後ろ（裏面）

②後ろ中心の粗ミシンをとる
③ミシンにコンシールファスナー押えを取りつけ、ファスナーのエレメント（務歯）を起こしながらミシンをかける。
④あき止りまできちんとミシンがかけられるように、スライダーをあき止りより下まで下げておく。

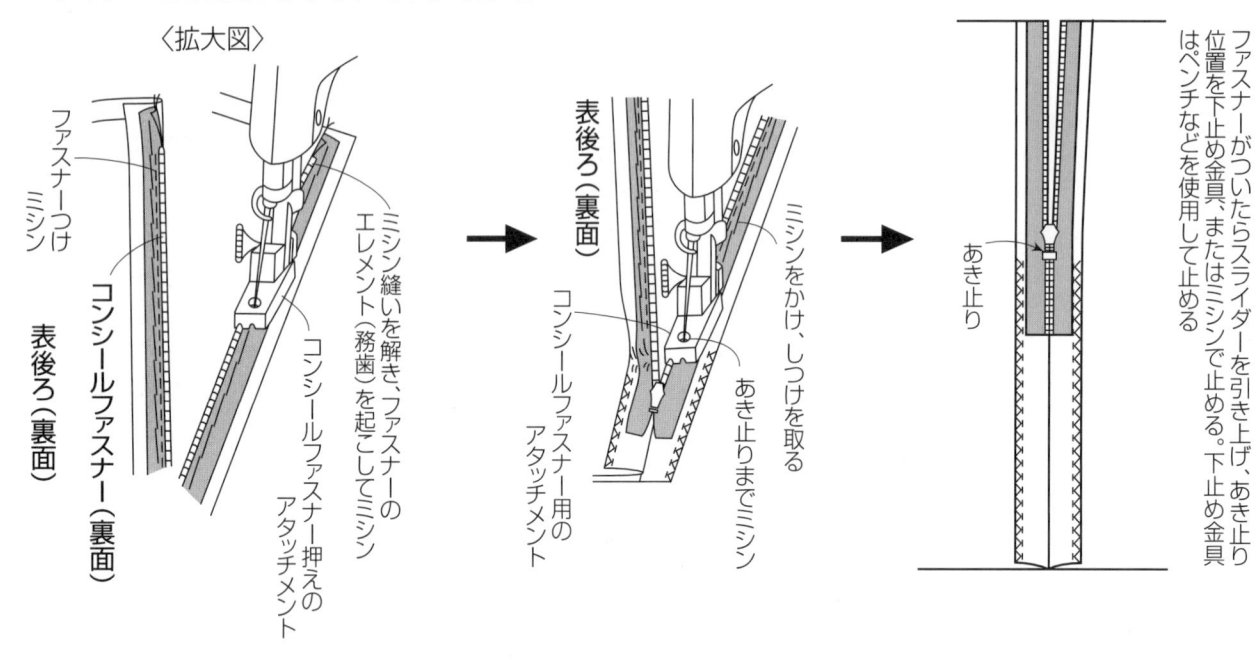

〈拡大図〉

ファスナーつけミシン
表後ろ（裏面）
コンシールファスナー（裏面）
ミシン縫いを解き、ファスナーのエレメント（務歯）を起こしてミシン
コンシールファスナー押えのアタッチメント

表後ろ（裏面）
ミシンをかけ、しつけをとる
コンシールファスナー用のアタッチメント
あき止りまでミシン

あき止り

ファスナーがついたらスライダーを引き上げ、あき止り位置を下止め金具、またはミシンで止める。下止め金具はペンチなどを使用して止める

●衿をつける
衿は身頃と見返しではさんで縫う。裏布は脇側のプリーツ１本にし、表布のプリーツと逆方向に折り、薄く仕上げる

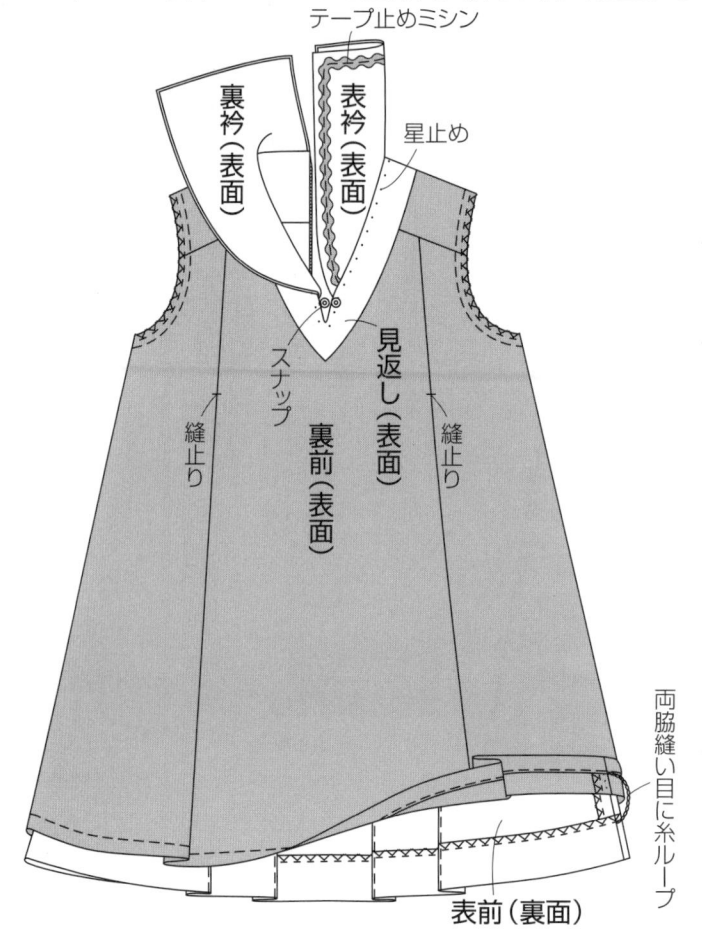

テープ止めミシン
裏衿（表面）
表衿（表面）
星止め
見返し（表面）
裏前（表面）
スナップ
縫止り
縫止り
両脇縫い目に糸ループ
表前（裏面）

66

ローウエストのワンピースドレス（110cm）

ローウエスト切替えでダブルブレストのワンピースドレス。ウエストに箱ポケット、切り替えたスカートは前後にボックスプリーツが入っている。衿とカフスはシャンタンやサテンなどでとりはずしができるように作っておくと2通りに着られ、改まった場所にもふさわしいドレスである。

使用量
- 表布　150cm幅120cm
- 裏布　110cm幅110cm
- 接着芯布　90cm幅前身頃丈＋10cm
- 別布（スペアカラー、スペアカフス）　60cm幅20cm
- 裏布（スペアカラー、スペアカフス）　60cm幅20cm

原型のダーツ操作

「身長110cm　ウエスト切替えのベーシックドレス（47ページ）」参照。

作図

作図要点
- 身頃
  - ローウエストの切替えはバストラインからウエストラインまでを3等分し、$\frac{1}{3}$下がった位置を目安にしてあるが、ドレス丈とのバランスで決める。
  - ウエストラインにつけるポケット口寸法は$\frac{前胸幅}{2}$くらいにする。
  - プリーツ位置は前後中心線から脇線までを2等分して決め、脇線のシルエットに合わせて裾で広げるとプリーツの線がきれいになる。
- 衿
  - サイドネックポイントを基点に、肩線を$\frac{原型の前肩幅}{4}$重ねて衿をかく。重ねる分量が少ないとフラットな衿になり、多くなると衿こしのあるシャツカラーに近い衿になる。
  - スペアカラーは上回り分が必要なので、表衿より大きくする。
- 袖
  - 袖山の高さは、平均肩丈の$\frac{3}{4}$とする。
  - タイトスリーブなので、袖口寸法を決め、前後袖幅折り線でたたみ、袖下線でもカットする。

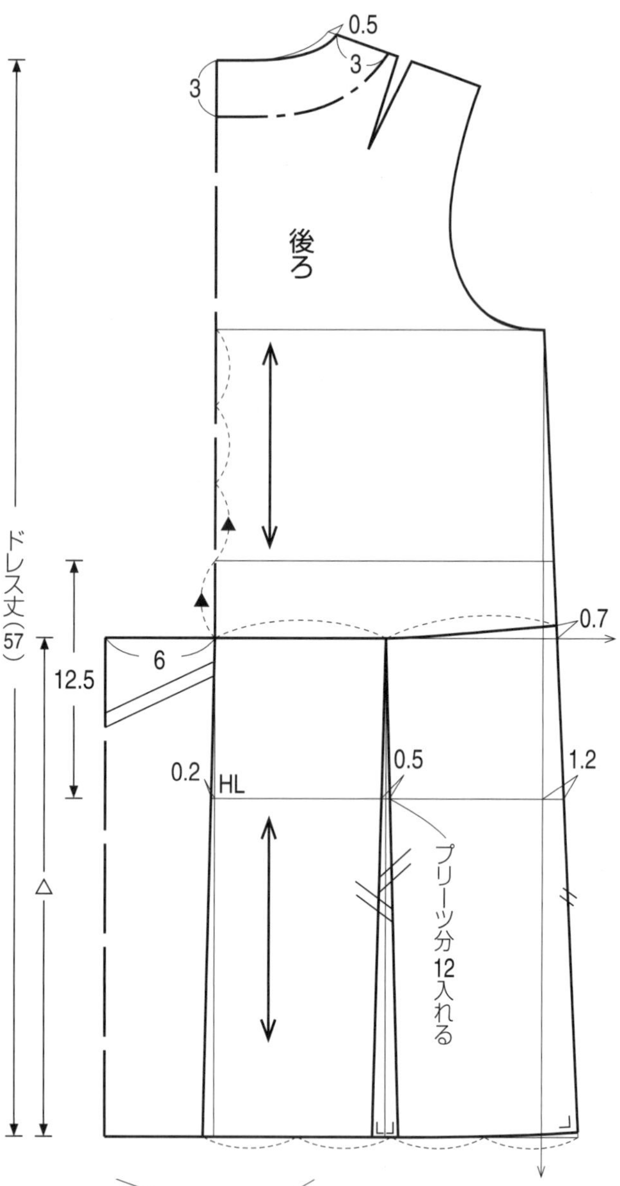
後ろ
0.5
3
3
ドレス丈（57）
12.5
6
0.7
0.2
HL
0.5
1.2
プリーツ分12入れる
△

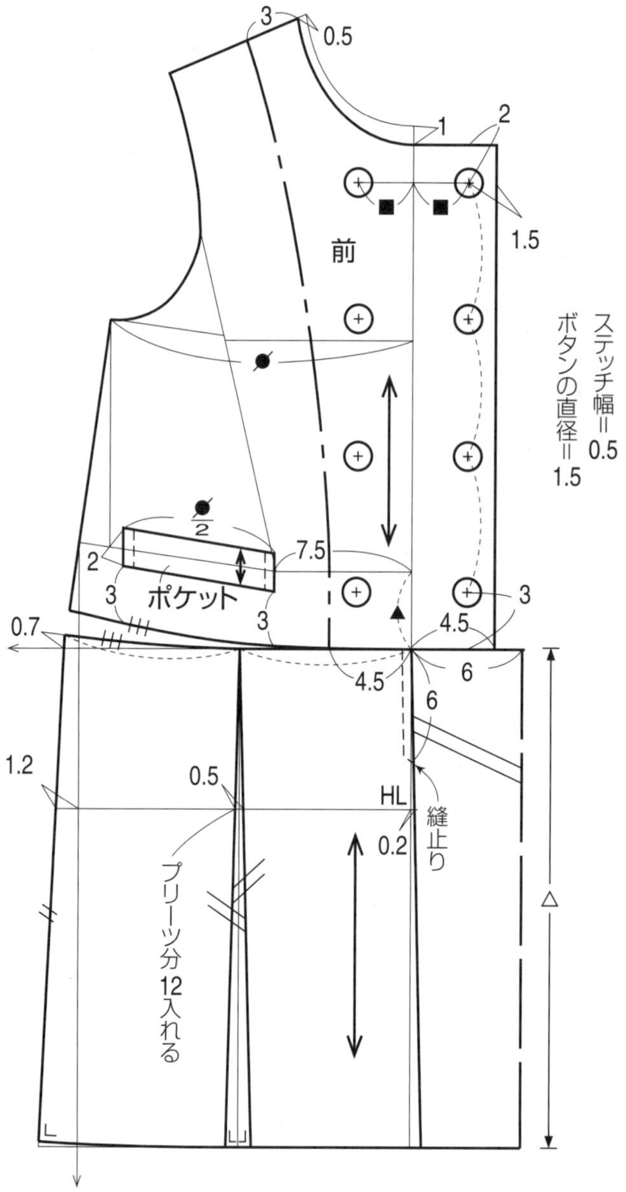
前
3
0.5
1
2
1.5
ステッチ幅＝0.5
ボタンの直径＝1.5
2
2
7.5
3
ポケット
3
0.7
4.5
4.5
6
6
3
1.2
0.5
HL
0.2
縫止り
プリーツ分12入れる
△

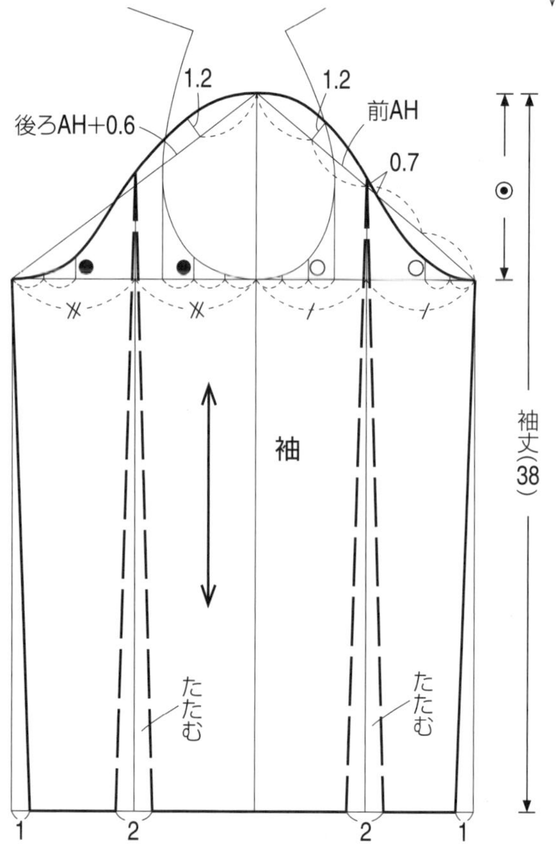
1.2
1.2
後ろAH＋0.6
前AH
0.7
⊙
袖
袖丈（38）
たたむ
たたむ
1
2
2
1

〈袖山の高さの決め方〉

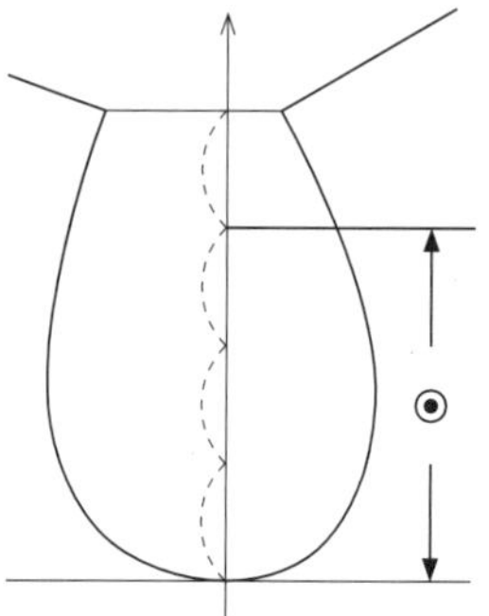
⊙

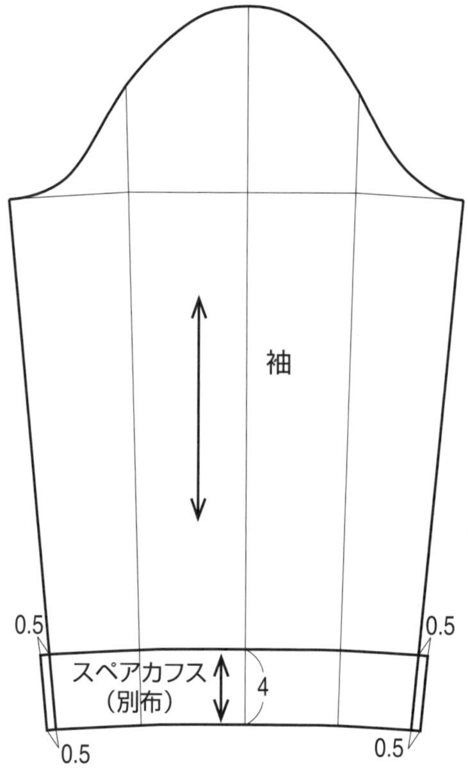
袖
0.5
0.5
スペアカフス
（別布）
4
0.5
0.5

〈切開き図〉

後ろ

スペアカラー（別布）
表衿

前

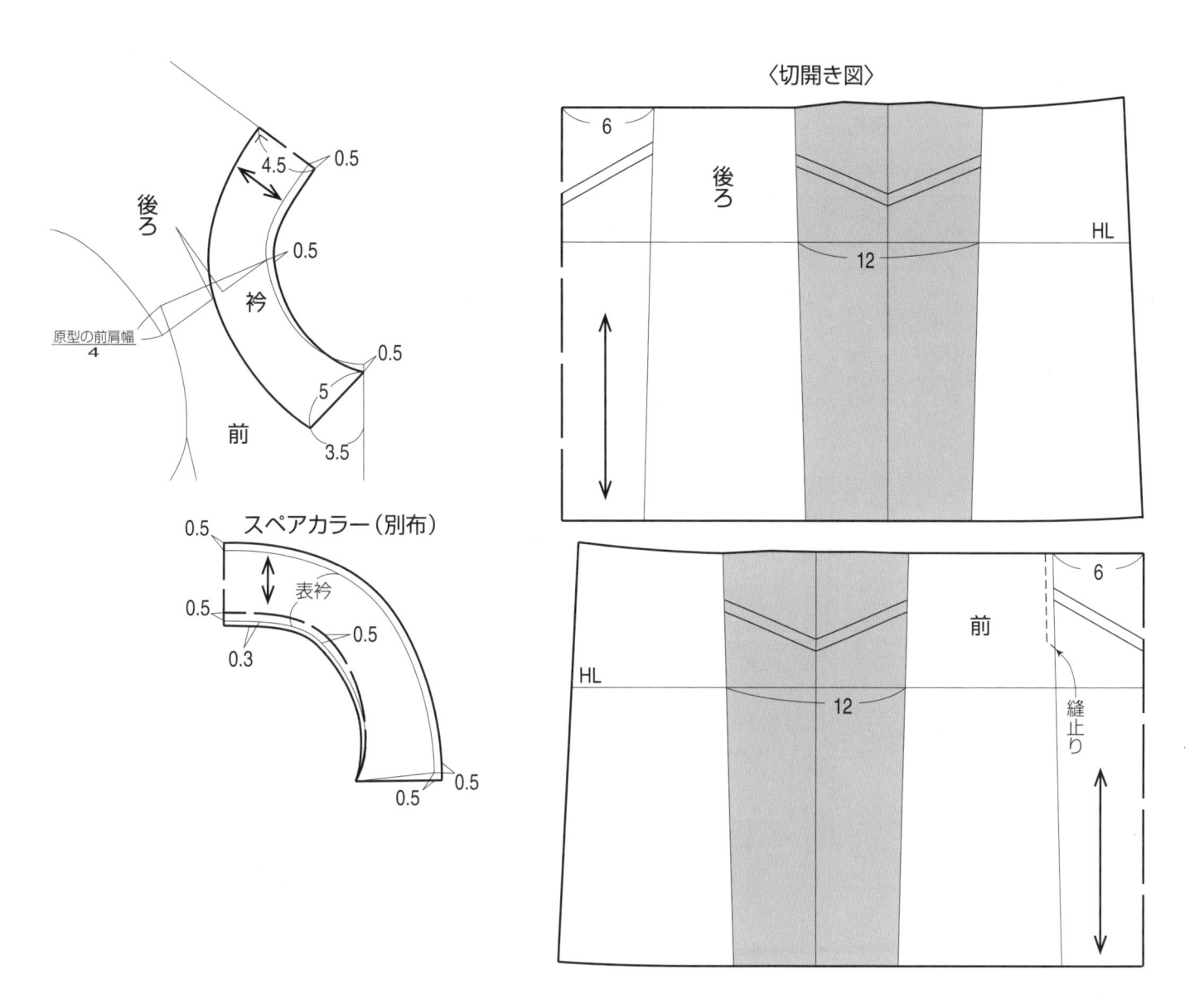

パターンメーキング

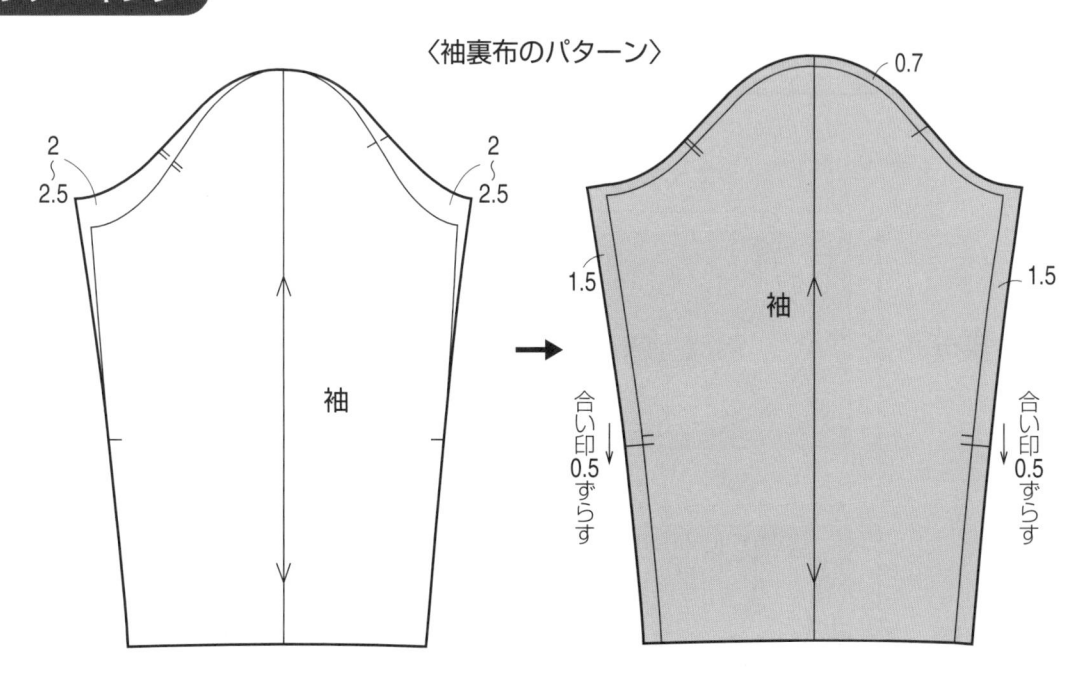

〈袖裏布のパターン〉

袖

第3章 スローパーと応用デザイン

裁合せ図

—表布—

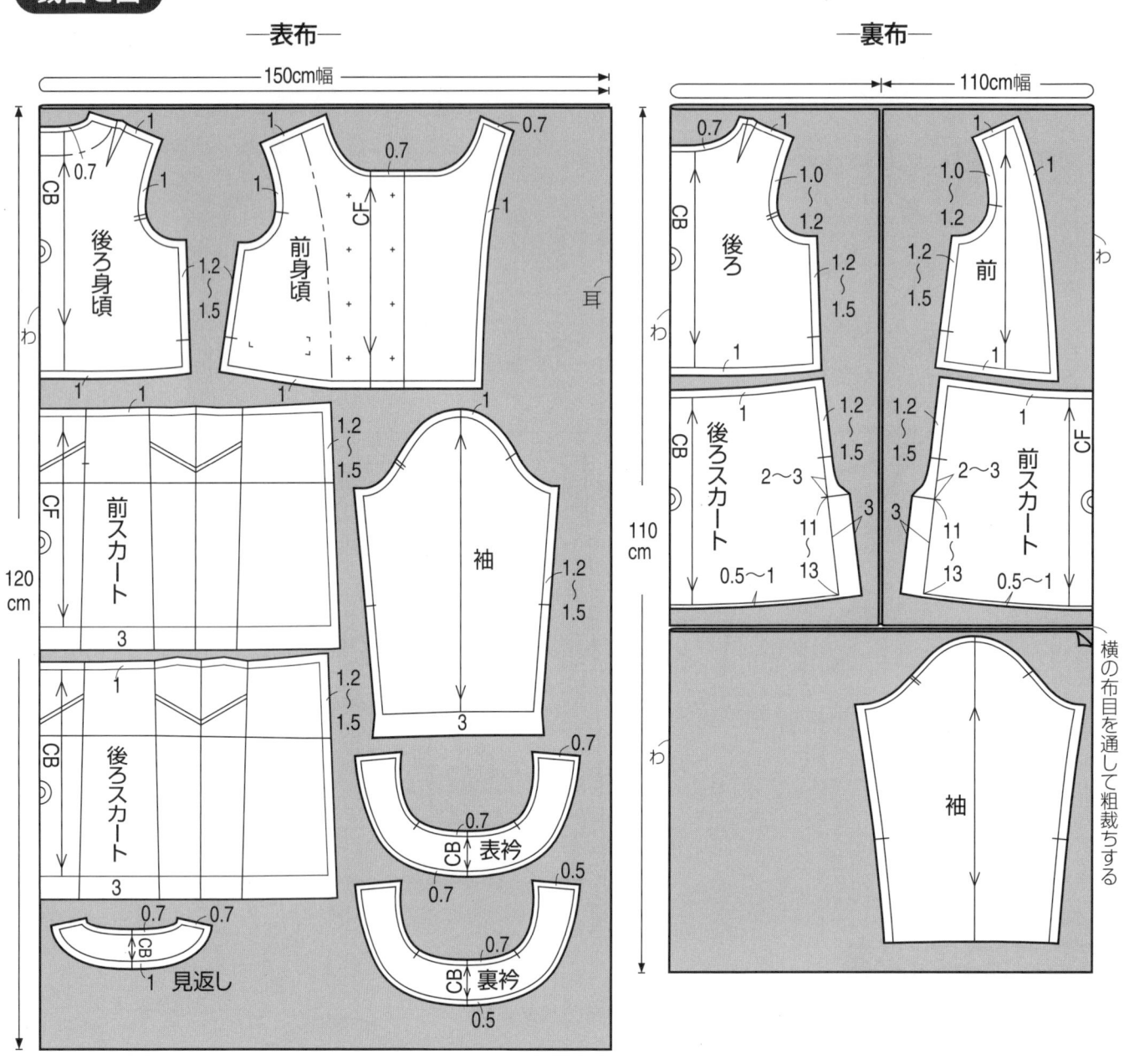

150cm幅

- 後ろ身頃
- 前身頃
- 前スカート
- 後ろスカート
- 袖
- 表衿
- 裏衿
- 見返し

120cm

—裏布—

110cm幅

- 後ろ
- 前
- 後ろスカート
- 前スカート
- 袖

110cm

横の布目を通して粗裁ちする

スペアカラー、スペアカフス

—表布—　60cm　20cm
- 表衿
- 右表カフス
- 左表カフス

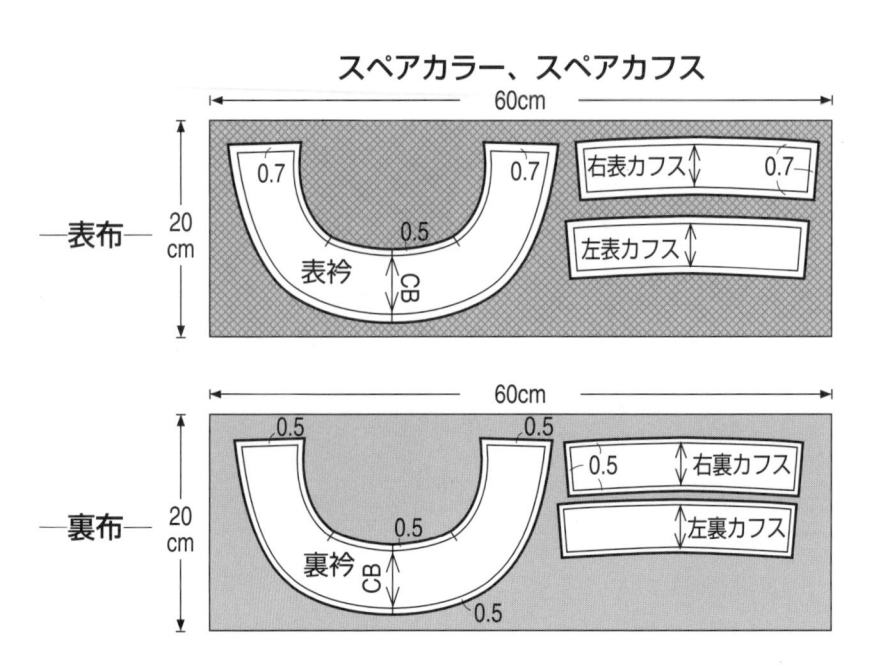

—裏布—　60cm　20cm
- 裏衿
- 右裏カフス
- 左裏カフス

縫製要点

【本縫い前の準備】

表布の裏面に接着芯をはる。スカートの脇と裾にロックミシンをかける

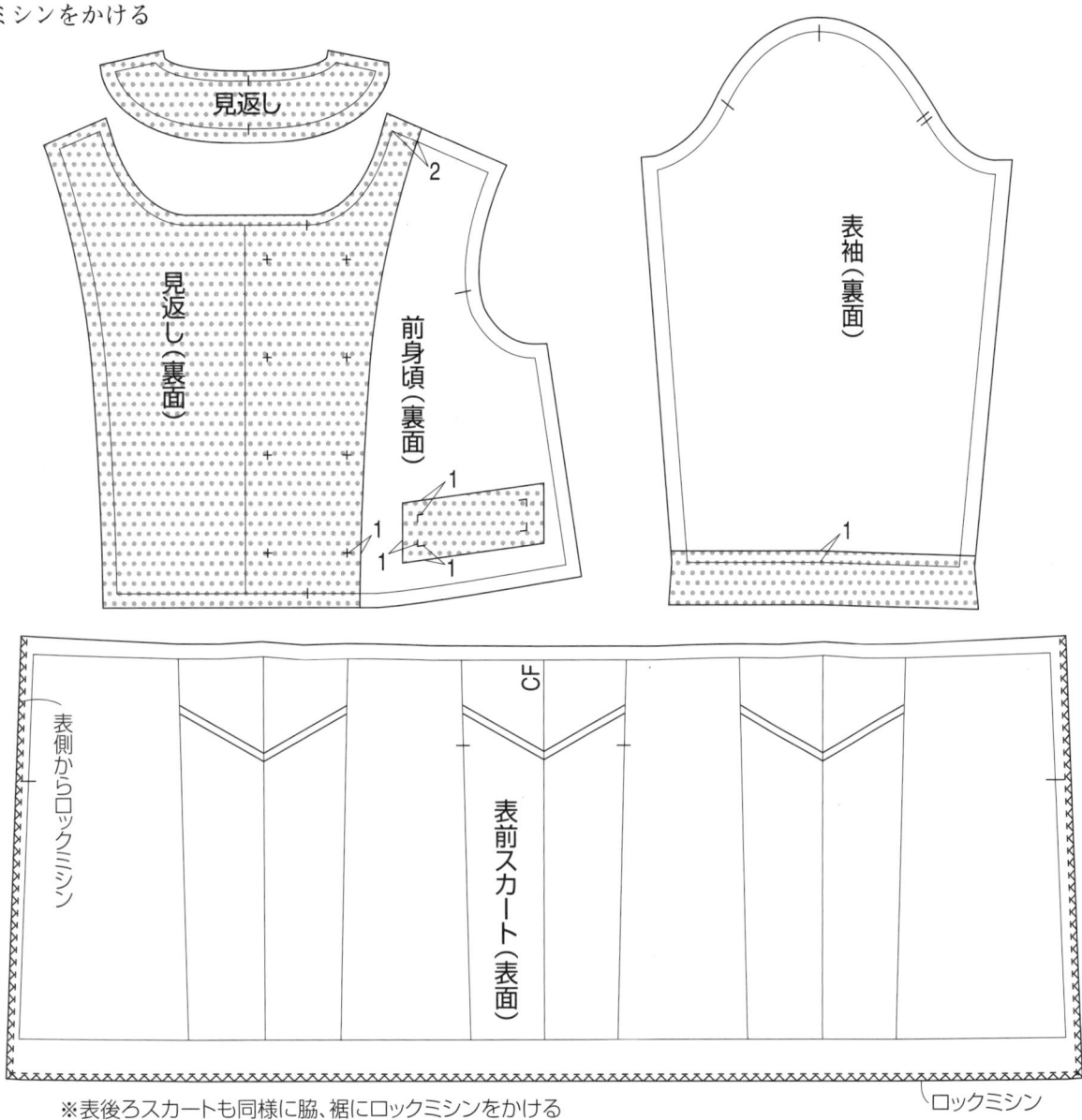

※表後ろスカートも同様に脇、裾にロックミシンをかける

表スカートのプリーツ印つけ

パターンは、表プリーツ山と陰プリーツ山に印をつけるため穴を開ける。プリーツスカートの場合は、裾を上げてから印をつける。裾にロックミシンをかけ、出来上りに折りアイロンをかけて奥をまつるが、部分プリーツなので裾の脇を少し残す。パターンを置き、ずれないようにピンで止める。

表プリーツ山と陰プリーツ山に切りじつけをするが、しつけ糸の色を変えると判別しやすい。

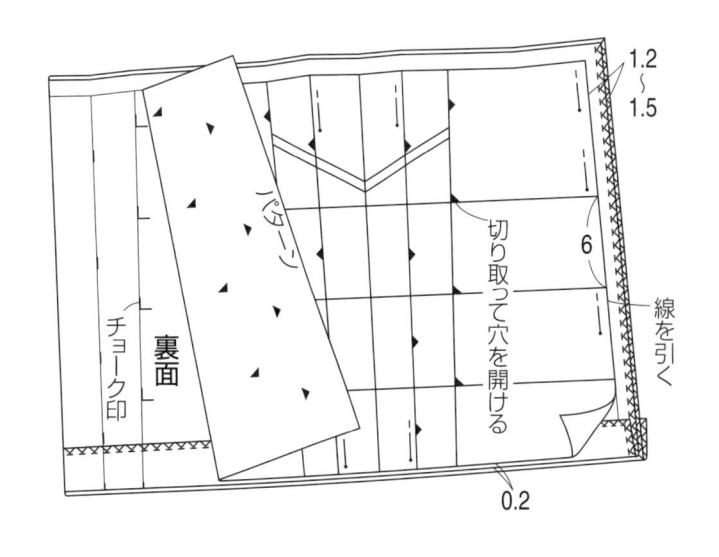

第3章　スローパーと応用デザイン

【本縫い】
1　箱ポケットを作る

〈裁ち方〉

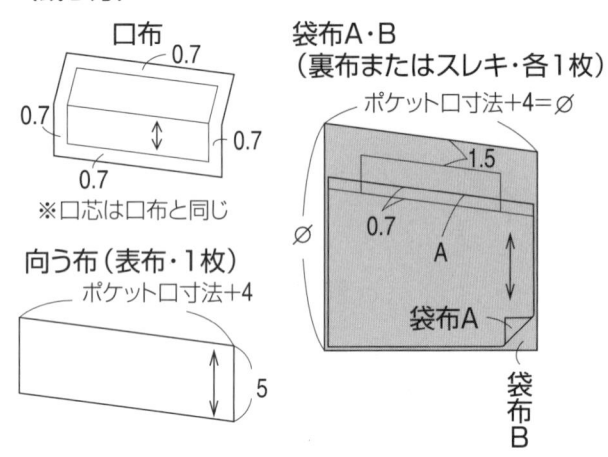

口布　0.7 / 0.7 / 0.7 / 0.7
※口芯は口布と同じ

袋布A・B（裏布またはスレキ・各1枚）
ポケット口寸法+4＝∅
1.5　0.7　A　袋布A　袋布B

向う布（表布・1枚）
ポケット口寸法+4
5

①口布に口芯をはり、縫い返す

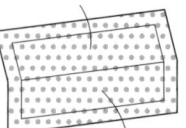

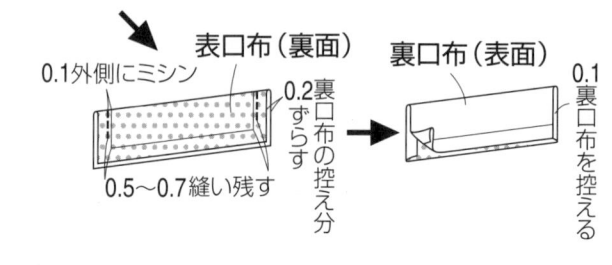

裏口布（裏面）
表口布（裏面）

→ 表口布（裏面）　裏口布（表面）
0.1外側にミシン　0.2裏口布ずらす
0.5～0.7縫い残す　裏口布の控え分
0.1 裏口布を控える

②裏口布と袋布Aを縫い合わせる

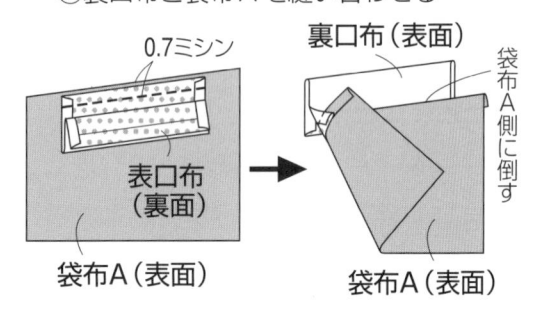

0.7ミシン
裏口布（表面）　袋布A側に倒す
表口布（裏面）
袋布A（表面）
袋布A（表面）

③向う布にロックミシンをかける

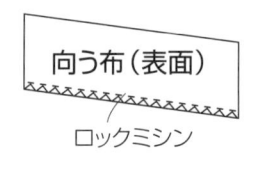

向う布（表面）
ロックミシン

④前身頃に口布をつける前に、前端にアイロンで折り目をつける
⑤前身頃に口布をつける

表前身頃（表面）
ポケット口　0.7ミシン　前端
返し縫い　返し縫い
裏口布（裏面）
袋布A（裏面）

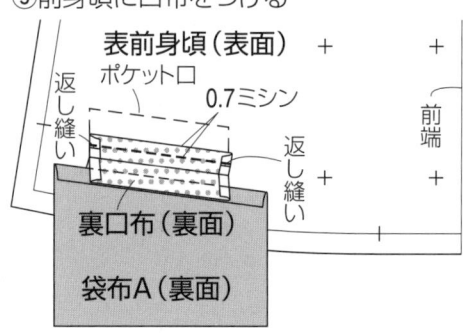

⑥向う布をつけ、ポケット口に切込みを入れる

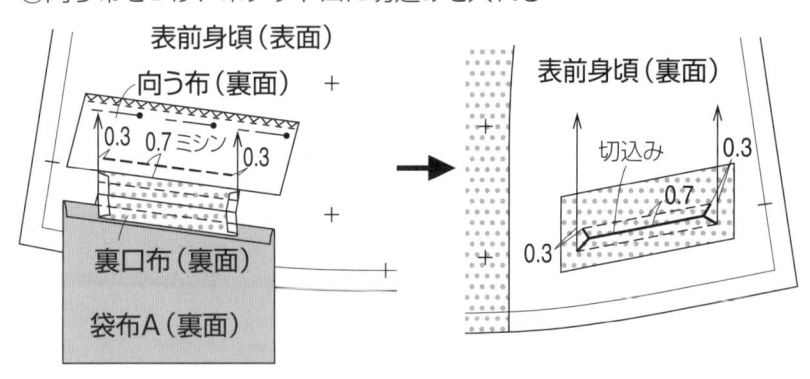

表前身頃（表面）
向う布（裏面）
0.3　0.7ミシン　0.3
裏口布（裏面）
袋布A（裏面）

→ 表前身頃（裏面）
切込み
0.3　0.7　0.3

⑦向う布を裏面に引き出し、縫い代を割る

表前身頃（裏面）
割る
切込み
向う布（裏面）

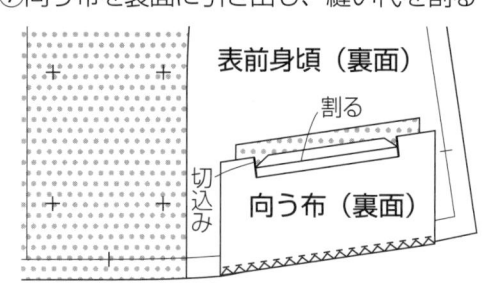

⑧袋布Aを裏面に引き出し、縫い代を割る

表前身頃（裏面）
袋布A（裏面）

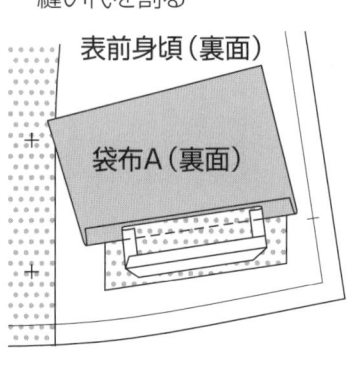

⑨口布の形を整え、縫い代をとじる

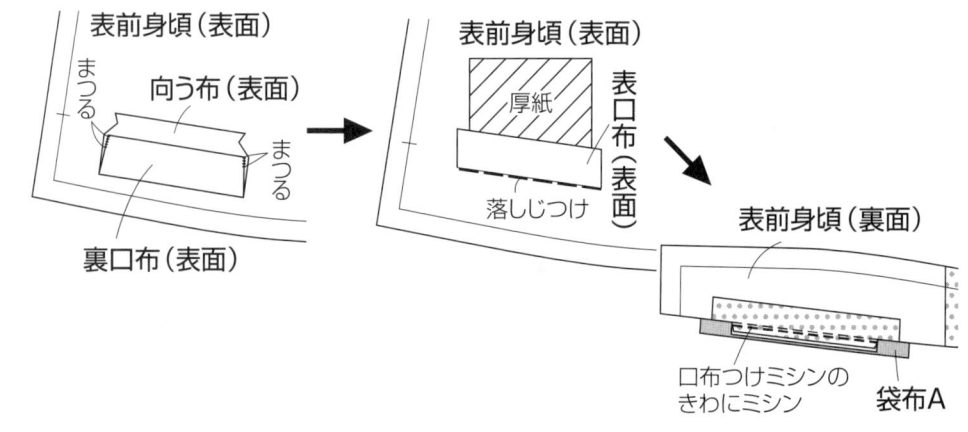

表前身頃（表面）
まつる　向う布（表面）　まつる
裏口布（表面）

→ 表前身頃（表面）
厚紙　表口布（表面）
落しじつけ

→ 表前身頃（裏面）
口布つけミシンのきわにミシン
袋布A

⑩袋布Bを合わせ、表からミシンで止める

表前身頃（裏面）
向こう布（表面）
袋布A（表面）
袋布B（裏面）

表前身頃（表面）
落しミシン
向う布（表面）
裏口布（表面）

⑪向う布を袋布Bに止める

表前身頃（裏面）
袋布A（表面）
向う布
袋布B（表面）
0.5
ミシン

⑫口布の両端を止める

表前身頃（表面）
ⓐ 0.5ステッチ
0.1 奥をまつる
ⓑ 0.1 奥をまつる
0.5
口布（表面）
袋布A（裏面）

⑬袋布の周囲に2本ミシンをかける

表前身頃（裏面）
見返し（裏面）
袋布B（表面）
向う布（表面）
袋布A（裏面）
0.5
0.5

2 肩ダーツを縫う

表後ろ身頃（裏面）
中心側に倒す

〈拡大図〉
ダーツの縫い方
返し縫い
細く縫い消す
ダーツは伸ばさないように注意して縫う
裏面
糸を結んで止める

3 肩を縫う

出来上りより1〜2針先まで縫う
肩先は縫い代端まで縫う
割る
表後ろ身頃（表面）
表前身頃（裏面）

4 脇を縫う

表後ろ身頃（表面）
表前身頃（裏面）
割る

第3章 スローパーと応用デザイン

5 スカートを作る

①表プリーツ山をアイロンで折る

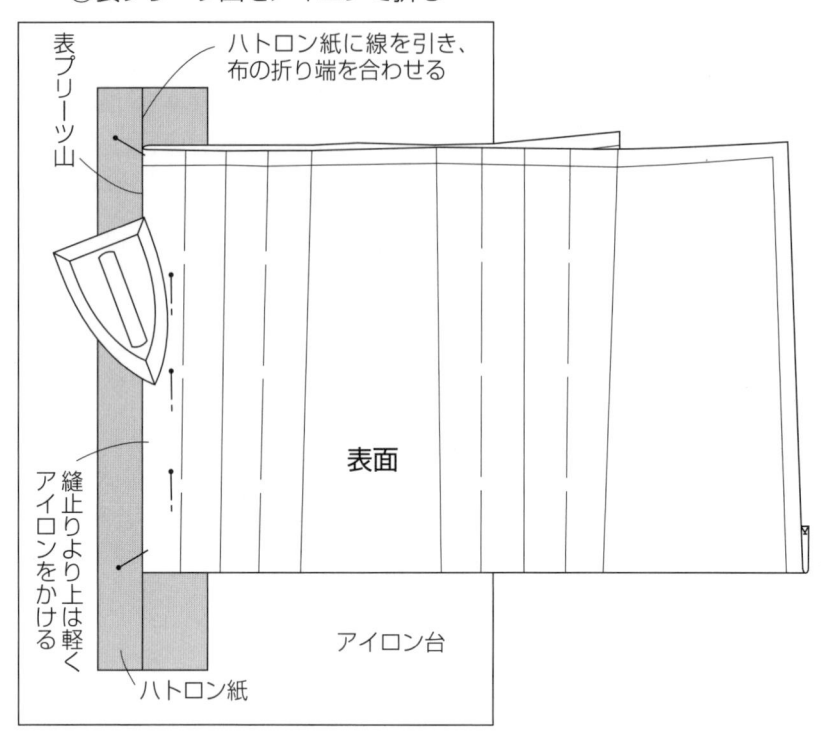

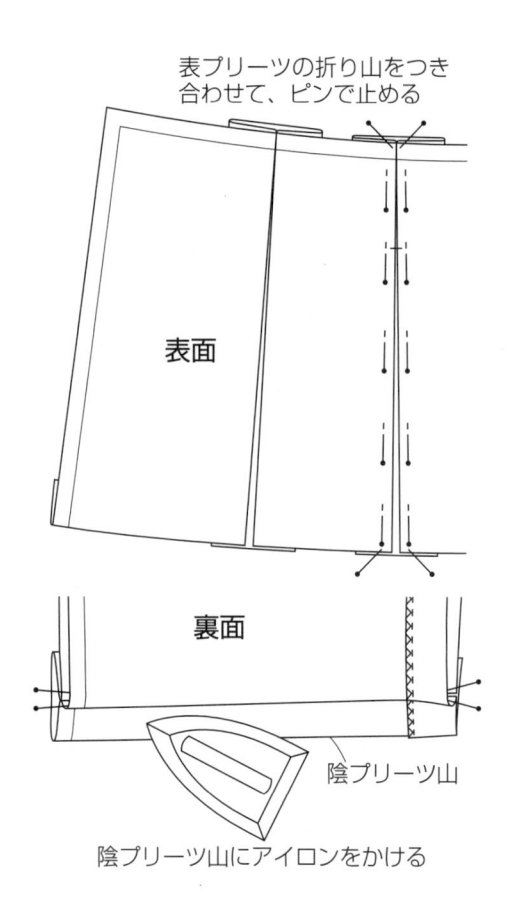

- ハトロン紙に線を引き、布の折り端を合わせる
- 表プリーツ山
- 縫止りより上は軽くアイロンをかける
- ハトロン紙
- 表面
- アイロン台

- 表プリーツの折り山をつき合わせて、ピンで止める
- 表面
- 裏面
- 陰プリーツ山
- 陰プリーツ山にアイロンをかける

②前中心を縫止りまで縫う

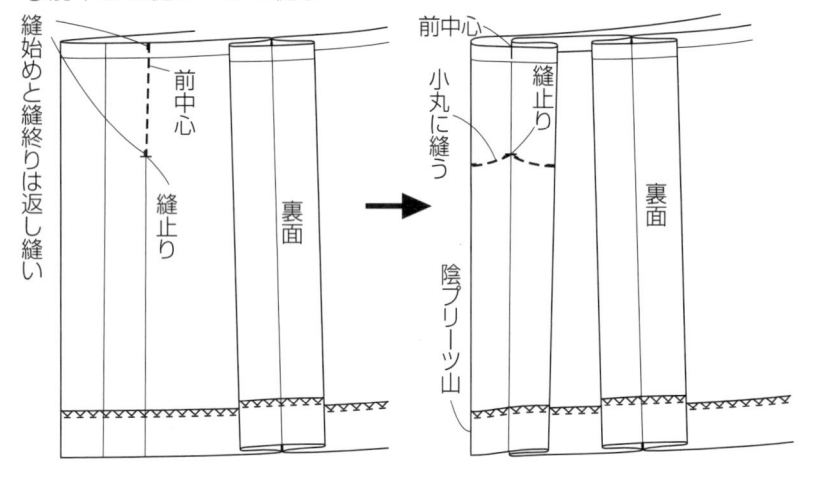

- 縫始めと縫終りは返し縫い
- 前中心
- 縫止り
- 裏面
- 前中心
- 縫止り
- 小丸に縫う
- 裏面
- 陰プリーツ山

③前中心にステッチをかける

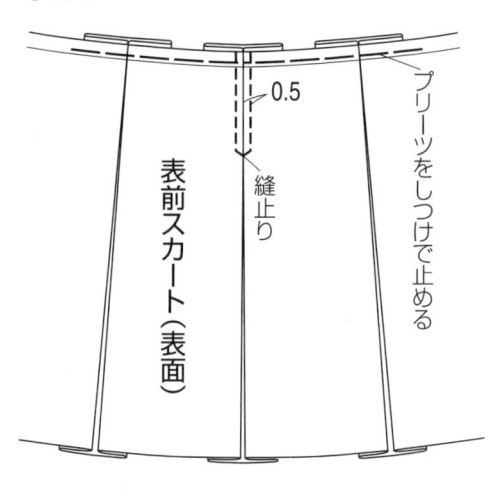

- 0.5
- 縫止り
- 表前スカート（表面）
- プリーツをしつけで止める

④表スカートの脇を縫う

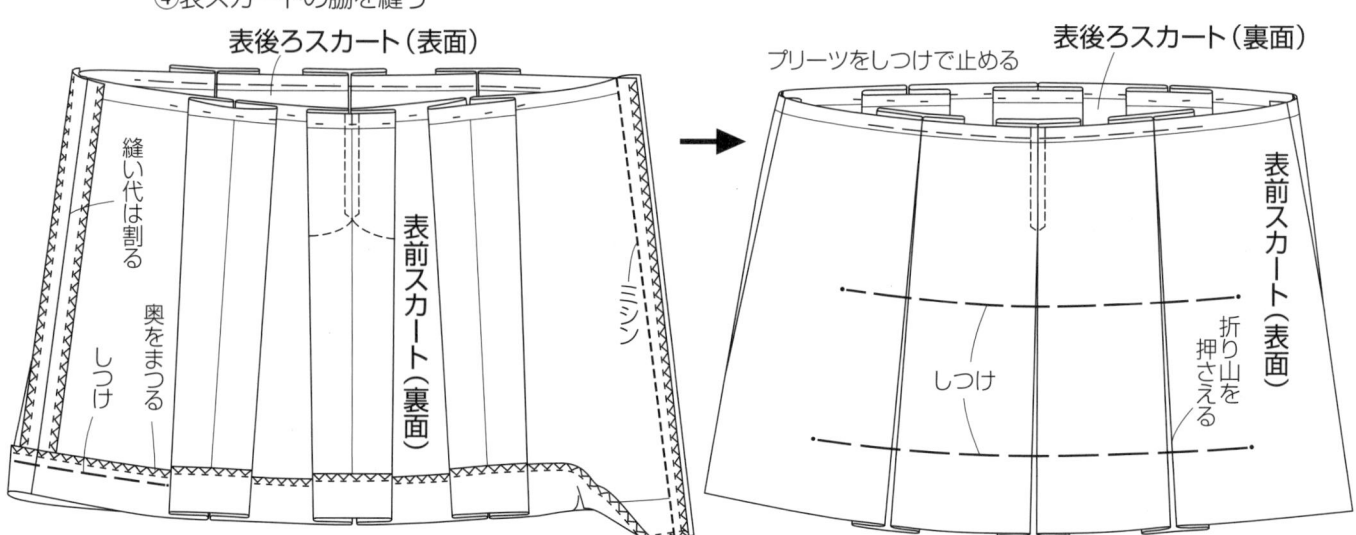

- 表後ろスカート（表面）
- 縫い代は割る
- 奥をまつる
- しつけ
- 表前スカート（裏面）
- ミシン

- プリーツをしつけで止める
- 表後ろスカート（裏面）
- 表前スカート（表面）
- しつけ
- 折り山を押さえる

6 身頃とスカートを縫い合わせる

①前中心を合わせて左右の身頃を重ね、表左前端と表右前見返しに、ウエスト縫い代の2倍の切込みを入れる

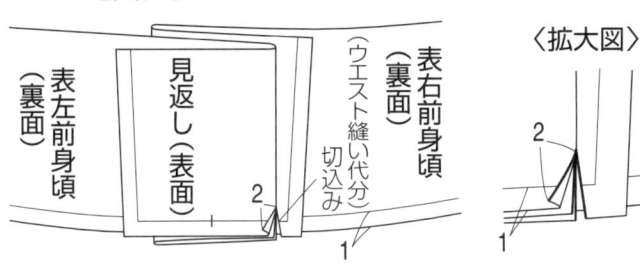

表左前身頃（裏面）
見返し（裏面）
表右前身頃（裏面）
（ウエスト縫い代分）切込み

〈拡大図〉

②見返しをよけて、ウエストはぎのミシンをかける

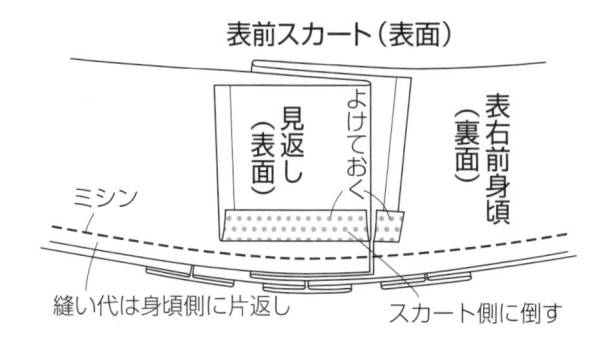

表前スカート（表面）
見返し（表面）
表右前身頃（裏面）
よけておく
ミシン
縫い代は身頃側に片返し
スカート側に倒す

7 衿を作る

①裁ち端を合わせ、表衿のゆとりを逃さないようにしつけをし、ミシンをかける

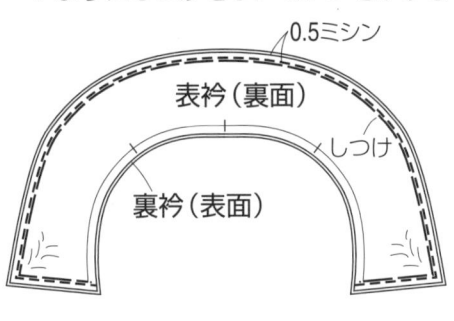

0.5ミシン
表衿（裏面）
裏衿（表面）
しつけ

②ミシンのきわから折り、表に返す

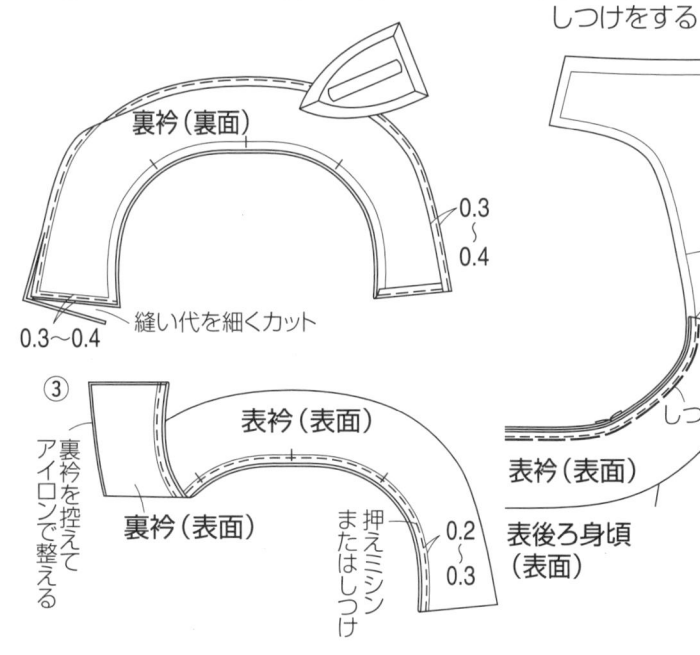

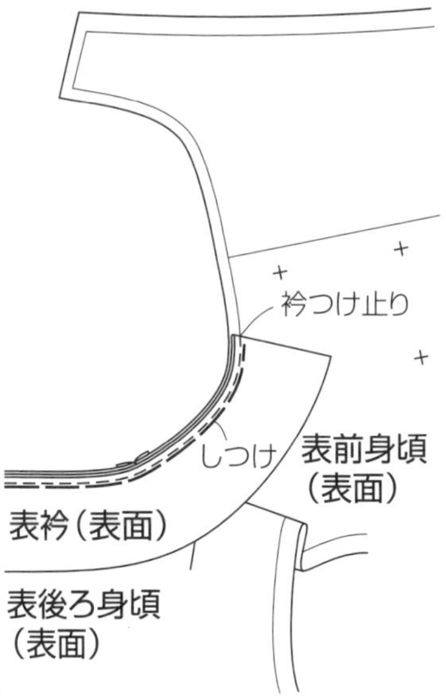

裏衿（裏面）
0.3〜0.4
縫い代を細くカット
0.3〜0.4

③ 裏衿をアイロンで控えて整える
表衿（表面）
裏衿（表面）
押えミシンまたはしつけ
0.2〜0.3

④身頃の衿ぐりに衿をのせ、しつけをする

衿つけ止り
しつけ
表前身頃（表面）
表衿（表面）
表後ろ身頃（表面）

8 裏スカートを作る

①1枚ずつ脇にロックミシンをかける

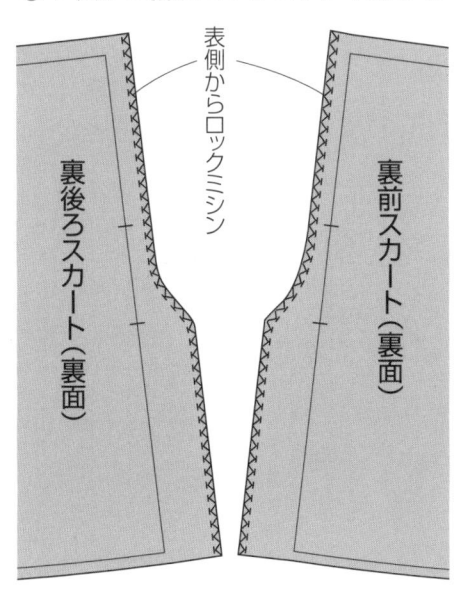

表側からロックミシン
裏後ろスカート（裏面）
裏前スカート（裏面）

②脇を縫う

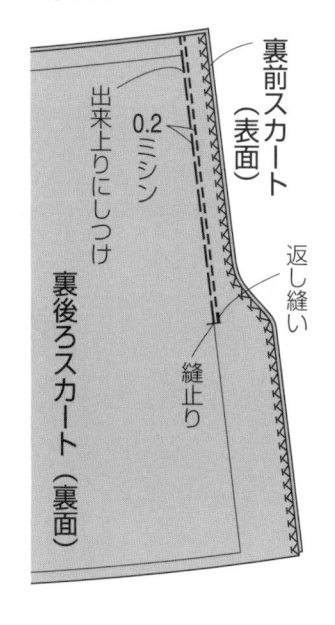

裏前スカート（表面）
裏後ろスカート（裏面）
0.2ミシン
出来上りにしつけ
返し縫い
縫止り

裾を先に折り上げ、脇の後ろ縫い代を自然に割り、三つ折りにしてミシンをかける

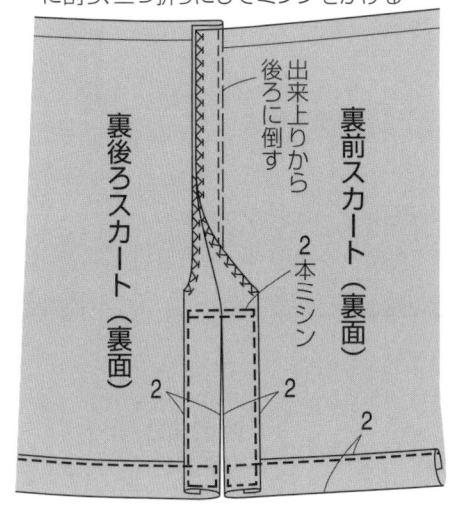

裏後ろスカート（裏面）
裏前スカート（裏面）
出来上りから後ろに倒す
2本ミシン
2
2
2

第3章 スローパーと応用デザイン

9 裏身頃を縫う

①見返し奥と裏前身頃を縫う

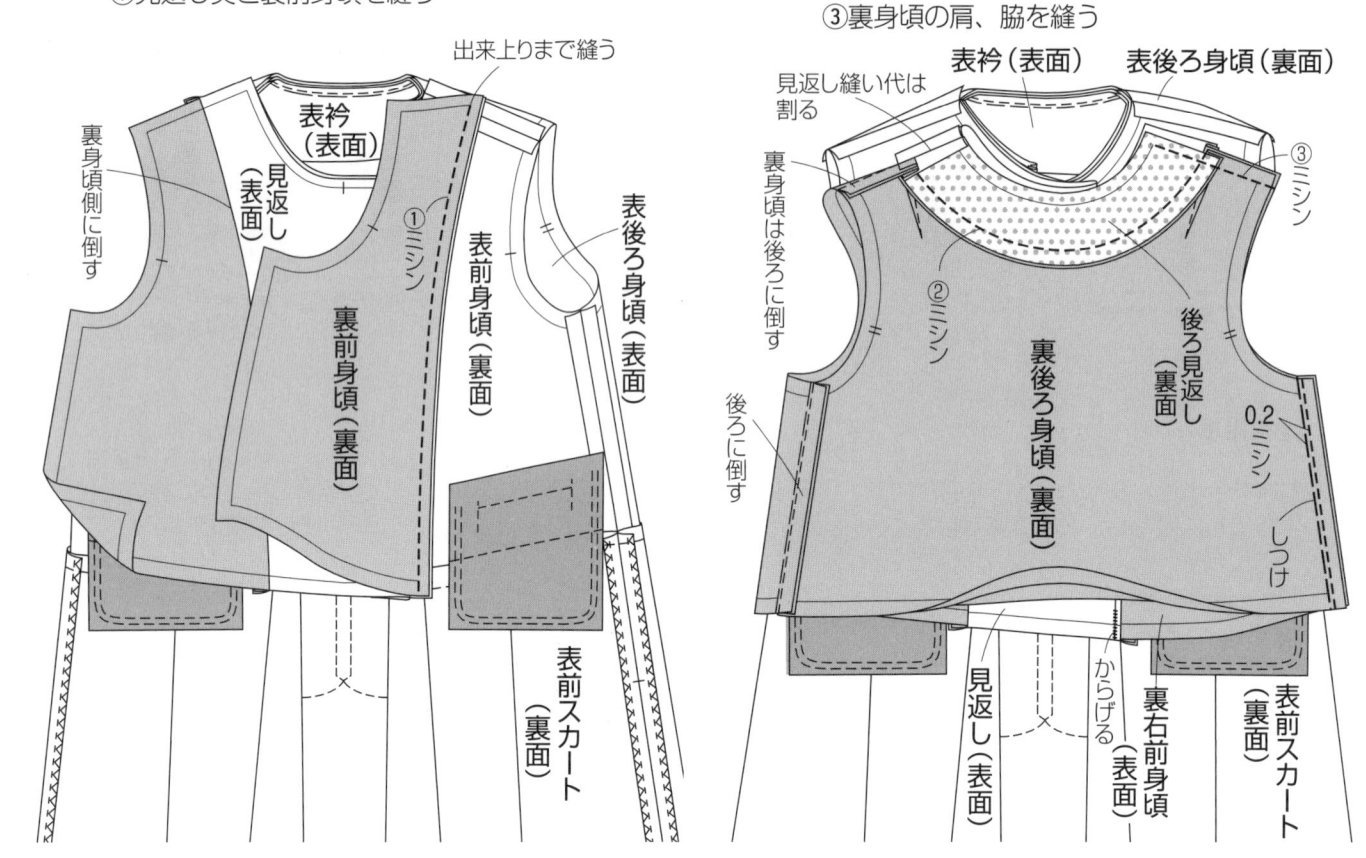

出来上りまで縫う

裏身頃側に倒す

表衿（表面）
見返し（表面）
①ミシン
裏前身頃（裏面）
表前身頃（裏面）
表後ろ身頃（表面）
表前スカート（裏面）

②後ろ見返し奥と裏後ろ身頃を縫い合わせる
③裏身頃の肩、脇を縫う

見返し縫い代は割る
表衿（表面）
表後ろ身頃（裏面）
②ミシン
③ミシン
裏後ろ身頃（裏面）
後ろ見返し（裏面）
裏身頃は後ろに倒す
0.2 ミシン
しつけ
後ろに倒す
見返し（表面）
からげる
裏右前身頃（表面）
表前スカート（裏面）

10 裏身頃と裏スカートのウエストを中表に合わせて縫う

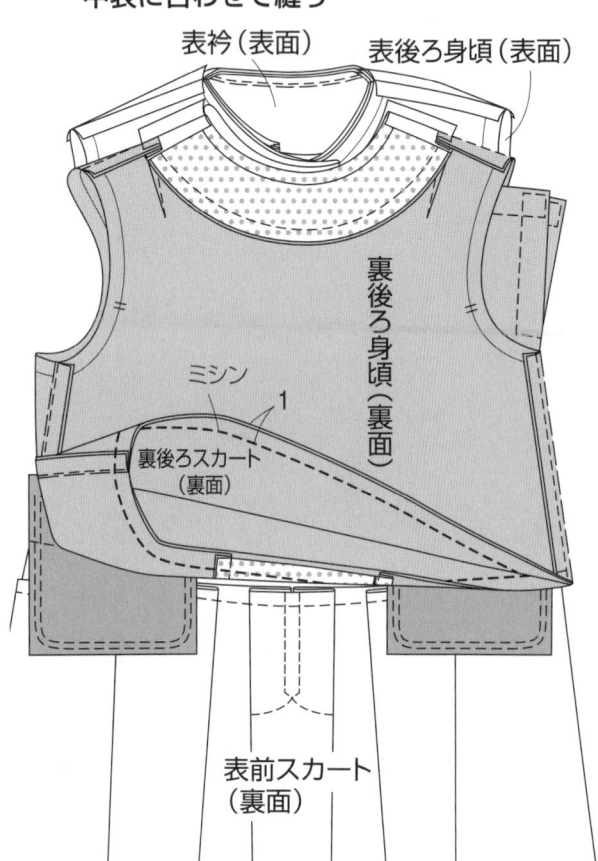

表衿（表面）
表後ろ身頃（表面）
表前身頃（裏面）
裏後ろ身頃（裏面）
ミシン
1
裏後ろスカート（裏面）
表前スカート（裏面）

11 見返しを重ねてしつけをし、ミシンをかける

①
裏後ろ身頃（裏面）
後ろ見返し（裏面）
裏前身頃（裏面）
0.7 ミシン
表前身頃（表面）
表衿（表面）
しつけ
衿つけ止り
前見返し（裏面）

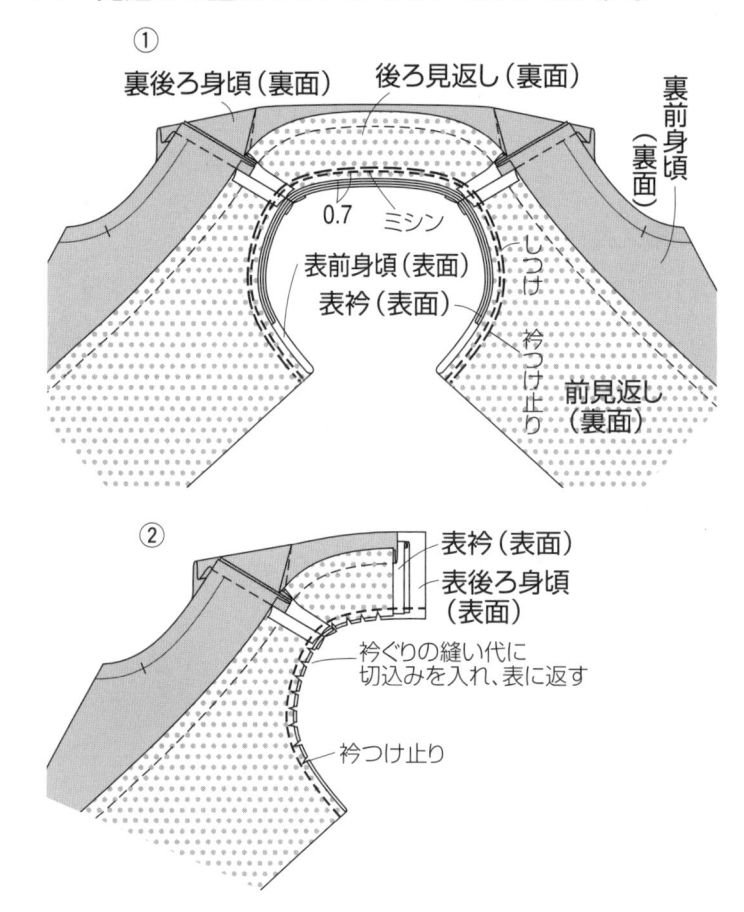

②
表衿（表面）
表後ろ身頃（表面）
衿ぐりの縫い代に切込みを入れ、表に返す
衿つけ止り

③衿つけを整える

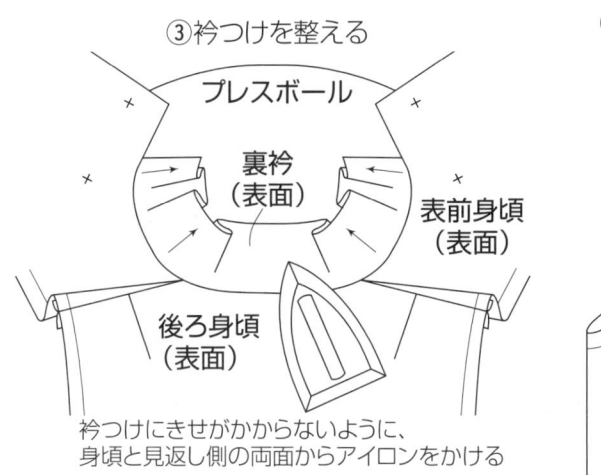

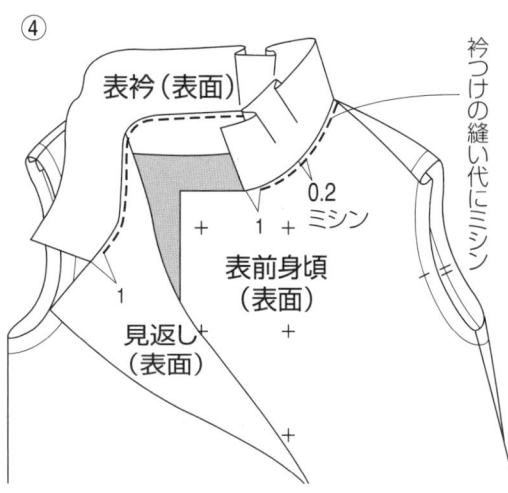

プレスボール
裏衿（表面）
表前身頃（表面）
後ろ身頃（表面）

衿つけにきせがかからないように、身頃と見返し側の両面からアイロンをかける

④

表衿（表面）
衿つけの縫い代にミシン
0.2 ミシン
1
表前身頃（表面）
1
見返し（表面）

12 脇を中とじする

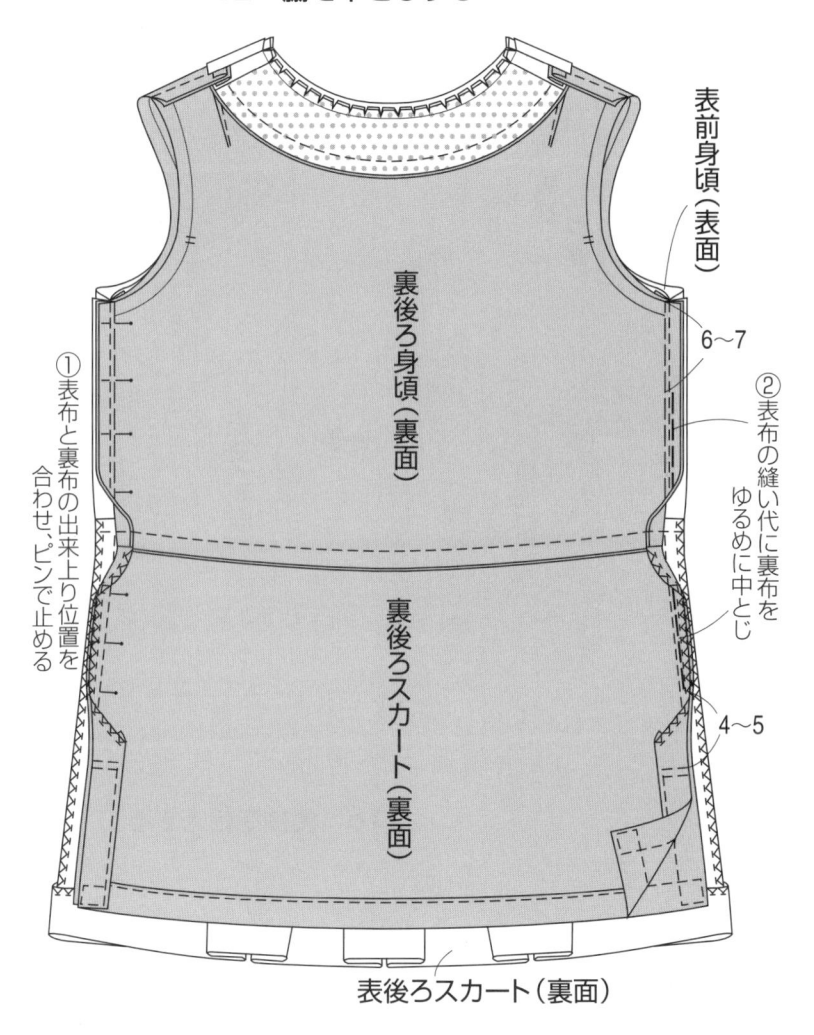

表前身頃（表面）
裏後ろ身頃（裏面）
6～7
裏後ろスカート（裏面）
4～5
表後ろスカート（裏面）

① 表布と裏布の出来上り位置を合わせ、ピンで止める
② 表布の縫い代に裏布をゆるめに中とじ

13 表身頃に裏身頃をなじませ、袖ぐりにしつけをする

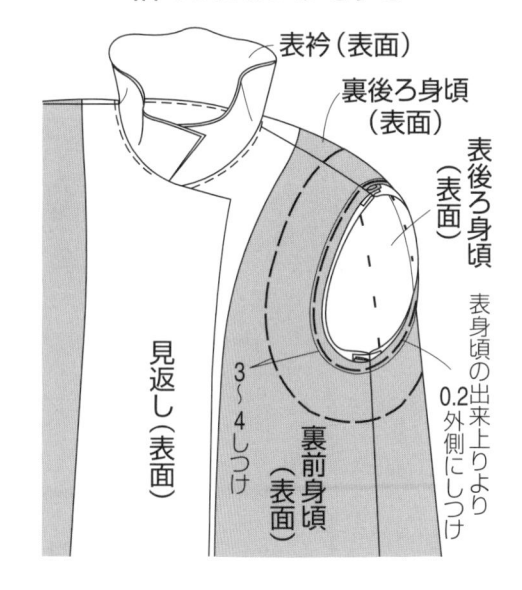

表衿（表面）
裏後ろ身頃（表面）
裏前身頃（表面）
表後ろ身頃（表面）
見返し（表面）
3～4 しつけ
表身頃の出来上りより0.2外側にしつけ

14 袖を作る

①袖口を出来上りに折る

表袖（裏面）

袖口をアイロンで軽く折る

第3章 スローパーと応用デザイン　77

②表袖口と裏袖口を中表に合わせて縫う

ぐし縫い
表袖(裏面)
出来上りまでミシン
切込み
0.7 折る
裏袖(裏面)
1
ミシン

③表袖、裏袖の袖下を続けて縫う

表袖から裏袖を続けてミシン
表袖(裏面)
裏袖(裏面)
出来上りにしつけ
0.2〜0.3ミシン

割る
前袖側に倒す
表袖(裏面)
裏袖(裏面)
袖口を出来上りに折り、ゆるく返し縫いで止める

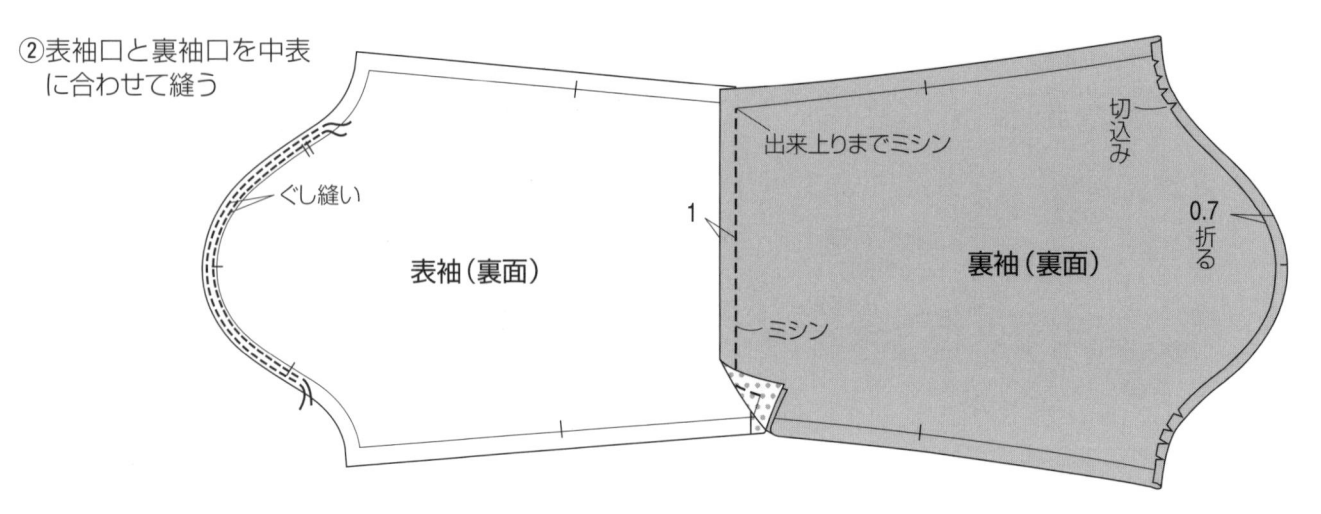

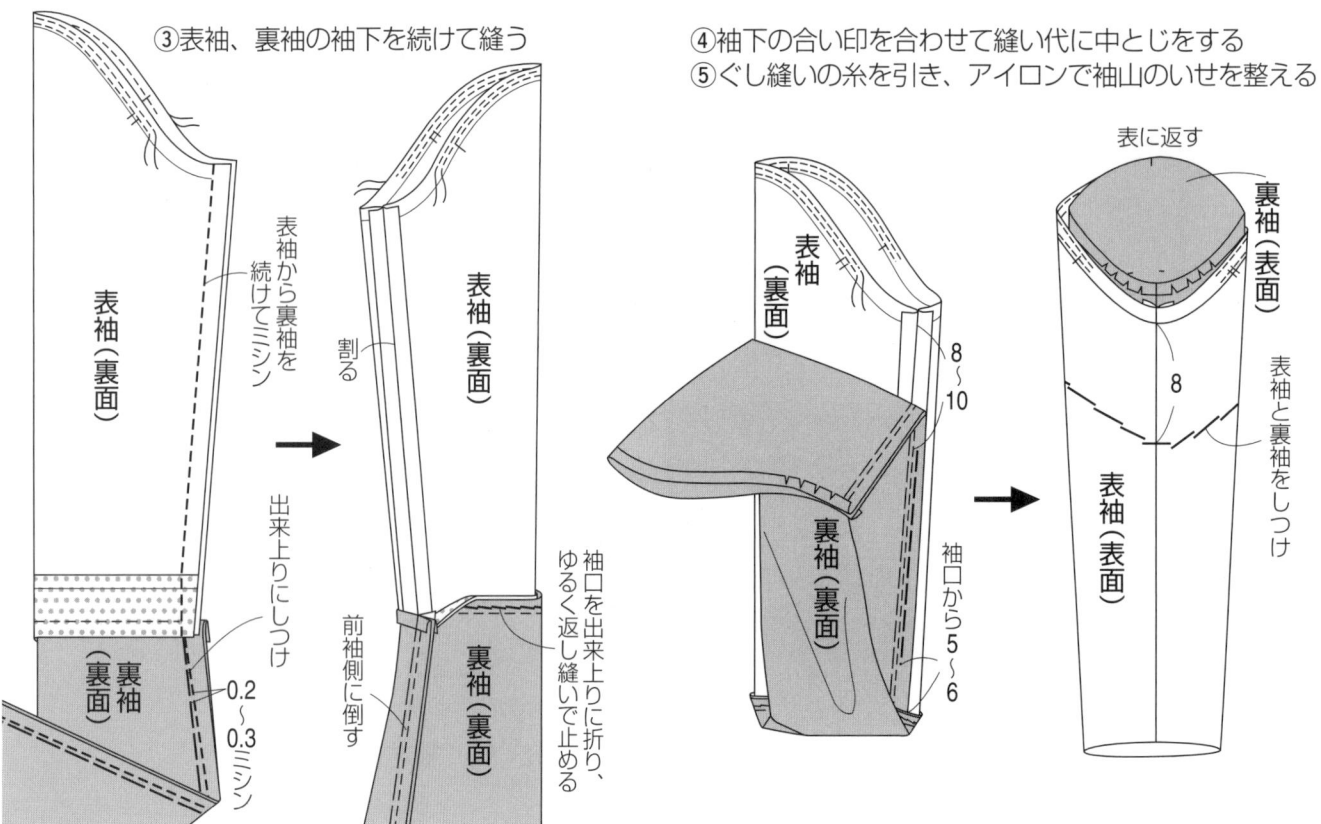

④袖下の合い印を合わせて縫い代に中とじをする
⑤ぐし縫いの糸を引き、アイロンで袖山のいせを整える

表袖(裏面)
裏袖(裏面)
8〜10
袖口から5〜6

表に返す
裏袖(表面)
8
表袖と裏袖をしつけ
表袖(表面)

15 袖をつける

①合い印を合わせてしつけをする

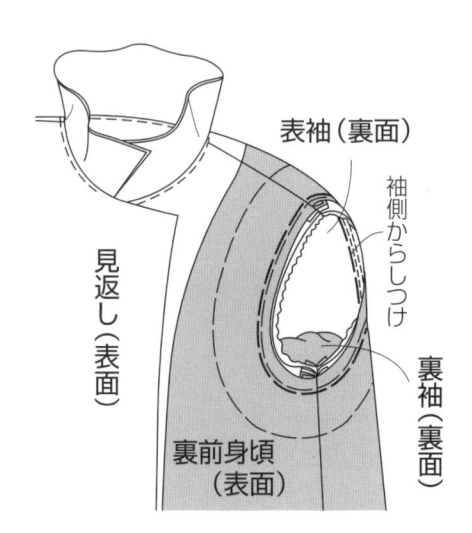

表袖(裏面)
袖側からしつけ
見返し(表面)
裏前身頃(表面)
裏袖(裏面)

②袖つけミシンをかけ、アイロンでいせを整える

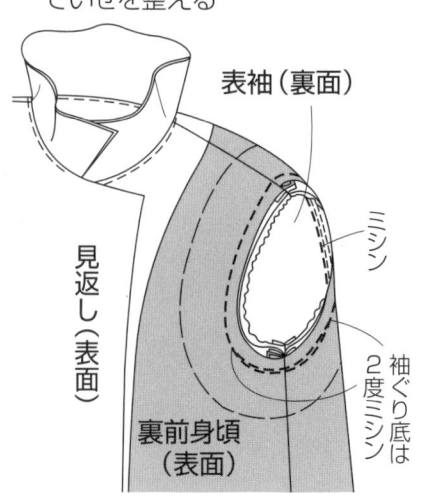

表袖(裏面)
ミシン
袖ぐり底は2度ミシン
見返し(表面)
裏前身頃(表面)
裏袖(裏面)

16 裏袖を始末する

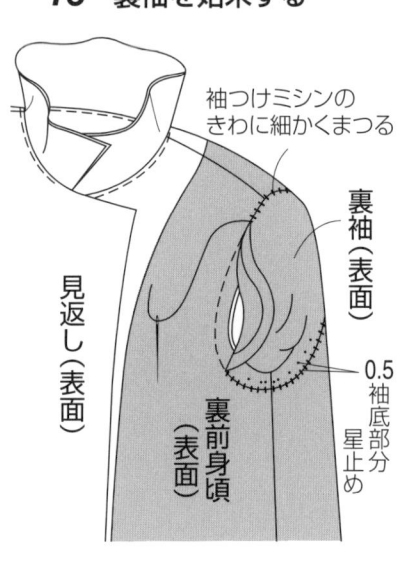

袖つけミシンのきわに細かくまつる
裏袖(表面)
見返し(表面)
裏前身頃(表面)
0.5 袖底部分星止め

17 スペアカフスを作る

① 表カフスの裏面に接着芯をはる

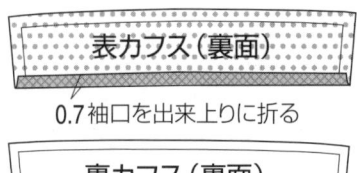

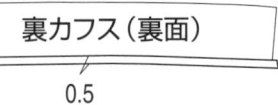

表カフス（裏面）
0.7 袖口を出来上りに折る

裏カフス（裏面）
0.5

② カフスの袖下を縫いアイロンで割る

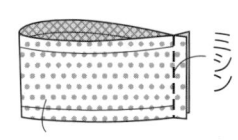

表カフス（裏面）
ミシン
（裏カフスも同様に縫い片返す）

③ 上端の裁ち端を合わせ、ミシンをかける

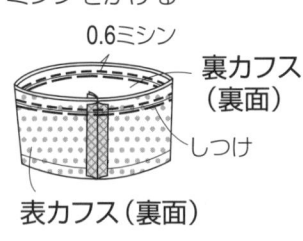

0.6 ミシン
裏カフス（裏面）
しつけ
表カフス（裏面）

④
裏カフス（表面）
0.1 控えてアイロン
表カフス（裏面）

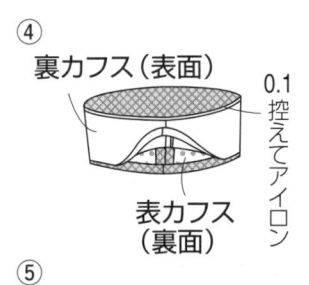

⑤
表カフス（表面）
裏カフス（表面）
まつる　袖口

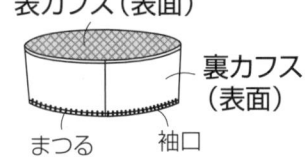

18 スペアカラーを作る

スペアカラーは縫い返してアイロンで整える。裏布のバイアス布（3～3.5cm幅）を衿ぐりに合わせて、くせとりをする。くせとりしたバイアス布を衿ぐりに縫い合わせ、裏衿にまつる

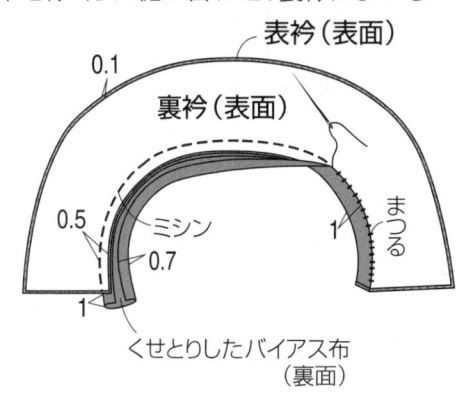

表衿（表面）
0.1
裏衿（表面）
0.5　ミシン
0.7
1　まつる
1
くせとりしたバイアス布（裏面）

19 穴かがりをし、ボタンをつける
20 スペアカラー、スペアカフスをまつる

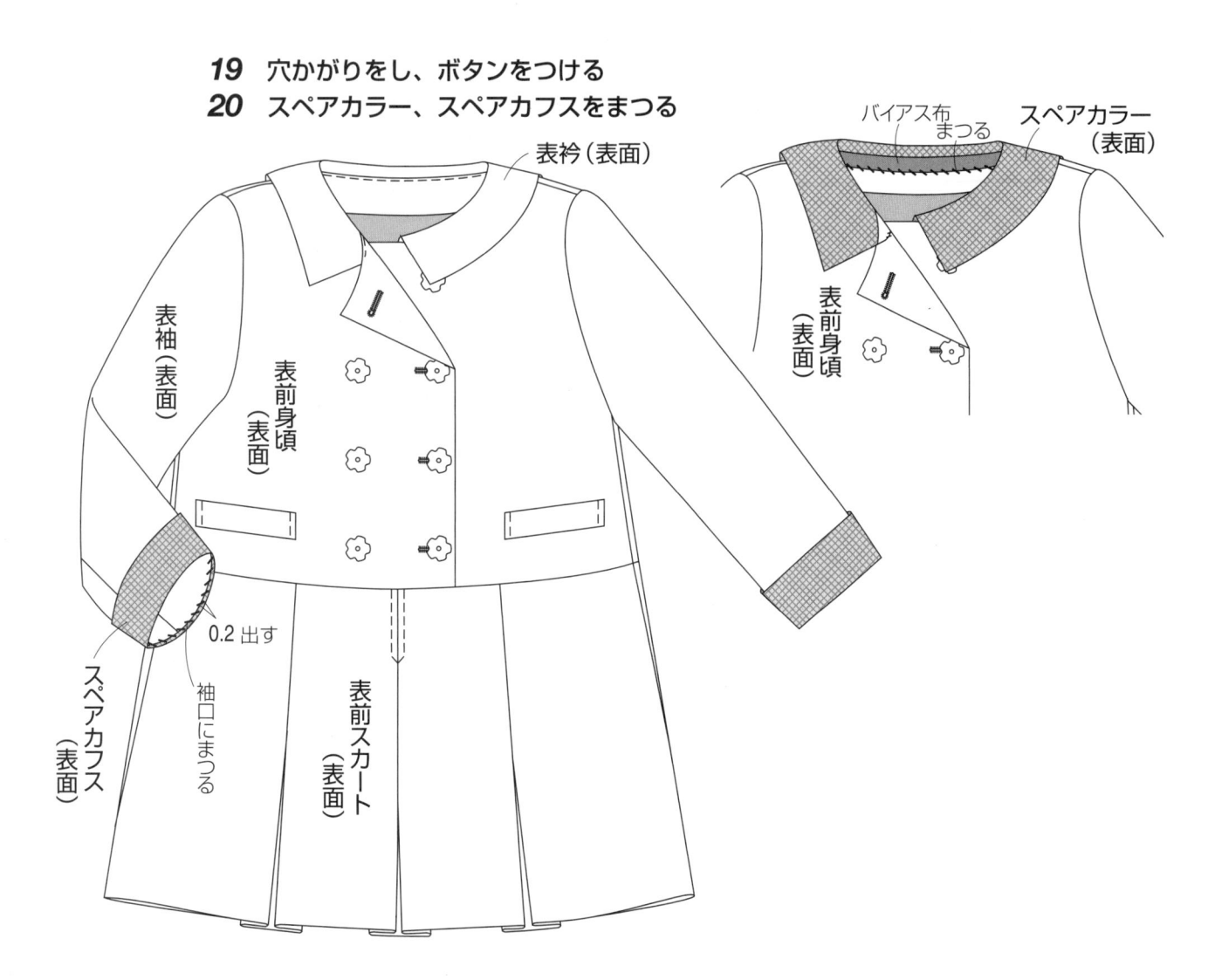

表衿（表面）
表袖（表面）
表前身頃（表面）
スペアカフス（表面）
0.2 出す
袖口にまつる
表前スカート（表面）

バイアス布　まつる
スペアカラー（表面）
表前身頃（表面）

フォーマルドレス（110cm）

ハイウエスト切替えで、パフスリーブとティアードスカートがデザインポイントになったワンピースドレス。

袖はオーガンジーを2枚重ねてボリュームをだし、スカートはギャザーを寄せたフリルを、オーガンジーとサテンを交互につけてある。発表会やパーティなど華やかな場所への装いにふさわしいドレスである。

使用量

表布（サテン）　　125cm幅130cm
　　（オーガンジー）　122cm幅200cm
裏　布　90cm幅110cm
チュール（30デニール）　115cm幅160cm

作図

作図要点

● 身頃
- 「身長110cm　ウエスト切替えのベーシックドレス（47ページ）」を参照してかく。
- ハイウエストの切替えは、バストラインからウエストラインまでを2等分した位置にする。

● スカート
- 切開き寸法は、スカートのシルエットによって調節する。
- 2段めフリルつけ位置の裏面がチュールつけ位置になっている。
- フリルのギャザー分量は布地によって決める。

● 袖
- 袖のかき方は48ページを参照。
- 袖山の高さは、前後肩先線をひき、平均肩丈の$\frac{3}{4}$とする。
- 袖丈を決め、後ろ袖口に1cmパフ分を追加する。
- 袖山と袖口にギャザー分を切り開き、つながりよく訂正する。
- 袖Aから0.5cm短くした袖をBとして2枚重ねにする。

〈袖山の高さの決め方〉

〈切開き図〉

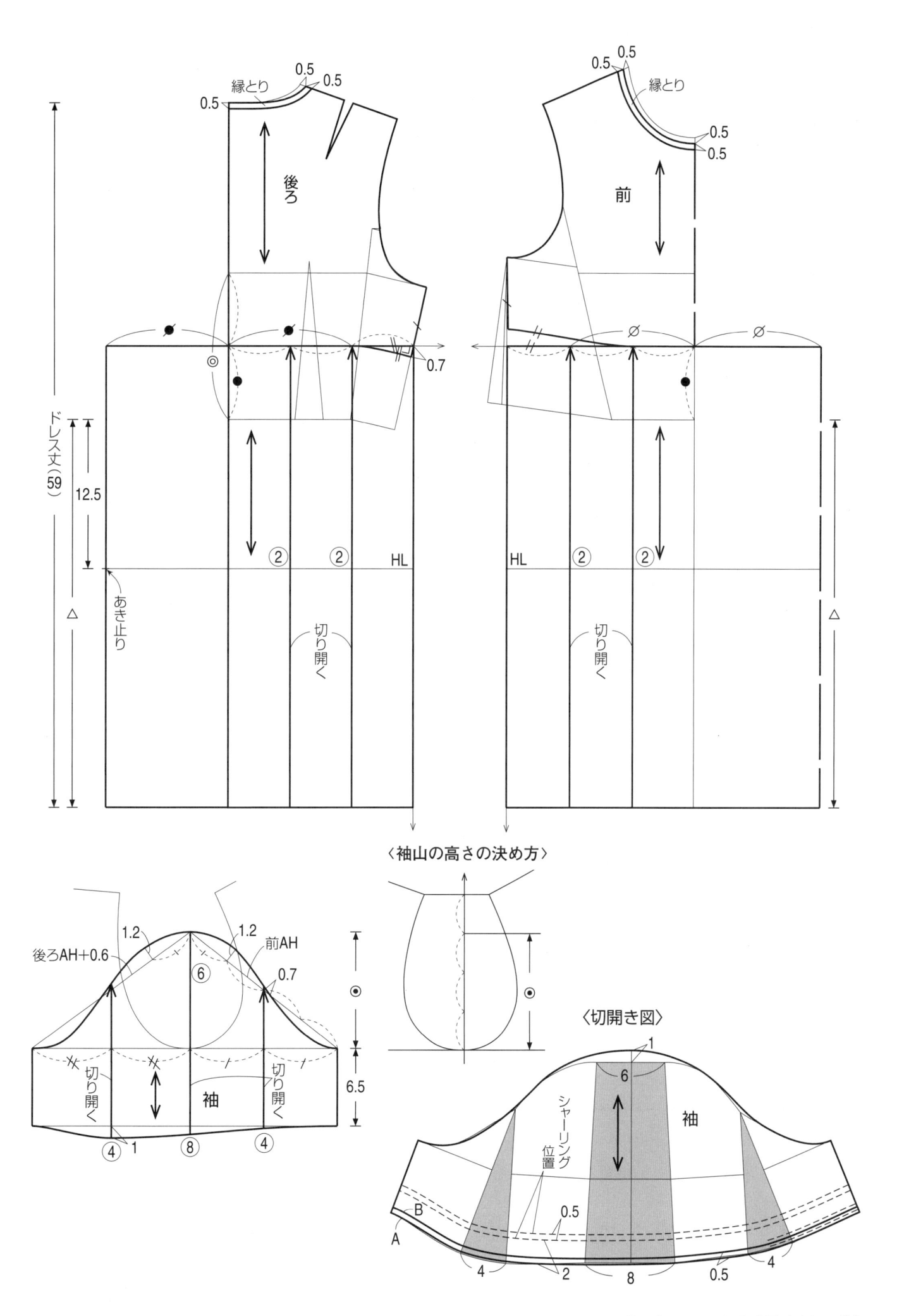

第3章 スローパーと応用デザイン　81

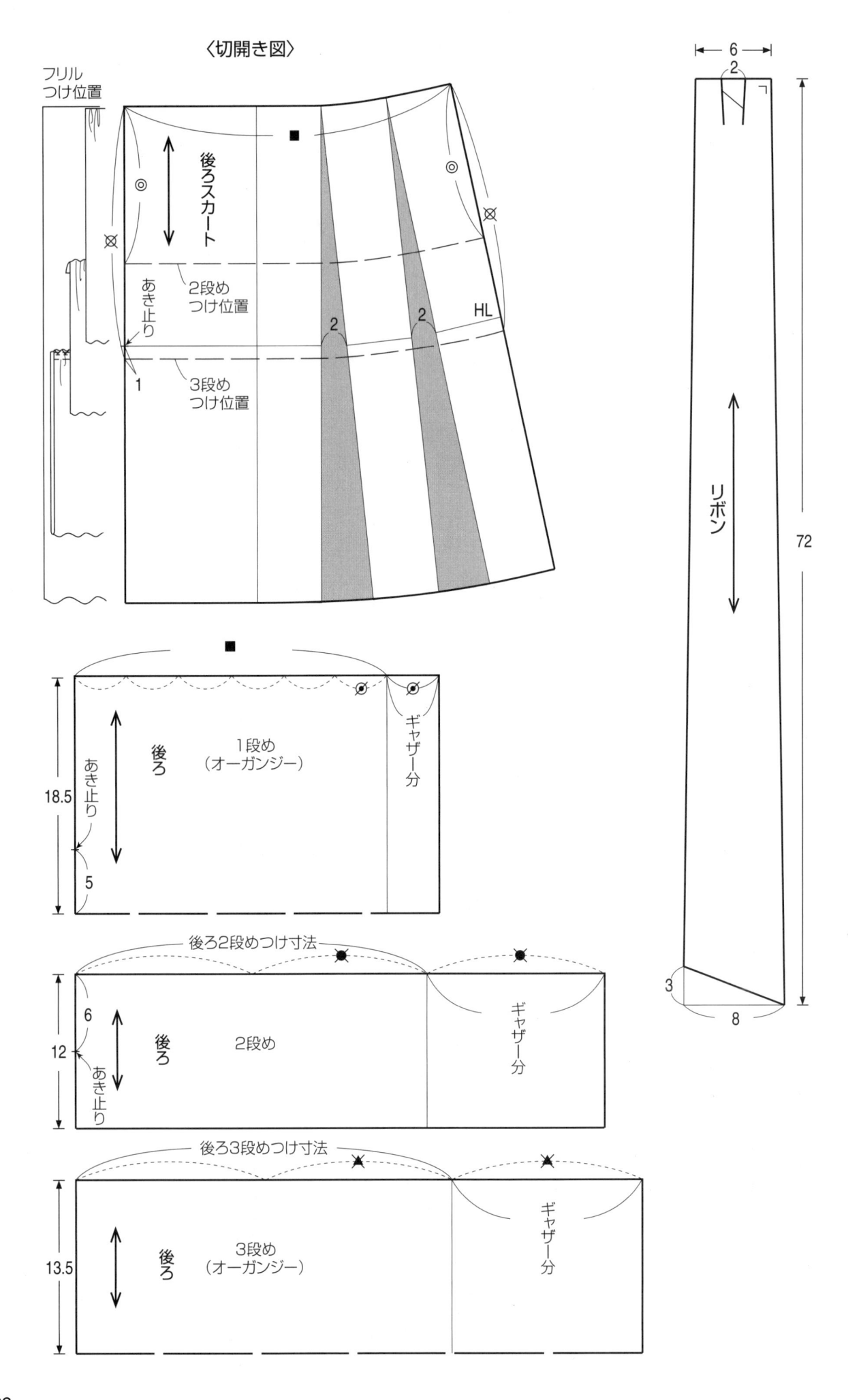

〈切開き図〉

フリルつけ位置

後ろスカート

2段めつけ位置

あき止り

3段めつけ位置

HL

1

2 2

後ろ 1段め（オーガンジー）

ギャザー分

あき止り

18.5

5

後ろ2段めつけ寸法

後ろ 2段め

ギャザー分

6

12

あき止り

後ろ3段めつけ寸法

後ろ 3段め（オーガンジー）

ギャザー分

13.5

6

2

リボン

72

3

8

〈切開き図〉

前スカート

HL
2　2
チュールつけ位置
2段め
3段め

22
前後チュール
前後2（チュールつけ寸法）×1.3

1段め（オーガンジー）
前
ギャザー分
18.5

前2段めつけ寸法
2段め　前
ギャザー分
12

前3段めつけ寸法
3段め（オーガンジー）　前
ギャザー分
13.5

第3章　スローパーと応用デザイン

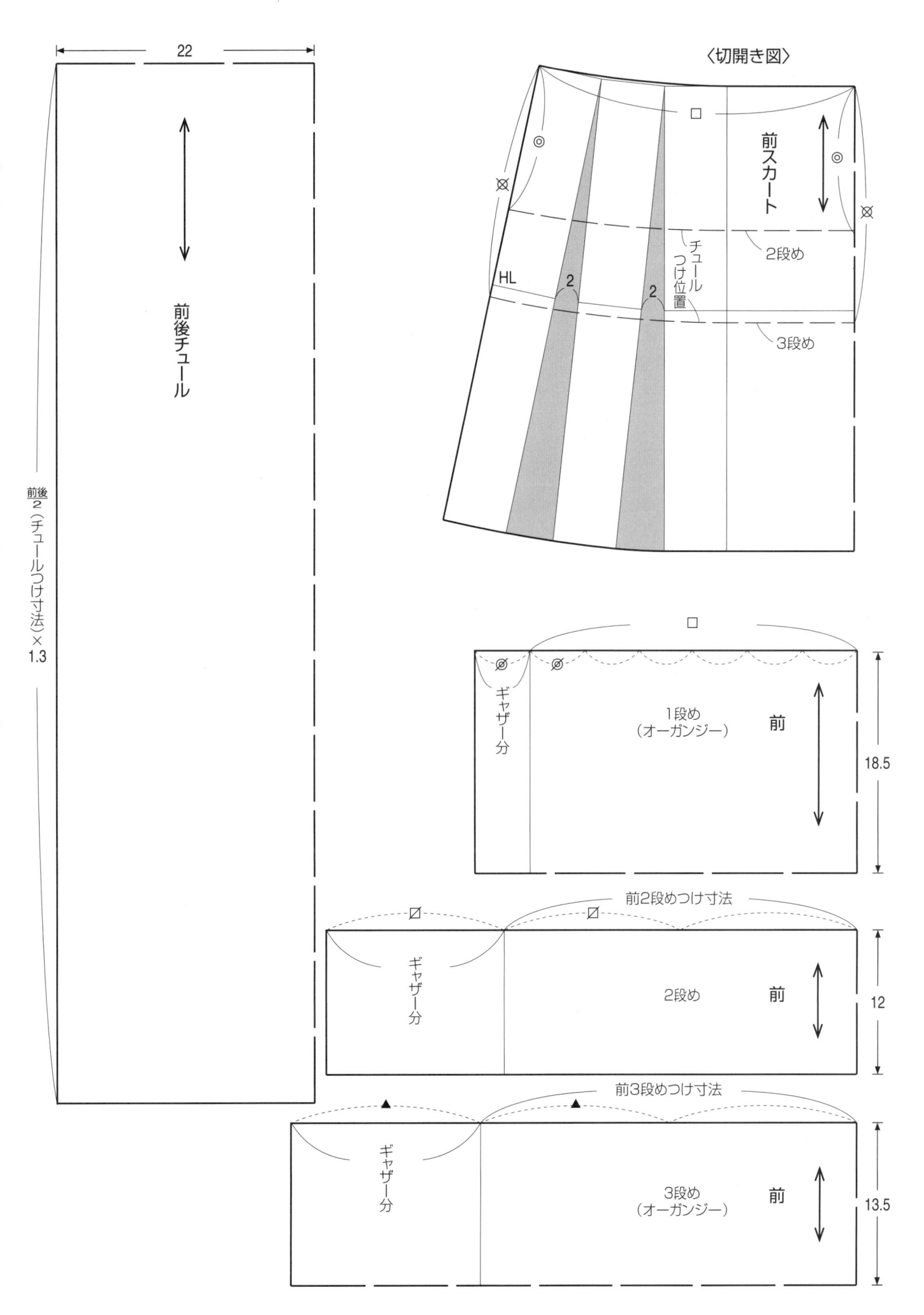

縫製要点 スカートの作り方

● フリルを作り、つける

① 1段めのフリルを作る

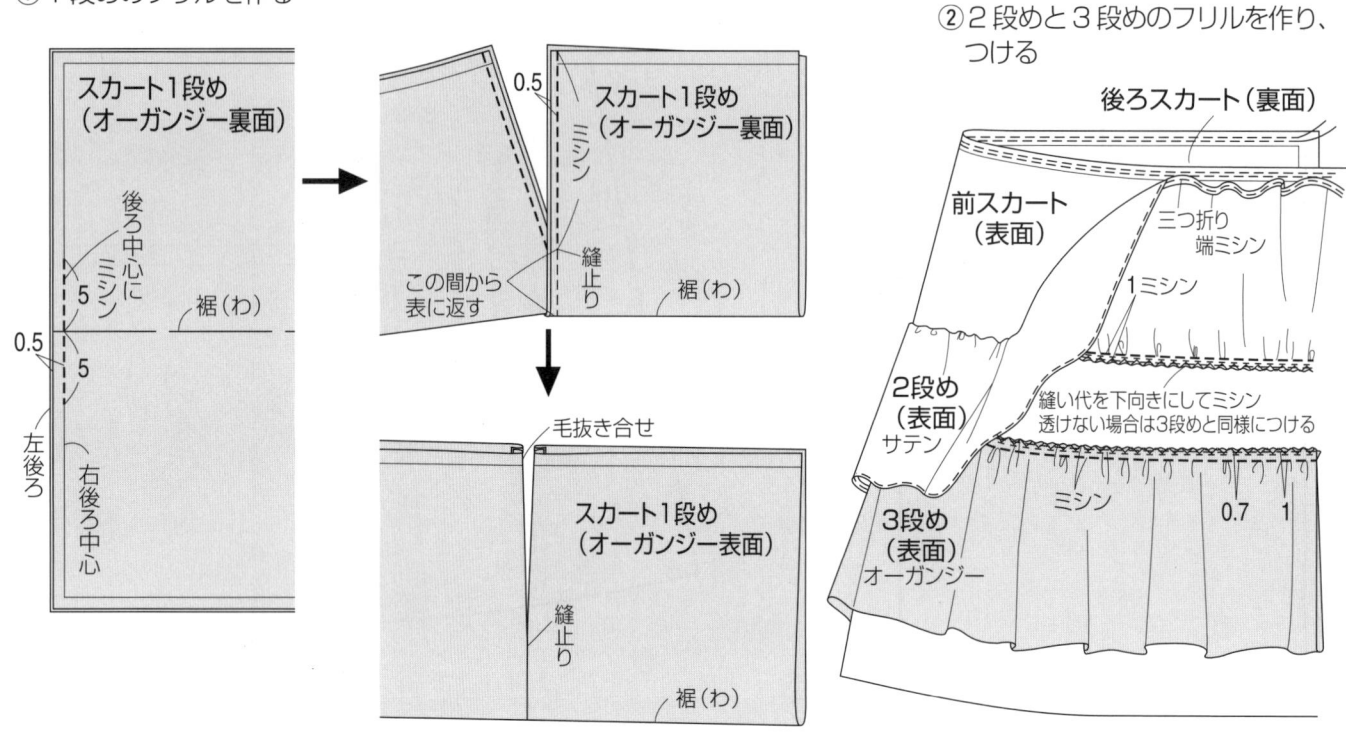

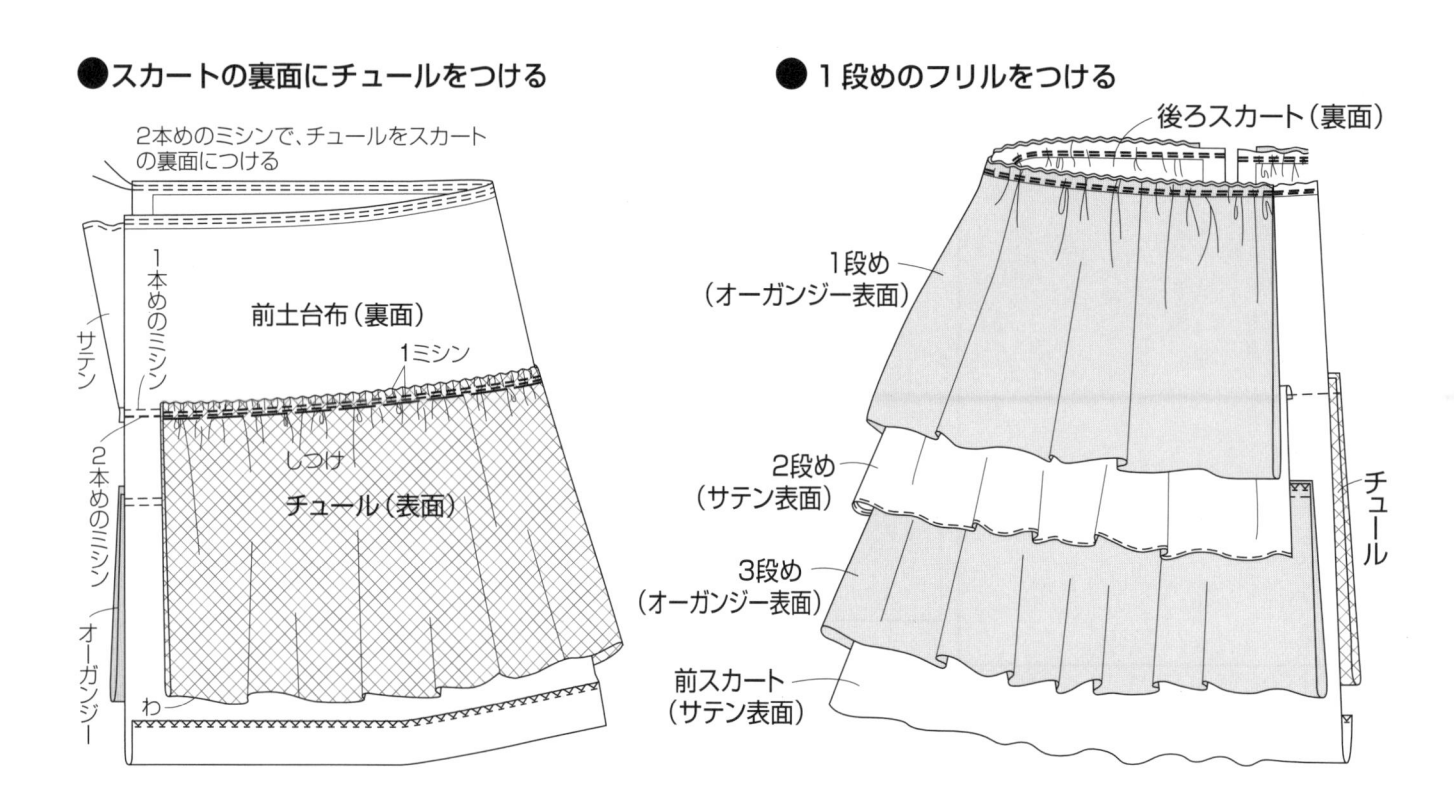

スカート1段め（オーガンジー裏面）
後ろ中心にミシン
5
0.5
5
左後ろ
右後ろ中心
裾（わ）

0.5
スカート1段め（オーガンジー裏面）
ミシン
この間から表に返す
縫止り
裾（わ）

毛抜き合せ
スカート1段め（オーガンジー表面）
縫止り
裾（わ）

② 2段めと3段めのフリルを作り、つける

後ろスカート（裏面）
前スカート（表面）
三つ折り端ミシン
1ミシン
2段め（表面）サテン
縫い代を下向きにしてミシン
透けない場合は3段めと同様につける
3段め（表面）オーガンジー
ミシン
0.7　1

● スカートの裏面にチュールをつける

2本めのミシンで、チュールをスカートの裏面につける
1本めのミシン
サテン
2本めのミシン
オーガンジー
前土台布（裏面）
1ミシン
しつけ
チュール（表面）
わ

● 1段めのフリルをつける

後ろスカート（裏面）
1段め（オーガンジー表面）
2段め（サテン表面）
3段め（オーガンジー表面）
前スカート（サテン表面）
チュール

● 袖を作る（オーガンジー）

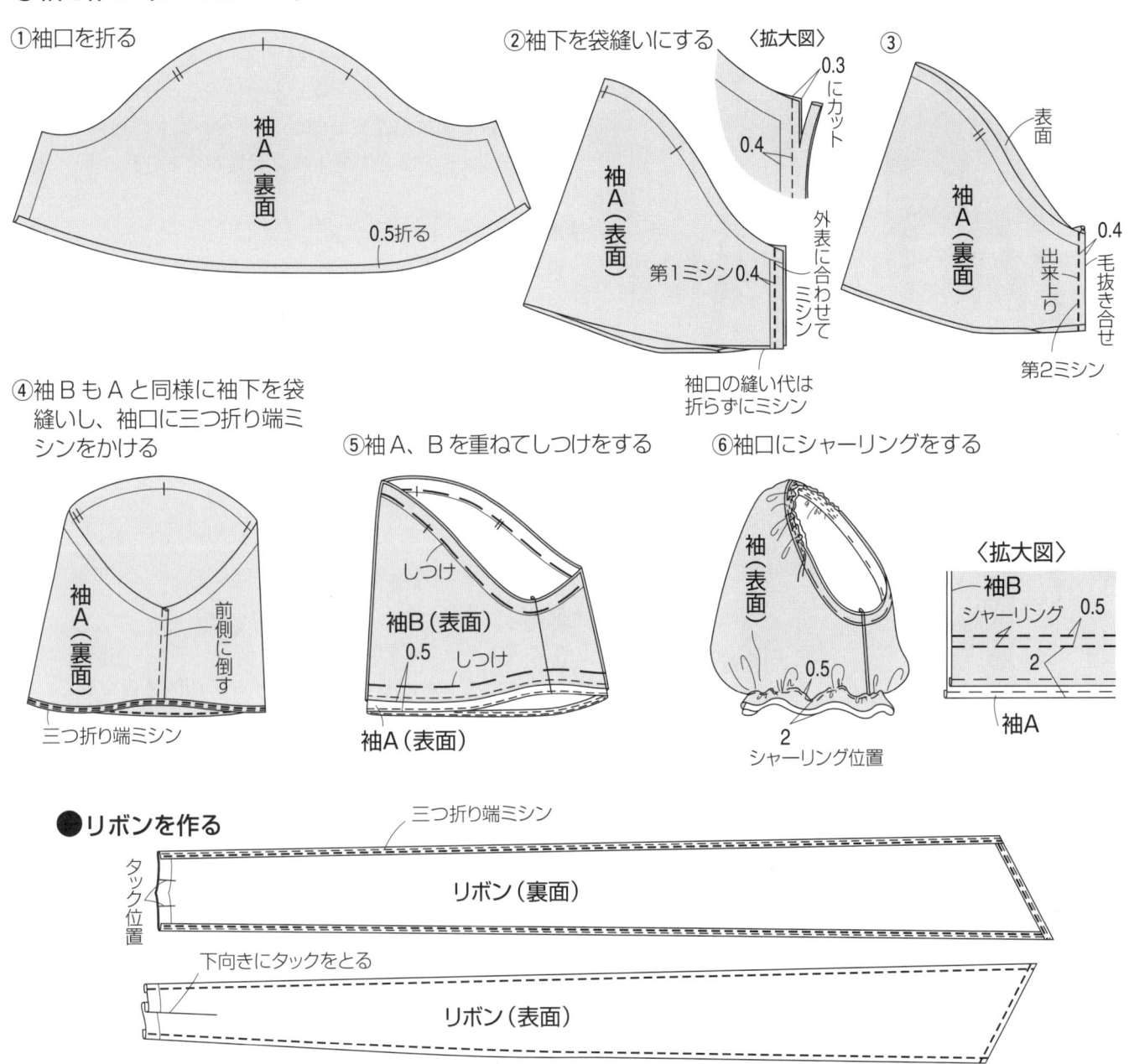

①袖口を折る

袖A（裏面）
0.5折る

②袖下を袋縫いにする

袖A（表面）
第1ミシン0.4
外表に合わせてミシン
袖口の縫い代は折らずにミシン

〈拡大図〉
0.3にカット
0.4

③

袖A（裏面）
表面
0.4 出来上り
毛抜き合せ
第2ミシン

④袖BもAと同様に袖下を袋縫いし、袖口に三つ折り端ミシンをかける

袖A（裏面）
前側に倒す
三つ折り端ミシン

⑤袖A、Bを重ねてしつけをする

袖B（表面）
しつけ
0.5 しつけ
袖A（表面）

⑥袖口にシャーリングをする

袖（表面）
0.5
2
シャーリング位置

〈拡大図〉
袖B
シャーリング 0.5
2
袖A

● リボンを作る

三つ折り端ミシン
リボン（裏面）
タック位置
下向きにタックをとる
リボン（表面）

● 衿ぐり、袖ぐりの始末をして、後ろ衿ぐりにスナップをつける

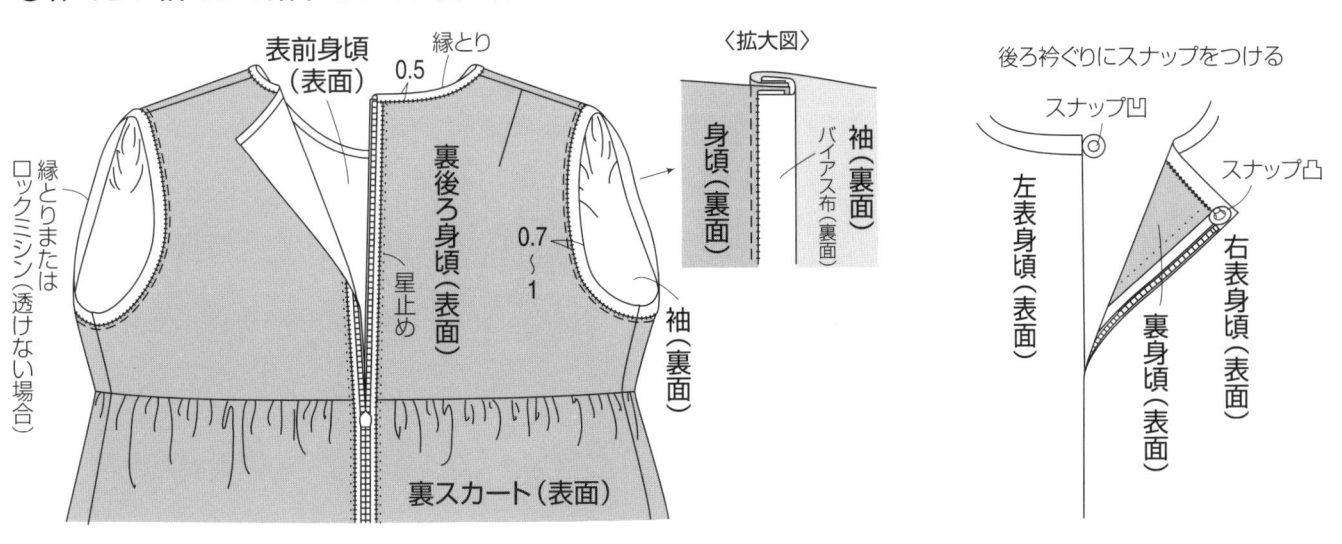

表前身頃（表面）
縁とり 0.5
裏後ろ身頃（表面）
星止め
0.7〜1
袖（裏面）
縁とりまたはロックミシン（透けない場合）
裏スカート（表面）

〈拡大図〉
身頃（裏面）
バイアス布（裏面）
袖（裏面）

後ろ衿ぐりにスナップをつける
スナップ凹
スナップ凸
左表身頃（表面）
右表身頃（表面）
裏身頃（表面）

第3章　スローパーと応用デザイン

ハイウエストのワンピースドレス（140cm）

ハイウエストの切替えから裾に向かってフレアを入れ、さらに裾にバイアス裁ちのフリルをつけたシンプルで上品なドレス。切替え線に結んだリボンがアクセントになっている。リボンやブレードなどで全体の雰囲気が変えられる。

使用量

表布　148cm幅145cm

裏布　90cm幅200cm

接着芯　90cm幅15cm

原型のダーツ操作

- 後ろ身頃

ウエストダーツcを閉じる。

- 前身頃

ウエストダーツaを閉じる。

バストポイントからウエストラインに切開き線をかく。胸ぐせダーツを閉じ、ウエストに開く。

作図

作図要点

- 身頃
  - ドレス丈を決める。
  - ハイウエストの切替え線は、バストラインからウエストラインまでを3等分して決める。
- スカート
  - 切替え線で身頃と同寸法をとり、3等分して切開き線をかく。
  - 中心にプリーツ分を加え、裾までの中点と前中心を結んでソフトプリーツの方向を決める。

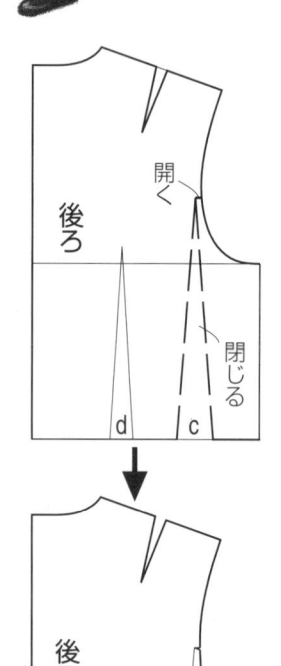

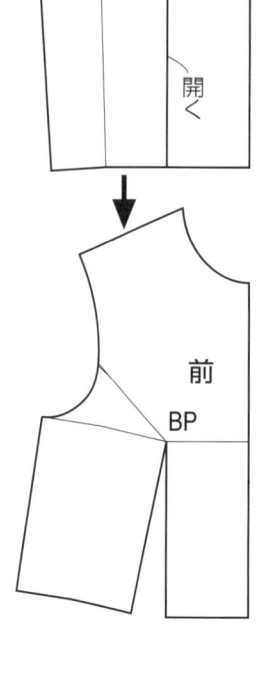

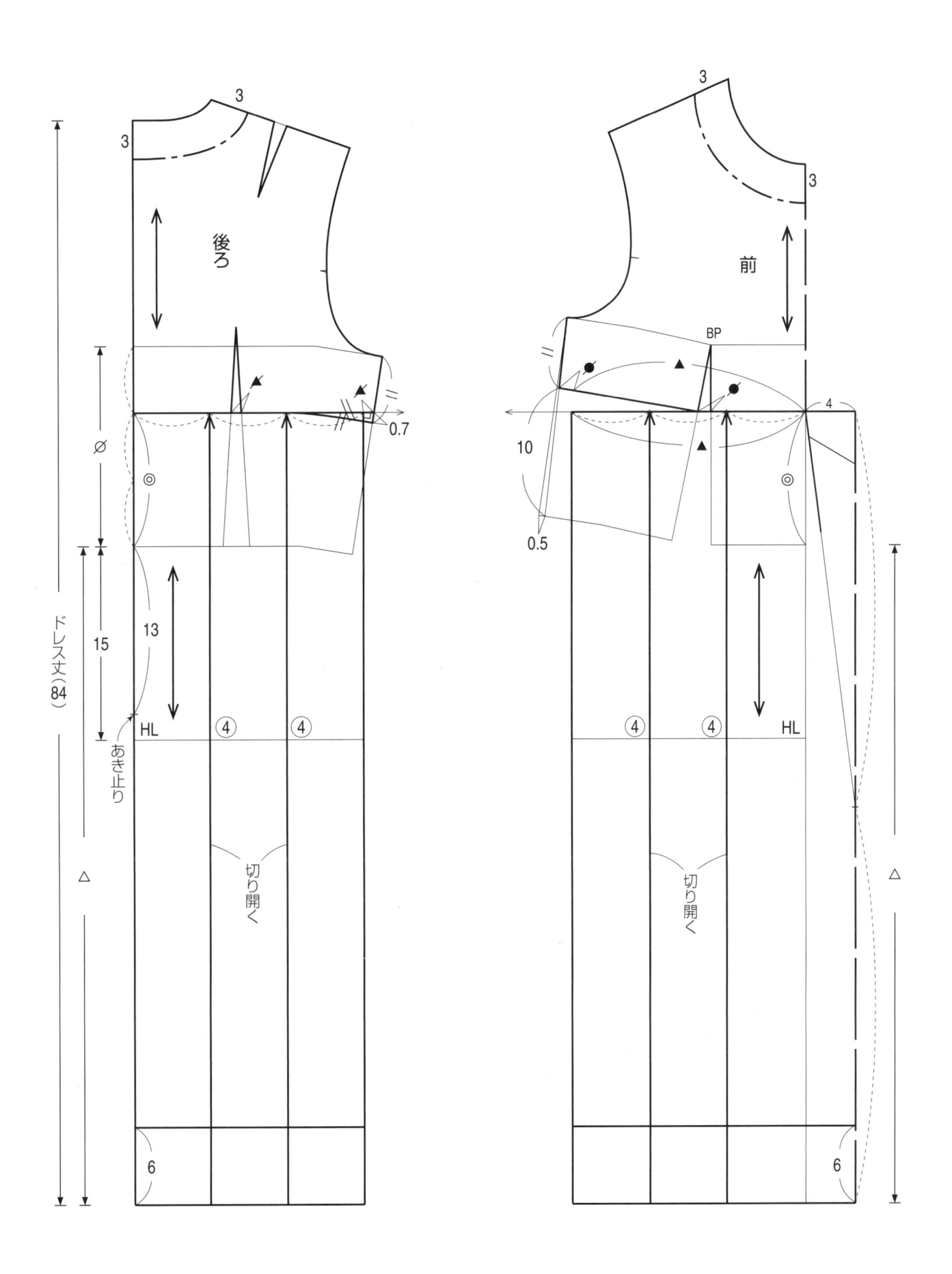

第3章 スローパーと応用デザイン 87

●袖（肘ダーツのあるタイトスリーブ）

・袖山の高さは平均肩丈の差の $\frac{4}{5}$ とする。
・袖丈を決め、袖山線（48ページ参照）をかく。（図1）
・タイトスリーブの線をかく。Ⓐ～Ⓐ'～Ⓐ"を結び前袖折り線をかく。Ⓐ"点から袖口寸法をとってⒷ"点とする。Ⓑ～Ⓑ"を結びエルボーライン上で折り線との間を2等分して、その中点をⒷ'点とする。Ⓑ～Ⓑ'～Ⓑ"を結んで後ろ袖折り線をかき袖下縫い目線をかく。後ろ袖折り線に直角に交わる点を求めて展開の案内線をかく。（図2）
・前袖、後ろ袖の袖山線Ⓐ～Ⓔ、Ⓑ～Ⓔを案内線上にかき、前袖をⒺ点、後ろ袖をⒺ'点とする。前袖口、エルボーラインで同寸法とりⒺ点と結ぶ。後ろ袖も同様に案内線上に同寸法とりⒺ'点と結ぶ。エルボーライン上で袖下縫い目線の差が肘ダーツとなる。（図3）

〈袖山の高さの決め方〉

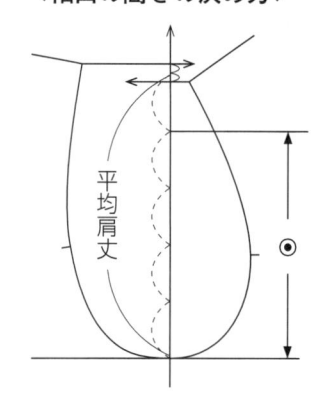

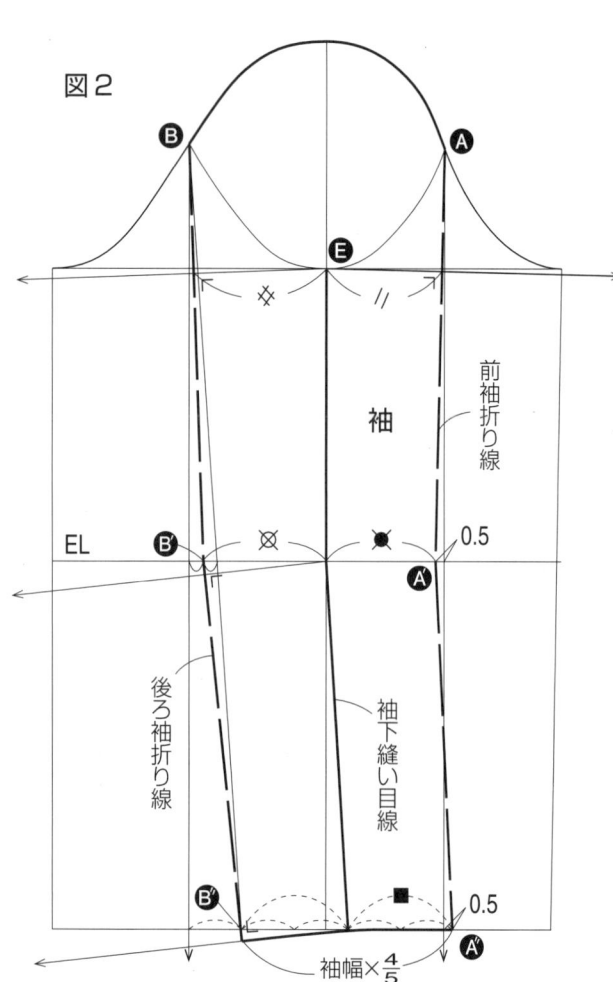

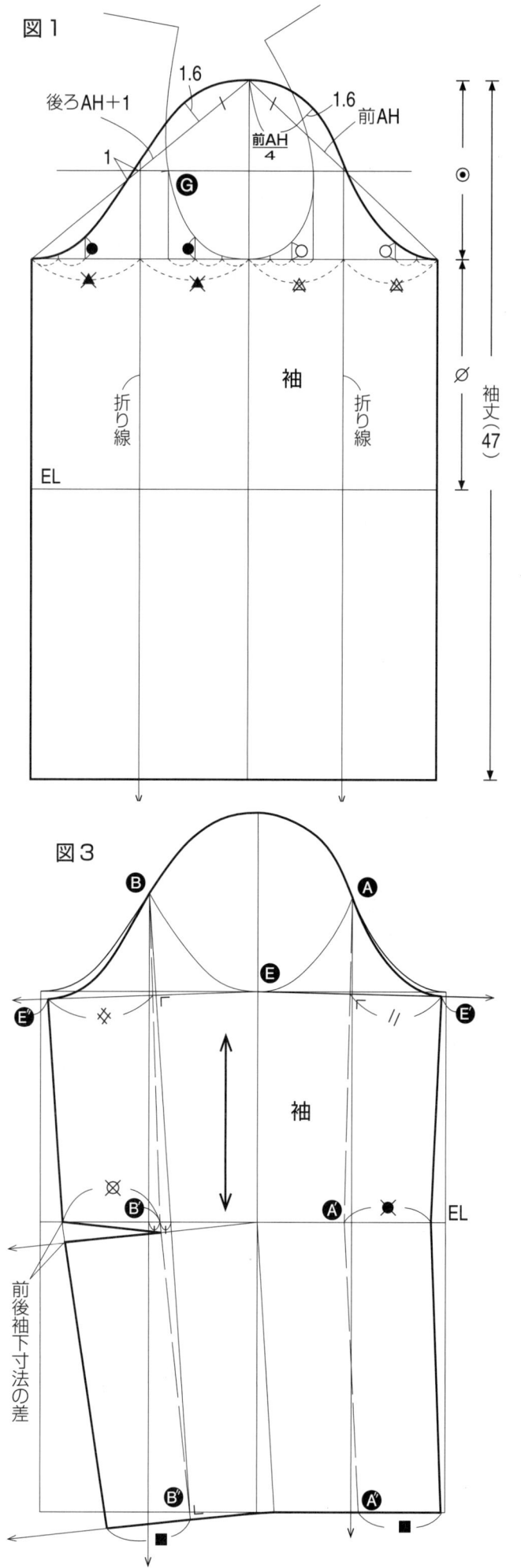

図1

図2

図3

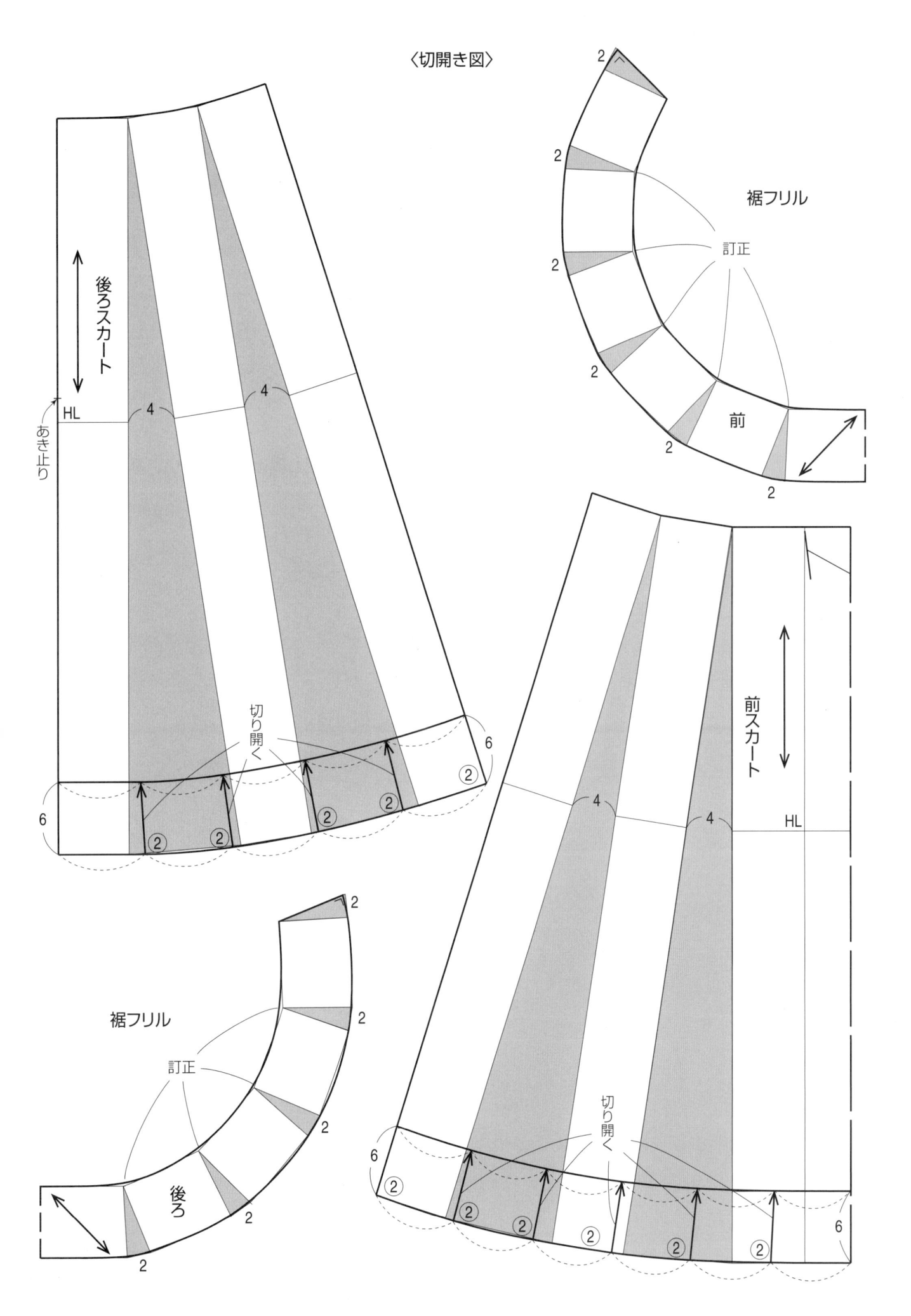

〈切開き図〉

裾フリル

前

後ろスカート

HL
あき止り

切り開く

裾フリル

後ろ

前スカート

HL

切り開く

第3章 スローパーと応用デザイン　89

縫製要点

【本縫い前の準備】
見返しの裏面に接着芯をはる

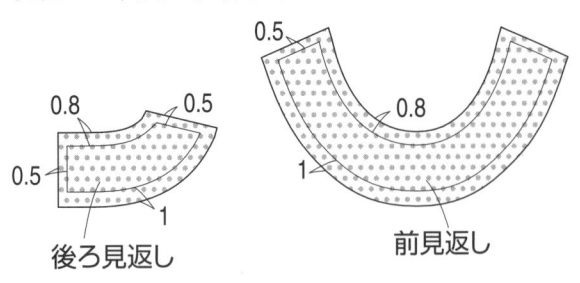

0.8　0.5
0.5
1
後ろ見返し

0.5
0.8
1
前見返し

【本縫い】
● 見返しの肩を縫う

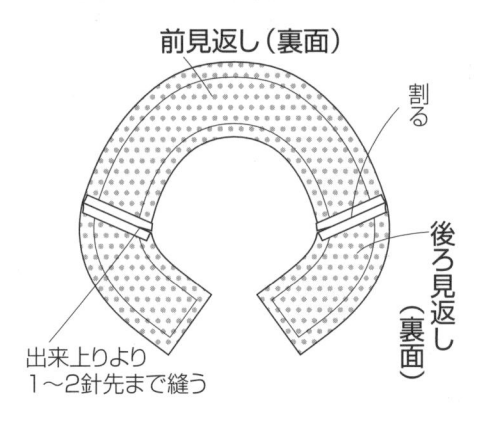

前見返し（裏面）
割る
後ろ見返し（裏面）
出来上りより1〜2針先まで縫う

● 裏身頃を縫う

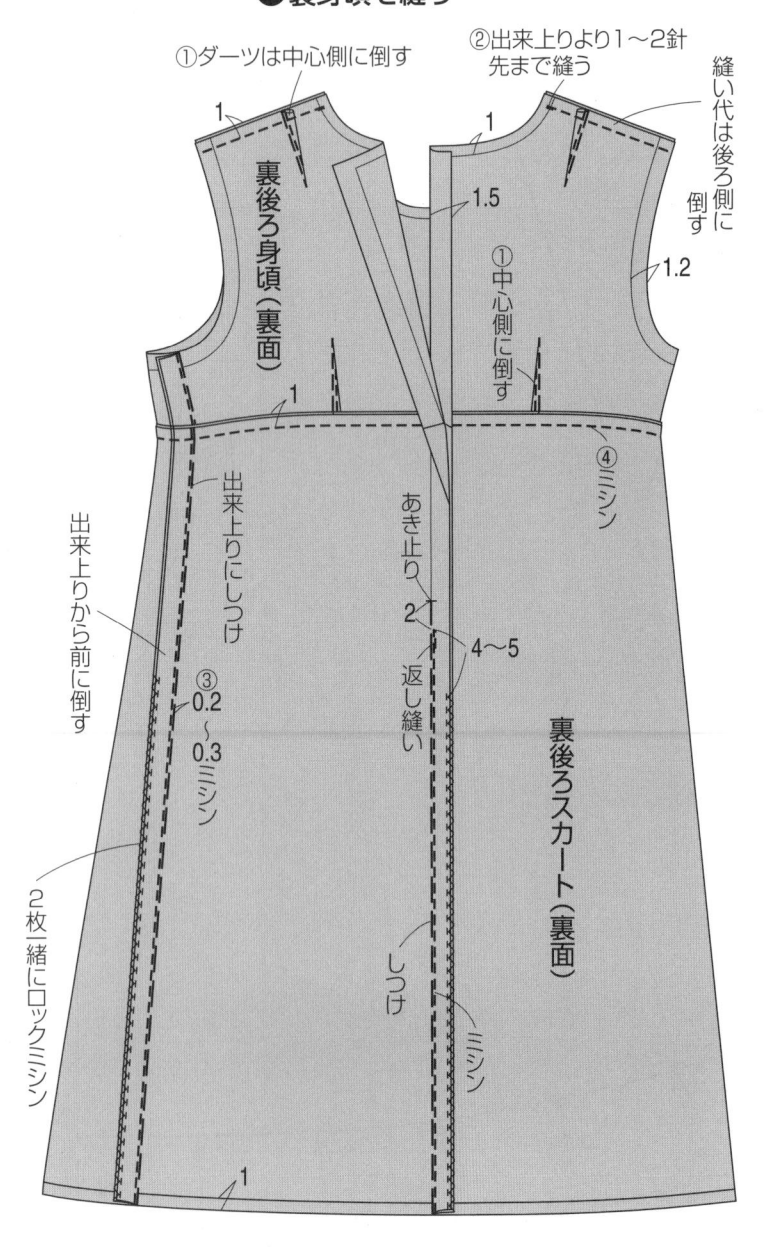

①ダーツは中心側に倒す
②出来上りより1〜2針先まで縫う
縫い代は後ろ側に倒す
1
1
1.5
1.2
裏後ろ身頃（裏面）
①中心側に倒す
④ミシン
出来上りにしつけ
出来上りから前に倒す
③0.2〜0.3ミシン
あき止り
2
4〜5
返し縫い
しつけ
裏後ろスカート（裏面）
ミシン
2枚一緒にロックミシン
1

● 見返し奥と裏布を縫い、裾を始末する

ファスナーあき位置は、出来上りより0.2〜0.3控えてアイロンで折る
縫い代は身頃側に倒す
裏後ろ身頃（裏面）
出来上り線
0.2〜0.3控える
裏後ろスカート（裏面）
2　0.2ミシン

〈拡大図〉
裏スカート（裏面）
0.2ミシン
1
2

● 表衿ぐりに見返しをつける

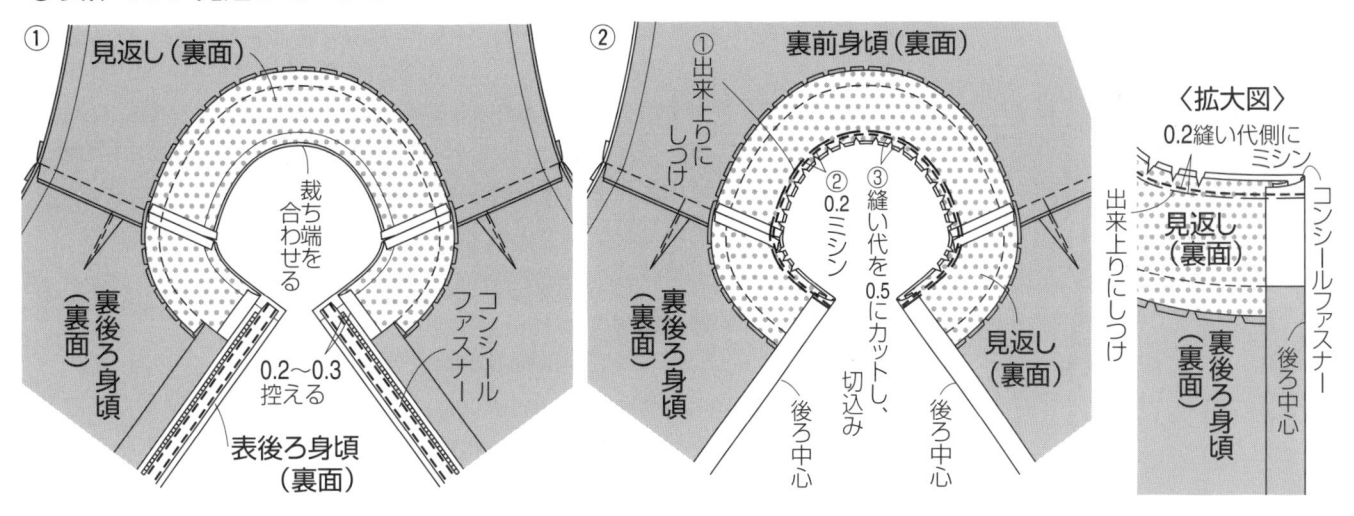

① 見返し（裏面）／裁ち端を合わせる／裏後ろ身頃（裏面）／0.2〜0.3控える／コンシールファスナー／表後ろ身頃（裏面）

② 裏前身頃（裏面）／①出来上りにしつけ／②0.2ミシン／③縫い代を0.5にカットし、切込み／見返し（裏面）／裏後ろ身頃（裏面）／後ろ中心

〈拡大図〉0.2縫い代側にミシン／見返し（裏面）／出来上りにしつけ／コンシールファスナー／裏後ろ身頃／後ろ中心

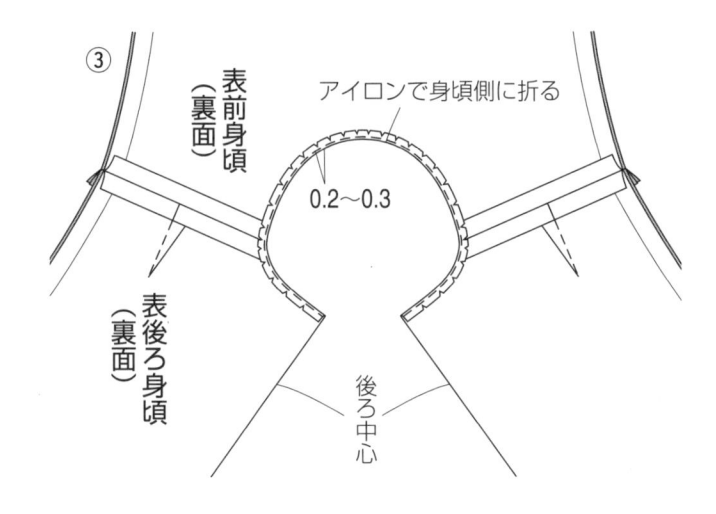

③ 表前身頃（裏面）／アイロンで身頃側に折る／0.2〜0.3／表後ろ身頃（裏面）／後ろ中心

● 衿ぐりを整え、星止めまたはミシンで縫い代のみ止める

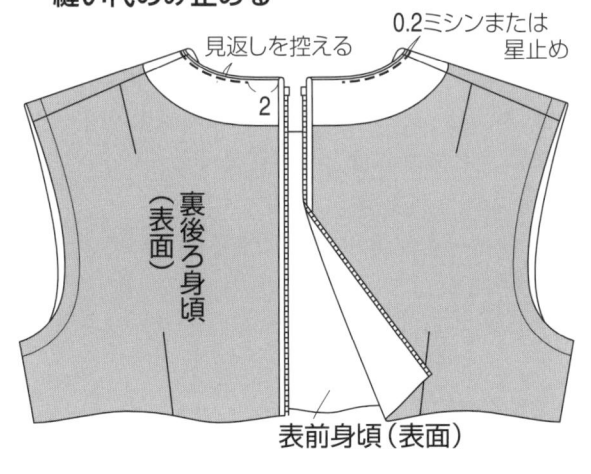

見返しを控える／0.2ミシンまたは星止め／2／裏後ろ身頃（表面）／表前身頃（表面）

● あきの始末をし、表布と裏布をなじませる

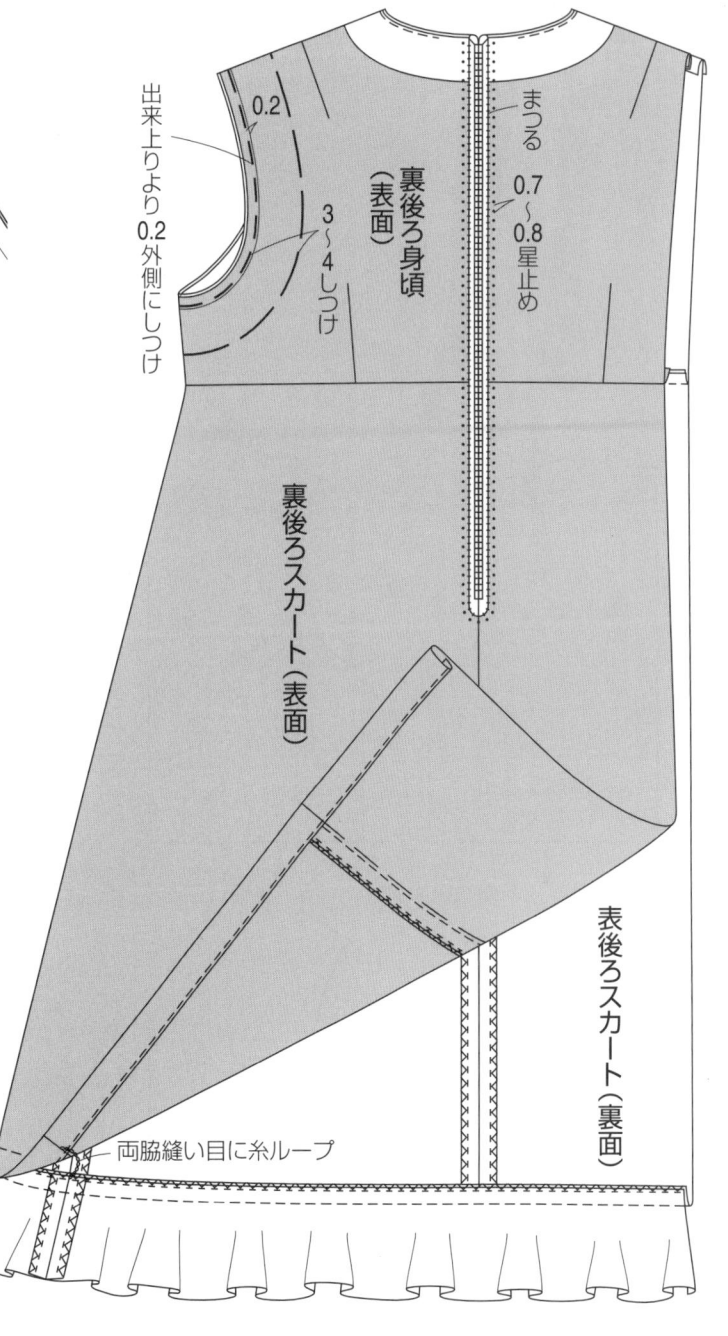

出来上りより0.2外側にしつけ／0.2／裏後ろ身頃（表面）／3〜4しつけ／まつる／0.7〜0.8星止め／裏後ろスカート（表面）／表後ろスカート（裏面）／両脇縫い目に糸ループ

第3章　スローパーと応用デザイン

プリンセスラインのワンピースドレス（140cm）

プリンセスラインは体に合わせやすく、シルエット表現のしやすいデザインである。このドレスは、シャツスリーブでセミフィットシルエットなので、活動しやすく、日常着として適している。デザイン線、衿、ポケット口にアクセントになる色のパイピングを入れてデザインポイントにしている。

使用量

表布　150cm幅135cm
裏布　90cm幅195cm
接着芯　90cm幅90cm

原型のダーツ操作

● 後ろ身頃
肩ダーツの $\frac{1}{3}$ を袖ぐりに移動して、ゆとり分とする。

● 前身頃
胸ぐせダーツの $\frac{1}{4}$ を袖ぐりのゆとり分とし、残りは肩に移動する。

作図

作図要点

● 後ろ身頃
・ドレス丈を決め、ハイウエストラインをかく。
・シャツスリーブなので肩幅を広げ、袖ぐり線をかき、背中心線と脇線をかいて、ドレス全体のシルエットを決める。
・プリンセスラインは、バストポイントからウエストにつなげてかき、ヒップラインで脇身頃の線と交差させて裾線と結ぶ。ヒップのゆとりを確認する。

● 前身頃
・前中心の打合せ分をかき、肩線は後ろに合わせ、袖ぐり、脇線をかく。
・バストポイントを直下して案内線としてプリンセスラインをかく。

● 袖（シャツスリーブ）
・かき方は「シャツ袖（102ページ）」を参考にしてかく。
・袖山の高さを決める。
・肩線を延長した線に傾斜をつけて袖山線をかき、袖丈、カフス幅を決める。ショルダーポイントから袖山の高さをとり、直角に袖幅線をかき、身頃のアームホール寸法と同寸に袖山線をかく。

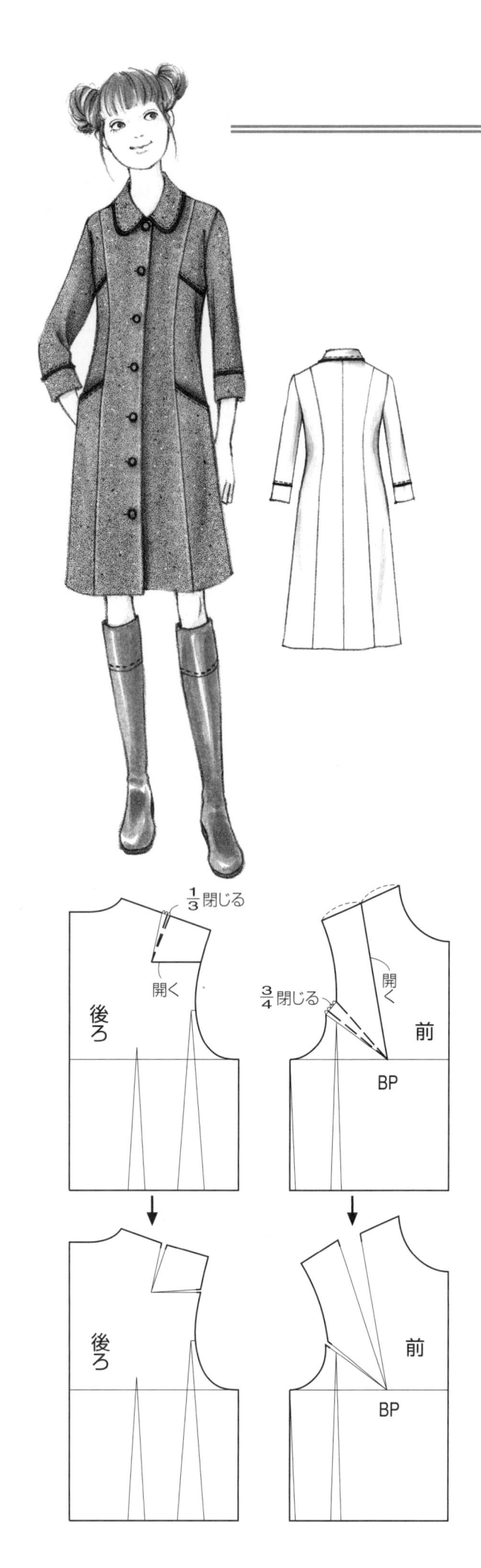

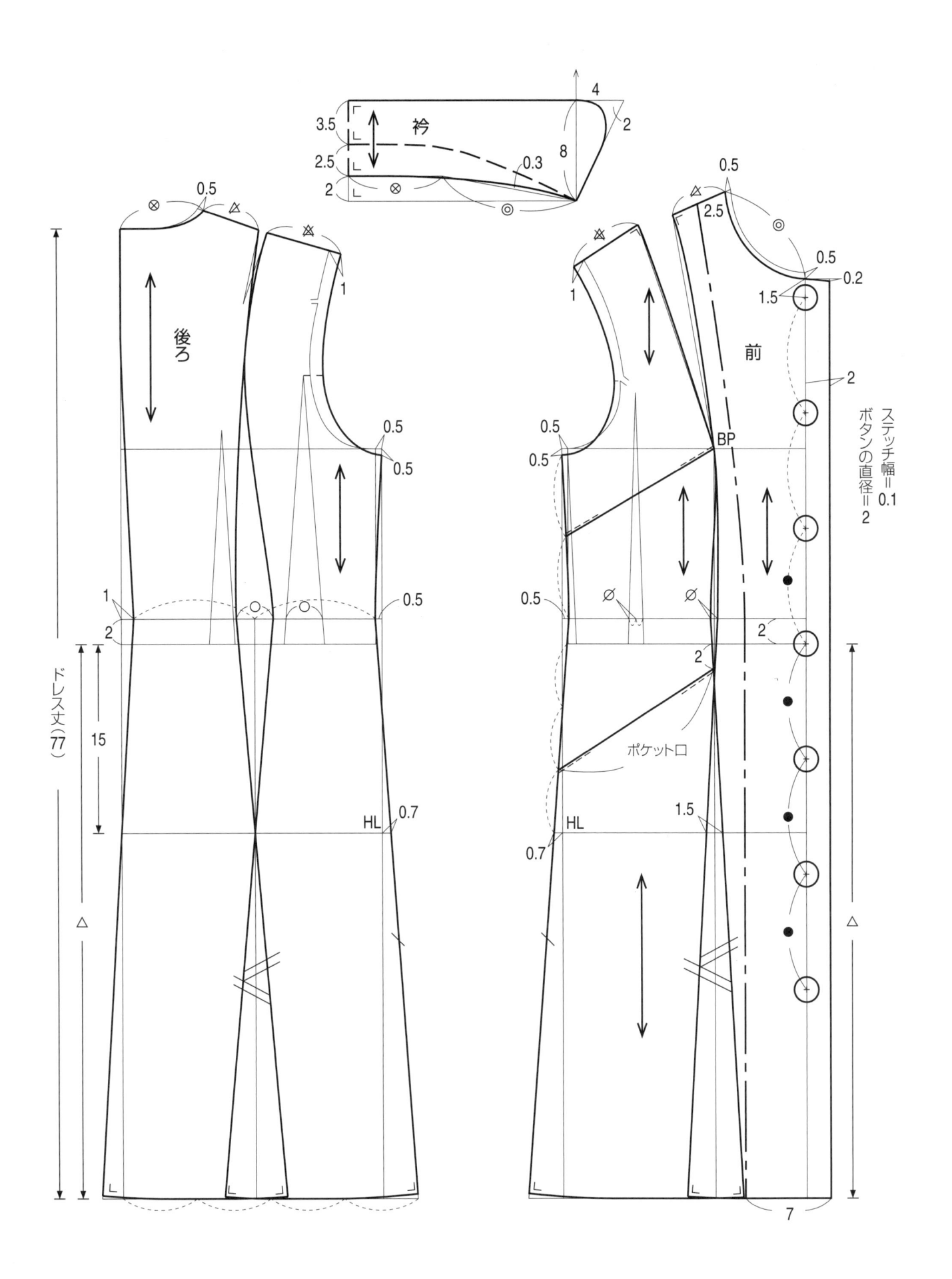

第3章　スローパーと応用デザイン

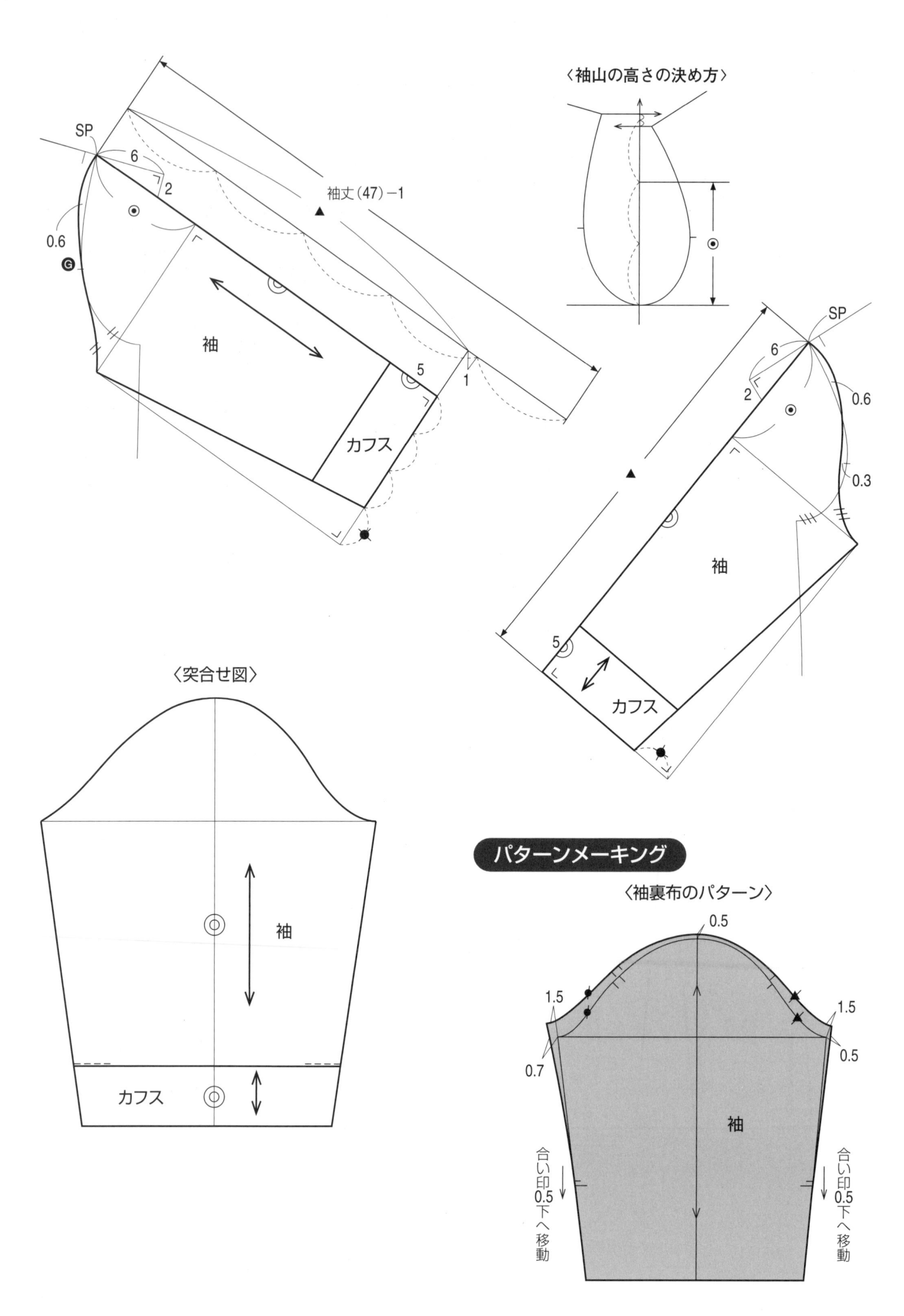

〈袖山の高さの決め方〉

袖丈(47)−1

SP
0.6
6
2
袖
カフス
5
1

SP
6
2
0.6
0.3
袖
5
カフス

〈突合せ図〉

袖
カフス

パターンメーキング

〈袖裏布のパターン〉

0.5
1.5
1.5
0.7
0.5
袖
合い印0.5下へ移動
合い印0.5下へ移動

衿外回りのパイピングテープ分をカットしてからパターンを作る

パイピングテープの幅分カット

衿

表衿

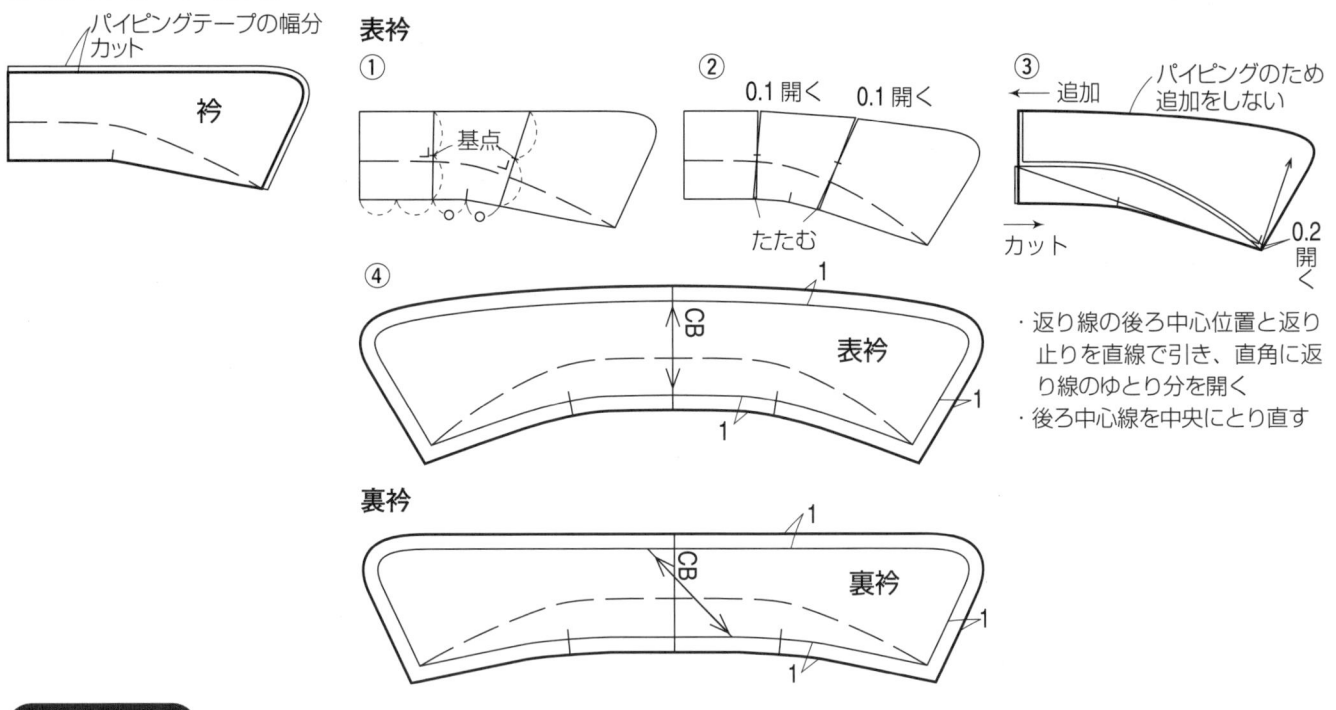

① 基点

② 0.1開く　0.1開く
たたむ

③ ←追加　パイピングのため追加をしない
カット→
0.2開く

④ 表衿　CB　1　1

・返り線の後ろ中心位置と返り止りを直線で引き、直角に返り線のゆとり分を開く
・後ろ中心線を中央にとり直す

裏衿　CB　1　1

縫製要点

【本縫い前の準備】

前脇布、ポケットに縫い代をつける

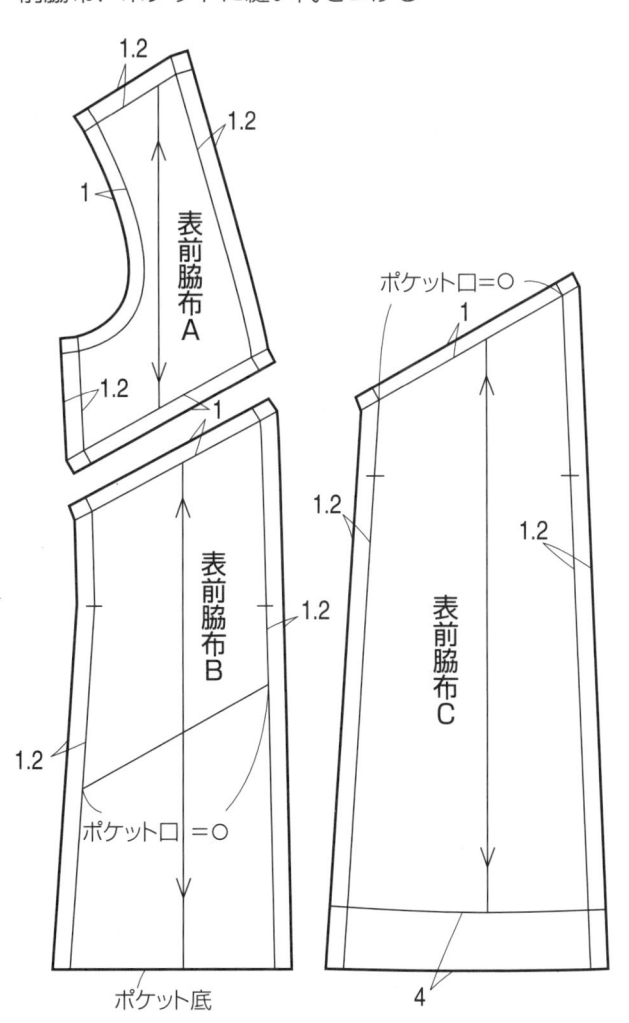

表前脇布A　1.2　1.2　1　1.2　1

表前脇布B　1.2　1.2　1.2　1.2

表前脇布C　1.2　1.2　1.2　4

ポケット口＝○
ポケット底
ポケット口＝○

【本縫い】

1　コードパイピングテープを作り、つける

① 〈拡大図〉
バイアス布（裏面）
ファスナー押えを使用してコードのきわにミシン
コード

② パイピングテープを前脇布にしつけで止め、ミシンをかける
パイピングテープ
0.2縫い代側をしつけ
表前脇布B（表面）
出来上り線

〈拡大図〉
しつけ
パイピングテープ（表面）
出来上り線

③ 1ミシン
表前脇布A（裏面）
パイピングテープ
表前脇布B（表面）

④ 表前脇布A（表面）
ステッチ
表前脇布B（表面）

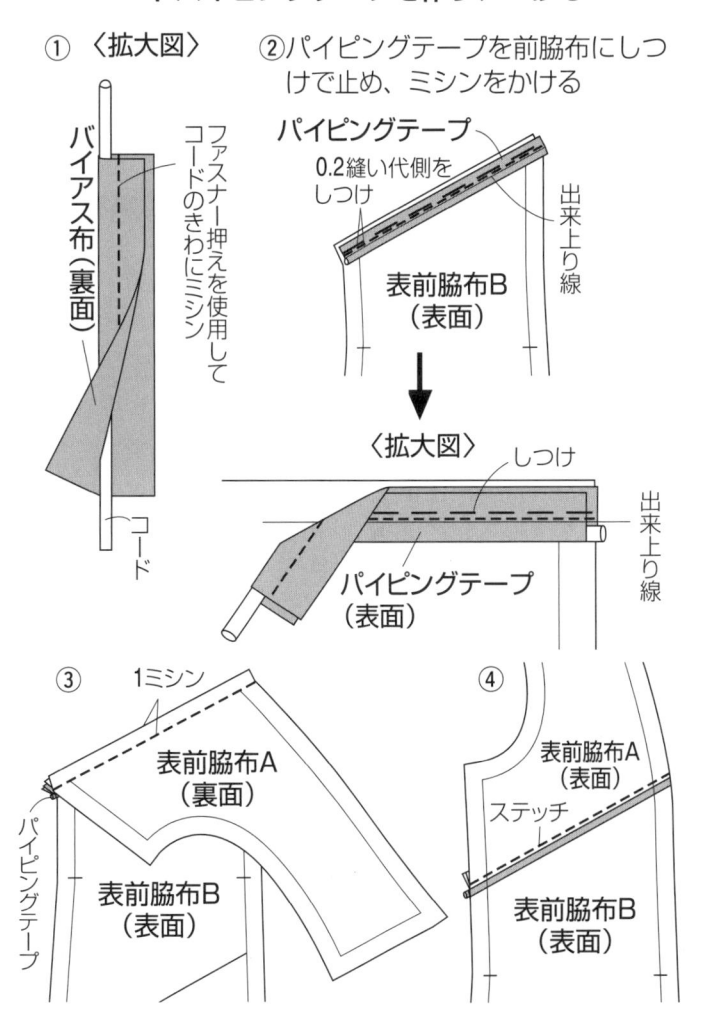

2 切替え利用のポケットを作る

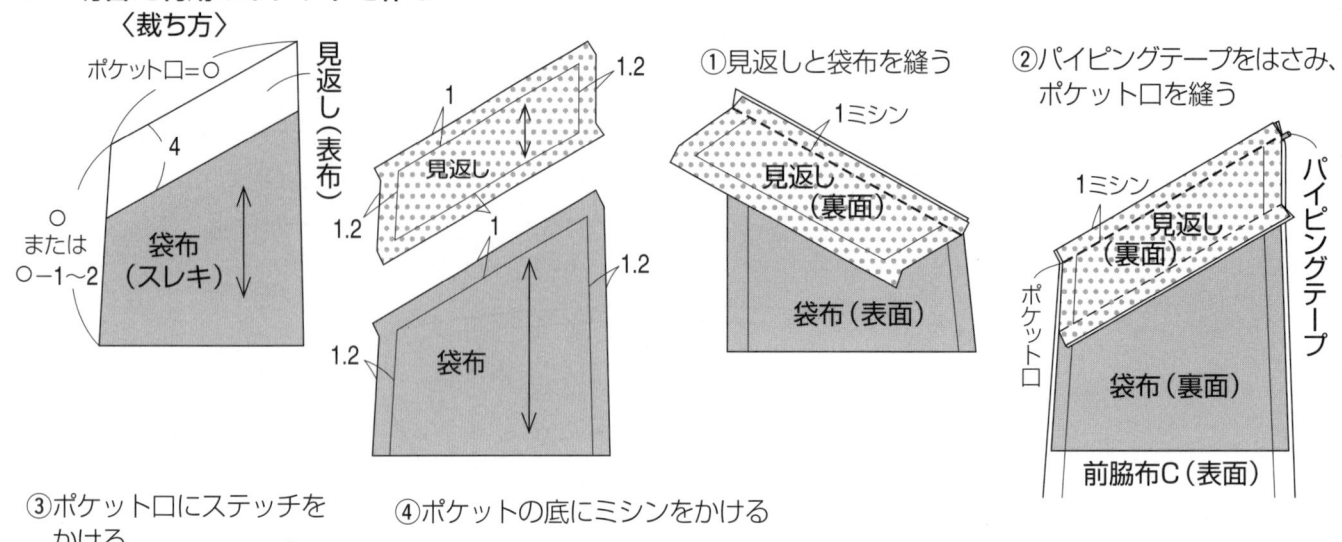

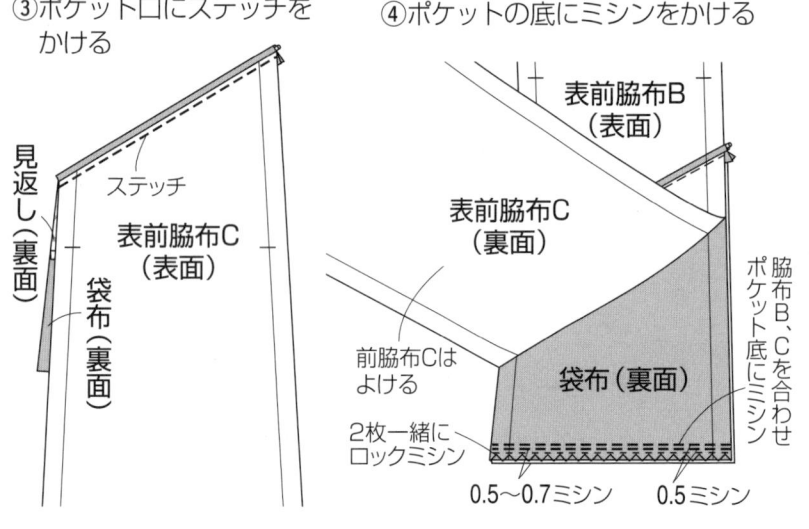

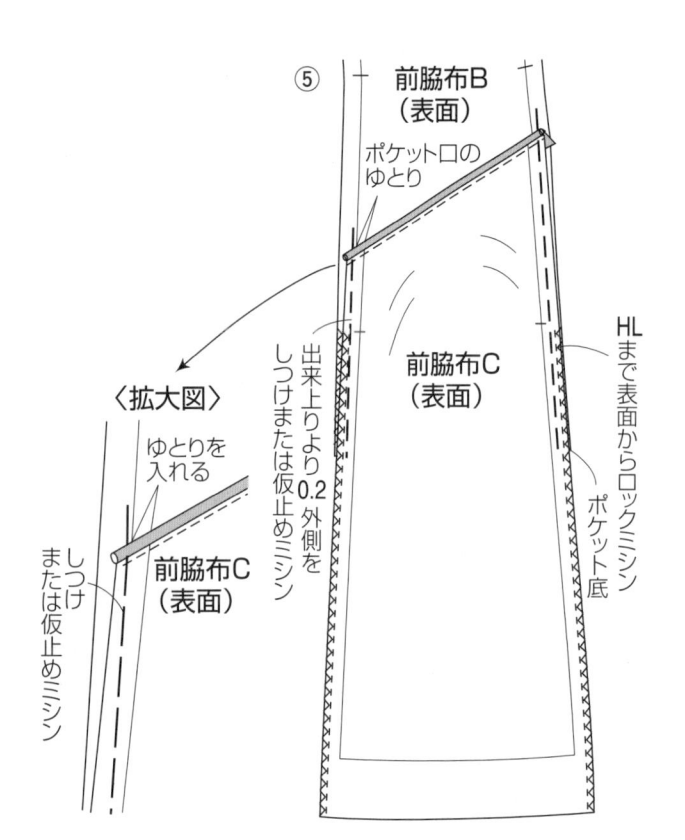

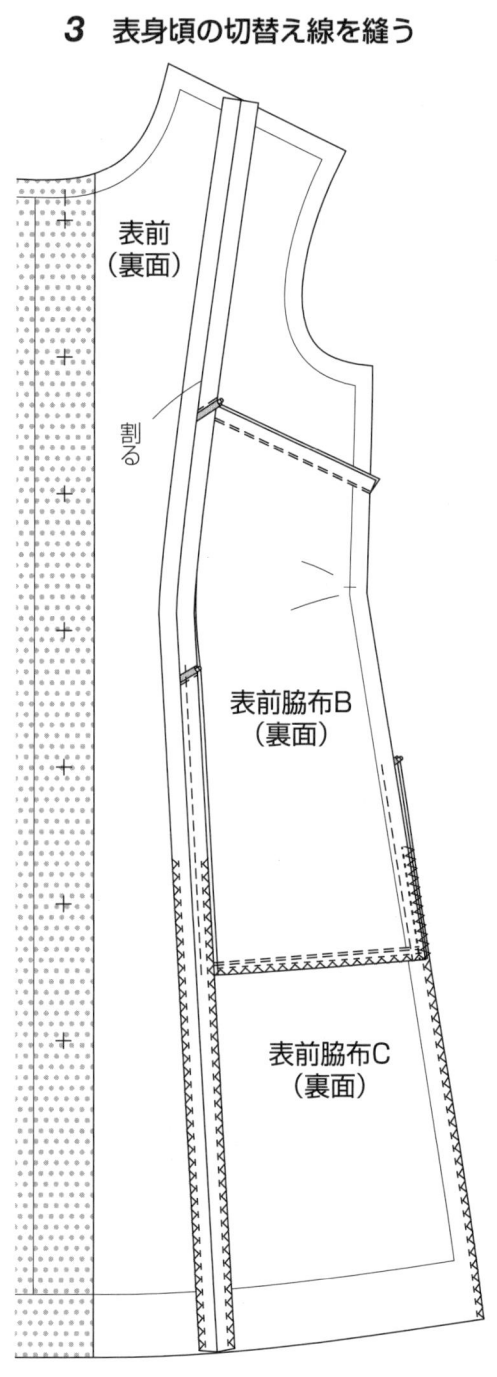

〈裁ち方〉

ポケット口＝○
見返し（表布）
4
○ または ○−1〜2
袋布（スレキ）

1.2
1
見返し
1.2

1
1.2
袋布
1.2

① 見返しと袋布を縫う

1ミシン
見返し（裏面）
袋布（表面）

② パイピングテープをはさみ、ポケット口を縫う

1ミシン
見返し（裏面）
パイピングテープ
ポケット口
袋布（裏面）
前脇布C（表面）

③ ポケット口にステッチをかける

ステッチ
見返し（裏面）
表前脇布C（表面）
袋布（裏面）

④ ポケットの底にミシンをかける

表前脇布B（表面）
表前脇布C（裏面）
前脇布Cはよける
袋布（裏面）
2枚一緒にロックミシン
0.5〜0.7ミシン
脇布B、Cを合わせポケット底にミシン
0.5ミシン

⑤
前脇布B（表面）
ポケット口のゆとり
前脇布C（表面）
出来上りよりしつけまたは仮止めミシン 0.2 外側を
HLまで表面からロックミシン
ポケット底

〈拡大図〉
ゆとりを入れる
しつけまたは仮止めミシン
前脇布C（表面）

3 表身頃の切替え線を縫う

表前（裏面）
割る
表前脇布B（裏面）
表前脇布C（裏面）

4 肩を縫う

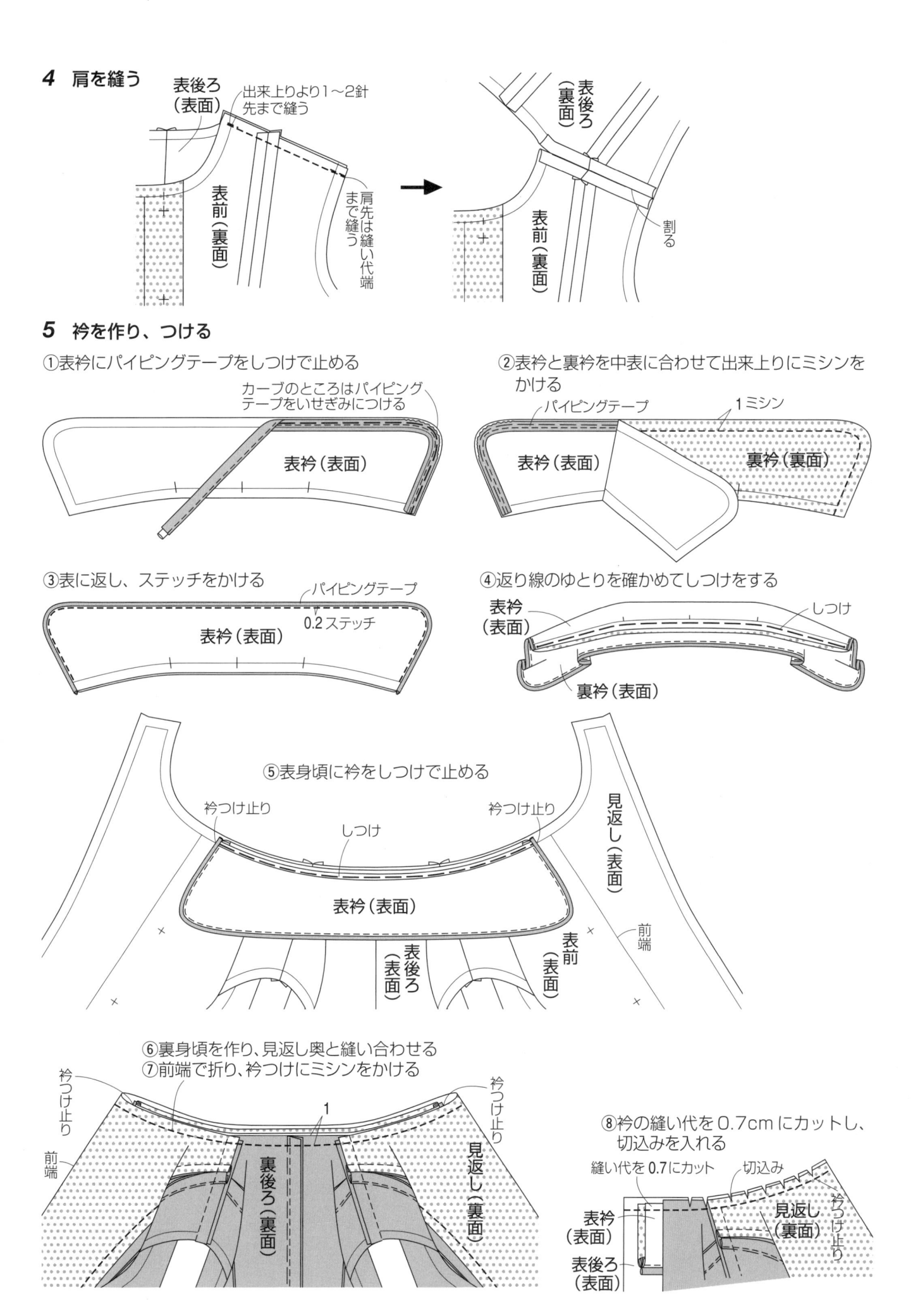

- 表後ろ（表面）
- 出来上りより1～2針先まで縫う
- 表前（裏面）
- 肩先は縫い代端まで縫う
- 表後ろ（裏面）
- 表前（裏面）
- 割る

5 衿を作り、つける

①表衿にパイピングテープをしつけで止める
- カーブのところはパイピングテープをいせぎみにつける
- 表衿（表面）

②表衿と裏衿を中表に合わせて出来上りにミシンをかける
- パイピングテープ
- 1ミシン
- 表衿（表面）
- 裏衿（裏面）

③表に返し、ステッチをかける
- パイピングテープ
- 0.2ステッチ
- 表衿（表面）

④返り線のゆとりを確かめてしつけをする
- 表衿（表面）
- しつけ
- 裏衿（表面）

⑤表身頃に衿をしつけで止める
- 衿つけ止り
- しつけ
- 衿つけ止り
- 見返し（表面）
- 表衿（表面）
- 表前（表面）
- 表後ろ（表面）
- 前端

⑥裏身頃を作り、見返し奥と縫い合わせる
⑦前端で折り、衿つけにミシンをかける
- 衿つけ止り
- 前端
- 裏後ろ（裏面）
- 見返し（裏面）

⑧衿の縫い代を0.7cmにカットし、切込みを入れる
- 縫い代を0.7にカット
- 切込み
- 表衿（表面）
- 見返し（裏面）
- 表後ろ（表面）
- 衿つけ止り

第3章 スローパーと応用デザイン

6 袖をつける

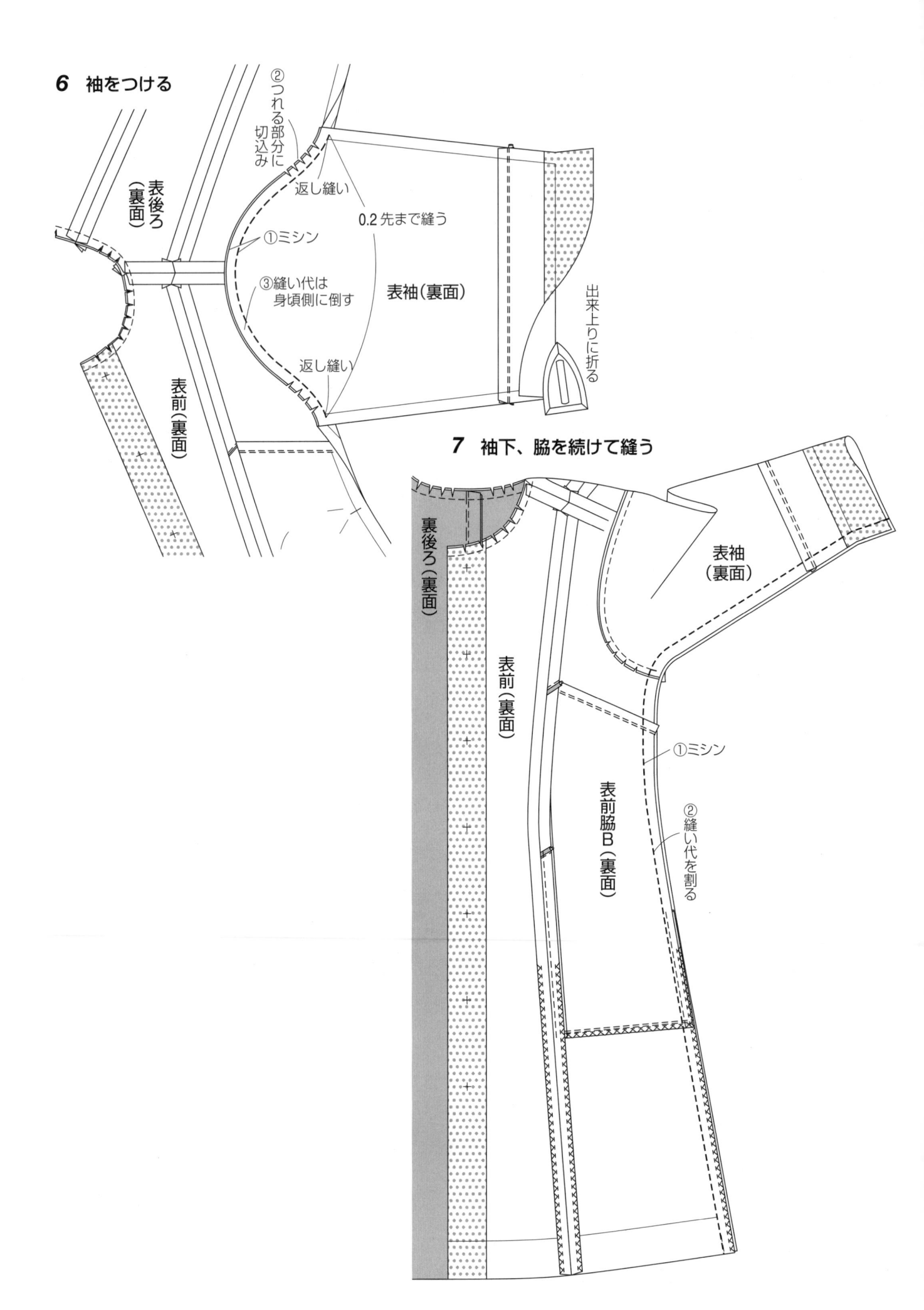

- ②つれる部分に切込み
- 返し縫い
- ①ミシン
- 0.2先まで縫う
- ③縫い代は身頃側に倒す
- 返し縫い
- 表後ろ（裏面）
- 表袖（裏面）
- 表前（裏面）
- 出来上りに折る

7 袖下、脇を続けて縫う

- 裏後ろ（裏面）
- 表前（裏面）
- 表袖（裏面）
- ①ミシン
- 表前脇B（裏面）
- ②縫い代を割る

8 表布の袖口の始末をして肩、袖下、脇に中とじをする
9 両脇の裾に糸ループをする

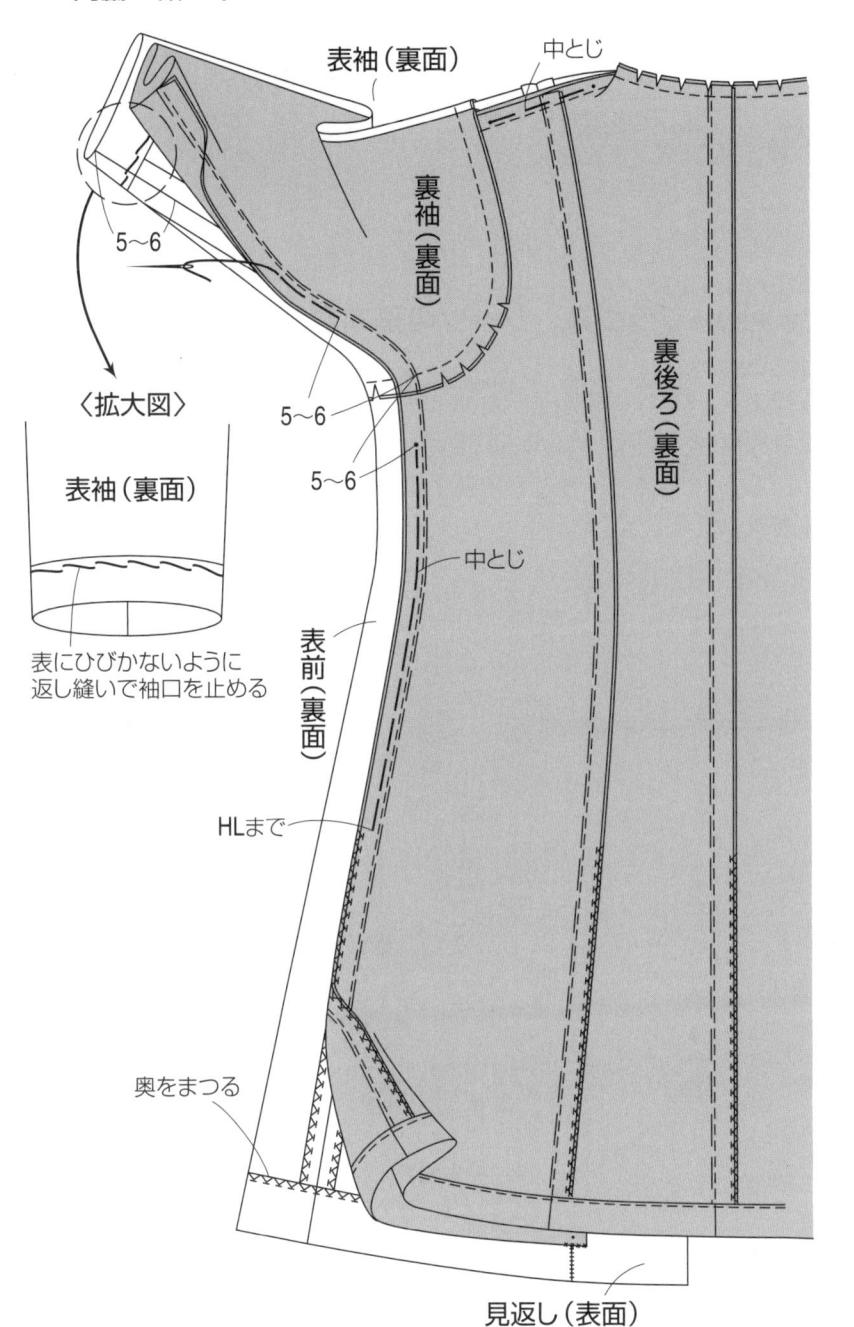

〈拡大図〉
表袖（裏面）
表にひびかないように返し縫いで袖口を止める

表袖（裏面）
中とじ
裏袖（裏面）
5～6
5～6
5～6
裏後ろ（裏面）
中とじ
表前（裏面）
HLまで
奥をまつる
見返し（表面）

10 裏袖口をまつる

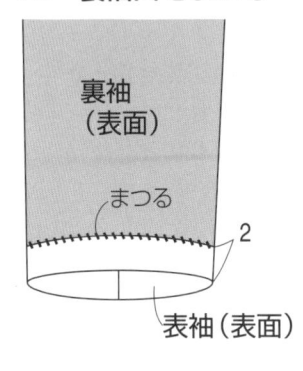

裏袖（表面）
まつる
2
表袖（表面）

11 衿つけを整える

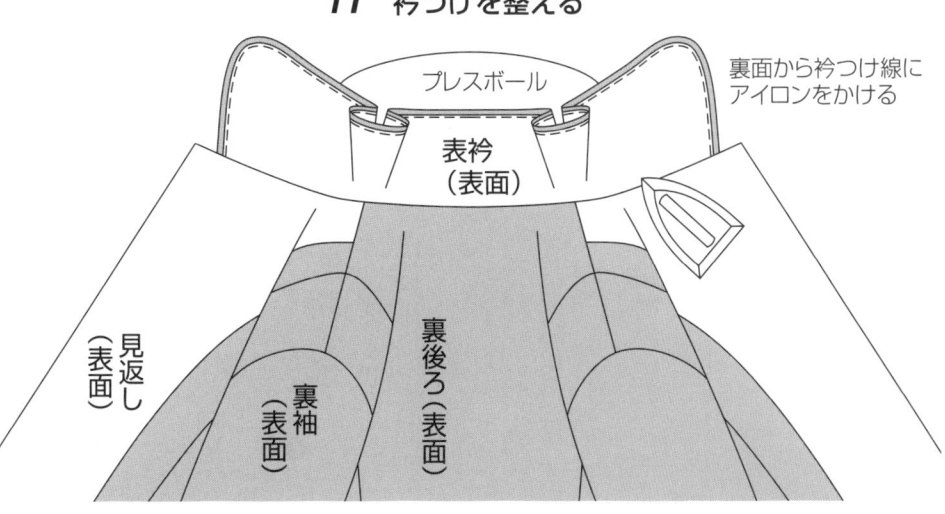

プレスボール
表衿（表面）
裏面から衿つけ線にアイロンをかける
見返し（表面）
裏袖（表面）
裏後ろ（表面）

第3章 スローパーと応用デザイン

ブラウス、シャツ

シャツは日常着や外出着としてスーツ、ジャケット、パンツなどと組み合わせて男女児ともに広く着用されているアイテムである。

ブラウスは主として女児用となるが、衿ぐり、衿、袖などディテールを変えることでデザイン展開ができる。また、着用目的によって素材を変えればさらにバリエーションは広がる。

1.スローパー ・・・・・・・・・・・・・・・・・・・・・ ブラウス、シャツの基本型シルエットパターン

シャツブラウスは、ネクタイを締めてスーツと組ませて着るドレスシャツから、カジュアルシャツまで、男児・女児別にもバリエーションはいろいろある。

ここではネクタイを締めても着られるノーマルなシャツの作図法、肩ダーツ、腹ぐせダーツの分散の仕方、身頃につなげて作図するシャツスリーブ、台衿つきシャツカラーなどを解説する。

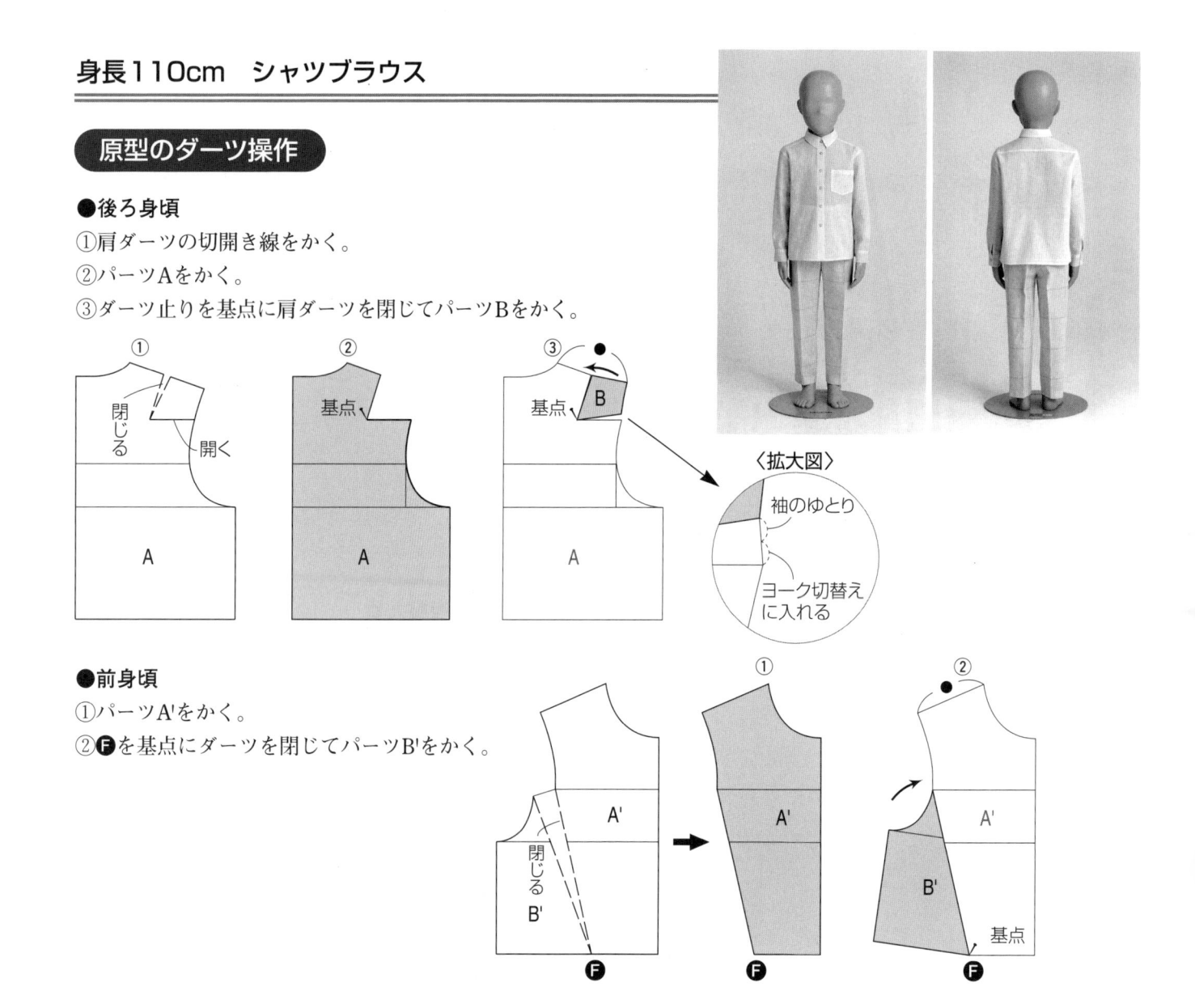

身長110cm　シャツブラウス

原型のダーツ操作

●後ろ身頃
①肩ダーツの切開き線をかく。
②パーツAをかく。
③ダーツ止りを基点に肩ダーツを閉じてパーツBをかく。

〈拡大図〉
袖のゆとり
ヨーク切替えに入れる

●前身頃
①パーツA'をかく。
②Fを基点にダーツを閉じてパーツB'をかく。

作図

作図要点

●後ろ身頃

後ろ肩ダーツを閉じて袖ぐりに移動し、$\frac{1}{2}$を袖ぐりのゆとりとし、残りの$\frac{1}{2}$をヨーク切替え線に入れる。

・シャツの丈を決める。シャツスリーブなので肩幅を1cm広げ、身幅にゆとりを加える。袖ぐりはゆるやかなカーブでかき、脇線は袖下縫い目とスムーズにつながるようにウエストラインでややしぼってかく。

後ろ身頃幅に運動量が欲しい場合は、タック分を背中心で加える。

●前身頃

腹ぐせダーツはたたむので、この場合は裾広がりのシルエットになるが、腹ぐせダーツを脇に移動してダーツを入れてもよい。腹ぐせダーツを入れると前身頃の落着きはよくなる。

・シャツ丈を決め、前打合せ分は前立て幅の$\frac{1}{2}$とする。前肩先で肩線のゆとり分を加え、肩幅、身幅、袖ぐりは後ろ身頃に準じてかく。ポケットは前身幅を基準に寸法を割り出してかく。

・腹ぐせを脇線からダーツとして入れる場合は、ウエストライン、ヘムラインを水平にかき、●の分量をウエストライン上にダーツとして入れる。

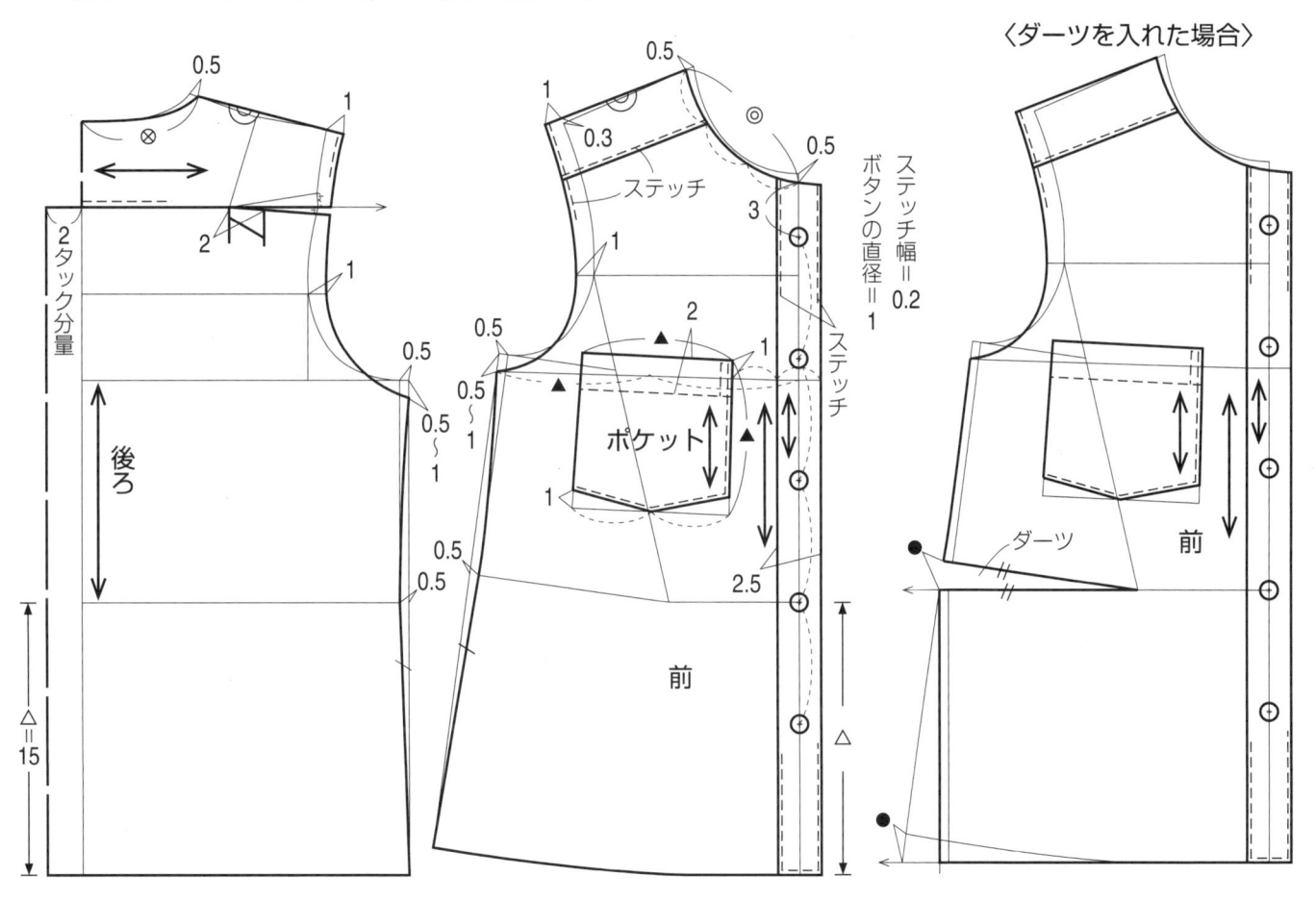

●台衿つきシャツカラーのかき方

シャツカラーには、台衿つきシャツカラー（A）と、台衿続きのシャツカラー（B）がある。この衿は前端と台衿の先がきれいにつながるように衿ぐりをつなげてパターン修正する。

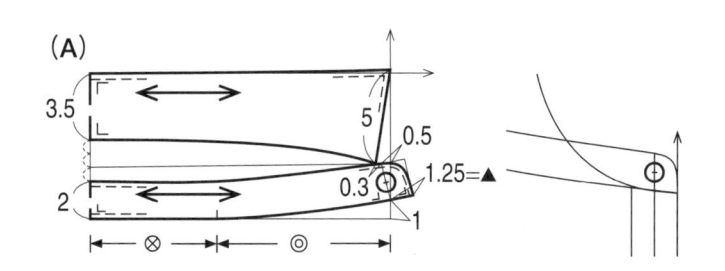

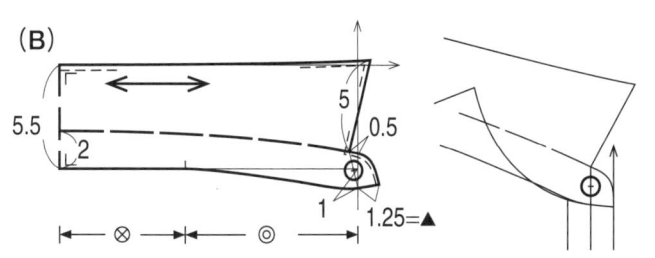

第3章 スローパーと応用デザイン

シャツ袖

シャツ袖は身頃側を高くして仕立てるので、身頃のアームホール寸法と同寸か少なめになるようにパターンを作る。作図は身頃のパターンにつなげてかくと作図しながら寸法チェックができ、正確なパターンができる。

●袖のかき方

- 袖山の高さを決める
- 後ろ身頃はヨークと身頃をつなげてうつし、前後身頃の平均肩丈から割り出すが、袖山の高さは腕の運動量を考慮に入れて決める（袖山が高いほど袖下寸法が短くなるので運動量が少なくなる）。
- ここでは平均肩丈の $\frac{1}{2}+1$ cmで袖山を決めてある。
- 後ろ袖からかき始める。肩線を延長して直角をかき、袖山線の傾斜を決める。袖丈をかき、カフス幅を決める。
- SPから袖山の高さをとり、袖山線に直角に袖幅案内線をかくと後ろ袖幅が決まる。同寸を袖口でとり、袖口寸法を決めて袖下線をかく。この場合、身頃の脇線とのつながりを確認する。前袖も後ろ袖に準じてかく。

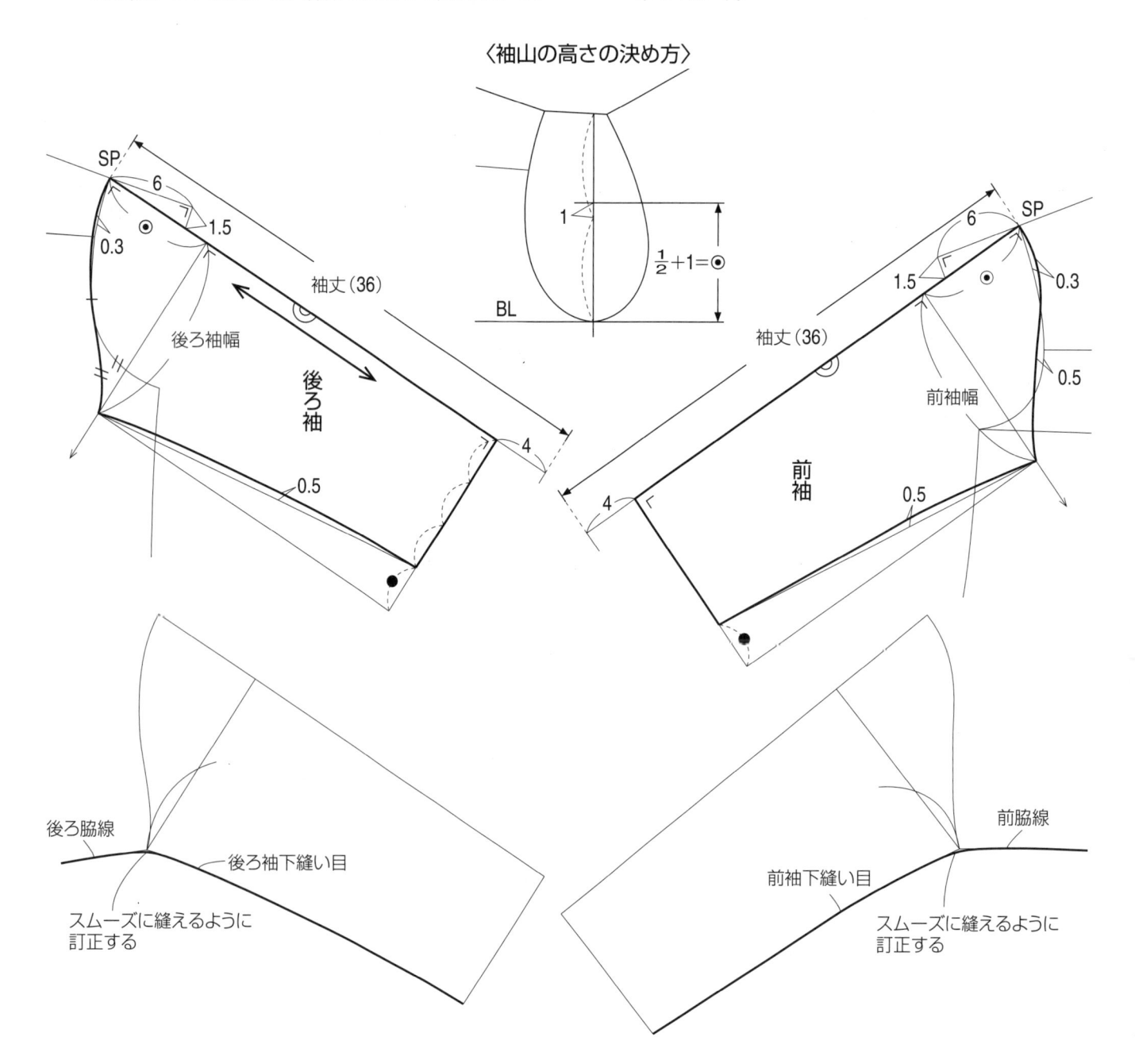

〈袖山の高さの決め方〉

- 前後の袖をつなげて、袖山点で前後の袖山のカーブを確認する。
- カフスをかく。手首回り寸法にゆとりを加えてカフスの長さを決め、持出し寸法を加える。カフス寸法と袖口寸法の差を袖口タックにする。

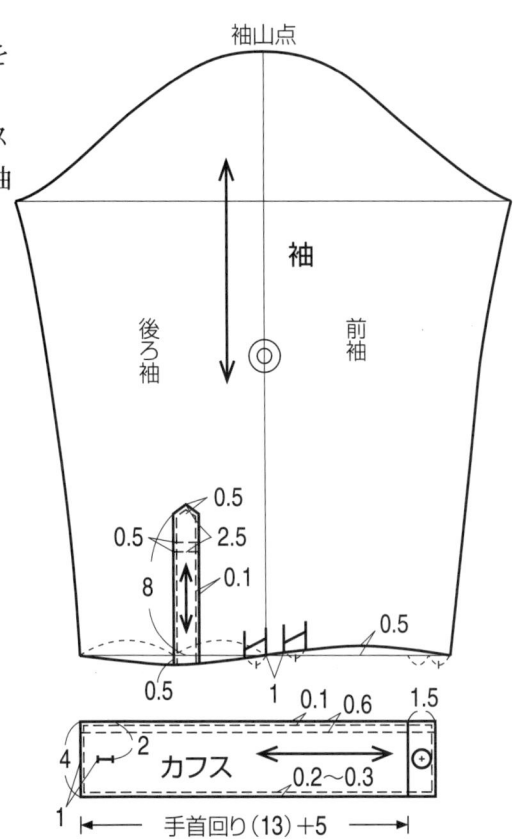

身長140cm女児　シャツブラウス

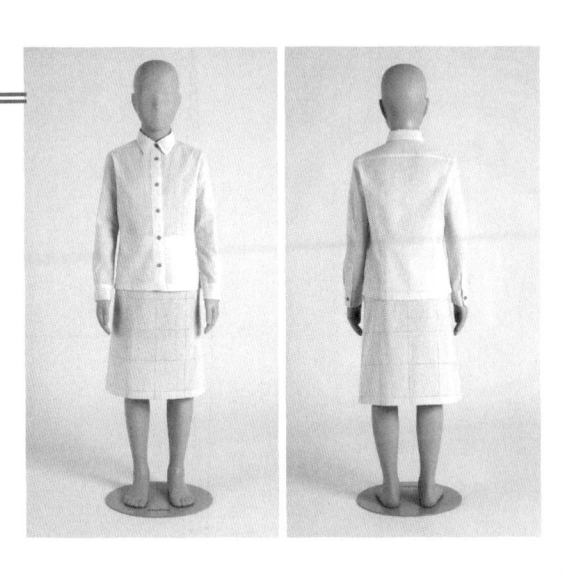

原型のダーツ操作

● 後ろ身頃

- 「身長110cm　シャツブラウス（100ページ参照）」と同様に展開する。

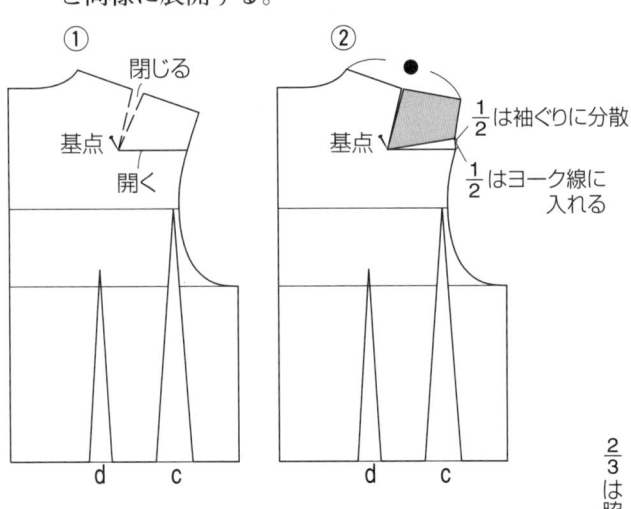

● 前身頃

胸ぐせダーツは $\frac{1}{3}$ を袖ぐりのゆとりとして分散し、$\frac{2}{3}$ は胸ぐせダーツとする。

胸ぐせダーツは、脇縫い目からBPに向けて入れる場合と、裾線からBPに向けてとる場合がある。

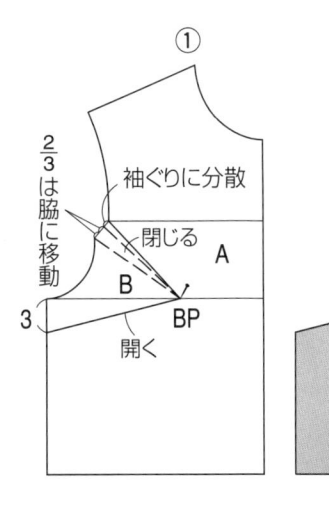

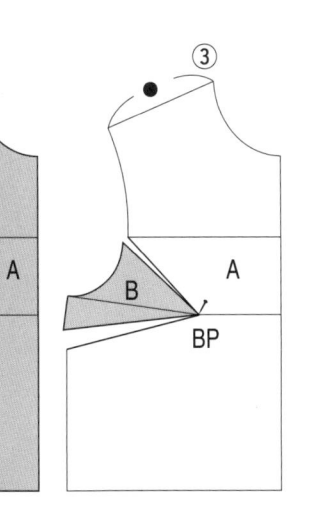

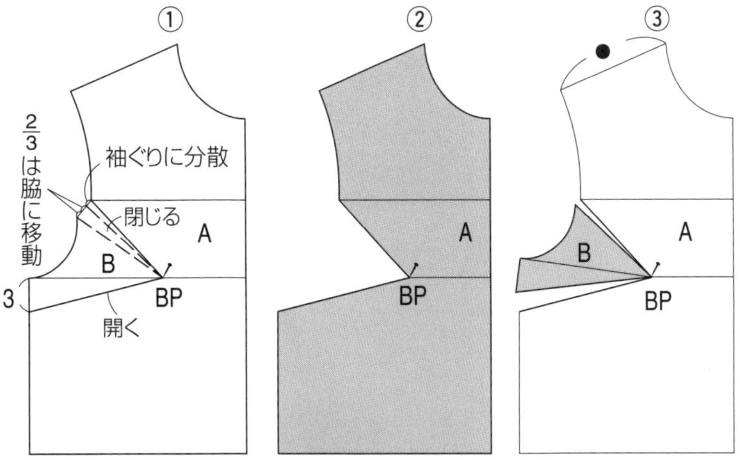

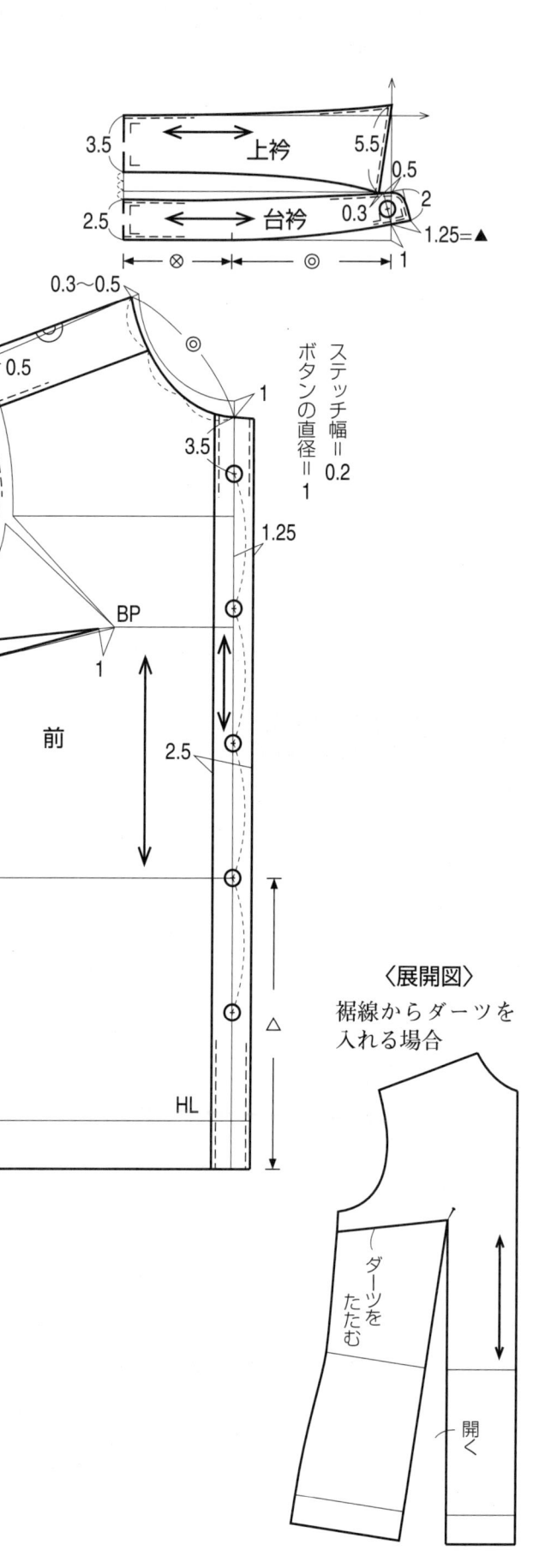

作図

作図要点

●後ろ身頃
- 袖ぐりに移動したダーツの $\frac{1}{2}$ をヨーク切替えに入れる。ウエストダーツは原型のダーツcとdの中間に入れる。

●前身頃
- 胸ぐせダーツの止りはダーツ量が少ないのでBPより脇寄りで止める。

〈展開図〉
裾線からダーツを入れる場合

●袖
・袖のかき方は110cmに準ずるが、袖山は高くしてある。

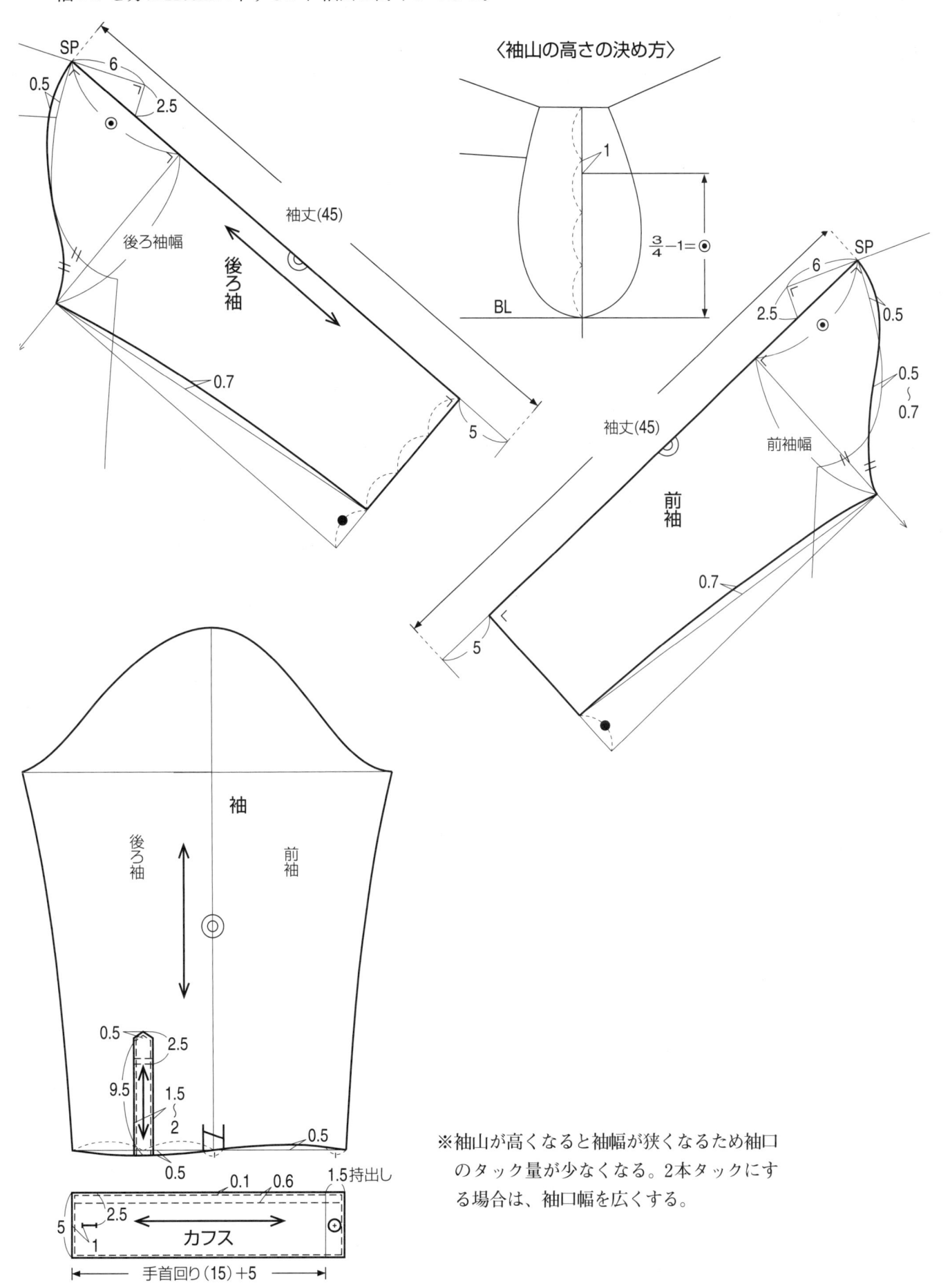

〈袖山の高さの決め方〉

$\frac{3}{4} - 1 = ⊙$

※袖山が高くなると袖幅が狭くなるため袖口のタック量が少なくなる。2本タックにする場合は、袖口幅を広くする。

身長140cm男児　シャツ

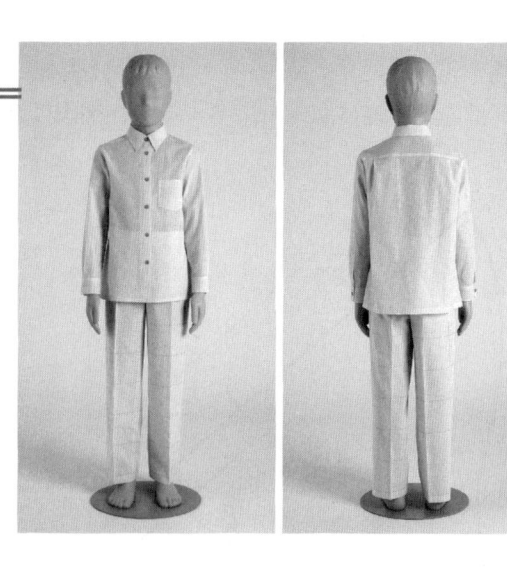

原型のダーツ操作

● 後ろ身頃
前肩線寸法と後ろ肩幅が同寸法になるように、ダーツ分量を少し残す。

● 前身頃
ダーツ止りを基点に腹ぐせダーツを閉じて、ウエストラインに開く。

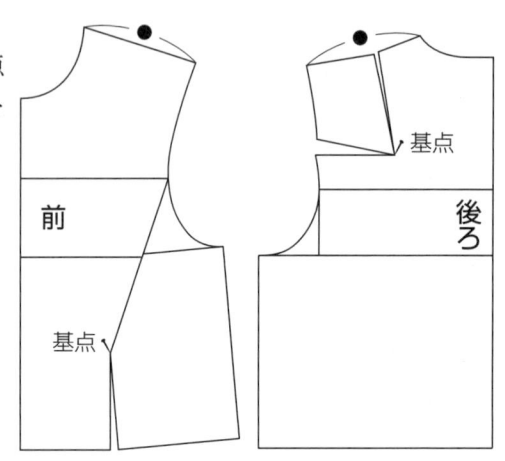

作図

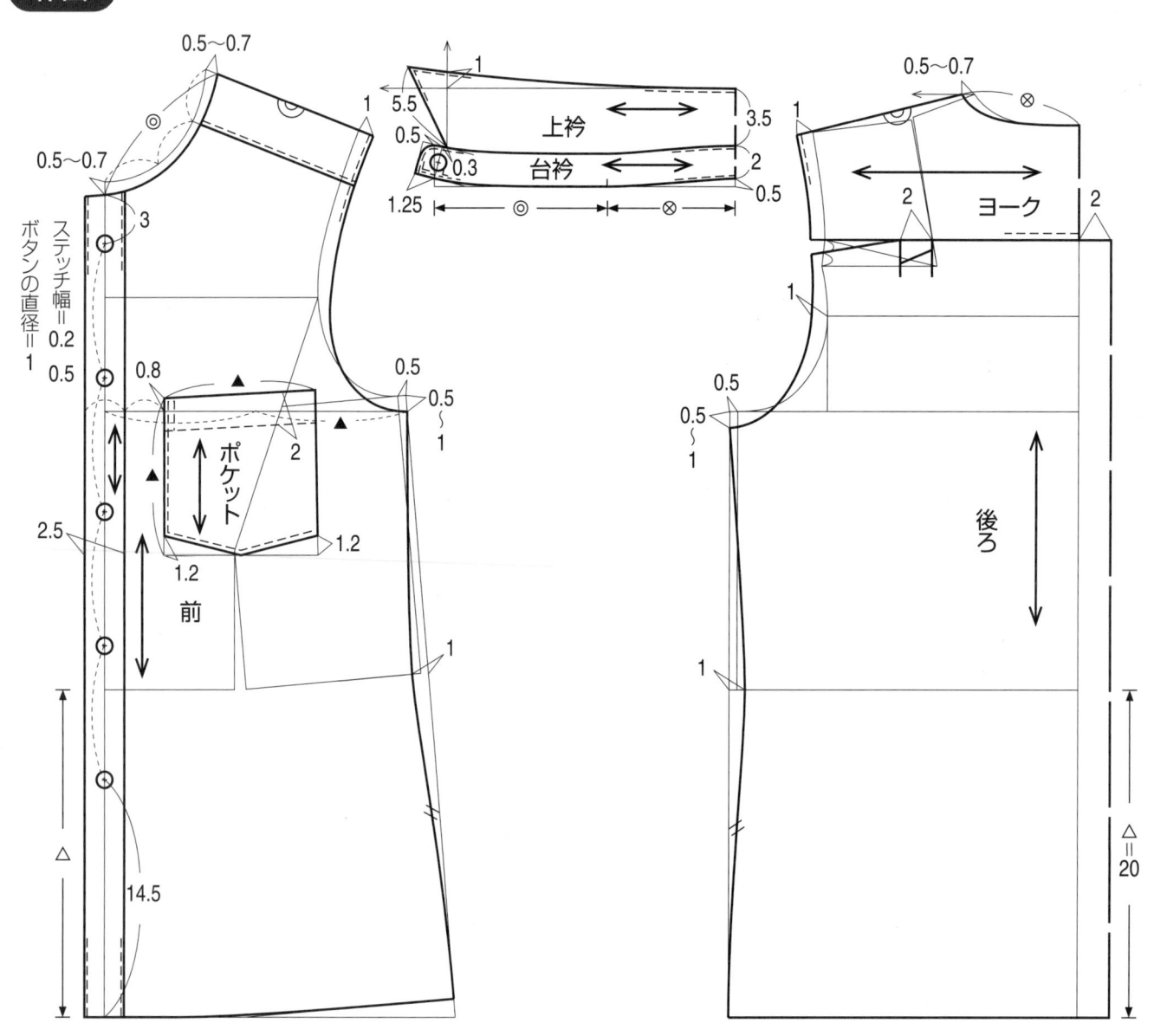

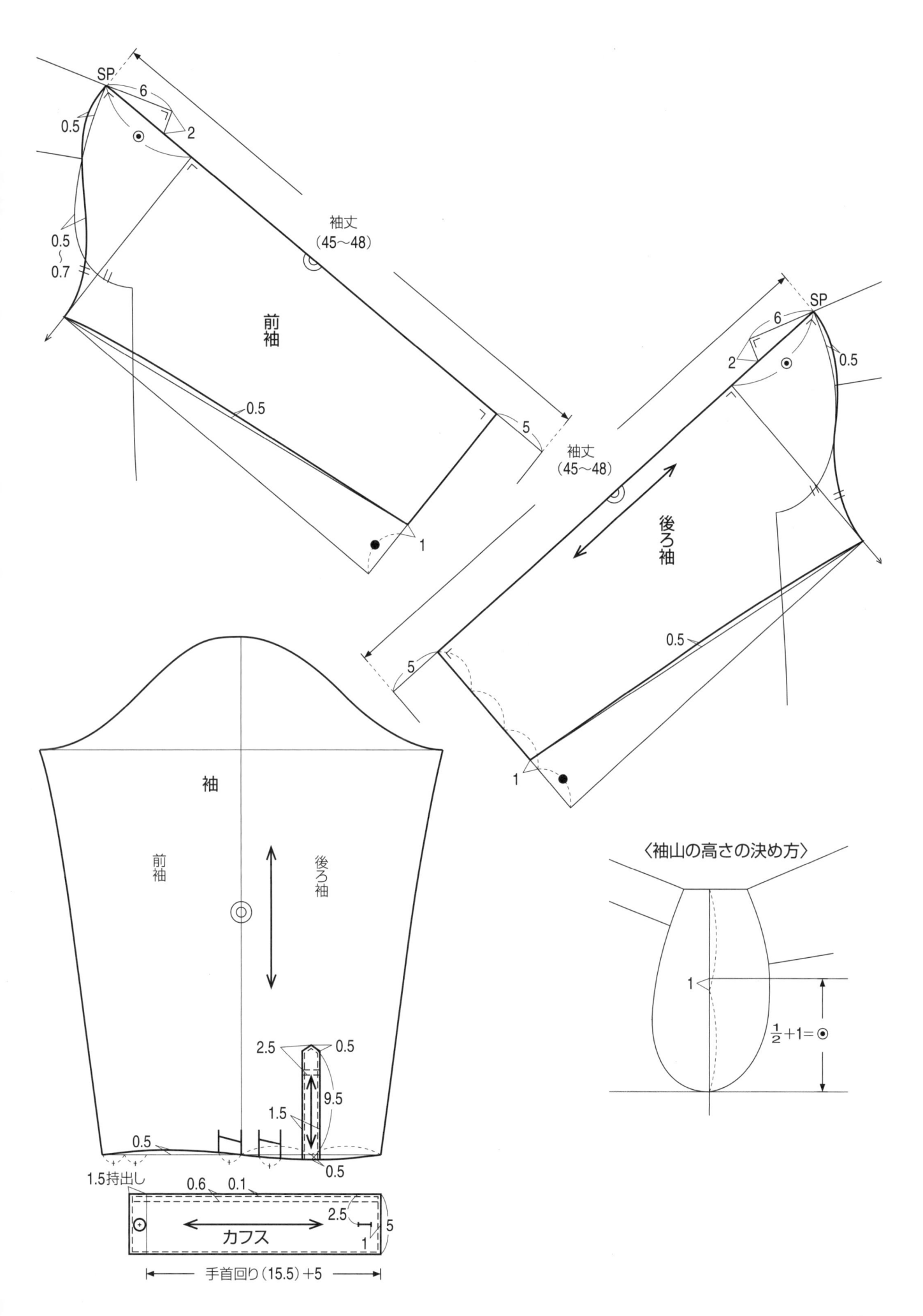

第3章 スローパーと応用デザイン

2. 応用デザイン

ピンタックのブラウス（110cm　女児）

ピンタックとフリルがデザインポイントの基本型ブラウス。カジュアルからフォーマルまで幅広く着用できる。

素材は、綿、化合繊など用途に合わせて選ぶとよい。

使用量

　表布　110cm幅125cm

原型のダーツ操作

- 前身頃

　Ｆ点を基点にダーツを閉じる。

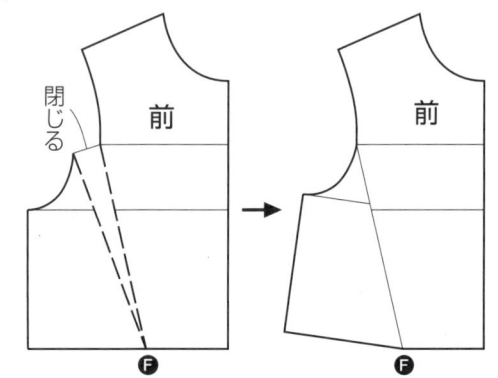

作図

作図要点

- 後ろ身頃
  - 身頃のゆとりは原型のままで、ウエストラインからブラウス丈を引き伸ばす。
  - 裾線をかく。
- 前身頃
  - 打合せ分は前立て幅の$\frac{1}{2}$とする。
  - ピンタック位置を入れ、フリルつけ止りを決める。
- 袖
  - 袖の作図は48ページ参照。
  - 身頃の袖ぐりをうつし取り、袖山の高さを決め、袖丈をひく。カフスの長さは手首回り寸法にゆとり分として5〜6cm加える。
- 衿
  - 衿こし、衿幅を決め、デザインに合わせて衿外回り線をかき、折返り線をかく。

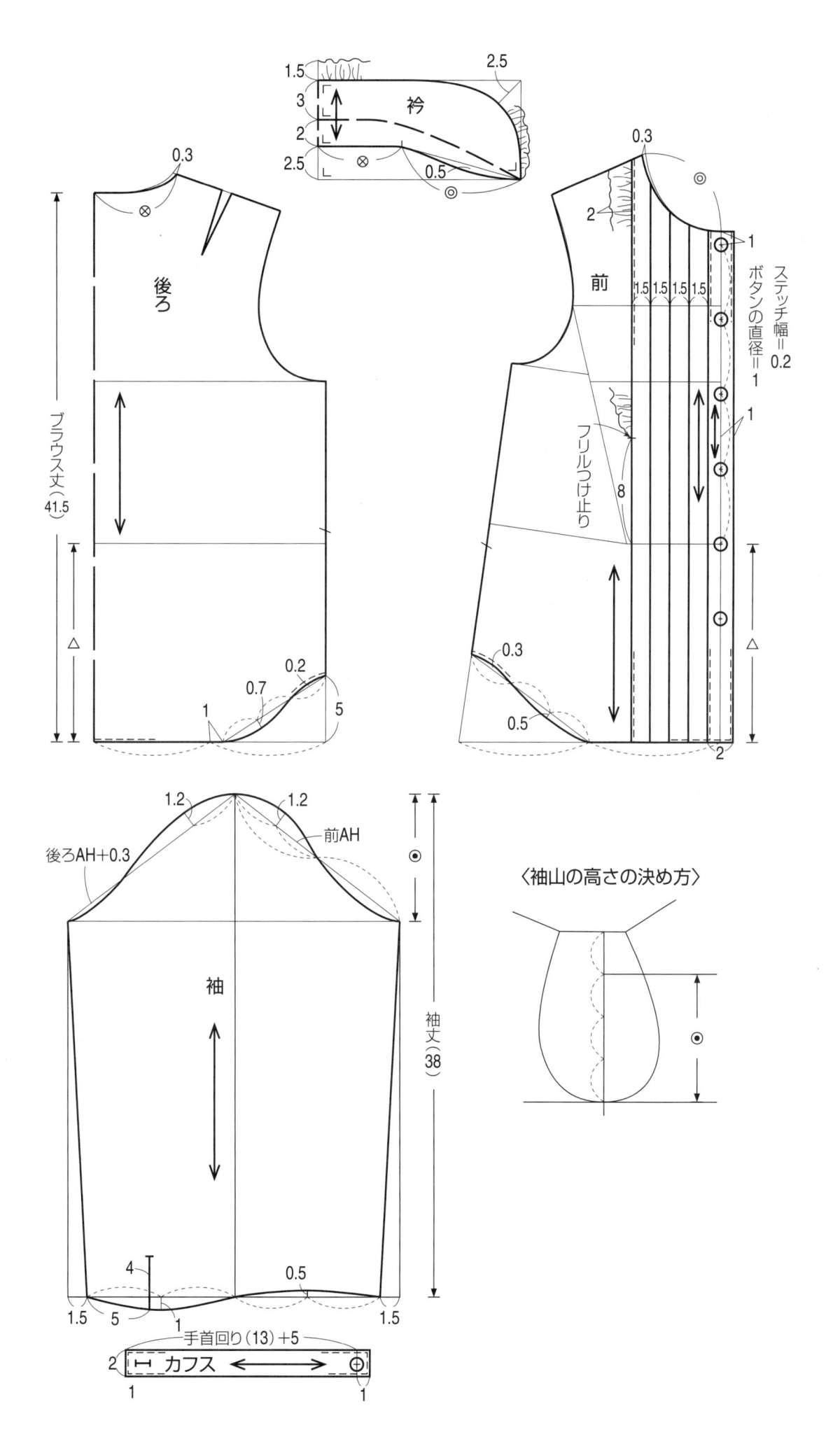

第3章　スローパーと応用デザイン

裁合せ図

------ 部分はピンタック分見積り、粗裁ちする

110cm 幅

※縫い代表示のない箇所はすべて1cm

125cm

- 衿フリル
- フリル 0.7
- 左表カフス
- 右表カフス 0.7
- 右前
- 左前
- CB 表衿
- 裏衿 CB
- 左前脇
- 左前立て CF
- 右前立て CF
- 右前脇
- 左袖
- 右袖
- 後ろ CB

縫製要点

1 前身頃のタックを縫い、裁断する

①パターンにタックの位置を記入する

②タック分を入れて布を粗裁ちする
- ピンタック分（0.3×3本）
- ピンタック分は前端で3本裁ち出す

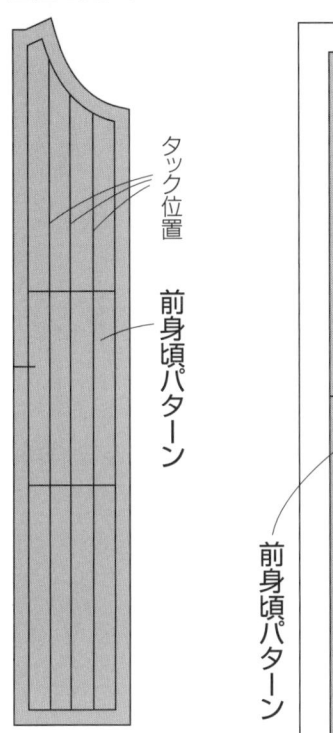

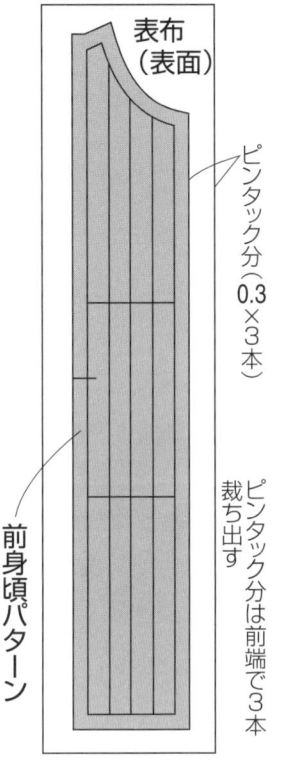

③ピンタックを縫ってから、パターンを置き裁断する

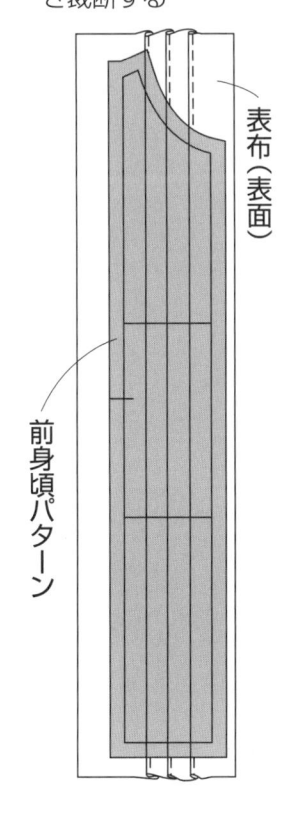

④裁断後の表右前身頃

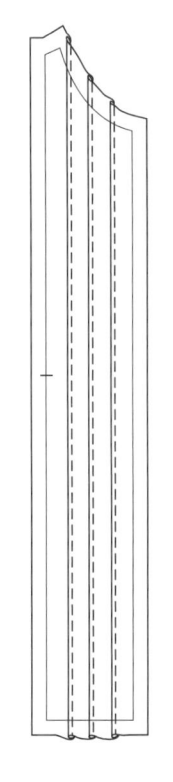

2 フリルを作る

①フリルの端を三つ折り端ミシンで処理し、つけ側にギャザーミシンを2本かけ、ギャザーを寄せておく

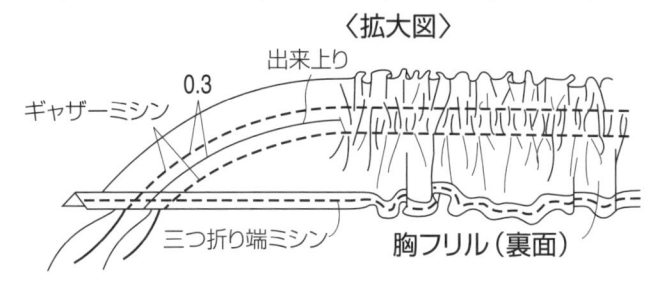

〈拡大図〉
- ギャザーミシン 0.3 出来上り
- 三つ折り端ミシン
- 胸フリル（裏面）

②フリルをしつけで止める

③前身頃を中表に合わせて縫い、前脇側からロックミシンをかけ、縫い代を中心側に倒し、ステッチをかける
- 0.1～0.2 ステッチ

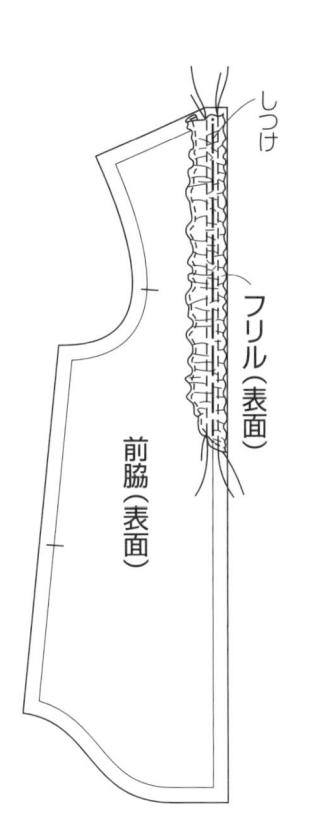

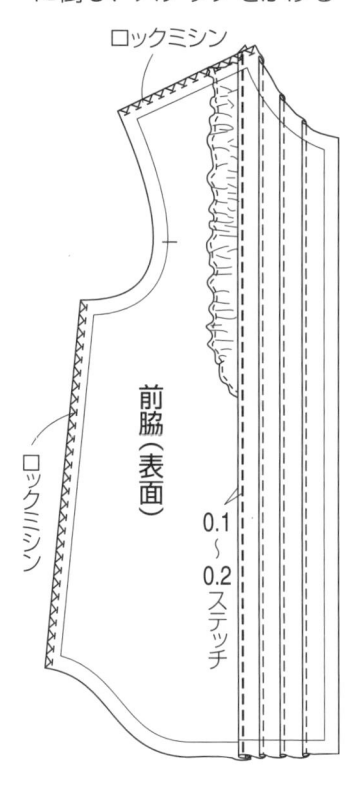

3 袖口あきを作る（持出し見返しをつける方法）

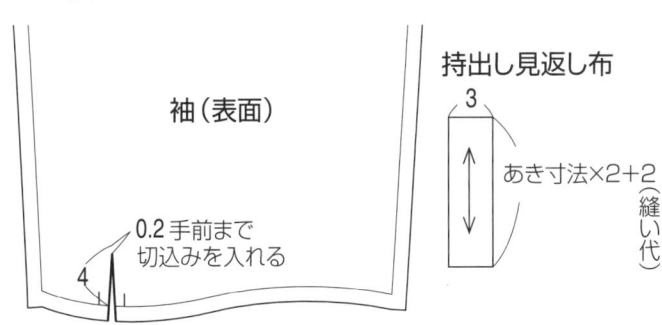

①袖口に切込みを入れる
- 0.2手前まで切込みを入れる
- 袖（表面）
- 持出し見返し布 3
- あき寸法×2+2（縫い代）

第3章 スローパーと応用デザイン

②持出し見返しをつける　　　　③表からステッチ

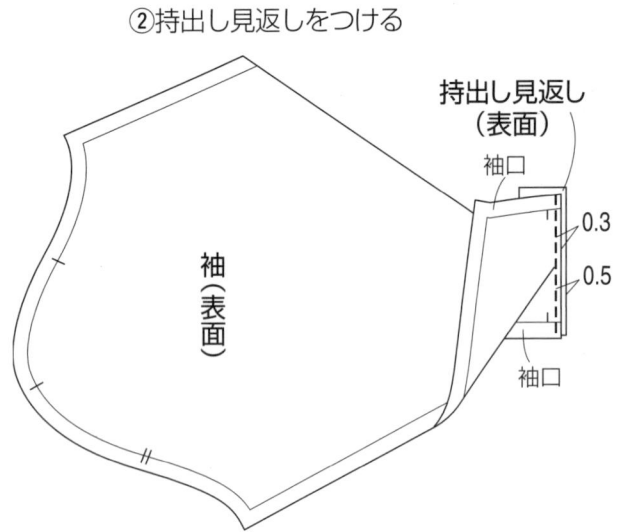

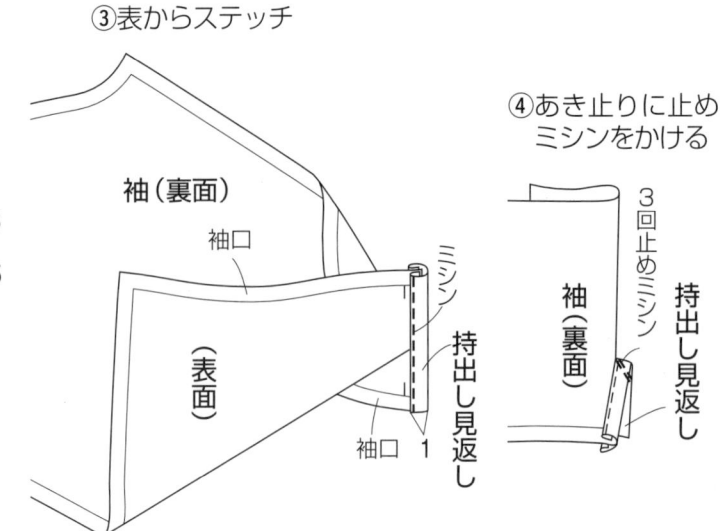

持出し見返し（表面）
袖口
0.3
0.5
袖（表面）
袖口

袖（裏面）
袖口
ミシン
（表面）
袖口
持出し見返し

④あき止りに止めミシンをかける

3回止めミシン
袖（裏面）
持出し見返し

4 衿を作る（フリルやレースを挟む方法）

①フリルを表衿にのせ、しつけをかける

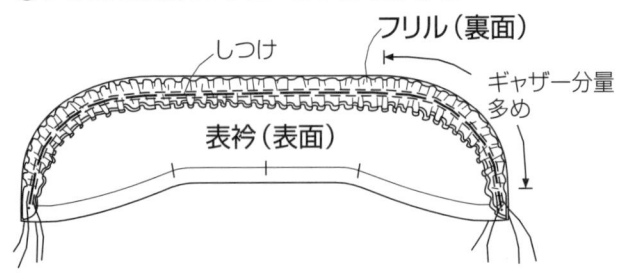

しつけ　フリル（裏面）　ギャザー分量多め
表衿（表面）

②表衿と裏衿を中表に合わせて、しつけをする

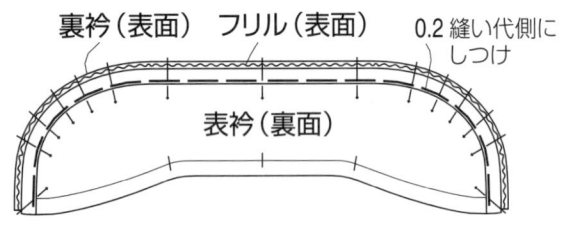

裏衿（表面）　フリル（表面）　0.2縫い代側にしつけ
表衿（裏面）

③出来上りにミシンをかける

ミシン
表衿（裏面）

④縫い代をカットし、アイロンのエッジを使って割る

フリル縫い代0.3にカット
0.5
0.5
裏衿（裏面）
表衿（表面）

⑤裏衿側よりフリルをよけてアイロンで整える

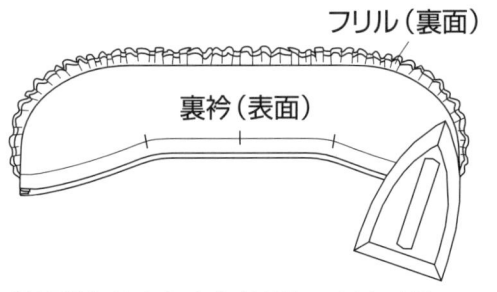

フリル（裏面）
裏衿（表面）

⑥表衿にゆとりを入れてしつけをする

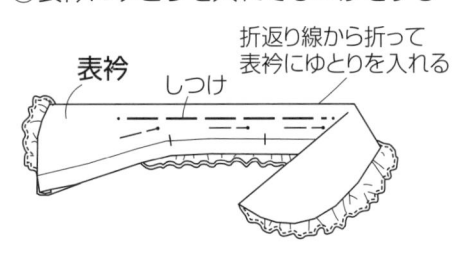

表衿　しつけ　折返り線から折って表衿にゆとりを入れる

5 ボタン穴を作り、ボタンをつける

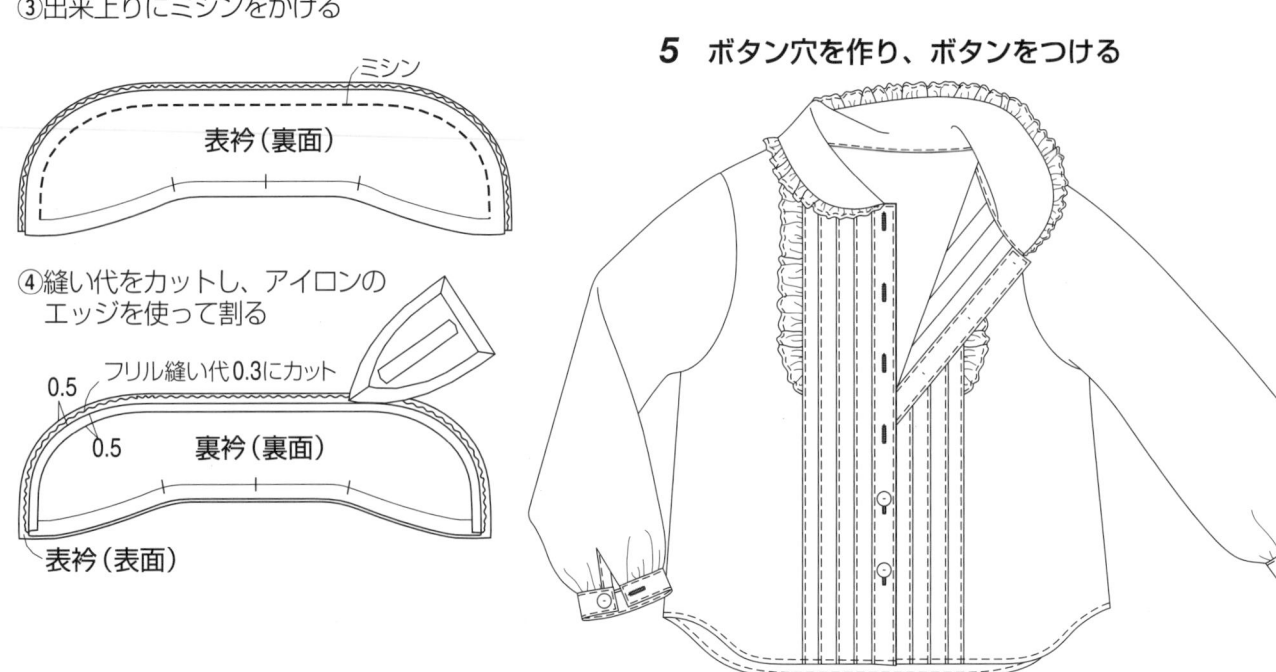

フラットカラーのブラウス（110cm 女児）

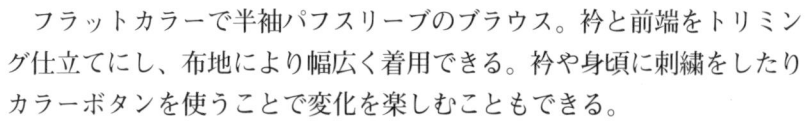

フラットカラーで半袖パフスリーブのブラウス。衿と前端をトリミング仕立てにし、布地により幅広く着用できる。衿や身頃に刺繍をしたりカラーボタンを使うことで変化を楽しむこともできる。

素材は、綿（ブロード、ギンガムチェック、ダンガリー、シャンブレー）、麻、化合繊など用途に合わせて選ぶとよい。

使用量
表布　110cm幅110cm

作図

作図要点

- 身頃
  - 「ピンタックのブラウス（108ページ）」をスローパーとして使用する。
- 衿
  - 衿はサイドネックポイントを基点に前後の肩線を重ねて衿の形をかく。重ねる分量（角度）が少ないとフラットな衿になり、多くなると衿こしが高くなる。

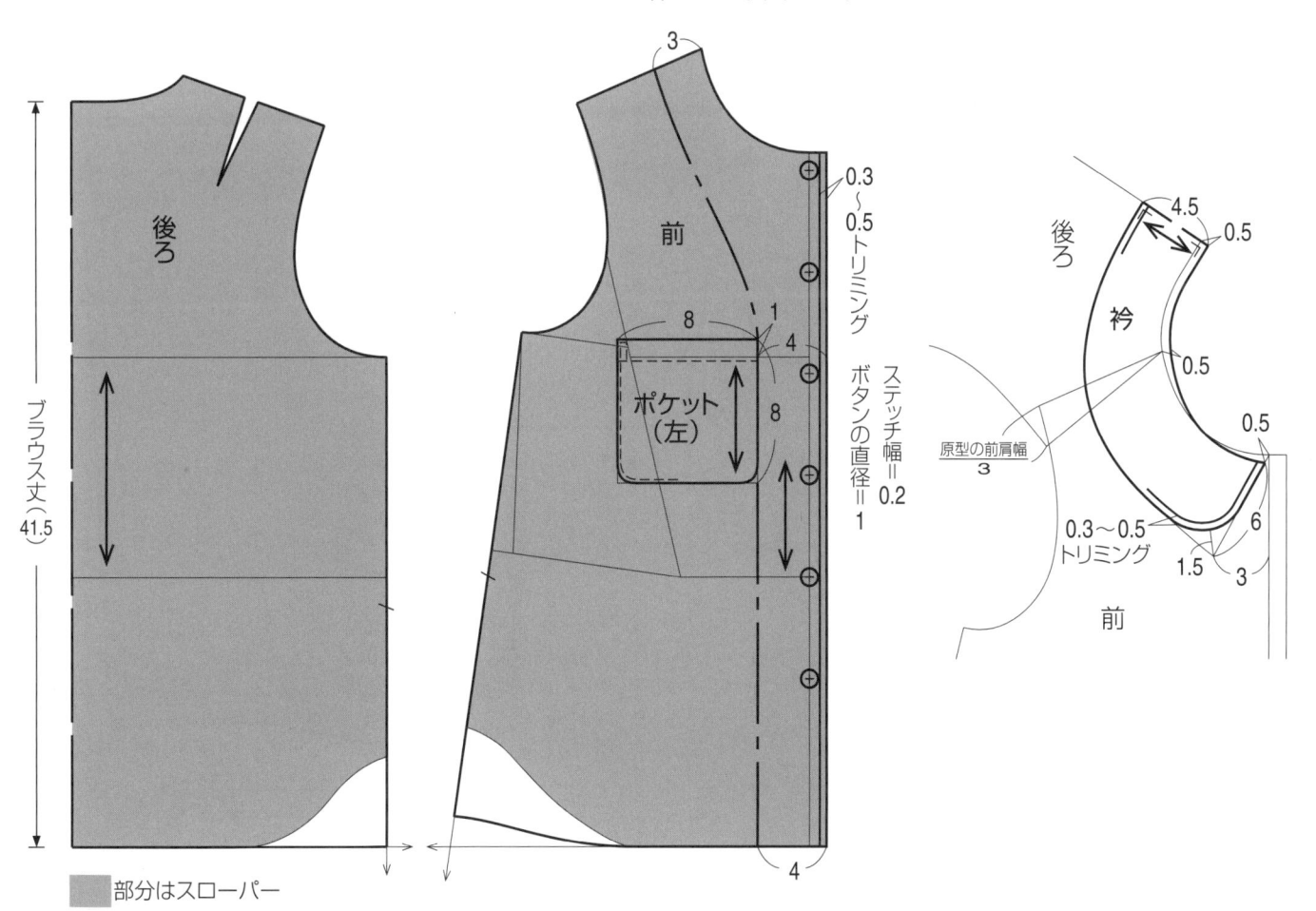

〈切開き図〉

訂正　訂正

袖

1.5　1.5

袖

切り開く　切り開く

3

(1.5)

1.5

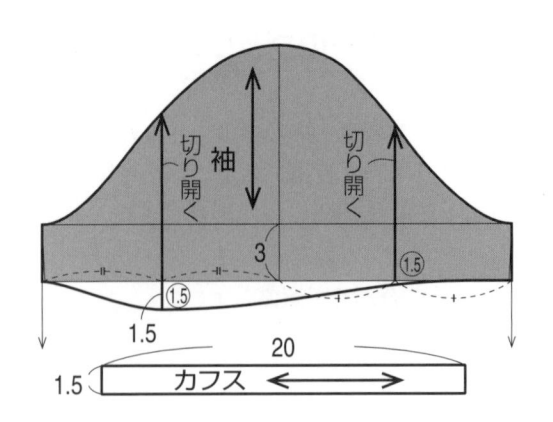

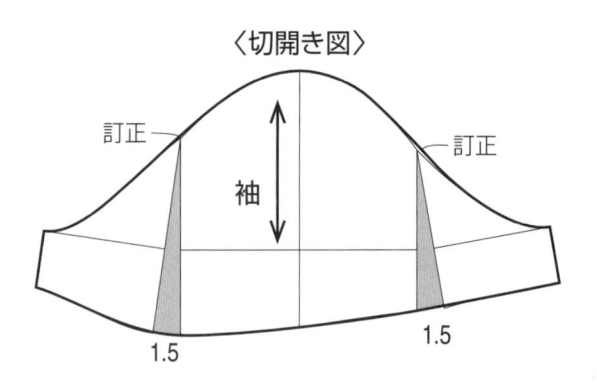

1.5　カフス　20

部分作図

●ダブルカラーと袖下あきのパフスリーブ

作図要点

- 「フラットカラーのブラウス（113ページ）」のバリエーションとして衿、袖を変化させる。デザインに合わせた衿外回りをかく。
- 袖は「ピンタックのブラウス（108ページ）」をスローパーとして使用する。

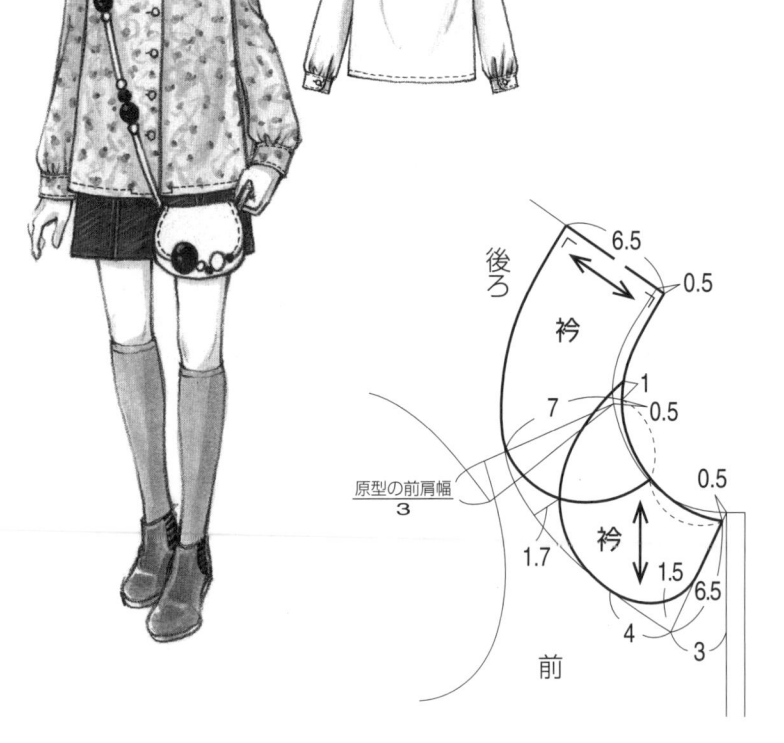

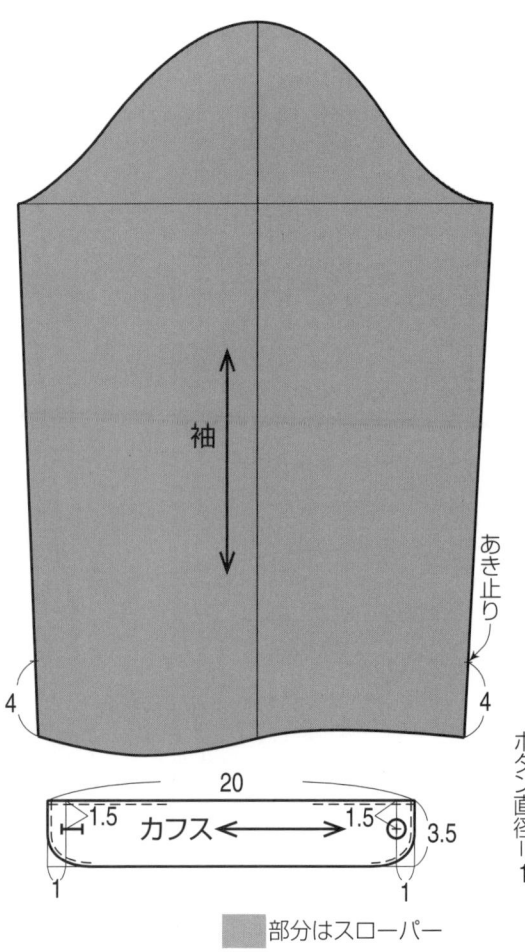

後ろ

6.5　0.5

衿

7　1　0.5

原型の前肩幅/3

1.7

衿

1.5

6.5

4

3

前

袖

あき止り

4　4

1.5　カフス　20　1.5　3.5

1　1

ボタン直径＝1

■ 部分はスローパー

縫製要点

●衿を作り、つける（トリミング仕立ての方法）

①表衿と裏衿を外表に合わせ、仮止めミシンをかける

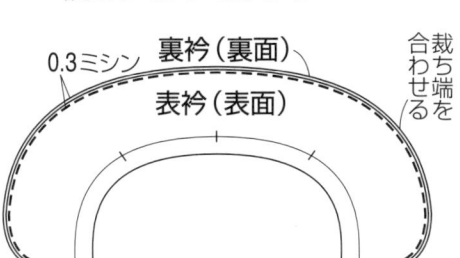

- 0.3ミシン
- 裏衿（裏面）
- 表衿（表面）
- 裁ち端を合わせる

②裏衿、表衿、縁とり布を合わせてしつけをかけ、ミシンをかける

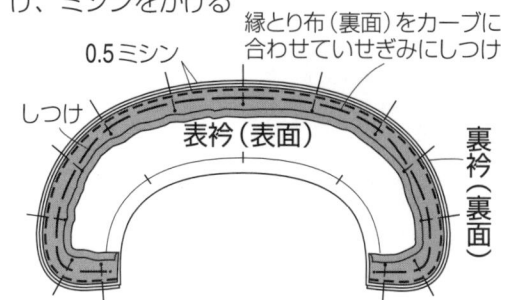

- 0.5ミシン
- 縁とり布（裏面）をカーブに合わせていせぎみにしつけ
- しつけ
- 表衿（表面）
- 裏衿（裏面）

③身頃に衿をのせ、ピンで止めた上に、バイアス布を中表に合わせ、しつけをし、衿つけミシンをかける

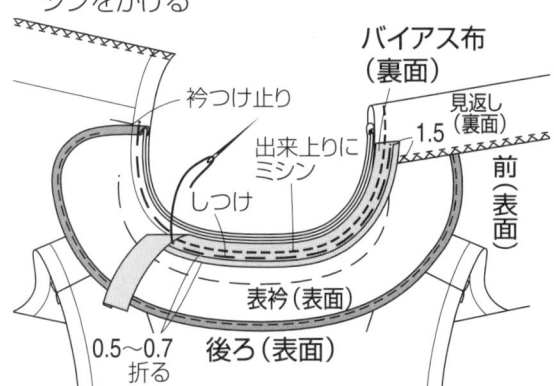

- 衿つけ止り
- バイアス布（裏面）
- 見返し（裏面）
- 1.5
- 出来上りにミシン
- しつけ
- 前（表面）
- 表衿（表面）
- 後ろ（表面）
- 0.5～0.7折る

④衿ぐりの縫い代をカットし、切込みを入れる

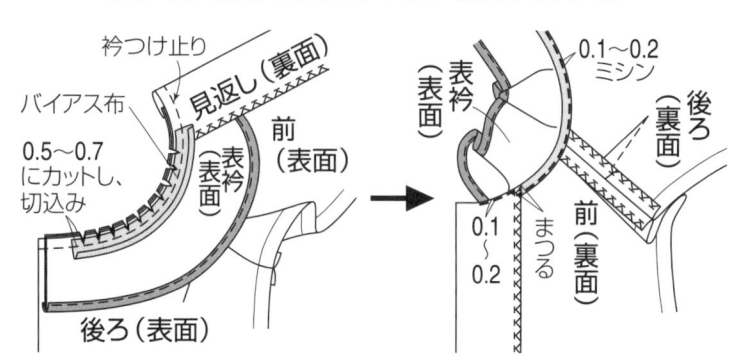

- 衿つけ止り
- 見返し（裏面）
- バイアス布
- 0.5～0.7にカットし、切込み
- 表衿（表面）
- 前（表面）
- 後ろ（表面）
- 0.1～0.2ミシン
- 表衿（表面）
- 後ろ（裏面）
- まつる
- 前（裏面）
- 0.1～0.2

●袖を作る（半袖のパフスリーブ）

①カフスと袖を中表に合わせてミシンをかける

- 袖（表面）
- 0.6
- カフス（裏面）
- 0.7ミシン

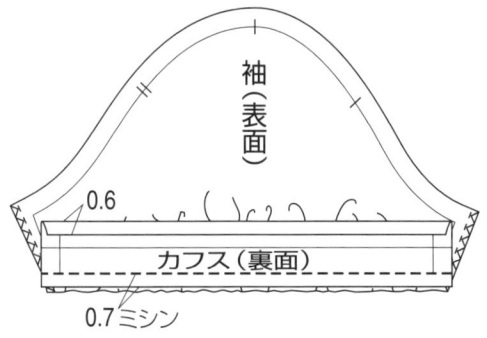

②袖口縫い代をカフス側へ倒し、袖下を中表に合わせて、袖下ミシンをカフスまでかける

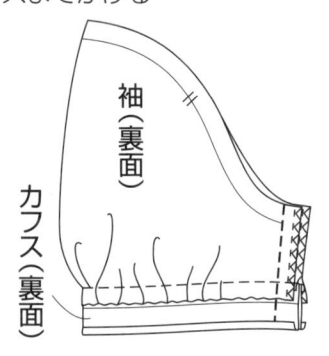

- 袖（裏面）
- カフス（裏面）

③裏カフスをしつけで止め、表側よりステッチをかける

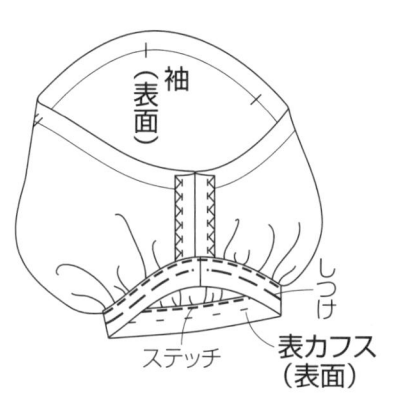

- 袖（表面）
- しつけ
- ステッチ
- 表カフス（表面）

●袖を作る（長袖のパフスリーブ）

①袖と裏カフスを中表に合わせてミシンをかける

- 裏カフス（裏面）
- ミシン
- 表カフス（表面）
- 袖（裏面）
- あき止りまで出来上りに折る

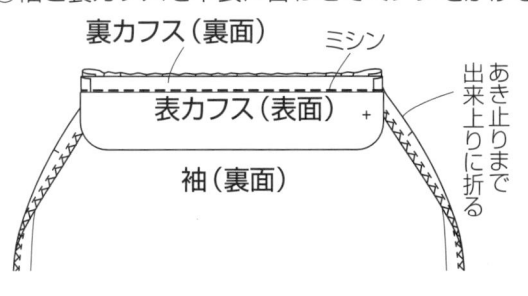

②表カフスをステッチで止める

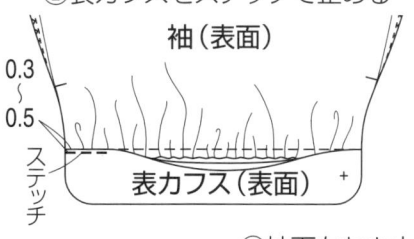

- 袖（表面）
- 0.3～0.5
- ステッチ
- 表カフス（表面）

③袖下をあき止りまで縫う

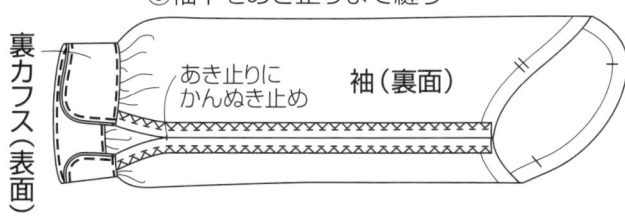

- 裏カフス（裏面）
- あき止りにかんぬき止め
- 袖（裏面）
- 表カフス（表面）

第3章　スローパーと応用デザイン

スモック（110cm 女児）

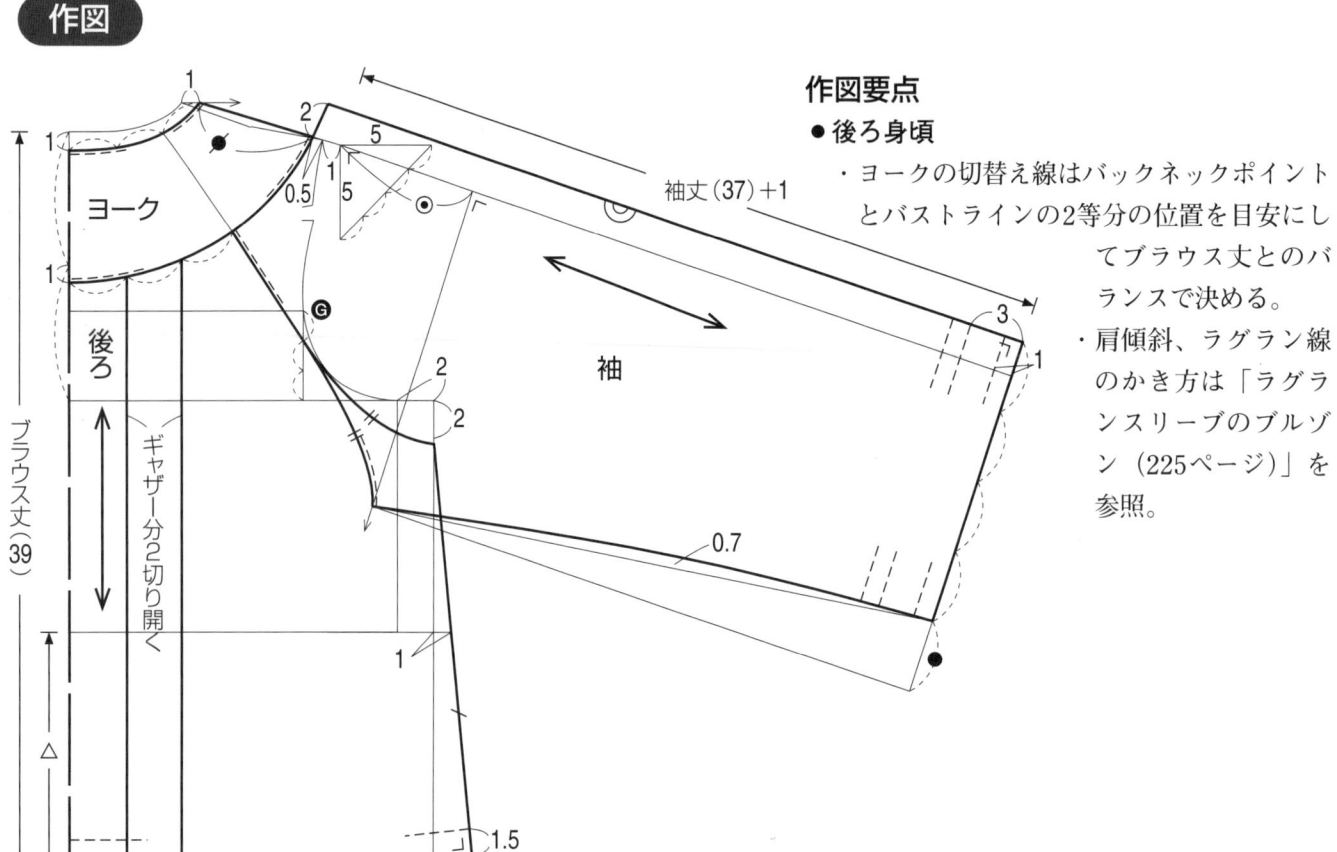

ヨーク切替えで、ラグランスリーブのスモックブラウス。活動的な遊び着として、また、通園にも最適である。

素材は洗濯に耐える綿（ブロード、ギンガムチェック、ダンガリー）、化合繊などが適している。

使用量
表布　110cm幅115cm

原型のダーツ操作

● 後ろ身頃
肩ダーツを閉じて袖ぐりのゆとり分とする。

● 前身頃
❼点を基点にダーツを閉じる。

作図

作図要点

● 後ろ身頃
・ヨークの切替え線はバックネックポイントとバストラインの2等分の位置を目安にしてブラウス丈とのバランスで決める。
・肩傾斜、ラグラン線のかき方は「ラグランスリーブのブルゾン（225ページ）」を参照。

〈袖山の高さの決め方〉

● 前身頃
・ヨークの切替え線は後ろ肩幅と同寸法をとり、前中心に向かってつながりよくかく。

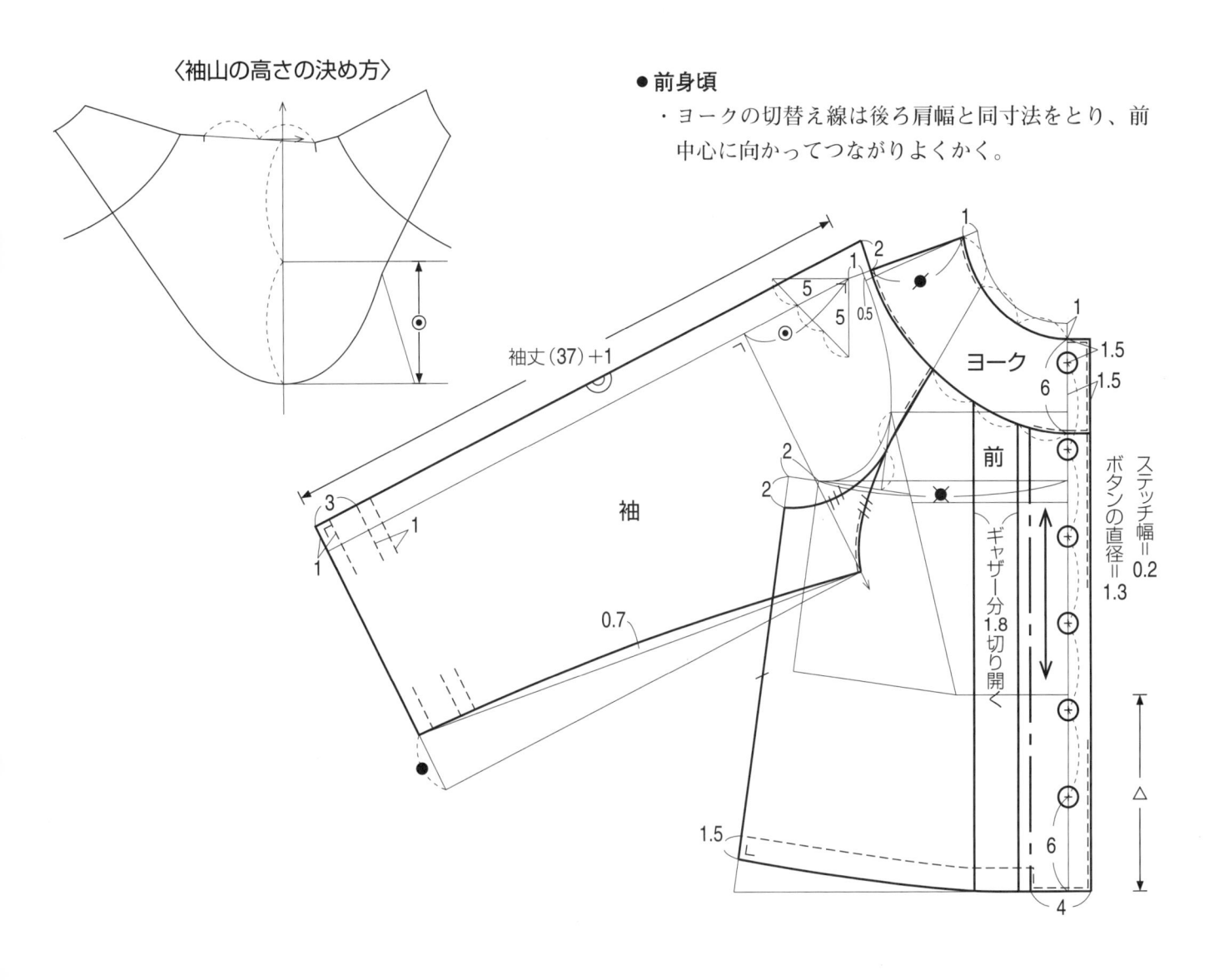

袖丈(37)+1

袖

ヨーク

前

ステッチ幅＝0.2
ボタンの直径＝1.3

ギャザー分1.8切り開く

〈切開き図〉

後ろ

訂正

ポケット
訂正
訂正

前

訂正

ポケット
切り開く

第3章　スローパーと応用デザイン　117

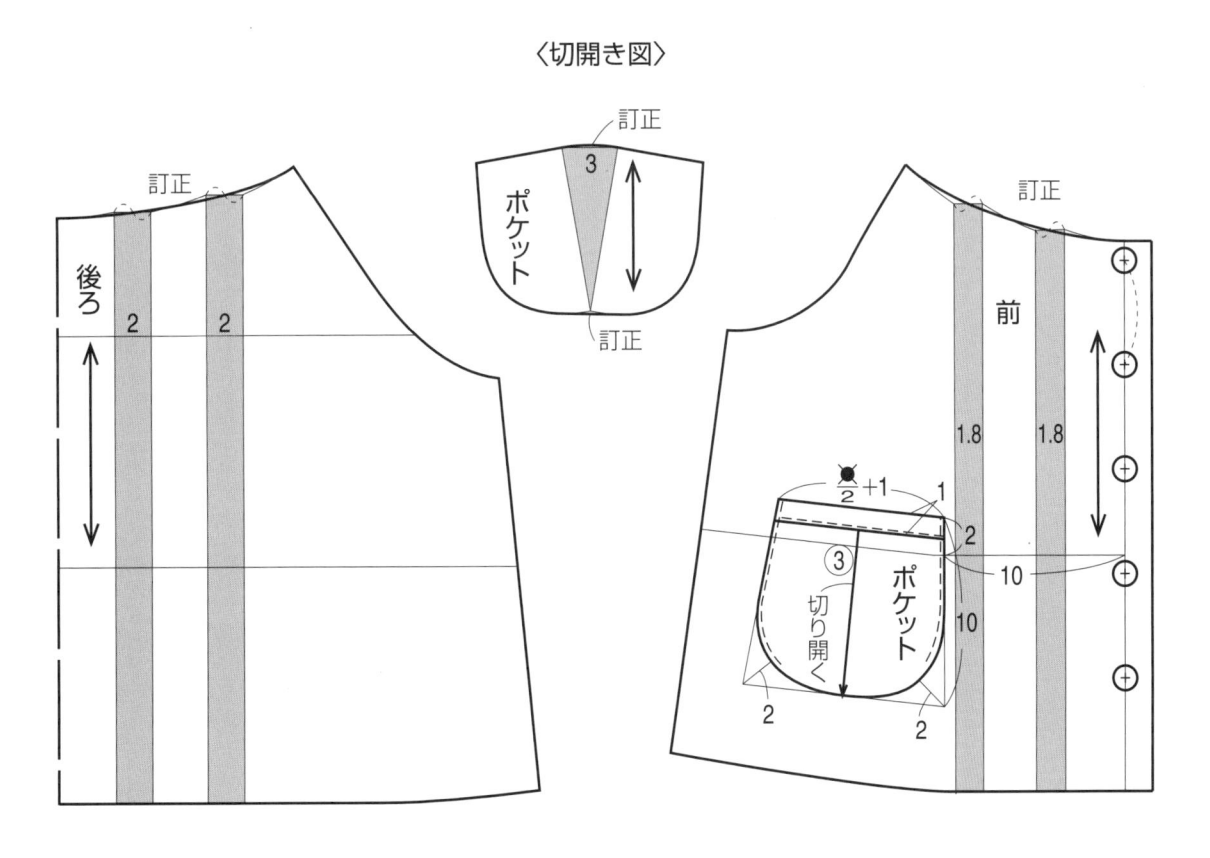

パターンメーキング

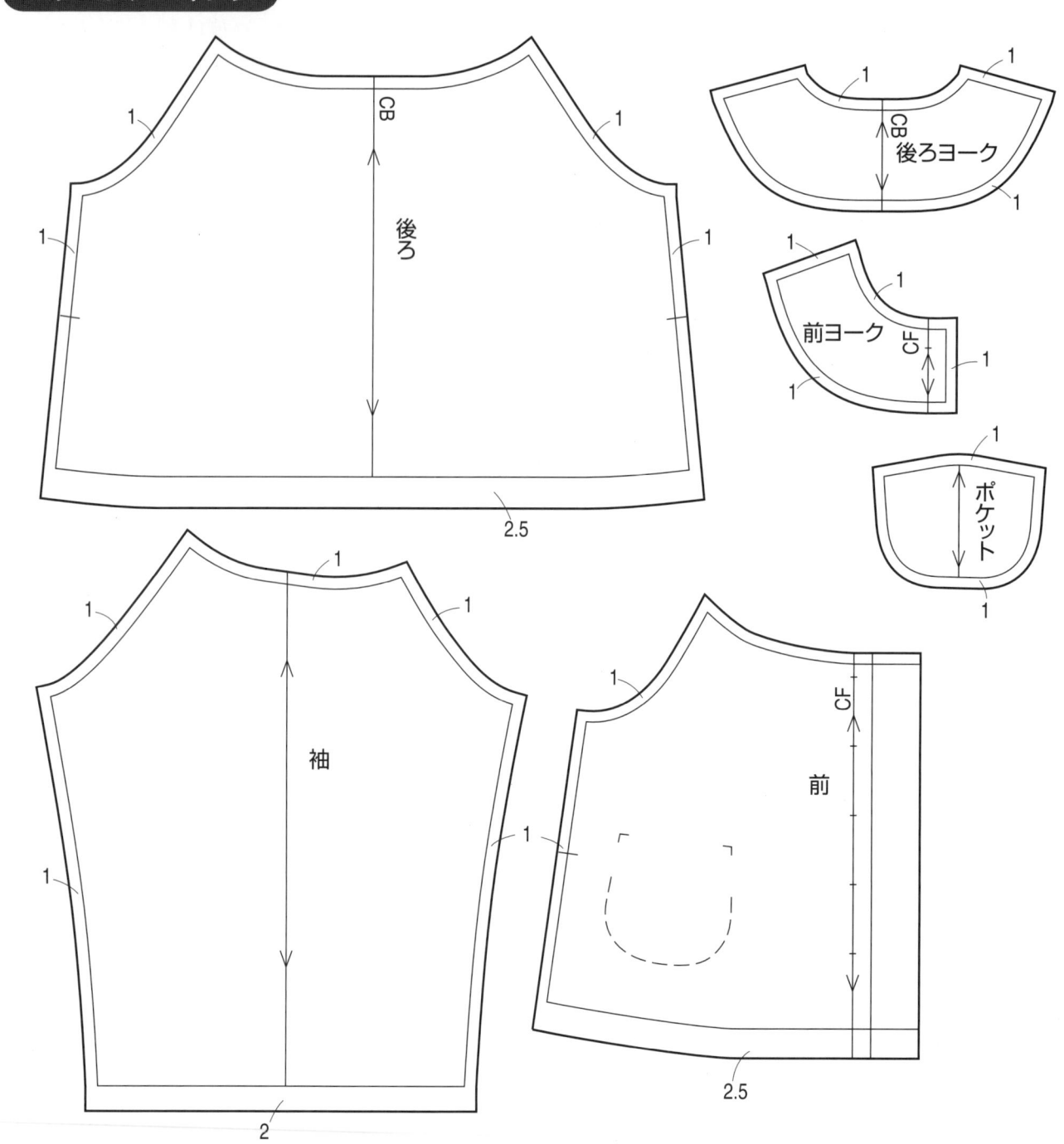

後ろ / 2.5

後ろヨーク / CB

前ヨーク / CF

ポケット

袖 / 2

前 / CF / 2.5

縫製要点

●袖つけ、ヨークつけのぐし縫い、袖口始末の準備

①ヨークつけの出来上りに近い部分にぐし縫い（または粗ミシン）をし、ギャザーを寄せて整える

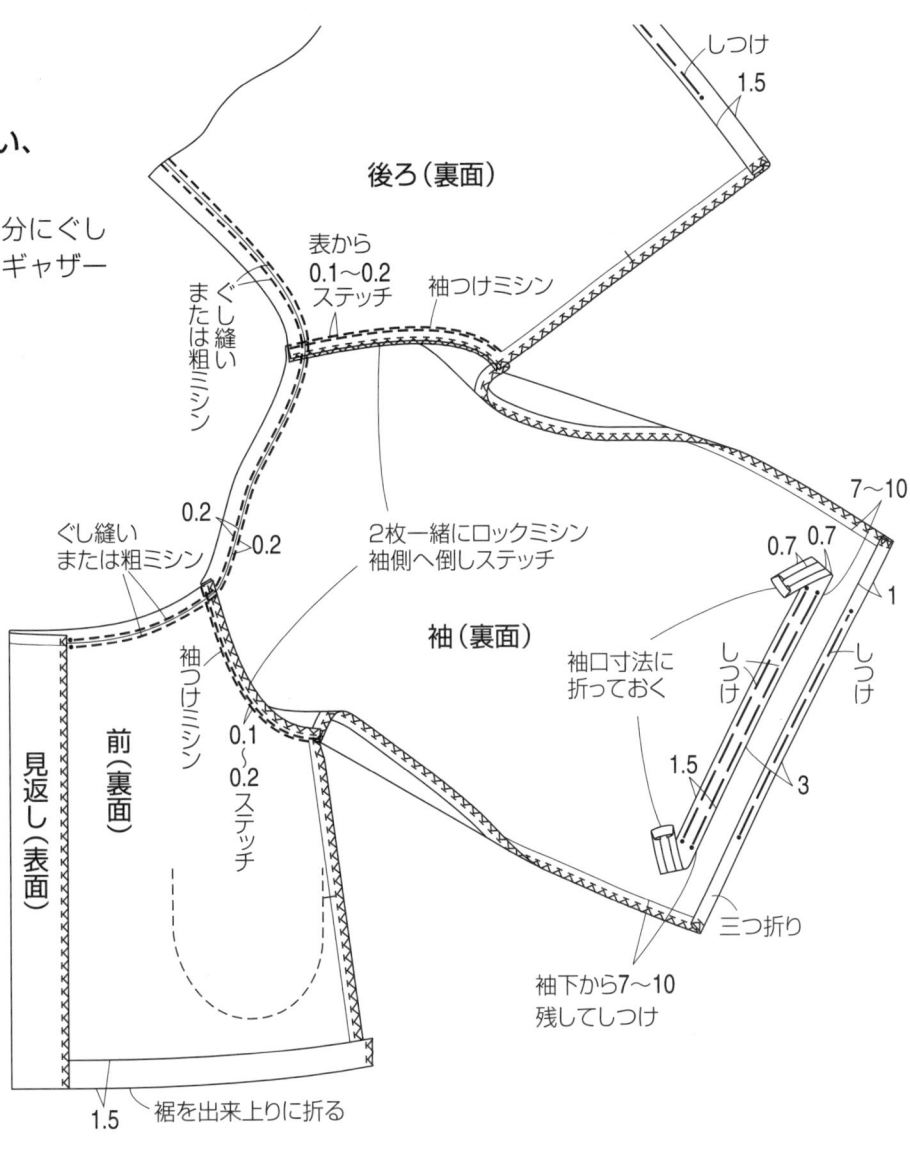

●ヨークつけ

①前後ヨークの肩を縫う
②身頃、袖のギャザーを整え、合い印を合わせてしつけをし、裏ヨークをつける

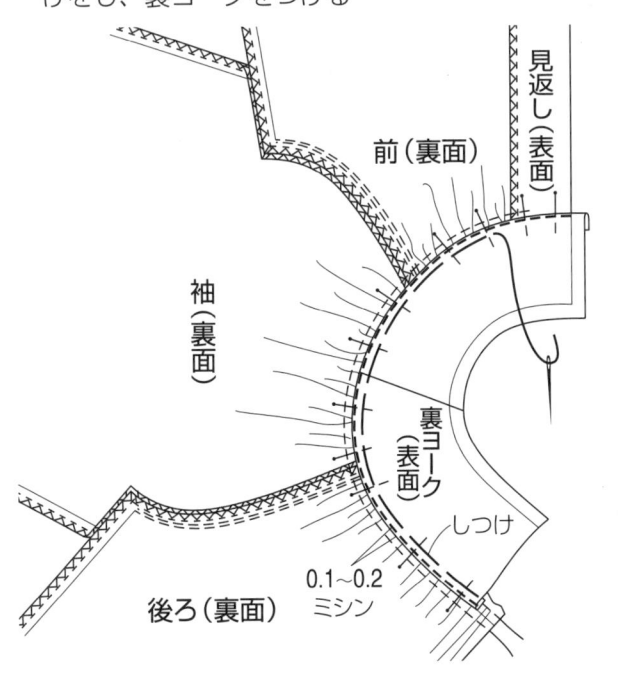

●裏ヨークつけ

①表、裏ヨークを中表に合わせ、前端から衿ぐりを縫う

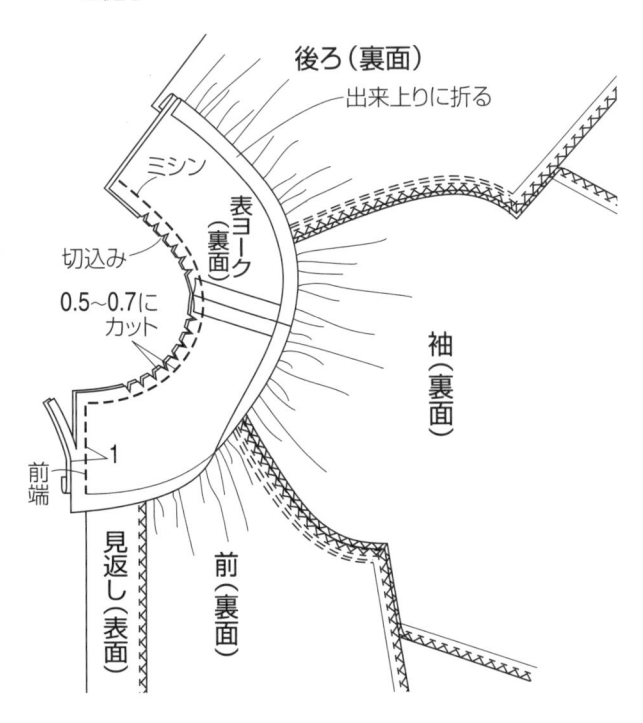

第3章 スローパーと応用デザイン

- ●袖下を縫い、袖口の始末し、袖口ゴム通しを作る
  衿ぐり、前端、裾にステッチをかける
  ボタン穴を作り、ボタンをつける

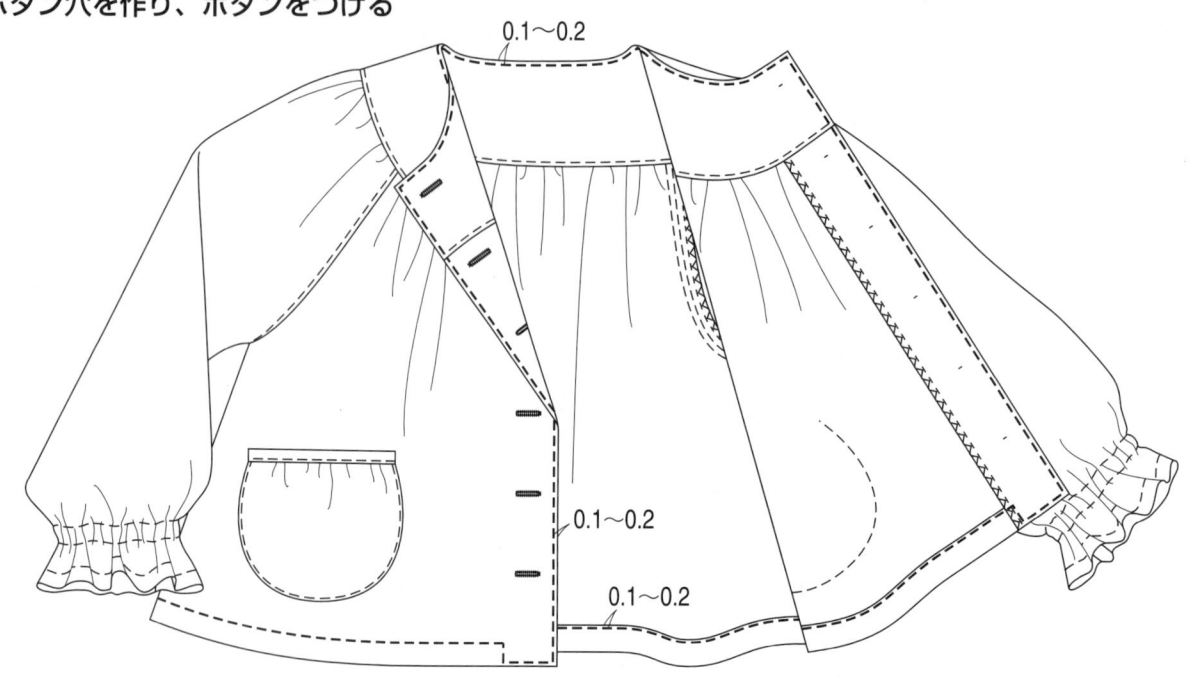

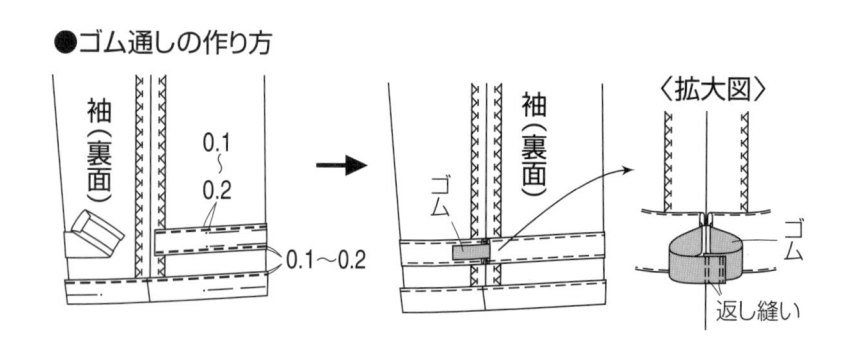

0.1〜0.2
0.1〜0.2
0.1〜0.2

●ゴム通しの作り方

袖（裏面）
0.1〜0.2
0.1〜0.2

袖（裏面）
ゴム

〈拡大図〉
ゴム
返し縫い

半袖シャツ（110cm　男児）

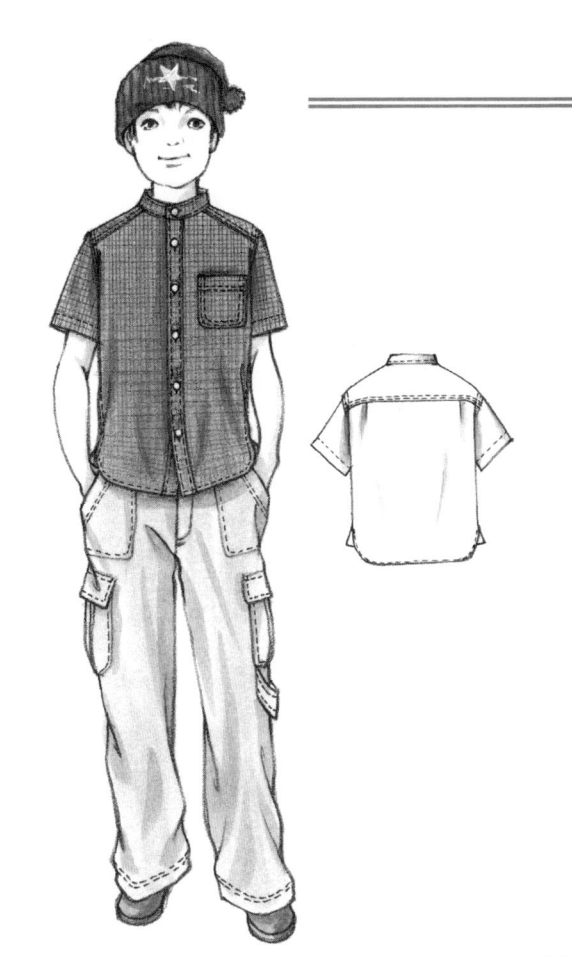

スタンドカラーで半袖の基本的なシャツブラウス。裾のまちがデザインポイントになった男児用のシャツ。
素材は綿（ギンガムチェック、ダンガリー）、麻、化合繊など、用途に合わせて選ぶとよい。

使用量
表布　110cm幅80〜90cm

作図

作図要点

- 「110cm　シャツブラウス（100ページ）」をスローパーとして使用し、肩幅で1cm追加し袖ぐりを0.5cmくり下げる。

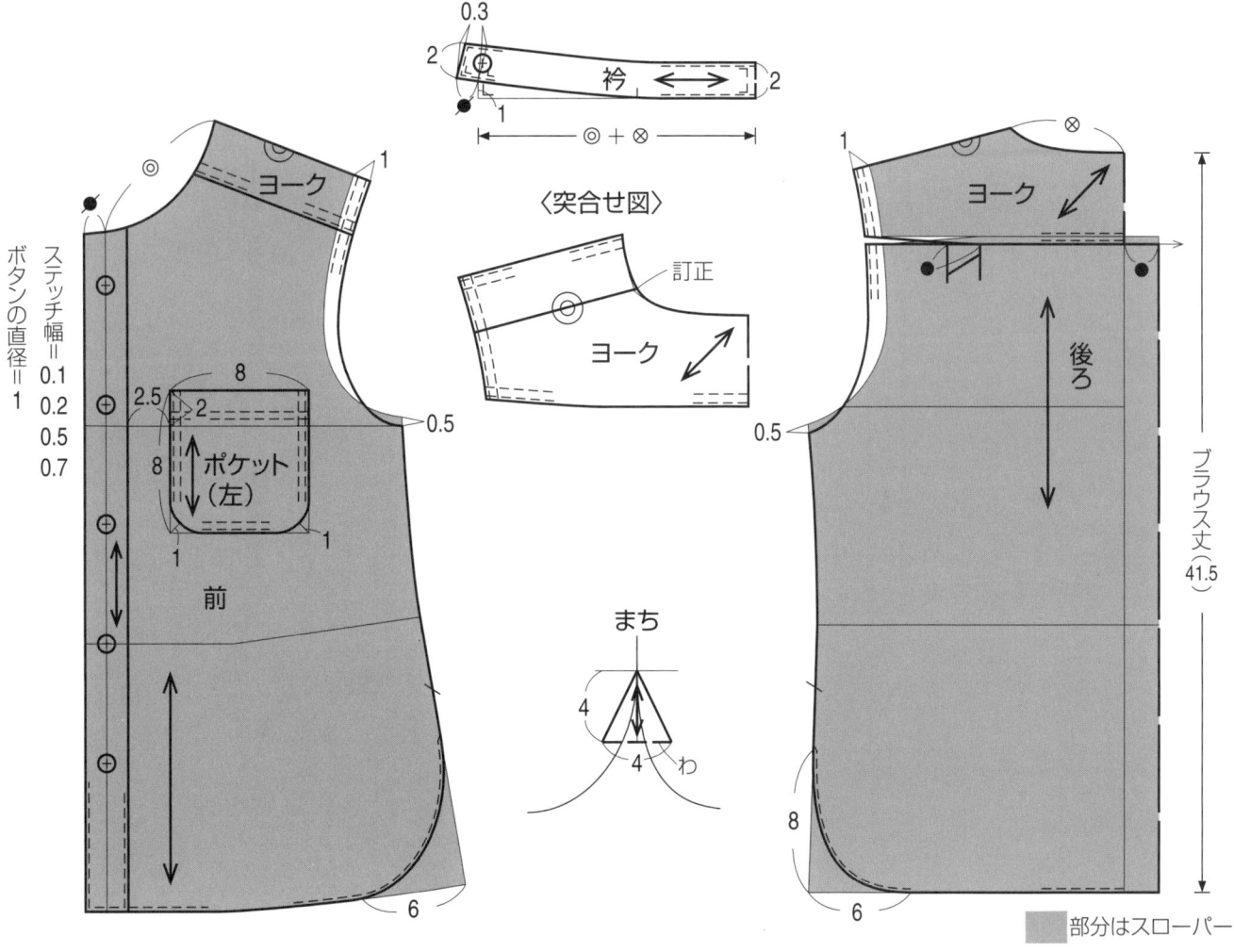

〈突合せ図〉

部分はスローパー

第3章　スローパーと応用デザイン

〈袖山の高さの決め方〉

〈突合せ図〉

縫製要点

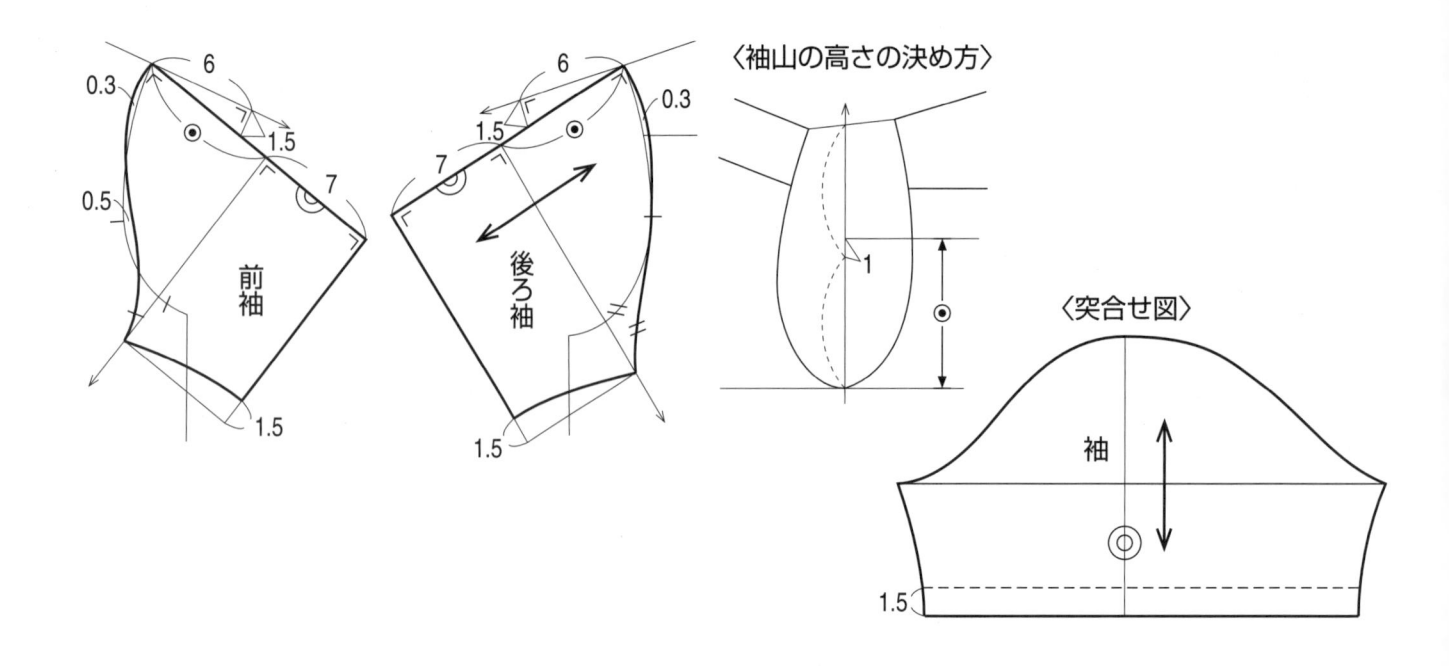

● 脇、袖下にステッチをかけ、袖の始末をし、裾にまちをつける

ステッチ（まち止め）

● まちの作り方

① まち（表面）
② まち（表面）半分に折りアイロン
③ まち（表面）ロックミシン わ

脇の裾縫い代が隠れるようにまちを重ねる

後ろ（裏面）　前（裏面）

④ まちの出来上り線と裾のステッチを合わせピンで止め、ミシンをかける

後ろ（裏面）　前（裏面）　まち

台衿つきシャツカラーのシャツブラウス（140cm　女児）

台衿つきシャツカラーのついた基本のシャツブラウス。背中心にタックを入れて運動量を加えてある。

素材は綿、麻、化合繊、薄手ウールなど、用途に合わせて選ぶとよい。

使用量

表布　110cm幅130cm

作図

作図要点

- 「身長140cm　女児　シャツブラウス（103ページ）」をスローパーとして使用。
- 肩先でスローパーよりさらに1cm加えてあり、原型肩幅より2cm広くなっている。
- 袖はアームホール寸法が変化するので修正が必要となる。

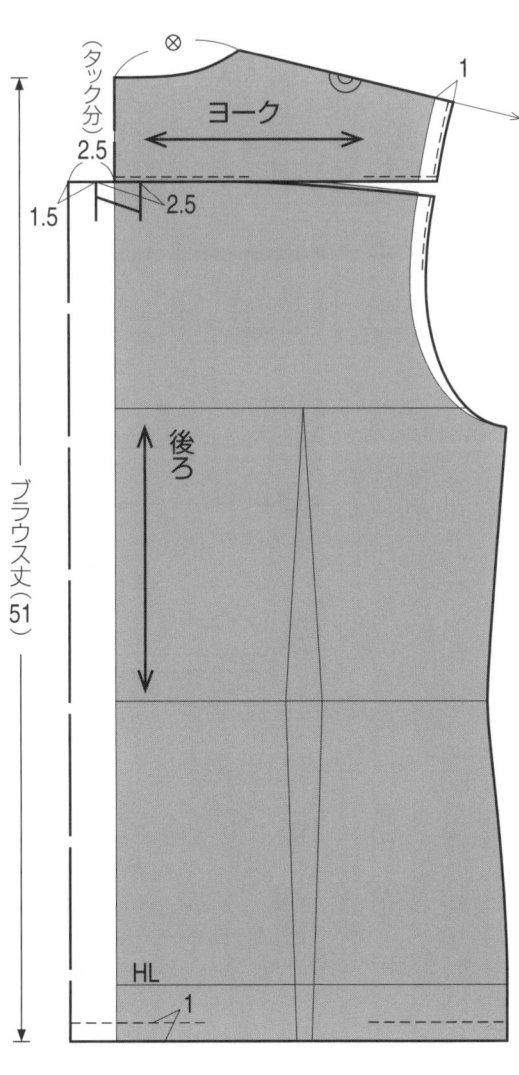

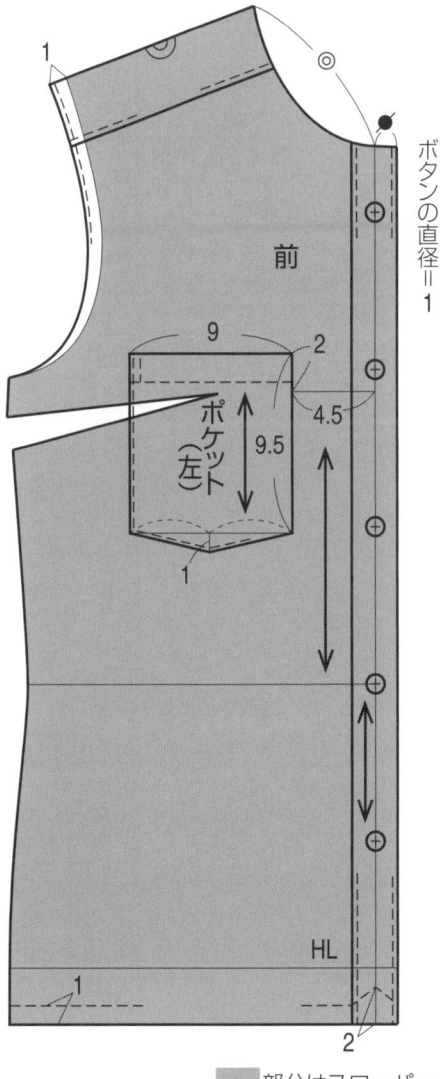

■ 部分はスローパー

前後身頃のAH寸法に合わせる

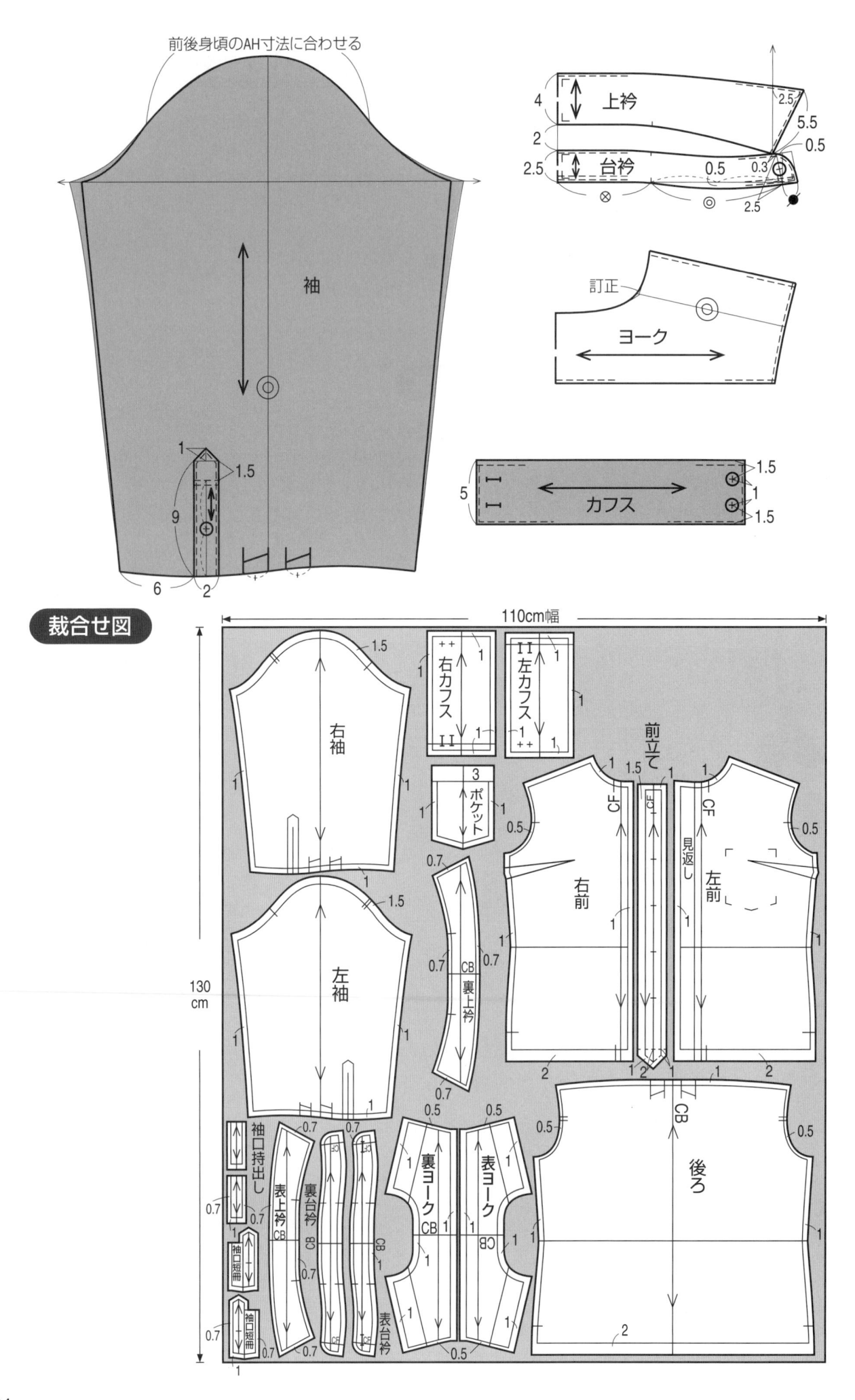

袖

上衿 4 / 2 / 2.5 / 5.5 / 0.5
台衿 2.5 / 0.5 / 0.3 / 2.5

ヨーク 訂正

カフス 1.5 / 1 / 5 / 1.5

裁合せ図

110cm幅 × 130cm

右袖、左袖、右カフス、左カフス、ポケット、前立て、右前、見返し、左前、裏上衿、表上衿、裏台衿、表台衿、袖口持出し、袖口短冊、裏ヨーク、表ヨーク、後ろ

縫製要点

1 右前立てをつける

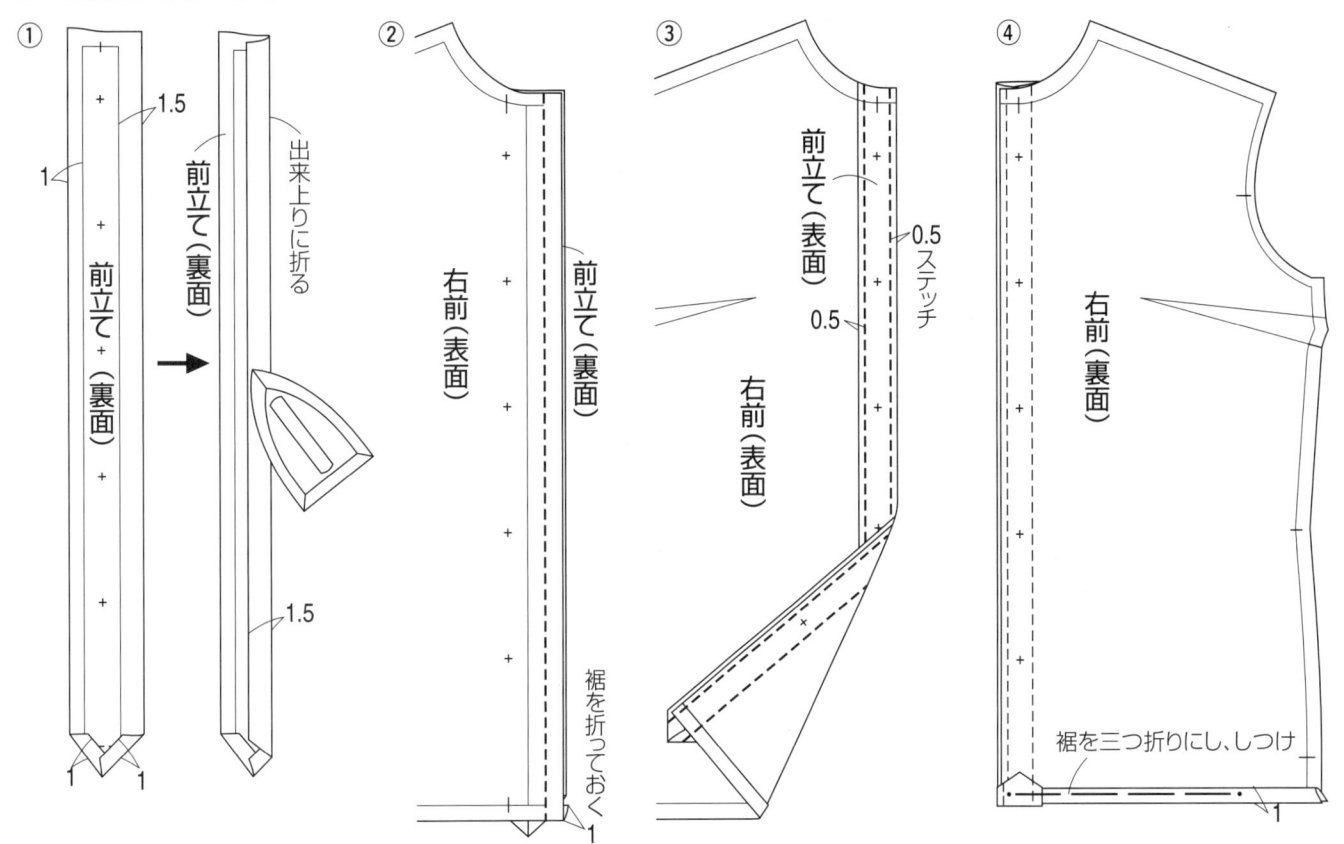

① 前立て（裏面）／前立て（裏面） 1.5　1　出来上りに折る

② 右前（表面）／前立て（裏面）　裾を折っておく　1

③ 前立て（表面）／右前（表面）　0.5ステッチ　0.5

④ 右前（裏面）　裾を三つ折りにし、しつけ　1

2 左前裾を三つ折りにし、しつけをかけ、前端の始末をする

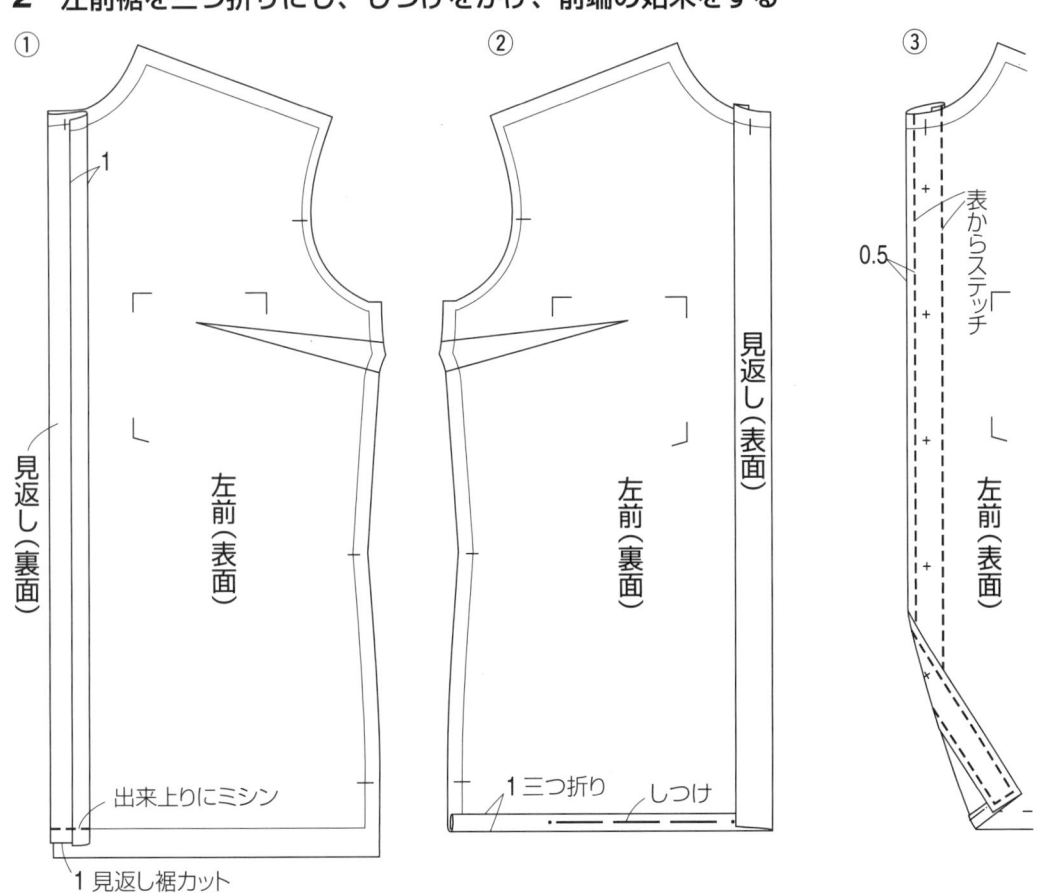

① 見返し（裏面）／左前（表面）　1　出来上りにミシン　1 見返し裾カット

② 見返し（表面）／左前（裏面）　1 三つ折り　しつけ

③ 表からステッチ　0.5　左前（表面）

3　脇ダーツを縫い、左前身頃にポケットをつける

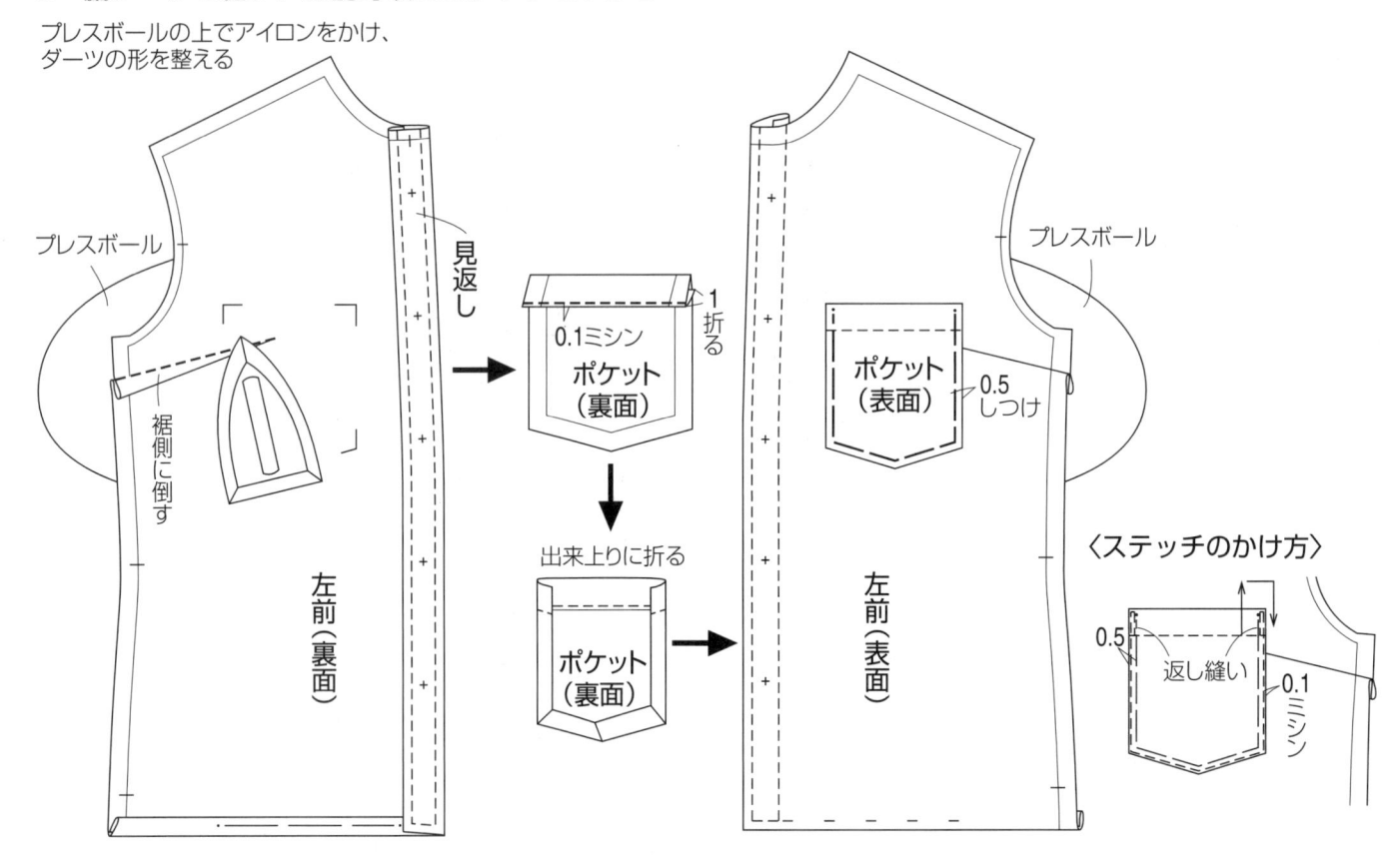

プレスボールの上でアイロンをかけ、ダーツの形を整える

- プレスボール
- 裾側に倒す
- 左前（裏面）
- 見返し
- 0.1ミシン
- 1折る
- ポケット（裏面）
- 出来上りに折る
- ポケット（裏面）
- ポケット（表面）
- 0.5 しつけ
- 左前（表面）
- プレスボール

〈ステッチのかけ方〉
- 0.5
- 返し縫い
- 0.1 ミシン

4　タックと裾にしつけをする

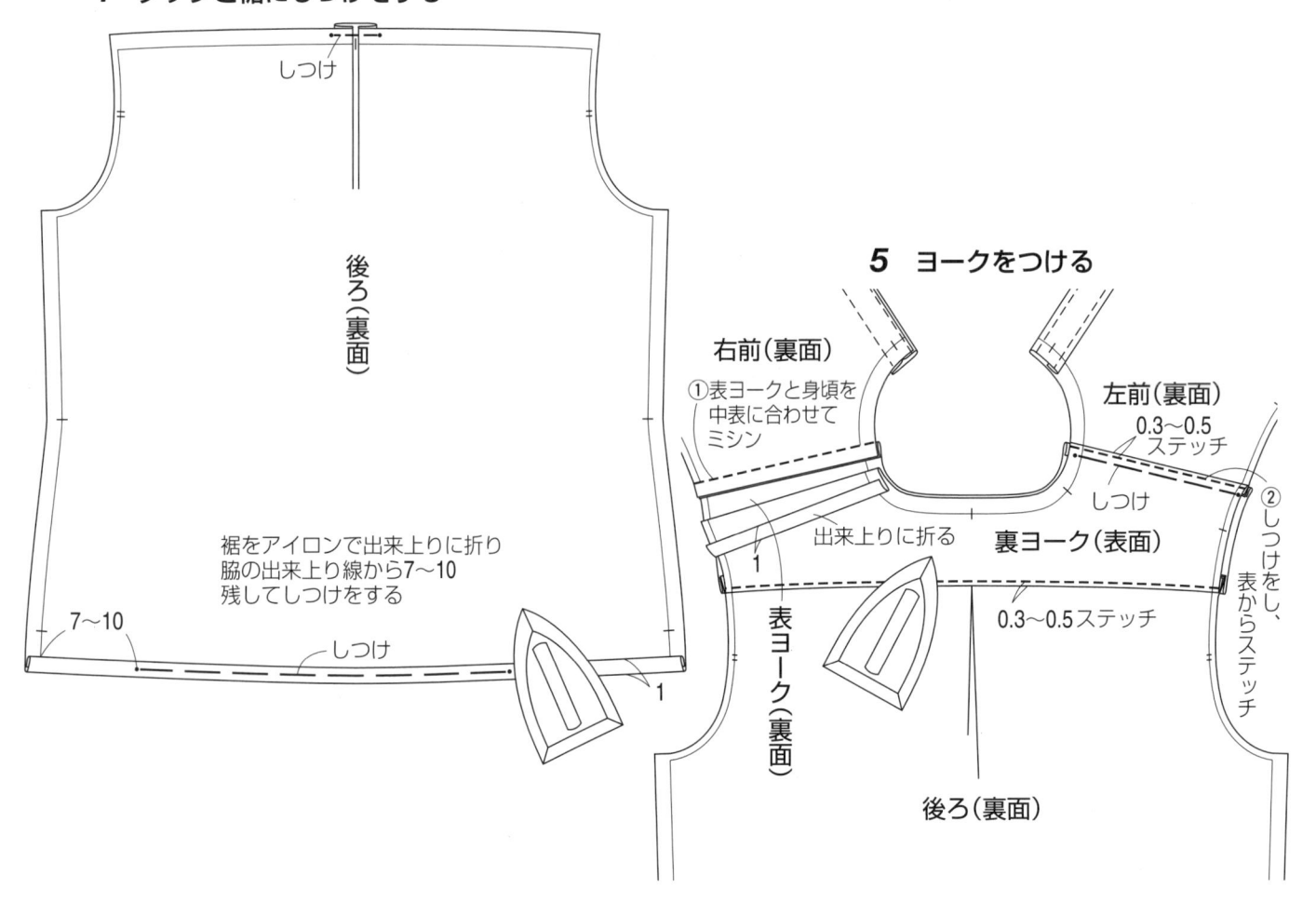

- しつけ
- 後ろ（裏面）
- 裾をアイロンで出来上りに折り脇の出来上り線から7〜10残してしつけをする
- 7〜10
- しつけ
- 1

5　ヨークをつける

- 右前（裏面）
- ①表ヨークと身頃を中表に合わせてミシン
- 左前（裏面）
- 0.3〜0.5 ステッチ
- しつけ
- 出来上りに折る
- 裏ヨーク（表面）
- 1
- 表ヨーク（裏面）
- 0.3〜0.5 ステッチ
- ②しつけをし、表からステッチ
- 後ろ（裏面）

6 衿を作る

①表上衿と裏上衿を中表に合わせて、出来上りにミシンをかける

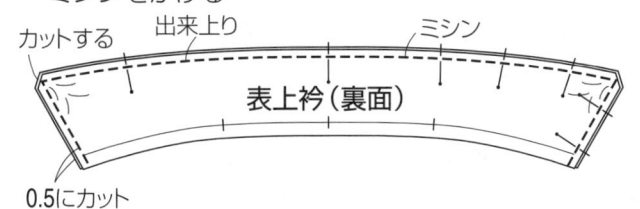

カットする　出来上り　ミシン
表上衿（裏面）
0.5にカット

②
衿先、角の縫い代を折る　裏上衿（表面）　縫い代を割りアイロンで折る
表上衿（裏面）

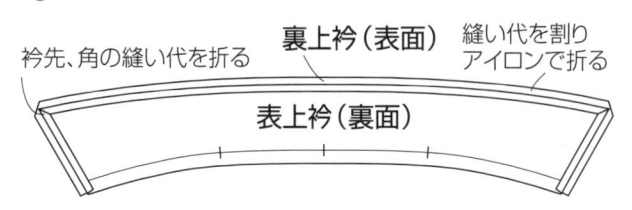

③表に返してアイロンで整え、ステッチをかける

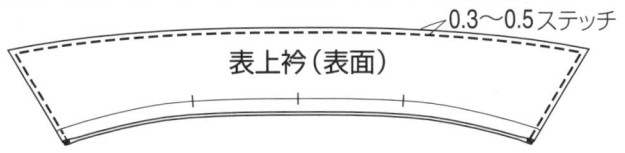

0.3～0.5ステッチ
表上衿（表面）

④表台衿の衿つけ側の縫い代を出来上りに折る

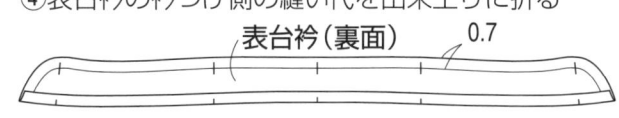

表台衿（裏面）　0.7

⑤表台衿の上に上衿をのせ、合い印を合わせてピンで止め、裏台衿を中表に重ねてしつけをする

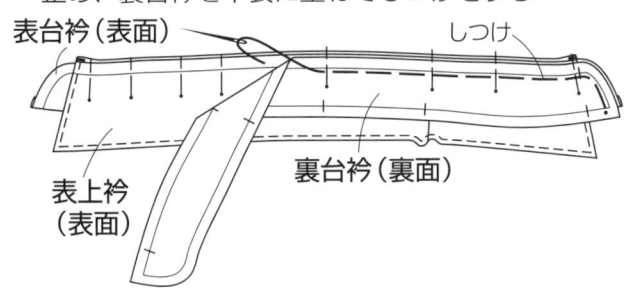

表台衿（表面）　しつけ
表上衿（表面）
裏台衿（裏面）

⑥縫い代を0.5cmにカットし、切込みを入れる

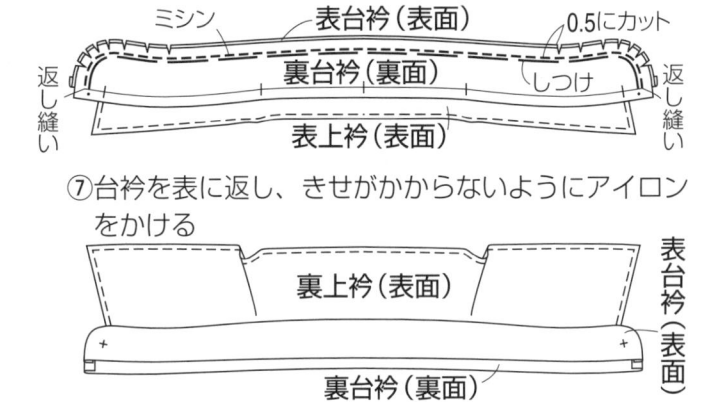

ミシン　表台衿（表面）　0.5にカット
裏台衿（裏面）　　しつけ
返し縫い　表上衿（表面）　返し縫い

⑦台衿を表に返し、きせがかからないようにアイロンをかける

裏上衿（表面）　表台衿（表面）
裏台衿（裏面）

7 衿をつける

①裏台衿と身頃の合い印を合わせてミシンで縫う

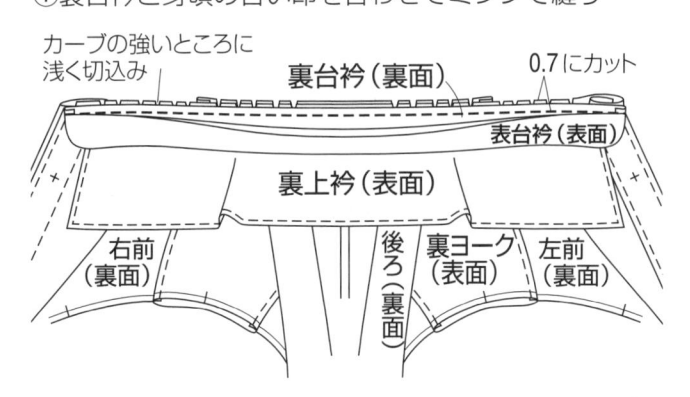

カーブの強いところに浅く切込み　裏台衿（裏面）　0.7にカット
表台衿（表面）
裏上衿（表面）
右前（裏面）　　後ろ（表面）　裏ヨーク（表面）　左前（裏面）

②
裏上衿（表面）　しつけ
表台衿（表面）　表ヨーク（表面）　0.7
左前（表面）　後ろ（表面）　右前（表面）
前立て（表面）

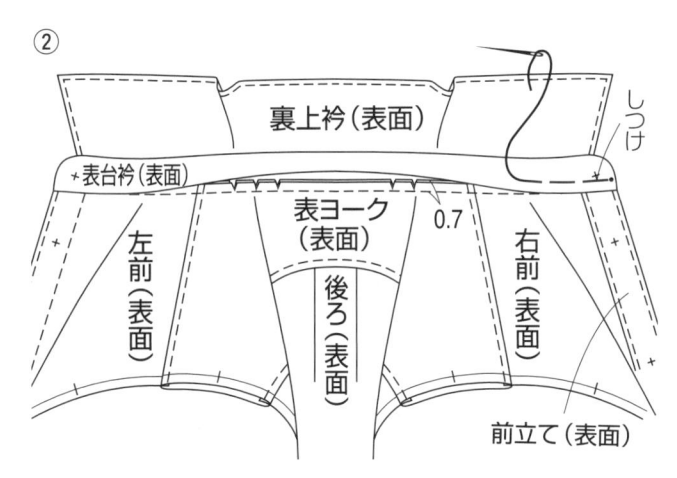

③表台衿と衿つけミシンの上に合わせてステッチをかける

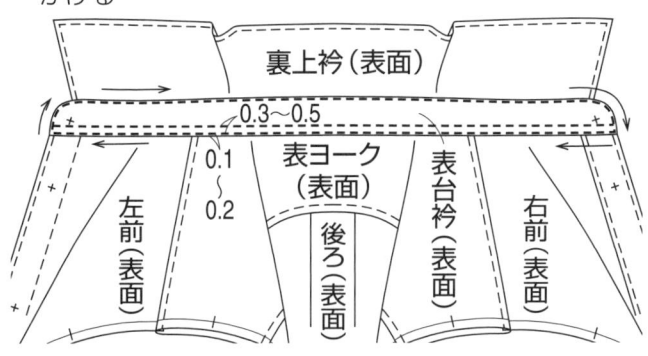

裏上衿（表面）
0.3～0.5
0.1
0.2
左前（表面）　表ヨーク（表面）　後ろ（表面）　表台衿（表面）　右前（表面）

第3章　スローパーと応用デザイン

8 袖口の剣ボロを作る

①切込みを入れる

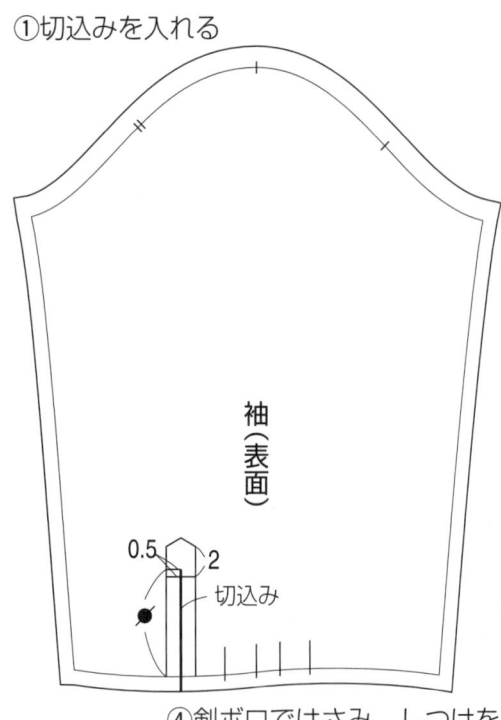

●剣ボロと持出しの作り方

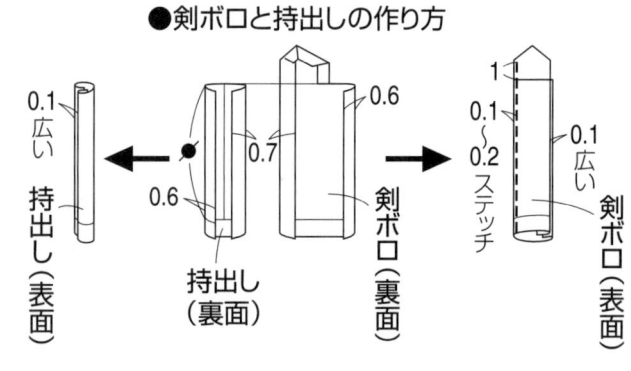

持出し(表面) / 持出し(裏面) 0.1広い / 0.6 / 0.7 / 0.6 / 剣ボロ(裏面) / 剣ボロ(表面) 0.1広い / 0.1〜0.2 ステッチ / 1

袖(表面) 0.5 / 2 切込み

②切込みを入れた裁ち端を持出しではさんでしつけをかける

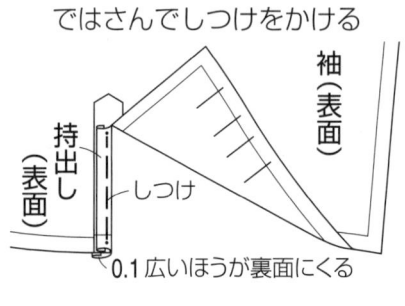

持出し(表面) / しつけ / 袖(表面) / 0.1広いほうが裏面にくる

③ 持出し(表面) / 0.1ステッチ / 袖(表面)

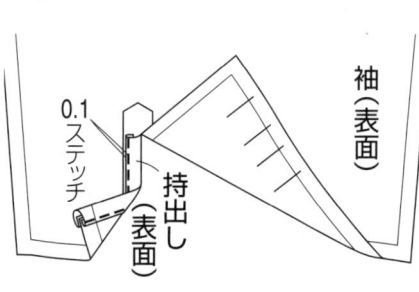

④剣ボロではさみ、しつけをする

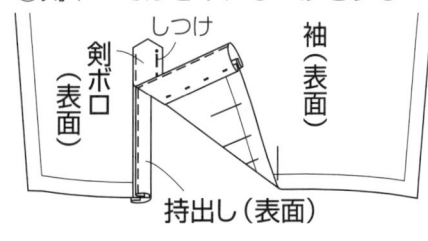

剣ボロ(表面) / しつけ / 袖(表面) / 持出し(表面)

⑤剣ボロをステッチで止める

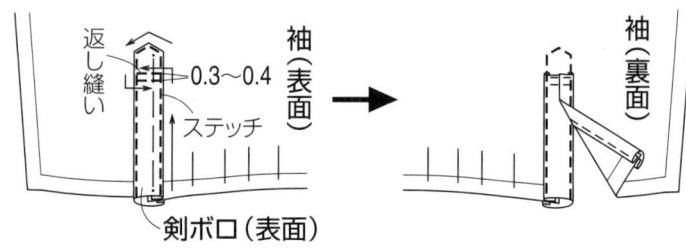

返し縫い / 0.3〜0.4 / ステッチ / 袖(表面) / 剣ボロ(表面) / 袖(裏面)

9 袖をつける

①袖山の縫い代を0.5cmに折る

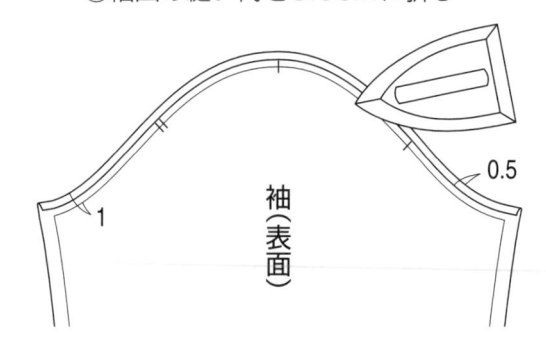

袖(表面) / 1 / 0.5

②合い印を合わせ、しつけをし、袖つけミシンをかける

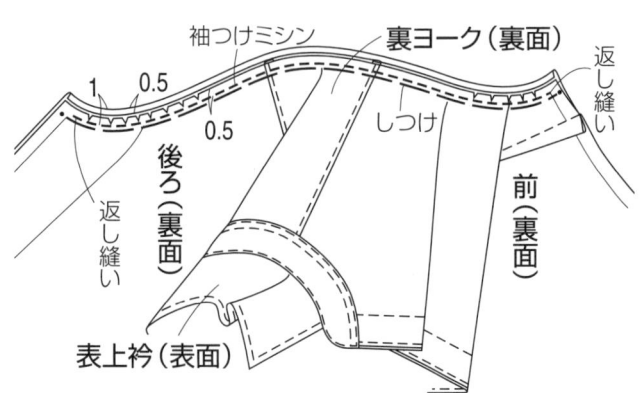

袖つけミシン / 裏ヨーク(裏面) / 1 / 0.5 / 0.5 / 返し縫い / しつけ / 後ろ(裏面) / 前(裏面) / 返し縫い / 表上衿(表面)

③縫い代を身頃側に倒し、折伏せ縫いをする

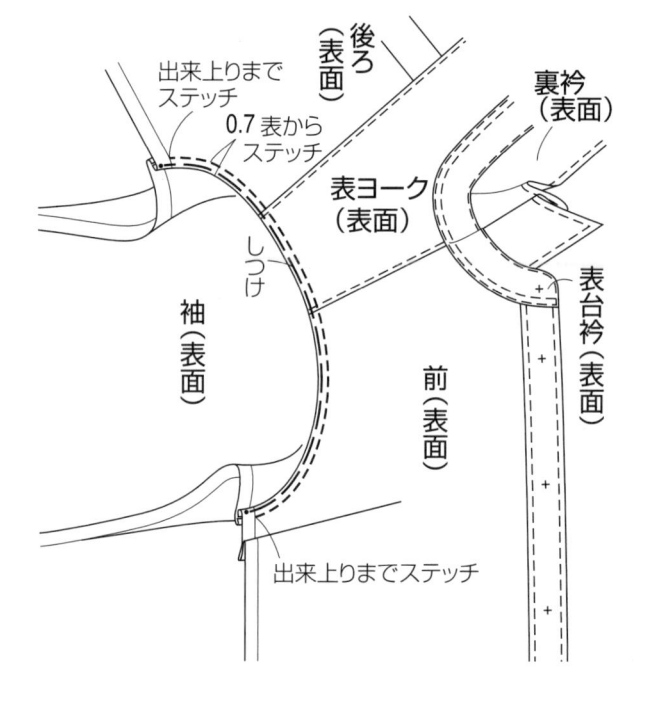

出来上りまでステッチ / 後ろ(表面) / 0.7 表からステッチ / 裏衿(表面) / 表ヨーク(表面) / しつけ / 袖(表面) / 前(表面) / 表台衿(表面) / 出来上りまでステッチ

10 袖下、脇縫う（袋縫い）

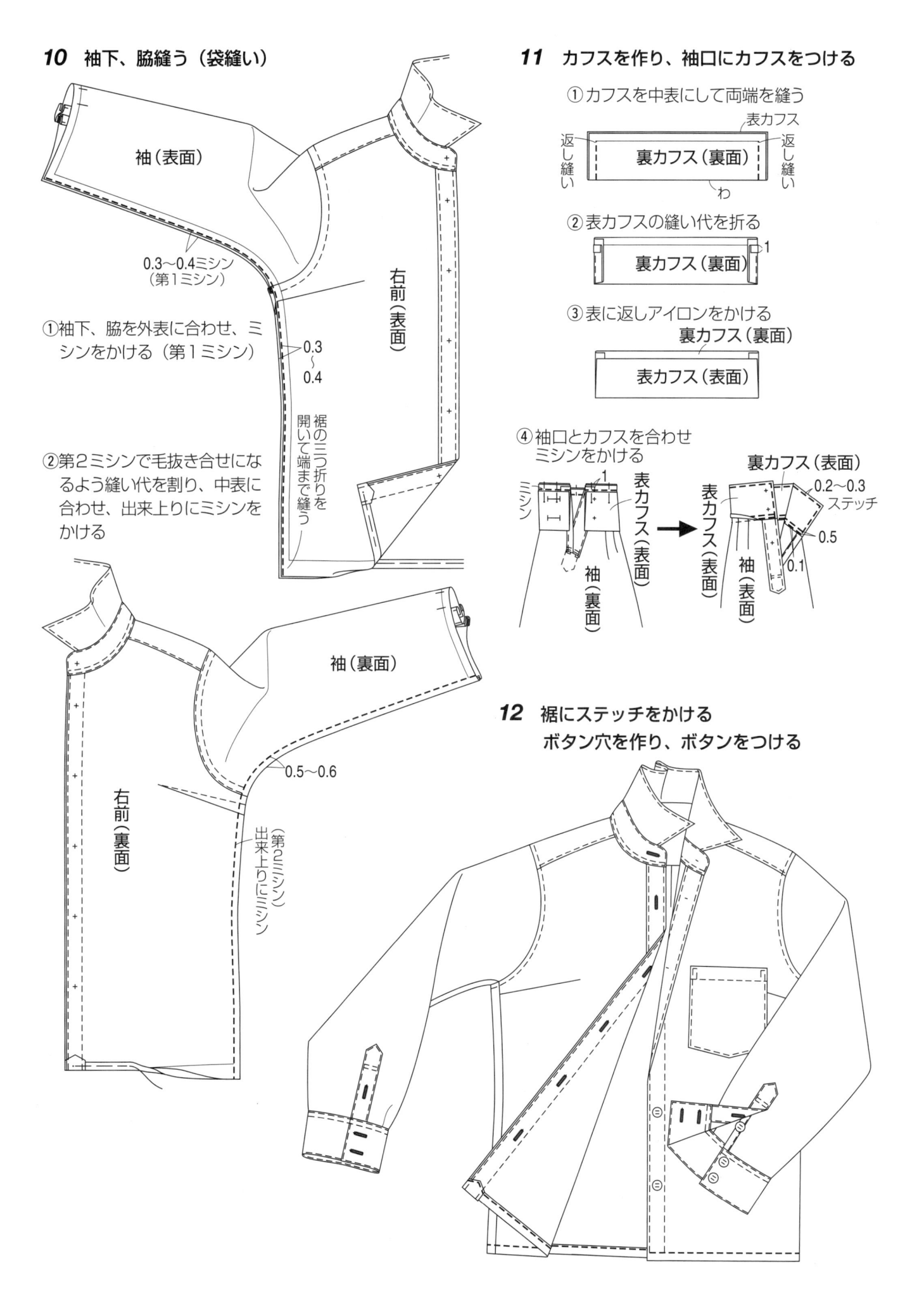

①袖下、脇を外表に合わせ、ミシンをかける（第1ミシン）

②第2ミシンで毛抜き合せになるよう縫い代を割り、中表に合わせ、出来上りにミシンをかける

袖（表面）

0.3～0.4ミシン（第1ミシン）

0.3 ~ 0.4

右前（表面）

裾の三つ折りを開いて端まで縫う

袖（裏面）

0.5～0.6

右前（裏面）

（第2ミシン）出来上りにミシン

11 カフスを作り、袖口にカフスをつける

①カフスを中表にして両端を縫う

表カフス
返し縫い　裏カフス（裏面）　返し縫い
わ

②表カフスの縫い代を折る

裏カフス（裏面）　1

③表に返しアイロンをかける

裏カフス（裏面）
表カフス（表面）

④袖口とカフスを合わせミシンをかける

ミシン　1　表カフス（表面）　袖（裏面）

→

裏カフス（表面）　0.2～0.3 ステッチ
表カフス（表面）　0.5
袖（表面）　0.1

12 裾にステッチをかける　ボタン穴を作り、ボタンをつける

第3章　スローパーと応用デザイン　129

スカート

スカートをデザインする上では、成長にともない調節ができるように、つりひもをつける、ウエストにゴムテープを入れるなど、ウエストを安定させる必要がある。使いやすいポケットをつけるなどの配慮もしなくてはならない。

また、ブラウスやセーターなど上着との組合せの調和も考える必要がある。ジャンパースカートは広い年齢に向き、腕の動きも自由で活動的である。素材は綿、薄手ウール、化合繊など手入れのしやすいものがよい。

ブルーマーズつきジャンパースカート（90cm）

ハイウエストで切り替えたブルーマーズつきジャンパースカート。肩のボタンで、丈の調節をすることができる。ブラウスやセーターなど中に組み合わせるアイテムによって着こなしに変化をつけることができる。

素材は、綿、ウール、化合繊など季節や用途によって選ぶとよい。

使用量

表布　140cm幅90cm
接着芯　90cm幅少々

作図

作図要点

・切替え線の分割は、下に向かって各段ごとに長くなるようにすると安定感がでる。
・ギャザーの分量は布の厚さや風合いによって決める。
・裏身頃とブルーマーズがつながっている。
・裏身頃はハイウエスト切替えとし、ブルーマーズは、パンツスローパーの丈と幅にゆとりを入れて機能性をもたせ、おむつを着けた場合も使用できる。「身長90cm　パンツ（149ページ）」をスローパーとして使用する。

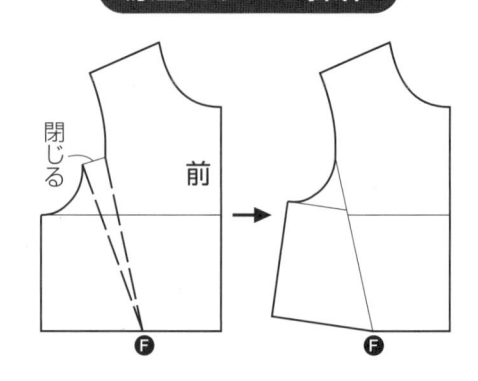

〈スローパー切開き位置〉

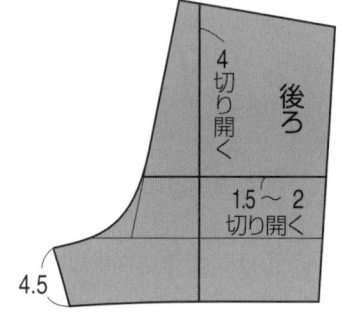

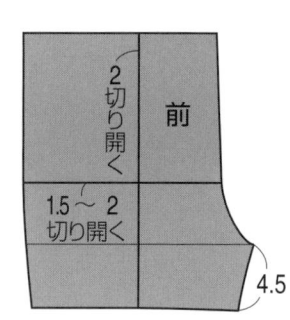

原型のダーツ操作

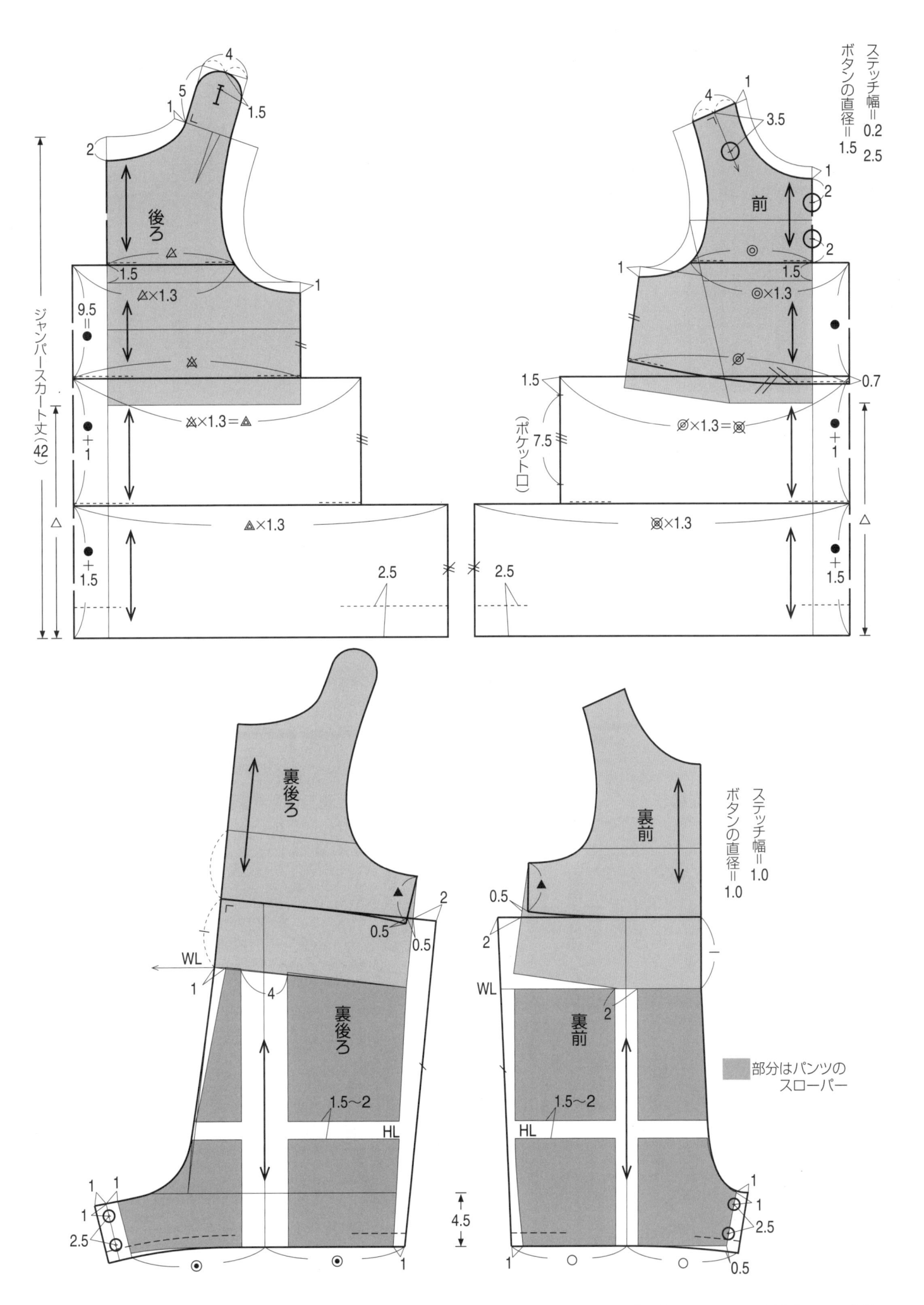

第3章　スローパーと応用デザイン

縫製要点

●ポケットを作る（シームポケット）

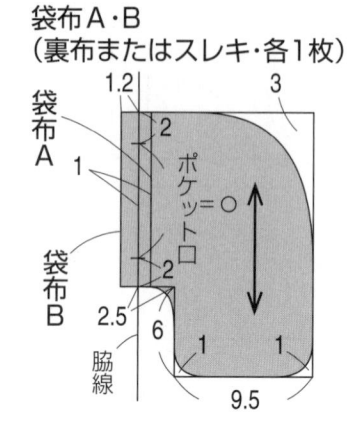

〈裁ち方〉

袋布A・B（裏布またはスレキ・各1枚）

袋布A
袋布B
1.2
2
1
3
ポケット口＝○
2
2.5
6
9.5
1
1
脇線

向う布（表布・1枚）
3
○＋4
1.2
脇線

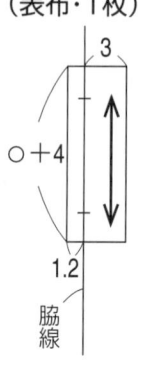

①向う布を袋布Bにつける

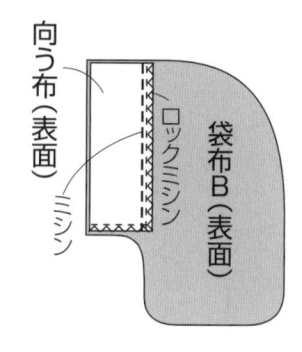

向う布（表面）
袋布B（表面）
ロックミシン
ミシン

②脇を縫う

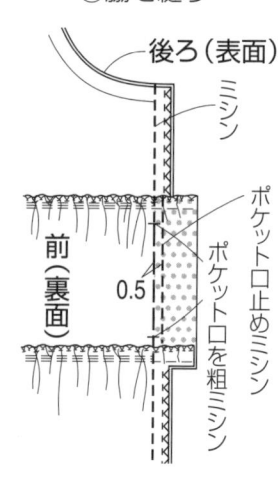

後ろ（表面）
ミシン
前（裏面）
ポケット口止めミシン
ポケット口を粗ミシン
0.5

③袋布Aを前側につける

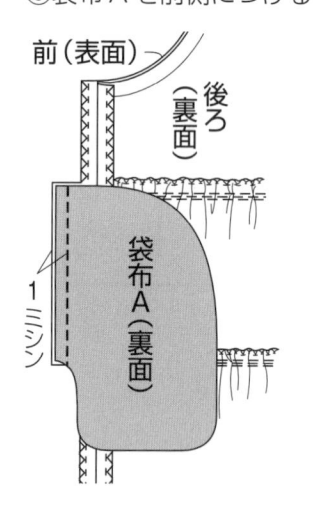

前（表面）
後ろ（裏面）
袋布A（裏面）
ミシン
1

④袋布Bをつける

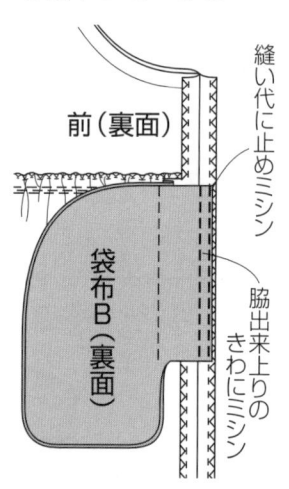

前（裏面）
袋布B（裏面）
縫い代に止めミシン
脇出来上りのきわにミシン

⑤袋布の周囲を縫う

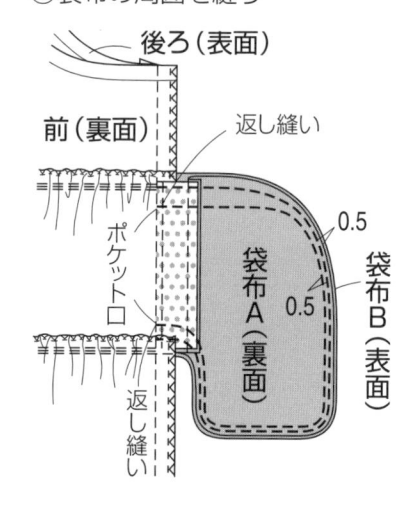

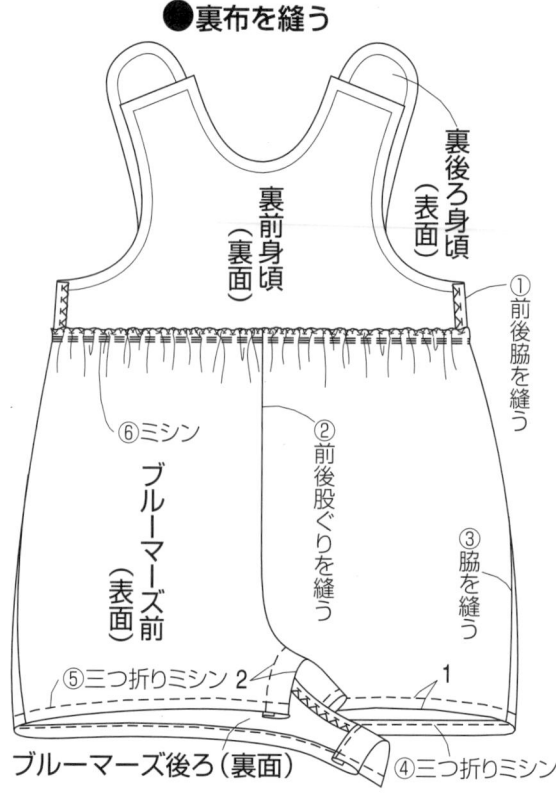

後ろ（表面）
前（裏面）
返し縫い
ポケット口
袋布A（裏面）
袋布B（表面）
0.5
0.5
返し縫い

●裏布を縫う

裏前身頃（裏面）
裏後ろ身頃（表面）
①前後脇を縫う
②前後股ぐりを縫う
③脇を縫う
⑥ミシン
ブルーマーズ前（表面）
ブルーマーズ後ろ（裏面）
⑤三つ折りミシン 2
④三つ折りミシン
1

●表身頃と裏身頃を中表に合わせて周囲を縫う

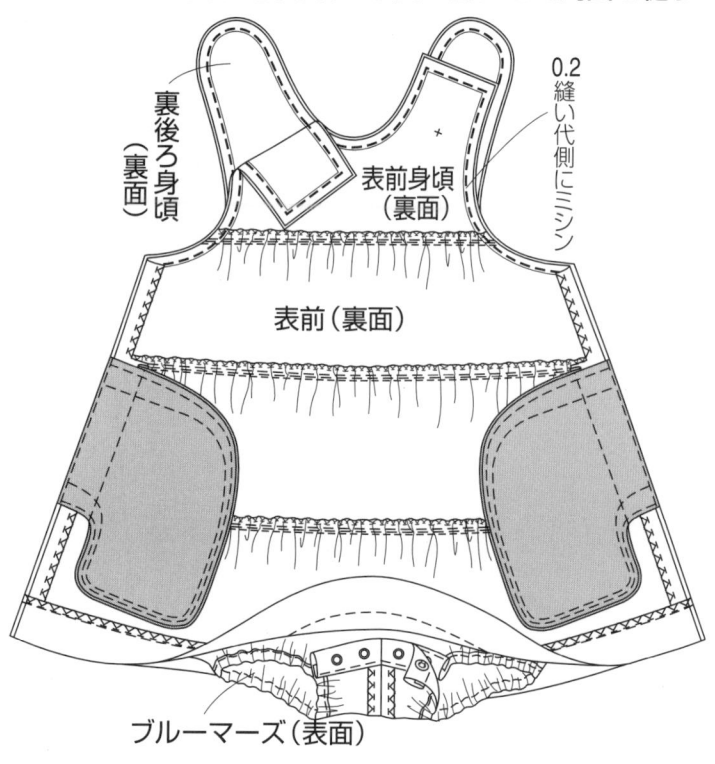

裏後ろ身頃（裏面）
表前頃（裏面）
0.2 縫い代側にミシン
表前（裏面）
ブルーマーズ（表面）

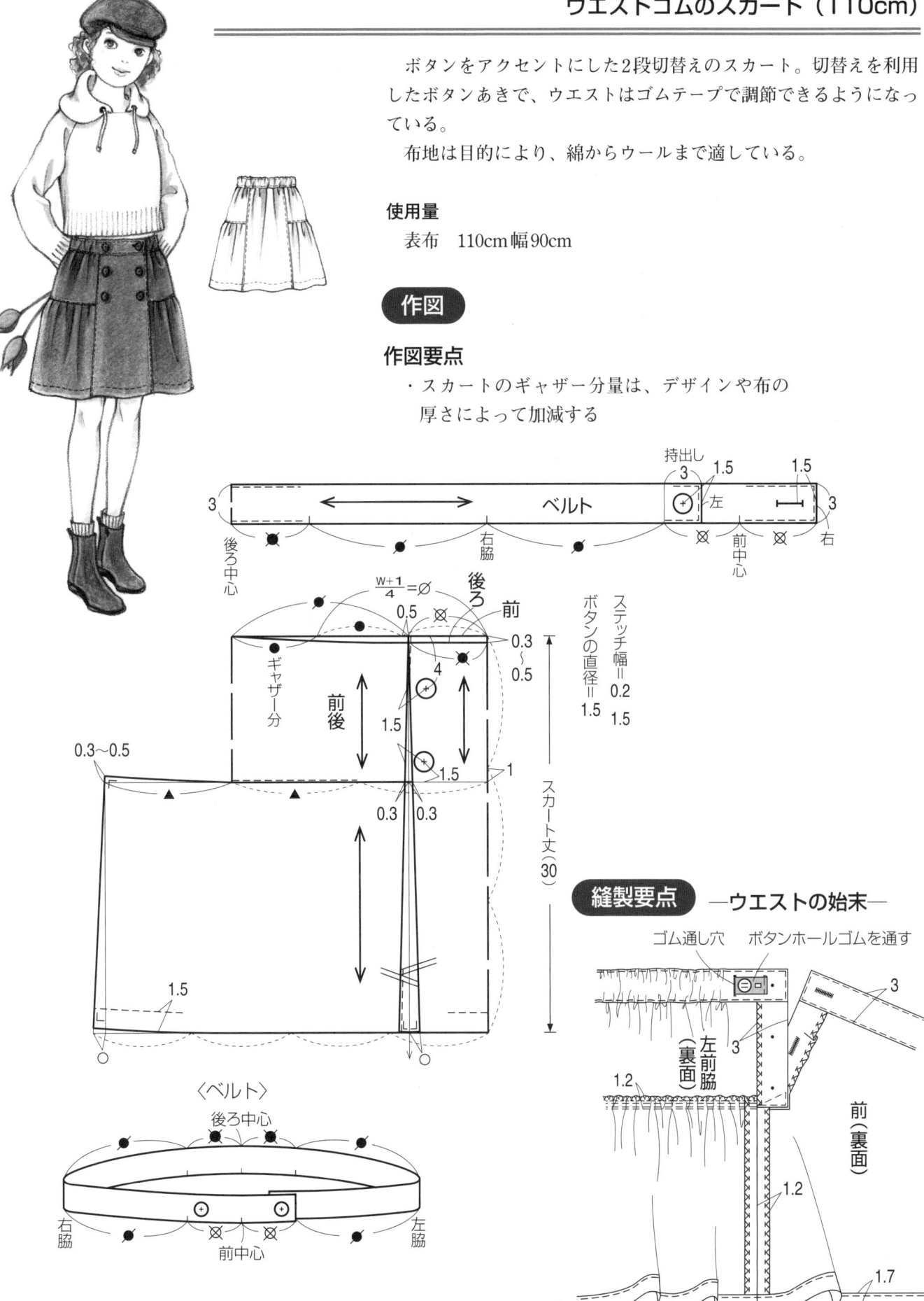

ウエストゴムのスカート（110cm）

ボタンをアクセントにした2段切替えのスカート。切替えを利用したボタンあきで、ウエストはゴムテープで調節できるようになっている。

布地は目的により、綿からウールまで適している。

使用量
表布　110cm幅90cm

作図

作図要点
・スカートのギャザー分量は、デザインや布の厚さによって加減する

$$\frac{W+1}{4} = \emptyset$$

縫製要点　—ウエストの始末—

つりひもつきフレアスカート（110cm）

裾をスカラップにし、フリンジとアップリケでかわいらしさを表現したスカート。素材は、デニムからウール等ほぐしやすくフリンジに適した布地を選ぶ。

使用量

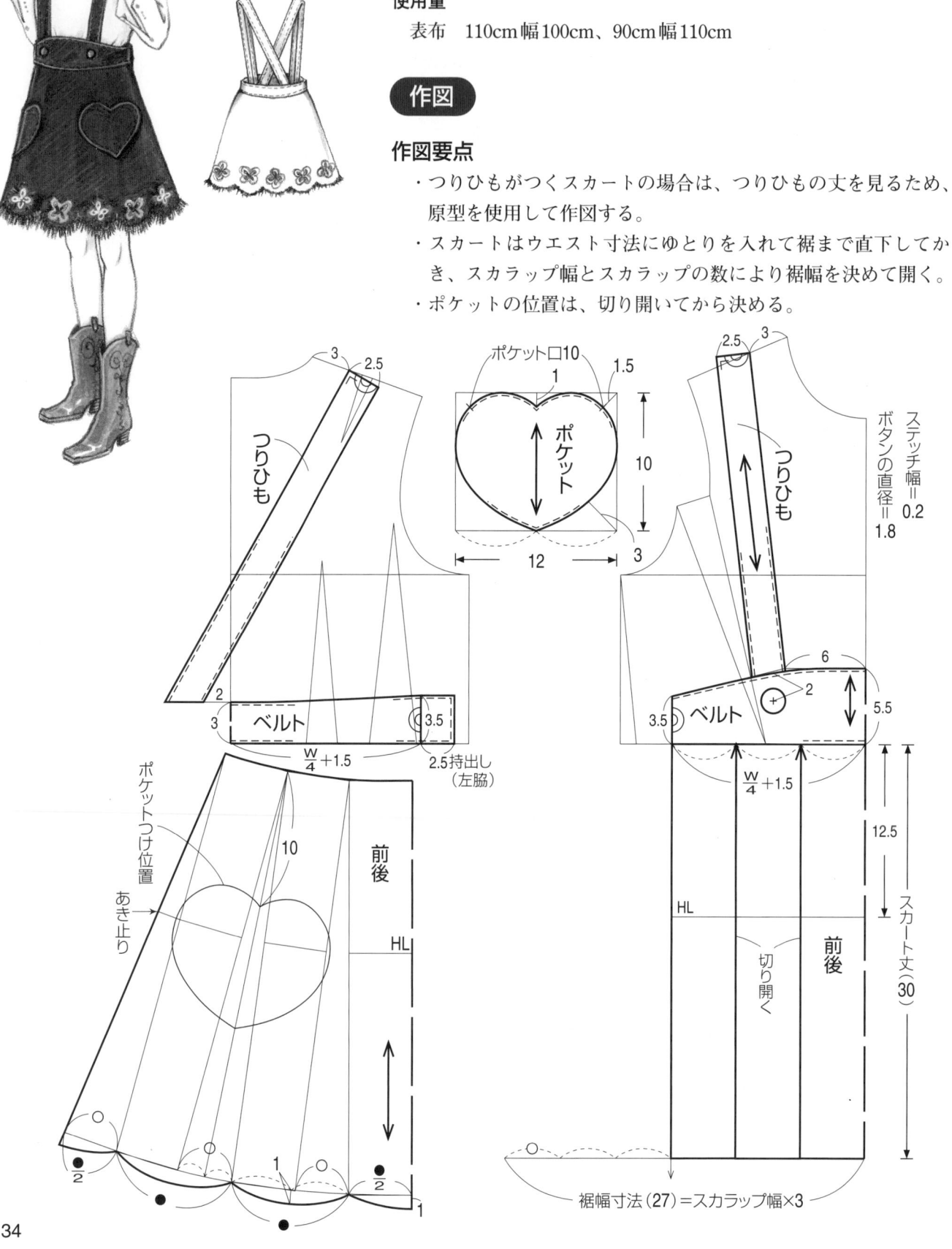

表布　110cm幅100cm、90cm幅110cm

作図

作図要点

・つりひもがつくスカートの場合は、つりひもの丈を見るため、原型を使用して作図する。
・スカートはウエスト寸法にゆとりを入れて裾まで直下してかき、スカラップ幅とスカラップの数により裾幅を決めて開く。
・ポケットの位置は、切り開いてから決める。

裁合せ図

裁断

　裁合せは、布のむだを少なくし、裁断がしやすいようにパターンを配列する。

　薄地の場合は、裏ポケットを共布にするとよい。

　裾のフリンジは、刺繡を入れてからよこ糸を抜く。

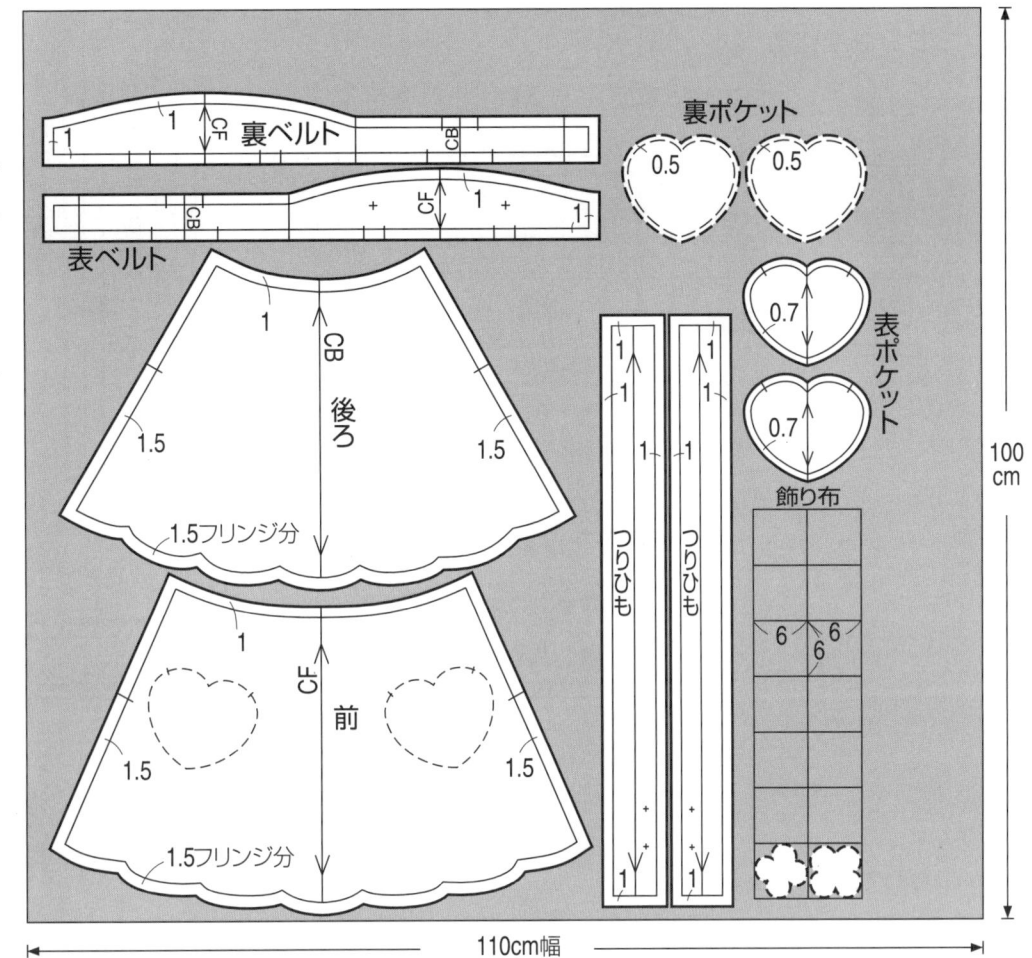

(裁合せ図：裏ベルト、表ベルト、後ろ、前、つりひも、裏ポケット、表ポケット、飾り布／110cm幅×100cm)

縫製要点

1　ポケットとアップリケを作る

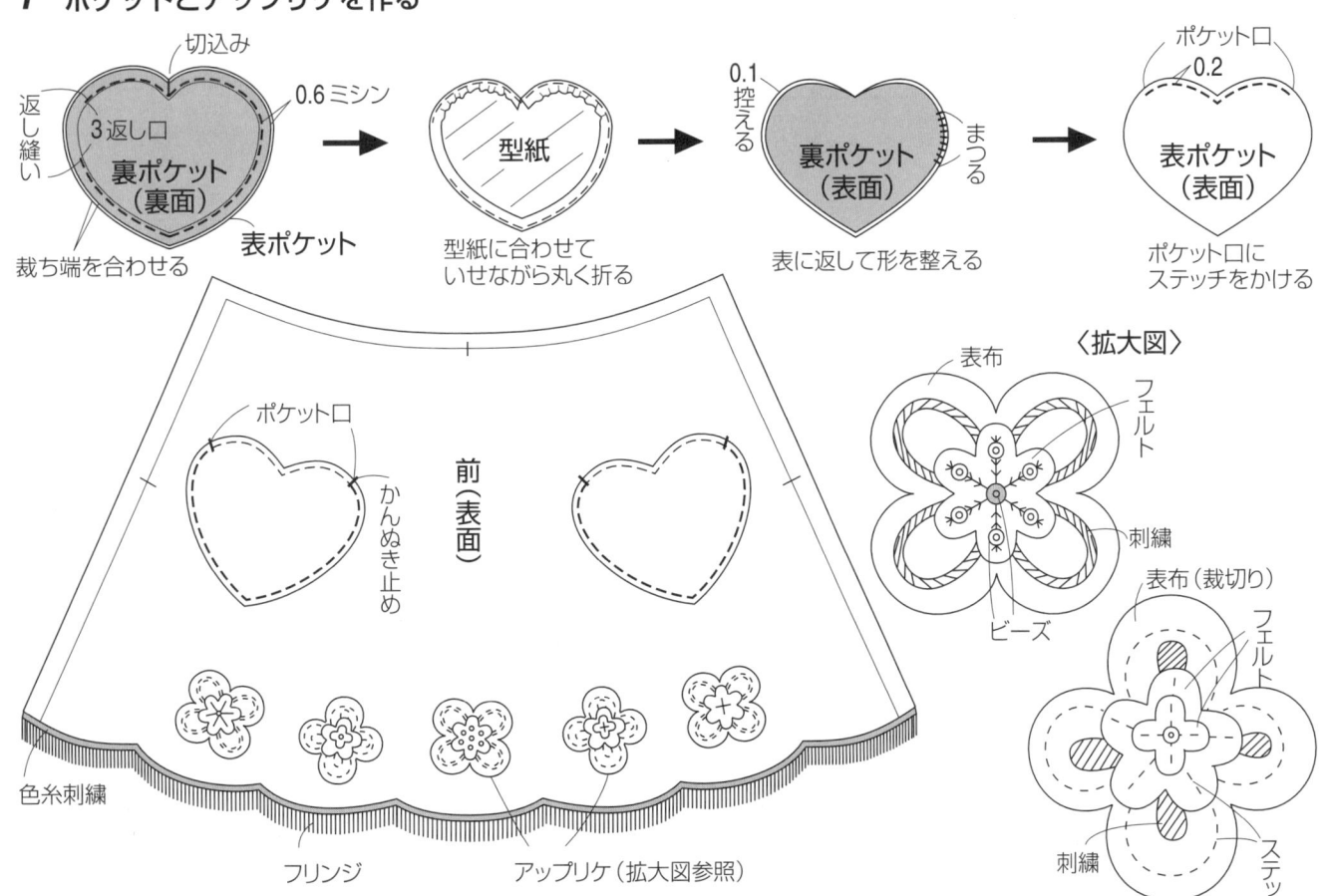

裏ポケット（裏面）／表ポケット
- 切込み
- 0.6 ミシン
- 3 返し口
- 返し縫い
- 裁ち端を合わせる

型紙に合わせていせながら丸く折る

裏ポケット（表面）
- 0.1 控える
- まつる

表に返して形を整える

表ポケット（表面）
- ポケット口 0.2

ポケット口にステッチをかける

前（表面）
- ポケット口
- かんぬき止め
- 色糸刺繡
- フリンジ
- アップリケ（拡大図参照）

〈拡大図〉
- 表布
- フェルト
- 刺繡
- ビーズ
- 表布（裁切り）
- ステッチ

2 つりひもを作る

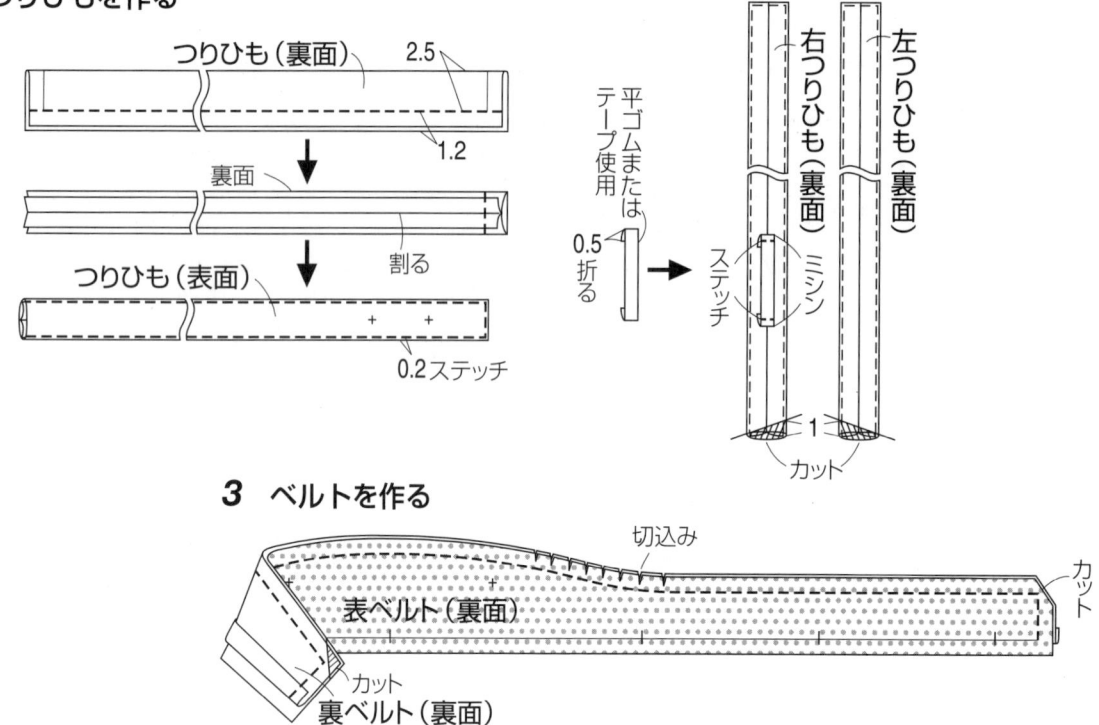

つりひも（裏面）
2.5
1.2
裏面
割る
つりひも（表面）
0.2ステッチ

平ゴムまたはテープ使用
0.5 折る
右つりひも（裏面）
左つりひも（裏面）
ステッチ
ミシン
1
カット

3 ベルトを作る

切込み
表ベルト（裏面）
カット
裏ベルト（裏面）
カット

4 つりひもとベルトをつける

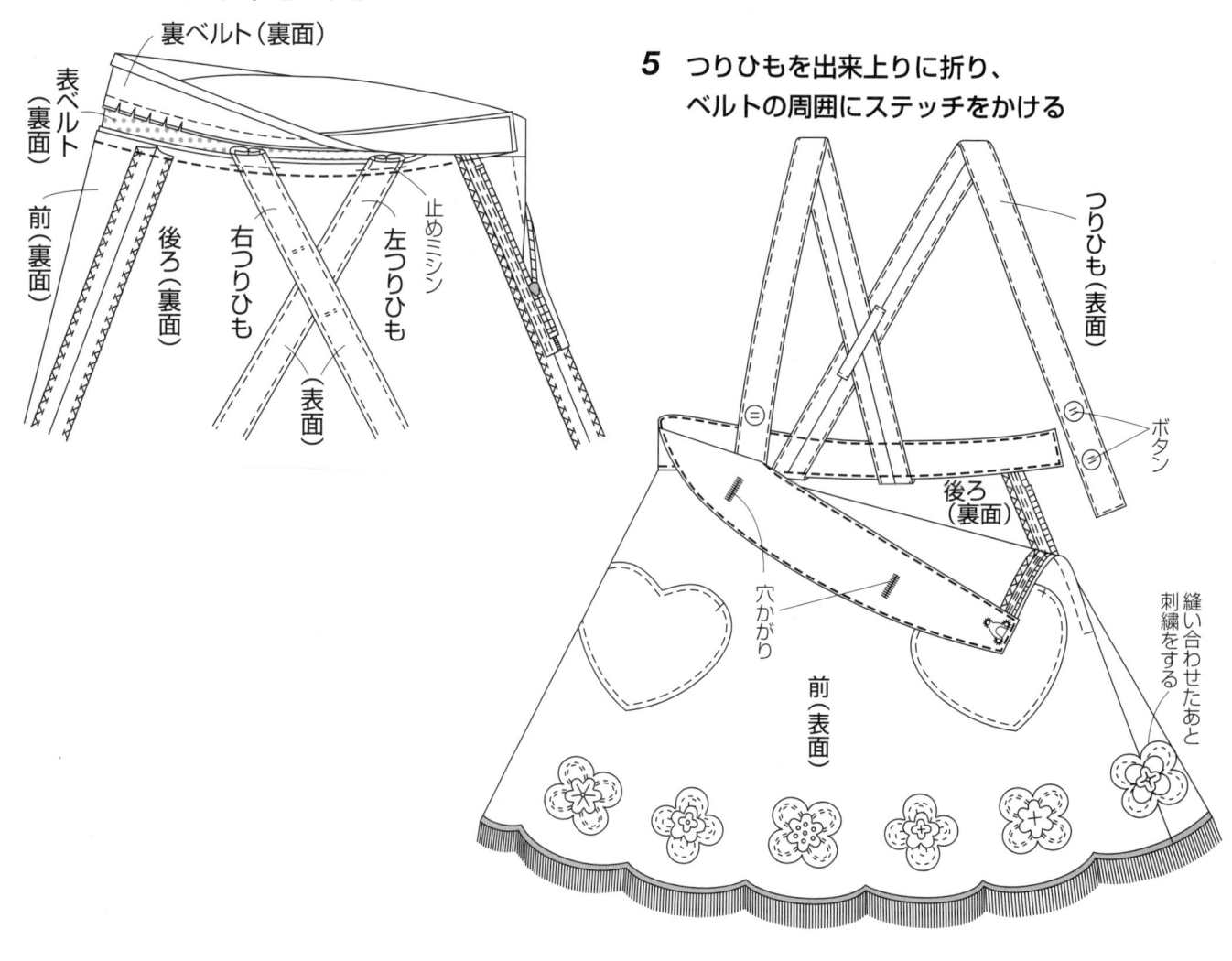

裏ベルト（裏面）
表ベルト（裏面）
前（裏面）
後ろ（裏面）
右つりひも（表面）
左つりひも
止めミシン

5 つりひもを出来上りに折り、ベルトの周囲にステッチをかける

つりひも（表面）
ボタン
後ろ（裏面）
穴かがり
前（表面）
縫い合わせたあと刺繍をする

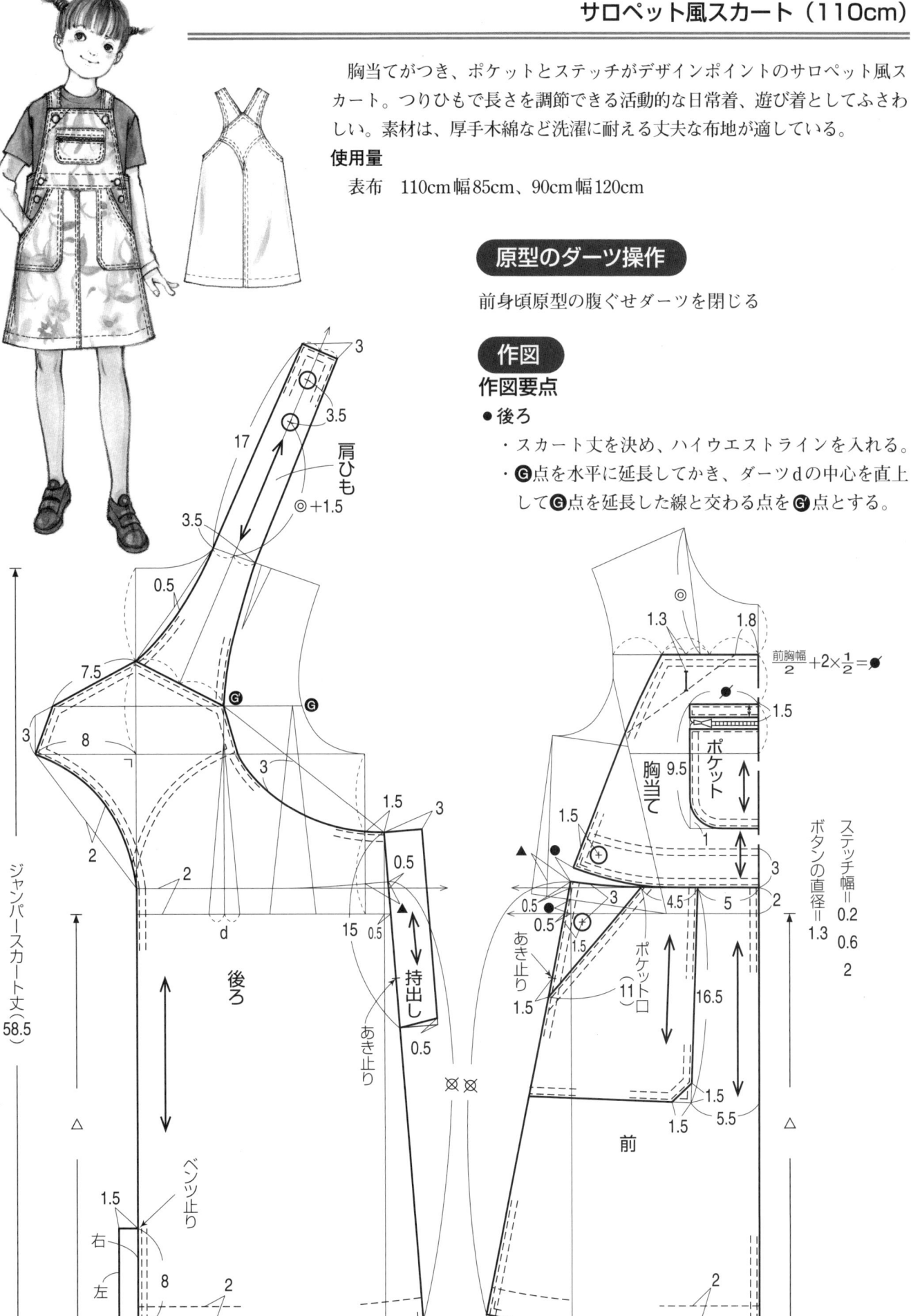

サロペット風スカート（110cm）

胸当てがつき、ポケットとステッチがデザインポイントのサロペット風スカート。つりひもで長さを調節できる活動的な日常着、遊び着としてふさわしい。素材は、厚手木綿など洗濯に耐える丈夫な布地が適している。

使用量

表布　110cm幅85cm、90cm幅120cm

原型のダーツ操作

前身頃原型の腹ぐせダーツを閉じる

作図

作図要点

● 後ろ
- スカート丈を決め、ハイウエストラインを入れる。
- ⓖ点を水平に延長してかき、ダーツdの中心を直上してⓖ点を延長した線と交わる点をⒼ点とする。

第3章　スローパーと応用デザイン

- 脇線は、バストラインからウエストラインまでを等分し、中点から1.5cmとり、その点を直下しウエストラインで0.5cm裾広がり分を出してかく。
- バックネックポイントからバストラインまでを等分し、その中点と◯G点を結び、さらに◯G'点と脇線を結び、後ろ身頃をかき、続けて持出しをかく。
- 肩ひもをかく。

● 前
- ハイウエストラインをかく。
- フロントネックポイントとバストラインを3等分する $\frac{1}{3}$ の点から袖ぐり線に水平線をかき、3等分して胸当の形をかく。
- 前ウエスト寸法を決めてその点を直下して、ウエストラインで0.5cm裾広がり分を出して脇線をかく。

パターンメーキング

縫い代つきパターンは、縫い代の始末の方法によって縫い代のつけ方が異なってくる。

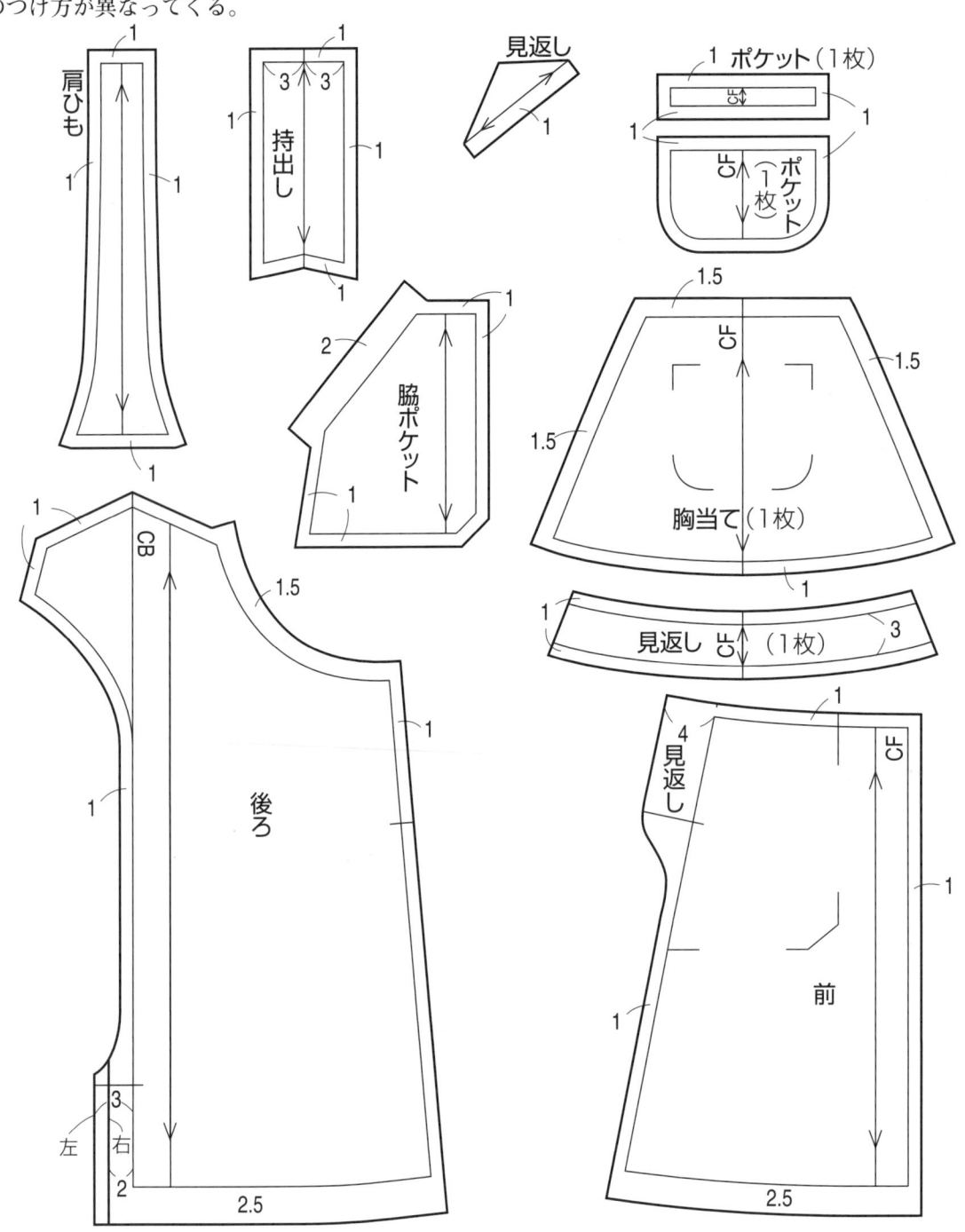

縫製要点

1 胸ポケットにファスナーをつける

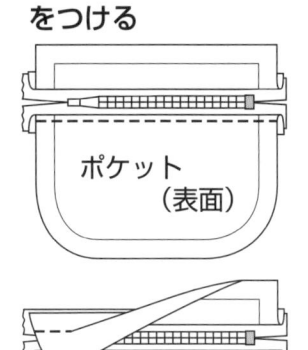

2 胸ポケット、見返しをつける

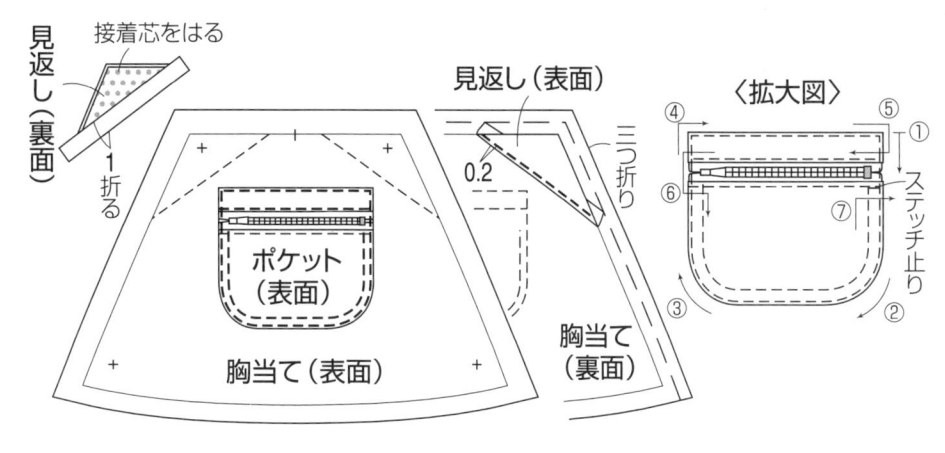

3 前脇にパッチポケットをつける

4 胸当てと前スカート、見返しを縫い合わせる

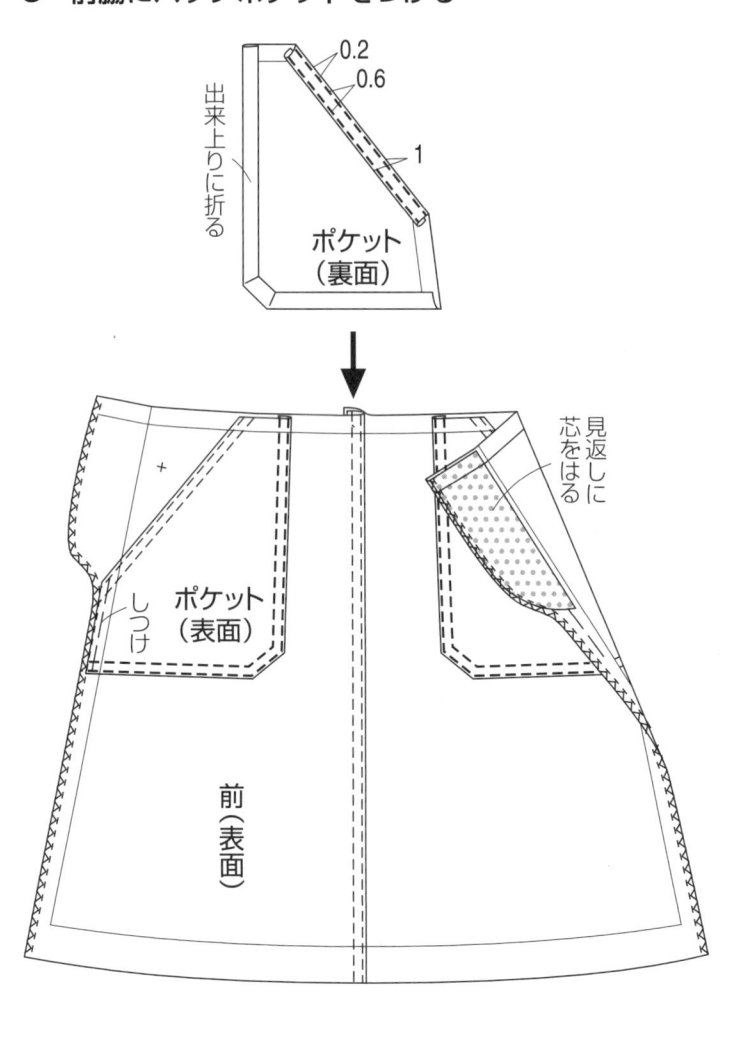

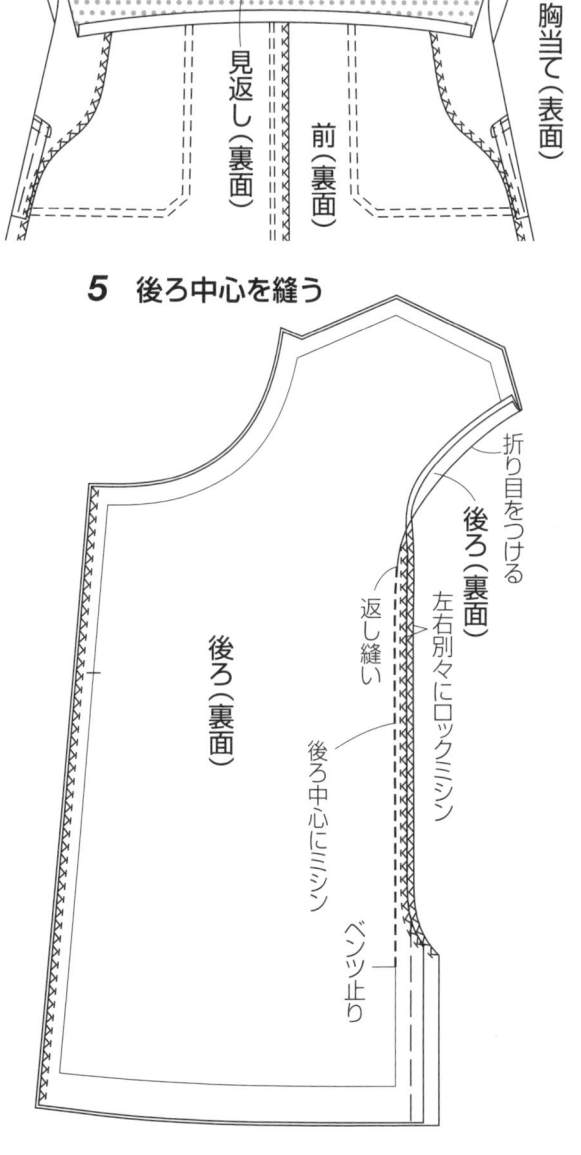

5 後ろ中心を縫う

第3章　スローパーと応用デザイン

● 後ろベンツの作り方A

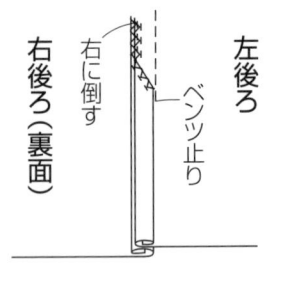

● 後ろベンツの作り方B

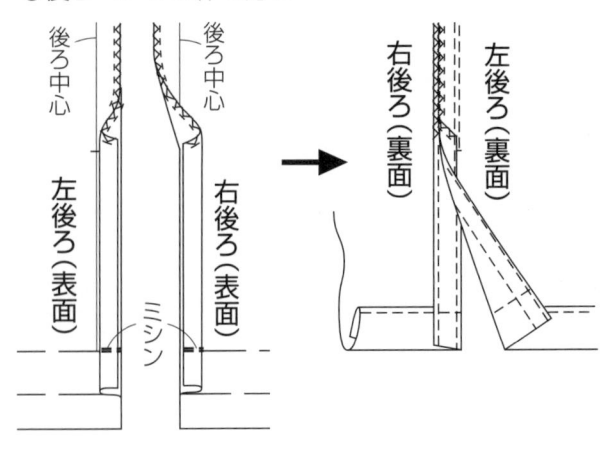

6 肩ひもを作り、背当て布の間にはさみ、袖ぐりと続けてステッチをかける

7 持出しを後ろ脇につける

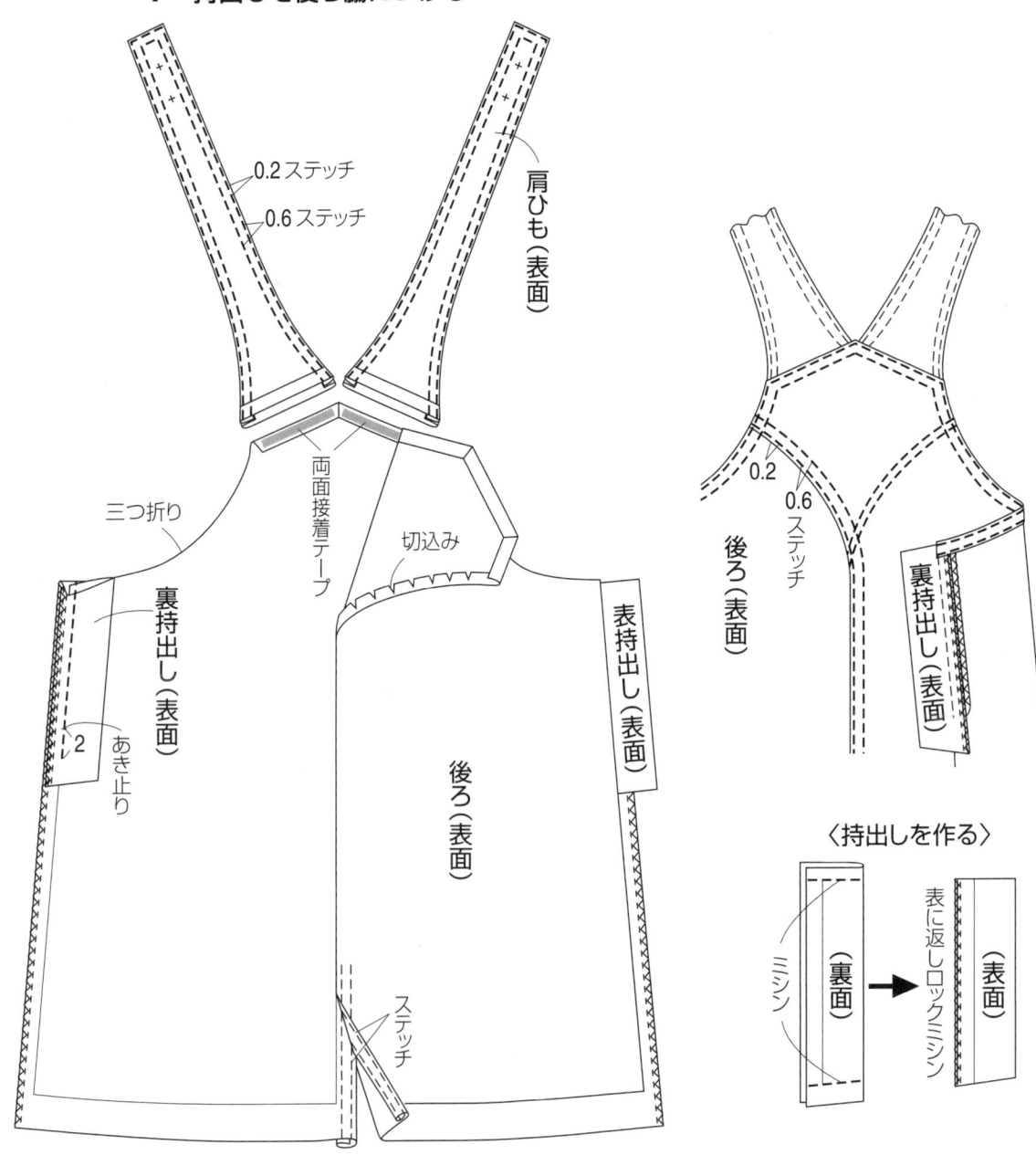

〈持出しを作る〉

8 脇を縫う

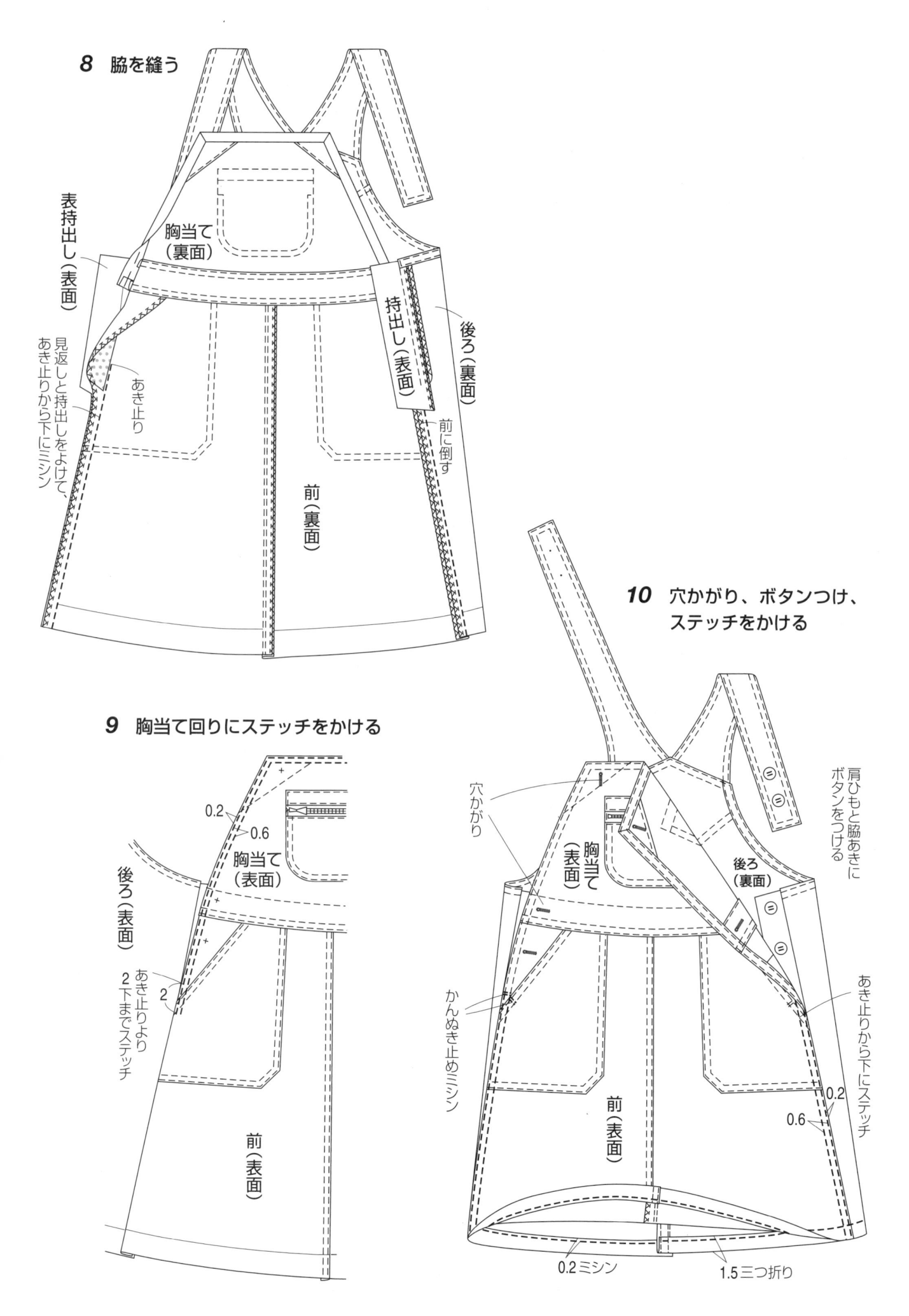

- 表持出し（表面）
- 見返しと持出しをよけて、あき止りから下にミシン
- 胸当て（裏面）
- あき止り
- 持出し（表面）
- 後ろ（裏面）
- 前に倒す
- 前（裏面）

9 胸当て回りにステッチをかける

- 0.2
- 0.6
- 胸当て（表面）
- 後ろ（表面）
- あき止りより2下までステッチ
- 2
- 前（表面）

10 穴かがり、ボタンつけ、ステッチをかける

- 肩ひもと脇あきにボタンをつける
- 穴かがり
- 胸当て（表面）
- 後ろ（裏面）
- かんぬき止めミシン
- あき止りから下にステッチ
- 0.2
- 0.6
- 前（表面）
- 0.2ミシン
- 1.5三つ折り

第3章　スローパーと応用デザイン

キュロットスカート（140cm）

前ウエストに別裁ちのベルトをつけ、後ろウエストは裁出しのベルトにゴムテープを入れてサイズ調節ができるシンプルなデザインのキュロットスカート。素材は綿からウールまで目的に合わせて選ぶとよい。

使用量 表布 110cm幅100cm、90cm幅120cm

作図

作図要点

- セミタイトスカートに、股の部分を加えた作図法である。
- 全体にヒップのゆとりを多めに加えるので、股上丈も長くする。股の厚み分は前ヒップ寸法から割り出す。
- 後ろ中心線をかき、スカート丈を決める。ウエストラインを❶点とし、腰丈寸法をとった位置を❷点、股上寸法にゆとりを加えた寸法をとった位置を❸点とする。
- ヒップラインで$\frac{H}{4}$にゆとりを加えた寸法をとって❷点とする。❷点を直下し股上線との交点で0.7cmとった点と❷'点を結び脇線をかく。
- 後ろ中心側は❸点から0.5cmの点と❷点・裾と結び、その線に対して直角に股の厚み分をとり、裾線をかく。
- ❶点からウエストライン上に2cmとり❷点と結んで後ろ股ぐり線をかき、続けてウエストラインをかく。
- 前も同様にかく。

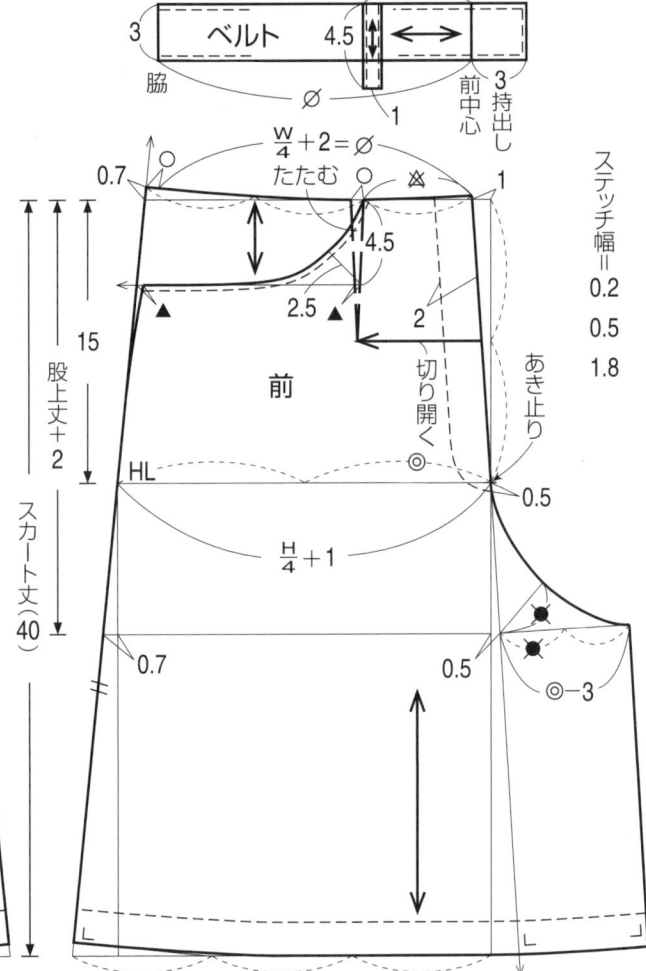

縫製要点

1 ポケットを作る（カーブ切替えのポケット）

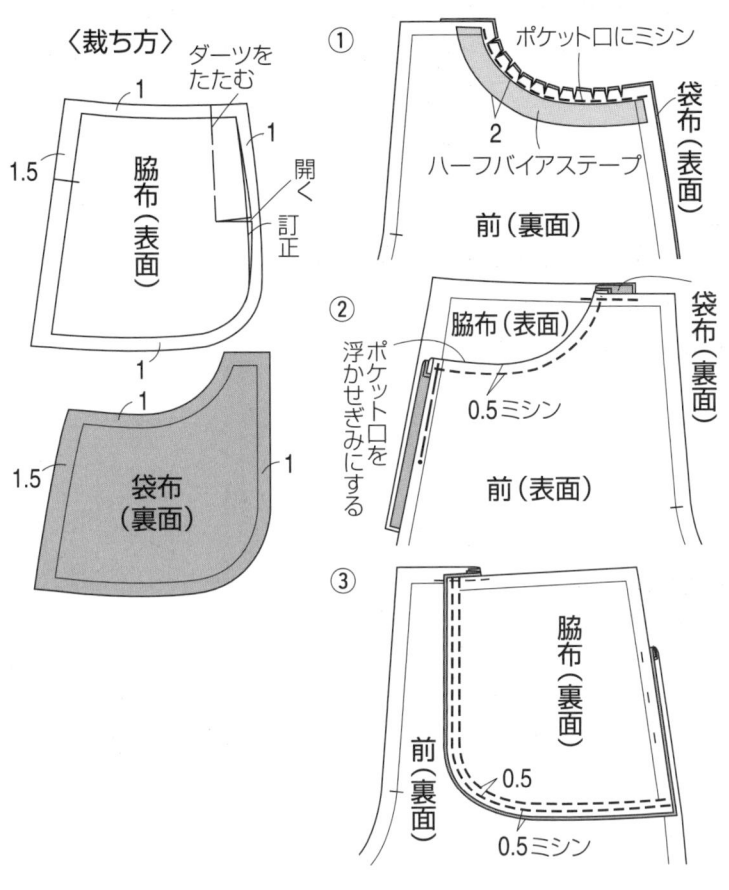

2 脇と股下を縫い、裾の始末をする

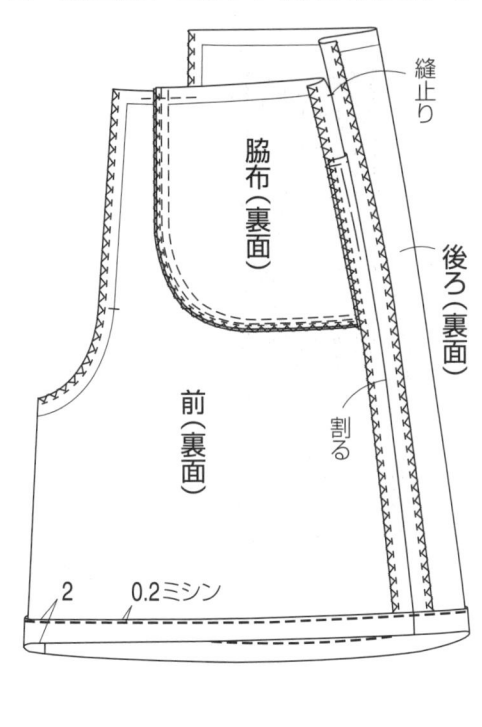

3 ファスナーあきを作る

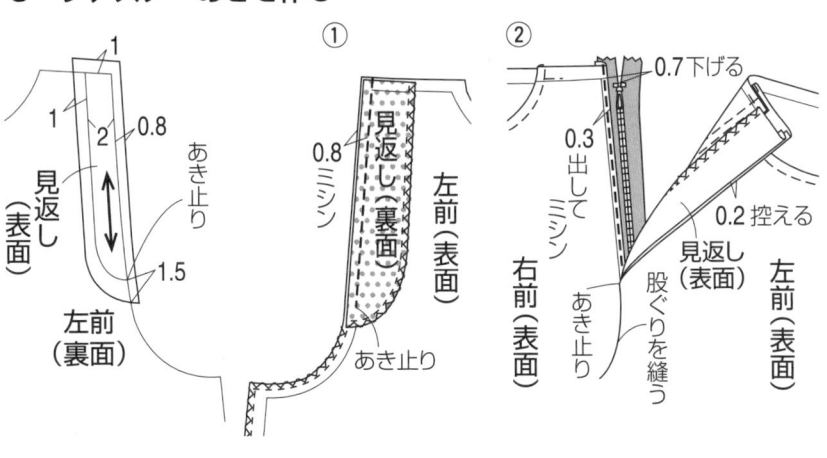

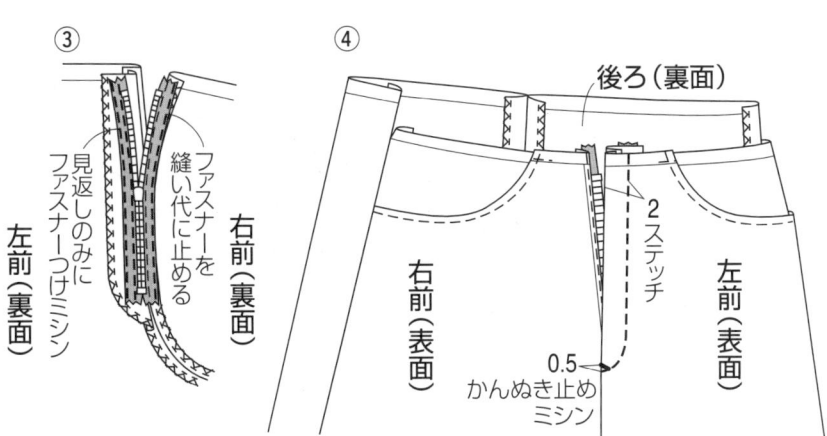

4 ボタンをつけ、ゴムテープを通す

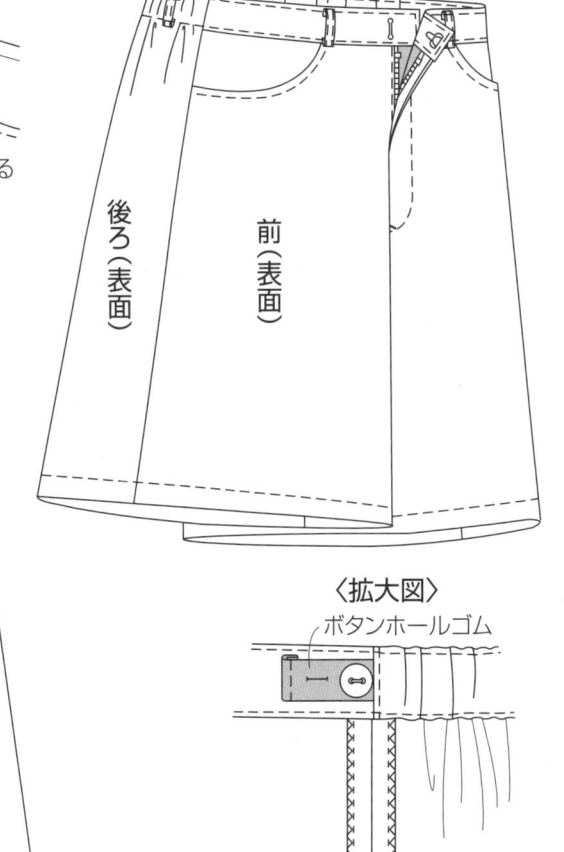

〈拡大図〉
ボタンホールゴム

ローウエストのジャンパースカート（140cm）

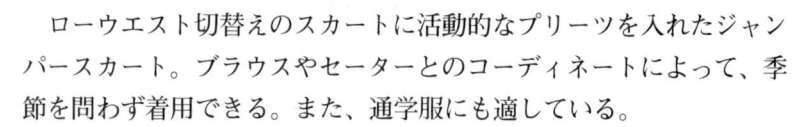

ローウエスト切替えのスカートに活動的なプリーツを入れたジャンパースカート。ブラウスやセーターとのコーディネートによって、季節を問わず着用できる。また、通学服にも適している。
　素材は、ウールや綿、化合繊などの用途に合わせて選ぶとよい。

使用量

　表布　110cm幅140cm、150cm幅110cm
　裏布　90cm幅120cm
　接着芯　90cm幅120cm

原型のダーツ操作

- **後ろ身頃**
  肩ダーツ量の $\frac{2}{3}$ を袖ぐりに分散する。
- **前身頃**
  胸ぐせダーツは後ろアームホールで分散した同分量を袖ぐりのゆとりとして残し、残りを脇ダーツに移動する。

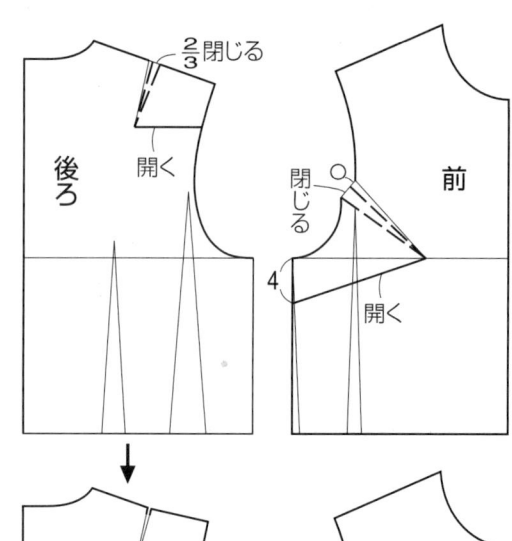

作図

作図要点

・後ろ身頃は❻点、前身頃は❺点を目安にパネルラインを入れ、ウエストダーツをとり、ややタイトなシルエットになっている。中に組み合わせるアイテムにより、ゆとり量を調節する。
・ローウエストの切替えは、ウエストラインとヒップラインを4等分し、ヒップラインより $\frac{1}{4}$ 上の位置にとる。

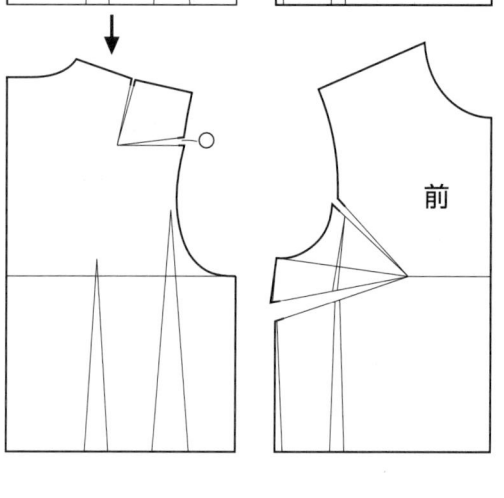

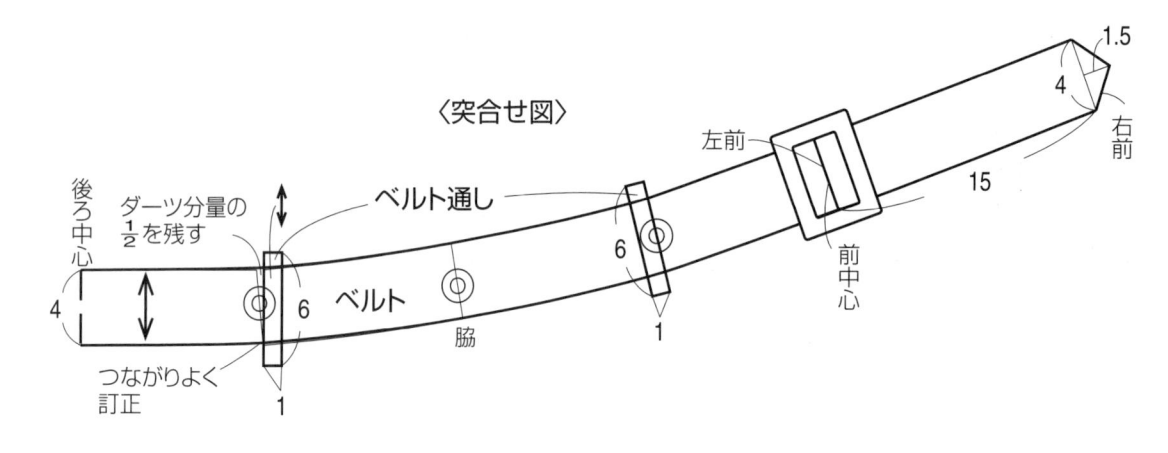

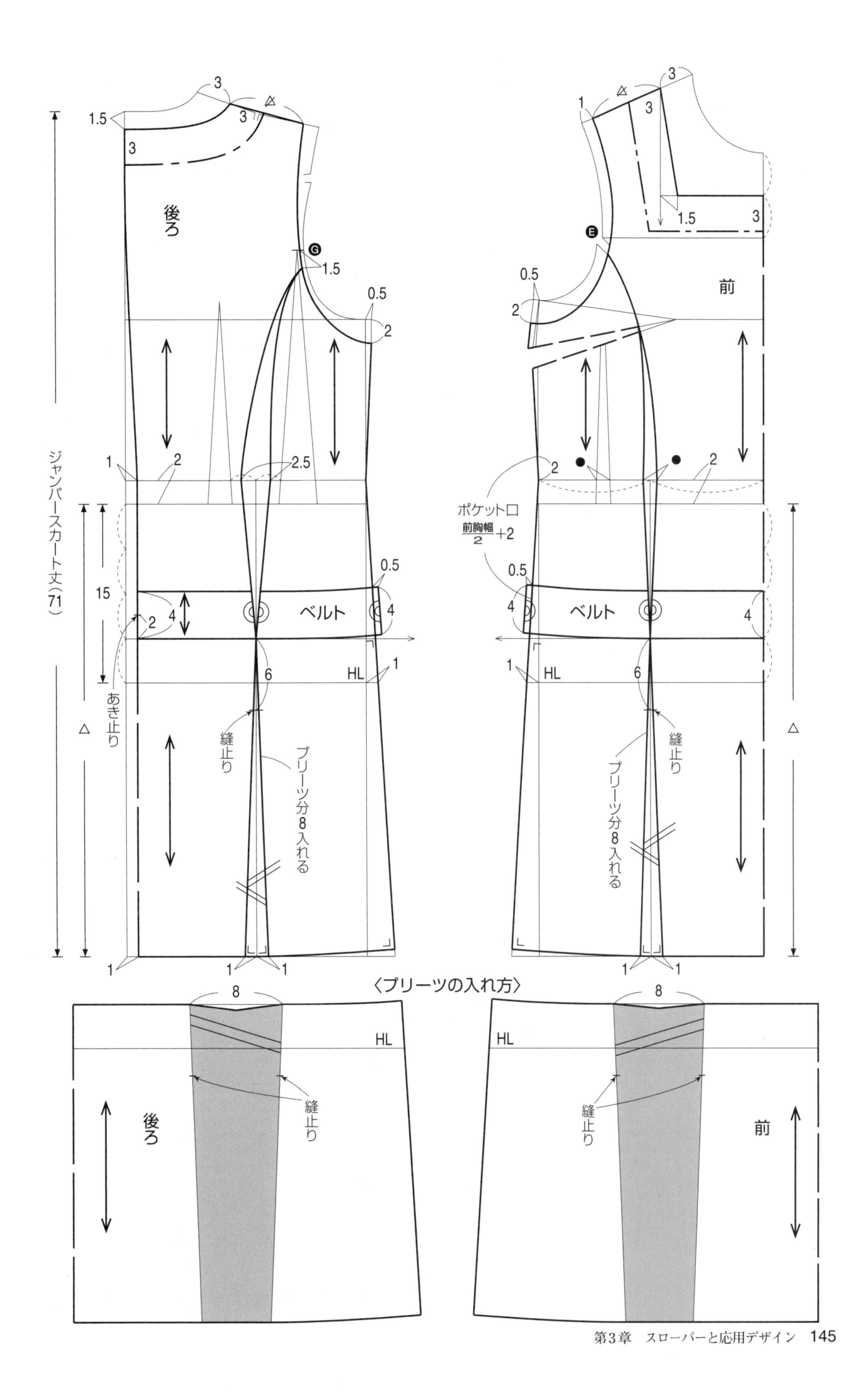

第3章　スローパーと応用デザイン　145

縫製要点

1 表身頃のパネルラインと肩を縫う

- 表前身頃（裏面）
- 力芯をはる
- 角をカット
- 表右後ろ身頃（裏面）
- 0.5
- 2
- ハーフバイアステープ
- あき止り
- 1
- 表左後ろ身頃（裏面）
- ポケット口

2 表スカートを作る

裾の始末をし、プリーツを折り、ミシンをかける
厚みのある布は、陰プリーツを1枚カットする

- 表前スカート（裏面）
- 1
- 縫止り
- 奥をまつる
- 表後ろスカート（裏面）
- 1
- 小丸に縫う
- 0.2ミシン

3 裏布を作り、見返しをつける

- 中心側に倒す
- 見返し（裏面）
- 裏前身頃（表面）
- 裏後ろ身頃（裏面）
- 中心側に倒す
- 0.2〜0.3ミシン
- 出来上りにしつけ

- 裏前スカート（表面）
- 0.2〜0.3ミシン
- 出来上りにしつけ
- 前側に倒す
- 10
- 裏後ろスカート（裏面）
- 2
- 0.2

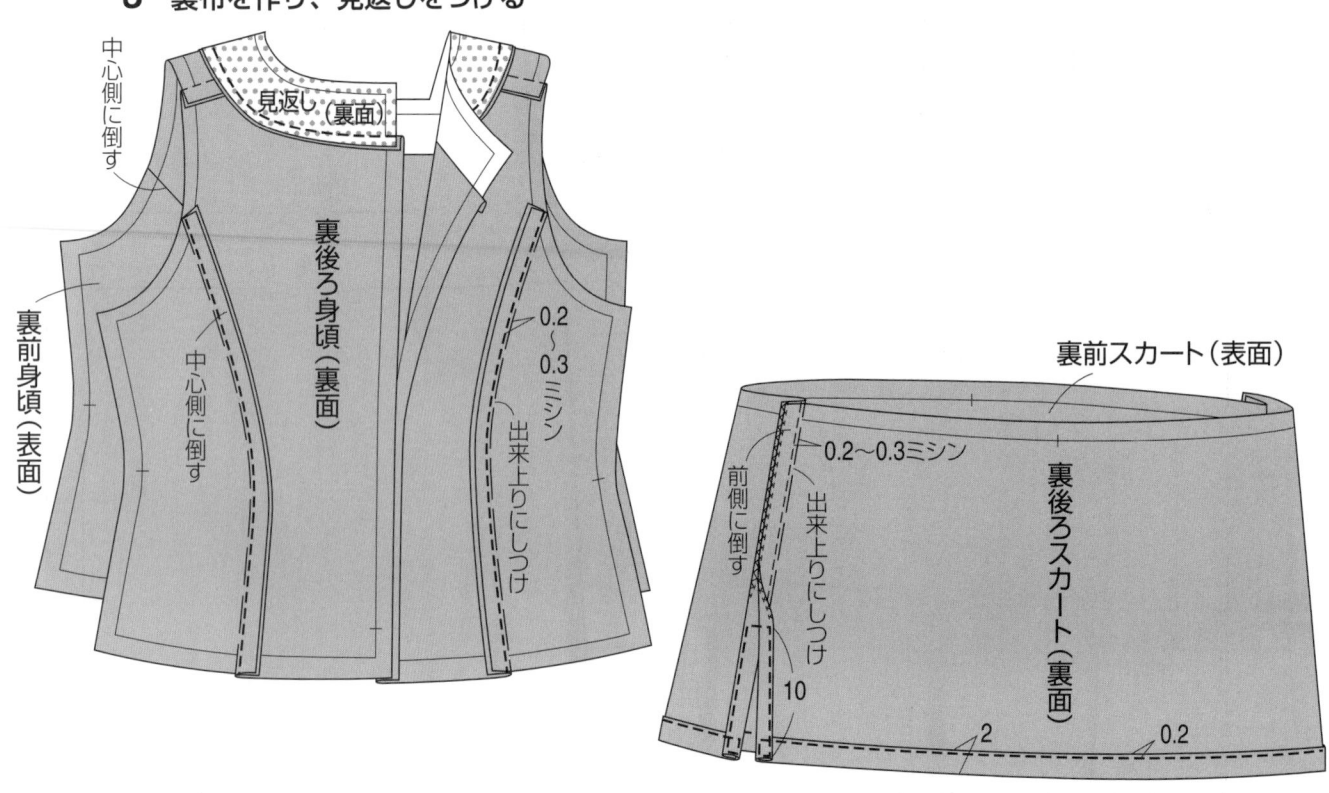

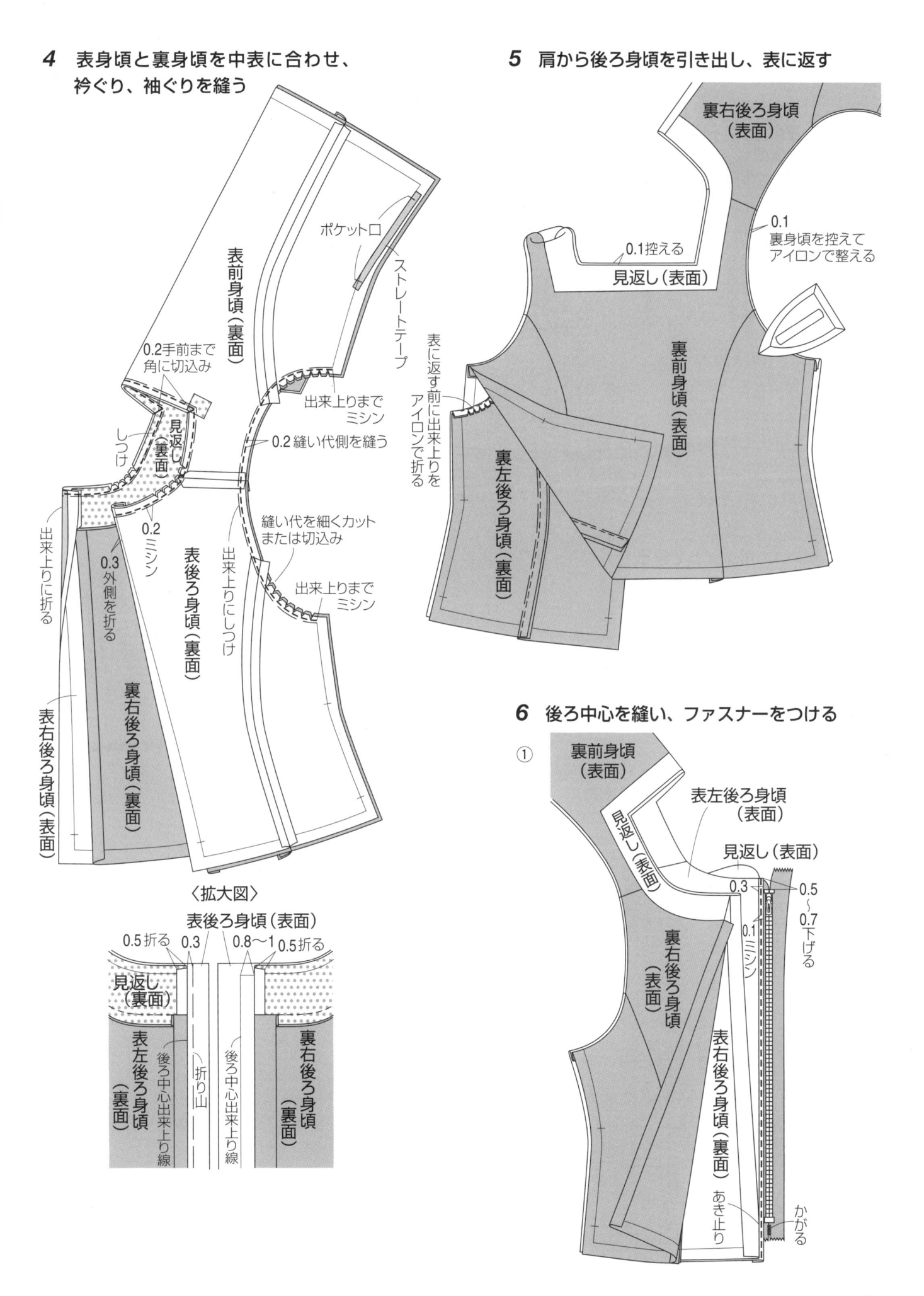

4 表身頃と裏身頃を中表に合わせ、衿ぐり、袖ぐりを縫う

表前身頃（裏面）
ポケット口
ストレートテープ
0.2手前まで角に切込み
見返し（裏面）
出来上りまでミシン
0.2縫い代側を縫う
しつけ
0.2 ミシン
0.3 外側を折る
表後ろ身頃（裏面）
縫い代を細くカットまたは切込み
出来上りにしつけ
出来上りまでミシン
表に返す前に出来上りをアイロンで折る
出来上りに折る
表右後ろ身頃（表面）
裏右後ろ身頃（裏面）

〈拡大図〉
表後ろ身頃（表面）
0.5折る　0.3　0.8～1　0.5折る
見返し（裏面）
表左後ろ身頃（裏面）
裏右後ろ身頃（裏面）
後ろ中心 折り山
後ろ中心出来上り線

5 肩から後ろ身頃を引き出し、表に返す

裏右後ろ身頃（表面）
0.1 裏身頃を控えてアイロンで整える
0.1控える
見返し（表面）
裏前身頃（表面）
裏左後ろ身頃（裏面）

6 後ろ中心を縫い、ファスナーをつける

①
裏前身頃（表面）
表左後ろ身頃（表面）
見返し（表面）
見返し（表面）
0.3
0.5
0.5～0.7下げる
0.1 ミシン
裏右後ろ身頃（表面）
表右後ろ身頃（裏面）
あき止り
かがる

第3章 スローパーと応用デザイン

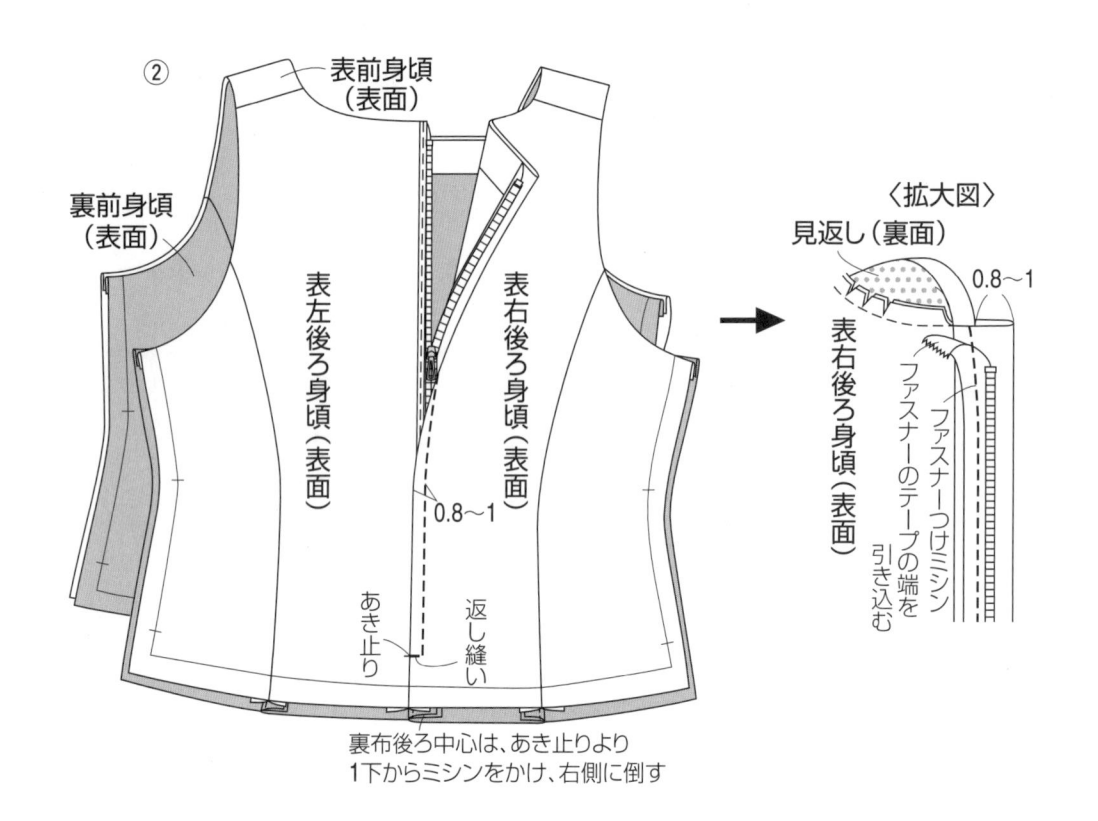

② 表前身頃（表面）

裏前身頃（表面）

表左後ろ身頃（表面）

表右後ろ身頃（表面）

0.8～1

あき止り

返し縫い

裏布後ろ中心は、あき止りより1下からミシンをかけ、右側に倒す

〈拡大図〉

見返し（裏面）

0.8～1

表右後ろ身頃（表面）

ファスナーつけミシン

ファスナーのテープの端を引き込む

7 脇を縫い、ポケットを作る

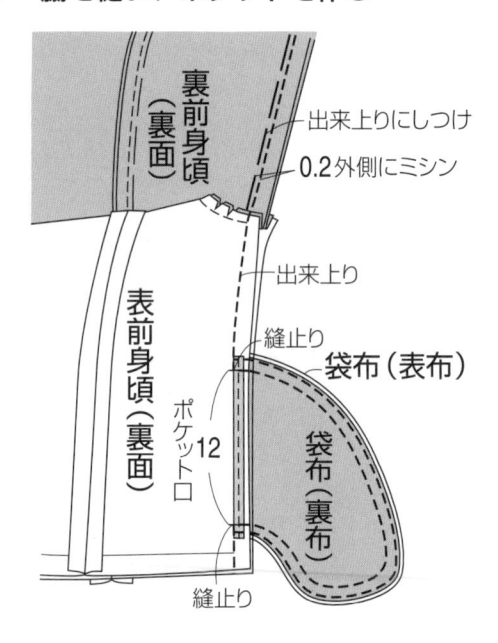

裏前身頃（裏面）

出来上りにしつけ

0.2外側にミシン

表前身頃（裏面）

出来上り

縫止り

袋布（表布）

ポケット口

12

袋布（裏布）

縫止り

〈拡大図〉

表布のウエストの切替えにベルト通しをはさむ。縫い代は身頃側に倒す

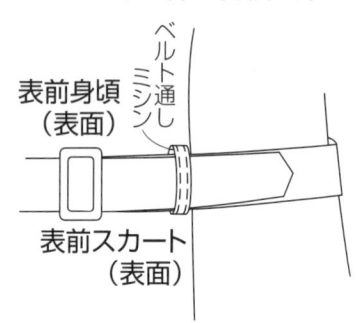

表前身頃（表面）

ベルト通しミシン

表前スカート（表面）

8 スカートを縫い合わせる

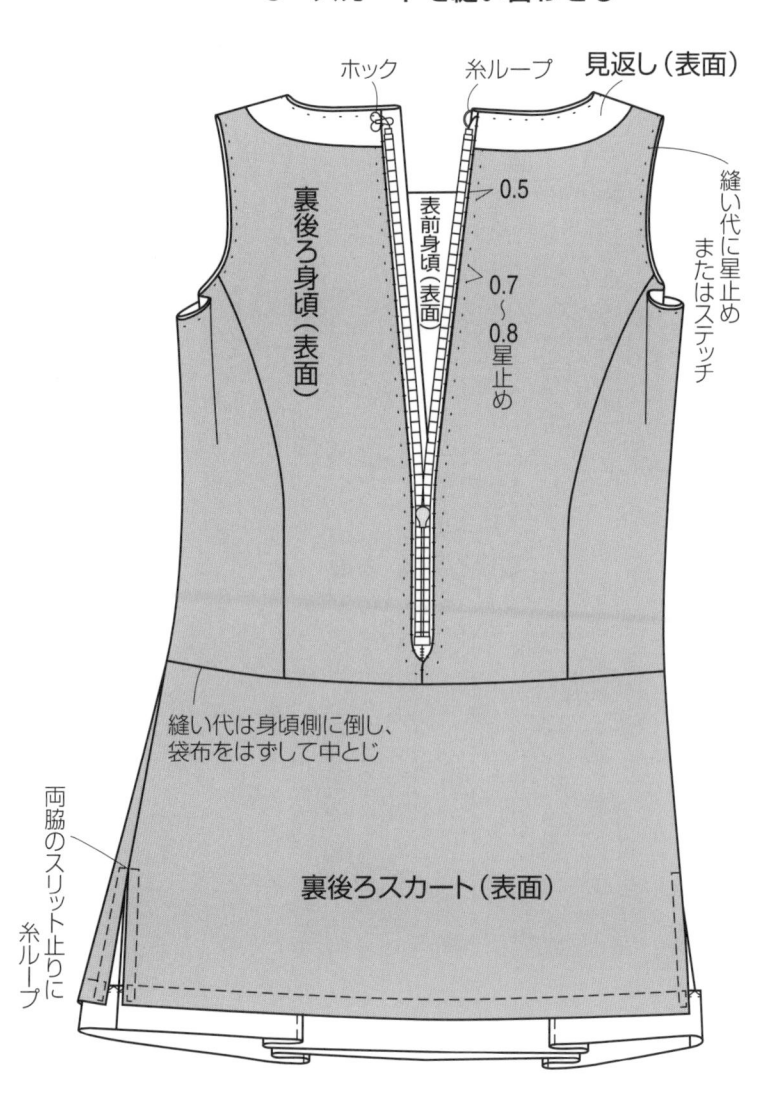

ホック

糸ループ

見返し（表面）

裏後ろ身頃（表面）

表前身頃（表面）

0.5

0.7～0.8 星止め

縫い代に星止めまたはステッチ

縫い代は身頃側に倒し、袋布をはずして中とじ

両脇のスリット止りに糸ループ

裏後ろスカート（表面）

パンツ

活動的な子供の日常着として重要なアイテムである。パンツとしての機能面からは、着脱がしやすいあき、ウエスト寸法の調節、使いやすいポケットなどの配慮が大切である。デザイン的には他のアイテムに比べて男女の差はなく、色、柄で男児らしさ、女児らしさを表現するとよい。

1. スローパー・・・・・・・・・・・・・・・・・・・・・・・・・・・・・・・・ パンツの基本型シルエットパターン

ヒップ寸法を基準に作図するが、右図のように殿部の突出している部位（殿突囲）を一周して計測すると、腹部の突出している部位は含まれていないため、この分量がパターン上で不足する。殿腹突囲での寸法で作図をする方法もあるが、子供の計測のときにこの部位の計測は難しく、全体のゆとりも多くなりすぎる。ここではヒップ寸法（殿突囲）で作図した後に前パターンで不足の部位を切り開く方法で作図する。

ウエスト寸法は、組み合わせて着るものによって、また食前、食後の寸法差が大きいため、それに対応できるようにする必要がある。子供は動きが激しいのでウエスト位置を安定した状態で保つことは難しいが、ゴム通し位置をウエストラインより下にすると着くずれが少ない。また、おむつをしている場合は、その分のゆとりを加えなくてはならない。

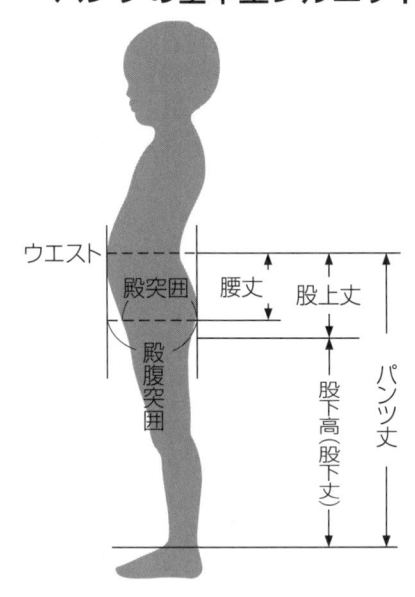

身長90cm　パンツ

ヒ　ッ　プ＝52cm
ウエスト＝50cm
パンツ丈＝46cm
股　上　丈＝14cm
腰　　　丈＝9cm

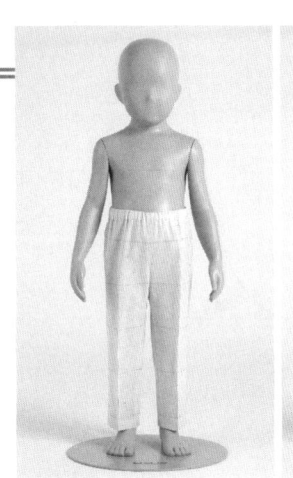

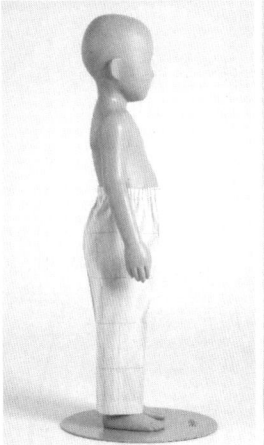

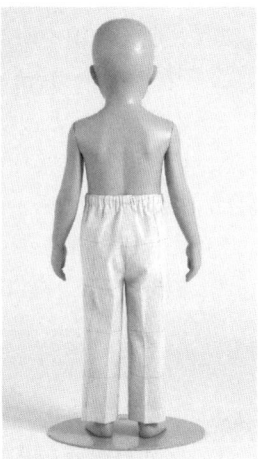

作図

前パンツのかき方

●基礎線をかく

① …… ❹点で直角線をかき、縦にパンツ丈をとって裾線をかく。
② …… ❹点から腰丈にゆとりを加えた寸法をとって❸点（HL位置）とする。
③ …… ❹点から股上丈にゆとりを加えた寸法をとり❻点とし、股上線をかく。
④⑤.. ❸点から $\frac{H}{4}$ にゆとり（1.5cm）を加えた寸法をとり❸′点とし、この点を直上、直下して❹点❻点からの水平線と結んで長方形をかき❹′点❻′点とする。
⑥ …… 股上線上の❻〜❻′間を5等分し（●）、股上線上の❻′点の延長線上にとり、❻″点とする。
⑦⑧.. ❻〜❻′間 $\frac{3}{5}$ の点を折り山線として直上、直下し、膝線（KL＝ニーライン）を決めてかく。
⑨ …… HL上で❸点から0.7cmとった点と❻′点を結び、前股ぐり案内線とする。前中心❹点から上に1cmとり前中心線をかく。

第3章　スローパーと応用デザイン

●輪郭線をかく
⑩......前股ぐり線をかく。
⑪......ウエストの線をかく。
⑫⑬..裾幅を決め❸点を結んで案内線として脇線をかく。
⑭......折り山線を中心に、裾幅、KL幅で同寸法をとって前股下線をかく。
⑮......腹部の不足分を切り開く。KLから裾線をうつし、折り山線を延長する。KLの脇縫い目と股下縫い目位置を基点に、HLの位置でヒップ寸法と殿・腹突囲寸法の差の$\frac{1}{2}$を切り開く。切り開く寸法は腹部の突出度によって調整する。

後ろパンツのかき方

前パンツの基本線と脇線、股下線を反転してかく。

①......股上線上に、後ろ股ぐり寸法を加えてとる。
②......WL上で❹点と折り山線間の$\frac{1}{3}$の点と●の点を結んで後ろ股ぐりの案内線として股ぐり線をかく。
③......$\frac{H}{4}+0.5～1cm$を股ぐり線から直角にとった線とHLとの交点を❸'点とする。
④......裾、KLで後ろパンツ幅を加え、股下線をかく。
⑤......脇線のKLと裾に線④と同様に後ろパンツ幅を加え、❸'点とKLを結んで延長する。
⑥......後ろ股上丈をとった位置から直角線をかき、延長した脇線と結ぶ。ウエストのゴム通し位置はWLより下にする。別布にする場合は切替え線を入れる。

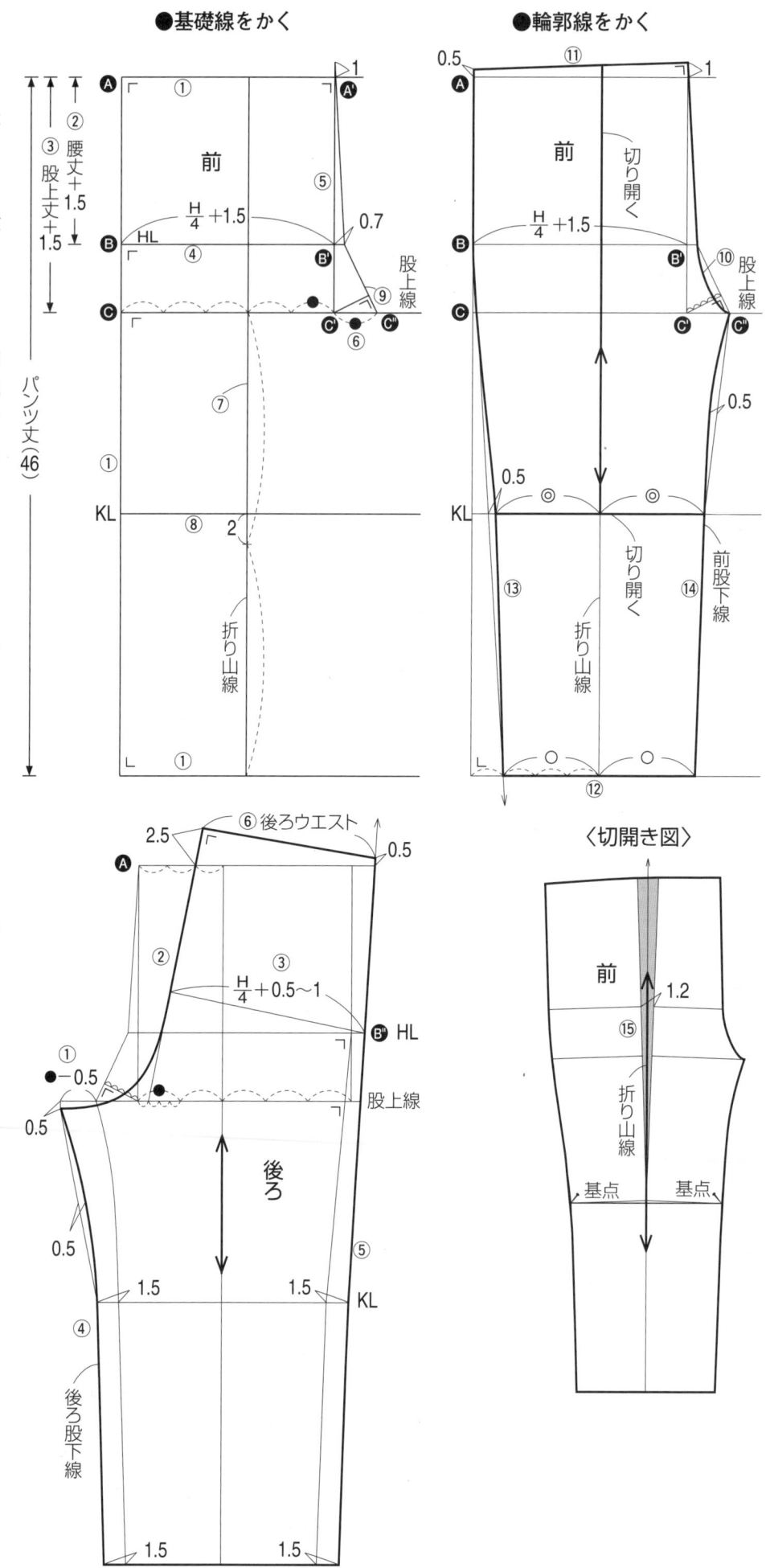

●ゴム通しにする場合

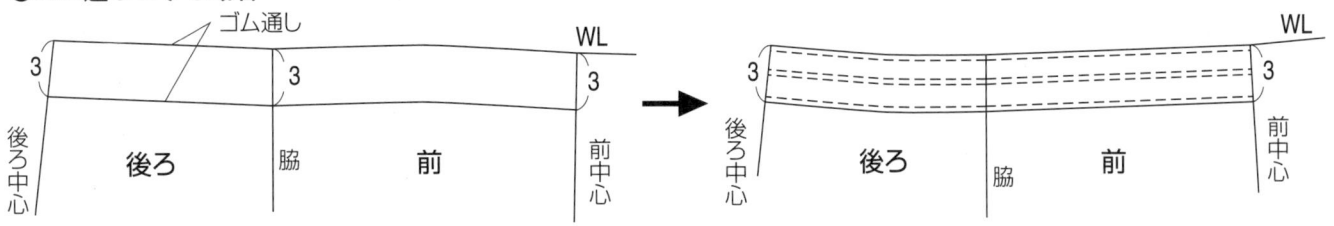

身長110cm パンツ

参考寸法
ヒ ッ プ＝60cm
ウエスト＝52cm
パンツ丈＝60cm
股　　上＝18cm
腰　　丈＝12.5cm

作図

前パンツのかき方

●基礎線をかく
①〜⑩は「身長90cm パンツ（149ページ）」に準じてかく。

●輪郭線をかく
⑪……前ウエスト寸法を算出してウエスト線をかく。前ウエストゴム通し処理の場合に脇線は直線にしてウエストのゆとりとする。
⑫〜⑮は90cmパンツに準じてかく。

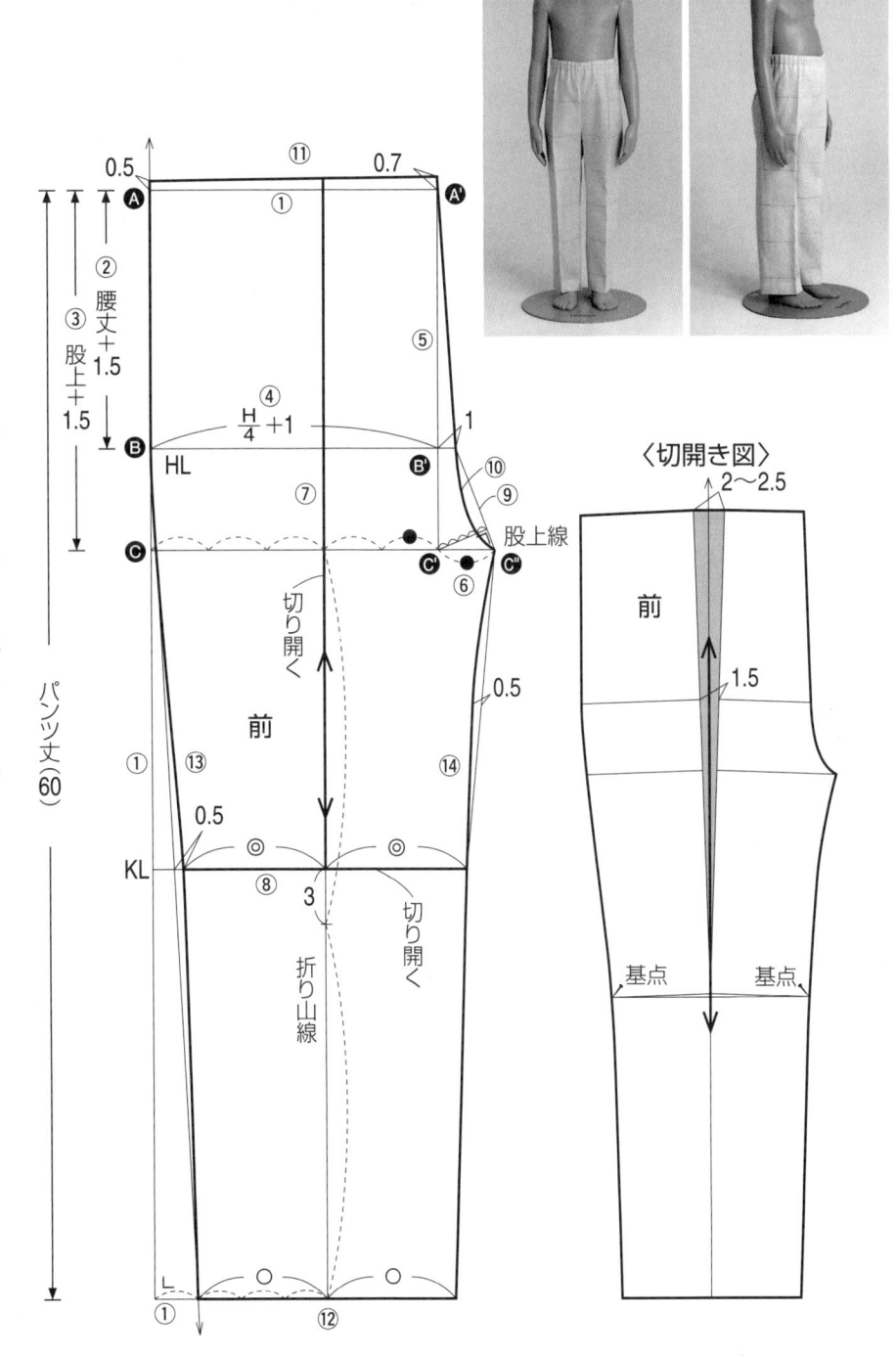

第3章　スローパーと応用デザイン

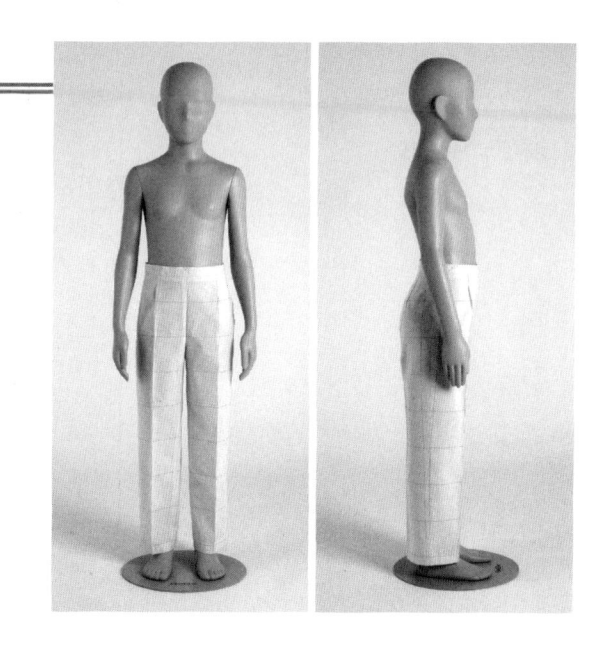

後ろパンツのかき方

①〜⑤は90cmに準じてかく。

⑥……後ろ股上丈をとった位置から直角をかき、延長した脇線と結ぶ。

●別ベルトにしてゴムを通す場合

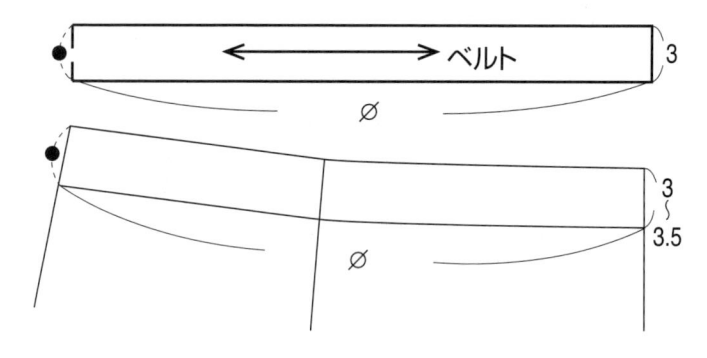

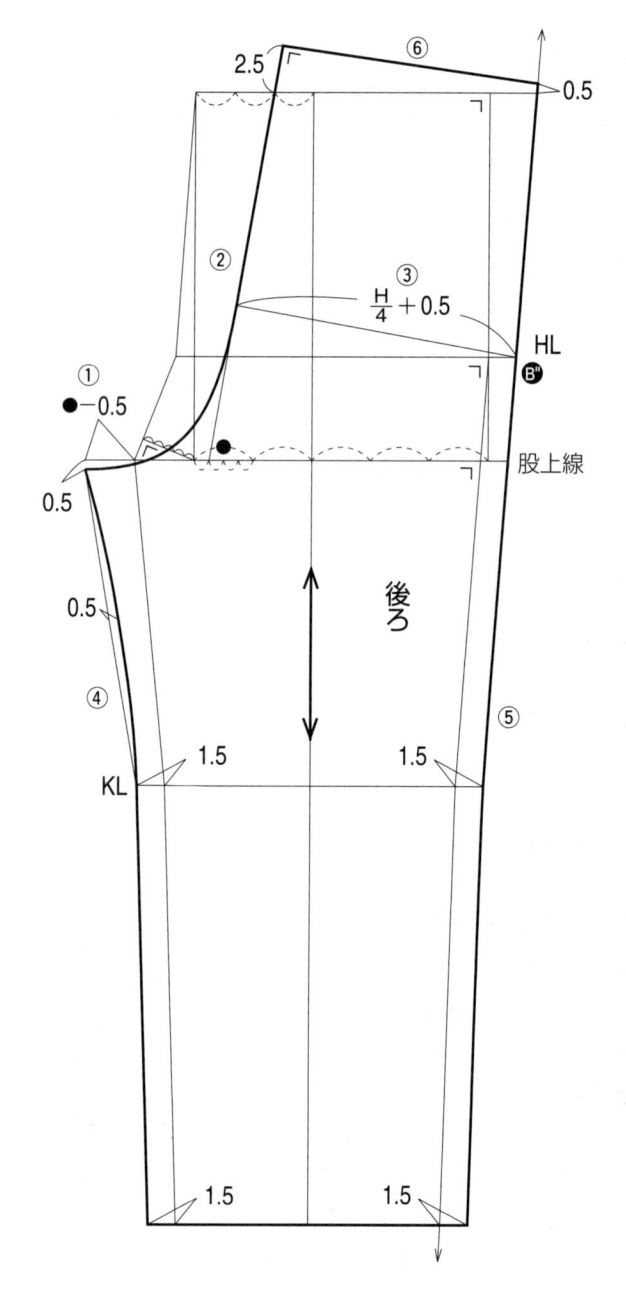

身長140cm　パンツ

参考寸法

ヒ ッ プ＝75cm
ウエスト＝60cm
パンツ丈＝79cm
股　　上＝21cm
腰　　丈＝15cm

作図

前パンツのかき方

●基礎線をかく

① ～ ⑩は90cmパンツに準じてかく。

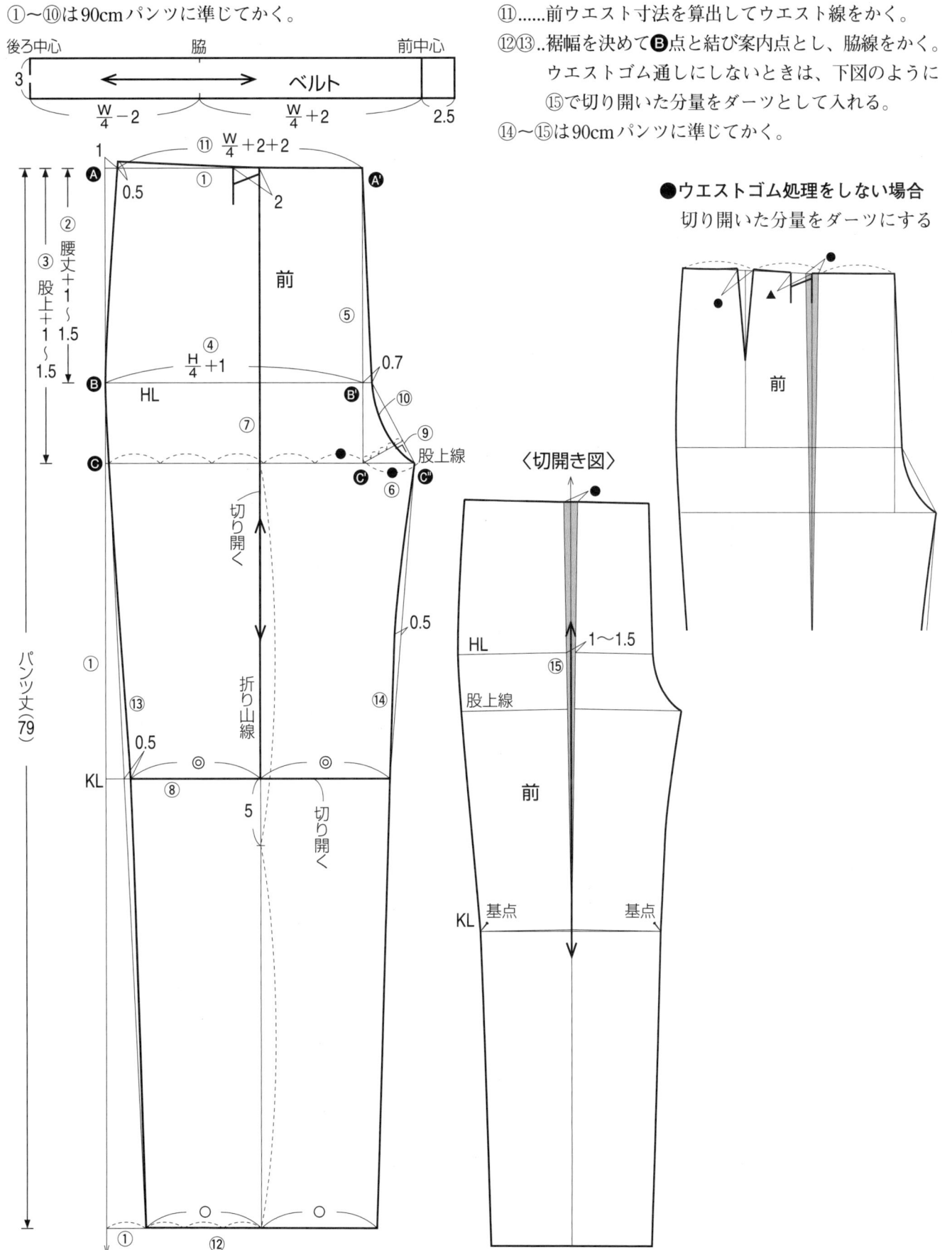

●輪郭線をかく

⑪......前ウエスト寸法を算出してウエスト線をかく。

⑫⑬..裾幅を決めて❶点と結び案内点とし、脇線をかく。
ウエストゴム通しにしないときは、下図のように
⑮で切り開いた分量をダーツとして入れる。

⑭～⑮は90cmパンツに準じてかく。

●ウエストゴム処理をしない場合

切り開いた分量をダーツにする

〈切開き図〉

第3章　スローパーと応用デザイン

後ろパンツのかき方

①〜⑤は90cmに準じてかく。

⑥......後ろ股上丈をとった位置から直角線をかき、延長した脇線と結ぶ。後ろウエストの中点を中心にダーツを入れる。ウエストゴム通しにするときは右のようにする。

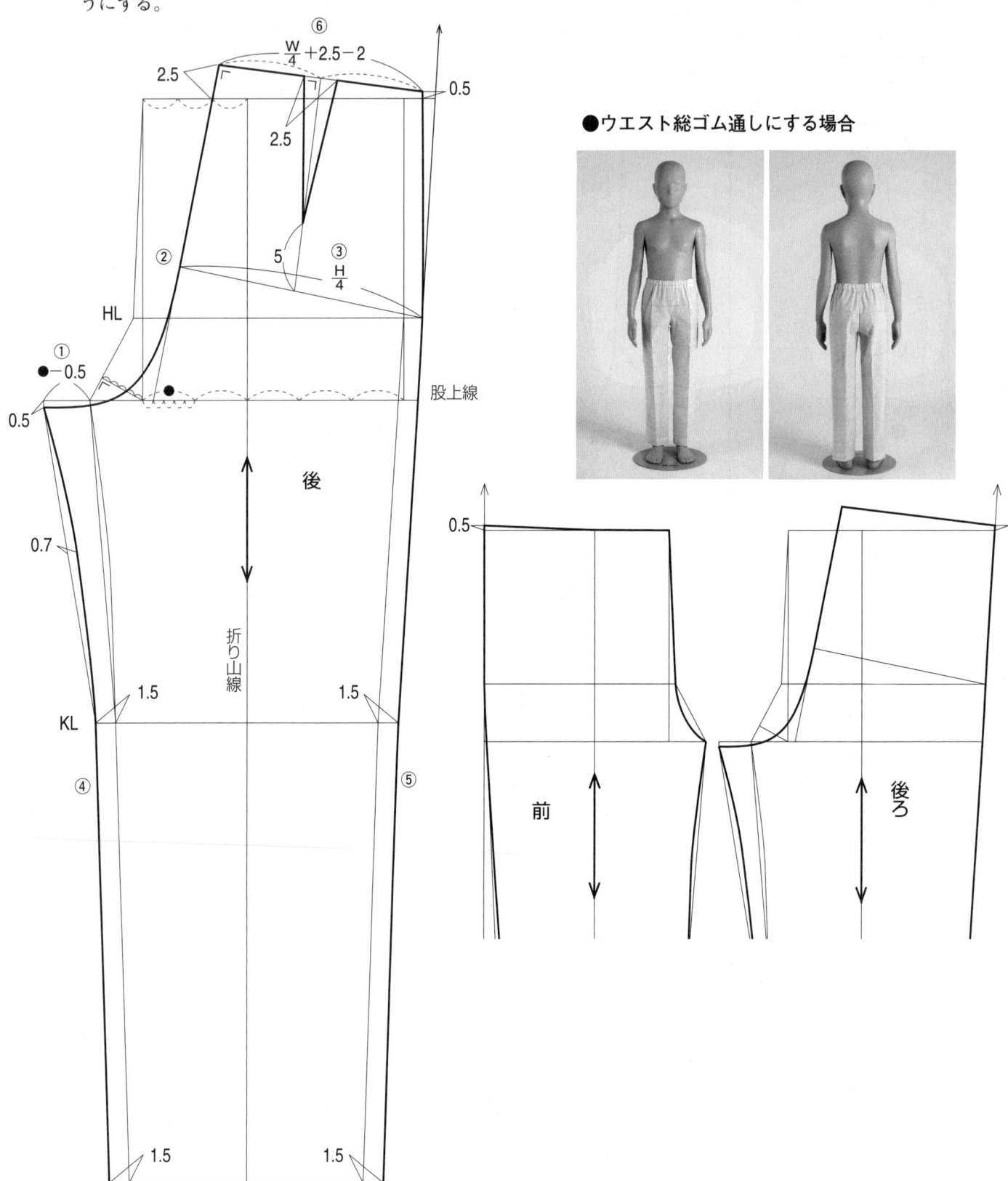

● ウエスト総ゴム通しにする場合

2. 応用デザイン

ショートパンツ（90cm　男児）

ウエストは調節つきゴムテープを通して、着脱やサイズ調節が容易にできるようにしてある。前あきはステッチをかけただけの見せかけにし、縫製も簡単にできるようになっている。

素材は、丈夫で手入れが簡単にできるデニム、ギャバジン、化合繊などが適している。

使用量

表布　110cm幅50cm

作図

作図要点

- 「身長90cm　パンツ（149ページ）」を参考にしてかく。
- おむつをしているのと腹部が出ているため、ヒップのゆとりを多くしてある。素材や好みにより加減するとよい。
- 前パンツを反転して後ろの作図をする。

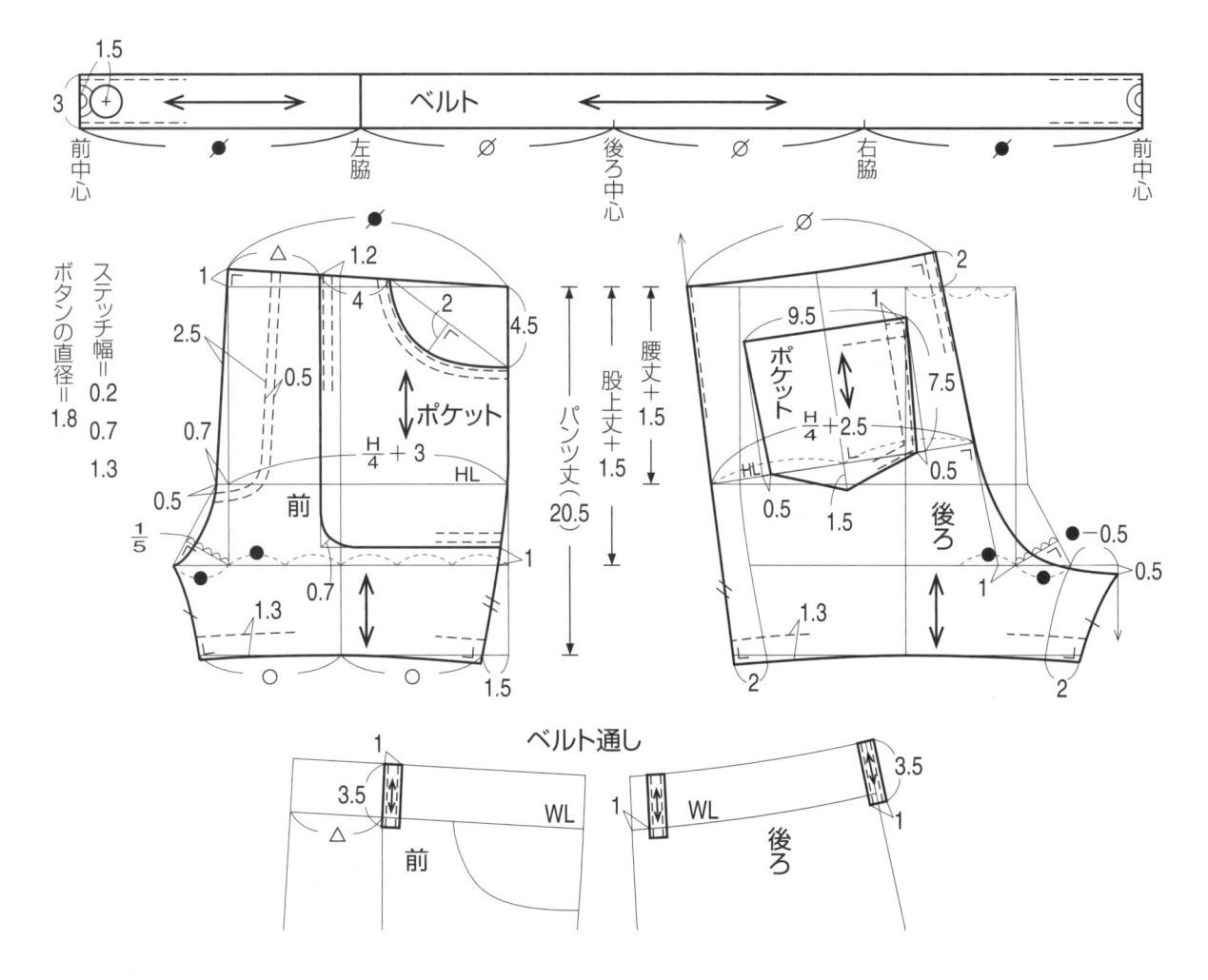

第3章　スローパーと応用デザイン

縫製要点

●パッチポケットの作り方、つけ方（ポケット口に見返しをつける）

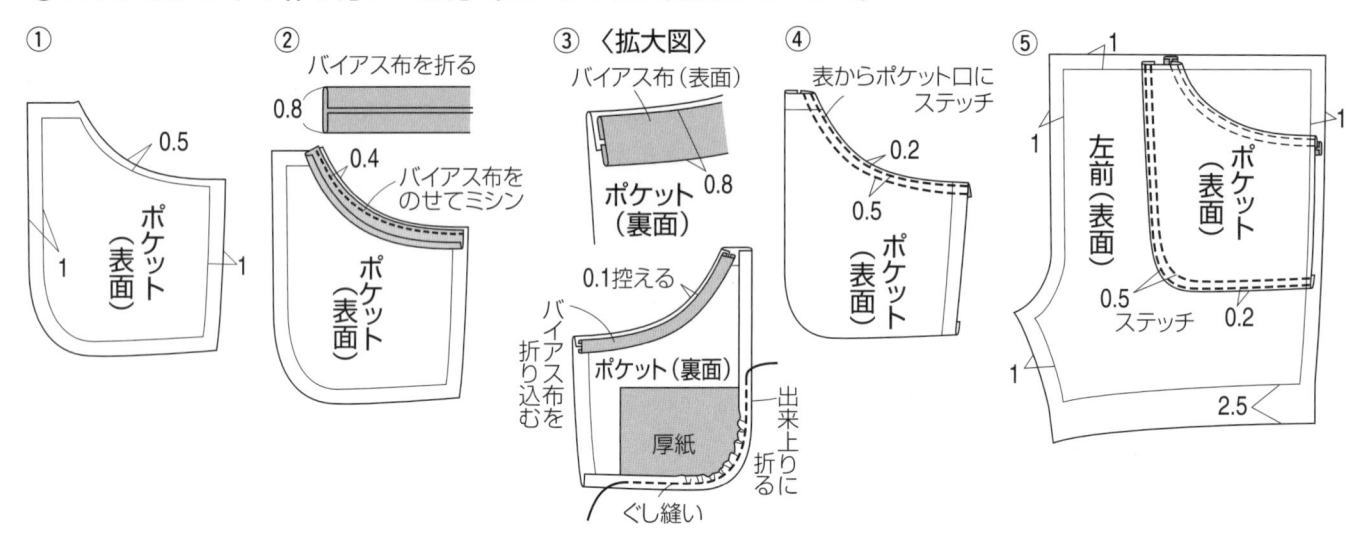

① ② バイアス布を折る ③〈拡大図〉バイアス布（表面） ④ 表からポケット口にステッチ ⑤

- ① ポケット（表面）0.5 / 1 / 1
- ② 0.8 / 0.4 バイアス布をのせてミシン / ポケット（表面）
- ③ バイアス布（表面）0.8 / ポケット（裏面）／ 0.1控える / バイアス布を折り込む / ポケット（裏面）／ 厚紙 / 出来上りに折る / ぐし縫い
- ④ 0.2 / 0.5 ポケット（表面）
- ⑤ 1 / 左前（表面）／ ポケット（表面）／ 0.5 ステッチ / 0.2 / 1 / 1 / 2.5

●前あき（みせかけ）の作り方

前あきを作らないため、前後の股ぐりを中表に縫い、左前に倒して飾りステッチをかける

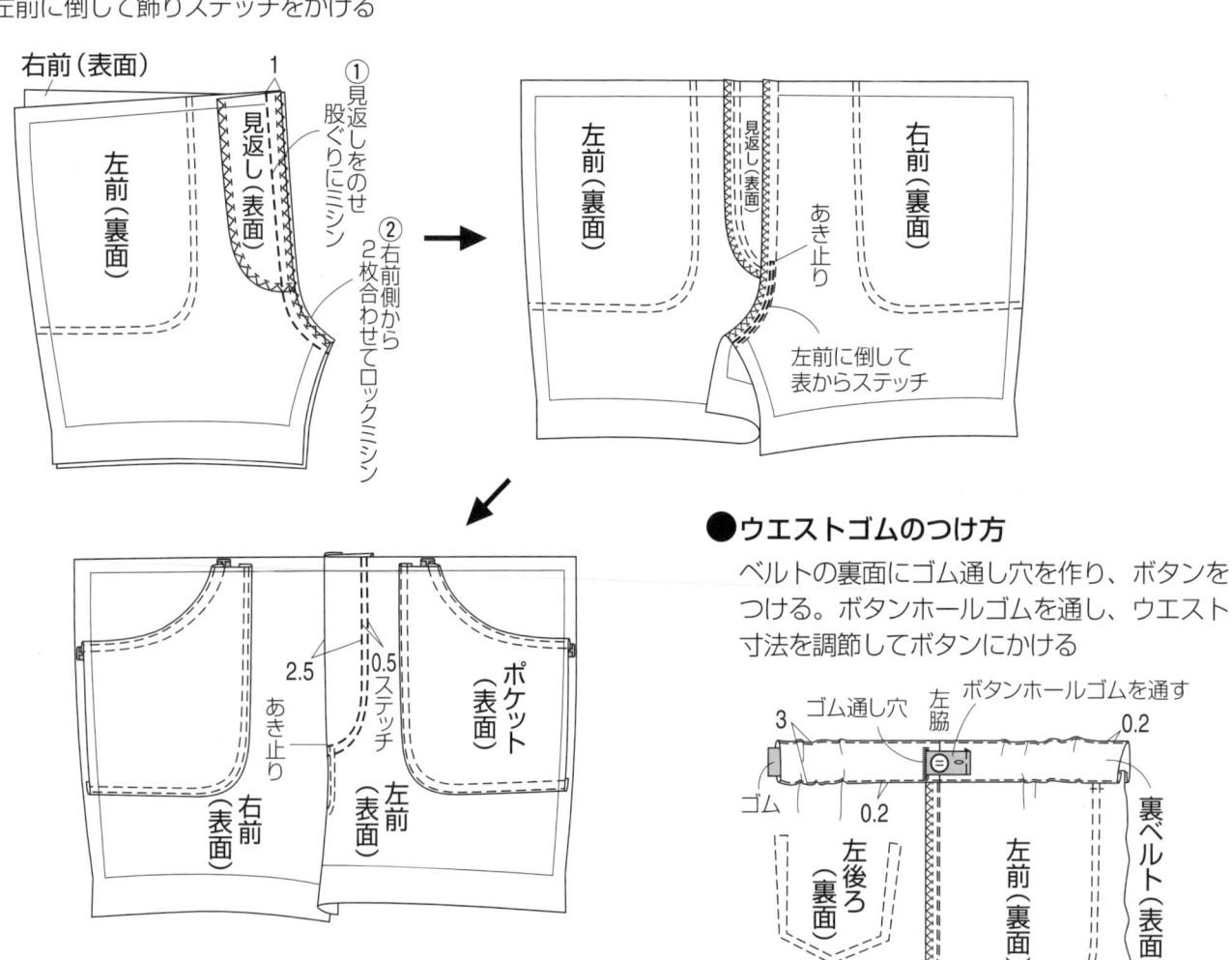

右前（表面）／ 1 / 左前（裏面）／ 見返し（表面）
① 見返しをのせ股ぐりにミシン
② 右前側から2枚合わせてロックミシン

→ 左前（裏面）／ 見返し（表面）／ 右前（裏面）／ あき止り / 左前に倒して表からステッチ

↓

右前（表面）／ 2.5 あき止り / 0.5 ステッチ / 左前（表面）／ ポケット（表面）

●ウエストゴムのつけ方

ベルトの裏面にゴム通し穴を作り、ボタンをつける。ボタンホールゴムを通し、ウエスト寸法を調節してボタンにかける

3 ゴム通し穴 / 左脇 / ボタンホールゴムを通す / 0.2
ゴム / 0.2 / 左後ろ（裏面）／ 左前（裏面）／ 裏ベルト（表面）
0.2 / 1.5

ベーシックパンツ（110cm　男児）

前ウエストにタックをとった男女兼用の基本的なデザイン。丈を5分丈、7分丈と短くしたり、素材を変えることにより、季節を問わず着用できる。

使用量

- 表布　150cm幅70cm
- 裏布　90cm幅115cm
- 接着芯　90cm幅20cm
- スレキ　90cm幅20cm

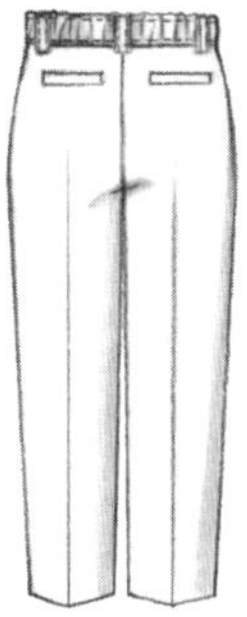

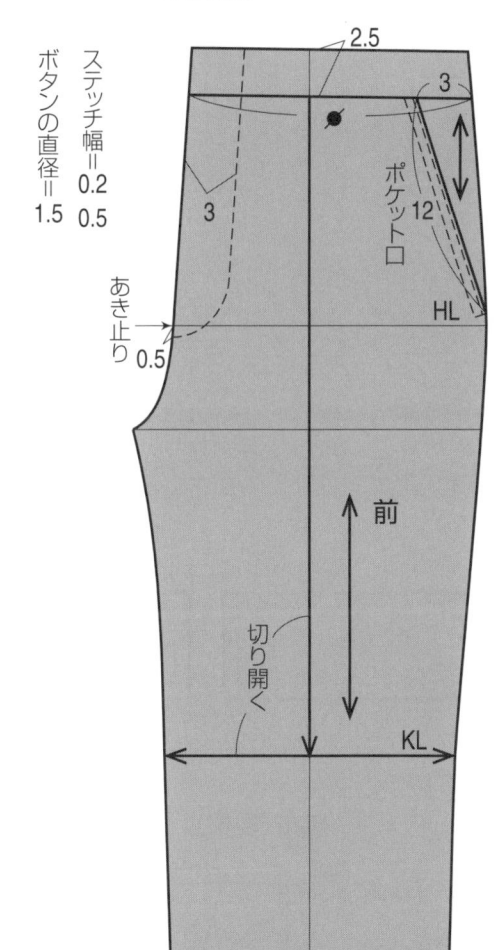

作図

ステッチ幅＝0.2
ボタンの直径＝1.5　0.5

前：2.5、3、ポケット口12、HL、あき止り0.5、KL、切り開く

後ろ：2.5、⌀、9、4、0.8、3、ポケット、HL、KL

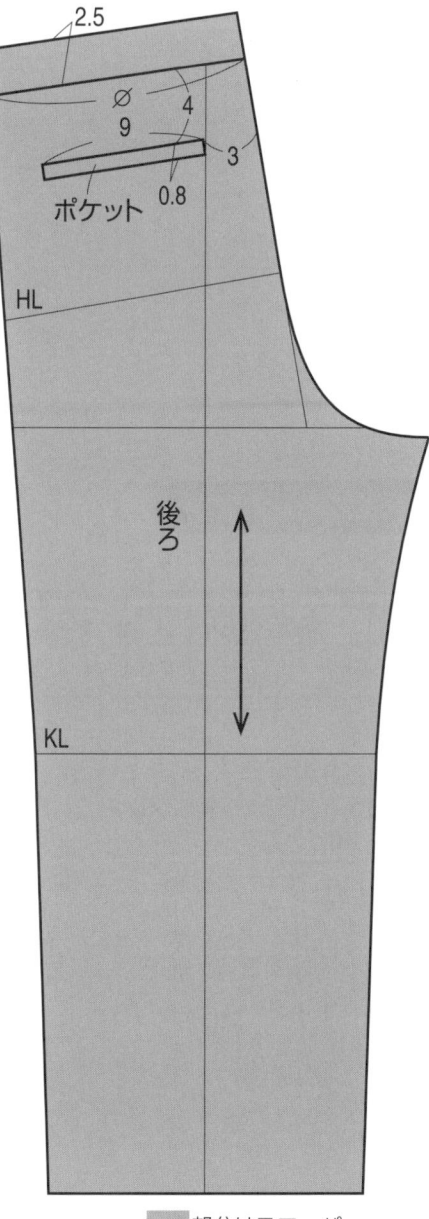

■部分はスローパー

作図要点

- 「身長110cm パンツ（151ページ）」をスローパーとして使用し、前脇に斜めポケット、後ろに腰ポケットを入れる。
- ウエストベルトのゴムは後ろのみ通すので、後ろのダーツ分はゆとりとする。

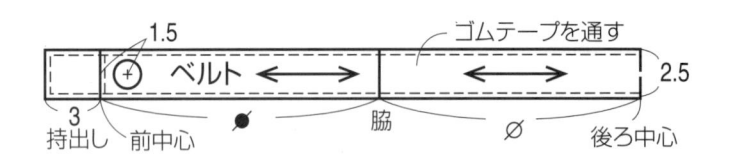

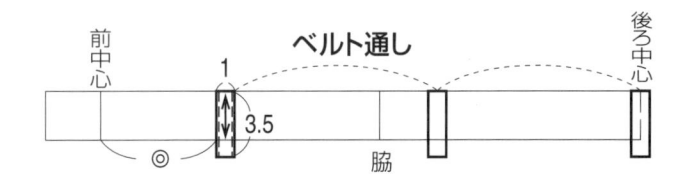

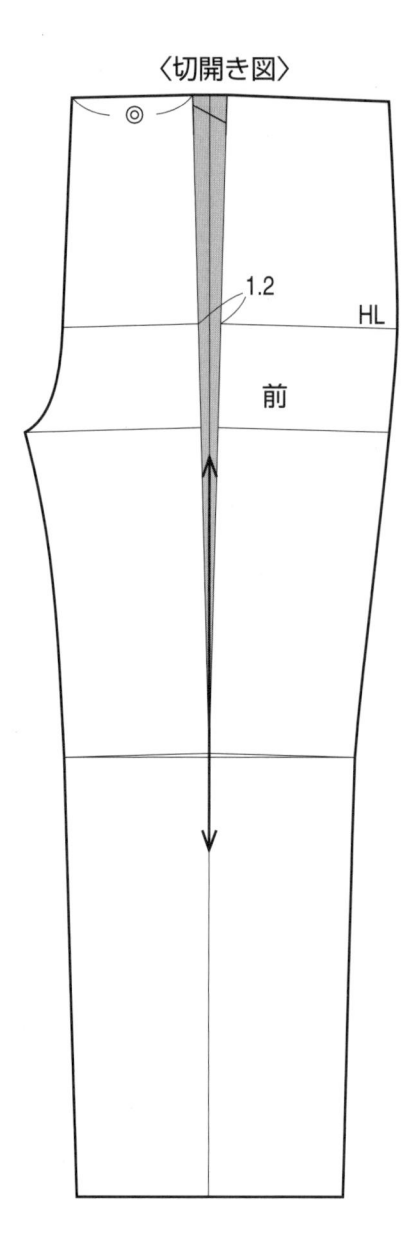

〈切開き図〉

パターンメーキング

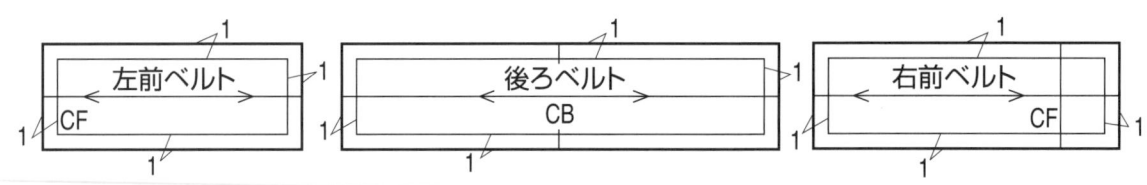

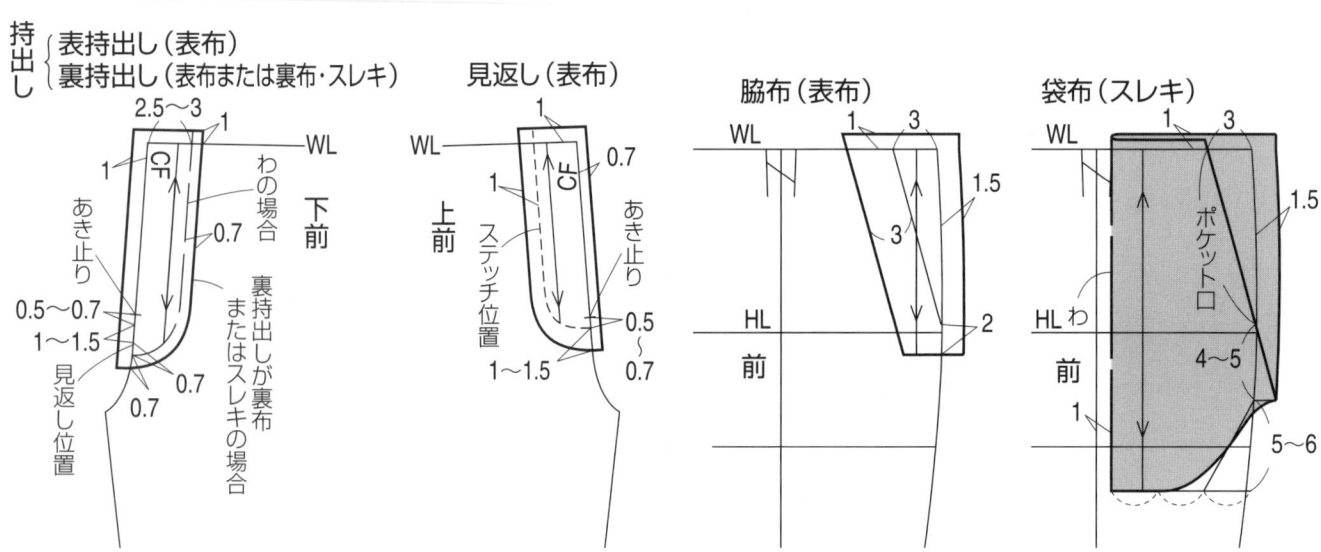

―裏布―

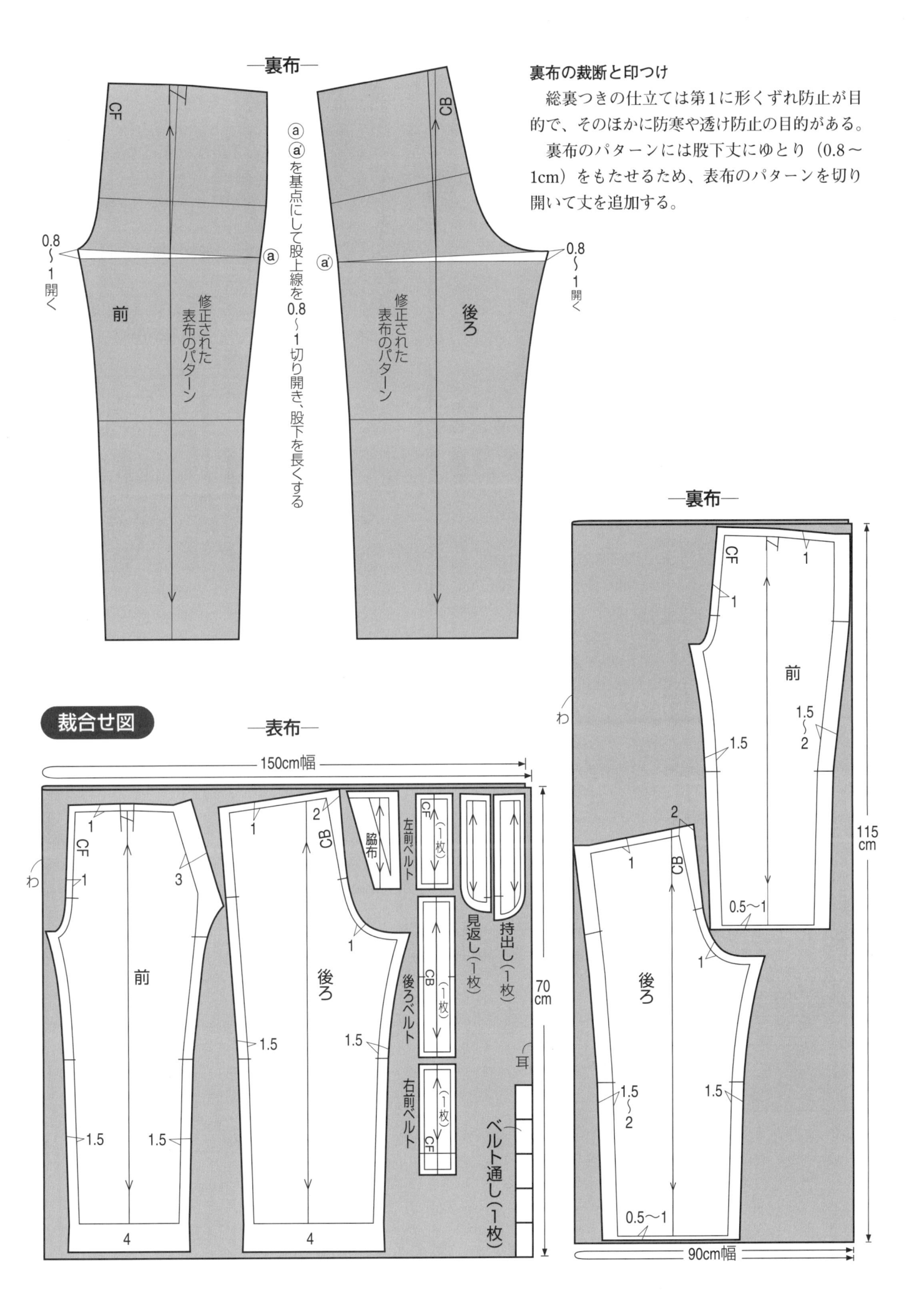

裏布の裁断と印つけ

総裏つきの仕立ては第1に形くずれ防止が目的で、そのほかに防寒や透け防止の目的がある。

裏布のパターンには股下丈にゆとり（0.8〜1cm）をもたせるため、表布のパターンを切り開いて丈を追加する。

- 0.8〜1開く
- ⓐⓐ'を基点にして股上線を0.8〜1切り開き、股下を長くする
- 修正された表布のパターン（前 CF）
- 修正された表布のパターン（後ろ CB）

裁合せ図　―表布―

150cm幅 / 70cm / 耳

- 前（CF）わ
- 後ろ（CB）
- 脇布
- 左前ベルト
- 見返し（1枚）
- 持出し（1枚）
- 後ろベルト（1枚）
- 右前ベルト（1枚）CF
- ベルト通し（1枚）

―裏布―

90cm幅 / 115cm

- 前（CF）わ
- 後ろ（CB）

縫製要点

【本縫い前の準備】

縫い代にロックミシンをかける

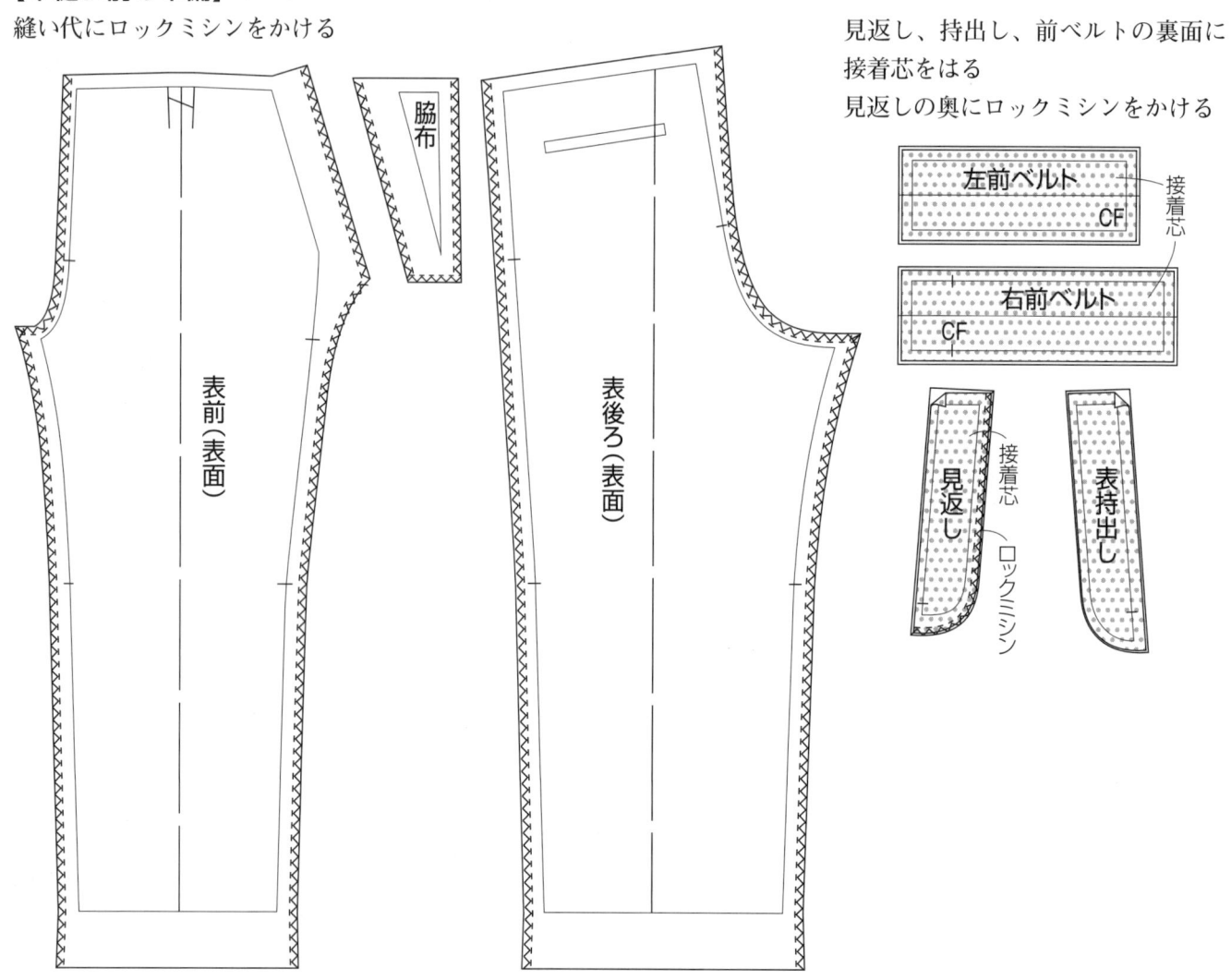

見返し、持出し、前ベルトの裏面に接着芯をはる
見返しの奥にロックミシンをかける

脇布

表前（表面）

表後ろ（表面）

左前ベルト　接着芯　CF

右前ベルト　CF　接着芯

見返し　接着芯　ロックミシン

表持出し

1　後ろポケットを作る

〈裁ち方〉

袋布A・B（スレキ・1枚）
ポケット口寸法+4

WL　1　B
　　　A
9　2
14　　2
2　0.8　2
A
B

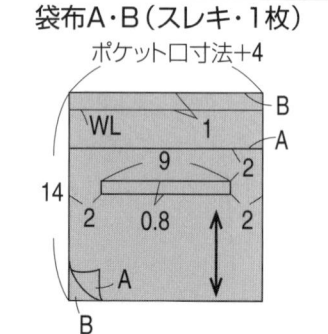

口布（表布・1枚）
ポケット口寸法+3
5

向う布（表布・1枚）
ポケット口寸法+4
6.5

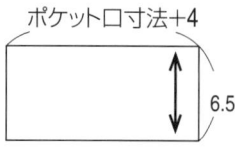

口芯（接着芯・1枚）
ポケット口寸法+2
1.5

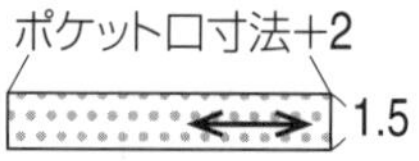

①口布に口芯をはり、奥にロックミシンをかける

口布に芯をはる
口布（裏面）
ロックミシン

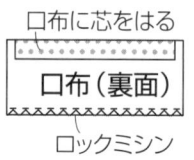

②袋布Bに向う布をつける

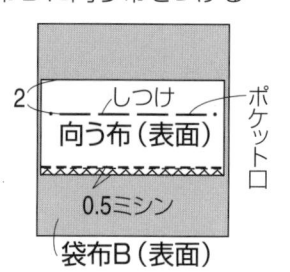

2　しつけ　ポケット口
向う布（表面）
0.5ミシン
袋布B（表面）

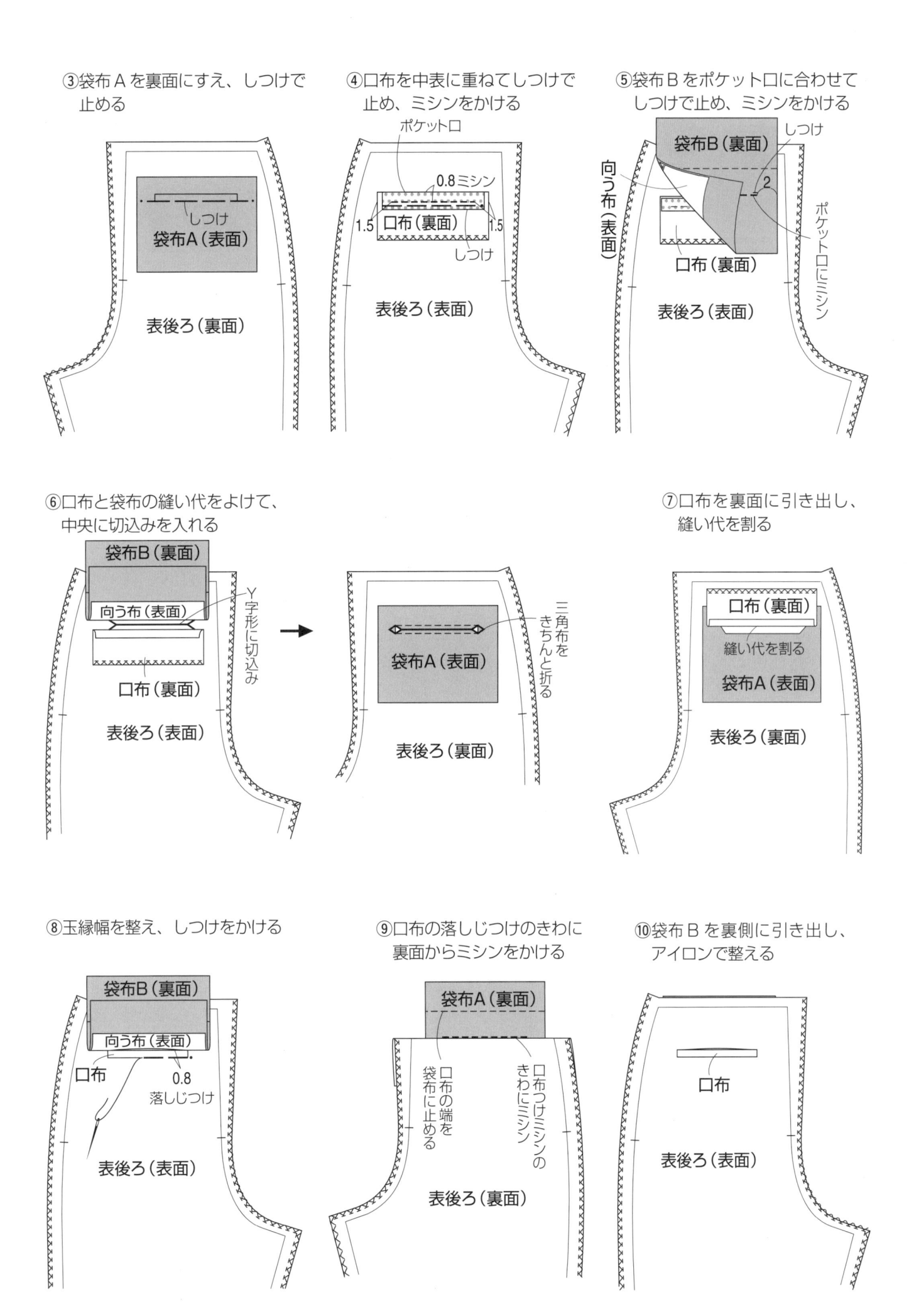

③袋布Aを裏面にすえ、しつけで止める

④口布を中表に重ねてしつけで止め、ミシンをかける

⑤袋布Bをポケット口に合わせてしつけで止め、ミシンをかける

⑥口布と袋布の縫い代をよけて、中央に切込みを入れる

⑦口布を裏面に引き出し、縫い代を割る

⑧玉縁幅を整え、しつけをかける

⑨口布の落しじつけのきわに裏面からミシンをかける

⑩袋布Bを裏側に引き出し、アイロンで整える

第3章 スローパーと応用デザイン

⑪袋布の周囲にミシンをかける

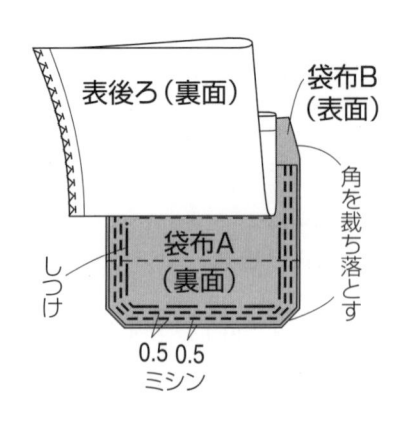

表後ろ（裏面）
袋布B（表面）
袋布A（裏面）
しつけ
角を裁ち落とす
0.5 0.5
ミシン

⑫表布をめくってポケット口のきわにミシンをかけて袋布A・Bを止める

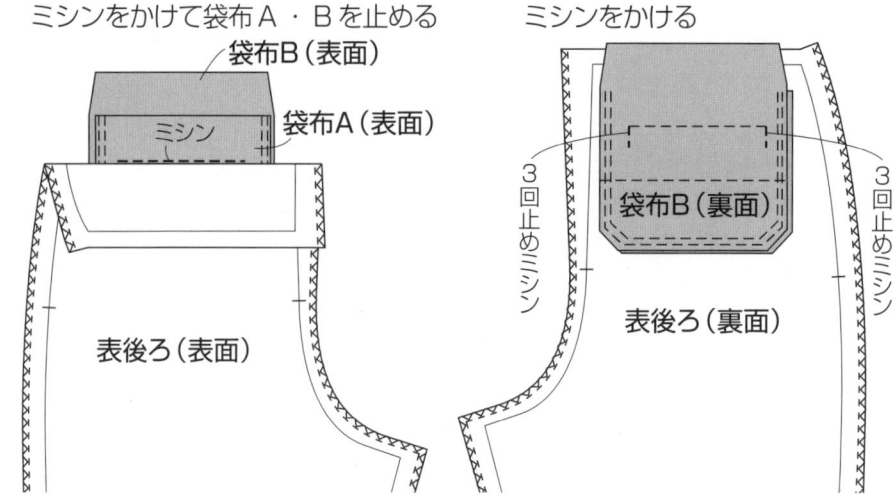

袋布B（表面）
ミシン
袋布A（表面）
表後ろ（表面）

⑬表布をめくって三角布を止めるミシンをかける

袋布B（裏面）
3回止めミシン
3回止めミシン
表後ろ（裏面）

2 脇ポケットを作る

①袋布に脇布をつける

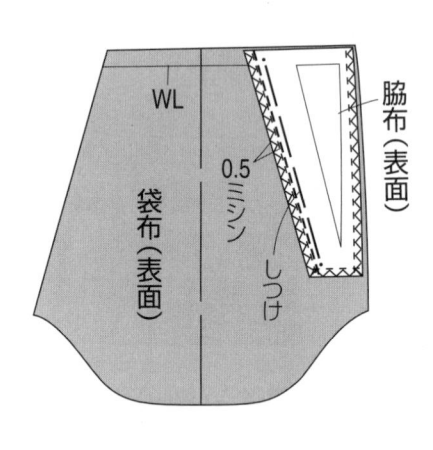

WL
脇布（表面）
袋布（表面）
0.5 ミシン
しつけ

②袋布をポケット口に重ねて、ポケット口に伸止めの接着テープをはる

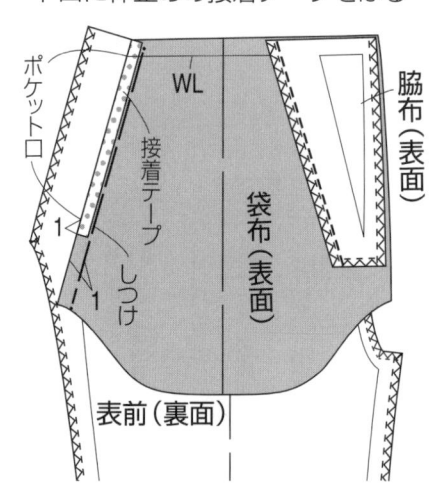

WL
ポケット口
接着テープ
脇布（表面）
袋布（表面）
1
1
しつけ
表前（裏面）

③ポケット口にステッチをかけ、口布の奥を袋布に止める

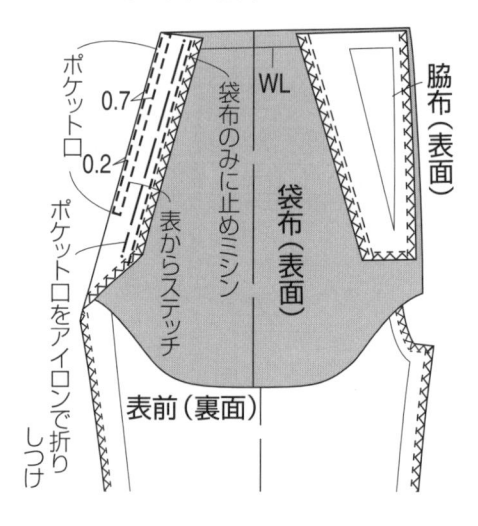

WL
ポケット口
0.7
0.2
袋布のみに止めミシン
表からステッチ
ポケット口をアイロンで折り
しつけ
脇布（表面）
袋布（表面）
表前（裏面）

④脇布をポケット口に合わせてしつけをする

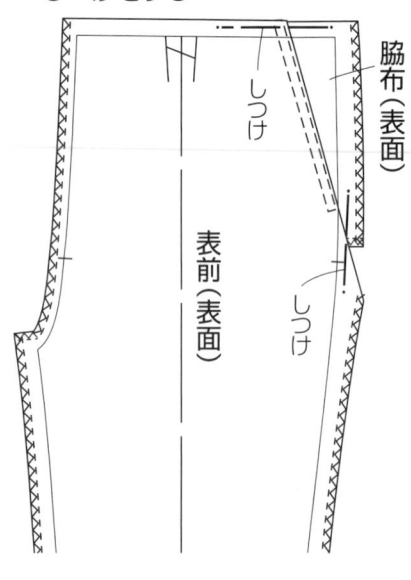

脇布（表面）
しつけ
しつけ
表前（表面）

3 前ウエストのタックを縫う

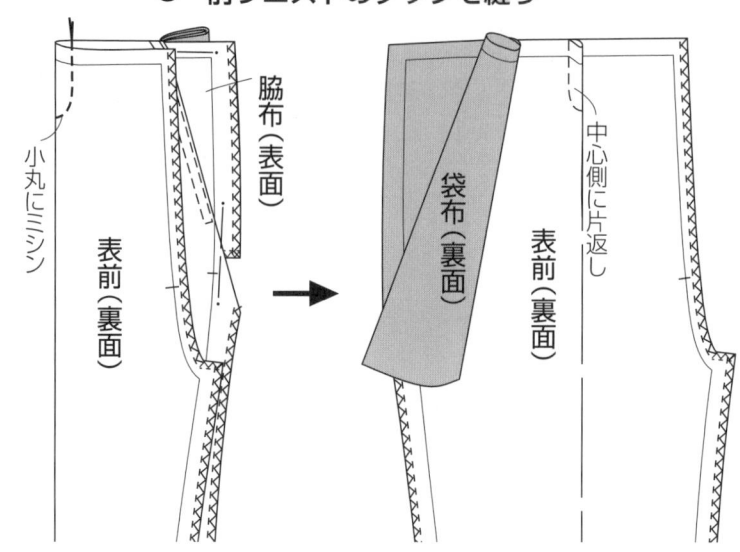

小丸にミシン
脇布（表面）
表前（裏面）
→
袋布（裏面）
表前（裏面）
中心側に片返し

4 脇を縫い、袋布を始末する

- 脇布（裏面）
- 袋布（裏面）
- ミシン
- 表前（裏面）
- 表後ろ（表面）
- 表からミシンかんぬき止め
- 縫い代に止めミシン
- 袋布（裏面）
- 0.5
- 0.5
- 2本ミシン
- 表前（裏面）
- 表後ろ（裏面）
- 割る
- ロックミシン
- 裾線を出来上りにアイロンで折る

5 股下を縫い、裾を始末する

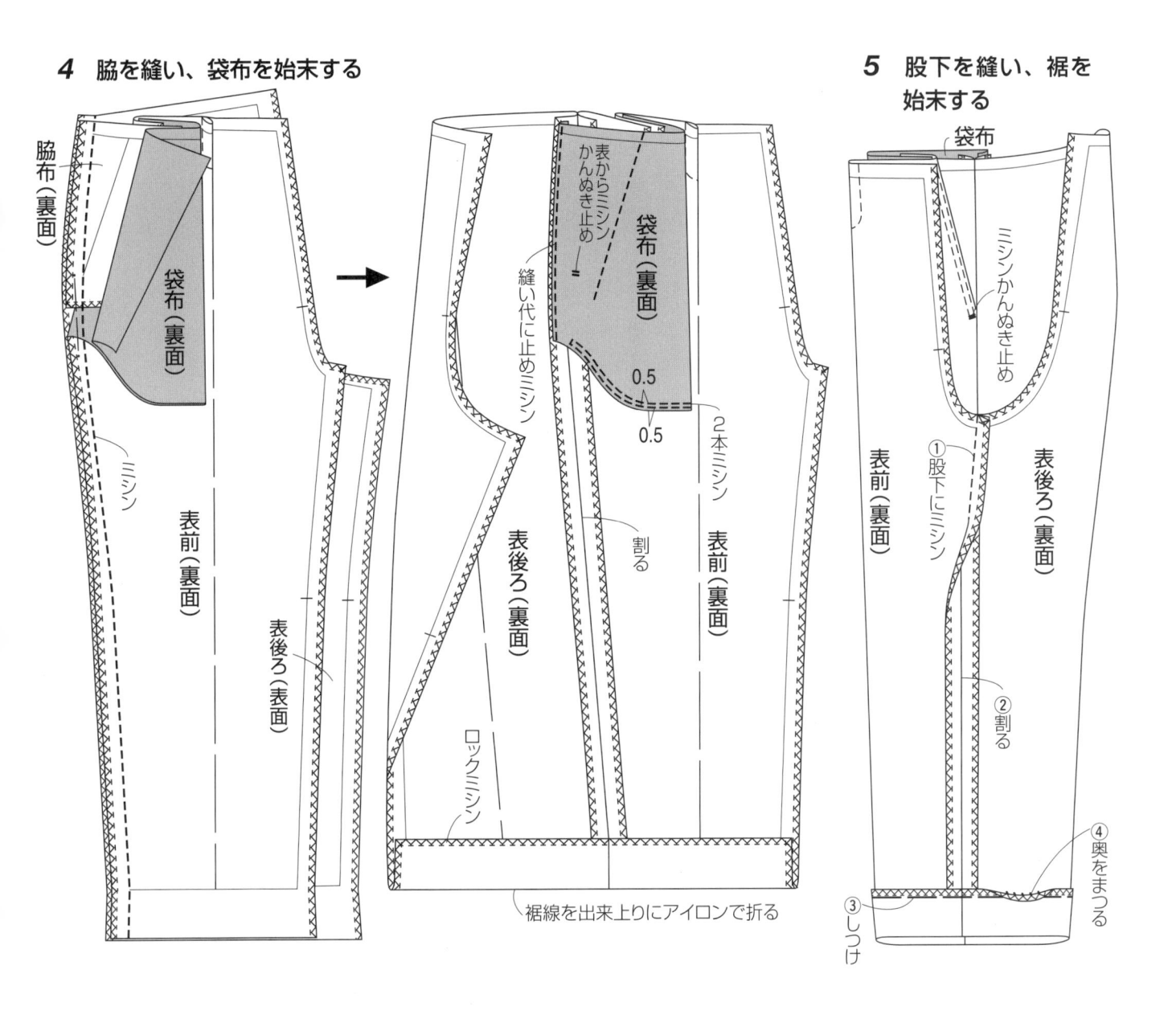

- 袋布
- ミシンかんぬき止め
- 表前（裏面）
- 表後ろ（裏面）
- ①股下にミシン
- ②割る
- ③しつけ
- ④奥をまつる

6 折り山線にアイロンをかける

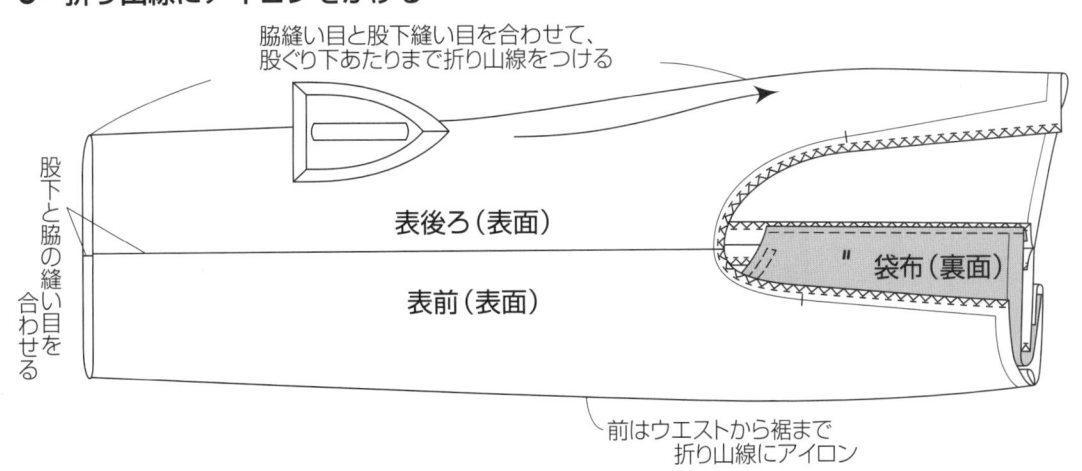

脇縫い目と股下縫い目を合わせて、股ぐり下あたりまで折り山線をつける

- 股下と脇の縫い目を合わせる
- 表後ろ（表面）
- 表前（表面）
- 袋布（裏面）
- 前はウエストから裾まで折り山線にアイロン

7 前あきに見返しをつける

- 見返し（裏面）
- 表左後ろ（表面）
- 表左前（表面）
- 出来上りにしつけをして縫い代側にミシン
- 0.2〜0.3
- あき止り
- 返し縫い
- 見返し（表面）
- 0.2〜0.3 控える
- あき止り
- 表左前（裏面）
- 表左後ろ（裏面）

8 股ぐりを縫う

- 見返し（表面）
- あき止り
- 表左前（裏面）
- 表左後ろ（裏面）
- 2度ミシン
- 右前（裏面）　右後ろ（裏面）
- プレスボール
- 表左前（裏面）
- 表左後ろ（裏面）
- ぴったりに折る
- 縫い代がつれないように両方の縫い代を縫い目から左右に折り、カーブの形どおりにアイロンをかける

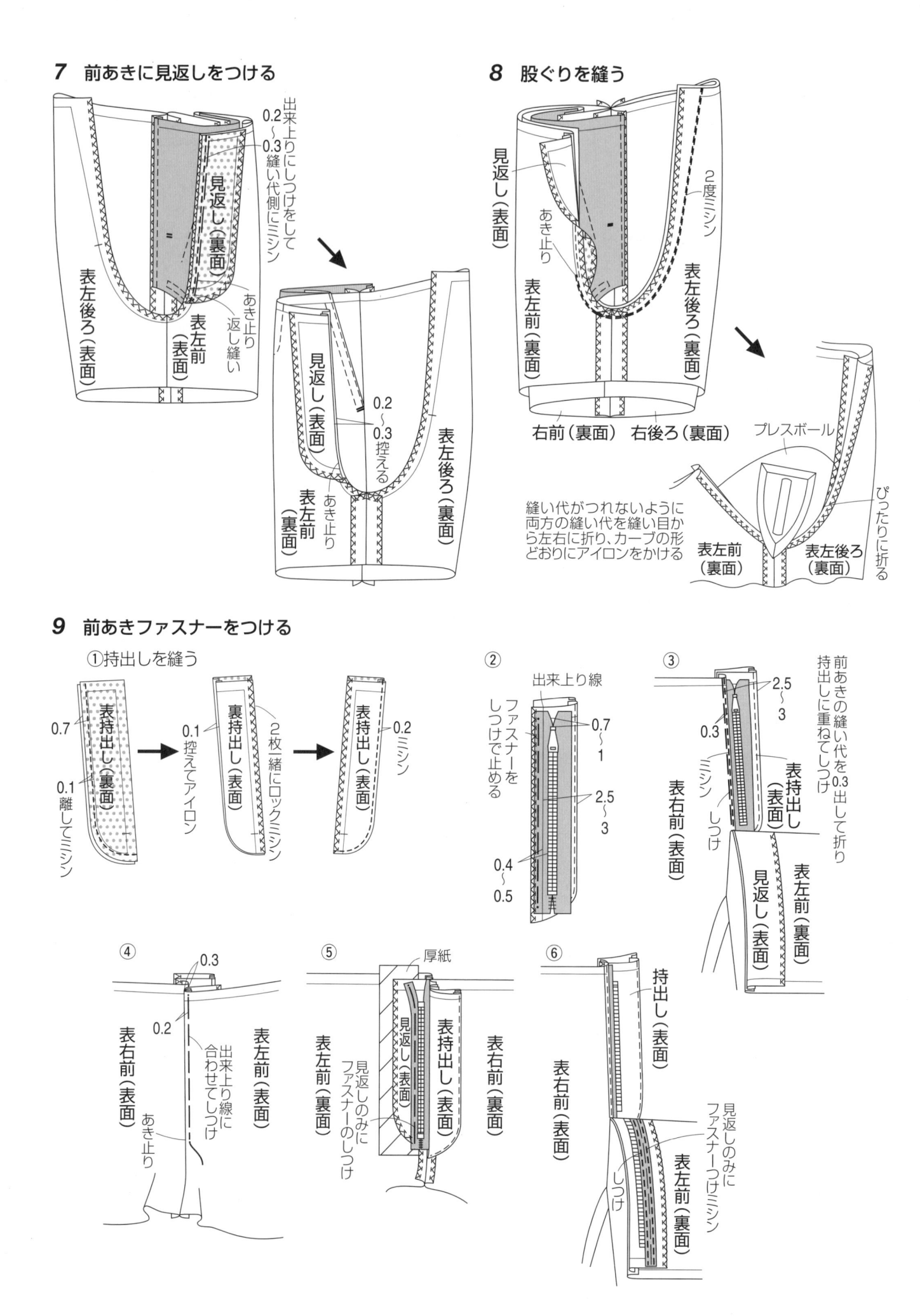

9 前あきファスナーをつける

①持出しを縫う
- 表持出し（裏面）
- 0.7
- 0.1 離してミシン
- 0.1 控えてアイロン
- 裏持出し（表面）
- 2枚一緒にロックミシン
- 表持出し（表面）
- 0.2 ミシン

②
- 出来上り線
- ファスナーをしつけで止める
- 0.7
- 1
- 2.5〜3
- 0.4〜0.5

③
- 前あきの縫い代を0.3出して折り持出しに重ねてしつけ
- 2.5〜3
- 0.3
- 表持出し（表面）
- しつけ
- 表右前（表面）
- 見返し（表面）
- 表左前（裏面）

④
- 0.3
- 0.2
- 表右前（表面）
- 表左前（表面）
- 出来上り線に合わせてしつけ
- あき止り

⑤
- 厚紙
- 見返し（表面）
- 表持出し（裏面）
- 表左前（裏面）
- 表右前（表面）
- 見返しのみにファスナーのしつけ

⑥
- 持出し（表面）
- 表右前（表面）
- しつけ
- 見返しのみにファスナーつけミシン
- 表左前（裏面）

⑦見返しと持出しの間に厚紙を入れてしつけをし、ステッチをかける

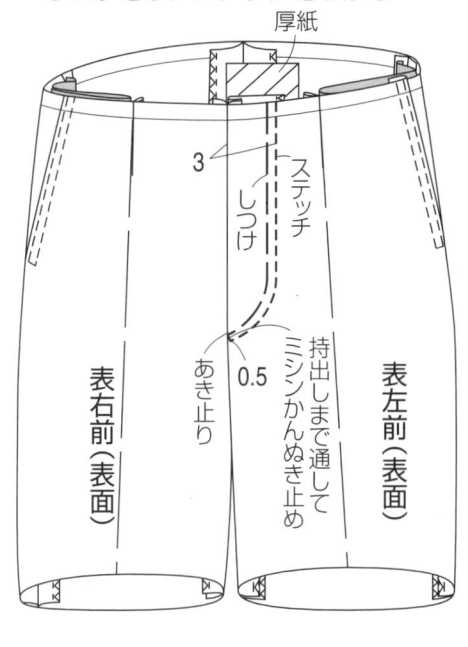

厚紙
3
ステッチ
しつけ
持出しまで通してミシンかんぬき止め
0.5
あき止り
表右前（表面）
表左前（表面）

10 裏布のタック、脇を縫う

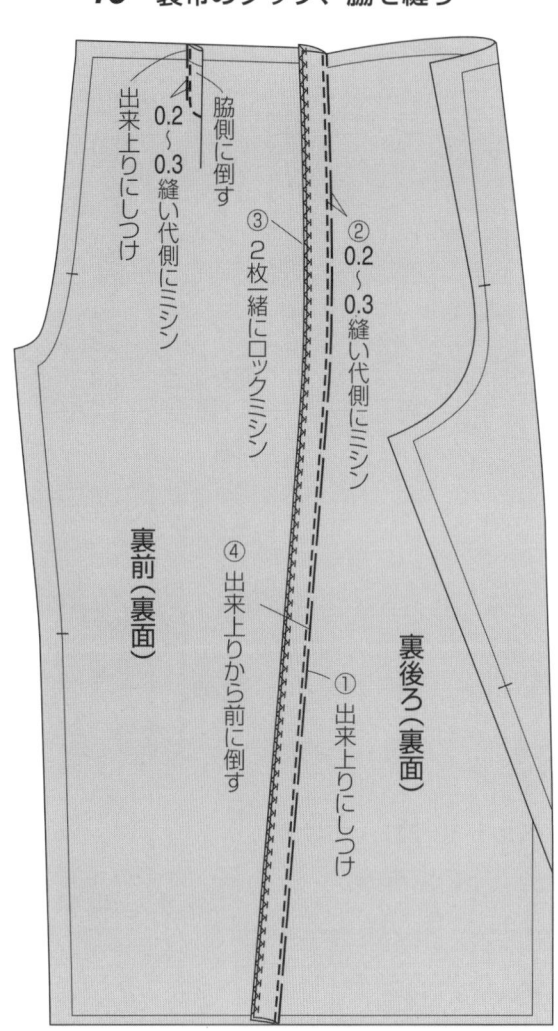

脇側に倒す
0.2〜0.3縫い代側にミシン
③2枚一緒にロックミシン
②0.2〜0.3縫い代側にミシン
出来上りにしつけ
④出来上りから前に倒す
①出来上りにしつけ
裏後ろ（裏面）
裏前（裏面）

11 股下と股ぐりを縫い、裾を始末する

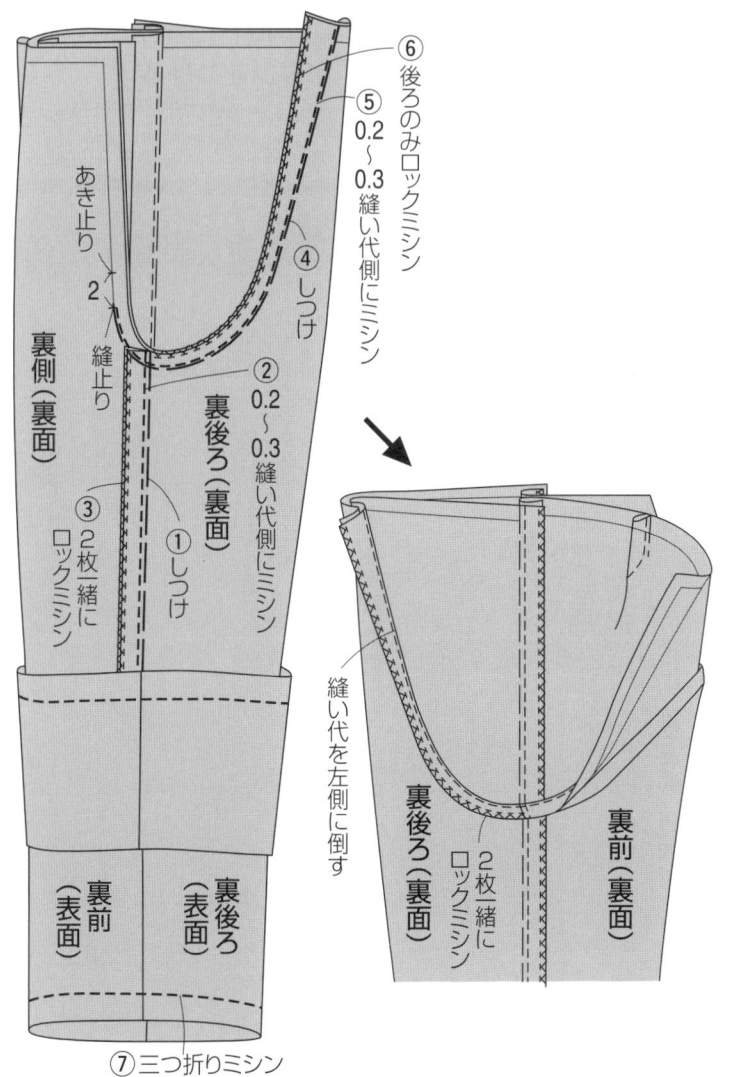

あき止り
2
縫止り
⑥後ろのみロックミシン
⑤0.2〜0.3縫い代側にミシン
④しつけ
裏側（裏面）
裏後ろ（裏面）
③2枚一緒にロックミシン
②0.2〜0.3縫い代側にミシン
①しつけ

縫い代を左側に倒す
2枚一緒にロックミシン
裏後ろ（裏面）
裏前（裏面）

裏前（表面）
裏後ろ（表面）
⑦三つ折りミシン

12 裏前のあきを作る

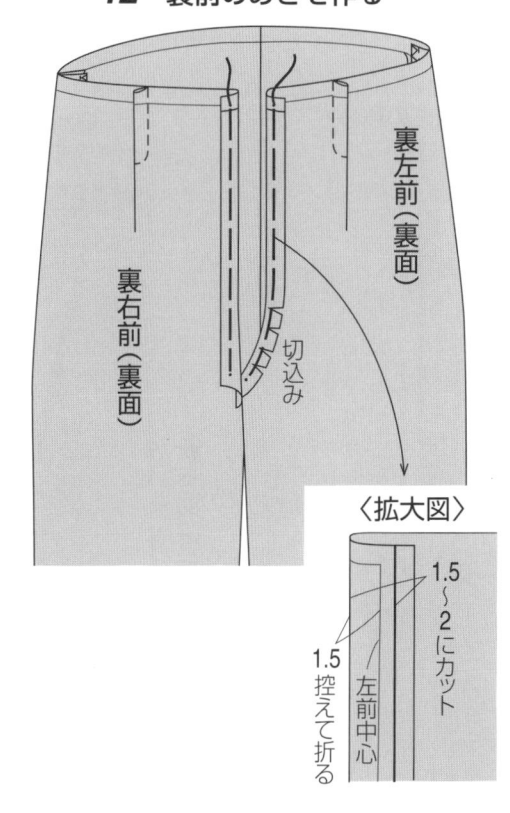

裏左前（裏面）
裏右前（裏面）
切込み

〈拡大図〉
1.5〜2にカット
1.5控えて折る
左前中心

第3章 スローパーと応用デザイン　165

13　表布と裏布を合わせて中とじをする

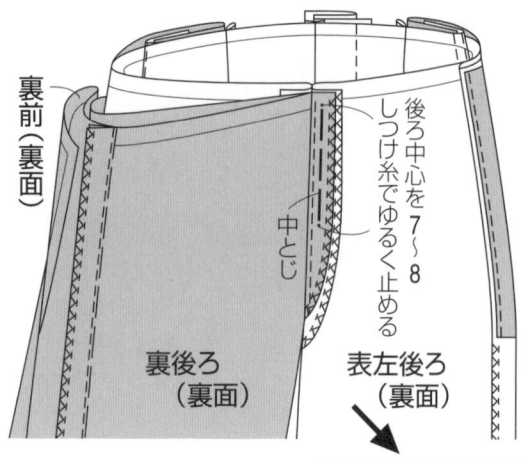

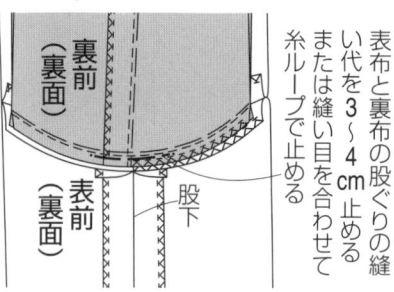

- 裏前（裏面）
- 裏後ろ（裏面）
- 中とじ
- 表左後ろ（裏面）
- 後ろ中心をしつけ糸でゆるく止める 7〜8
- 表布と裏布の股ぐりの縫い代を3〜4cm止める
- また縫い目を合わせて糸ループで止める
- 股下
- 表前（裏面）
- 裏前（裏面）

14　ウエストラインをしつけで止め、あきの部分の始末をする

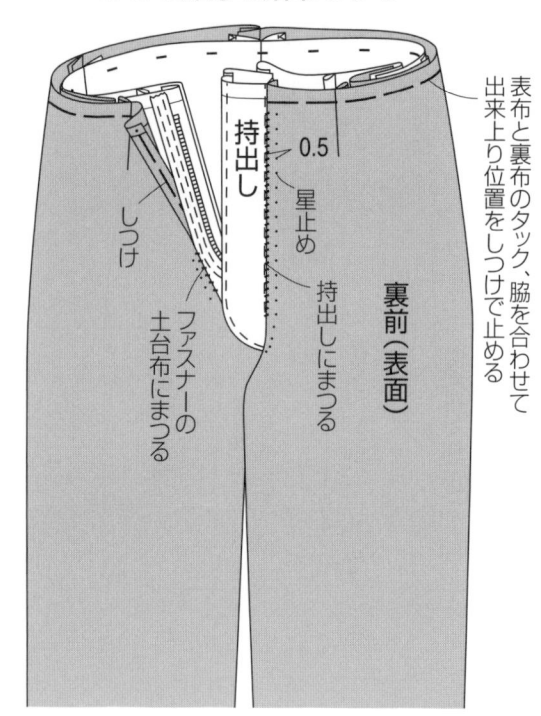

- 持出し
- 0.5
- 星止め
- しつけ
- ファスナーの土台布にまつる
- 持出しにまつる
- 裏前（表面）
- 表布と裏布のタック、脇を合わせて出来上り位置をしつけで止める

15　ベルトを作り、つける

① 前後ベルトの脇を縫う

裏ベルトの両脇にゴムを通すため、縫い残す

| 右前ベルト（裏面） | 後ろベルト（裏面） | 左前ベルト（裏面） |

② ベルトをつけた後、表からステッチをかける
③ ベルト通しを作り、つける
④ 裏ベルトの両脇から、ゴムを通しウエストサイズを調節する

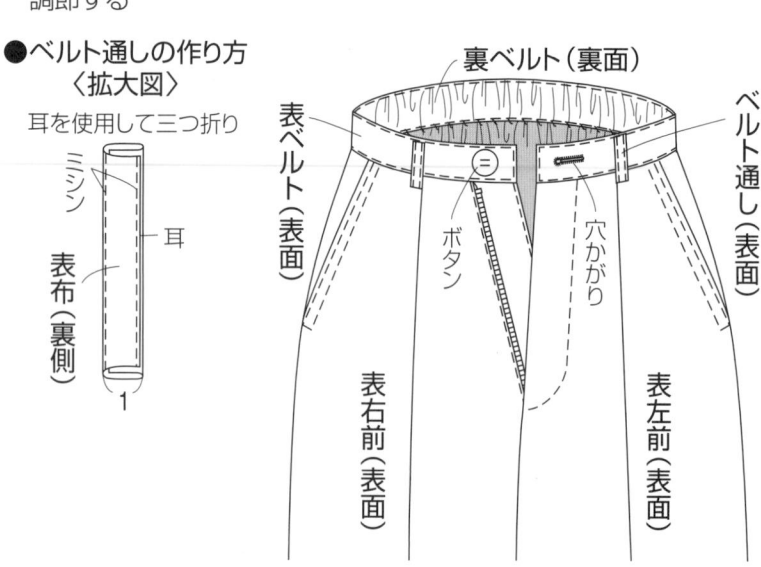

● ベルト通しの作り方〈拡大図〉

耳を使用して三つ折り

- ミシン
- 耳
- 表布（裏側）
- 1

- 裏ベルト（裏面）
- 表ベルト（表面）
- ベルト通し（表面）
- ボタン
- 穴かがり
- 表右前（表面）
- 表左前（表面）

16　裾に糸ループをつける 前ベルトに穴かがりをし、ボタンをつける

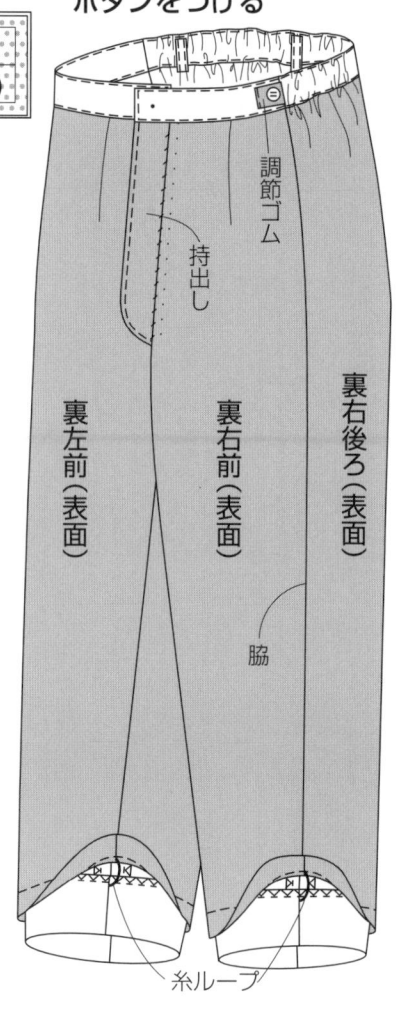

- 調節ゴム
- 持出し
- 裏左前（表面）
- 裏右前（表面）
- 裏右後ろ（表面）
- 脇
- 糸ループ

サロペット（110cm　男女児兼用）

シャツやセーターと組ませて、子供の遊び着に適した胸当てつきのパンツ。成長に合わせ、つりひもで丈が調節できるようになっている。ポケットの形やステッチなどで変化をつけるとよい。

素材は、デニムや厚手の綿、コーデュロイなどが適している。

使用量

表布　90cm幅220cm

接着芯　90cm幅50cm

原型のダーツ操作

● 前身頃

Ｆ点を基点にダーツを閉じる。

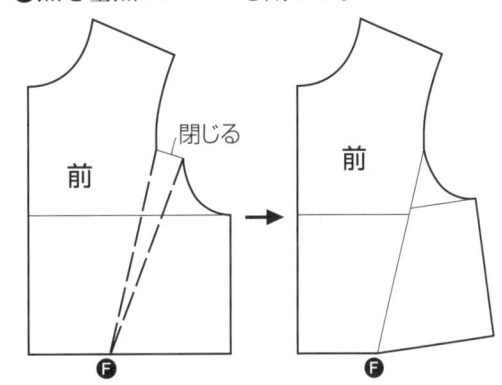

作図

作図要点

● 前
- 「身長110cm　パンツ（151ページ）」を参考にパンツをかく。
- 上下続きのパンツなので、股上丈を3cm加えて、動作しやすいように作図をする。
- 胸当てとベルトの間で腹ぐせを入れる。

● 後ろ
- ウエストラインから下は前パンツを反転してかく。
- Ａ点と折り山線の間を2等分し、その中点と股上線上のＣ点から1cm脇寄りの点を結んで延長線をかく。
- 中点から2.5cm上がった点に身頃の後ろ中心ウエストを合わせ、脇がパンツのウエストラインと接するように原型をかく。
- 原型のバストラインで、2cmのゆとりを加え、裾と結んで脇線をかく。
- 股上線上に後ろ渡り寸法（●）を加え、後ろ股ぐりをかく。
- 後ろ裾幅を決め、股下線をかく。

第3章　スローパーと応用デザイン

168

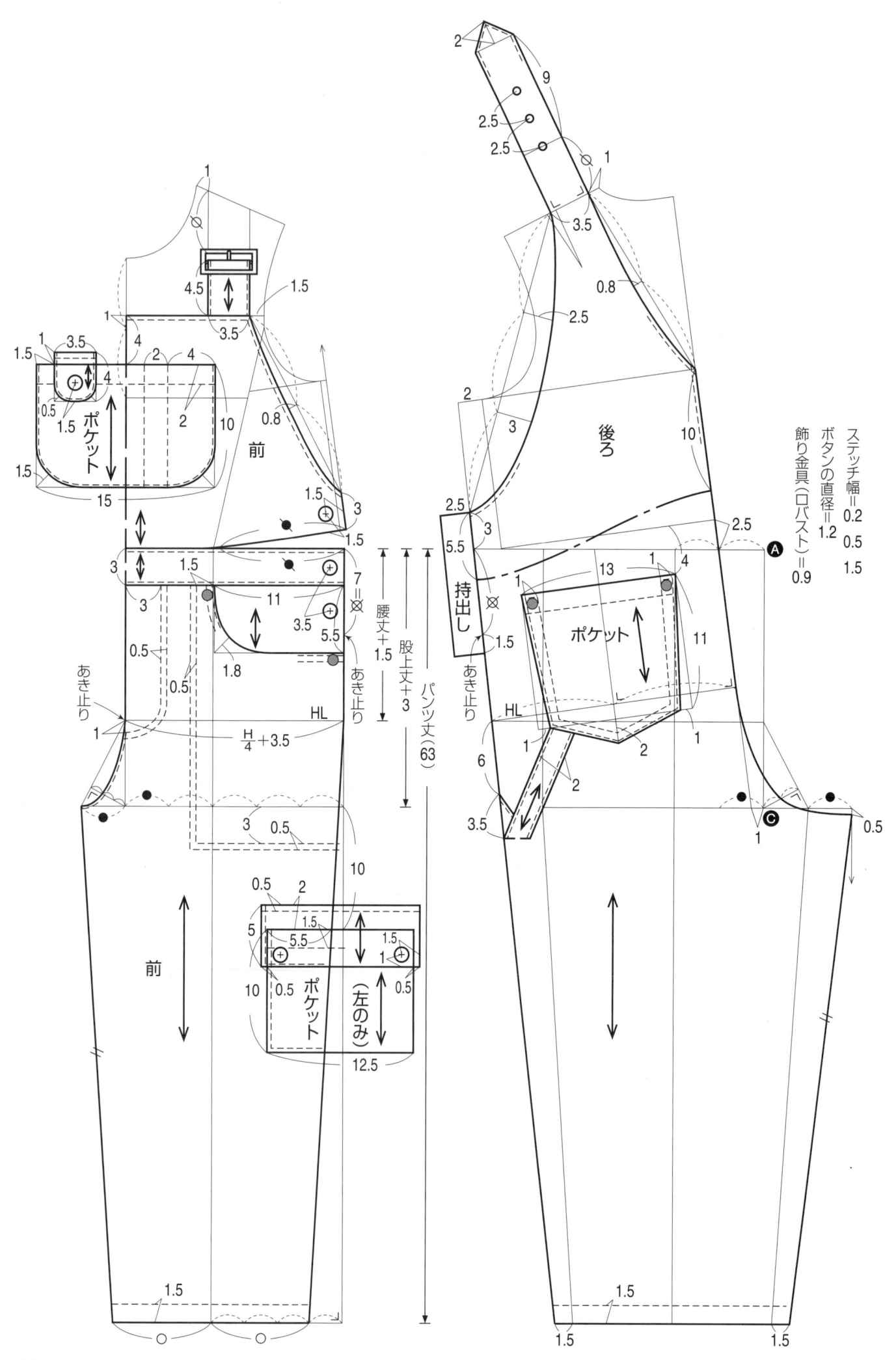

縫製

1 脇ポケット、前あきを作る

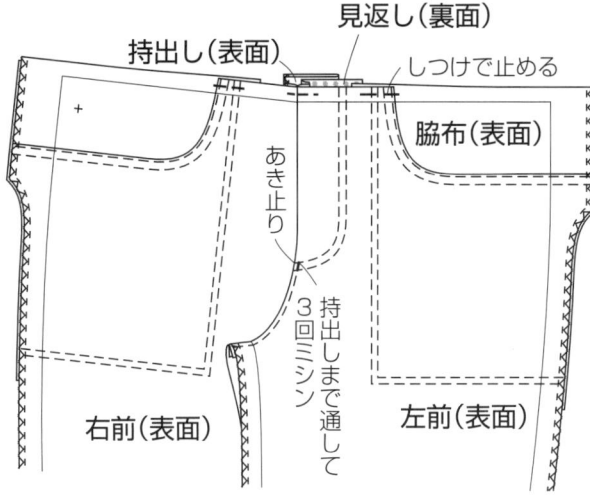

- 持出し(表面)
- 見返し(裏面)
- しつけで止める
- 脇布(表面)
- あき止り
- 持出しまで通して3回ミシン
- 右前(表面)
- 左前(表面)

2 胸当てを作る

①表胸当てにポケットをつける
②表胸当てにつりひもを仮止めし、表胸当てと裏胸当てを中表に合わせ、縫い返す
③胸当てにステッチをかける
④表ベルトと裏ベルトで胸当てをはさみ、ミシンをかける
⑤ベルトの両端にミシンをかける

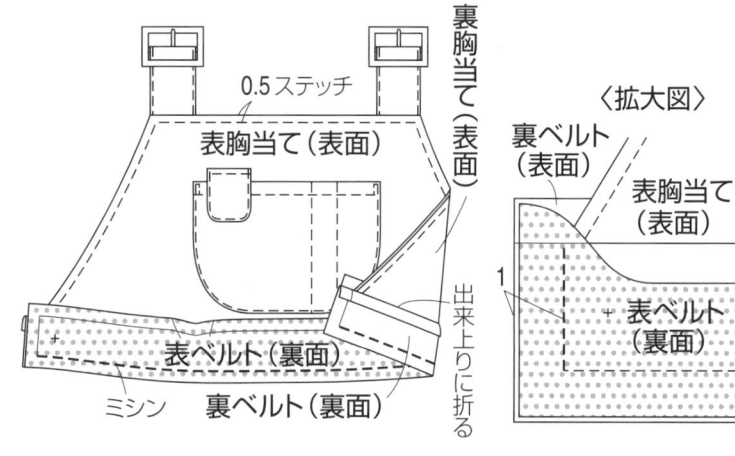

- 0.5ステッチ
- 裏胸当て(表面)
- 表胸当て(表面)
- 表ベルト(裏面)
- 裏ベルト(裏面)
- ミシン
- 出来上りに折る

〈拡大図〉
- 裏ベルト(表面)
- 表胸当て(表面)
- 表ベルト(裏面)
- 1

3 後ろを作る

①後ろにポケットをつけ、後ろ股ぐりを縫い、ステッチをかける
②持出しを出来上りより中表に折る
③後ろ身頃と見返しを中表に合わせ、周囲にミシンをかける
④縫い代を0.5cmにカットし、カーブに切込みを入れて表に返す

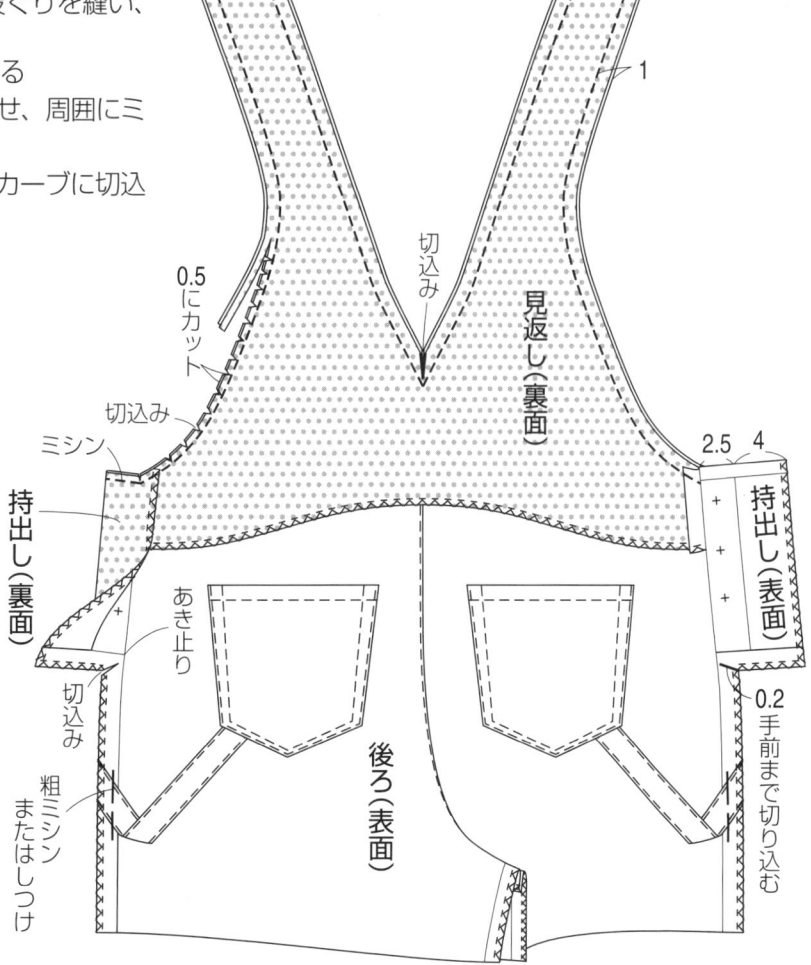

- 0.5にカット
- 切込み
- 見返し(裏面)
- 切込み
- ミシン
- 持出し(裏面)
- 2.5 4
- 持出し(表面)
- あき止り
- 切込み
- 粗ミシンまたはしつけ
- 後ろ(表面)
- 0.2手前まで切り込む

第3章　スローパーと応用デザイン

4　ベルトのつけ方

①表ベルトと前パンツを中表に合わせ、ミシンをかける
②ベルトの縫い代を0.5cmにカットする

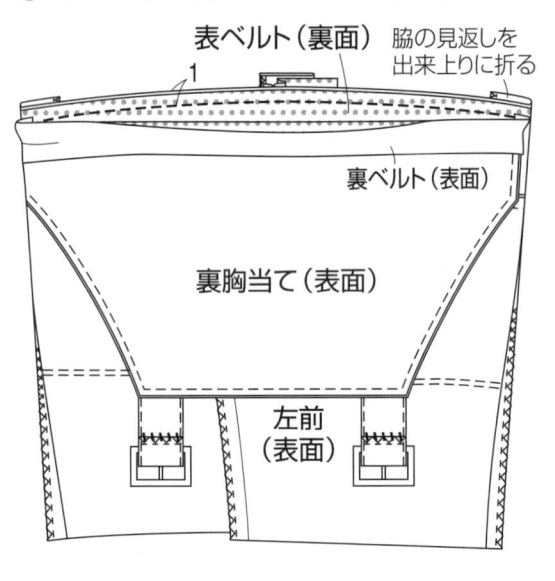

③表ベルトの出来上りに裏ベルトの縫い代を折り、しつけをする

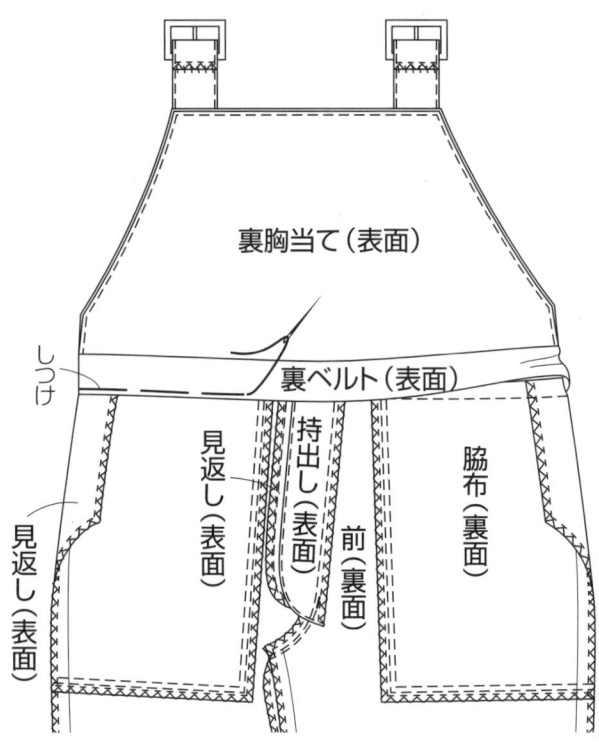

④表ベルトからステッチをかける
⑤脇をあき止りまで縫い、フラップとポケットをつける

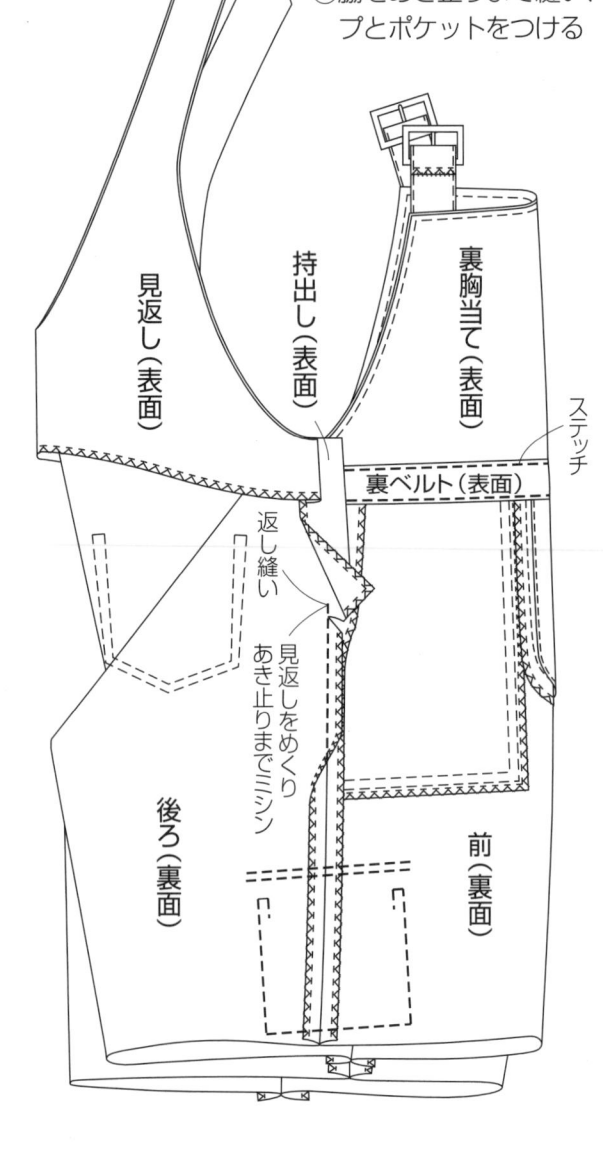

⑥後ろ身頃の周囲に表よりステッチをかける
⑦脇のあき止りに見返しと持出しを止める

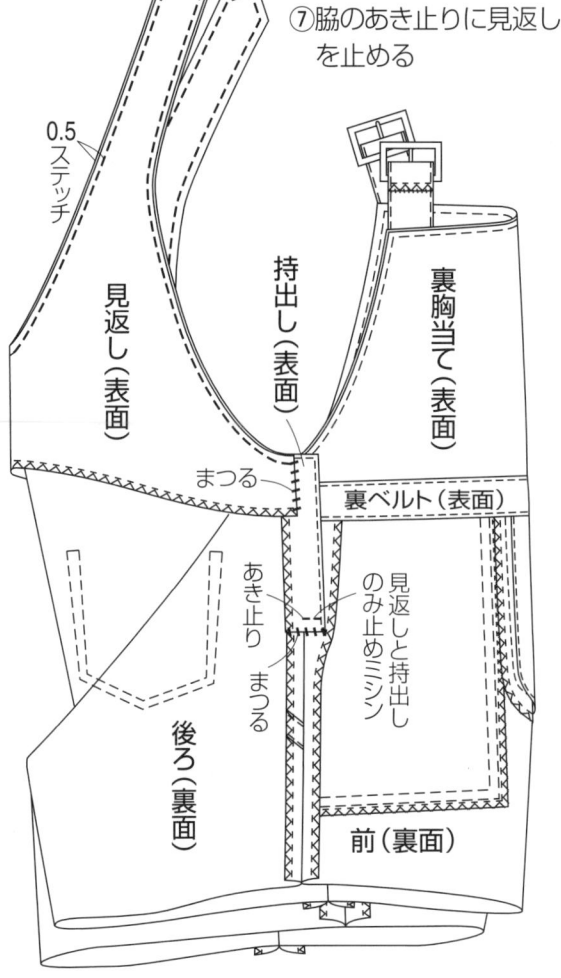

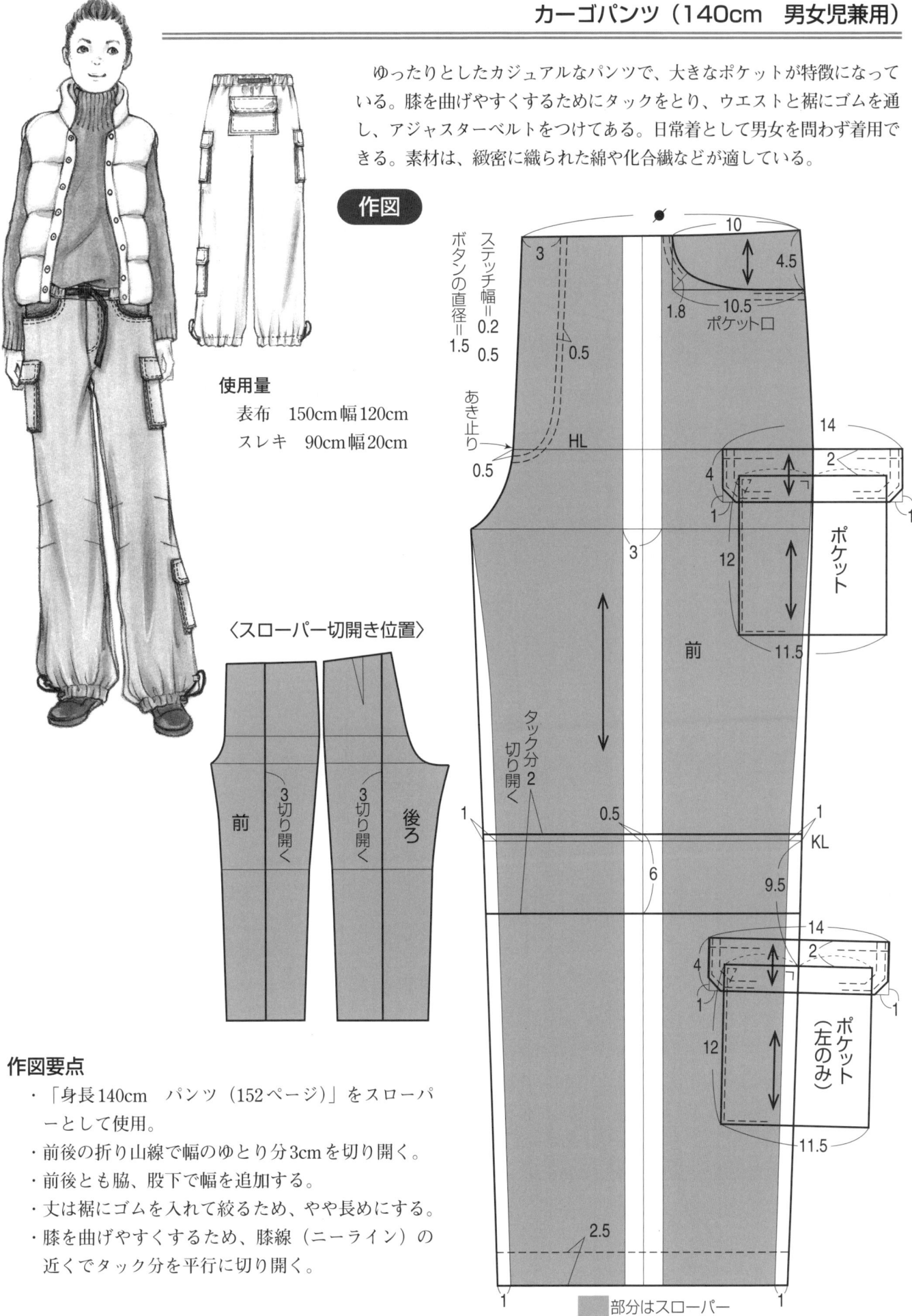

カーゴパンツ（140cm　男女児兼用）

ゆったりとしたカジュアルなパンツで、大きなポケットが特徴になっている。膝を曲げやすくするためにタックをとり、ウエストと裾にゴムを通し、アジャスターベルトをつけてある。日常着として男女を問わず着用できる。素材は、緻密に織られた綿や化合繊などが適している。

作図

使用量
表布　150cm幅120cm
スレキ　90cm幅20cm

〈スローパー切開き位置〉

前　3切り開く
後ろ　3切り開く

作図要点

- 「身長140cm　パンツ（152ページ）」をスローパーとして使用。
- 前後の折り山線で幅のゆとり分3cmを切り開く。
- 前後とも脇、股下で幅を追加する。
- 丈は裾にゴムを入れて絞るため、やや長めにする。
- 膝を曲げやすくするため、膝線（ニーライン）の近くでタック分を平行に切り開く。

ステッチ幅＝0.2
ボタンの直径＝1.5

あき止り
ポケット口
ポケット
前
タック分2 切り開く
KL
ポケット（左のみ）

部分はスローパー

第3章　スローパーと応用デザイン

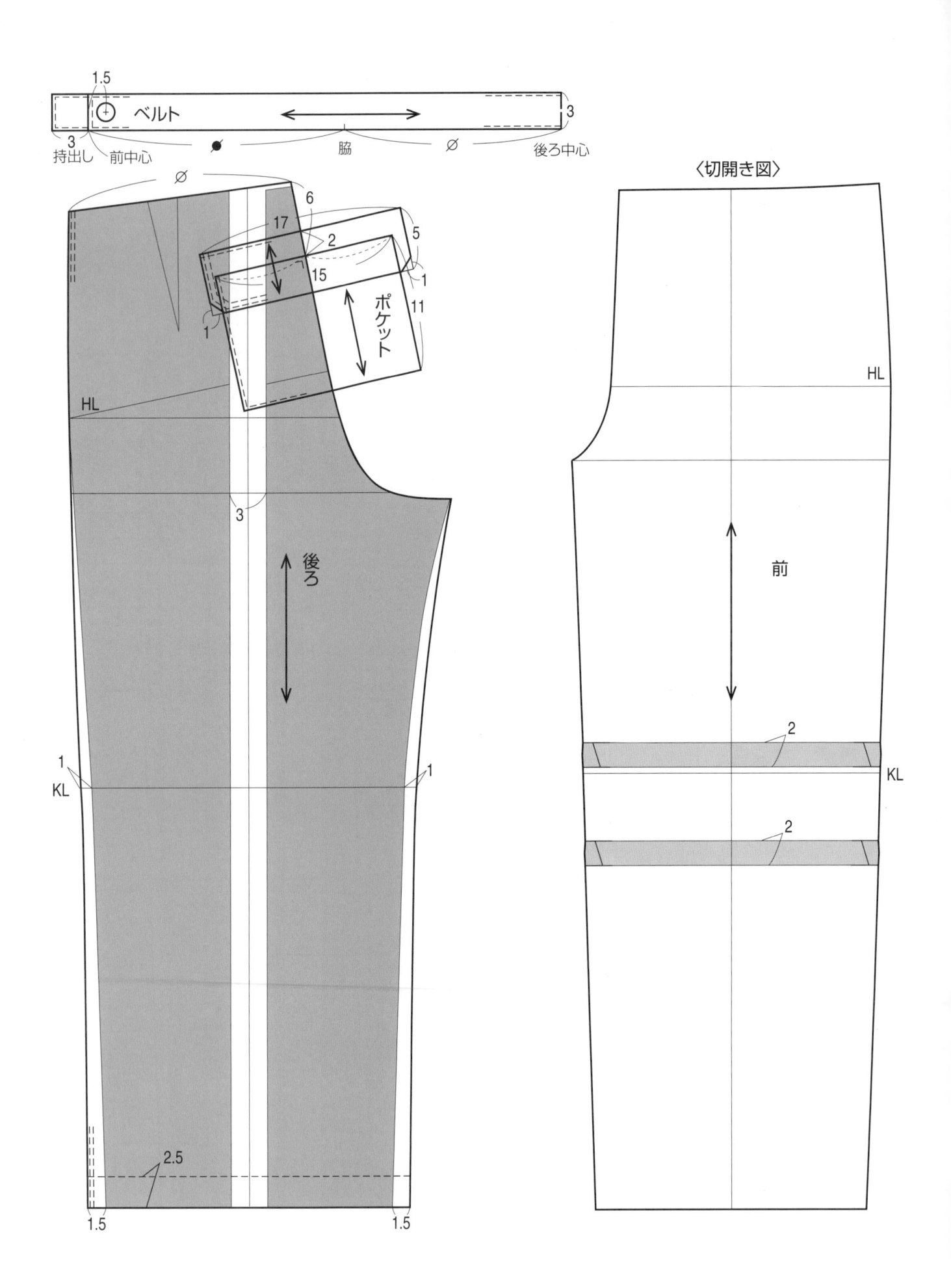

1.5				3
○ ベルト	←→			
3				
持出し 前中心	● 脇	∅	後ろ中心	

∅

6
17 2 5
15 1
1 ポケット 11

3

HL

後ろ

1 1
KL KL

2.5
1.5 1.5

〈切開き図〉

HL

前

2
KL
2

縫製要点

1 カーブ切替えのポケットを作る

〈裁ち方〉

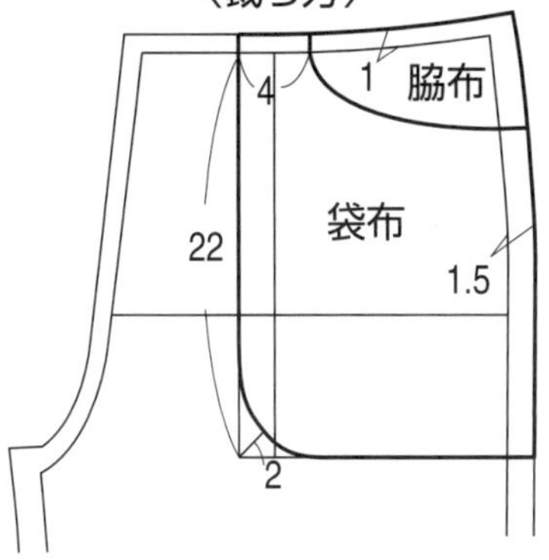

脇布（表布・1枚）　袋布（スレキまたは表面・1枚）

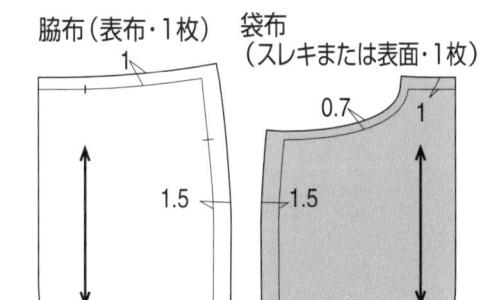

① ポケット口を縫い返す
- 0.2 縫い代側にミシン
- 切込み
- 袋布（裏面）
- 前（表面）

表に返し、アイロンで整えてステッチをかける
- 0.5　0.2
- ステッチ
- 袋布（表面）
- 前（裏面）

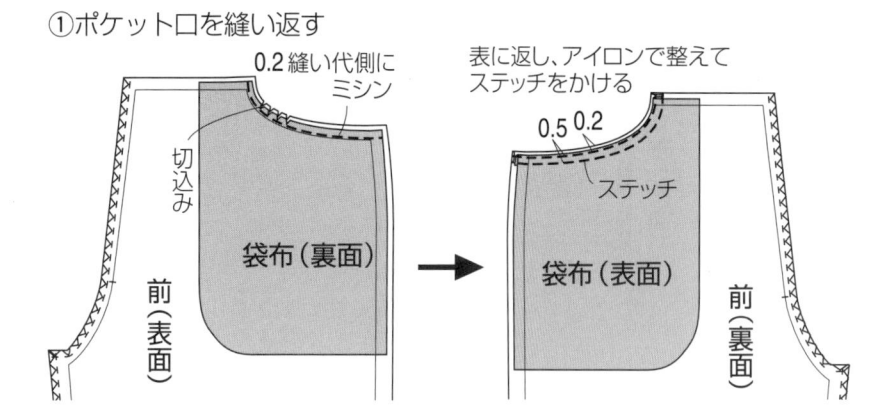

② 脇布と袋布を合わせ、回りを袋縫いで始末する
- 前（表面）
- 脇
- 袋布（表面）
- しつけ
- 脇布を外表に合わせ、袋縫いの第1ミシン
- 脇布（裏面）　0.7
- 前（裏面）
- 袋縫いの第2ミシン　0.5

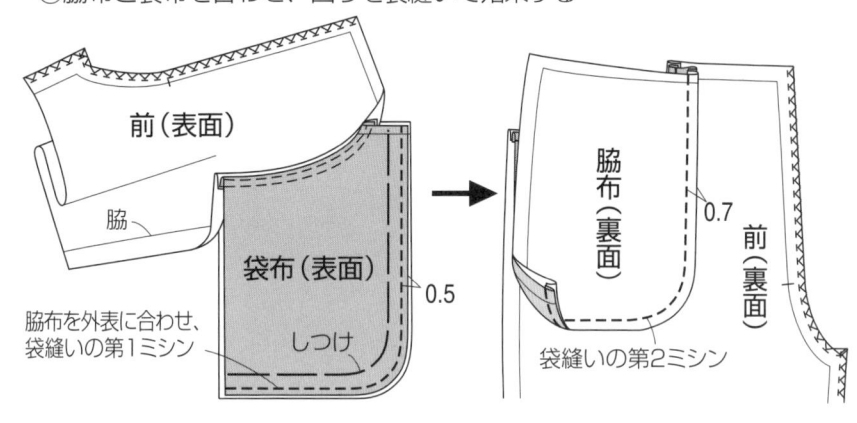

2 まちつきポケットを作る

〈裁ち方〉

ポケット（表布・1枚）　まち（表布・1枚）　表フラップ（表布・1枚）　裏フラップ（表布・1枚）

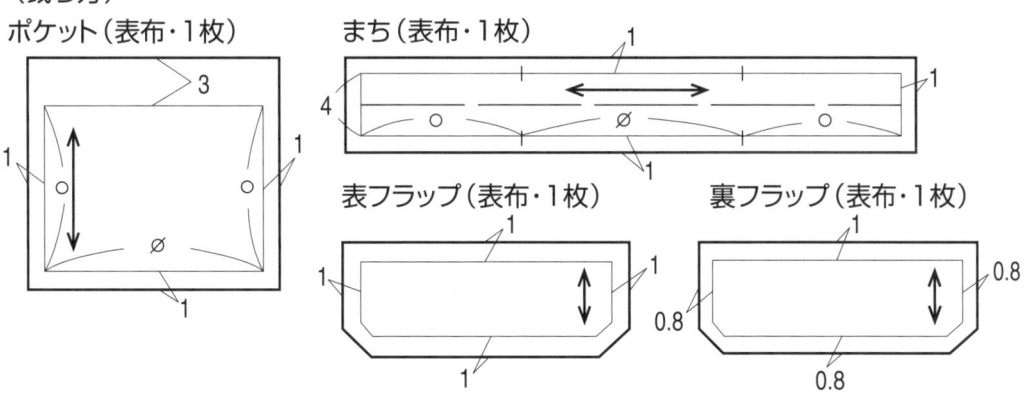

① ロックミシンをかけ、ポケット口を折り、ミシンをかける
- 0.2
- 1
- ポケット（裏面）

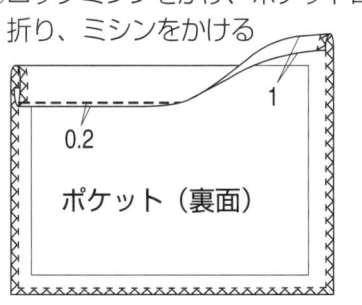

② 合い印を合わせ、まちをつける
- ミシン
- まち（裏面）
- ポケット（表面）
- 0.2 手前まで切込み

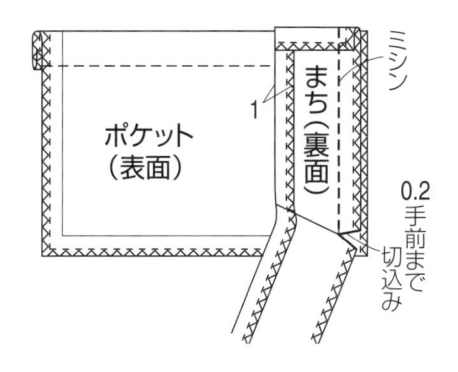

③ 縫い代を割った後、表からステッチをかける
- 0.2
- ポケット（表面）
- まち（表面）

第3章　スローパーと応用デザイン

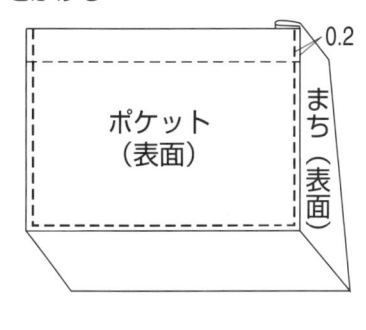

3　後ろ股ぐりを縫いステッチをかけ、ポケットをつける

①ポケット位置に合わせてしつけで止め、まちをミシンで止める

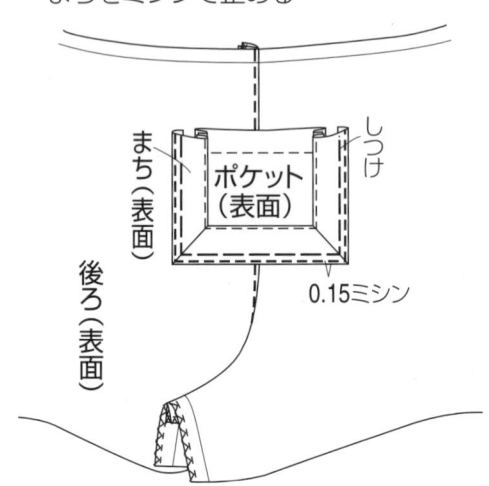

②まちをたたみ、ポケット口の両角にステッチをかける

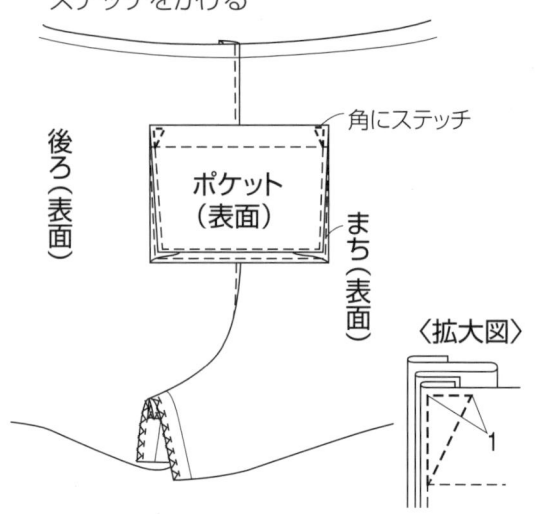

③フラップを中表に合わせて出来上りにしつけをかけ、縫い代側にミシンをかける

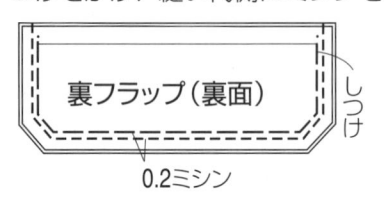

④出来上りに縫い代を折り、表に返す

⑤フラップの周囲にステッチをかける

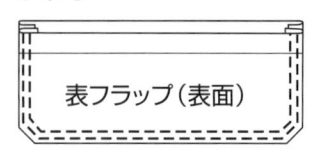

⑥フラップをミシンでつけ、縫い代をカットする

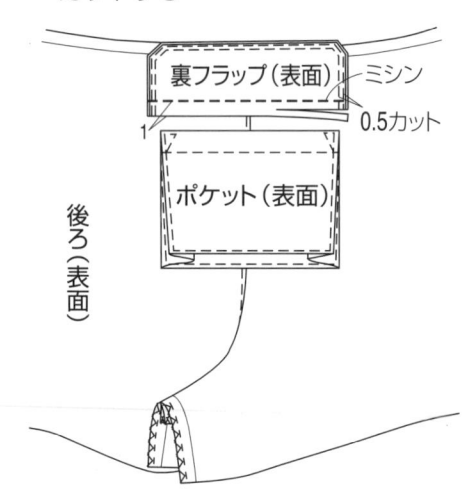

⑦フラップにステッチをかける

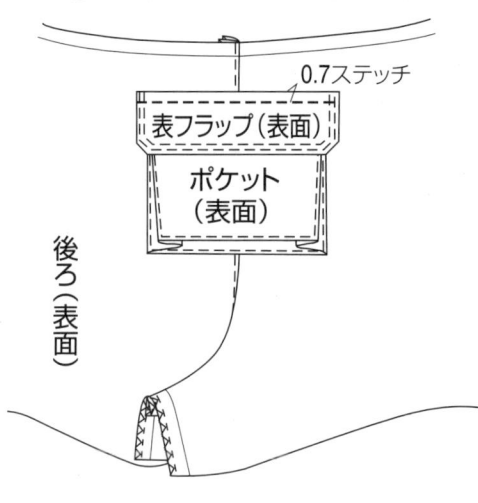

4　前あきを作る
5　脇を縫う

①前膝のタックをたたみ、止めミシンをかける

②脇はループをはさみ、中表にしてミシンをかけ、後ろに倒して表からステッチをかける

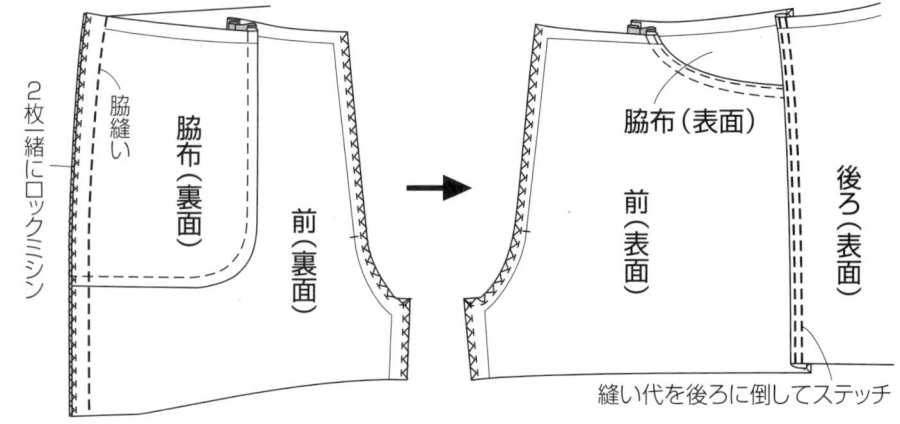

③裾に飾り布をミシンでつけ、金属はと目を打つ
④ループとコードエンドにゴムを通して、股下の縫い代に止めミシンをかける
⑤脇にフラップとパッチポケットをつける

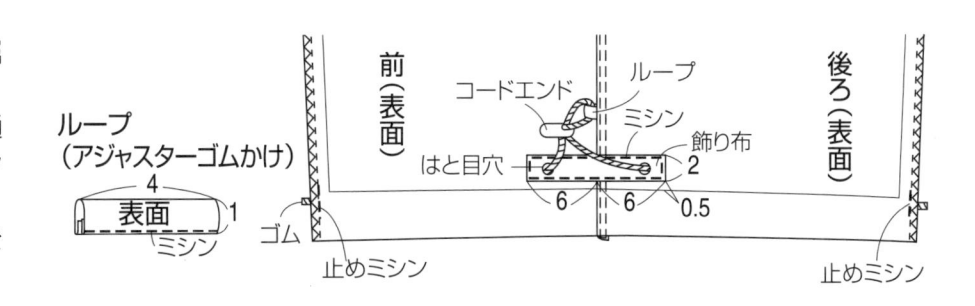

6 股下を縫う

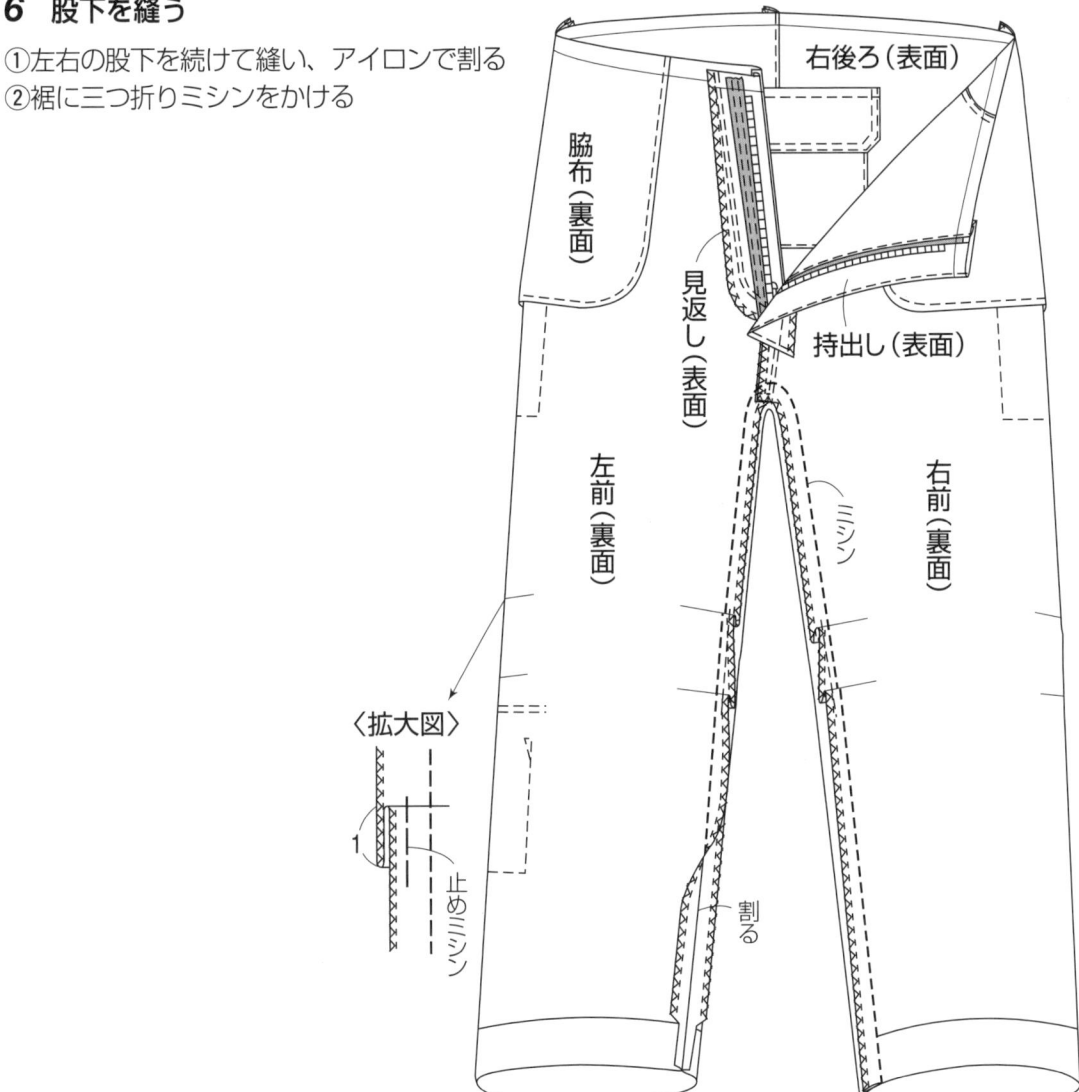

①左右の股下を続けて縫い、アイロンで割る
②裾に三つ折りミシンをかける

7 ウエストの始末

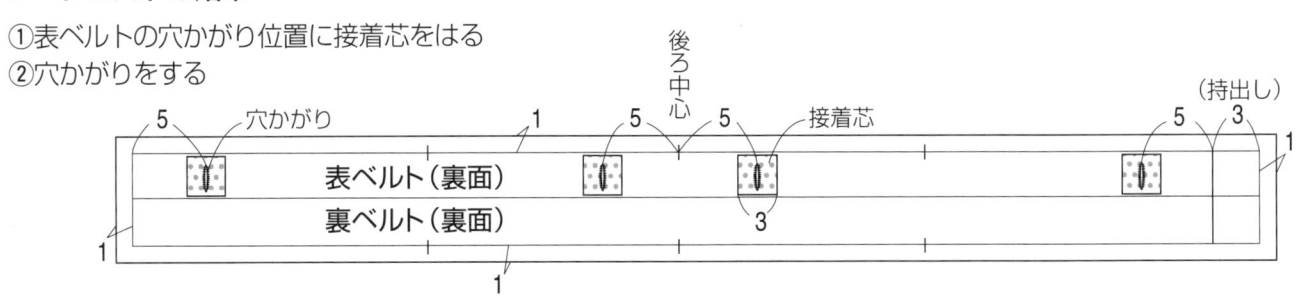

①表ベルトの穴かがり位置に接着芯をはる
②穴かがりをする

①ベルト布をつける（ゴムを通すため、両端はあけておく）
②ベルト端からゴムを通す
③ゴムの長さを調節し、止めミシンをかける
④ベルト布の両端を折り、ステッチをかける

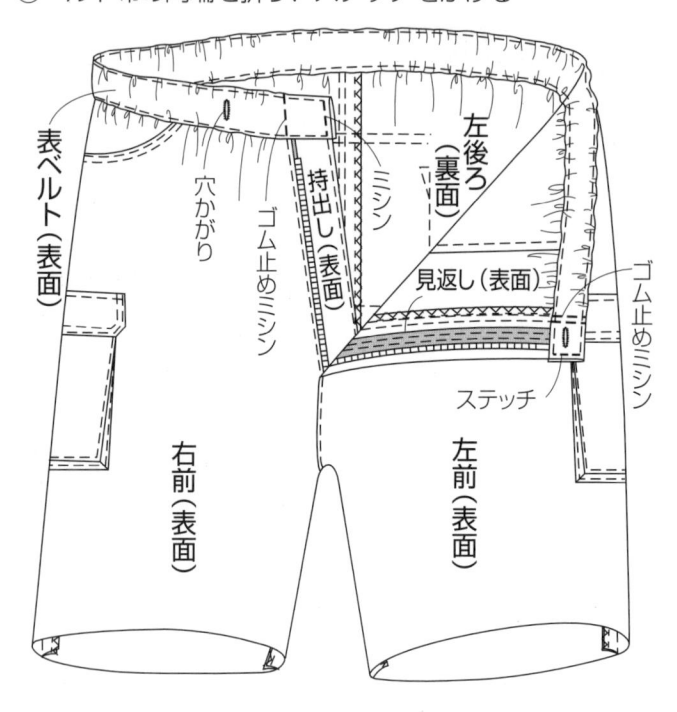

⑤上前に穴かがり、下前にボタンをつける
⑥アジャスターベルトを通す

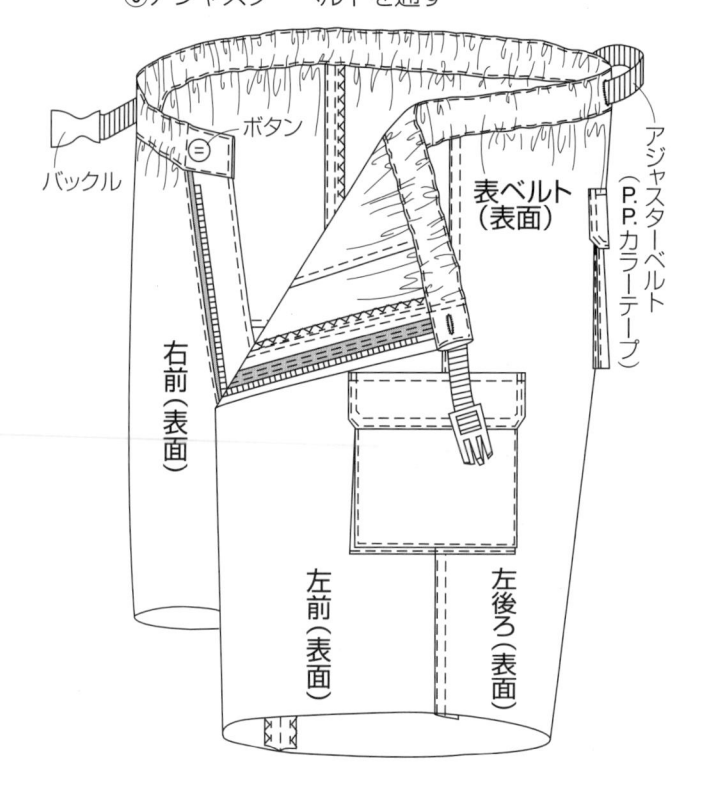

ベスト

ベストはブラウスやセーターなどと組み合わせ、温度調節に便利で、年間を通して着用できる。前あきをファスナーやドットボタンにしたり、ポケット、衿ぐり、丈などで変化をつけ、デザインバリエーションができる。

衿なしベスト（110cm 女児）

丈の短いベーシックなデザインのベスト。衿ぐりや肩幅、ポケット、前端のカットの形などを少しずつ変えると幾通りものデザインができ、季節を問わず着用できる。

素材は、厚手の綿、中肉ウール、キルティングなどで、仕立て方はトリミングやリバーシブル、表裏別素材などもできる。

使用量

表布　110cm幅40cm

裏布（表布使用）
　　　90cm幅40cm

接着芯　90cm幅40cm

作図

作図要点

・「ショートジャケット（210ページ）」をスローパーとして使用。
・中に着るものにより袖ぐりの深さを調整する。

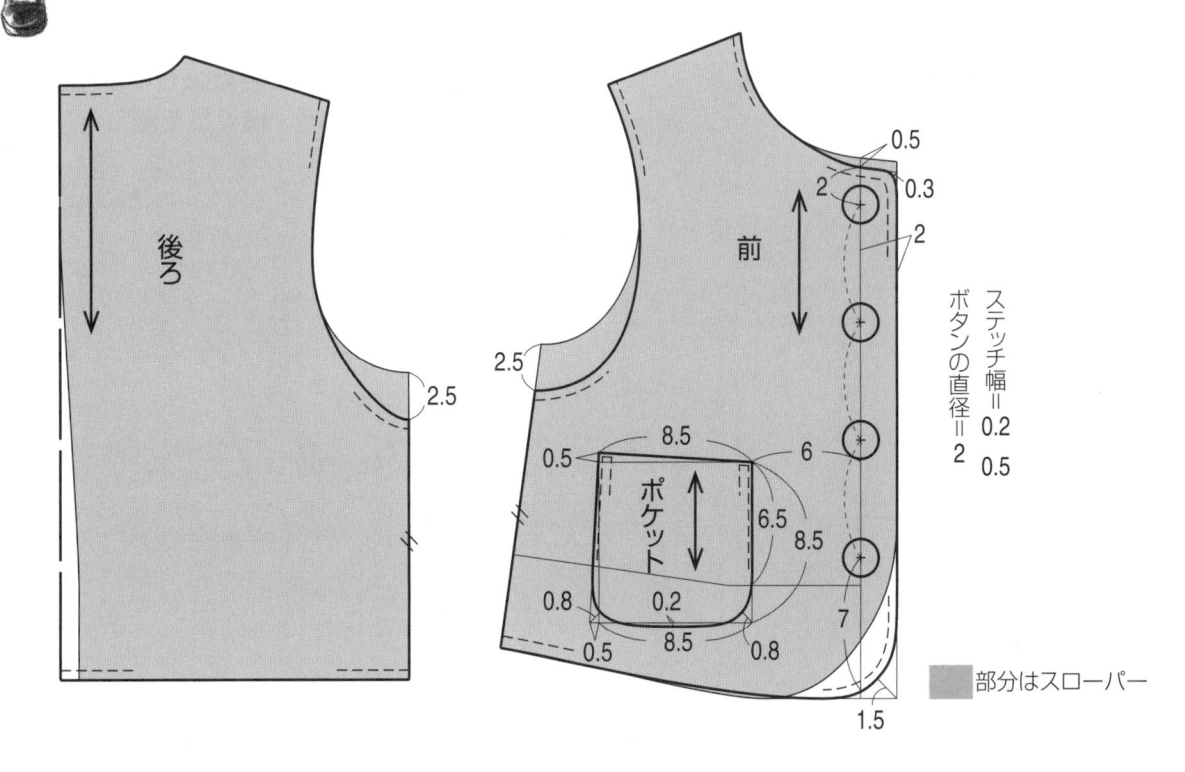

部分はスローパー

裁合せ図

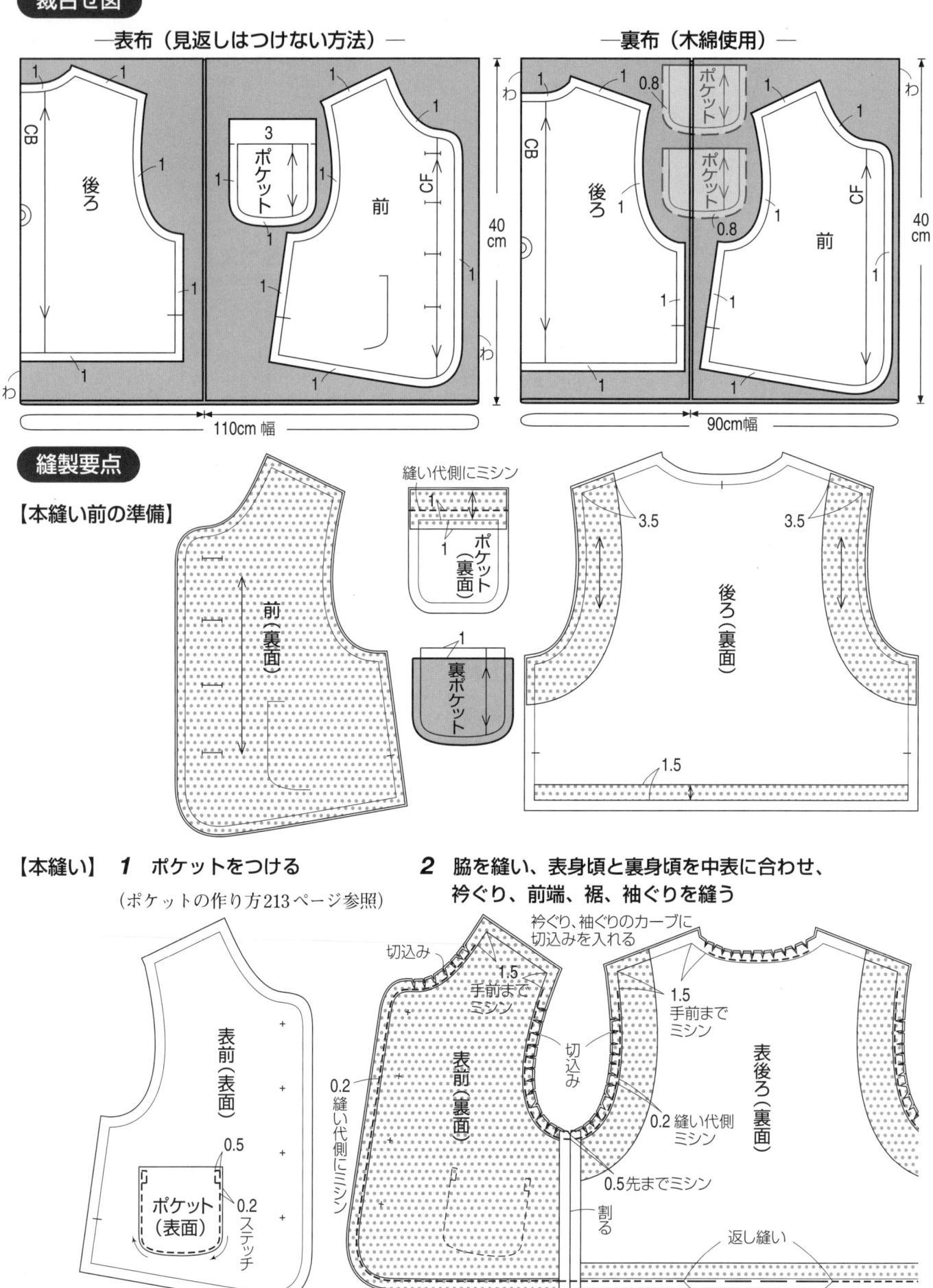

―表布（見返しはつけない方法）―

110cm幅、40cm

後ろ / 前 / ポケット（3）

―裏布（木綿使用）―

90cm幅、40cm

後ろ / 前 / ポケット（0.8）

縫製要点

【本縫い前の準備】

縫い代側にミシン

前（裏面） / ポケット（裏面） / 裏ポケット / 後ろ（裏面）

3.5 / 1.5 / 1

【本縫い】

1 ポケットをつける（ポケットの作り方213ページ参照）

表前（表面） / ポケット（表面） 0.2ステッチ / 0.5

2 脇を縫い、表身頃と裏身頃を中表に合わせ、衿ぐり、前端、裾、袖ぐりを縫う

衿ぐり、袖ぐりのカーブに切込みを入れる

切込み / 1.5 手前までミシン / 0.2 縫い代側ミシン / 0.5先までミシン / 割る / 返し縫い / 15くらい粗ミシン

表前（裏面） / 表後ろ（裏面） / 裏前（表面） / 裏後ろ（表面）

3 表に返し、前端、衿ぐり、袖ぐりを整える

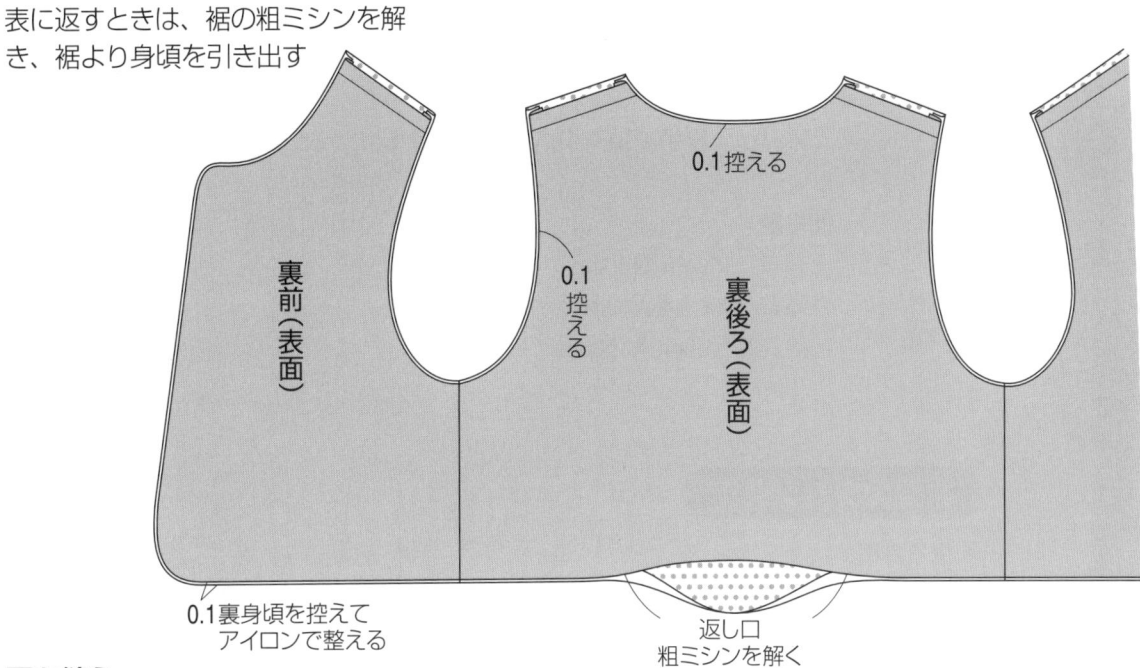

表に返すときは、裾の粗ミシンを解き、裾より身頃を引き出す

0.1控える

0.1控える

裏前(表面)

裏後ろ(表面)

0.1裏身頃を控えてアイロンで整える

返し口 粗ミシンを解く

4 肩を縫う

表身頃の肩を中表に合わせて縫い、縫い代は割る。
裏身頃は肩の縫い代を出来上りに折り、まつる

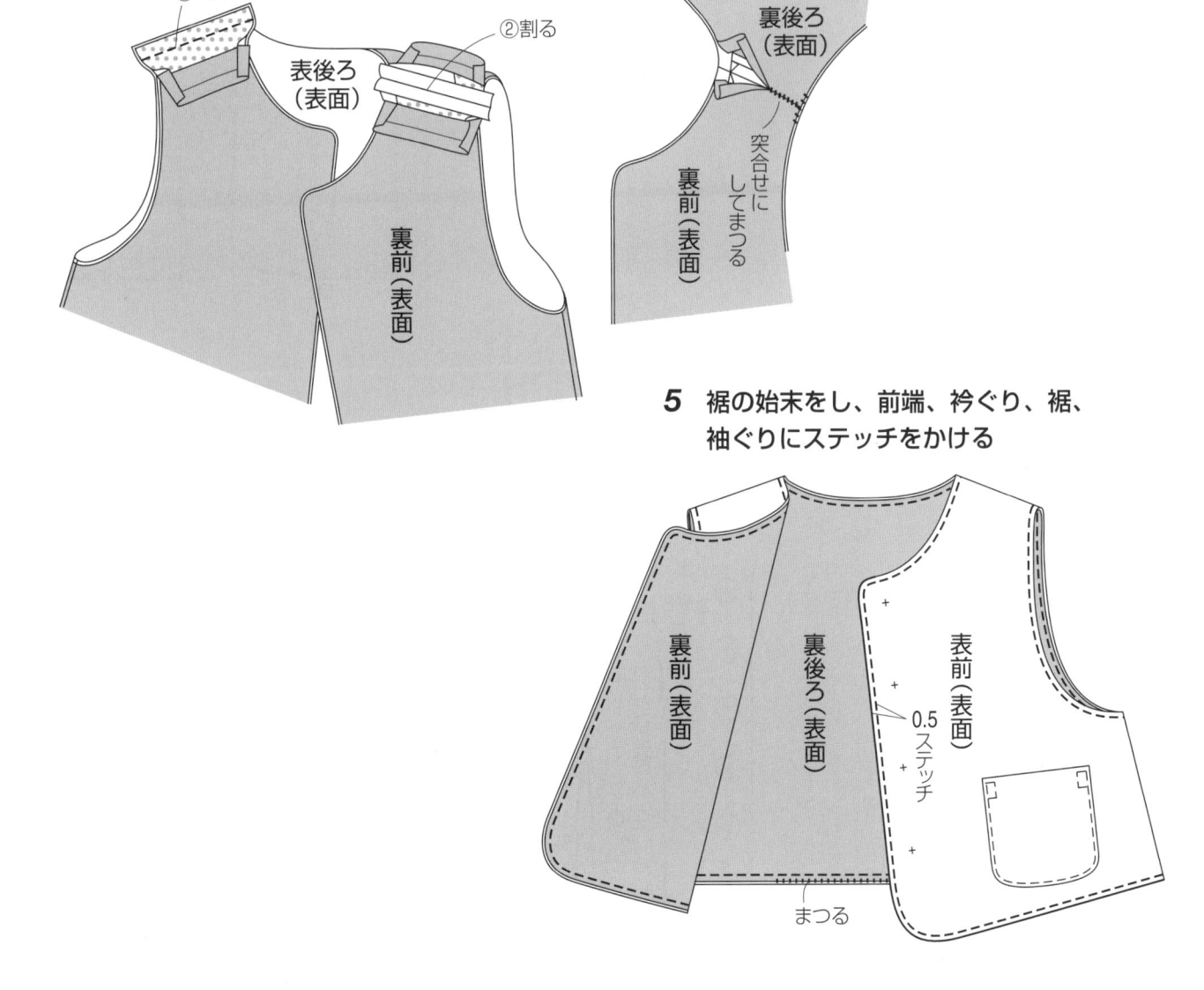

①ミシン

②割る

表後ろ(表面)

裏前(表面)

裏後ろ(表面)

突合せにしてまつる

裏前(表面)

5 裾の始末をし、前端、衿ぐり、裾、袖ぐりにステッチをかける

裏前(表面)

裏後ろ(表面)

表前(表面)

0.5ステッチ

まつる

第3章 スローパーと応用デザイン

衿つきのベスト（110cm　男児）

変りテーラードカラーのベスト。後ろにつけたベルトでウエストの調節ができる。
素材は、厚手の綿や中肉ウールが適している。

使用量
表布　150cm幅50cm
裏布　90cm幅60cm
接着芯　90cm幅50cm

原型のダーツ操作

- **後ろ身頃**
  肩ダーツを閉じて袖ぐりのゆとりとする。
- **前身頃**
  Ｆ点を基点にラペルの部分のゆとり分として腹ぐせダーツを衿ぐりに分散し、残りのダーツ分を閉じる。

作図

作図要点
- 後ろ身頃は衿ぐりに切替えが入り、前身頃のみテーラードカラーがつく。
- 前身頃のダーツはデザイン上入れたダーツで、脇線のダーツbと同寸法である。

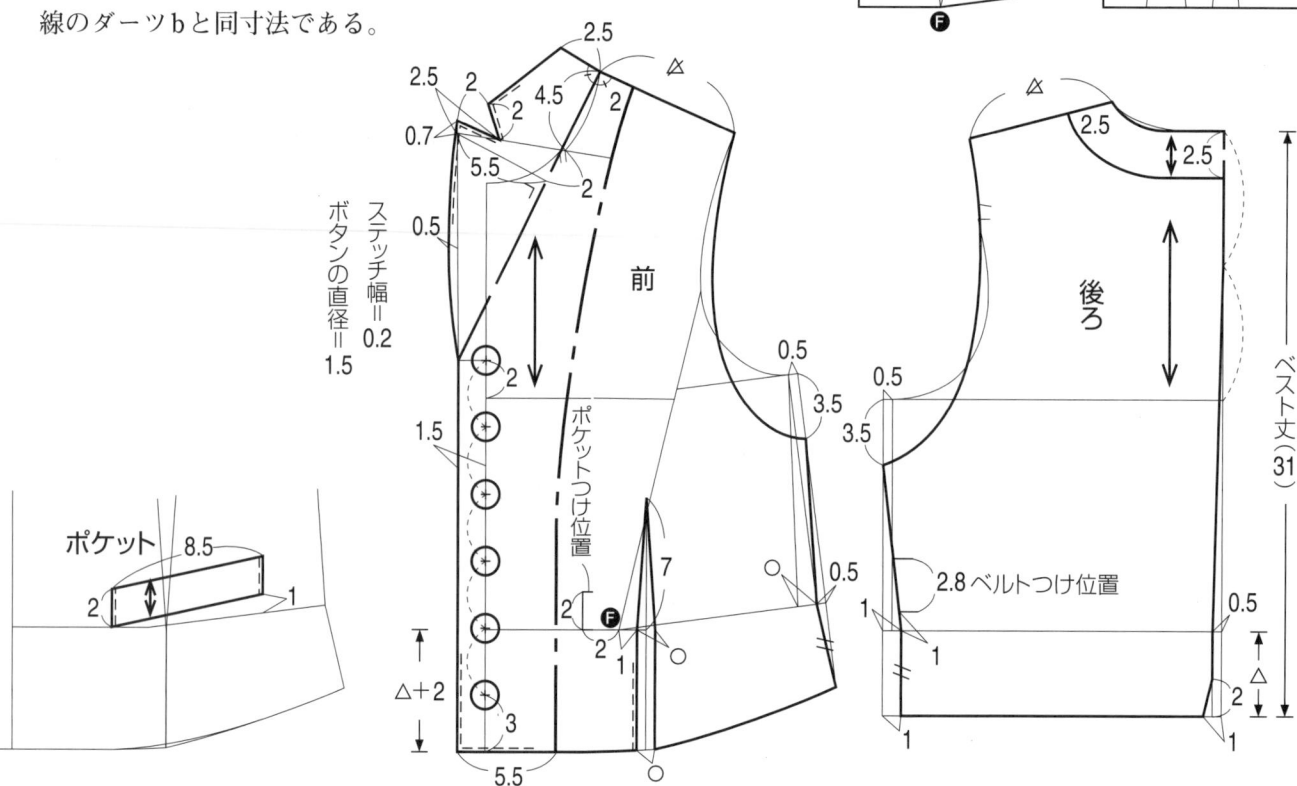

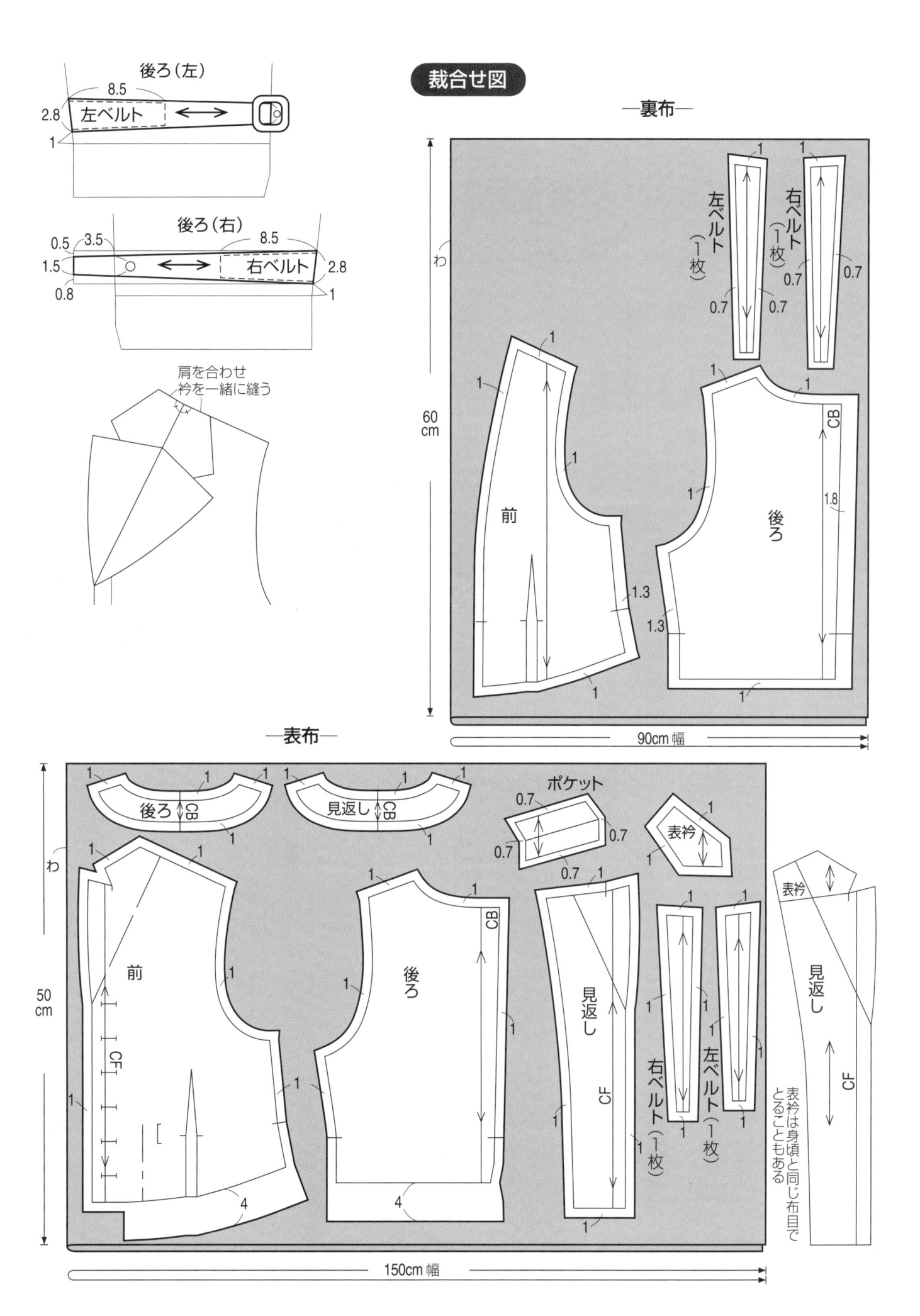

裁合せ図

後ろ（左）
8.5
2.8　左ベルト
1

後ろ（右）
0.5　3.5　　8.5
1.5　　右ベルト　2.8
0.8　　　　　　1

肩を合わせ衿を一緒に縫う

―裏布―

左ベルト（1枚）　右ベルト（1枚）
0.7　0.7　0.7　0.7

前　1

後ろ　CB　1.8
1.3
1.3
1

60 cm
わ
90cm幅

―表布―

後ろ CB　見返し CB
1　1　　　1　1

ポケット
0.7　0.7
0.7

表衿
1

前　CF　1

後ろ　CB　1
4　　　　4

見返し CF
1

右ベルト（1枚）　左ベルト（1枚）
1　1

表衿
見返し CF

表衿は身頃と同じ布目でとることもある

50 cm
わ
150cm幅

第3章　スローパーと応用デザイン

縫製要点

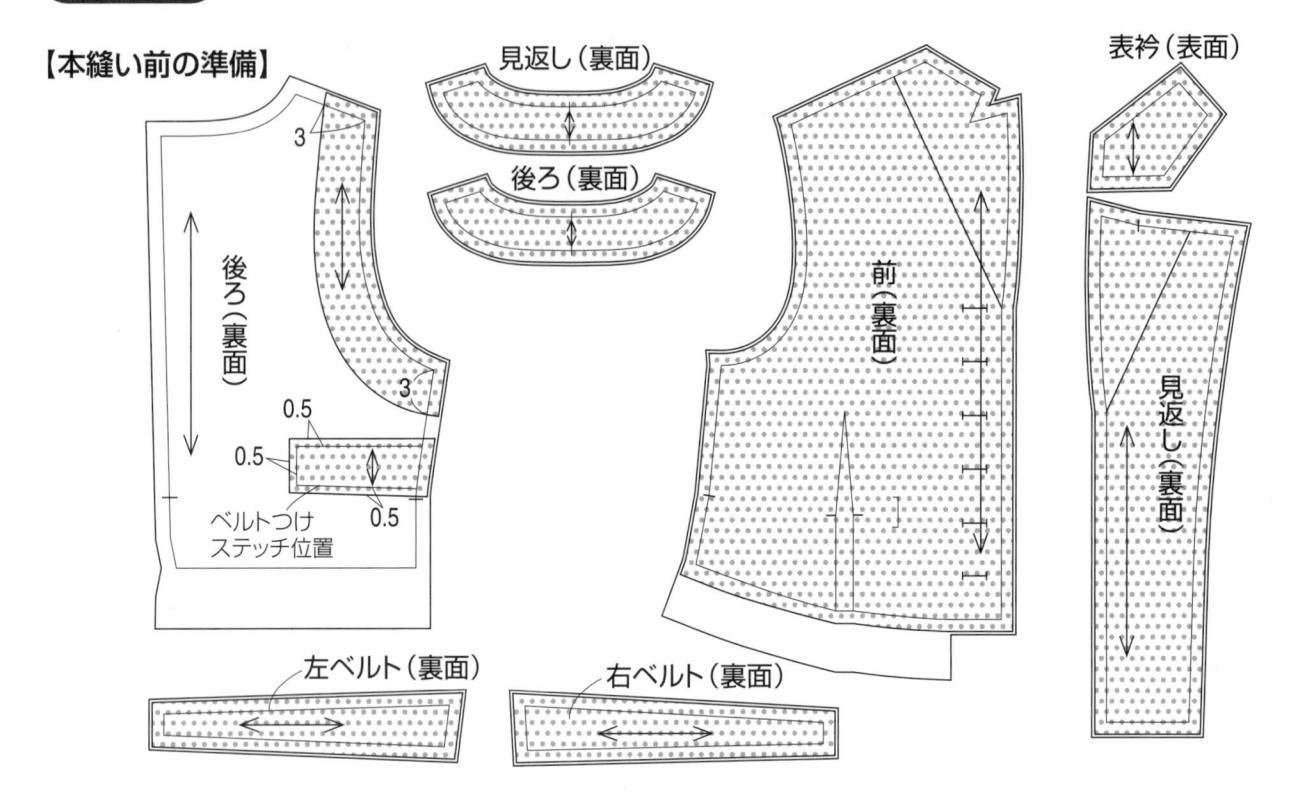

【本縫い前の準備】

見返し（裏面）
後ろ（裏面）
後ろ（裏面） 3 / 3 / 0.5 / 0.5 / 0.5
ベルトつけステッチ位置
前（裏面）
表衿（表面）
見返し（裏面）
左ベルト（裏面）
右ベルト（裏面）

【本縫】

1 箱ポケットを作る

詳しい縫製方法は「ローウエストのワンピースドレス 1.箱ポケットを作る（72ページ）」参照。

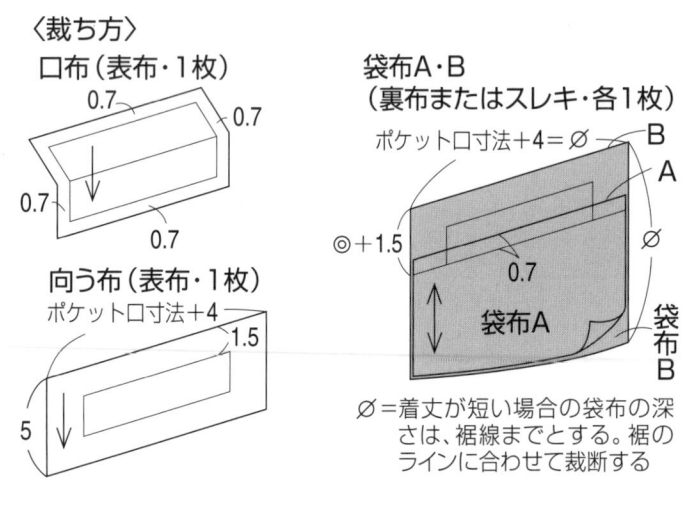

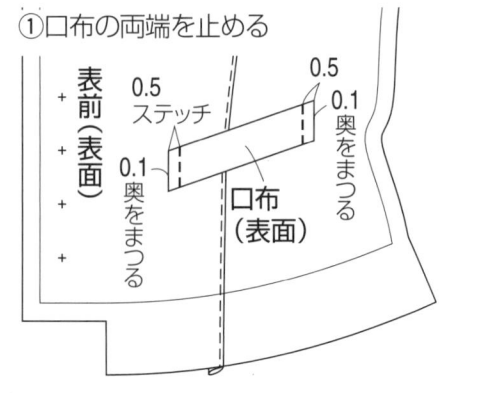

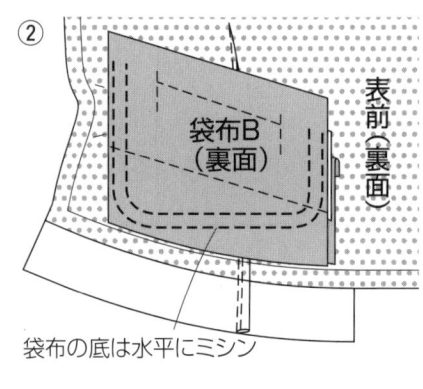

〈裁ち方〉

口布（表布・1枚） 0.7／0.7／0.7／0.7

向う布（表布・1枚）
ポケット口寸法＋4 / 1.5 / 5

袋布A・B（裏布またはスレキ・各1枚）
ポケット口寸法＋4＝⌀
◎＋1.5 / 0.7
袋布A
袋布B

⌀＝着丈が短い場合の袋布の深さは、裾線までとする。裾のラインに合わせて裁断する

①口布の両端を止める
表前（表面）
0.5 ステッチ 0.5
0.1 奥をまつる 0.1
奥をまつる
口布（表面）

②
袋布B（裏面）
表前（裏面）
袋布の底は水平にミシン

2 衿をつける

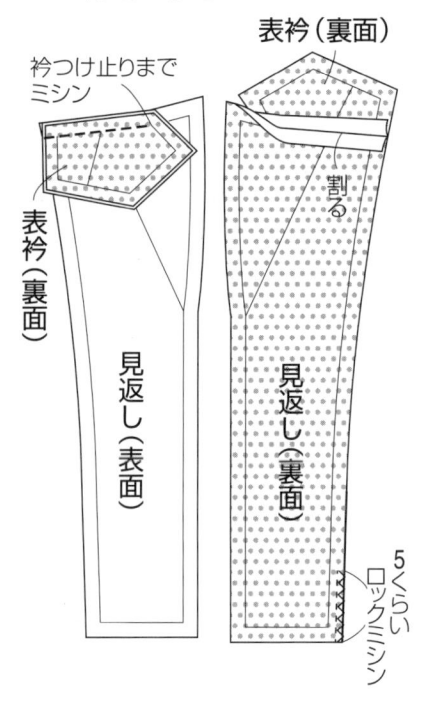

表衿（裏面）
衿つけ止りまでミシン
割る
表衿（裏面）
見返し（裏面）
見返し（表面）
5くらいロックミシン

3 裏身頃を作り、見返しと裏前を縫い合わせる

表衿(裏面)
裏前(裏面)
見返し(裏面)
しつけ
0.2〜0.3離して
ミシン
2縫い残す
ロックミシン

4 前端、衿外回りを縫う

表身頃と裏身頃を中表にして見返し側から前端、衿外回りを縫う。表身頃の衿つけ止りきわまで切込みを入れ、縫い代は細くカットして表に返す

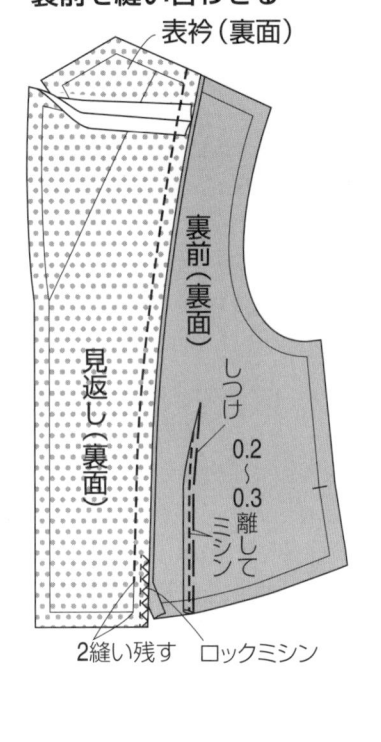

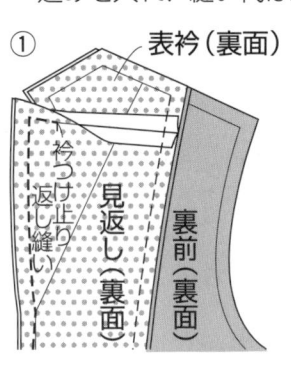

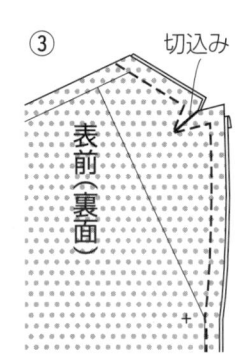

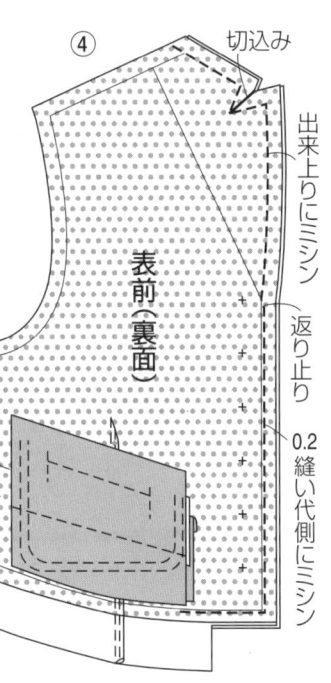

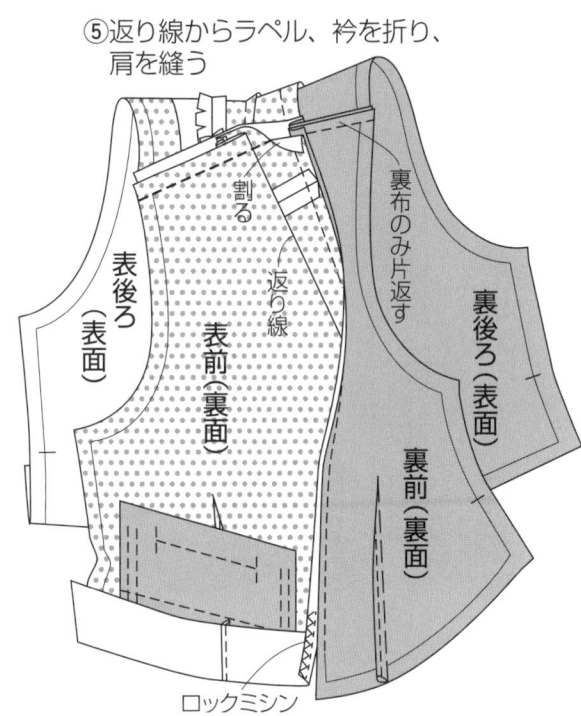

① 表衿(裏面) 見返し(裏面) 裏前(裏面) 衿つけ止り 衿返し縫い

② 表衿(裏面) 見返し(裏面) 裏前(裏面) 衿つけ止り

③ 切込み 表前(裏面)

④ 切込み 表前(裏面) 出来上りにミシン 返り止り 0.2 縫い代側にミシン

⑤ 返り線からラペル、衿を折り、肩を縫う
表後ろ(表面) 割る 表前(裏面) 返り線 裏布のみ片返す 裏後ろ(表面) 裏前(裏面)
ロックミシン

5 後ろ身頃を作りベルトをつける

ベルトを中表に合わせて縫う
裏ベルト(表面)
出来上りにしつけ
表ベルト(裏面)
0.2離してステッチ

表に返して裏ベルトを控えて整える
0.1控える
裏ベルト(表面)

→

後ろ中心、衿ぐりの切替え線を縫う

裏後ろ(表面)
表後ろ(表面)
表後ろ身頃にベルトをのせ、ステッチで止める
8.5
0.2
表ベルト(表面)
ステッチ
2.5

後ろ中心
表後ろ(表面)
2.5
ミシン
裾

第3章 スローパーと応用デザイン

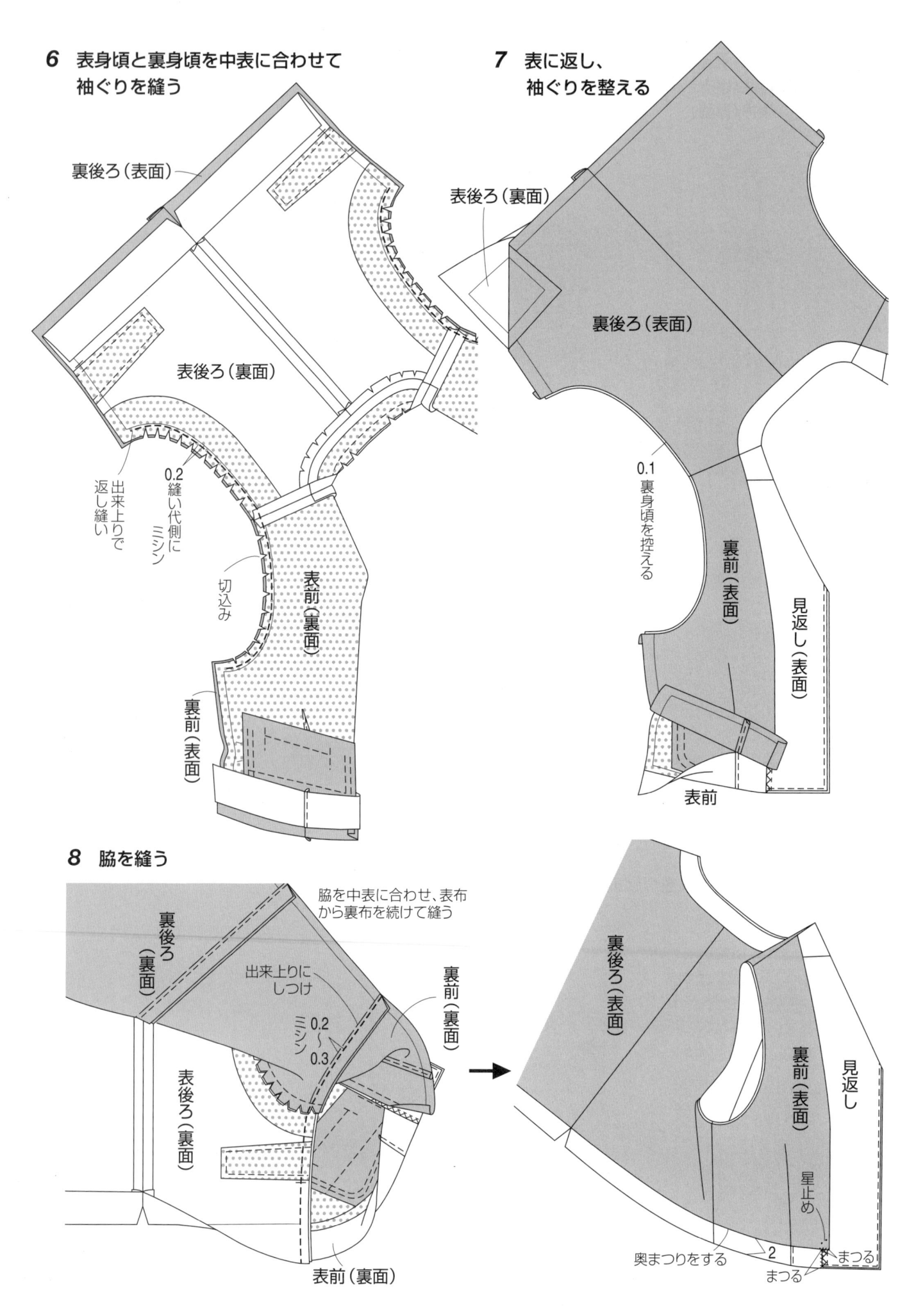

6 表身頃と裏身頃を中表に合わせて袖ぐりを縫う

- 裏後ろ（表面）
- 表後ろ（裏面）
- 0.2 縫い代側にミシン
- 出来上りで返し縫い
- 切込み
- 表前（裏面）
- 裏前（表面）

7 表に返し、袖ぐりを整える

- 表後ろ（裏面）
- 裏後ろ（表面）
- 0.1 裏身頃を控える
- 裏前（表面）
- 見返し（表面）
- 表前

8 脇を縫う

脇を中表に合わせ、表布から裏布を続けて縫う

- 裏後ろ（裏面）
- 裏前（裏面）
- 出来上りにしつけ
- 0.2〜0.3 ミシン
- 表後ろ（裏面）
- 表前（裏面）

- 裏後ろ（表面）
- 裏前（表面）
- 見返し
- 星止め
- 奥まつりをする
- まつる
- 2
- まつる

ジャケット、ブルゾン

ジャケットとは男女ともに着用する上着の総称で、用途、素材、仕立て方などによりさまざまな名称がつけられている。用途別に大きく分けると、セレモニー用とカジュアル用になる。

セレモニー用は、大人に同伴してあらたまった席に出席したり、入園式、卒園式、入学式、卒業式などに着用するジャケットで、上下そろえてスーツとしてシャツやブラウスと組み合わせたり、ベストやジャンパースカートと組み合わせることもできる。セレモニー用のジャケットは、良質の素材で、機能性よりも形のよさを重視して作るとよい。

カジュアル用のジャケットは日常着として、通園、通学、遊び着、旅行、スポーツなどの活動的な場面で着用するジャケットなので、着脱がしやすく、ポケットなども便利で使いやすく、機能的であることが必要とされる。また、年齢に合わせて、子供の喜ぶデザインであることも大切である。

1. スローパー ジャケットの基本型シルエットパターン

身長110cm　テーラードジャケット

男女兼用で着用できる基本的なテーラードカラーのジャケット。シャツやブラウス、Tシャツ、セーターなどの上に重ねて着るので、下に着るアイテムによってバストラインでのゆとり、アームホール寸法、袖幅、衿ぐり寸法などの調整が必要になる。

このジャケットの作図は2通りのパターンを作製することができる。腹ぐせダーツを裾に展開する方法と脇線に移動してダーツを入れる方法である。裾に開く場合は、裾幅が広くなるのでスカートと組み合わせるのに適している。この場合は後ろ脇身頃とつなげて2面構成のパターンになる。脇からダーツを入れる場合は、3面構成になるが、前身頃の落着きはよくなる。

原型のダーツ操作

●後ろ身頃

肩ダーツは $\frac{1}{2}$ を袖ぐりに分散して袖ぐりのゆとりとし、$\frac{1}{2}$ は肩縫い目でいせ分量とする。

①肩ダーツを2等分して切開き線をかく。
②ダーツ止りを基点に肩ダーツを閉じる。

●前身頃

腹ぐせは衿ぐりのゆとりとして0.5cm移動して分散し、残りを腹ぐせダーツとする。

①F点から衿ぐり案内点を結んで切開き線をかく。
②パーツAとCをかく。
③F点を基点衿ぐりで0.5cm開いてパーツBをかく。

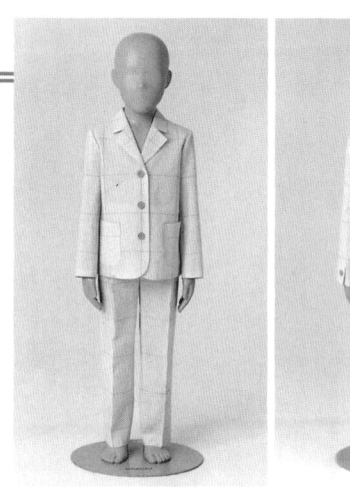

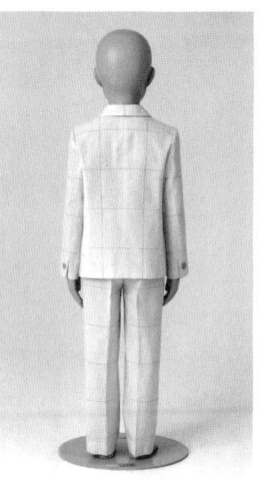

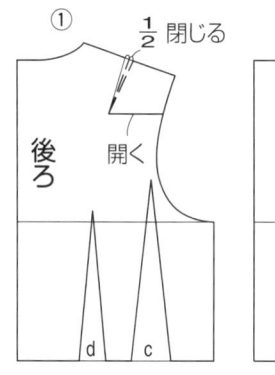

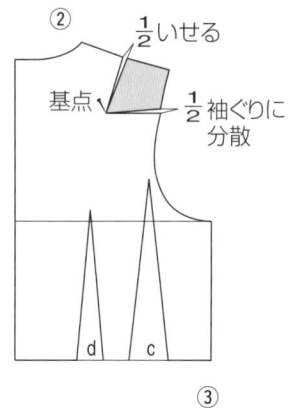

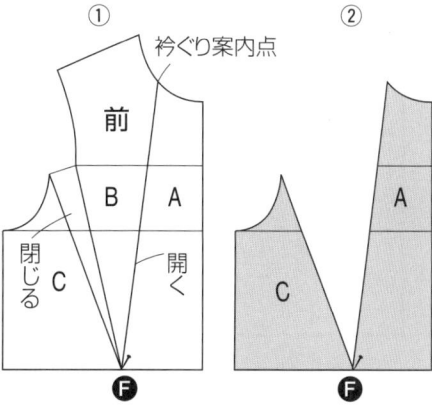

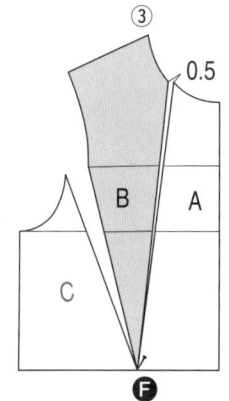

作図

作図要点

この作図は前身頃と後ろ身頃をつなげた2面構成と、脇縫い目のある3面構成の2通りに展開できる作図である。肩線は、極薄（0.5cm）の肩パッドを入れる程度のゆとりを加えてある。

●後ろ身頃

ジャケット丈を決め、身幅にゆとりを加える。衿ぐり、袖ぐり寸法は下に着用するものを考慮に入れて決める。パネルラインの切替えは、ウエストダーツbの位置を目安にかく。

●前身頃

後ろ身頃と同寸にジャケット丈をとり、身幅のゆとりを加える。衿の返り止りを決め、前中心に打合せ寸法を加える。肩先で0.5cmのゆとりを加え、衿ぐり、肩幅、袖ぐりは、後ろ身頃に準じてかく。

前裾線は、デザイン上1cm丈を長くしてかく。
衿つけ線は、サイドネックポイントから原型衿ぐり線にそってかき、衿ぐり案内点より1cmの点とフロントネックポイントとを結んだ延長線上に衿幅寸法をとってラペルをかく。

上衿はサイドネックポイントから0.5cmの点を求めⒷ点とする。Ⓑ点から肩線の延長線上に衿こし寸法（2cm）をとりⒸ点とし、衿の返り止りⒶ点と結んで延長する。この線と平行にⒷ点から後ろ衿ぐり寸法をとり、弧線上に2cmとった点とⒷ点を結ぶ。この線に直角に衿こし、衿幅寸法をとって衿の線をかく。

●ポケット

Ⓕ点より1cm前中心よりの点を求めて垂直線をかく。前中心から脇線までの間を2等分してポケット口寸法を決める。身頃の裾線、脇線に平行にポケットをかく。

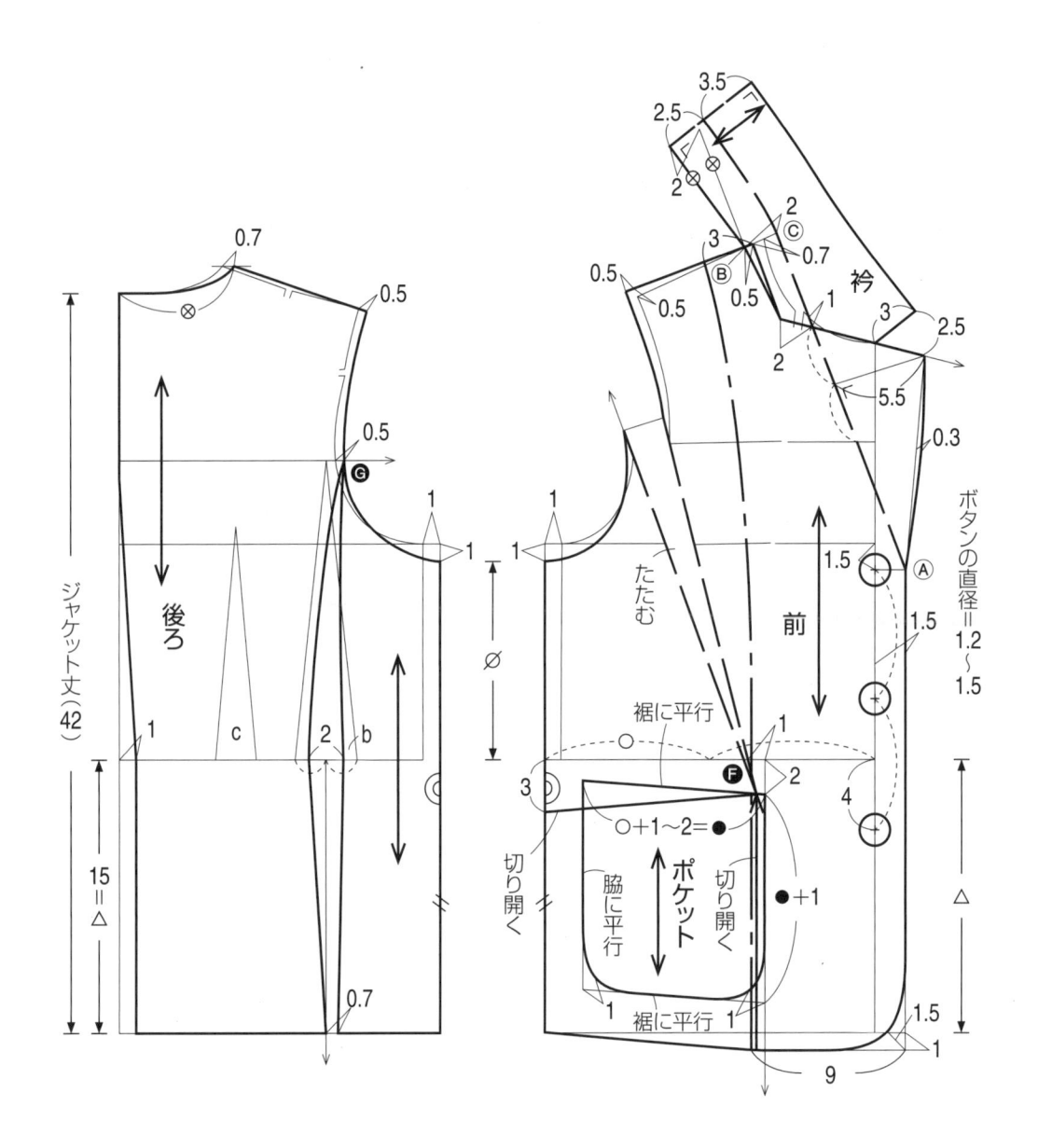

身頃を2面構成にする場合

🅕点を延長してポケット口と交わった点を🅕'点とする。🅕'点を基点に腹ぐせダーツをたたむ。

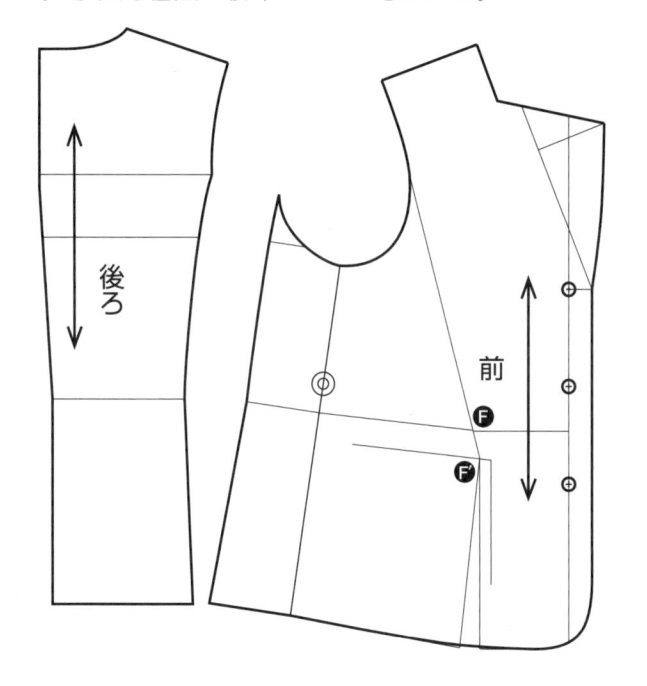

身頃を3面構成にする場合

🅕点を基点に腹ぐせダーツをたたんで脇にダーツを移動する。

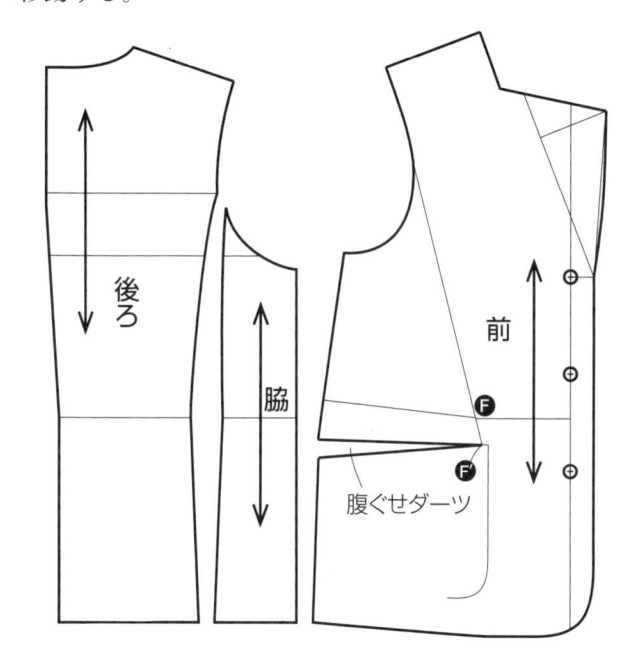

ジャケット袖（2枚袖）

BLが水平の状態で、後ろ身頃の袖ぐりと前身頃の袖ぐり底の部分をうつし、次に腹ぐせダーツ止りを基点にダーツをたたんで残りの袖ぐりをうつす。

●袖山の高さを決める

テーラードジャケットなので運動量よりも、形をよくすることを重点に考えて割り出す。ここでは前後肩丈の平均の $\frac{4}{5}$ を袖山の高さとする。

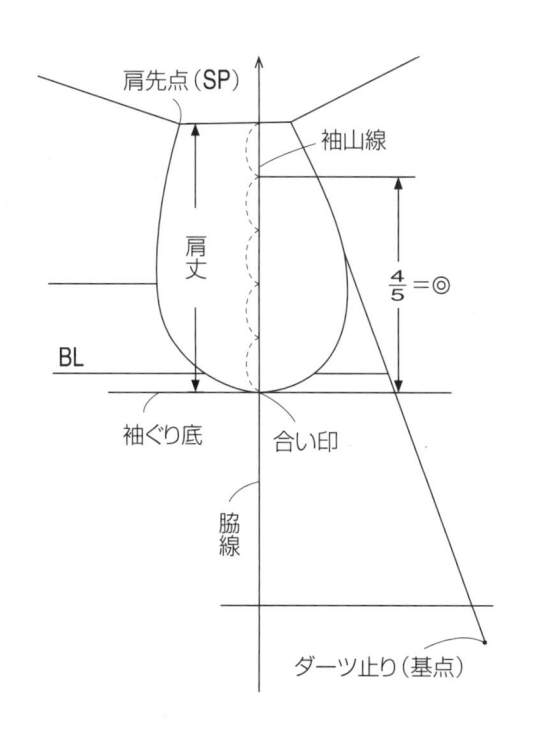

●袖山点を決める

袖山線上に袖丈をとる。袖丈は、手根点までの寸法に2cmくらい加えてとる。袖の方向性をつけるため、袖山点を袖山線より0.5〜0.7cm後ろ側にとる。袖山点から袖幅線上に前AH寸法、後ろAH寸法＋0.5〜0.7cmをとってかく。

●袖下縫い目線のかき方

①前後袖幅をそれぞれ2等分して、中点を🅕点🅑点とし、その点を直上直下する。

②前身頃の袖ぐり底からWLまでの寸法と同寸を袖幅線から下にとりELとする。

③前後袖ぐり底線を袖幅線上にうつしとり、袖山曲線をかく。

④ELで0.5cm内側に、袖口では0.5cm外側にとった点を🅕点から結び、前袖側の輪郭線（破線）をかく。

⑤袖幅を4等分して袖口寸法を決める。

⑥🅑点と袖口を直線で結び、ELの線で🅑点で直下した線との中点を通って腕の形状に合わせ、後ろ袖の輪郭線（破線）をかく。

⑦内袖と外袖の縫い目線をかき、輪郭線より外側に同分量を展開する。

第3章　スローパーと応用デザイン

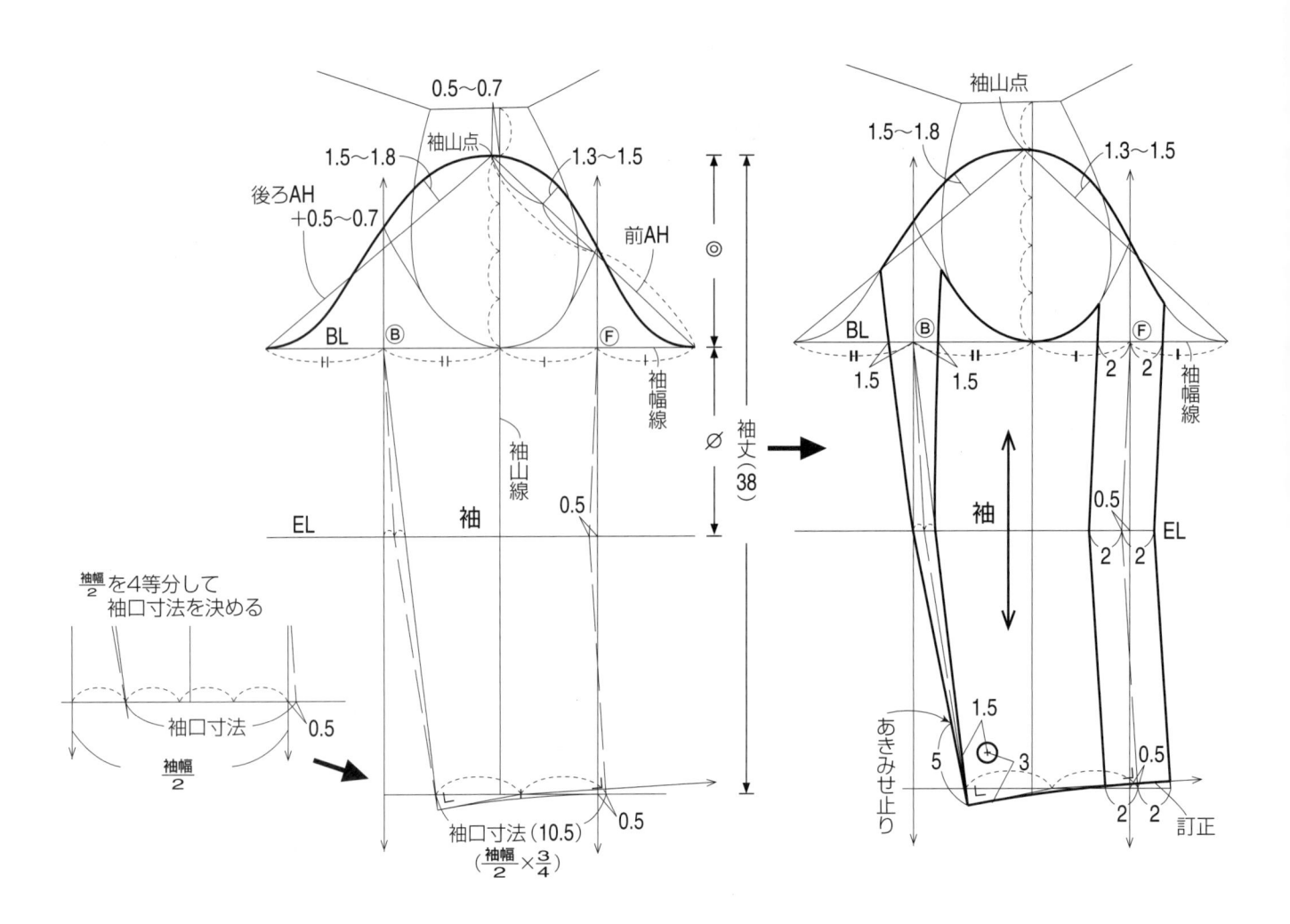

身長140cm女児　ジャケット

原型のダーツ操作

●**後ろ身頃**

肩ダーツは$\frac{1}{2}$を袖ぐりに分散して袖ぐりのゆとりとし、$\frac{1}{2}$は肩縫い目でいせ分量とする。

①肩ダーツを2等分して移動線をかく。
②ダーツ止りを基点に肩ダーツを閉じる。

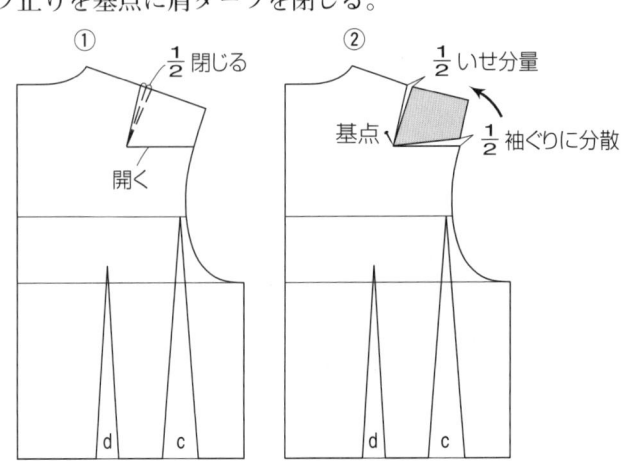

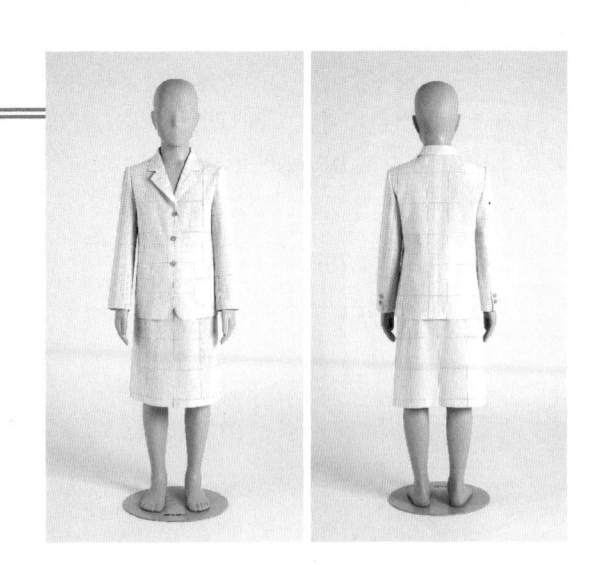

前身頃

① BPから衿ぐり案内点、前肩幅の中点に向けて切開き線をかく。
② パーツAをかく。
③ BPを基点に、衿ぐりのゆとり分0.5cm開いてパーツBをかく。
④ 胸ぐせダーツを3等分し、$\frac{1}{3}$を袖ぐりにゆとりとして分散し、残りを閉じてパーツCをかく。

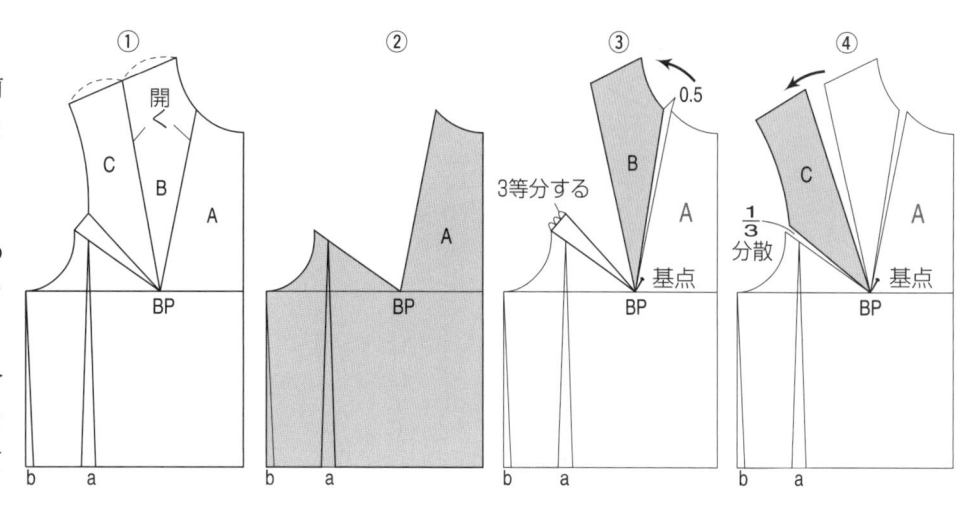

作図

作図要点

脇身頃は前後続きの3面構成で、後ろパネルラインはウエストダーツcの位置に、前はウエストダーツaを目安として入れる。

●**後ろ身頃**

「身長110cm テーラードジャケット（185ページ）」に準じてかく。

●**前身頃**

肩に移動した胸ぐせダーツはパネルラインに移動する。パッチポケットは、脇身頃とつなげてバストポイントからの直下線を目安にかく。前身幅を基準にポケットの寸法を割り出して裾線と脇線に平行にかく。

前裾線は、デザイン上丈を1cm長くしてかく。

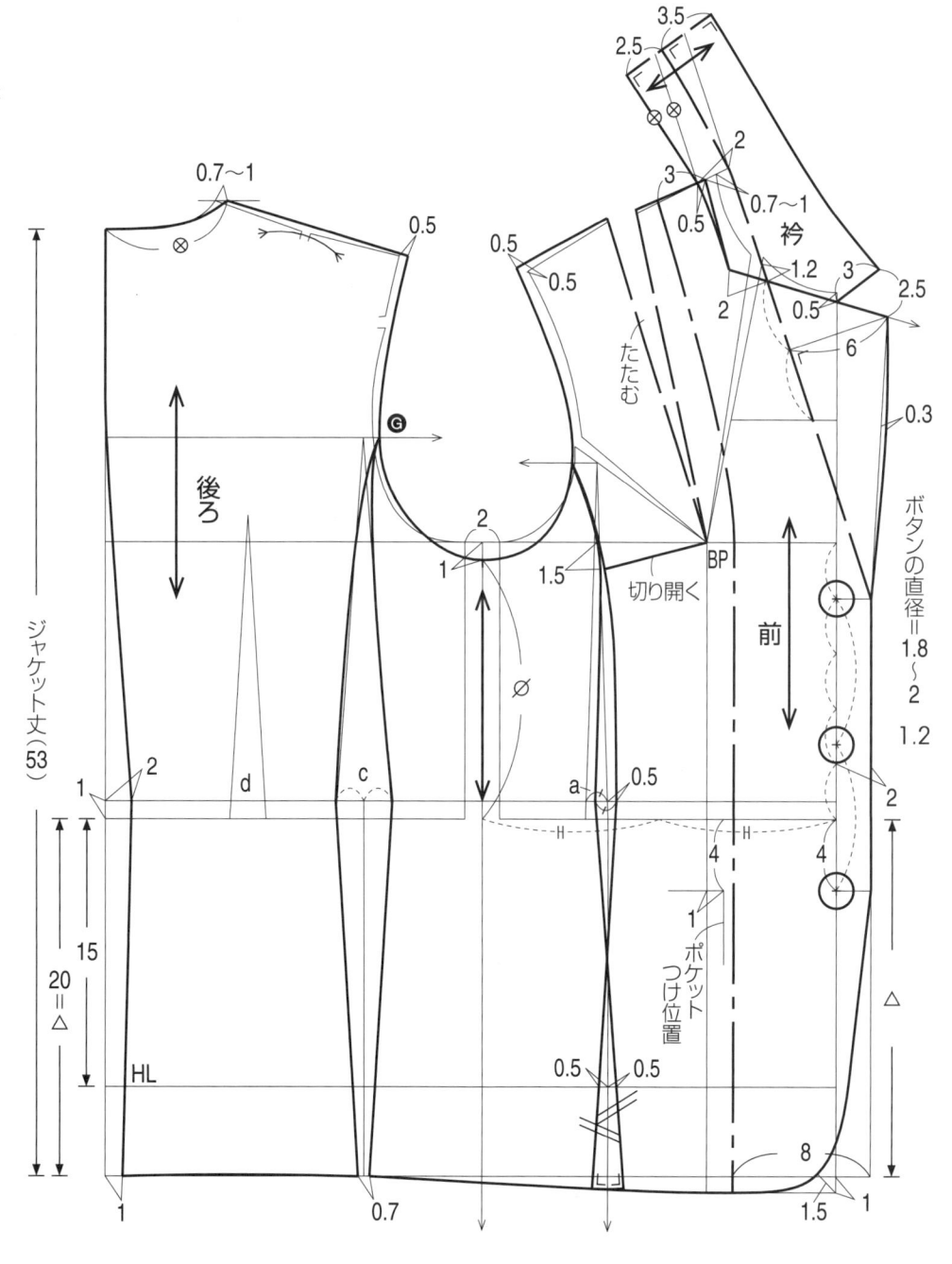

第3章 スローパーと応用デザイン

〈前身頃の切開き図とポケット〉

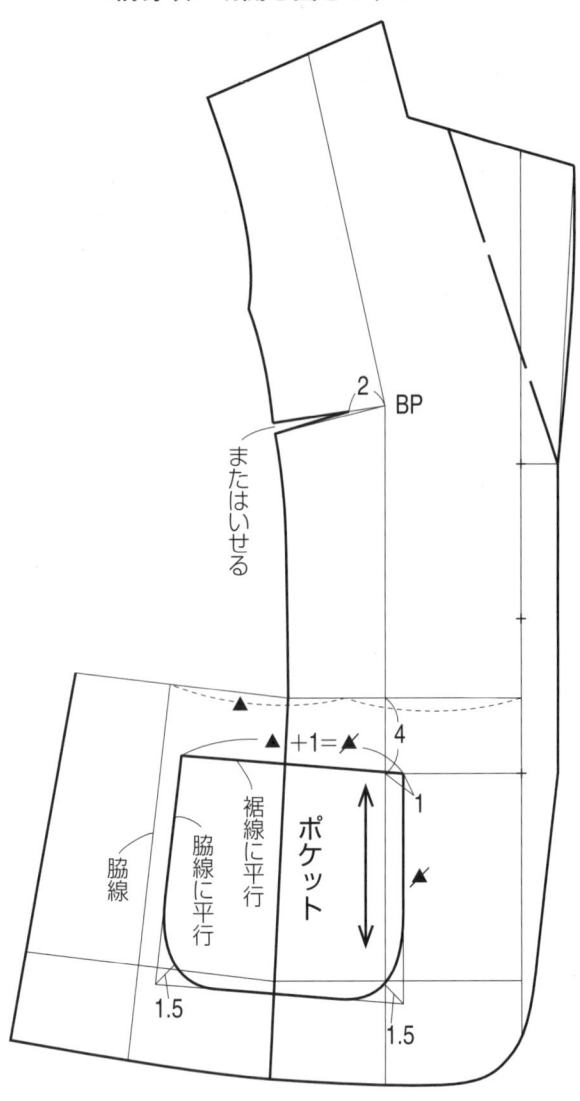

●袖

「身長110cm テーラードジャケット ジャケット袖（187ページ）」のかき方に準じてかく。

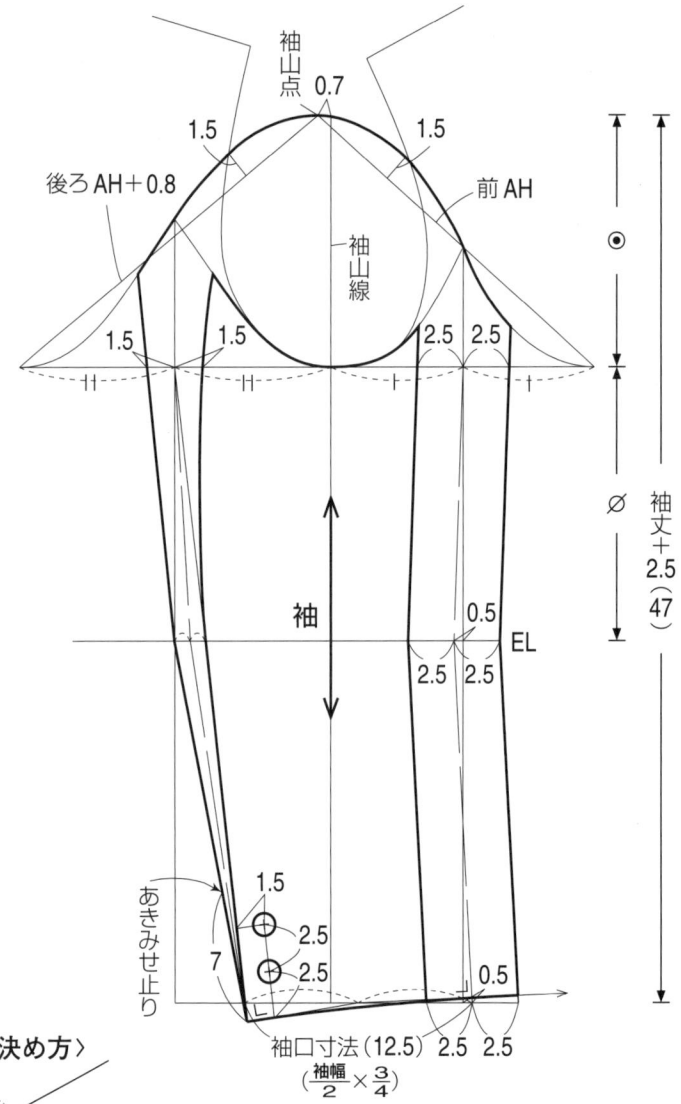

〈袖山の高さの決め方〉

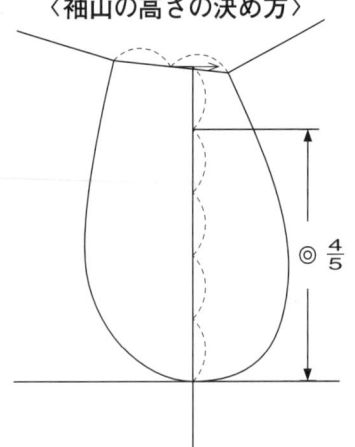

身長140cm男児　ジャケット

原型のダーツ操作

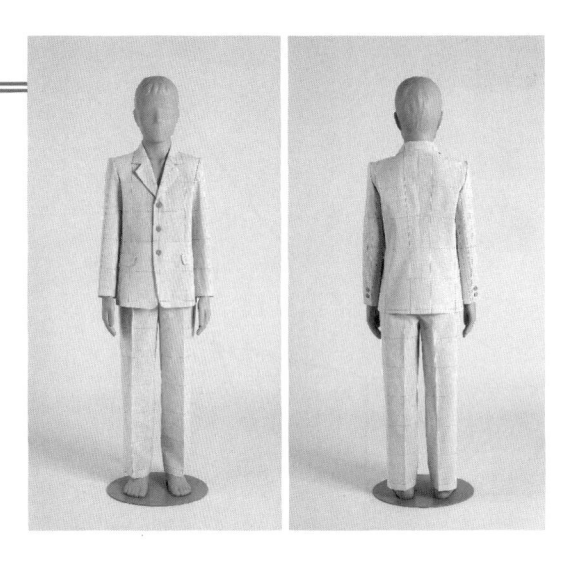

●後ろ身頃

肩ダーツは$\frac{2}{3}$を袖ぐりに分散して袖ぐりのゆとりとし、$\frac{1}{3}$は肩縫い目でいせ分量とする。
①肩ダーツを3等分して切開き線をかく。
②ダーツ止りを基点に肩ダーツを閉じる。

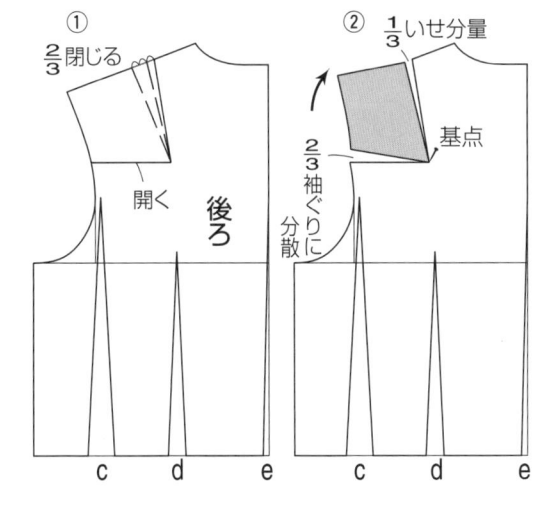

●前身頃

①衿ぐり案内点とダーツ止りを結んで切開き線をかく。腹ぐせダーツを、$\frac{1}{2}$は衿ぐりのゆとりとし、移動して分散。残りの$\frac{1}{2}$はウエストラインへ移動して分散する。
②パーツAをかく。基点を押さえて、Ⓐ点とⒷ点が合うように原型を左側に移動し、パーツBをかく。
③基点を押さえて、Ⓑ点Ⓒ点が合うように原型を右側に移動し、パーツCをかく。

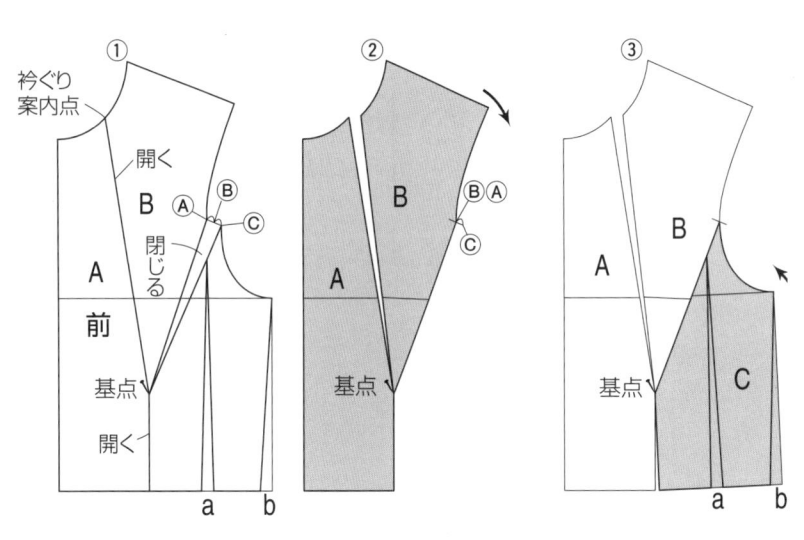

第3章　スローパーと応用デザイン

作図

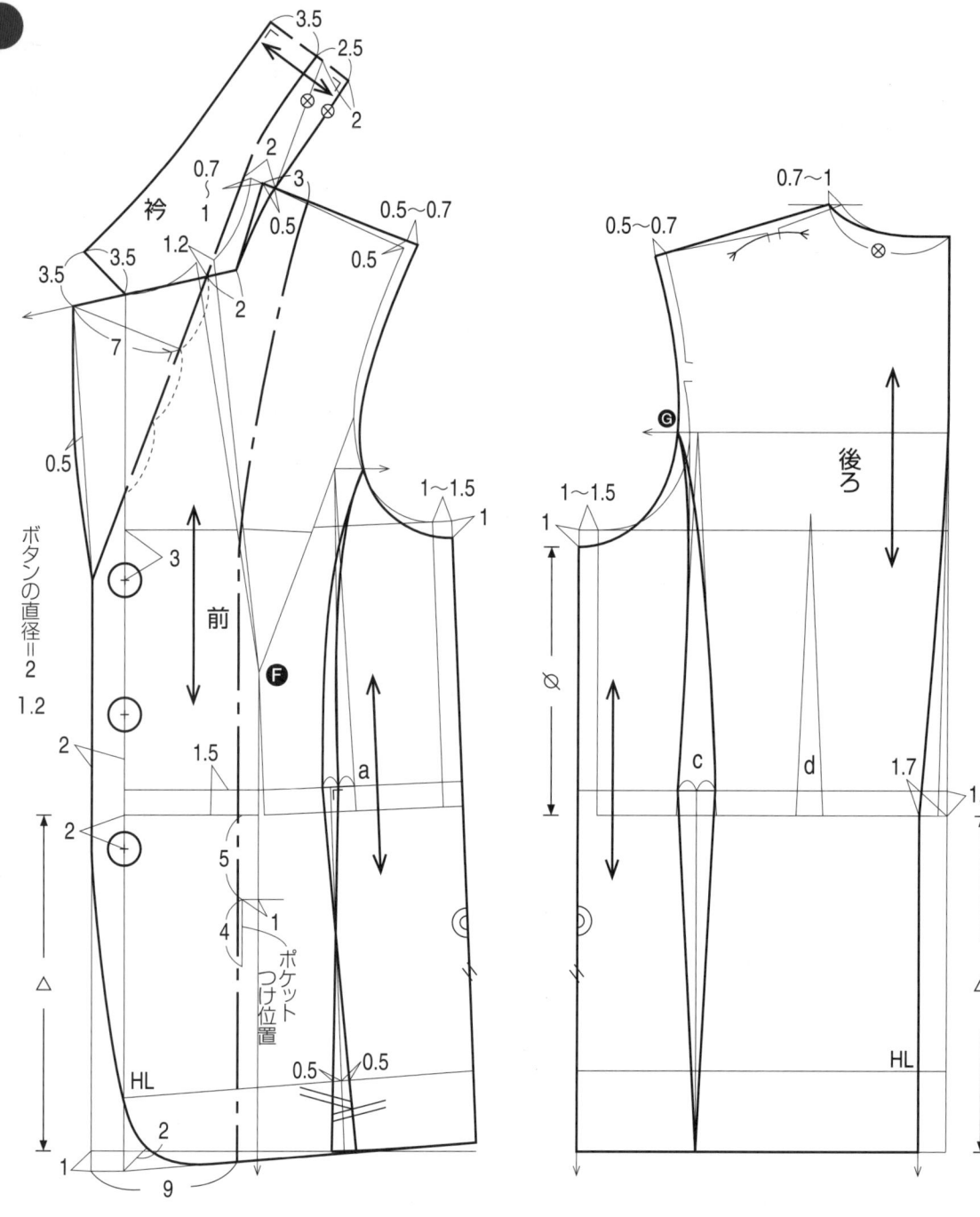

作図要点

作図は「身長110cm テーラードジャケット（185ページ）」のかき方に準じてかく。

前後パネルラインの位置は、原型のウエストダーツa、cを目安にしてかく。フラップポケットは前身頃と脇身頃をつなげてかく。

●ポケット

ダーツ止り（基点）から垂直線をかき、ポケット口寸法を決め、裾線、脇線に平行にポケットをかく。

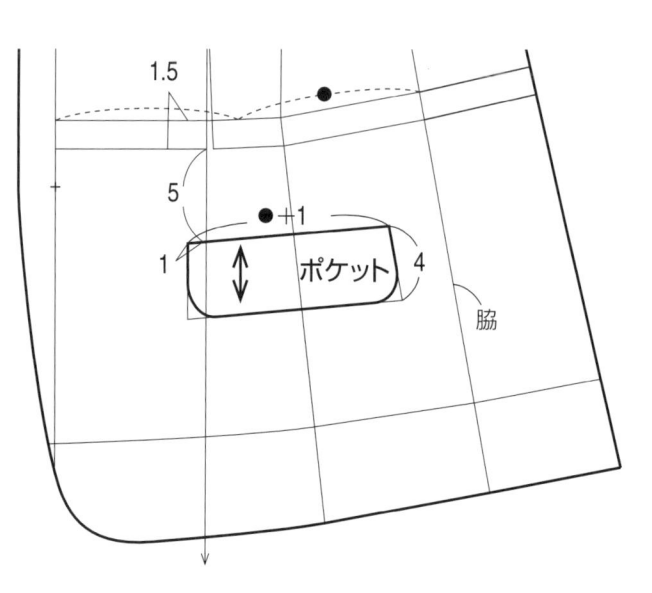

〈身頃の突合せ図〉

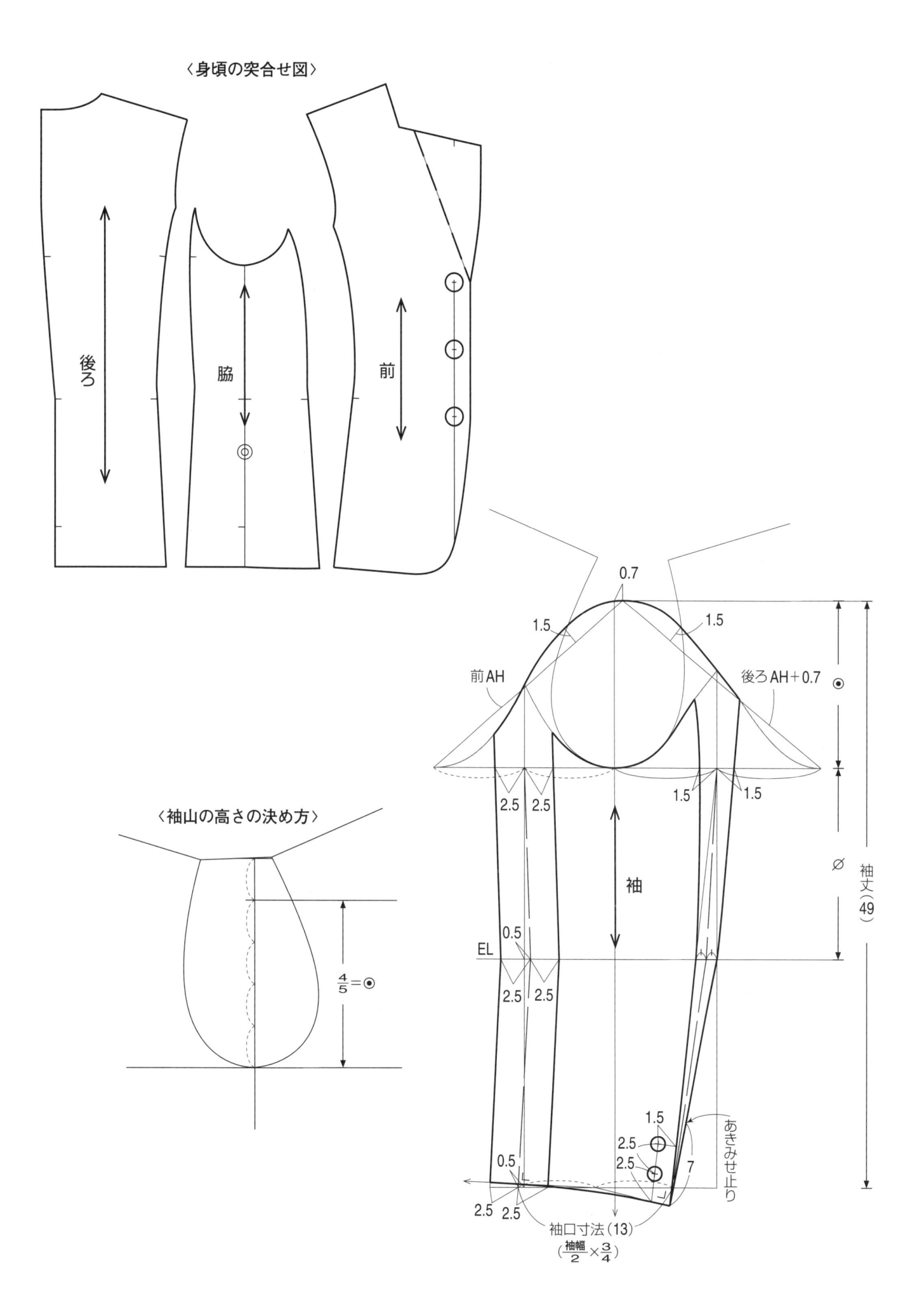

後ろ 脇 前

〈袖山の高さの決め方〉

$\frac{4}{5}=\odot$

0.7
1.5　1.5
前AH　後ろAH＋0.7
2.5　2.5　1.5　1.5
袖
0.5
EL
2.5　2.5
⌀
袖丈(49)
1.5
2.5
2.5
7
あきみせ止り
0.5
2.5　2.5
袖口寸法(13)
$\frac{袖幅}{2} \times \frac{3}{4}$

第3章　スローパーと応用デザイン

2. 応用デザイン

ノーフォークジャケット（110cm　男児）

本来は大人用として、ハンティング、ゴルフ、サイクリング用として着用されていたジャケットである。後ろ身頃にひだを入れて、機能性をもたせ、胸、肩、肘に当て布、ウエストベルトが特徴である。

素材は厚手の綿、中肉ウールが適する。

総裏仕立てにしてあるが、季節や素材により一重仕立てにしてもよい。

使用量

表布　145cm幅100cm

別布（上衿、覆い布、フラップ、肘当て）

　　　140cm幅25cm

裏布　120cm幅100cm

接着芯　90cm幅100cm

原型のダーツ操作

- **後ろ身頃**
  - 肩ダーツは$\frac{1}{2}$を袖ぐりのゆとりとし、残りはいせ分量とする。
- **前身頃**
  - F点を基点にラペル部分のゆとりとして、衿ぐりに移動し、残りのダーツ分を閉じる。

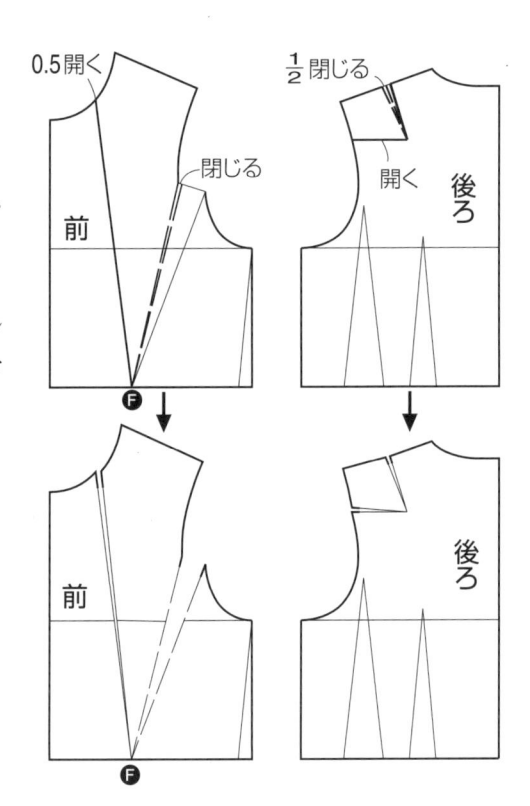

作図

作図要点

- **後ろ身頃**
  - 中に着るものを考慮して、身幅のゆとりを加える。
  - パネルラインはウエストダーツを目安にしてかき、プリーツを入れる。
- **前身頃**
  - 腹ぐせを脇に移動してダーツにする。
- **袖**
  - 188ページ参照。
  - 袖山の高さを決め、あきみせのある2枚袖をひく。
  - 肘当てはエルボーラインを基準にして位置と大きさを決める。

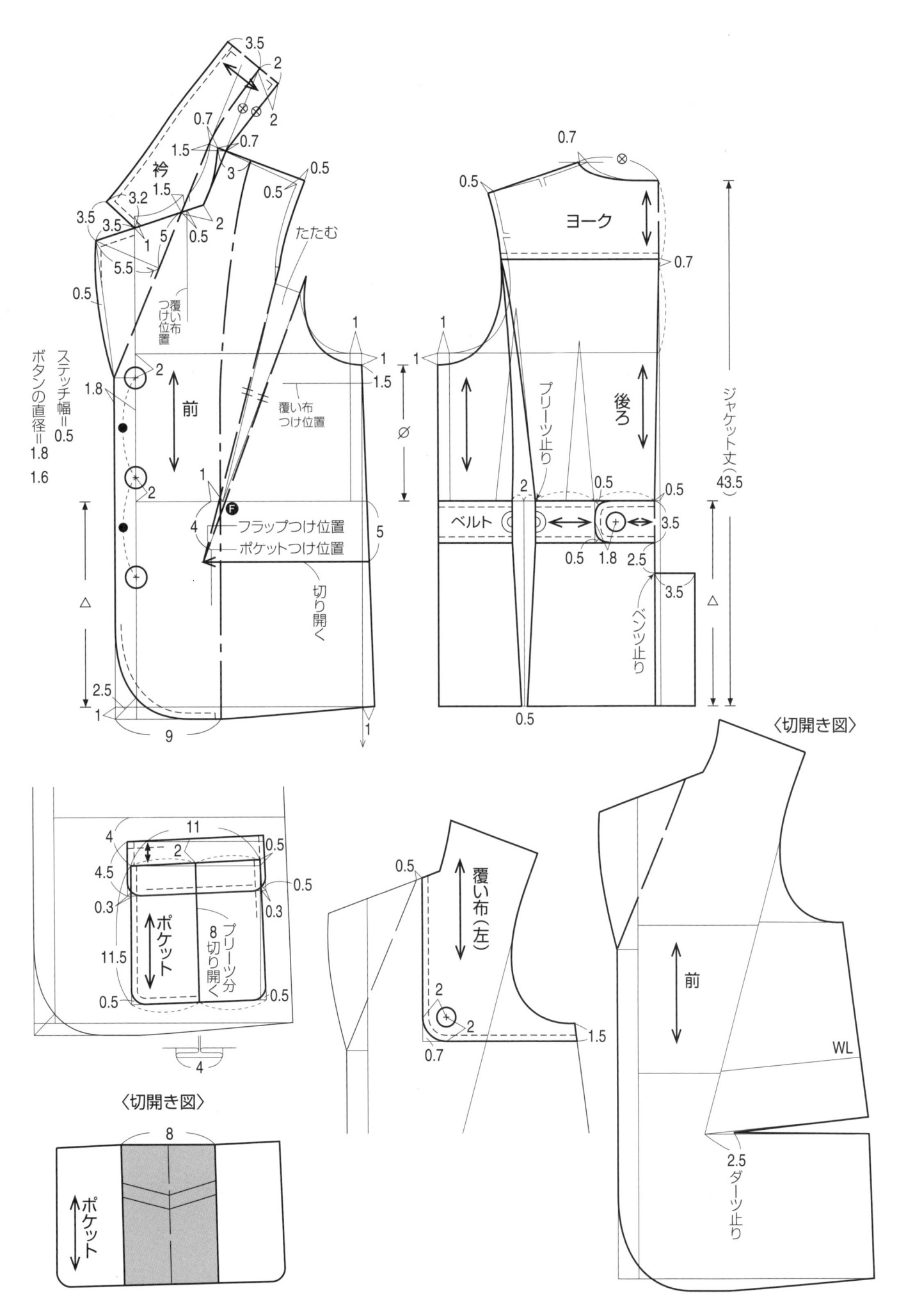

第3章　スローパーと応用デザイン　195

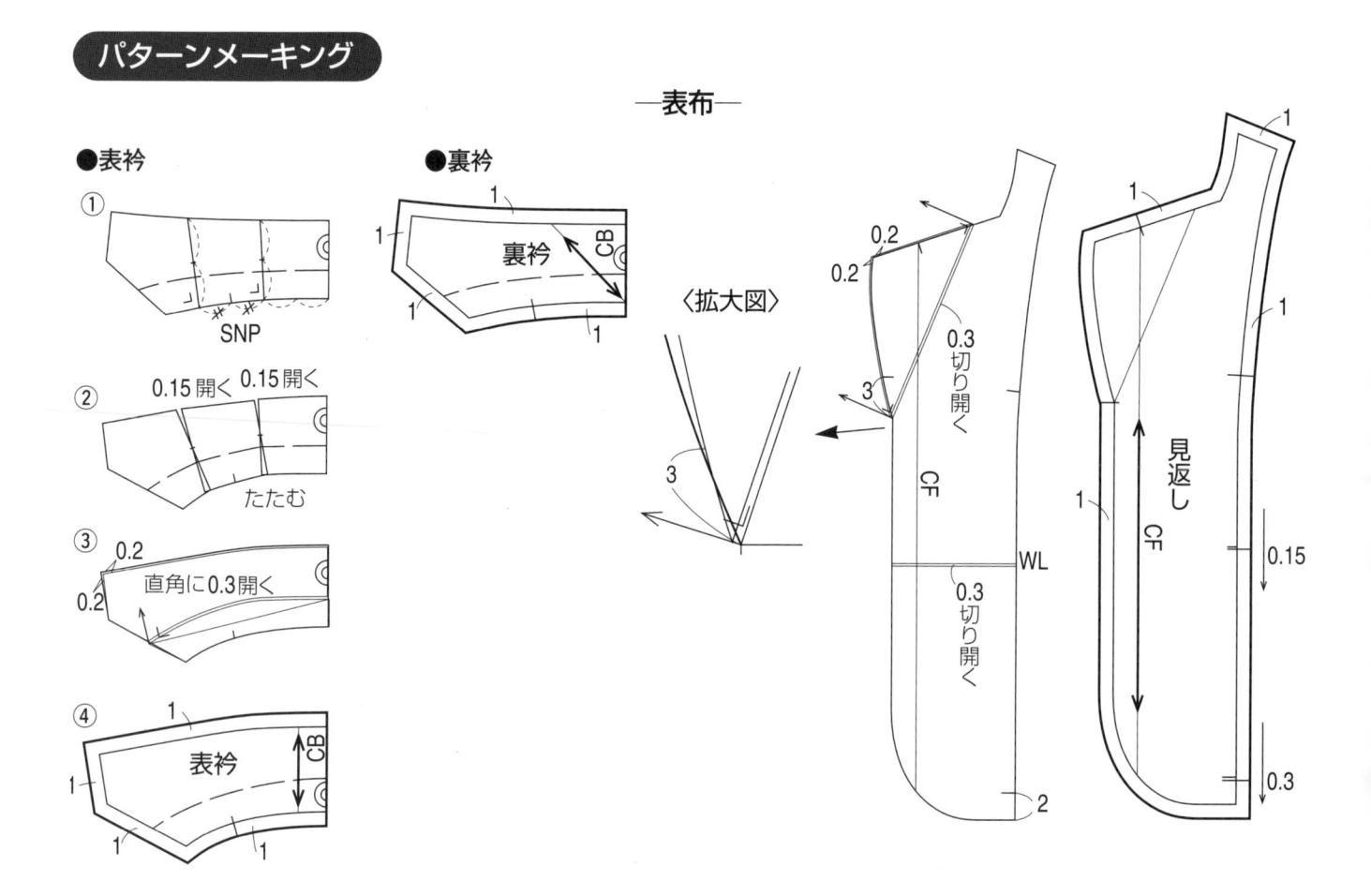

〈袖山の高さの決め方〉

前　後ろ　⊙

0.5　袖山点
1.3〜1.5　1.5〜1.8
前AH　後ろAH+0.5〜0.7
1　1
袖
袖丈(37)+1〜2
⊙
∅
EL
0.5　0.5　0.5
2　2　1　1
あきみせ止り
1.5
3　5
2　2
0.5
11
(袖幅/2 × 3/4)

外袖　内袖
2.3　2
肘当て
5.5
4　4.5
EL
5
2　2

パターンメーキング

—表布—

● 表衿

① SNP

② 0.15開く　0.15開く
たたむ

③ 0.2　0.2
直角に0.3開く

④ 1　1
表衿　CB
1　1

● 裏衿
1　1
裏衿　CB
1　1

〈拡大図〉
0.2
0.2
3
3
0.3切り開く

1
1
0.2
CF
WL
0.3切り開く
2

1
1
見返し
CF
1
0.15
0.3

―裏布―

第3章 スローパーと応用デザイン

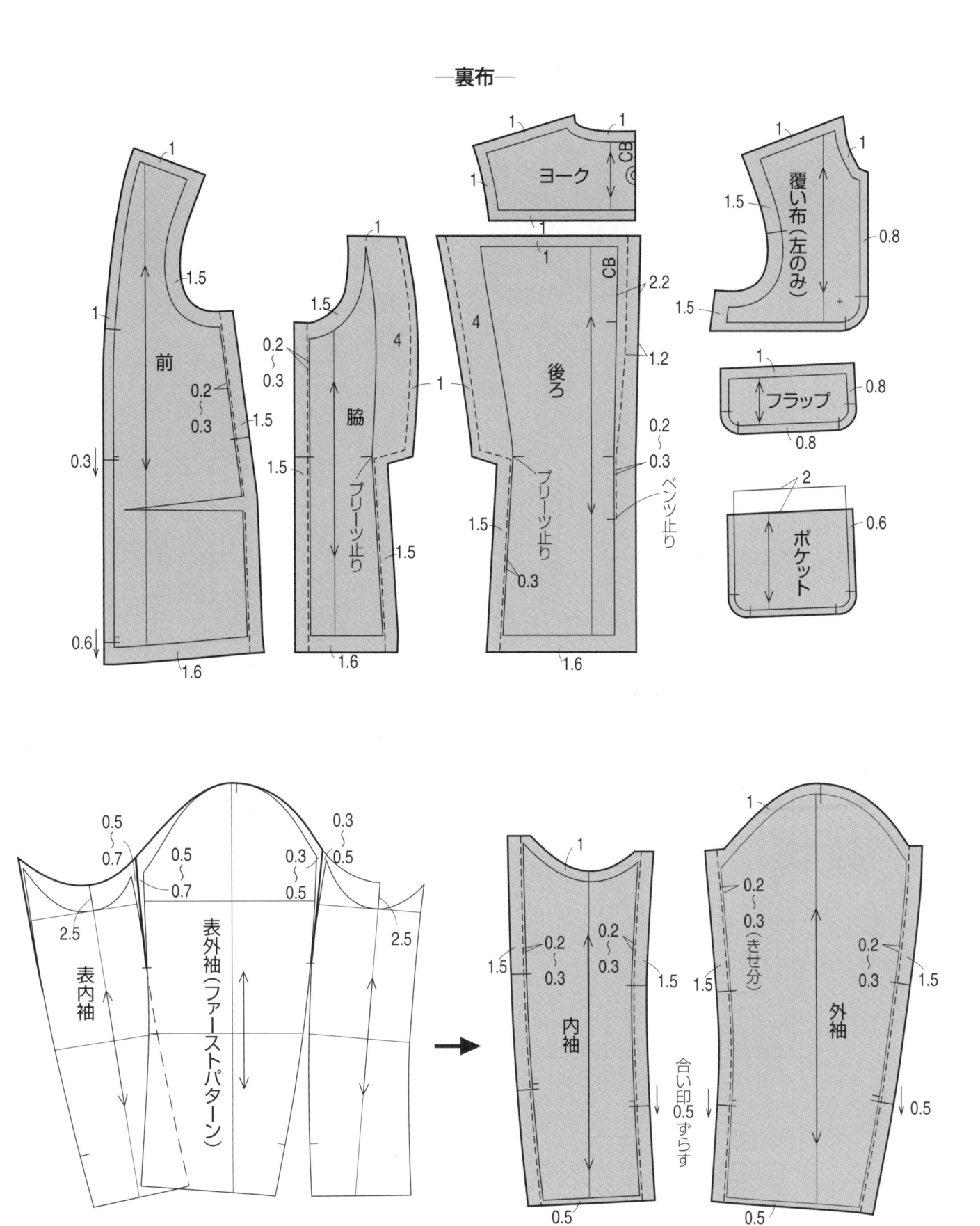

裁合せ図

―表布―

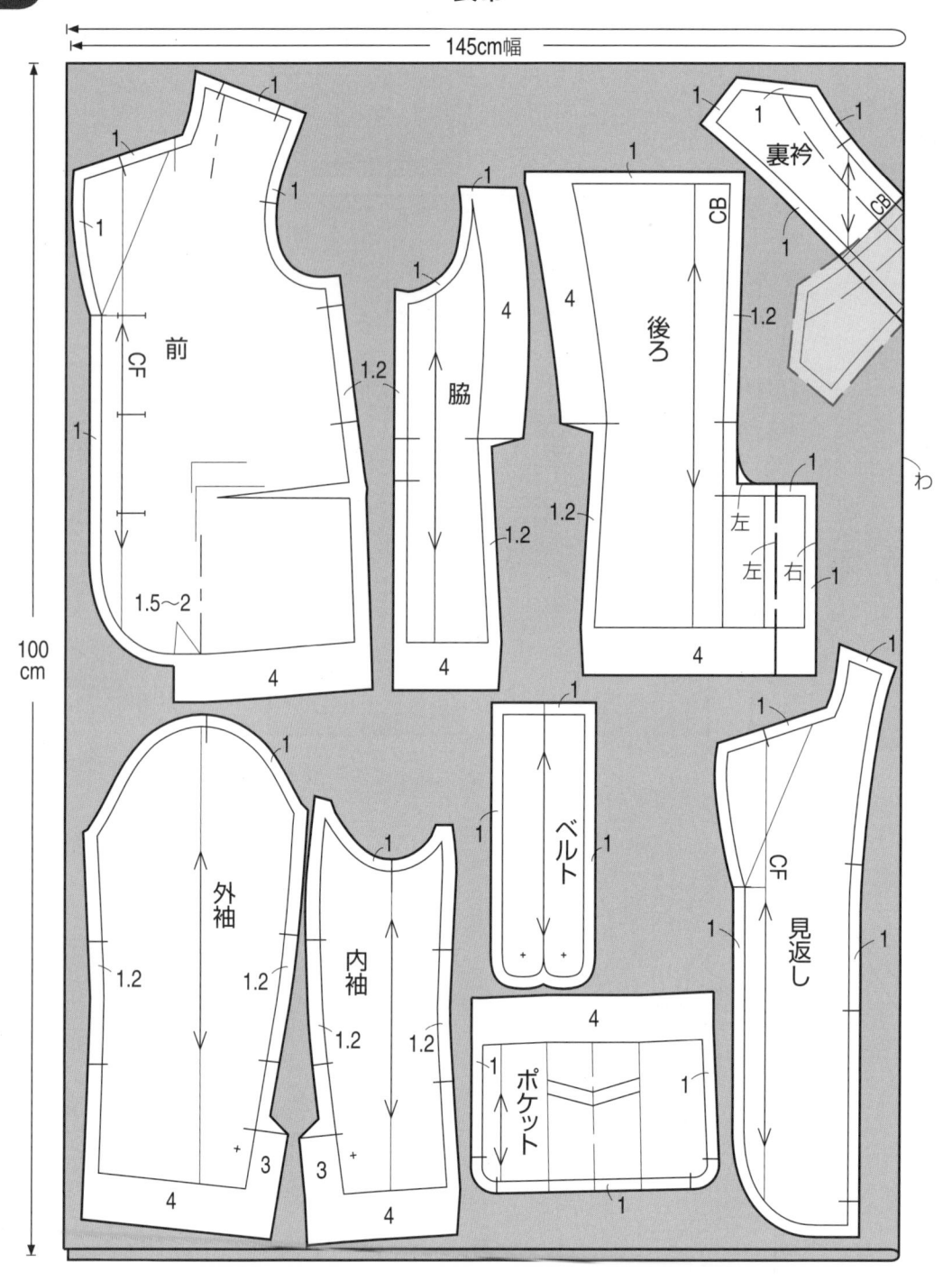

145cm幅 / 100cm

- 前 (CF) 1.5〜2
- 脇
- 後ろ (CB)
- 裏衿
- 左 左 右
- 外袖
- 内袖
- ベルト
- ポケット
- 見返し (CF)

―別布―

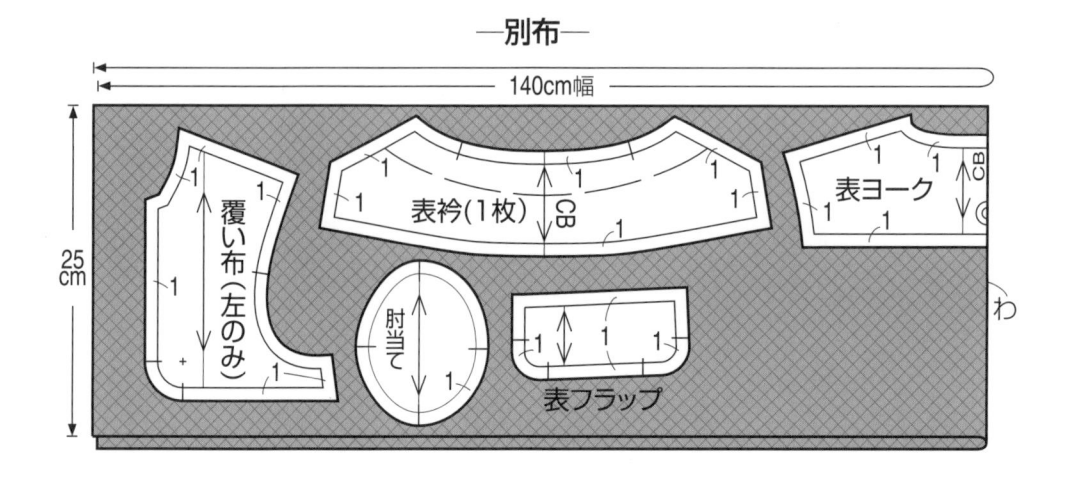

140cm幅 / 25cm

- 覆い布(左のみ)
- 表衿(1枚) (CB)
- 表ヨーク (CB)
- 肘当て
- 表フラップ

わ

―裏布―

90cm幅

120cm

脇
後ろ
CB
前
フラップ
ヨーク
CB
ポケット
覆い布(左のみ)
わ
内袖
外袖

―芯―

90cm幅

105cm

前
CF
CF
見返し
ベルト
CB
CB
表衿(1枚)
わ
ベンツ
裏衿
ヨーク
CB
フラップ
覆い布(左のみ)
脇裾
脇
前裾
肘当て
外袖袖口
後ろ裾 CB
内袖袖口
ダーツ力芯
ポケット口布
ポケット口布

第3章 スローパーと応用デザイン

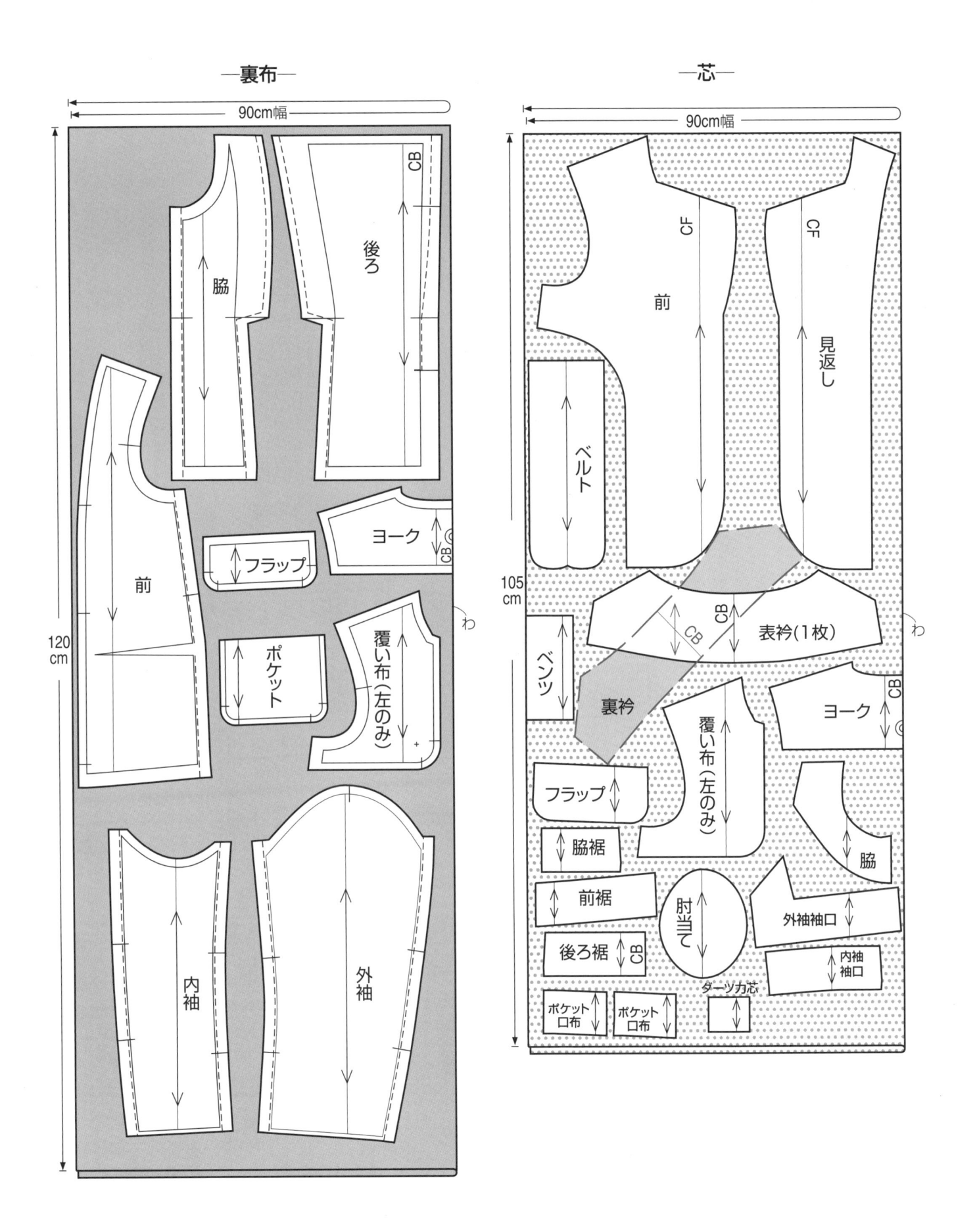

縫製要点

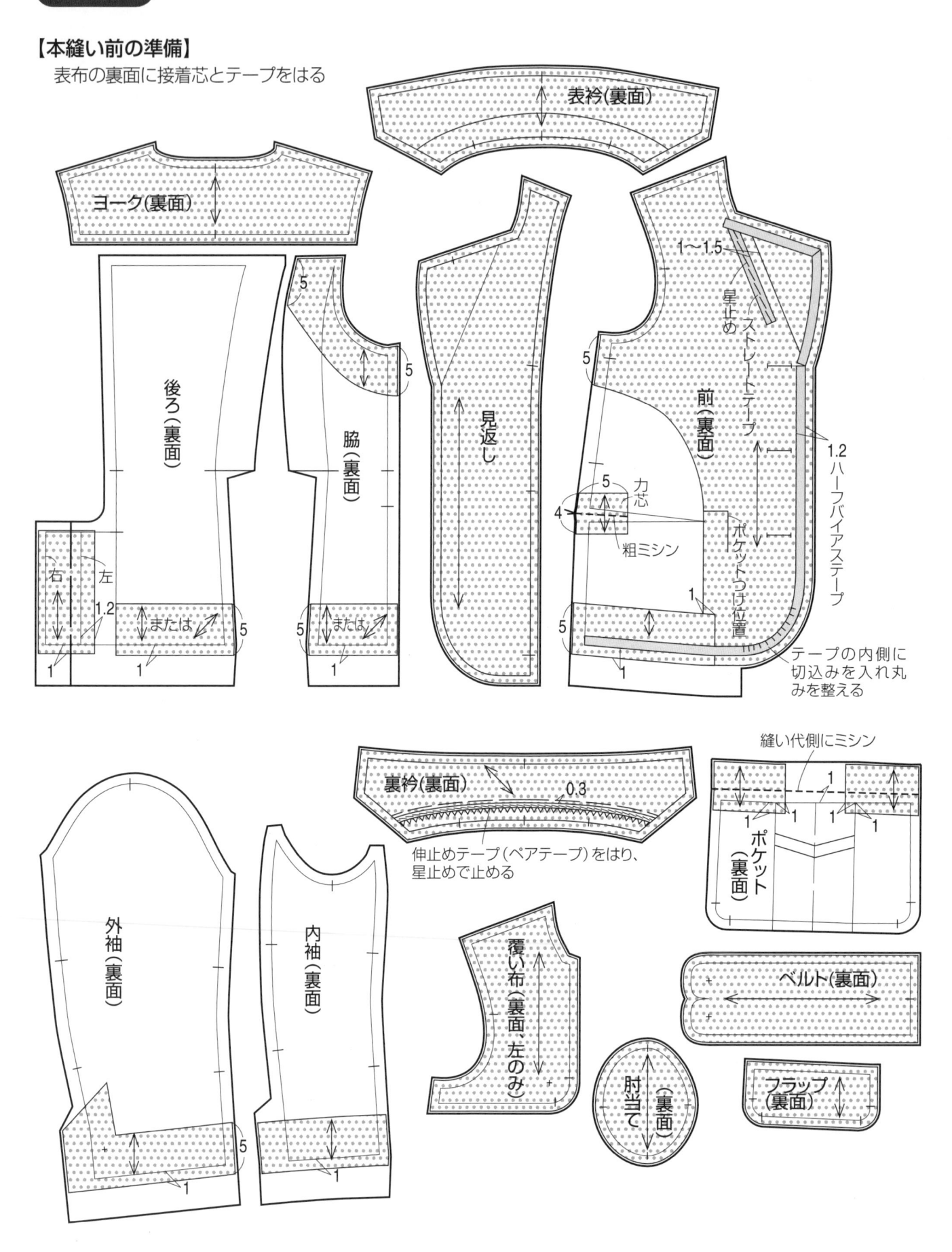

【本縫い前の準備】
表布の裏面に接着芯とテープをはる

表衿(裏面)

ヨーク(裏面)

1〜1.5
星止め
ストレートテープ
1.2 ハーフバイアステープ

後ろ(裏面)
脇(裏面)
見返し
前(裏面)

力芯
4
粗ミシン
ポケットつけ位置

右 左
1.2
または 5
1
または 5
1
5
1

テープの内側に切込みを入れ丸みを整える

裏衿(裏面) 0.3
伸止めテープ(ペアテープ)をはり、星止めで止める

縫い代側にミシン
1 1
ポケット(裏面)
1 1

外袖(裏面)
内袖(裏面)
5 1

覆い布(裏面、左のみ)

肘当て(裏面)

ベルト(裏面)

フラップ(裏面)

【本縫い】

1 腹ぐせダーツを縫う

- 切込みを入れ割る
- ミシン
- 表前（裏面）

2 プリーツつきパッチポケットを作り、つける

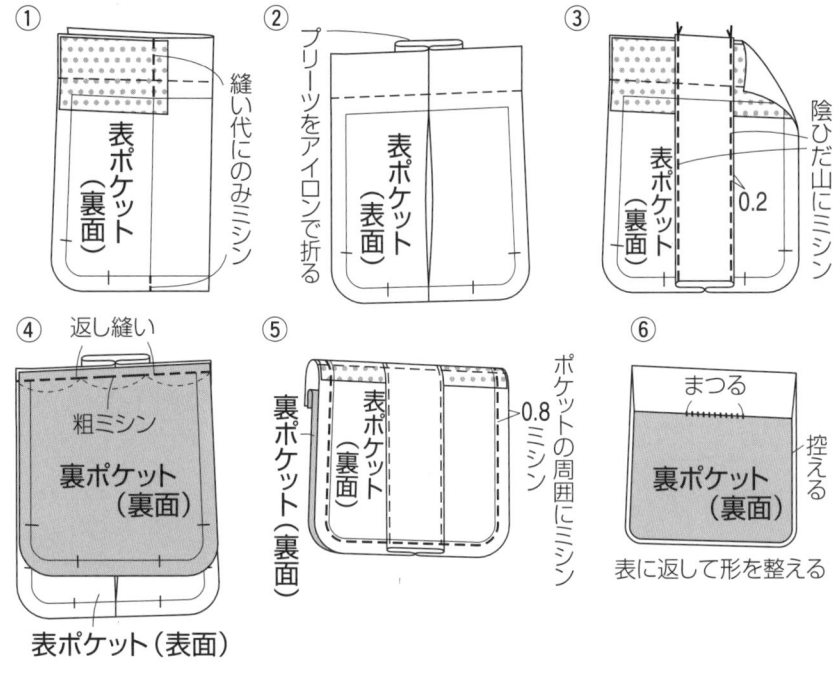

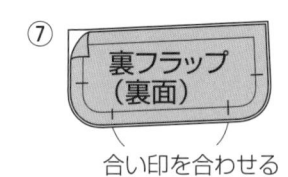

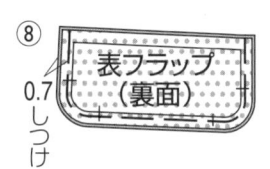

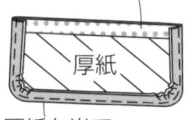

① 表ポケット（裏面） / 縫い代にのみミシン

② 表ポケット（表面） / プリーツをアイロンで折る

③ 表ポケット（裏面） / 陰ひだ山にミシン 0.2

④ 返し縫い / 粗ミシン / 裏ポケット（裏面） / 表ポケット（表面）

⑤ 裏ポケット（裏面） / 表ポケット（裏面） / ポケットの周囲にミシン 0.8

⑥ まつる / 裏ポケット（裏面） / 控える / 表に返して形を整える

⑦ 裏フラップ（裏面） / 合い印を合わせる

⑧ 表フラップ（裏面） / 0.7 しつけ

⑨ 表フラップ（裏面） / 0.8 ミシン

⑩ 表フラップ（裏面） / 厚紙 / 厚紙を当て、ミシンのきわから折る

⑪ 表フラップ（裏面） / 裏フラップ（表面） / 0.1 控える / 表に返し、アイロンで形を整える

⑫ 表フラップ（表面） / 0.5 ステッチ

⑬ ポケットとフラップを身頃につける

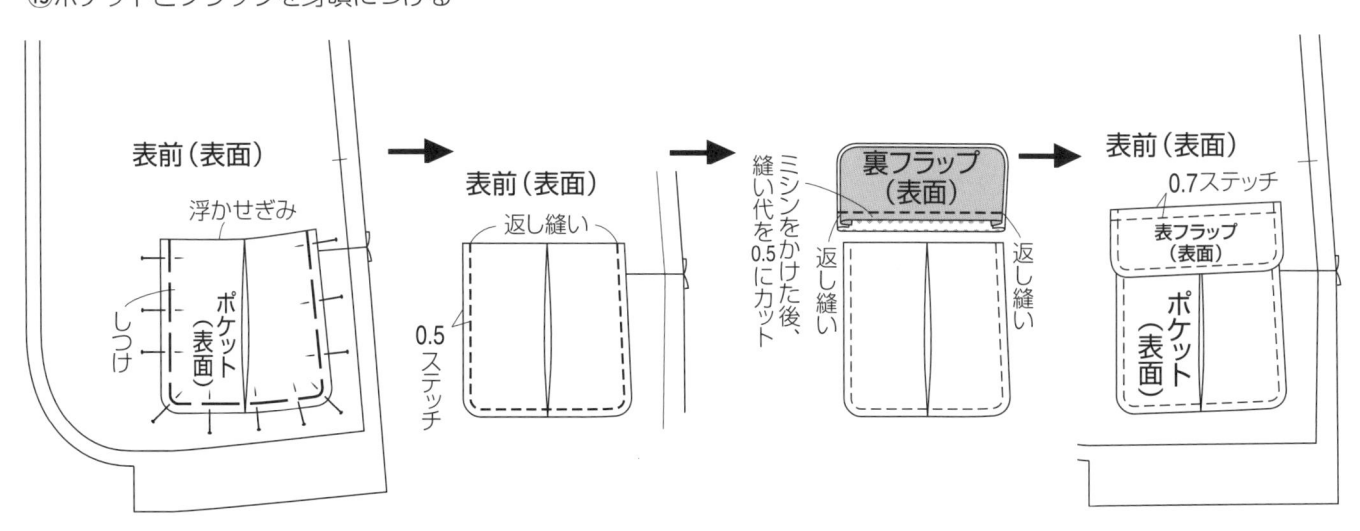

表前（表面） / 浮かせぎみ / しつけ / ポケット（表面）
→ 表前（表面） / 返し縫い / 0.5 ステッチ
→ 裏フラップ（表面） / ミシンをかけた後、縫い代を0.5にカット / 返し縫い
→ 表前（表面） / 0.7 ステッチ / 表フラップ（表面） / ポケット（表面）

第3章 スローパーと応用デザイン

3 覆い布を作り、左前にしつけで止める

表覆い布（表面）
裏覆い布（裏面）
0.8 ミシン
裏覆い布（表面）
0.1 控える
0.5 表に返しアイロンで整え、ステッチをかける
左表前覆い布（表面）
0.2
しつけまたは仮止めミシン
左表前（表面）

4 ベルトを作る

ベルト（裏面）
0.8 ミシン
ベルト（表面）
0.5 表に返してステッチ

5 表後ろ身頃を作る

①後ろパネルラインを縫い、脇プリーツをたたむ

① 1 ミシン
② 脇布のみ切込み
1.2
表後ろ（表面）
プリーツ止り
表脇（表面）

プリーツをアイロンで整える
表脇（表面）
プリーツ止り
表後ろ（表面）
プリーツ止りから下は割る

②後ろ中心にベンツを作る

表右後ろ（裏面）
割る
ベンツ止り
0.2 手前まで切込み
表左後ろ（裏面）
0.5 切込み
カット
1

表右後ろ（裏面）
表左後ろ（裏面）
0.2〜0.3

表右後ろ（裏面）
表左後ろ（裏面）
縫い代に止めミシン
1

表左後ろ（裏面）
表右後ろ（裏面）
1
0.5 切込み
カット

表右後ろ（裏面）
表左後ろ（裏面）
0.2〜0.3
ミシンまたはまつる

③ヨークをつけ、ベルトを後ろ身頃に止める

表ヨーク（表面）
0.5 ステッチ
表左脇（表面）
表左後ろ（表面）
しつけまたは粗ミシン
ベルト（表面）

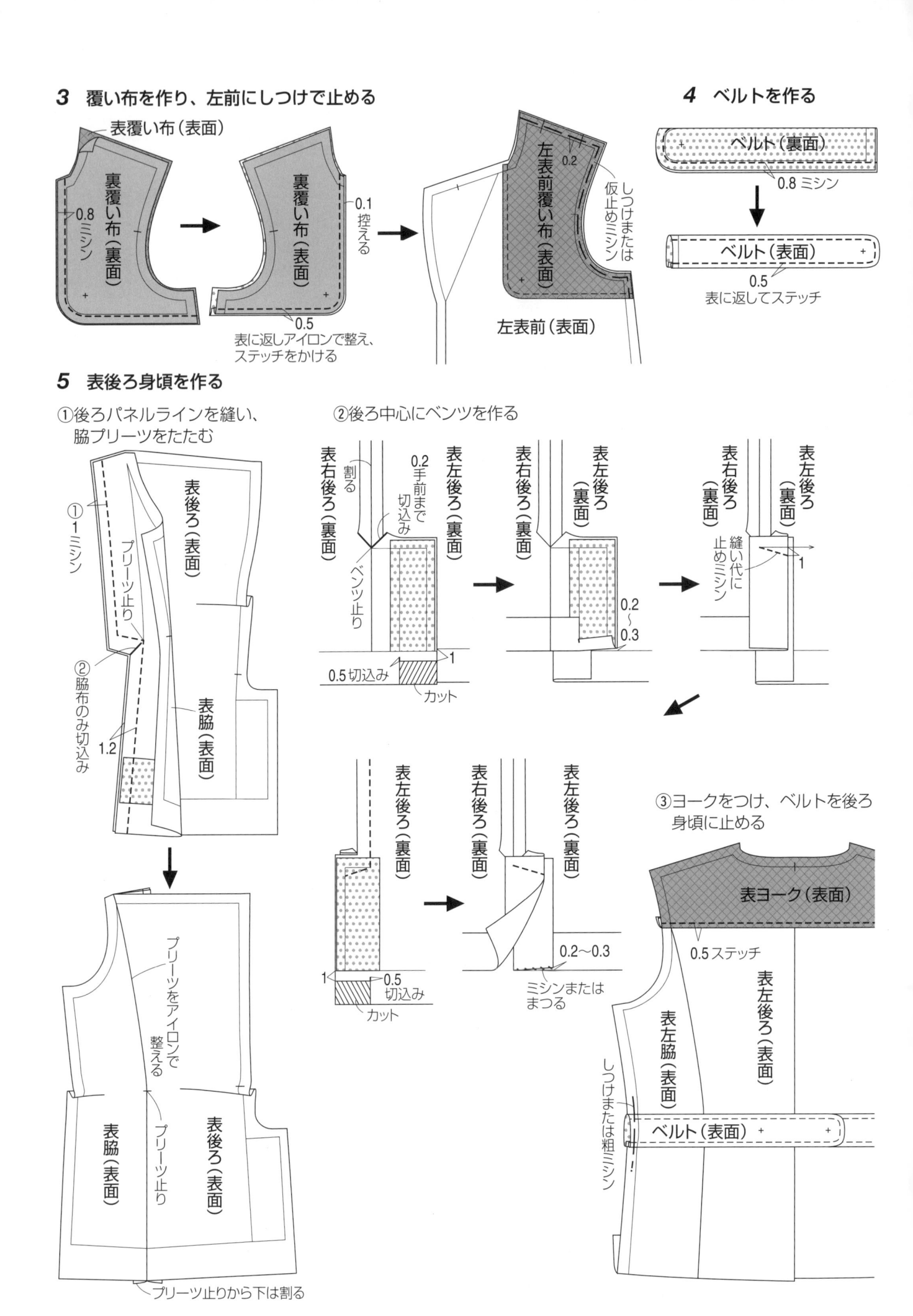

6 表身頃を縫い、裏衿をつける

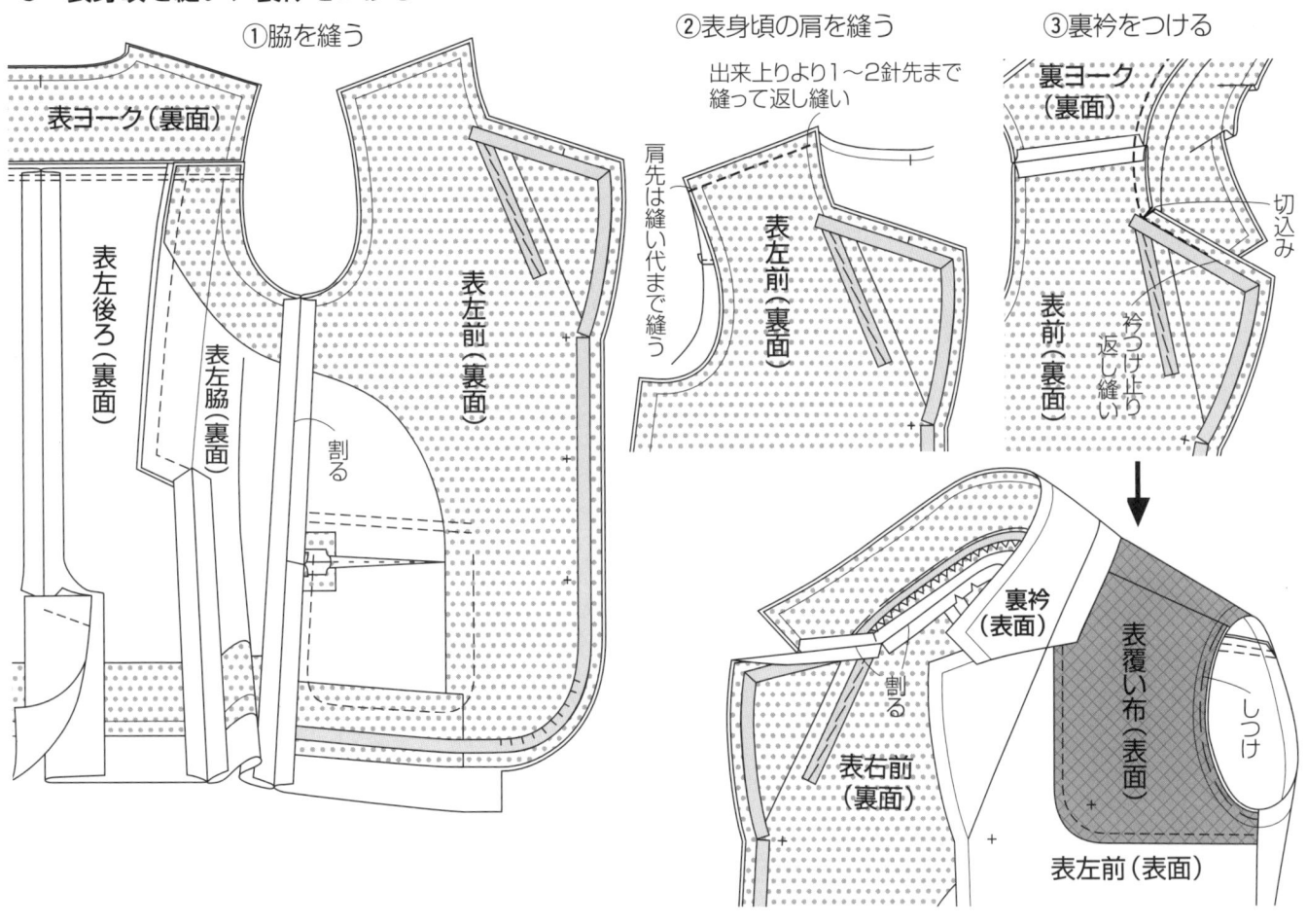

①脇を縫う

表ヨーク（裏面）
表左後ろ（裏面）
表左脇（裏面）
割る
表左前（裏面）

②表身頃の肩を縫う

出来上りより1～2針先まで縫って返し縫い
肩先は縫い代まで縫う
表左前（裏面）

③裏衿をつける

裏ヨーク（裏面）
切込み
表前（裏面）
衿つけ止り返し縫い

裏衿（表面）
割る
表覆い布（表面）
しつけ
表右前（裏面）
表左前（表面）

7 裏身頃を縫い、衿をつける

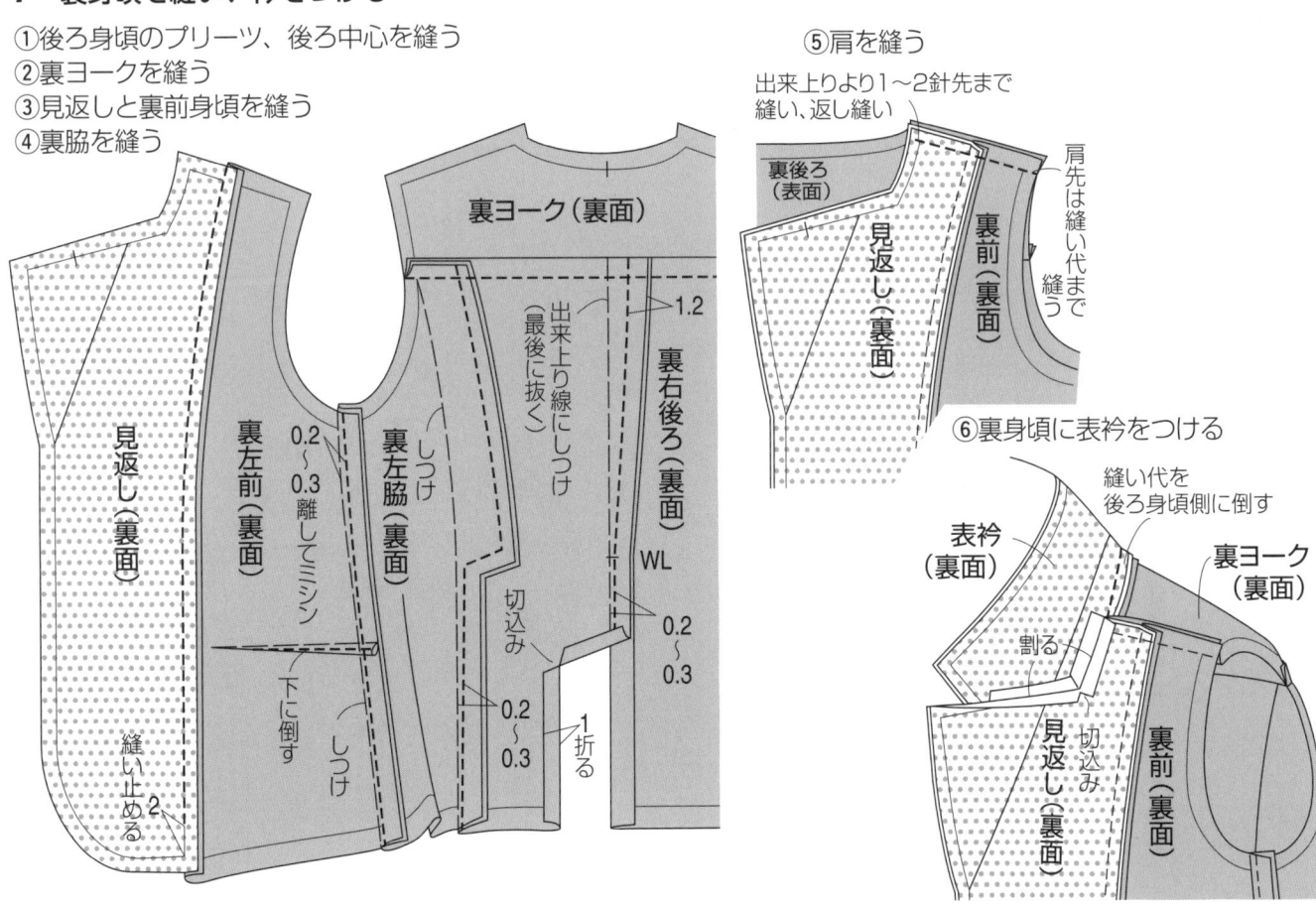

① 後ろ身頃のプリーツ、後ろ中心を縫う
② 裏ヨークを縫う
③ 見返しと裏前身頃を縫う
④ 裏脇を縫う

見返し（裏面）
裏左前（裏面）
裏左脇（裏面）
裏ヨーク（裏面）
裏右後ろ（裏面）
しつけ
0.2～0.3離してミシン
出来上り線にしつけ（最後に抜く）
下に倒す
しつけ
切込み
WL
0.2～0.3
0.2～0.3
1折る
縫い止める
1.2
2

⑤肩を縫う

出来上りより1～2針先まで縫い、返し縫い
裏後ろ（表面）
見返し（裏面）
裏前（裏面）
肩先は縫い代まで縫う

⑥裏身頃に表衿をつける

縫い代を後ろ身頃側に倒す
表衿（裏面）
裏ヨーク（裏面）
割る
切込み
見返し（裏面）
裏前（裏面）

第3章　スローパーと応用デザイン

8 表身頃と裏身頃を中表に合わせ、前端を縫い返す

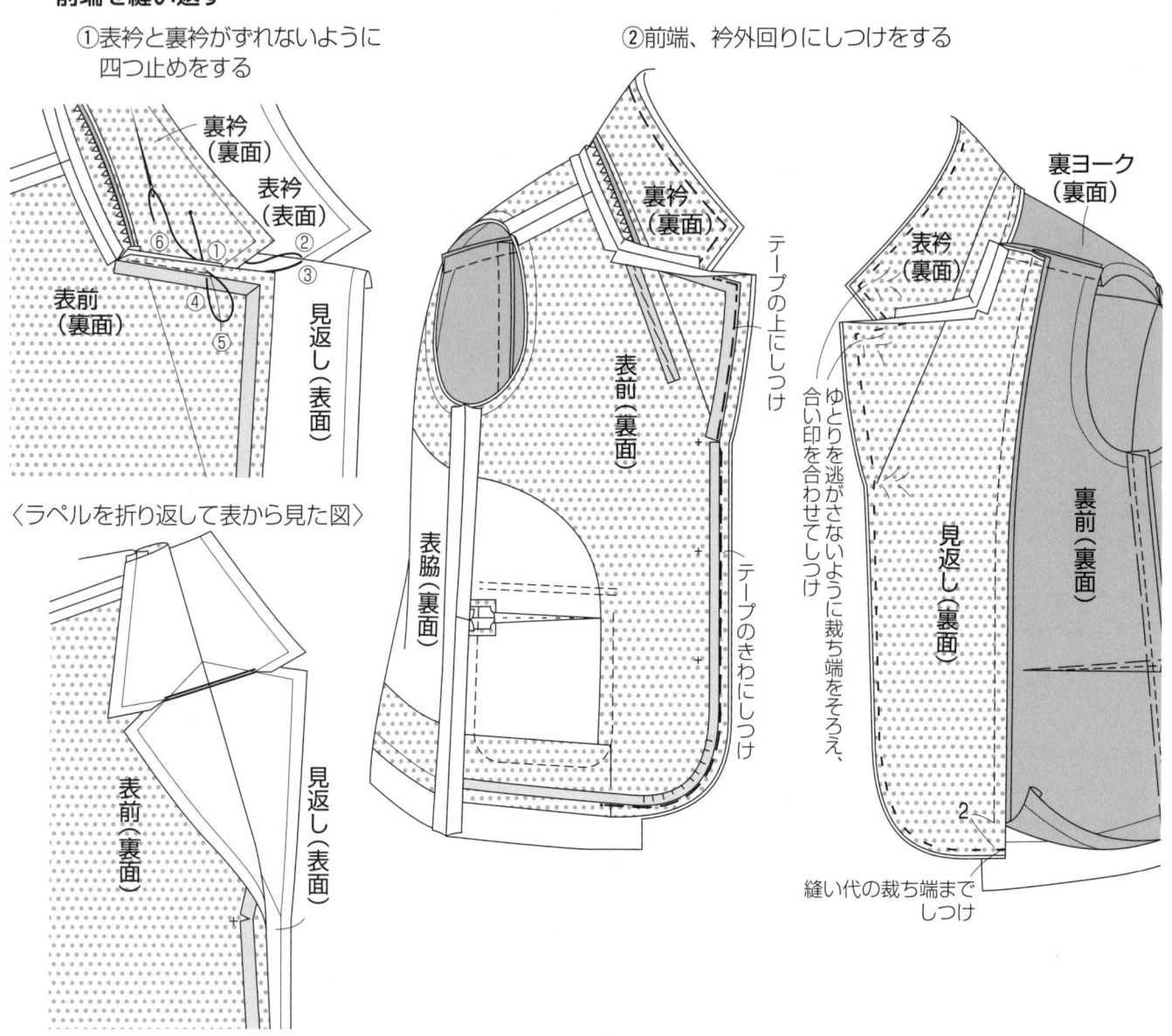

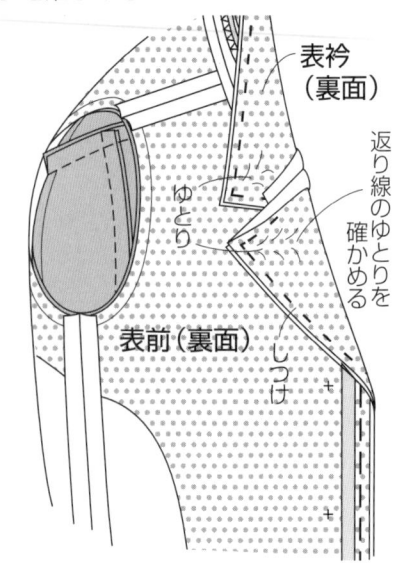

①表衿と裏衿がずれないように四つ止めをする

裏衿（裏面）
表衿（表面）
表前（裏面）
見返し（表面）

〈ラペルを折り返して表から見た図〉

表前（裏面）
見返し（表面）

②前端、衿外回りにしつけをする

裏衿（裏面）
表前（裏面）
表脇（裏面）
テープの上にしつけ
テープのきわにしつけ

表衿（裏面）
裏ヨーク（裏面）
見返し（裏面）
裏前（裏面）
ゆとりを逃がさないように裁ち端をそろえ、合い印を合わせてしつけ
縫い代の裁ち端までしつけ

③返り線で折り返し、表衿先、表ラペル先のゆとりを確かめる

表衿（裏面）
表前（裏面）
ゆとり
返り線のゆとりを確かめる
いせ

④衿外回りを縫う

裏衿（裏面）
表前（裏面）
ミシン
返し縫い
四つ止め
縫い代をめくって、出来上りを四つ止めの一針手前から縫い始める

⑤前端を縫う

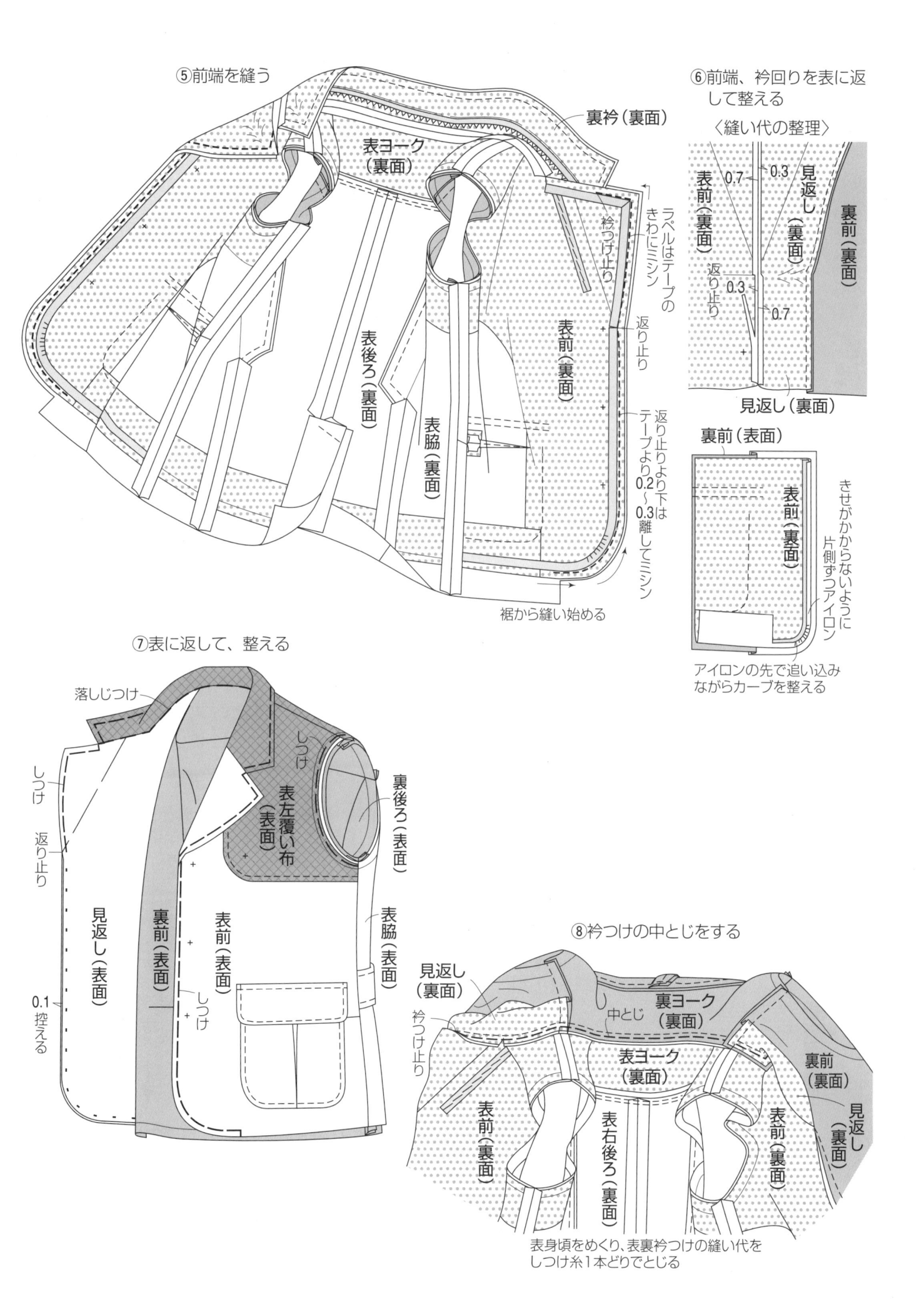

表ヨーク（裏面）

裏衿（裏面）

表後ろ（裏面）

ラペルはテープのきわにミシン

衿つけ止り

返り止り

表前（裏面）

表脇（裏面）

返り止りより下はテープより0.2〜0.3離してミシン

裾から縫い始める

⑥前端、衿回りを表に返して整える

〈縫い代の整理〉

表前（裏面） 0.7 0.3 見返し 裏前（裏面）

返し 0.3

0.7

見返し（裏面）

裏前（表面）

表前（裏面）

見返し 裏面

きせがかからないように片側ずつアイロン

アイロンの先で追い込みながらカーブを整える

⑦表に返して、整える

落しじつけ

しつけ

しつけ　返り止り

見返し（表面）

0.1控える

裏前（表面）

表前（表面）

表脇（表面）

表左覆い布（表面）

裏後ろ（表面）

しつけ

⑧衿つけの中とじをする

見返し（裏面）

中とじ

衿つけ止り

裏ヨーク（裏面）

表ヨーク（裏面）

表前（裏面）

表右後ろ（裏面）

裏前（裏面）

見返し（裏面）

表身頃をめくり、表裏衿つけの縫い代をしつけ糸1本どりでとじる

第3章 スローパーと応用デザイン　205

⑨表身頃の裾を始末し、衿回り、前端にステッチをかける

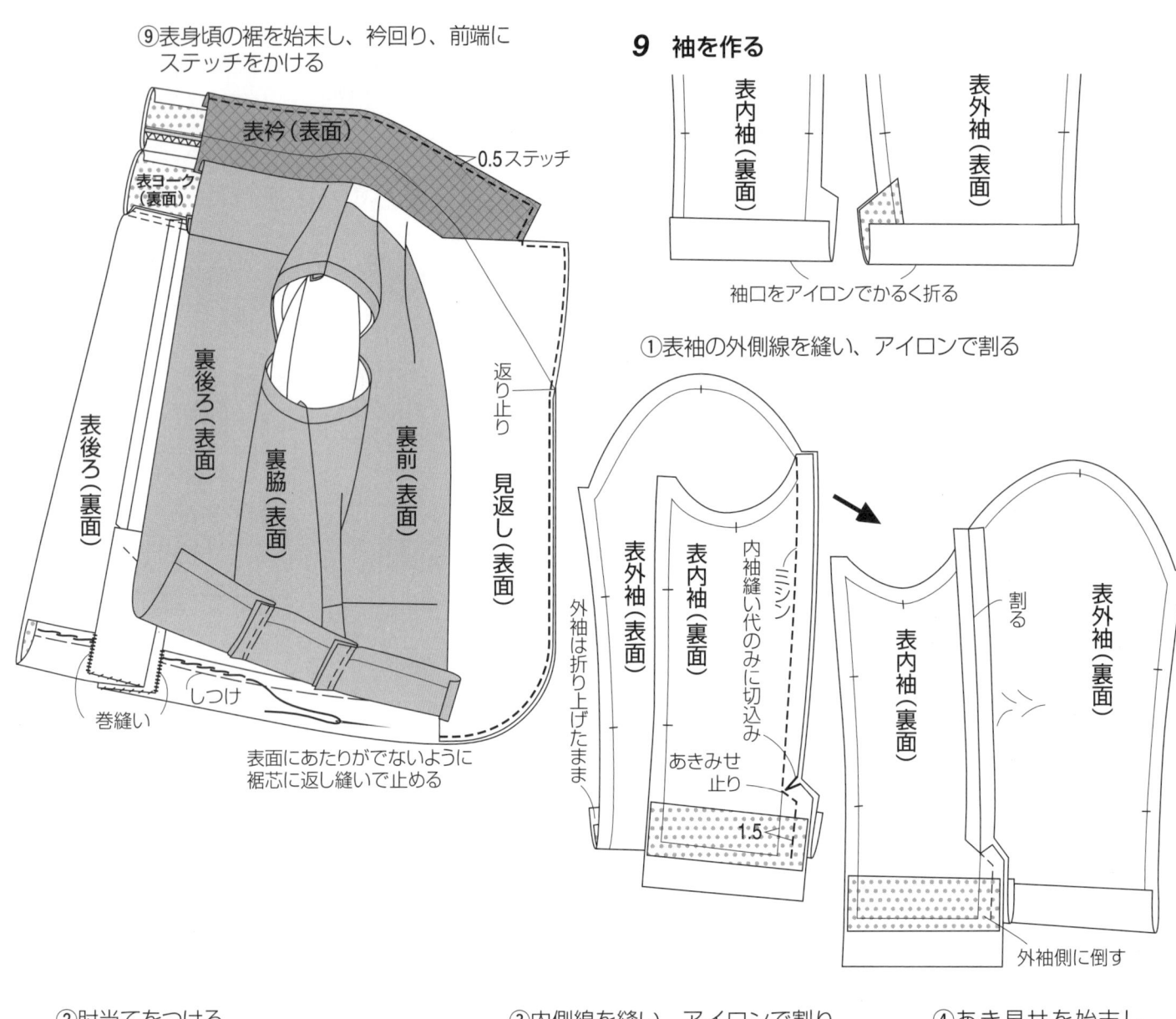

9 袖を作る

袖口をアイロンでかるく折る

①表袖の外側線を縫い、アイロンで割る

外袖側に倒す

②肘当てをつける

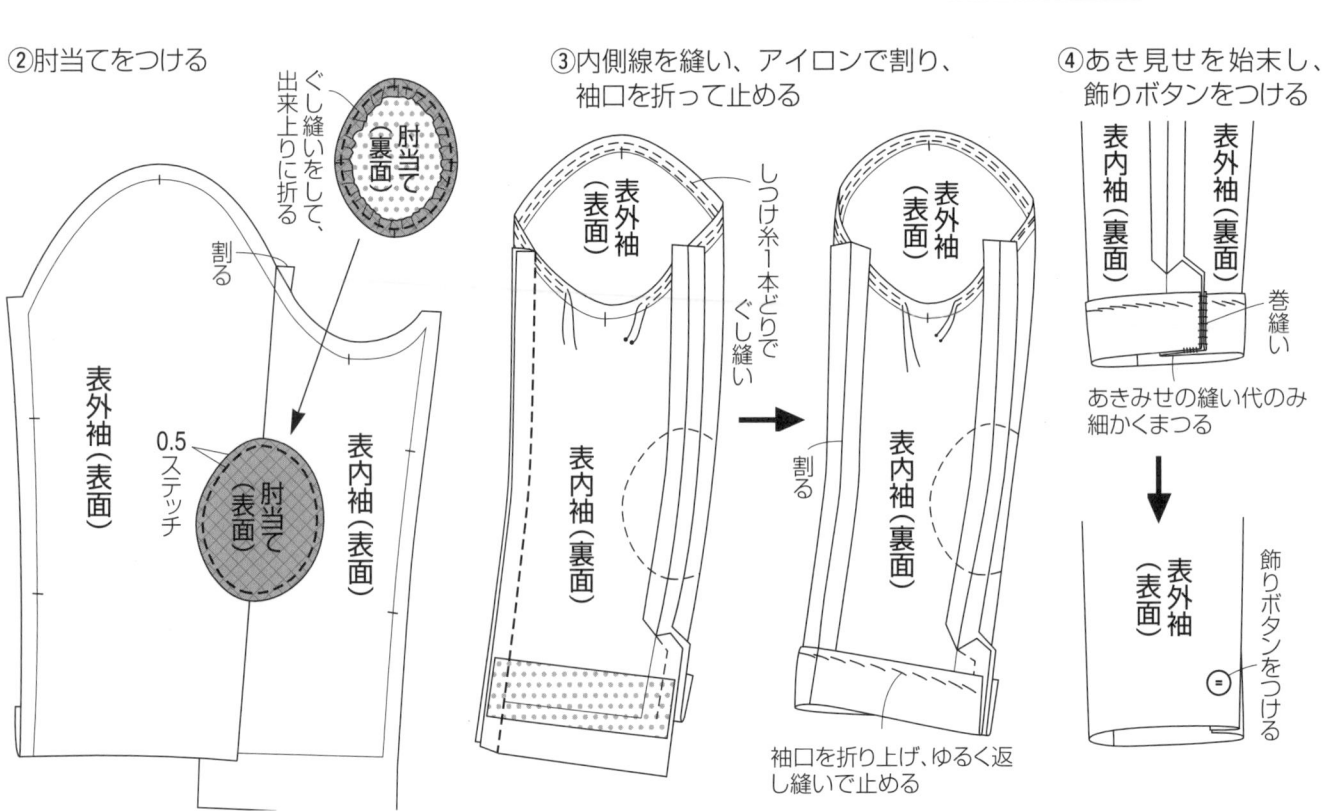

③内側線を縫い、アイロンで割り、袖口を折って止める

袖口を折り上げ、ゆるく返し縫いで止める

④あき見せを始末し、飾りボタンをつける

あきみせの縫い代のみ細かくまつる

飾りボタンをつける

⑤裏袖の外側線、内側線を縫う

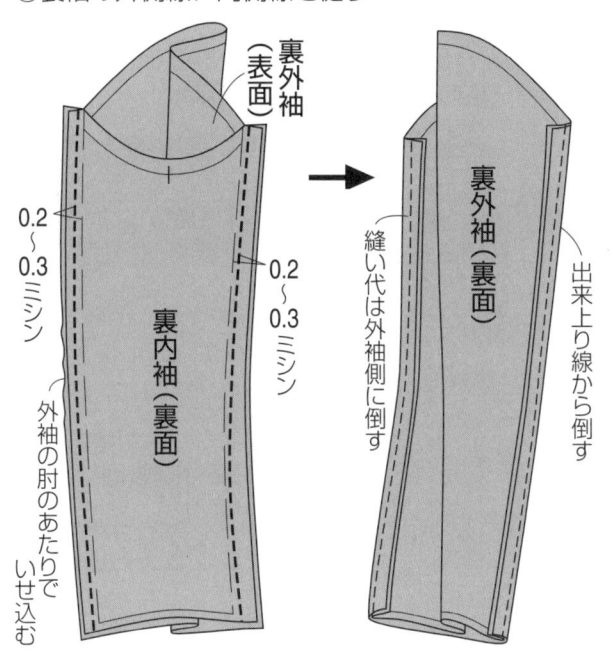

裏外袖（表面）
裏内袖（裏面）
0.2～0.3ミシン
0.2～0.3ミシン
外袖の肘のあたりでいせ込む

裏外袖（裏面）
出来上り線から倒す
縫い代は外袖側に倒す

⑥裏袖つけ線の縫い代を折る

裏外袖（裏面）
0.7
裏内袖（裏面）

⑦表袖と裏袖の袖下縫い代を中とじする

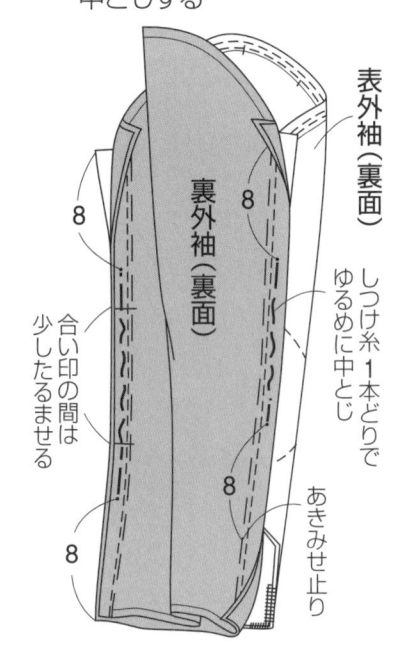

表外袖（裏面）
裏外袖（裏面）
8
8
8
しつけ糸1本どりでゆるめに中とじ
合い印の間は少したるませる
あきみせ止り

⑧表に返し、表袖と裏袖をなじませて斜めじつけをする

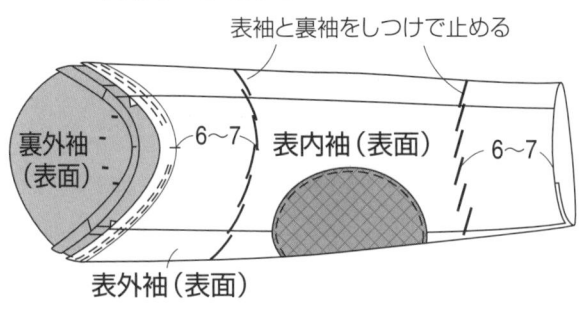

表袖と裏袖をしつけで止める
裏外袖（表面）
6～7
表内袖（表面）
6～7
表外袖（表面）

⑨袖口をまつる

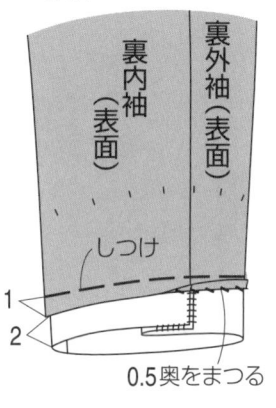

裏内袖（表面）
裏外袖（表面）
しつけ
1
2
0.5奥をまつる

⑩袖山のいせを整える

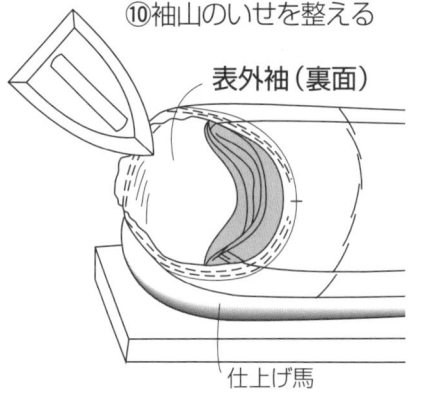

表外袖（裏面）
仕上げ馬

10 袖をつける

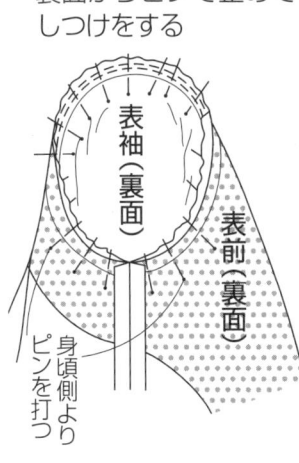

①合い印を合わせ、袖の裏面からピンで止めてしつけをする

表袖（裏面）
表前（裏面）
身頃側よりピンを打つ

②中仮縫い後、袖つけミシンをかける

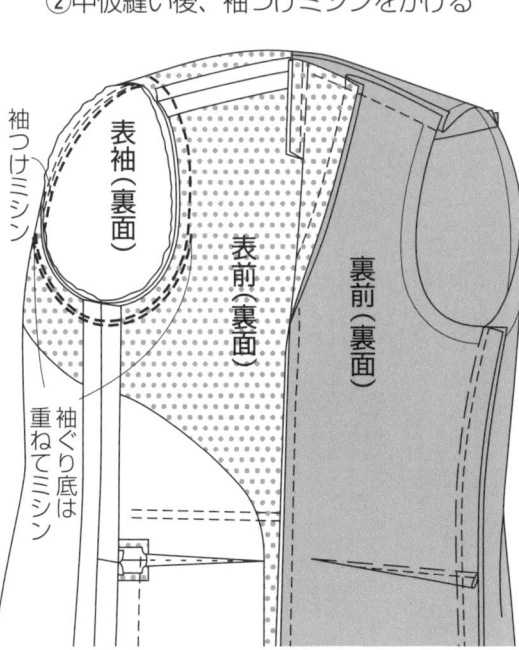

袖つけミシン
表袖（裏面）
表前（裏面）
裏前（裏面）
袖ぐり底は重ねてミシン

③袖山布をつける

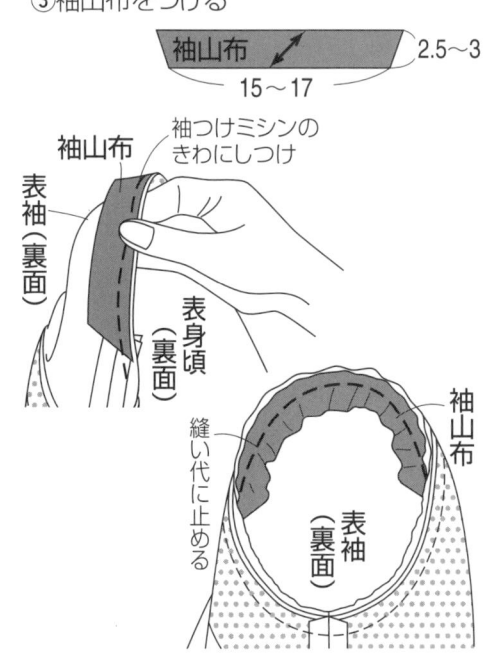

袖山布
2.5～3
15～17

袖つけミシンのきわにしつけ
袖山布
表袖（裏面）
表身頃（裏面）

表袖（裏面）
袖山布
縫い代に止める

第3章　スローパーと応用デザイン　207

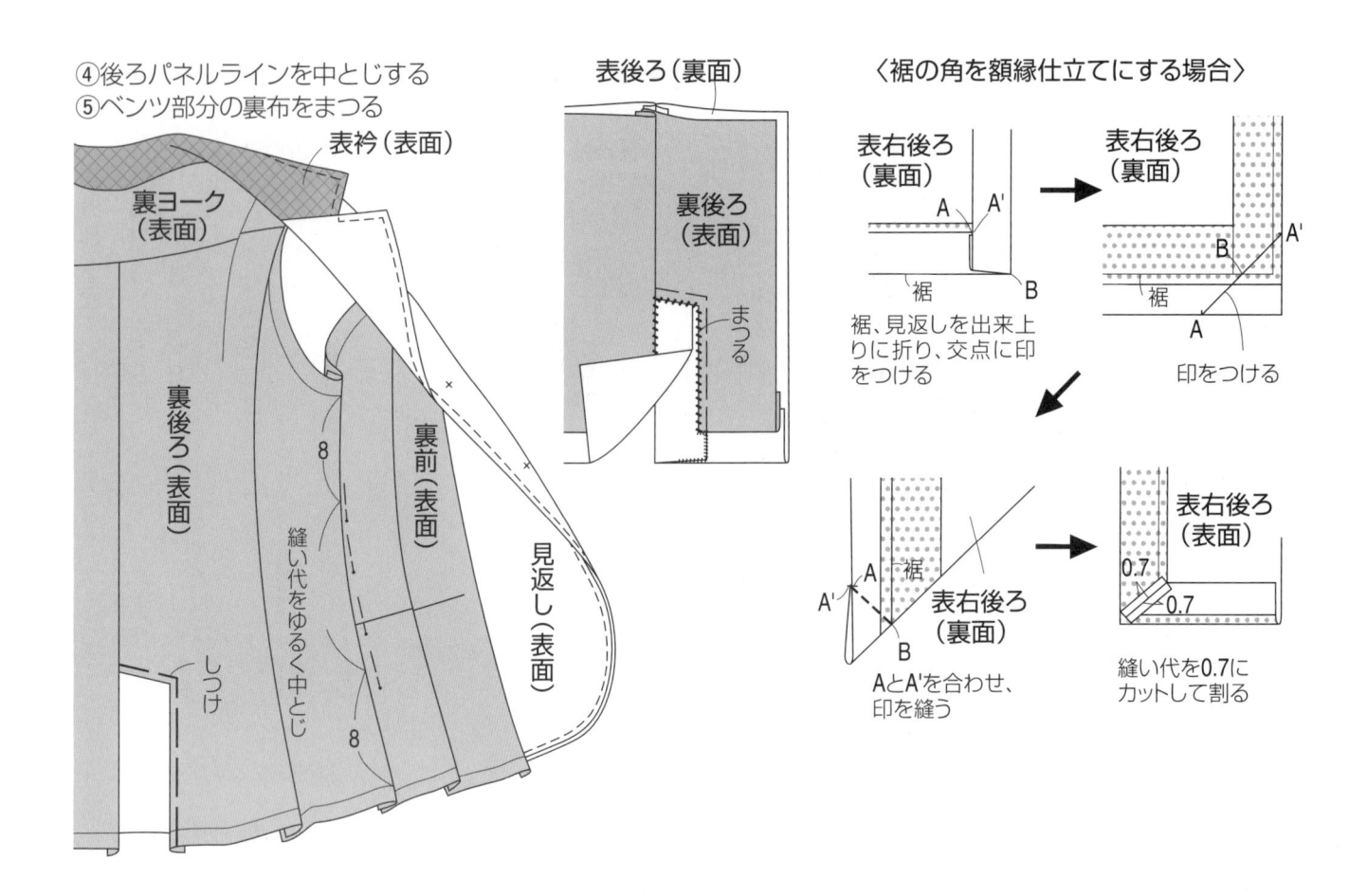

④後ろパネルラインを中とじする
⑤ベンツ部分の裏布をまつる

表衿（表面）
裏ヨーク（表面）
裏後ろ（表面）
裏前（裏面）
見返し（表面）
縫い代をゆるく中とじ
8
8
しつけ

表後ろ（裏面）
裏後ろ（表面）
まつる

〈裾の角を額縁仕立てにする場合〉

表右後ろ（裏面）
A　A'
B
裾
裾、見返しを出来上りに折り、交点に印をつける

表右後ろ（裏面）
A'
B
裾
A
印をつける

裾
A'
B
表右後ろ（裏面）
AとA'を合わせ、印を縫う

表右後ろ（表面）
0.7
0.7
縫い代を0.7にカットして割る

11　袖ぐり縫い代を中とじする

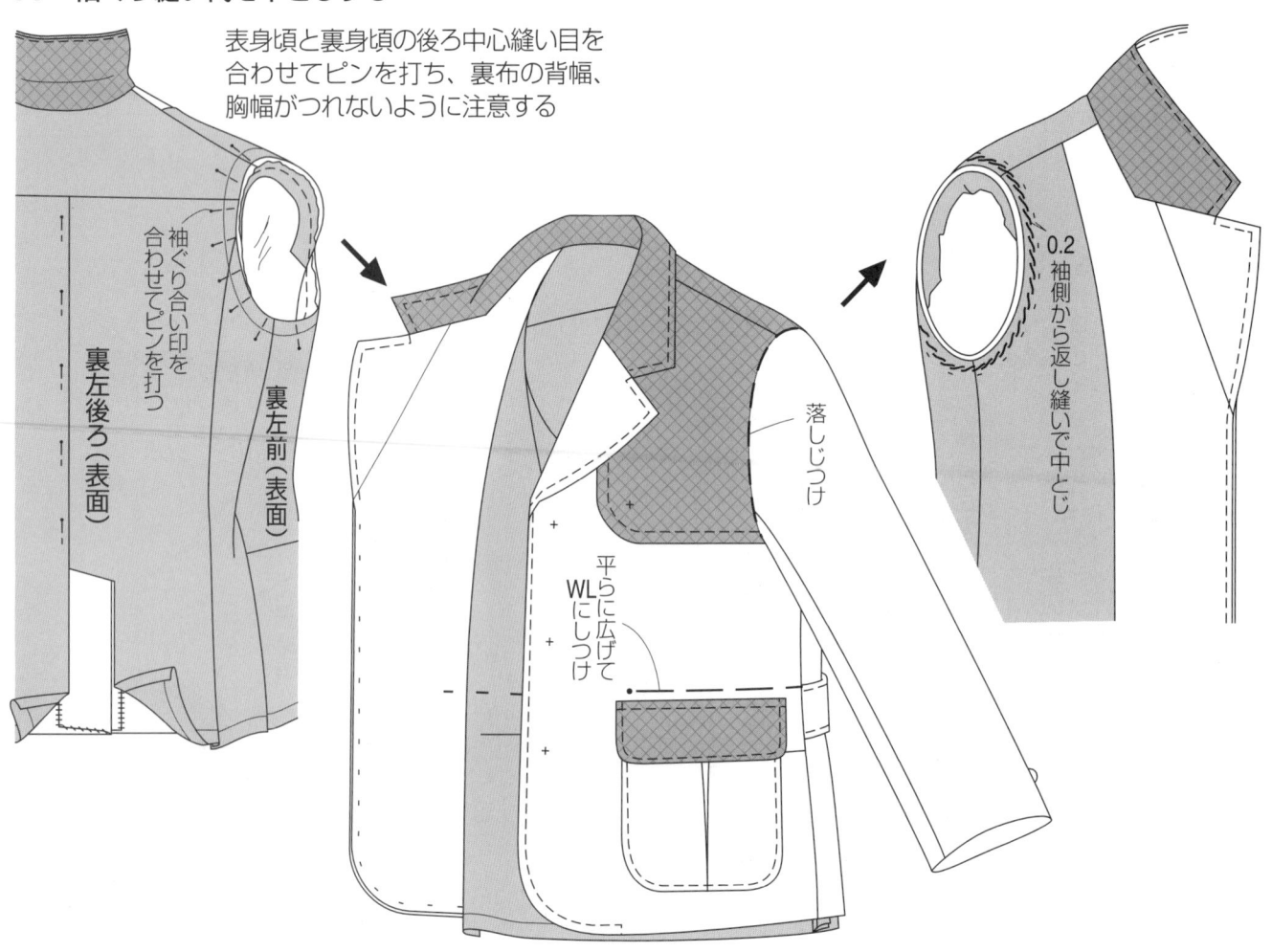

表身頃と裏身頃の後ろ中心縫い目を合わせてピンを打ち、裏布の背幅、胸幅がつれないように注意する

裏左後ろ（表面）
袖ぐり合い印を合わせてピンを打つ
裏左前（表面）
落しじつけ
平らに広げてWLにしつけ

0.2　袖側から返し縫いで中とじ

12 裏袖山をまつる

- 裏ヨーク（表面）
- 落しじつけのきわにまつる
- 縫い代まですくって星止め
- 0.5
- 裏前（表面）
- 見返し（表面）

〈拡大図〉
- 裏袖
- 表袖
- 表身頃
- 裏身頃

13 裏裾を折り上げて奥をまつる

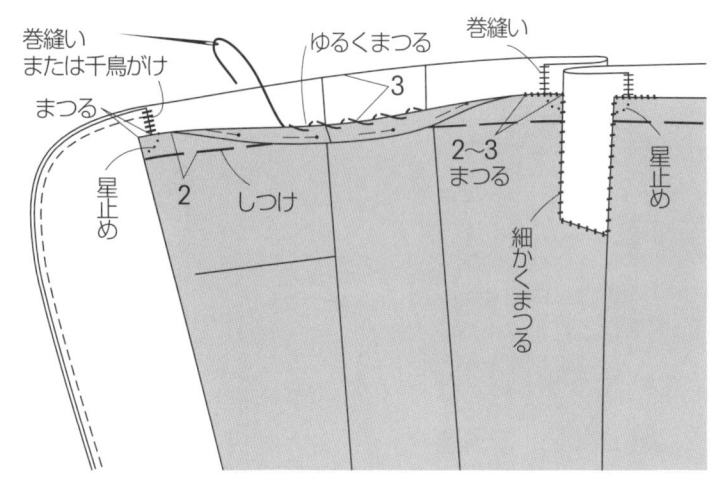

- 巻縫いまたは千鳥がけ
- まつる
- 星止め
- 2
- しつけ
- ゆるくまつる
- 3
- 2〜3まつる
- 巻縫い
- 細かくまつる
- 星止め

14 仕上げ

①ラペルの返り線奥に星止めをする

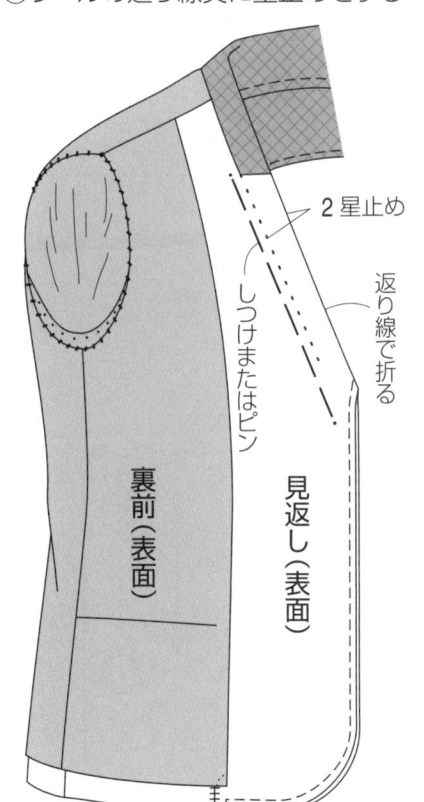

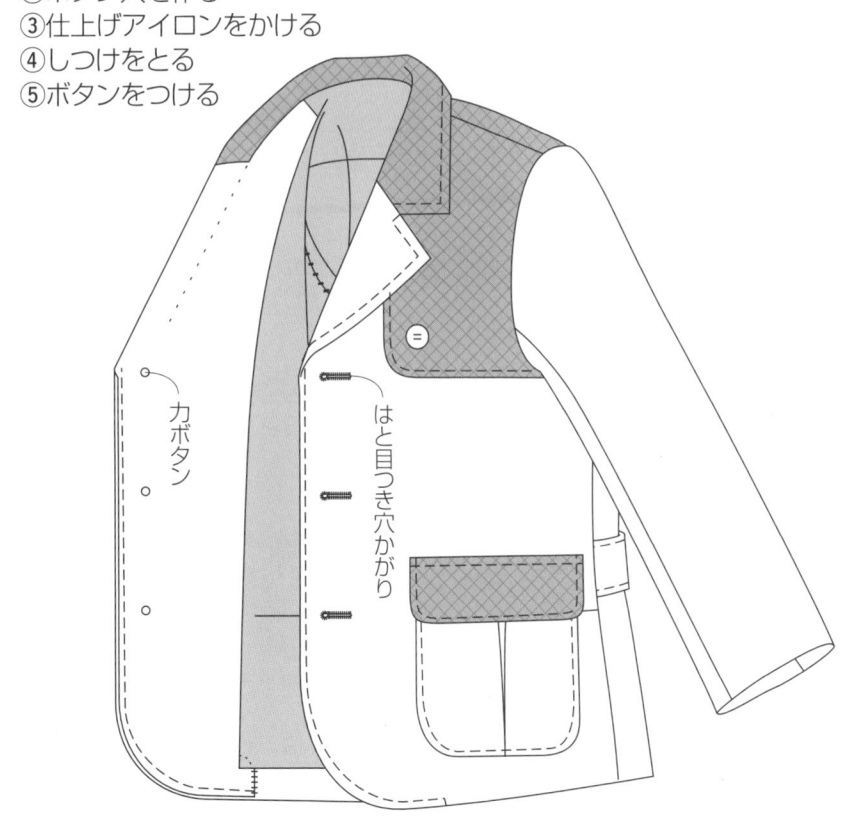

②ボタン穴を作る
③仕上げアイロンをかける
④しつけをとる
⑤ボタンをつける

- 2 星止め
- しつけまたはピン
- 返り線で折る
- 裏前（表面）
- 見返し（表面）
- カボタン
- はと目つき穴かがり

第3章 スローパーと応用デザイン

ショートジャケット（110cm　女児）

シャツカラーで、前後身頃の2面構成のシンプルなジャケット。衿なしにして、ブレードやトリミング仕立てにすれば、ブラウスやセーターと組み合わせるのに便利である。袖も簡単な1枚袖や半袖にしてもよい。
　素材は厚手の綿やウールなどが適しているが、素材を変えれば年間を通して着用できるデザインである。

使用量

表布　150cm幅90cm
裏布　90cm幅80cm
接着芯　90cm幅80cm
肩パッドの厚さ　0.5〜0.8cm

原型のダーツ操作

● 後ろ身頃
・肩ダーツの$\frac{1}{2}$を袖ぐりに分散して袖ぐりのゆとりとし、$\frac{1}{2}$は肩縫い目でいせ分量とする。

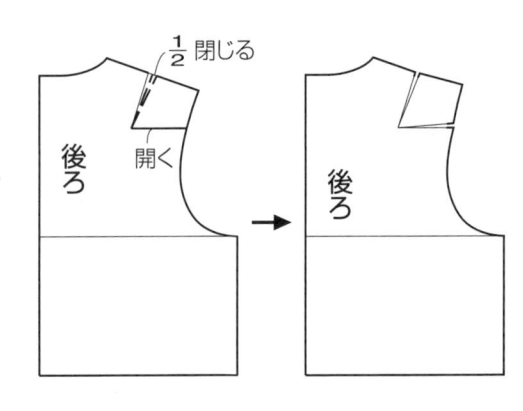

作図

作図要点

・身頃は、2面構成である。
・腹ぐせダーツを❶点を基点にたたみ、裾に切り開く。
・ボックスシルエットなので後ろ中心をわにしてもよい。
・袖山の高さは、前後の袖ぐりをうつし取り、肩丈差の位置から袖ぐり底までの$\frac{4}{5}$とする。

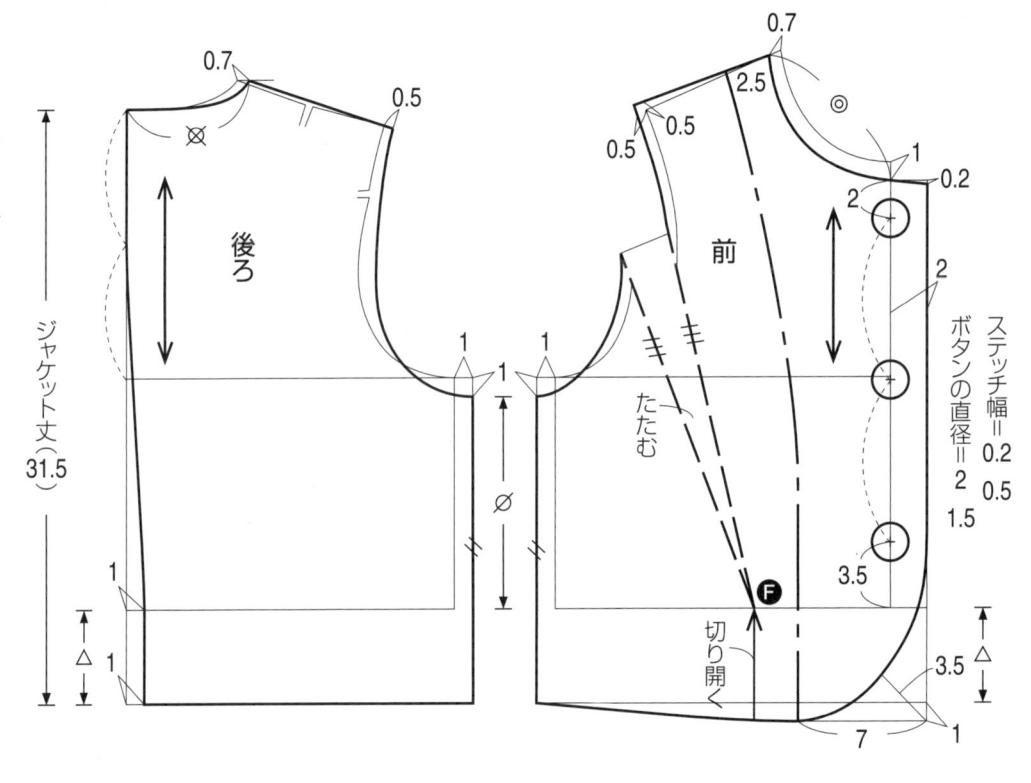

袖山点
1.5　0.5　1.5
後ろAH+0.5　前AH
袖
袖丈(37)+1~2
1　1
2　2
0.6　0.6
0.5
2　2
あきみせ止り
1.5
2
2.5
6
10.5
(袖幅/2 × 3/4)
2　2
0.5

衿
5
6
1.3
2.5
5.5
0.2
7.5
0.5

リボン
5
1.2
1.2

〈袖山の高さの決め方〉

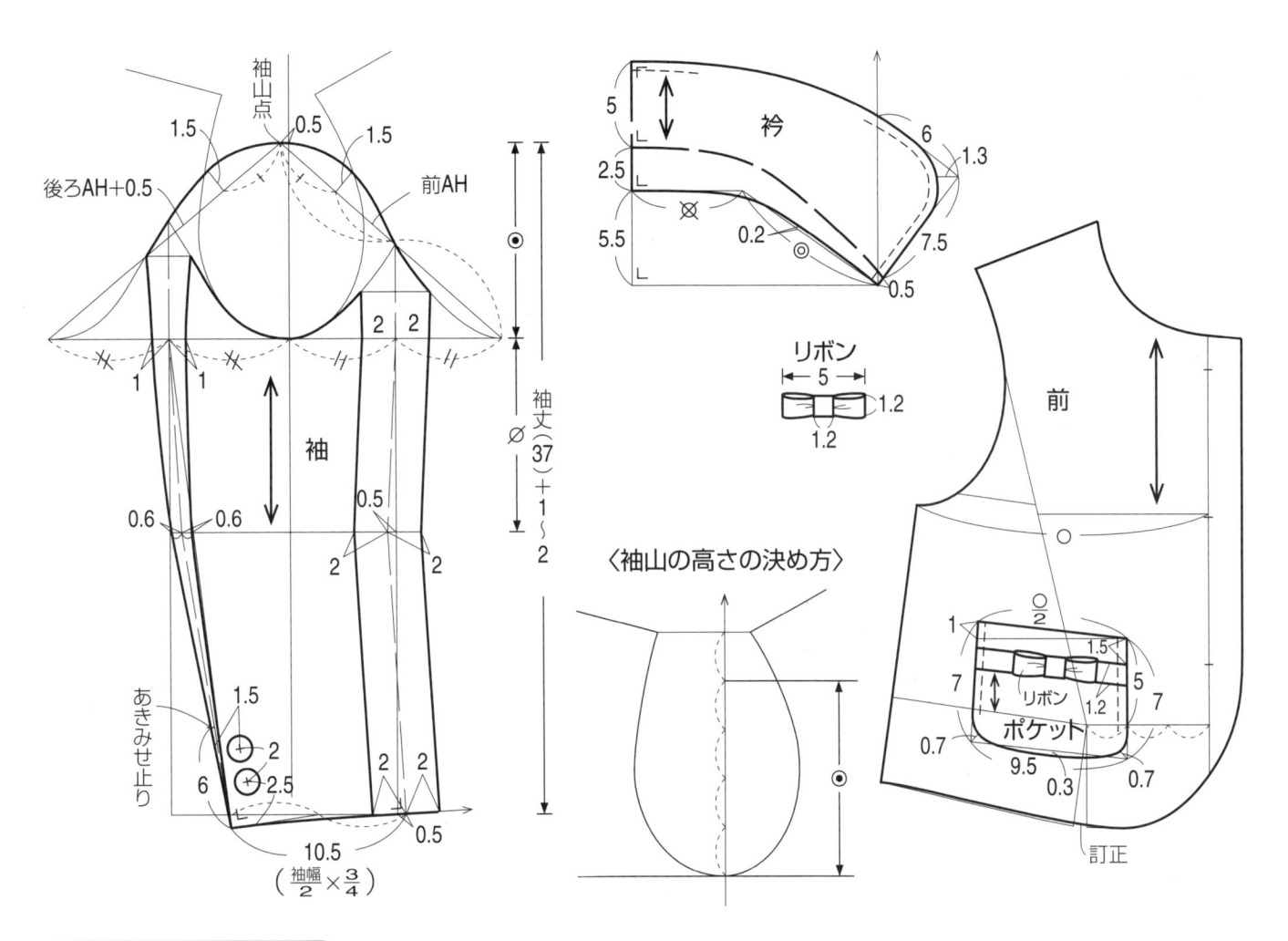

前
1　1.5
○/2
7　5
リボン 1.2　7
ポケット
0.7　9.5　0.3　0.7
訂正

パターンメーキング

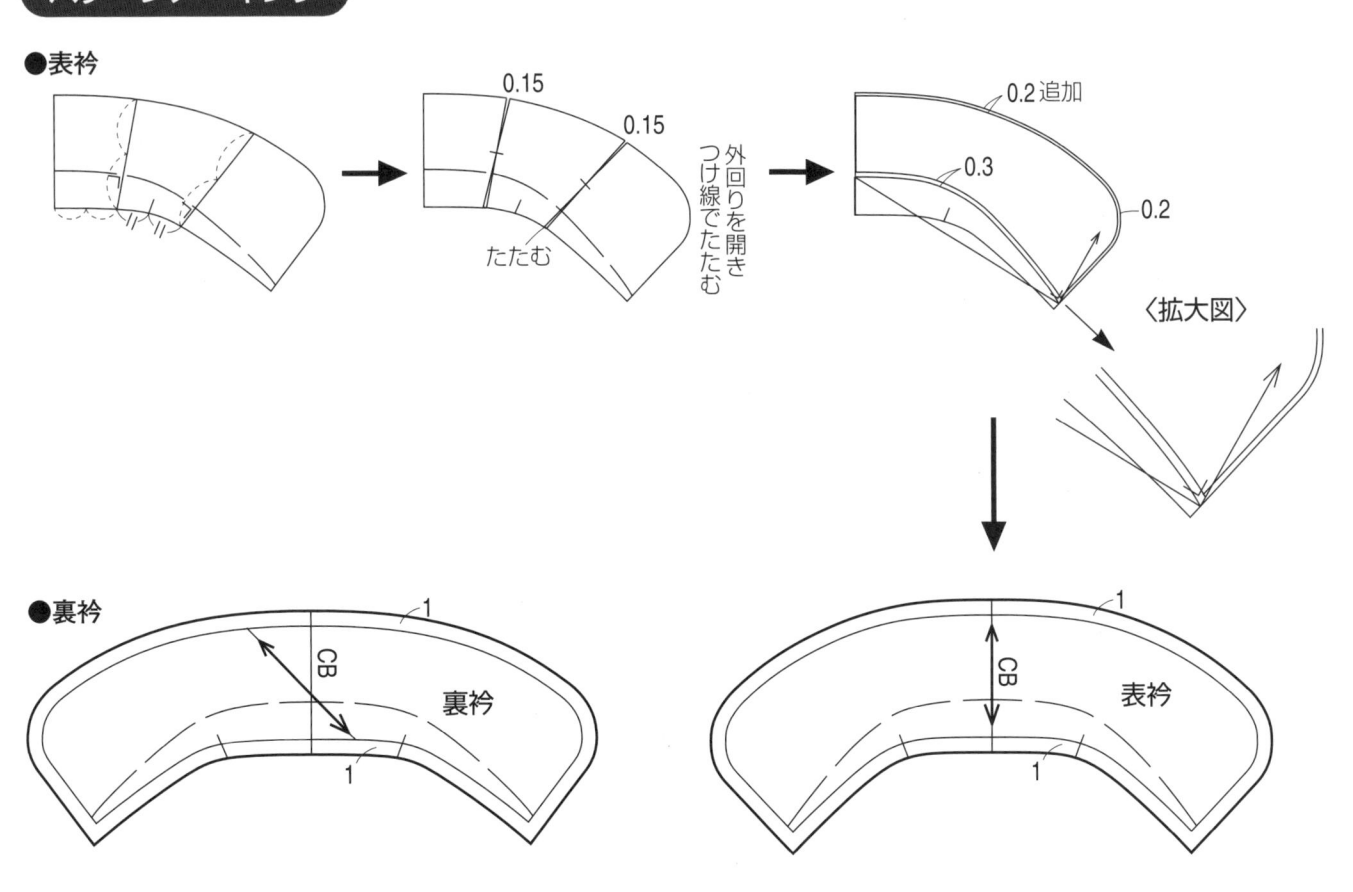

●表衿

0.15　0.15
たたむ
外回りを開きつけ線でたたむ

0.2追加
0.3
0.2

〈拡大図〉

●裏衿

1
CB
裏衿
1

1
CB
表衿
1

第3章　スローパーと応用デザイン　211

裁合せ図

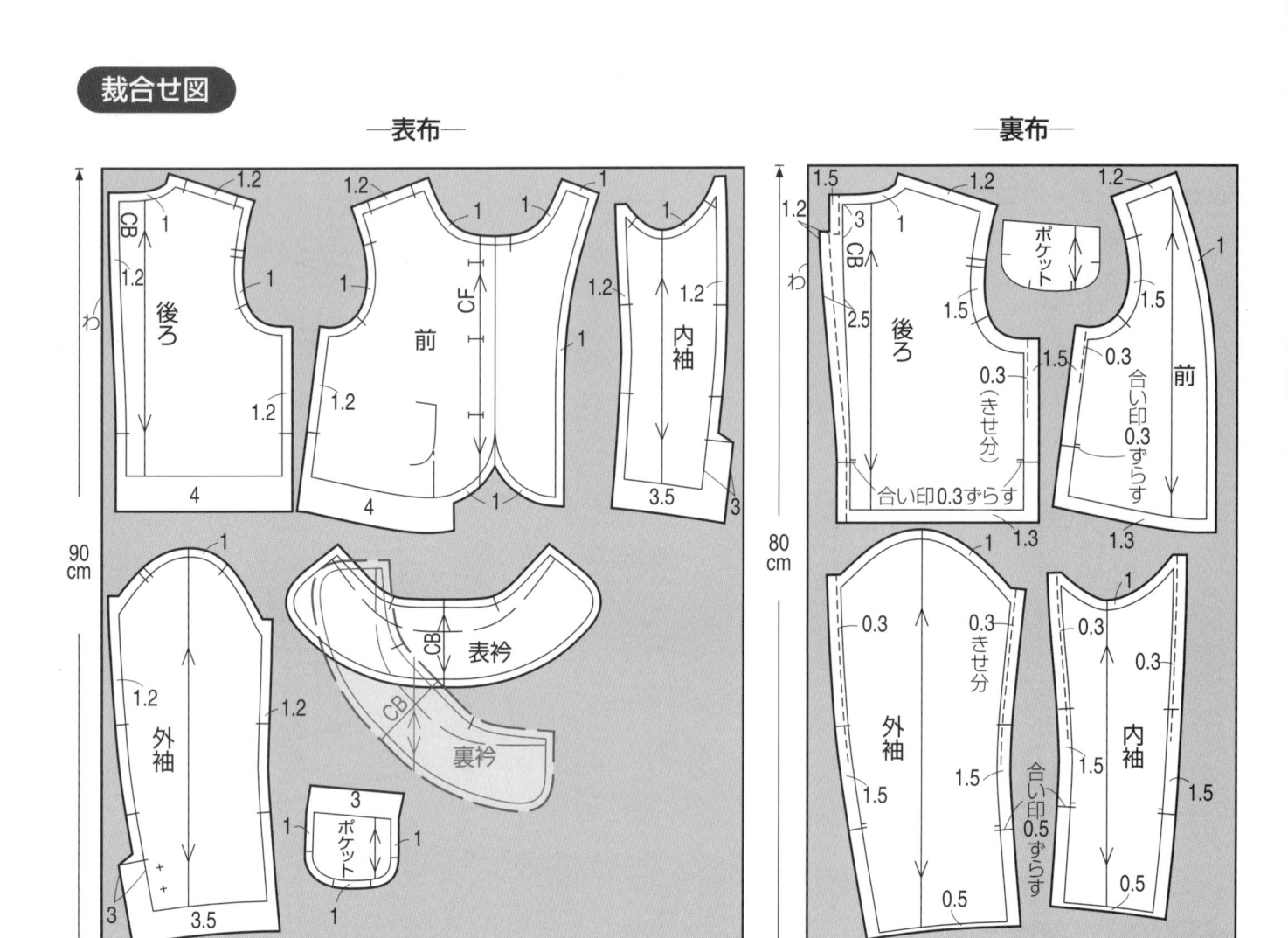

―表布―

―裏布―

縫製要点

【本縫い前の準備】

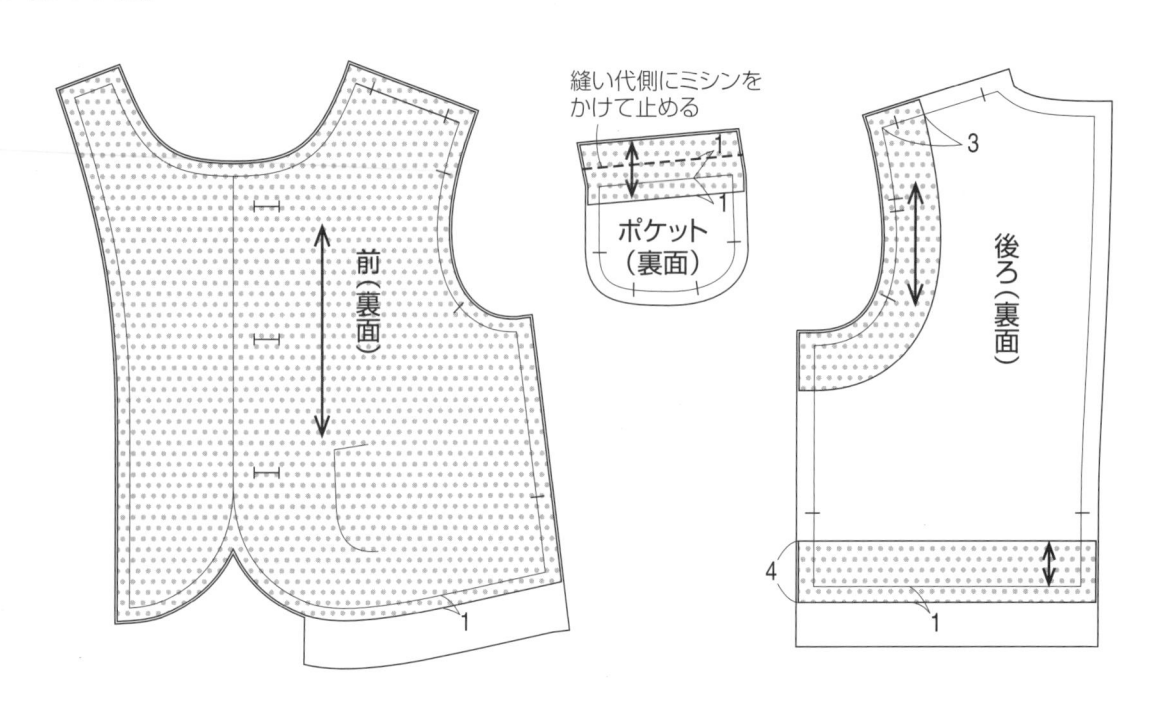

縫い代側にミシンをかけて止める

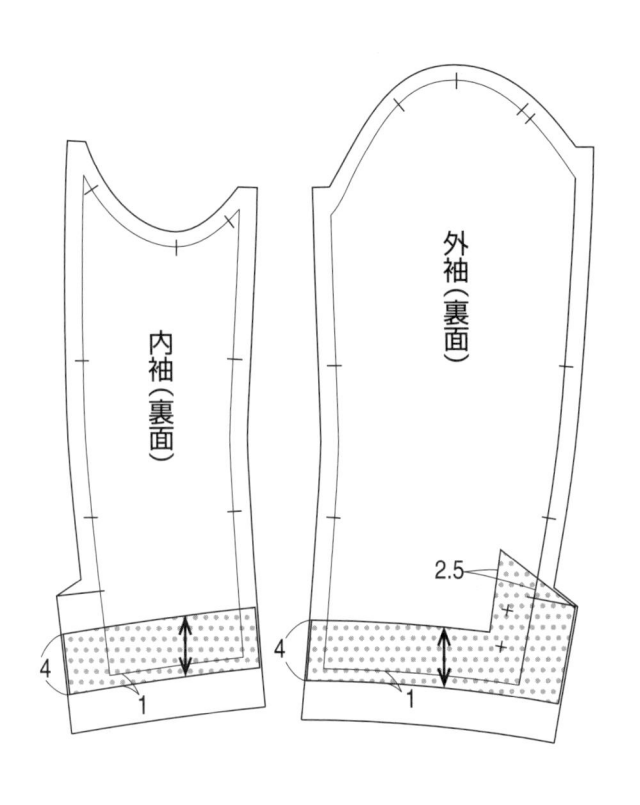

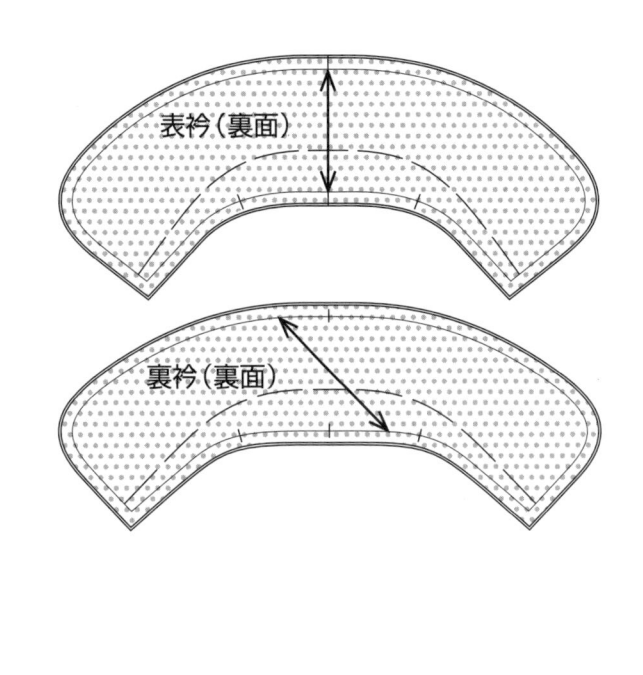

【本縫い】

●ポケットを作る

〈裁ち方〉

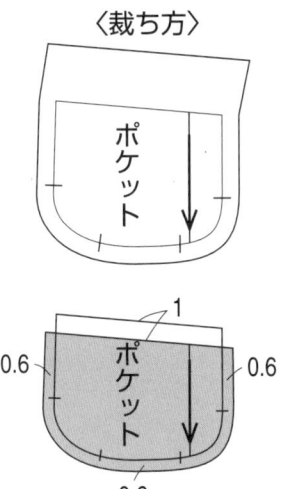

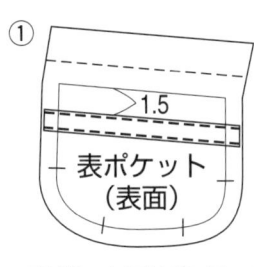

① 表ポケットにリボンテープをミシンで止める

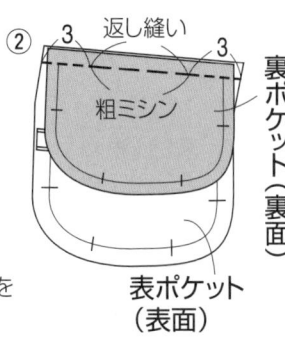

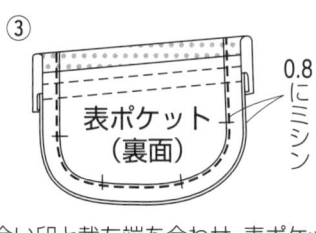

② 返し縫い　粗ミシン　裏ポケット（裏面）　表ポケット（表面）

③ 0.8にミシン　表ポケット（裏面）
合い印と裁ち端を合わせ、表ポケットのゆとりを逃がさないようにしつけをしてミシンをかける

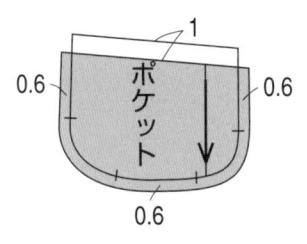

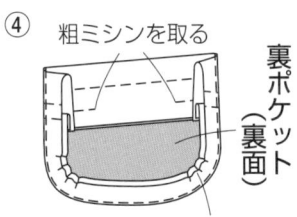

④ 粗ミシンを取る　裏ポケット（裏面）
アイロンの先でいせ込みながら丸く折り、整える

⑤ まつる　0.2控える　裏ポケット（表面）
表に返して形を整える

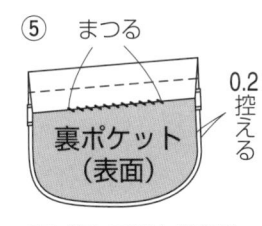

●ポケットをつける

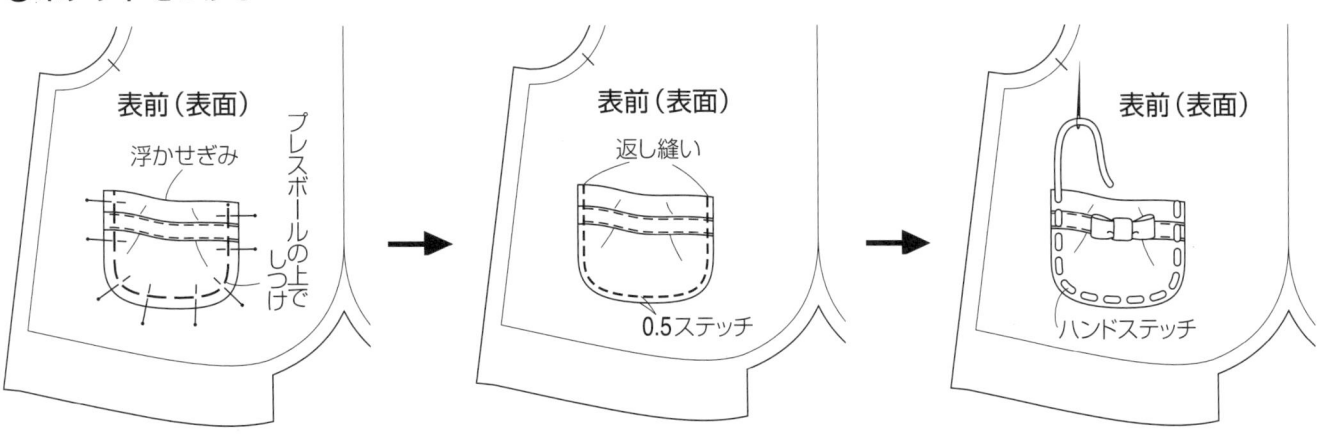

表前（表面）　浮かせぎみ　プレスボールのしつけ

→

表前（表面）　返し縫い　0.5ステッチ

→

表前（表面）　ハンドステッチ

第3章　スローパーと応用デザイン

●衿をつける

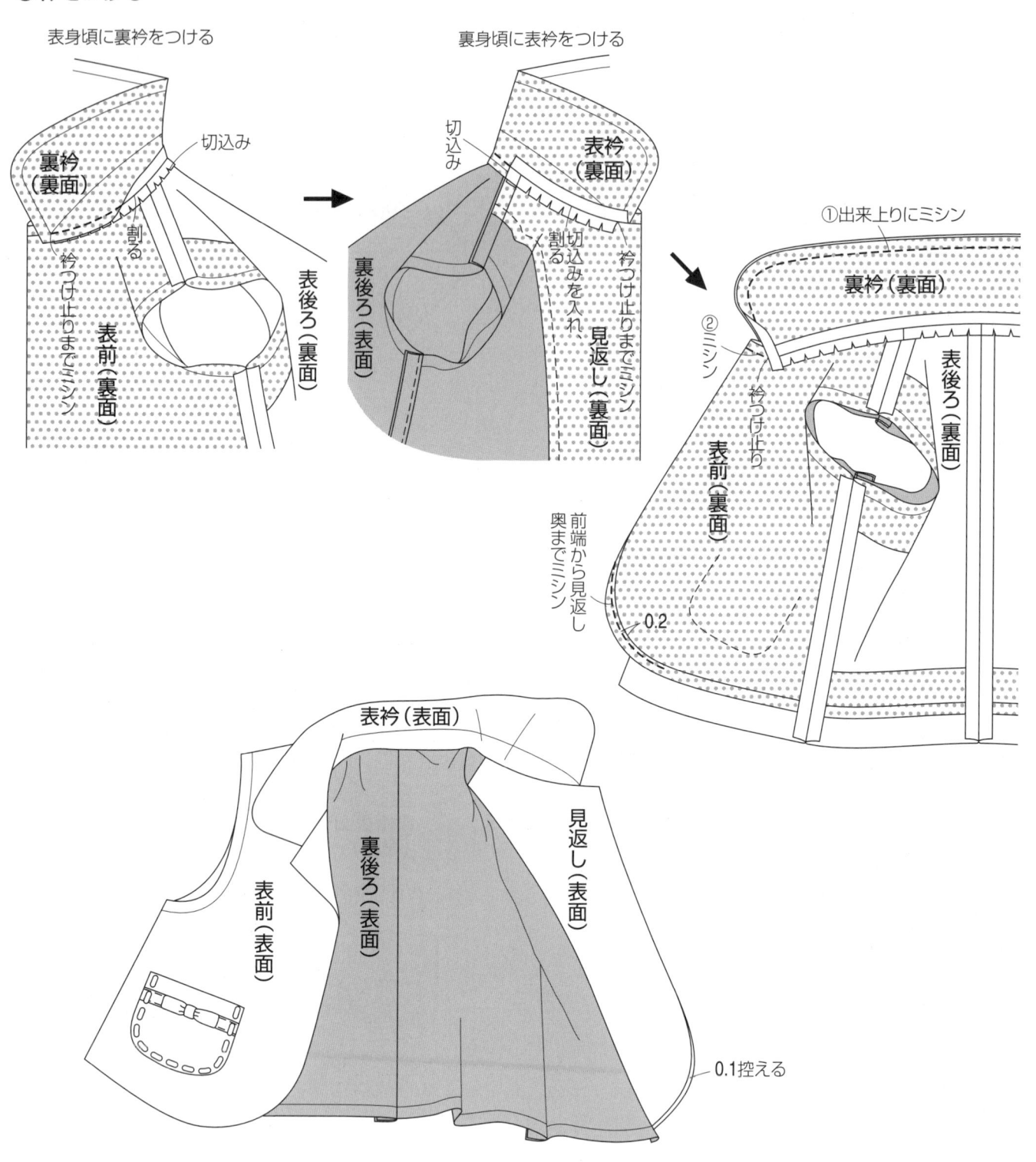

表身頃に裏衿をつける　　　　裏身頃に表衿をつける

裏衿（裏面）
切込み
割る
衿つけ止りまでミシン
表前（裏面）
表後ろ（裏面）

切込み
表衿（裏面）
切込みを入れ割る
裏後ろ（裏面）
見返し（裏面）
衿つけ止りまでミシン

①出来上りにミシン
裏衿（裏面）
②ミシン
衿つけ止り
表後ろ（裏面）
表前（裏面）
前端から見返し奥までミシン
0.2

表衿（表面）
見返し（表面）
裏後ろ（表面）
表前（表面）
0.1控える

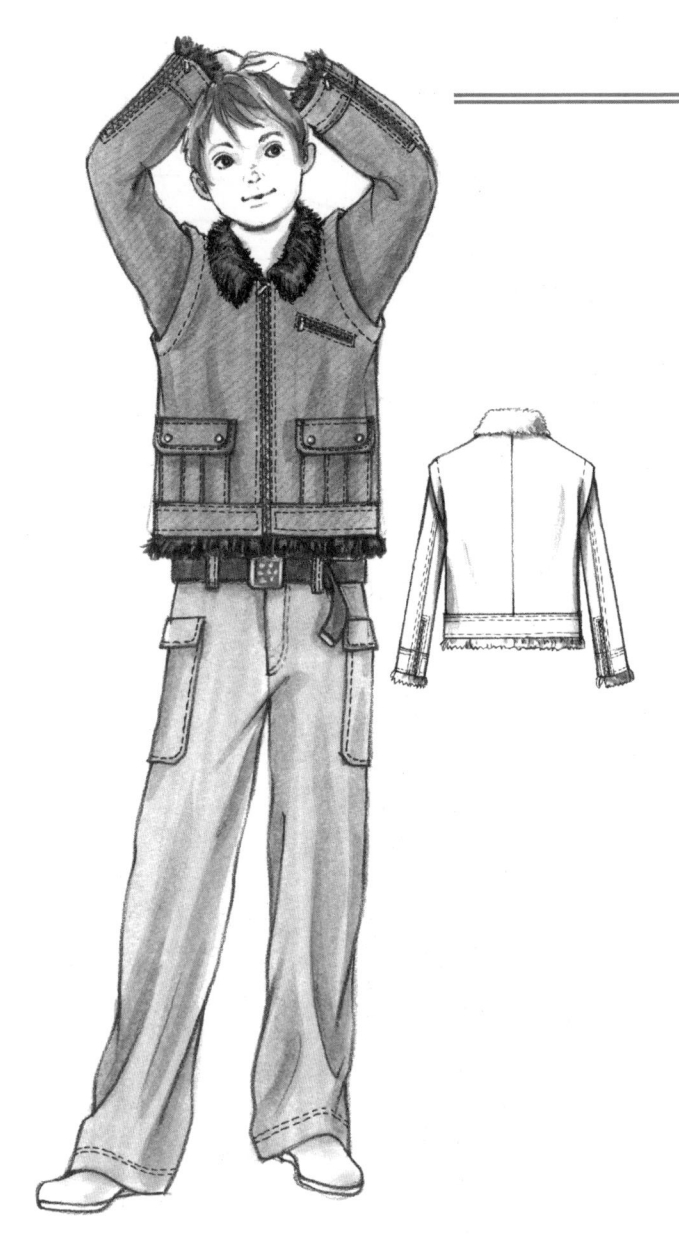

シャツスリーブのブルゾン（140cm　男児）

ファスナー使いがデザインポイントになったブルゾン。衿、裾、袖口にフェイクファーをあしらい、防寒着として最適である。袖はファスナーでとりはずすことができ、ベストとしても着用できる。
素材は、デニムなど厚手の綿、レザーなどが適している。

使用量

表布　　150cm幅140cm

別布（フェイクファー）　140cm幅30cm

裏布　　90cm幅140cm

接着芯　90cm幅90cm

原型のダーツ操作

● 後ろ身頃

肩ダーツを閉じて袖ぐりのゆとり分とする。

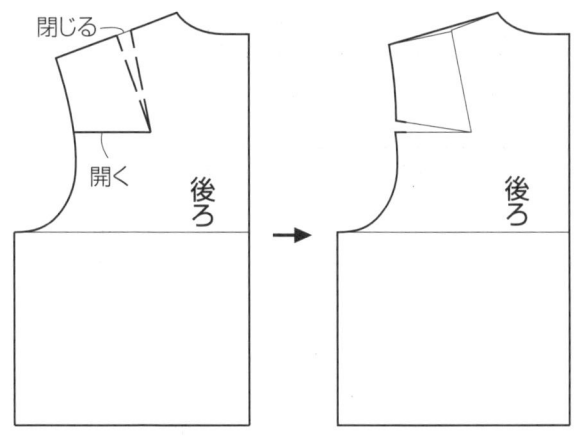

作図

作図要点

● 後ろ身頃

- ショルダーポイントから3.5cm延長し、直角に0.5cmの角度をつけて袖丈寸法をとる。
- 袖山の高さは、前後の袖ぐりをうつし取り、肩丈差の2等分の位置から袖ぐり底までの寸法の$\frac{1}{3}$とする。
- 後ろ袖つけ線は、袖が後方に流れないように身頃の袖ぐり線に0.5cm交差してかき、前袖つけ線は方向性をつけるために身頃の袖ぐり線との間を0.5cm離してかく。
- 袖がファスナーでとりはずしできるデザインのため、袖山に0.7cmの重なり分を追加し、内回りのあまり分として後ろ袖幅は0.5cmカットし、前袖幅は0.5cmたたむ。
- 袖口のフェイクファーは縫い目をなくすため続けて裁ち、端を1cmカットする。

〈ポケット切開き図〉

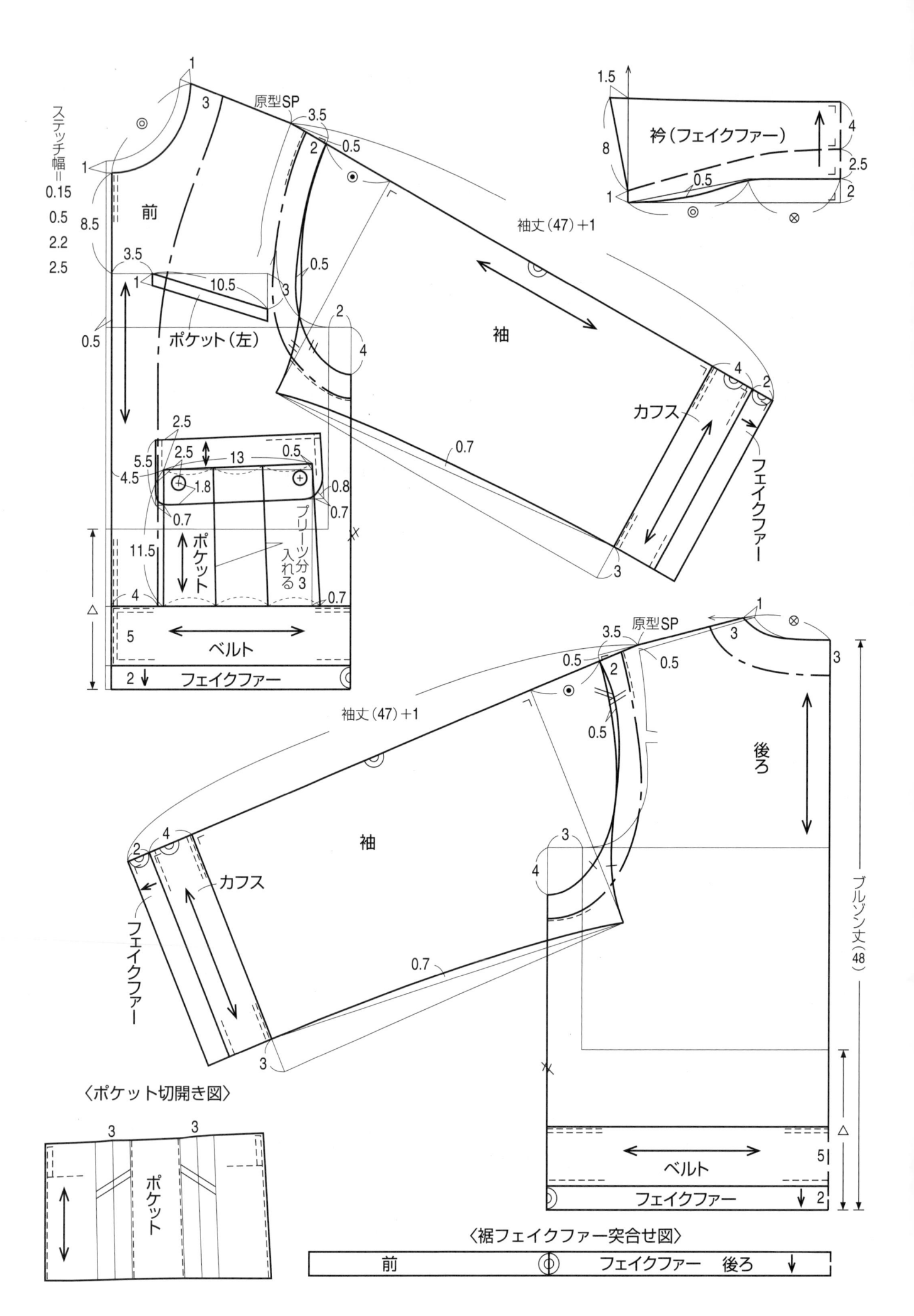

〈裾フェイクファー突合せ図〉

0.5たたむ　0.7 身頃との重なり分追加　0.5 内回りの余り分カット

〈袖山の高さの決め方〉

1

前袖　0.3　0.3　後ろ袖

あき止り

12　12

カフス

← フェイクファー →

5

〈袖口フェイクファー突合せ図〉

後ろ　↓ フェイクファー　前

1カット

訂正

前袖　後ろ袖

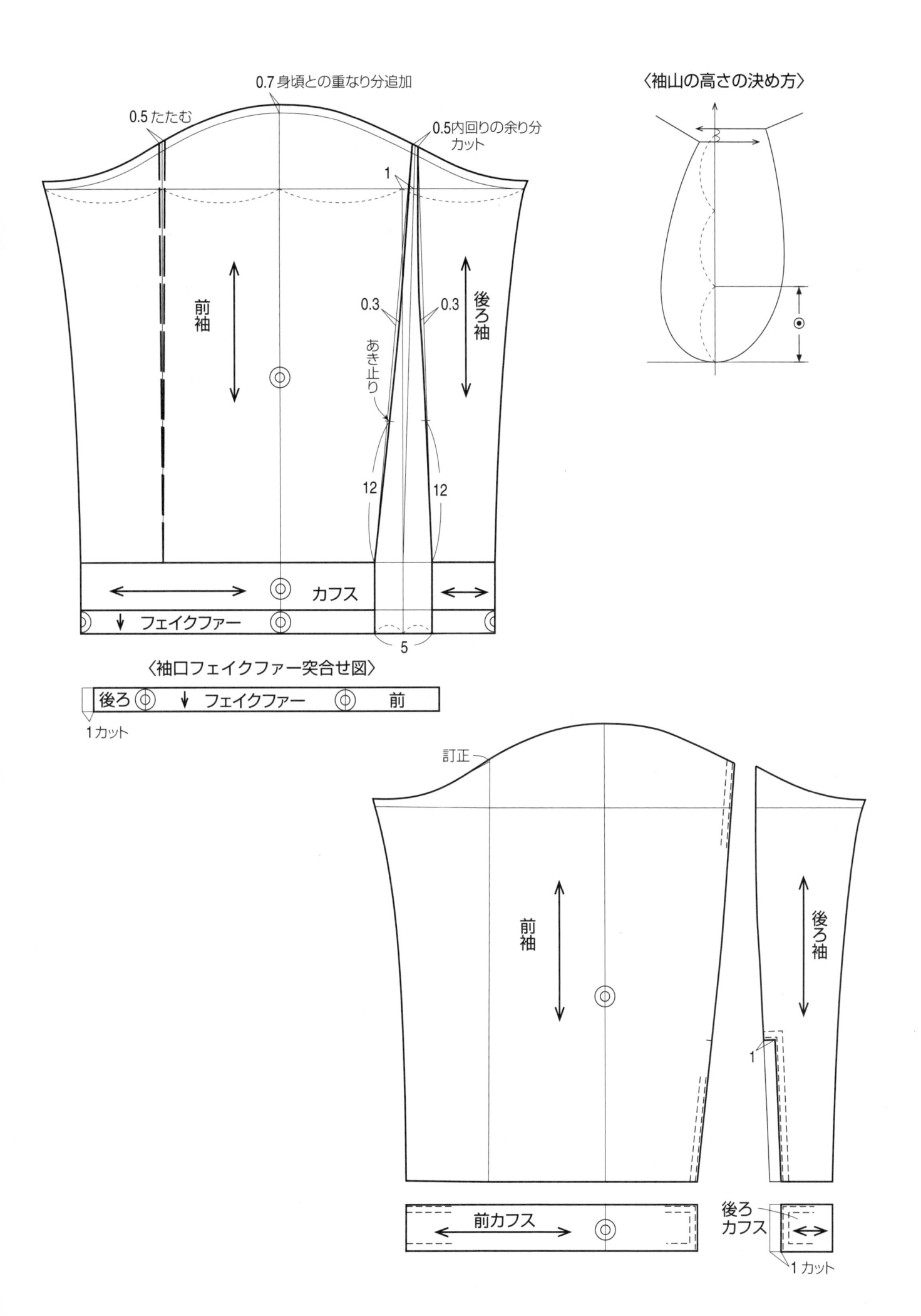

1

前カフス　後ろカフス

1カット

第3章　スローパーと応用デザイン　217

パターンメーキング

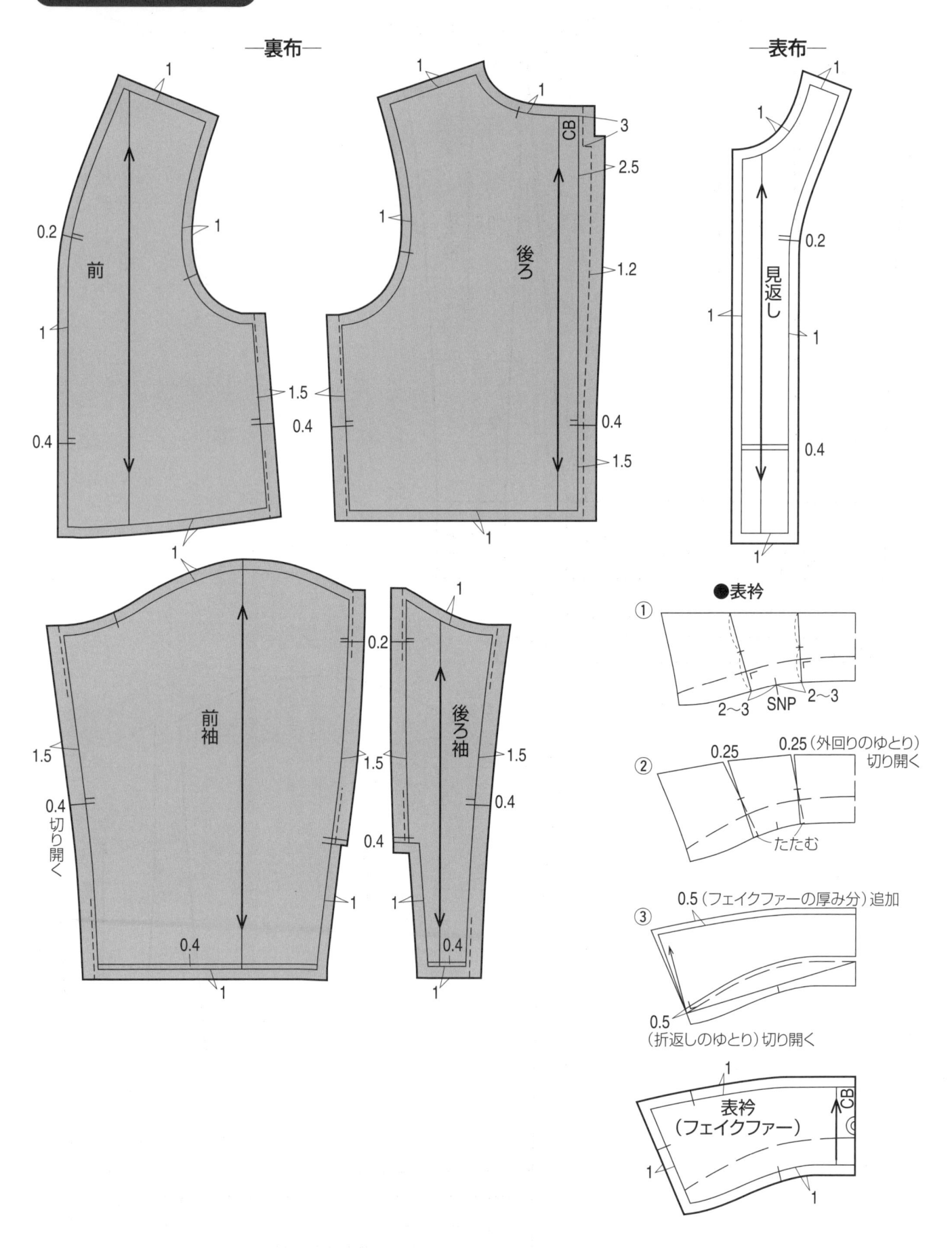

―裏布―

前

後ろ

0.2
1
1
0.4
1
1
1.5
0.4
1
CB
3
2.5
1.2
0.4
1.5
1

前袖

後ろ袖

1
1.5
0.4
切り開く
0.4
1
0.2
1
1.5
0.4
0.4
1

―表布―

見返し

1
0.2
1
0.4
1

● 表衿

① 2〜3 SNP 2〜3

② 0.25　0.25（外回りのゆとり）切り開く
たたむ

③ 0.5（フェイクファーの厚み分）追加
0.5（折返しのゆとり）切り開く

表衿（フェイクファー）
1
CB
1
1

裁合せ図

—表布—

前, 前袖, 見返し, 後ろ, 後ろ袖, 表カフス, 表前ベルト, 後ろベルト, 表フラップ, 前袖ぐり見返し, 後ろ袖ぐり見返し, ポケット, 後ろ見返し, 裏前ベルト, 裏衿, 裏フラップ, 裏カフス, 向う布

150cm幅 / 140cm

—裏布—

前, 後ろ袖, 後ろ, 前袖

90cm幅 / 140cm

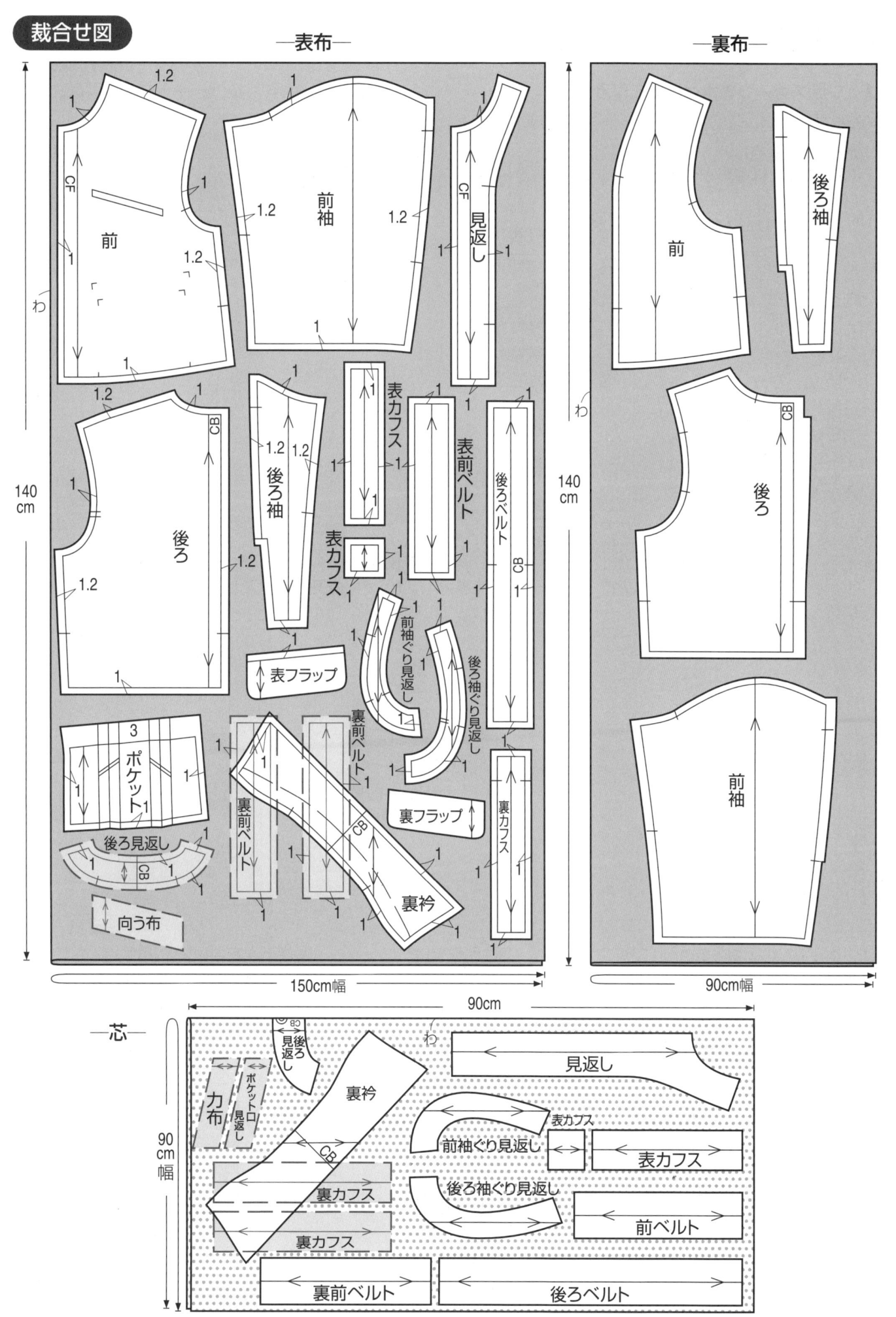

—芯—

後ろ見返し, ポケット口, 見返し, 力布, 裏衿, 前袖ぐり見返し, 表カフス, 裏カフス, 後ろ袖ぐり見返し, 前ベルト, 裏前ベルト, 後ろベルト

90cm / 90cm幅

第3章 スローパーと応用デザイン

縫製要点

1 ファスナーつきポケットを作る

〈裁ち方〉

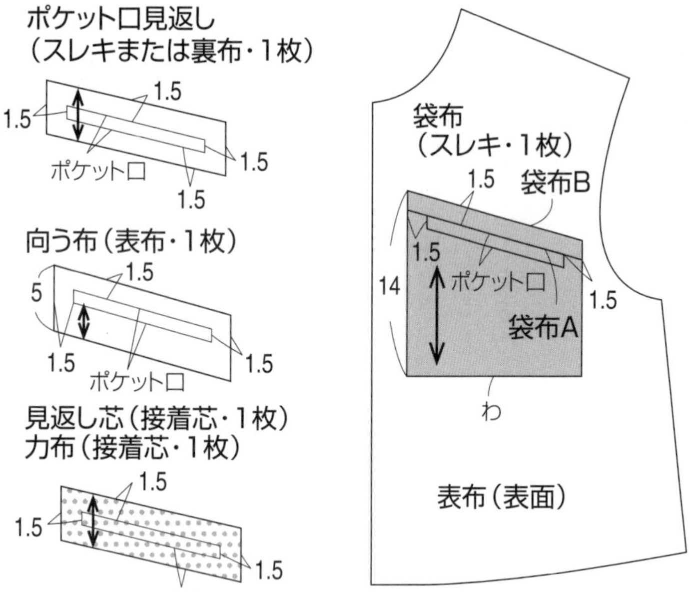

ポケット口見返し（スレキまたは裏布・1枚）

向う布（表布・1枚）

見返し芯（接着芯・1枚）
力布（接着芯・1枚）

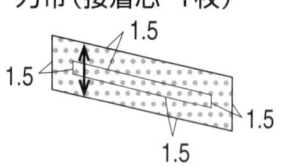

袋布（スレキ・1枚）
袋布B
ポケット口
袋布A
わ
表布（表面）

①向う布にロックミシンをかける
向う布（表面）
ロックミシン

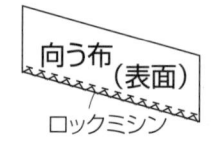

②ポケット口見返しに芯をはる
ポケット口見返し（裏面）

③身頃裏面のポケット位置に接着芯をはる
接着芯
表前（裏面）

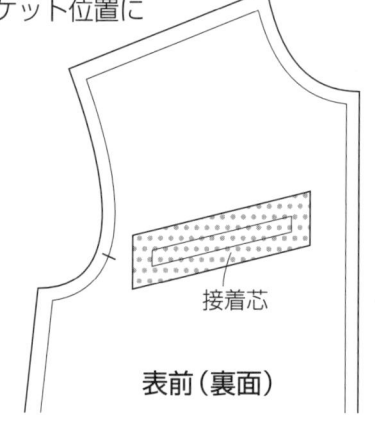

④ポケット口見返しを中表に合わせ、ポケット口にミシンをかけ、中央に切込みを入れる
ポケット口見返し（裏面）
ミシン
中央に切込み
表前（表面）

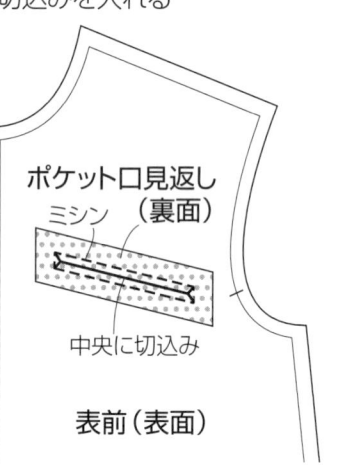

⑤ポケット口見返しを裏面に出し、アイロンで整え、ファスナーを見返しのみにしつけをする
厚紙
ポケット口
ポケット口見返し（表面）

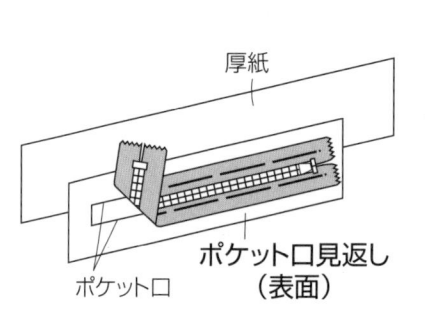

⑥ポケット口の上側の縫い代にファスナーをミシンで止める
しつけ　ポケット口見返し（裏面）
ファスナー
ミシン
表前（裏面）

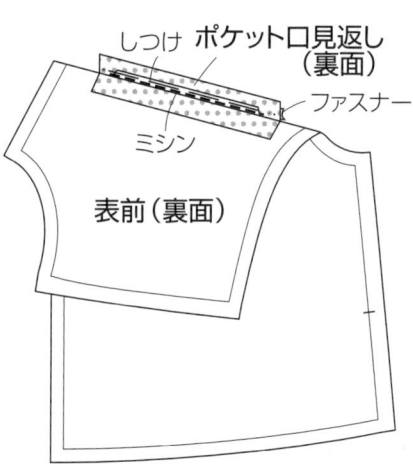

⑦ポケット口の下側の縫い代にファスナーをミシンで止める
ポケット口見返し（裏面）
しつけ
ファスナー
ミシン
表前（裏面）

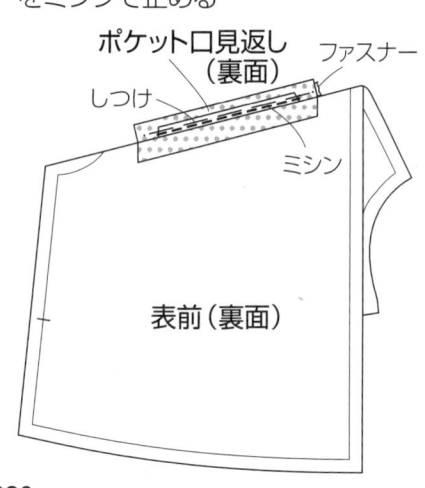

⑧向う布を袋布に止める
袋布A
袋布（表面）
0.5ミシン
向う布（表面）
袋布B

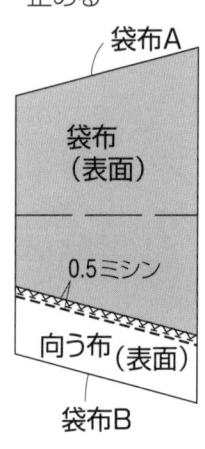

⑨袋布Aを中表に合わせ、ファスナー下側を止めたミシンのきわを縫う
ポケット口見返し（表面）
ミシン
袋布A（裏面）
表前（表面）
向う布

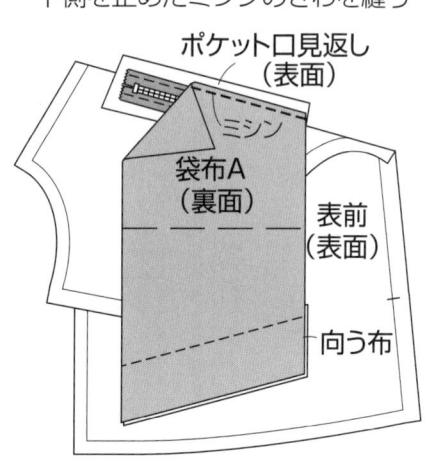

⑩ポケット口の下側と両端にステッチをかける

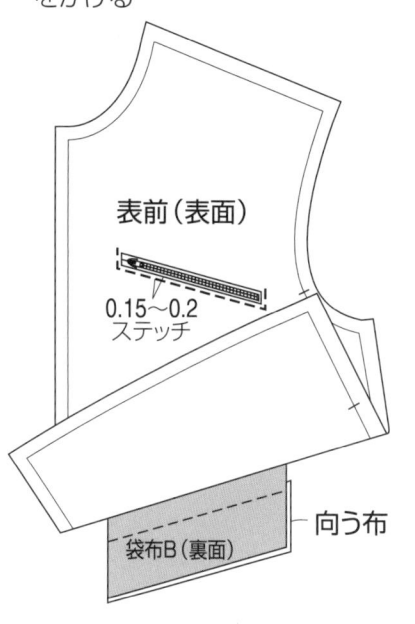

⑪袋布を整え、ポケット口の上側と両端にステッチをかける

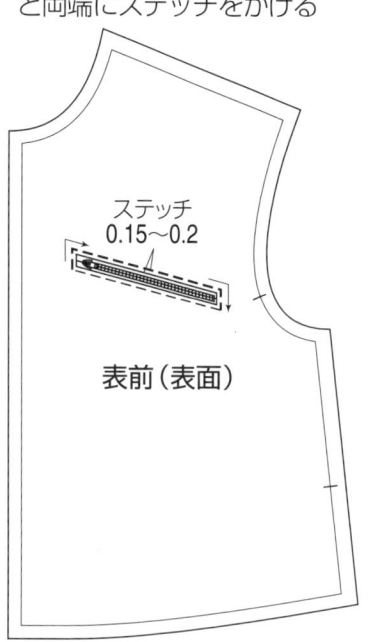

⑫袋布の両端を縫う

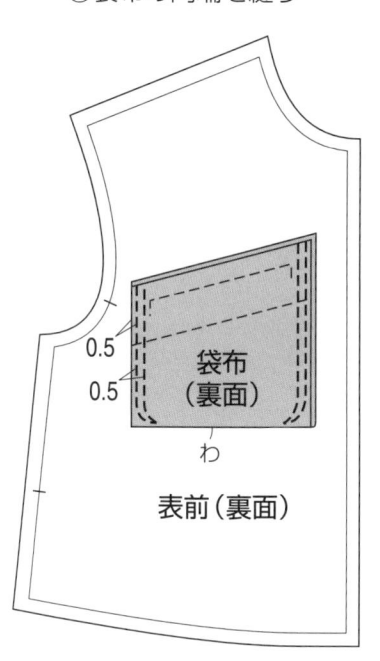

2 フラップつきパッチポケットを作り、つける

①ポケットの回りにロックミシンをかける

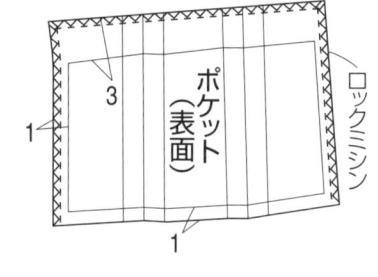

②ポケット口を折り、ステッチをかける

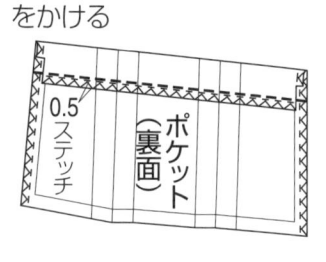

③プリーツをアイロンで折る

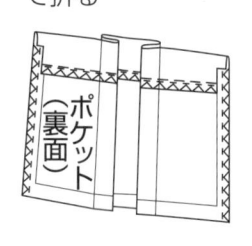

④表ひだ山にステッチをかける

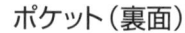

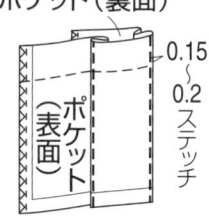

⑤陰ひだ山にミシンをかける

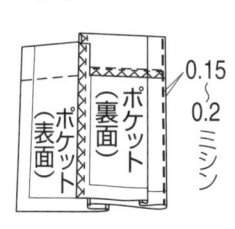

⑥ポケット口を押さえるため、ひだ山のミシンに重ねてミシンをかける

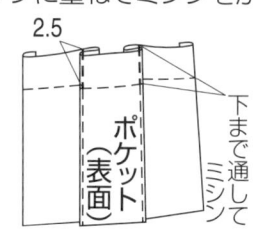

⑦身頃のポケット位置に合わせてステッチをかける

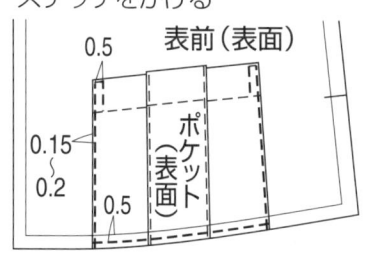

⑧表フラップと裏フラップを外表に合わせてしつけをかける

〈裁ち方〉

⑨バイアステープを中表に合わせてミシンをかける

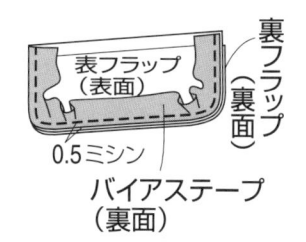

⑩バイアステープを表に返してアイロンで整え、表からステッチをかける

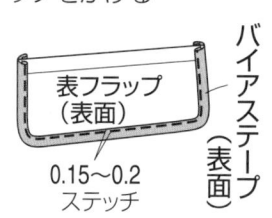

第3章 スローパーと応用デザイン

⑪ベルトをつける。縫い代は、前中心と脇を2cmくらい割り、あとはベルト側に倒す
⑫ドットボタンをつける

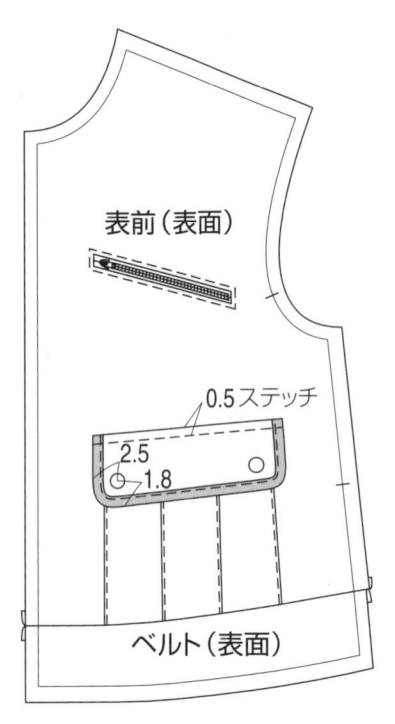

3 前外側線を縫う

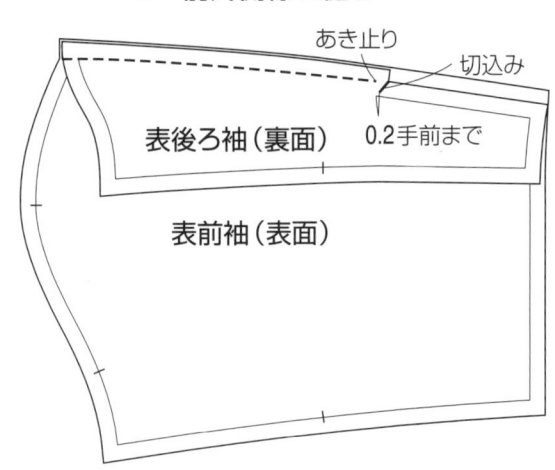

4 袖口と表カフスを縫う

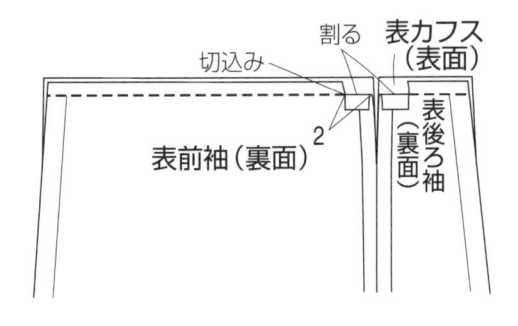

5 前袖の縫い代にファスナーをつける

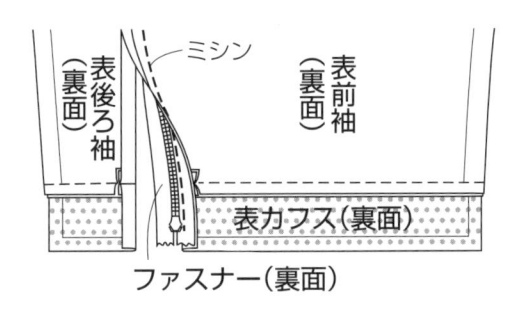

6 後ろ袖の縫い代にファスナーをつける

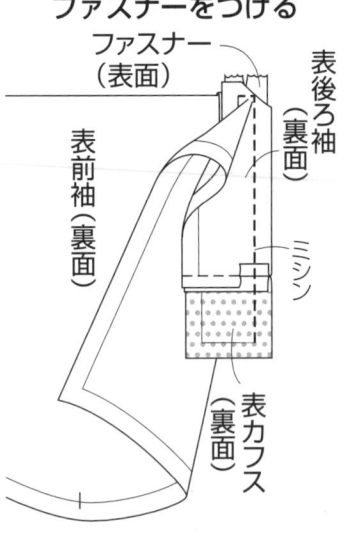

7 ステッチをかける
8 袖つけ位置にファスナーをつける

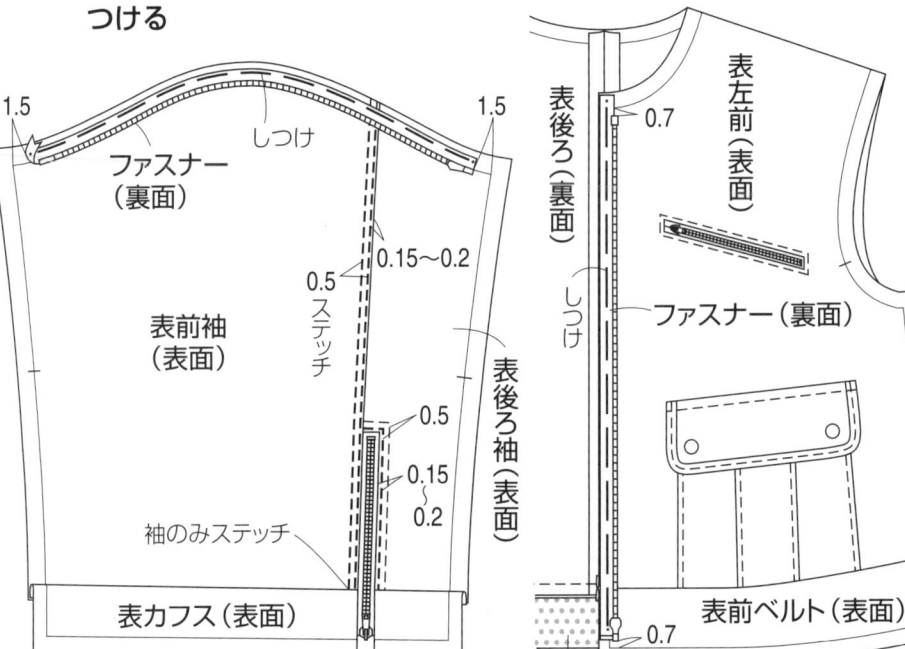

9 前身頃にファスナーを中表にし、しつけをかける

10　裏布の袖ぐりと見返しの間にファスナーをつける

11　衿をつけ、袖ぐりの始末をする

① 表衿と見返しを縫い、割る
② 裏衿と表身頃を縫い、割る
③ 前端、衿外回りを縫う
④ 袖ぐりを縫う
⑤ 表に返して整える
⑥ 衿つけの中とじをする

12　スペアスリーブを作る

① 表袖と裏袖の袖つけを縫う
② 袖下を縫う。表袖の縫い代は割り、裏袖の縫い代は後ろ側に倒す
③ フェイクファーと裏カフスを縫う
④ フェイクファーと表カフスを縫う
⑤ フェイクファーを中表にし、あきにミシンをかける
⑥ 裏袖の袖口を中とじし、ファスナーあきをまつる
⑦ 袖つけとカフスにステッチをかける

第3章　スローパーと応用デザイン

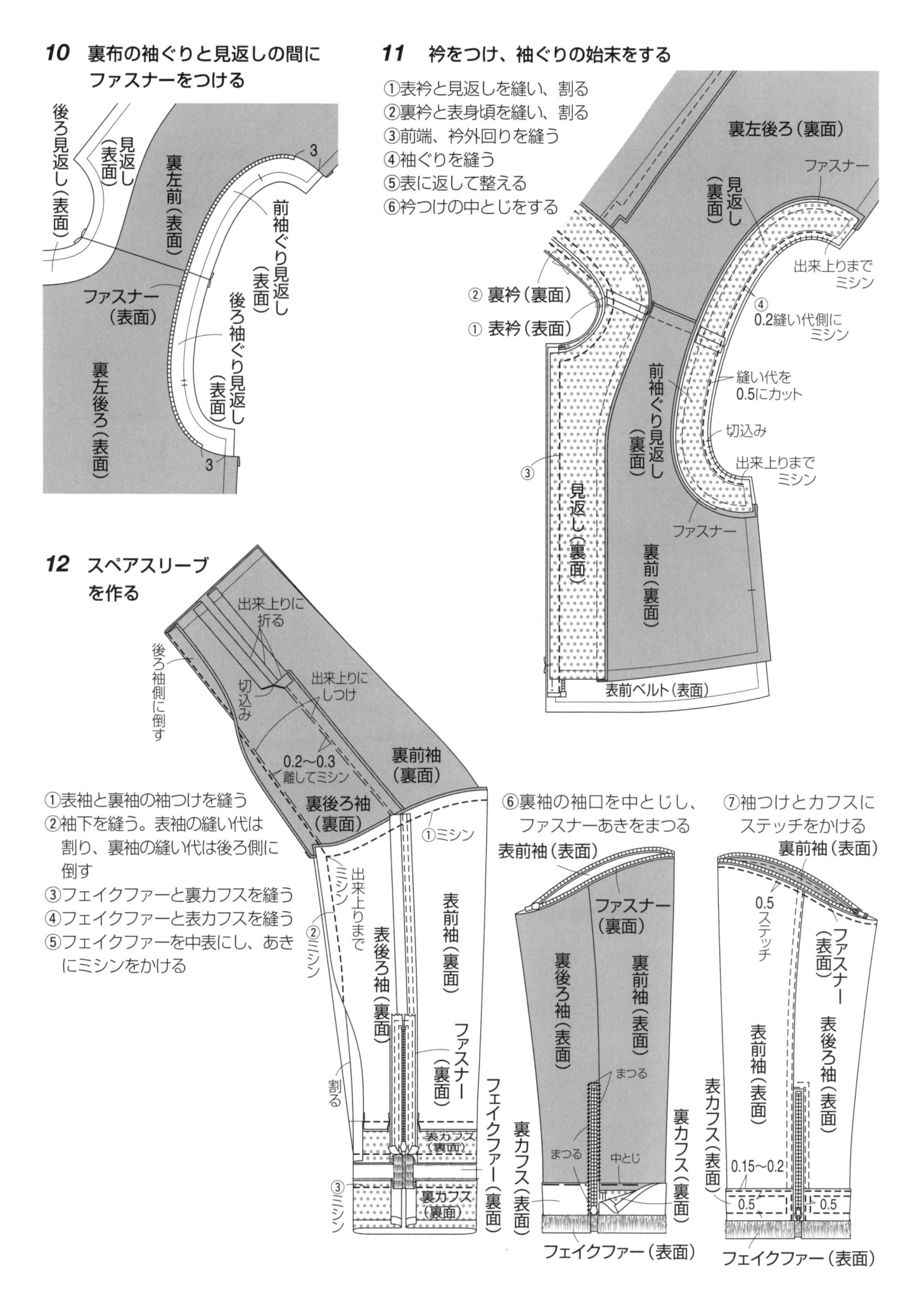

13 裾の始末をする

①フェイクファーと裏ベルトを縫う
②表ベルトにフェイクファーをつける
③前端にステッチをかける
　※223ページの袖口と同様の方法でする
④裏身頃を表ベルトの縫い代に中とじする
⑤裏ベルトを前端、見返しの裾にまつる
⑥袖ぐり、ベルトにステッチをかける

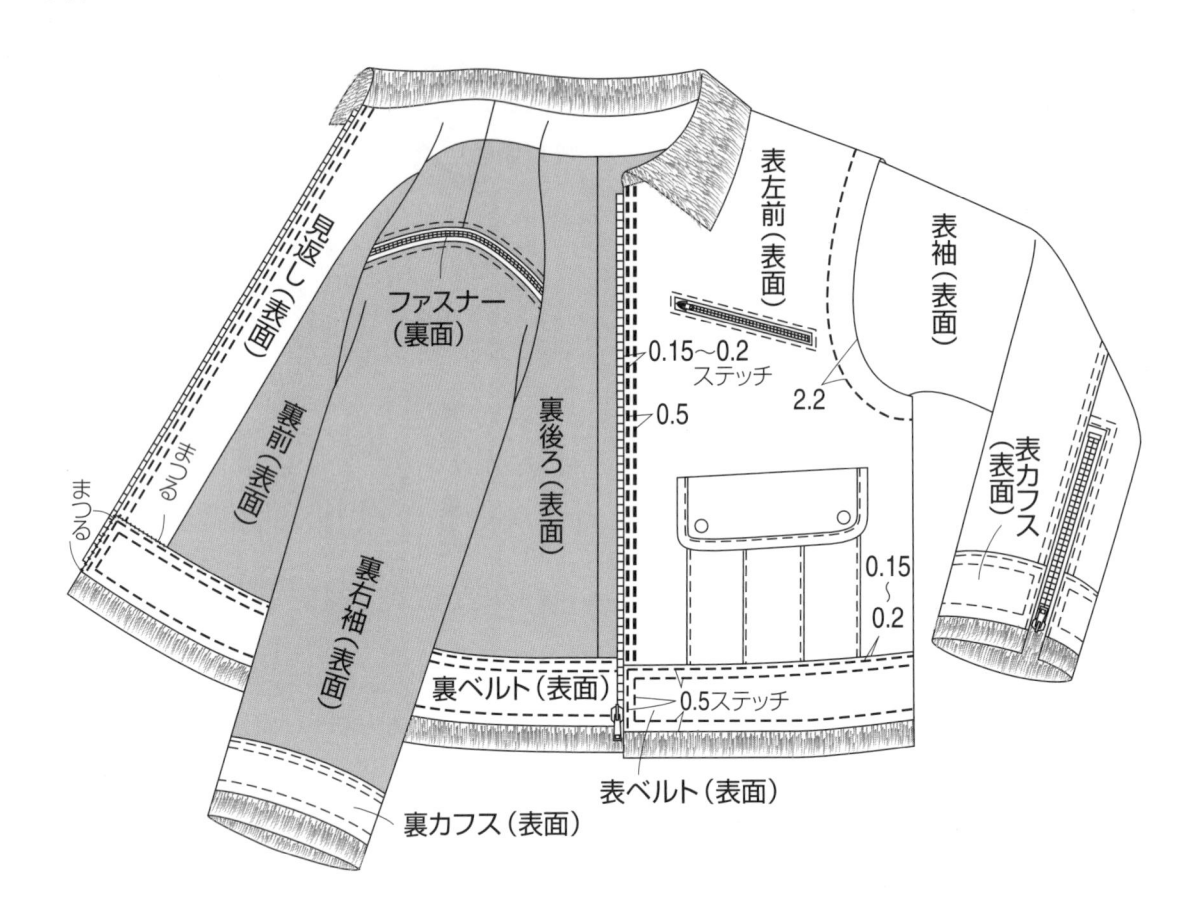

ラグランスリーブのブルゾン（140cm　男児）

男女問わず幅広く着られるブルゾン。身幅のゆとりも多く袖ぐりも深くゆったりとしたラグランスリーブで、衿、裾、袖口にニットファブリックを使用し、重ね玉縁のポケットをつけている。素材は、コーデュロイ、フラノ、ツイードなどが適している。

使用量

- 表布　150cm幅120cm
- リブ　16cm幅150cm
- 裏布　90cm幅190cm
- 接着芯　90cm幅55cm

原型のダーツ操作

- **後ろ身頃**
  肩ダーツを閉じて袖ぐりのゆとり分とする。
- **前身頃**
  前後袖ぐりのバランスを変えないために、腹ぐせダーツの$\frac{1}{3}$程度を袖ぐりのゆとり分とし、残りは閉じてウエストに切り開く。

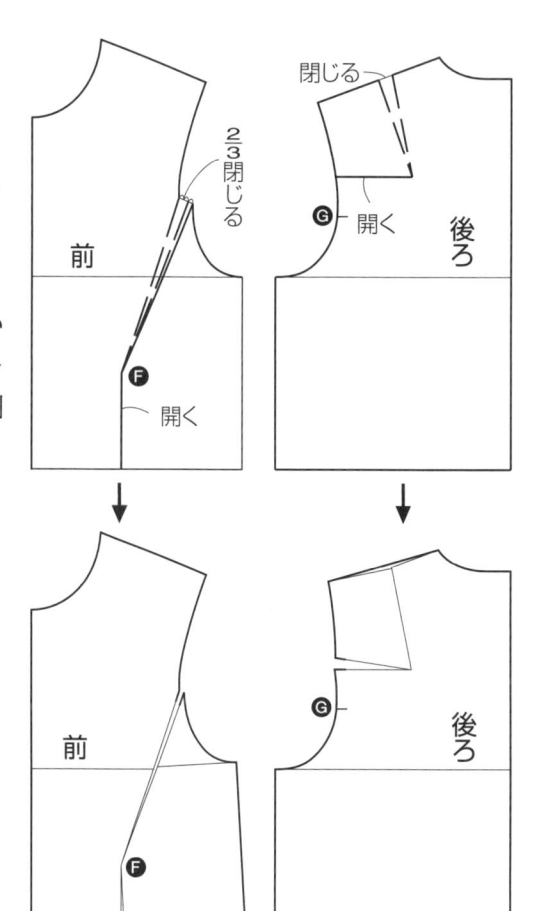

作図

作図要点

- **後ろ身頃**
  - 肩先から肩幅に1cm加えてショルダーポイントとする。ショルダーポイントを基点として5cmの直角線をかき、4等分し、$\frac{1}{4}$の角度をつけ袖丈寸法をとる。
  - 後ろ衿ぐりを3等分、G点からBLまでを2等分し、ラグラン線をかく。
  - 袖山の高さは、前後袖ぐりをうつし取り、肩丈差の2等分の位置から袖ぐり底までの寸法の$\frac{1}{2}$に1cm加えた寸法とし、直角線を引いて袖幅線とする。
  - 後ろ袖は、肩甲骨のあたりで身頃の切替え線と交差させ、身頃と同寸法を袖幅線上にとる。
- **前身頃**
  - 前衿ぐりを3等分して切替え位置とし、案内線をひく。
  - 後ろ袖下と同傾斜、同カーブで袖下線をかく。

衿リブ 3.5 ⊗ ◎−1

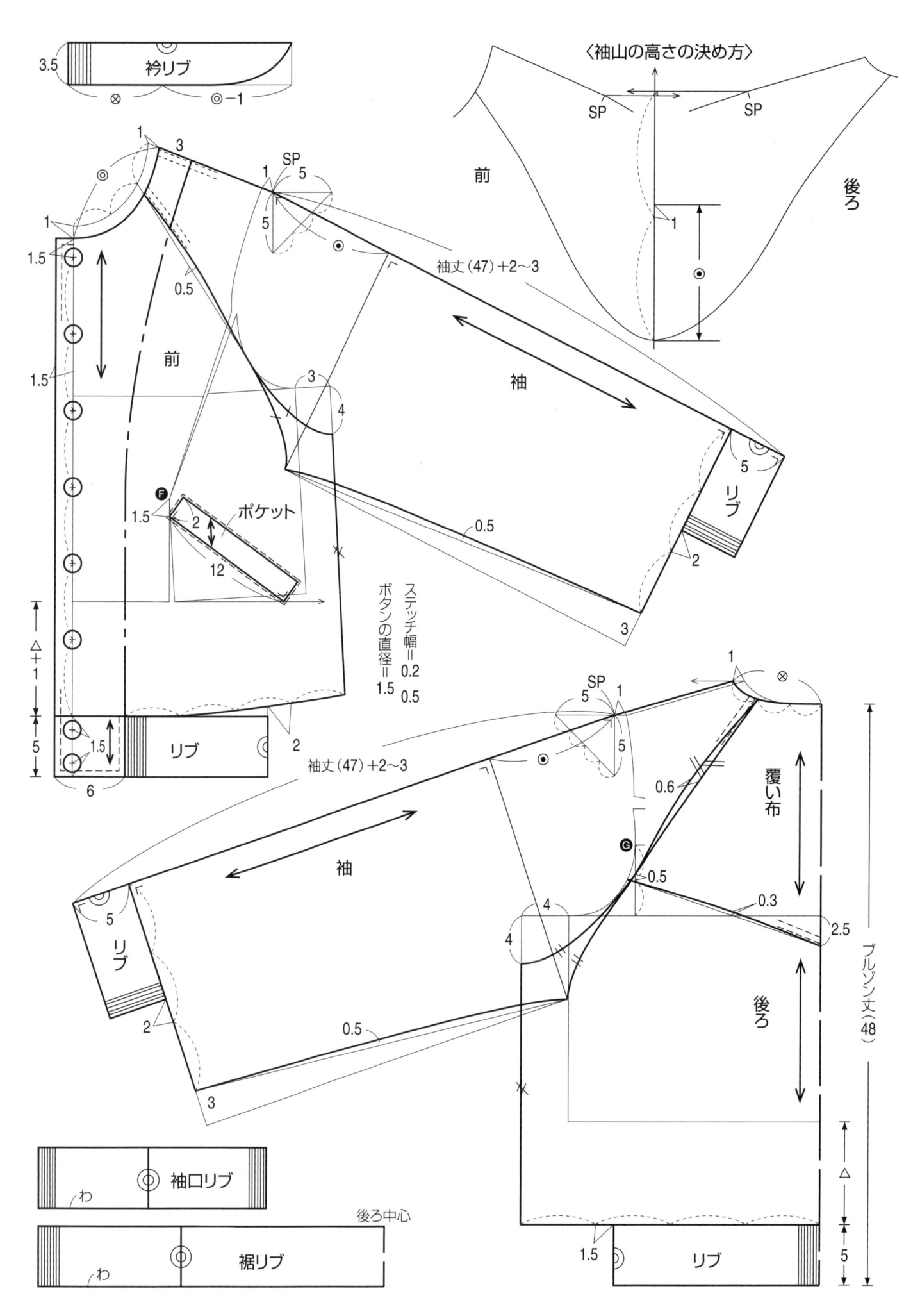

〈袖山の高さの決め方〉
前　後ろ
SP　SP
1
◉

前
袖
袖丈(47)+2〜3
ステッチ幅=0.2
ボタンの直径=1.5
ポケット
12　2　1.5
リブ　6　5
1.5　△+1
1　1.5　1.5　0.5　3　1　SP　5　1
3　4　0.5
F
2

リブ　5　2
袖　袖丈(47)+2〜3
5　SP　1
0.6
覆い布
G
0.5　0.3　2.5
後ろ
ブルゾン丈(48)
リブ　5　1.5　△

袖口リブ　わ　◎
裾リブ　わ　◎
後ろ中心

パターンメーキング

第3章 スローパーと応用デザイン

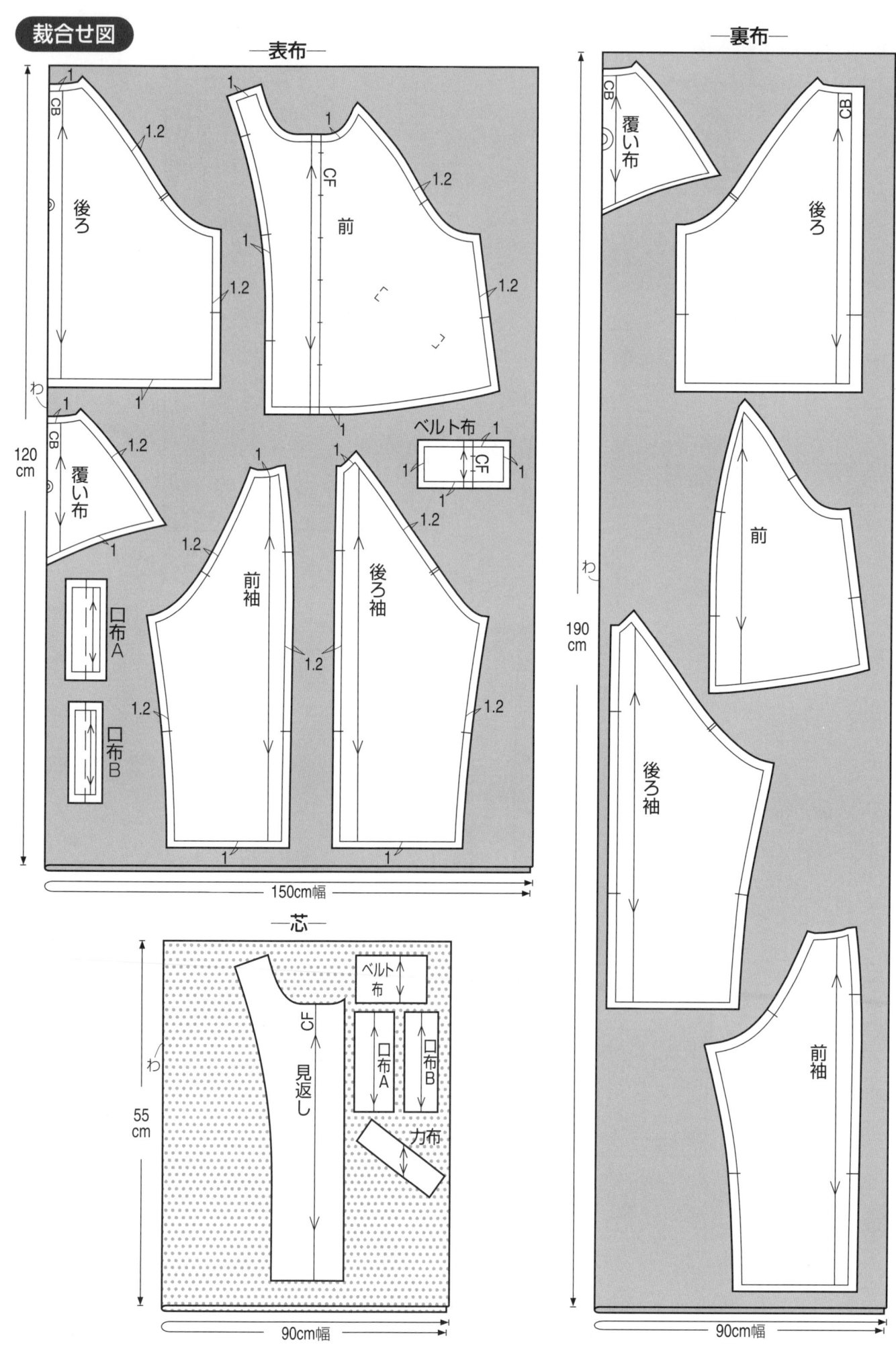

裁合せ図

―表布―

- 後ろ
- 前（CF）
- 覆い布
- ベルト布（CF）
- 口布A
- 口布B
- 前袖
- 後ろ袖

寸法表示：1、1.2（各所）、CB、わ
120cm、150cm幅

―裏布―

- 覆い布（CB）
- 後ろ
- 前
- 後ろ袖
- 前袖

わ、190cm、90cm幅

―芯―

- 見返し（CF）
- ベルト布
- 口布A
- 口布B
- 力布

わ、55cm、90cm幅

縫製要点

1 ポケットを作る（重ね玉縁ポケット）

〈裁ち方〉

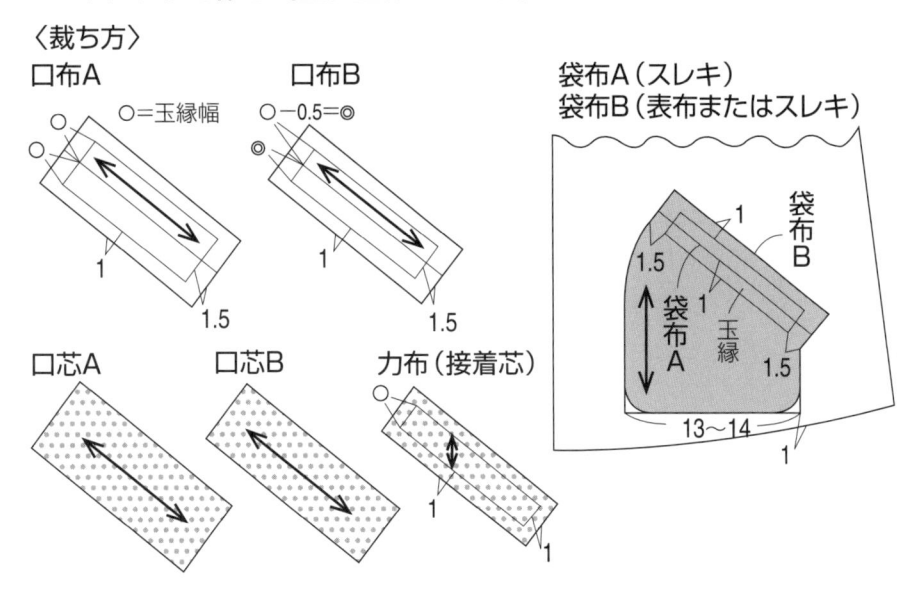

口布A　○＝玉縁幅
口布B　◎＝○−0.5

袋布A（スレキ）
袋布B（表布またはスレキ）

口芯A　口芯B　力布（接着芯）

① 身頃の裏面に力布をはる

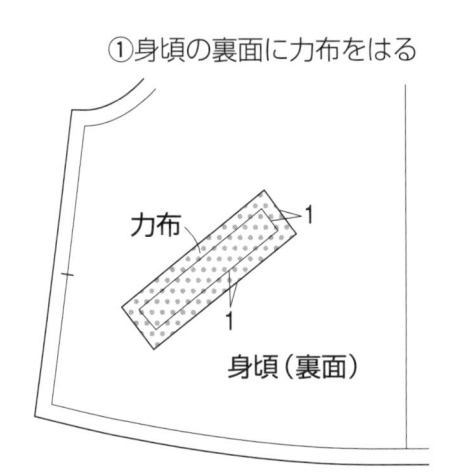

② 口布に口芯をはる（全面）

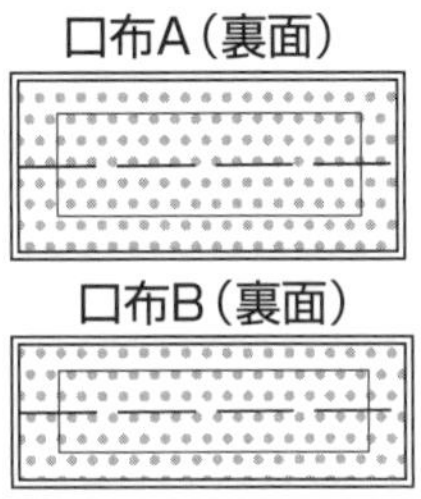

③ 口布A、Bを外表に折り、縫い代に仮止めミシンをかける

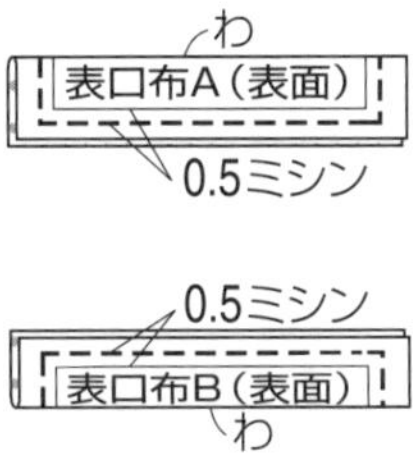

④ ポケット位置の上側に、口布Aを中表に合わせ、ポケット口を縫う

⑤ ポケット位置の下側に、口布Bを中表に合わせ、ポケット口を縫う

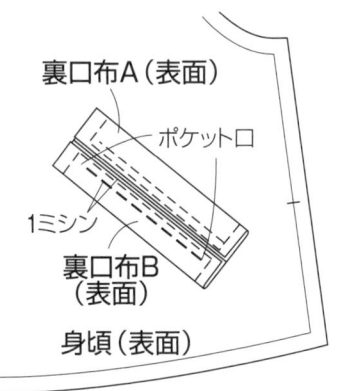

⑥ 口布の縫い代をよけて切込みを入れる

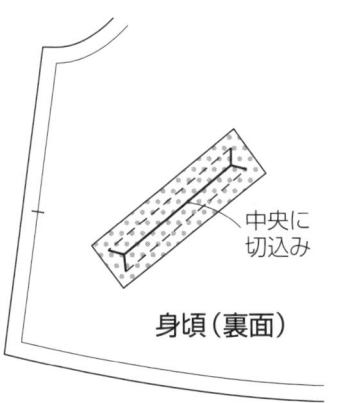

⑦ 口布を裏面に引き出してアイロンで整える（口布A・Bが重なる）

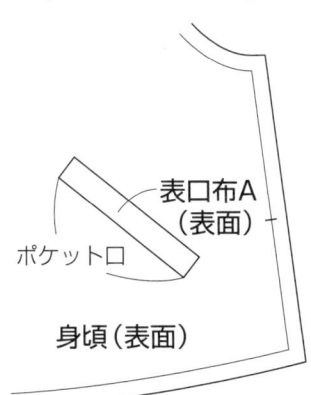

⑧ 三角布を止める

〈拡大図〉

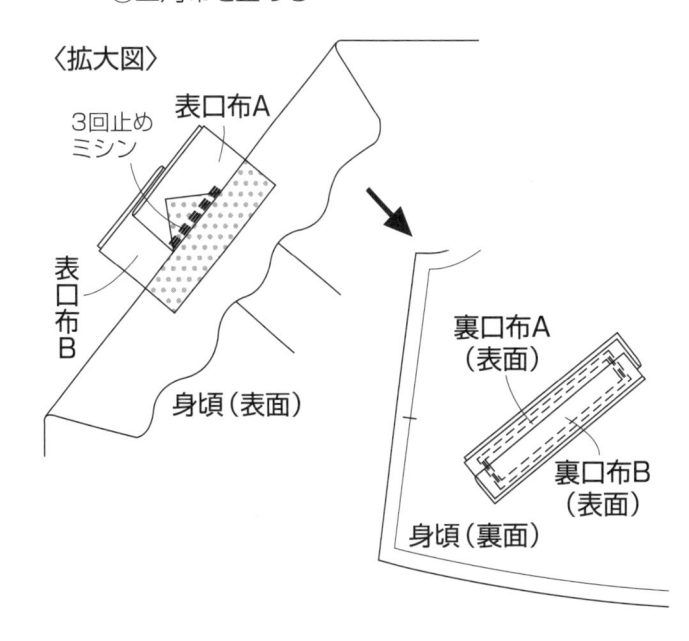

第3章　スローパーと応用デザイン

⑨口布Bに袋布Aを中表に合わせ、ミシンをかける

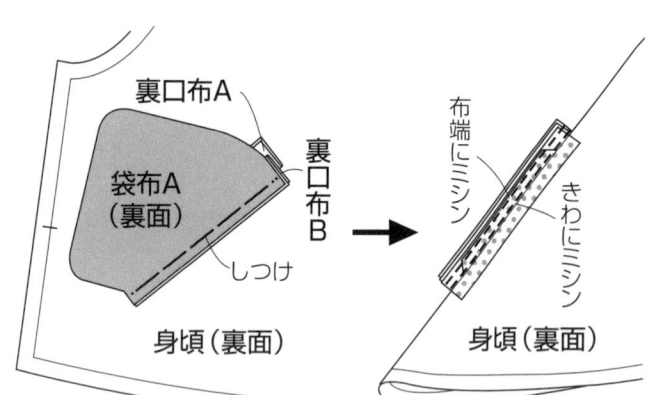

⑩袋布Aを下し、身頃の表面より口布Aの両端と下側にステッチをかける

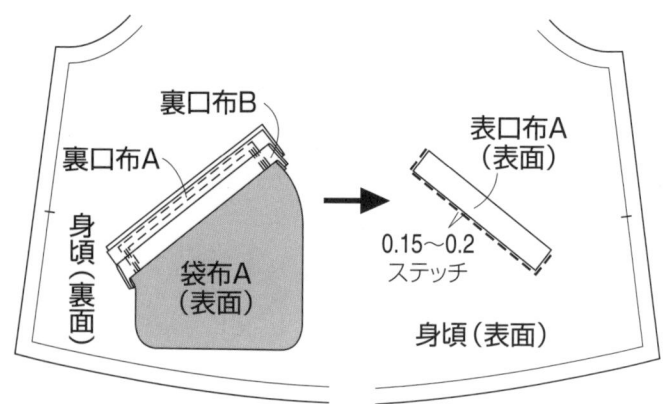

⑪袋布AとBを中表に合わせ、ミシンをかける

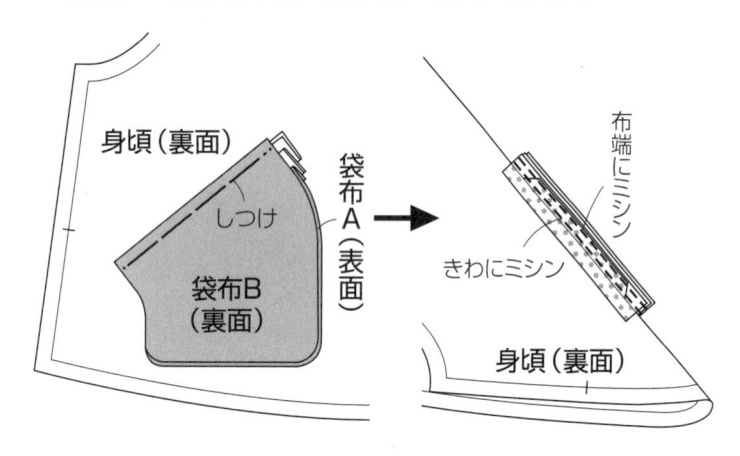

⑫身頃の表面より口布Aの両端と上側にステッチをかける

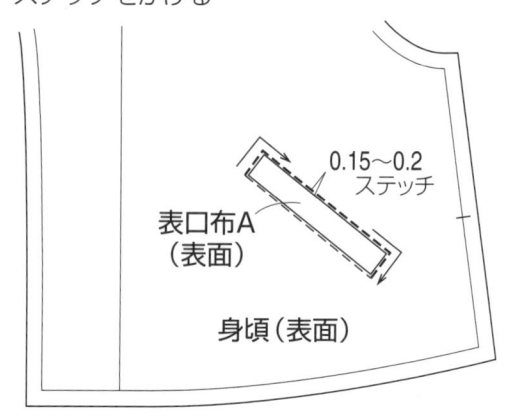

⑬袋布の周囲に2本ミシンをかける

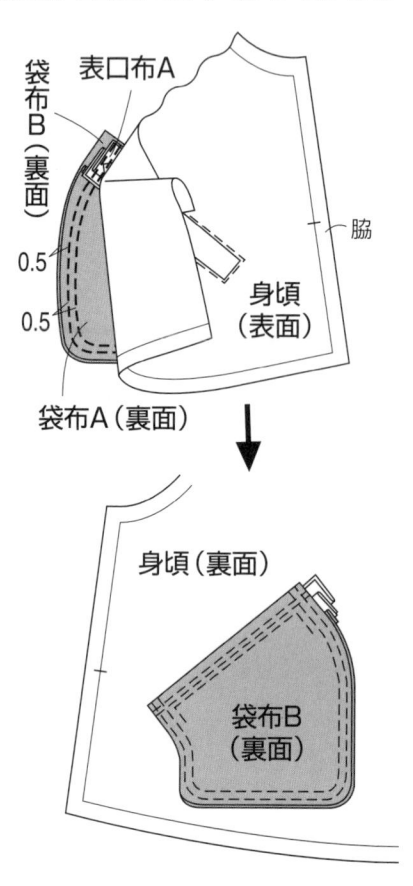

2 前後の袖を中表に合わせ、ミシンをかける

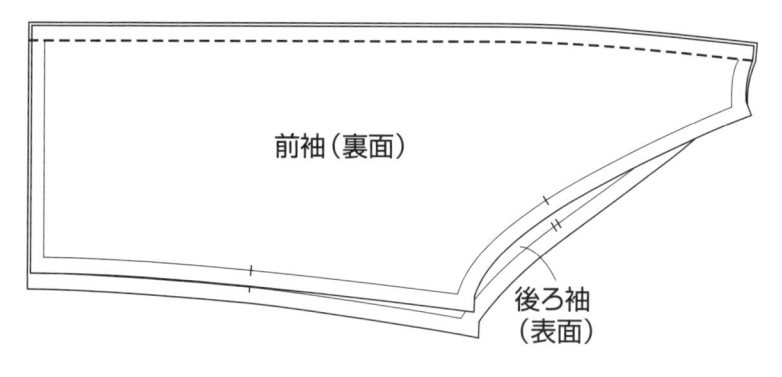

3 袖山線にステッチをかける

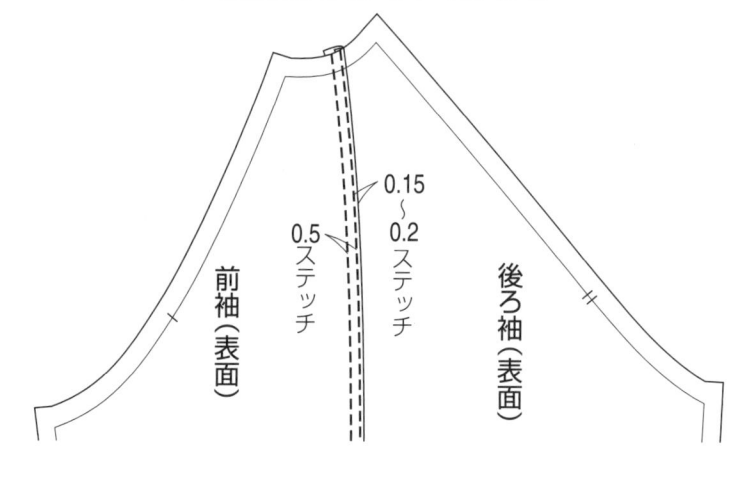

4 前後身頃にパイピングを仮止めする

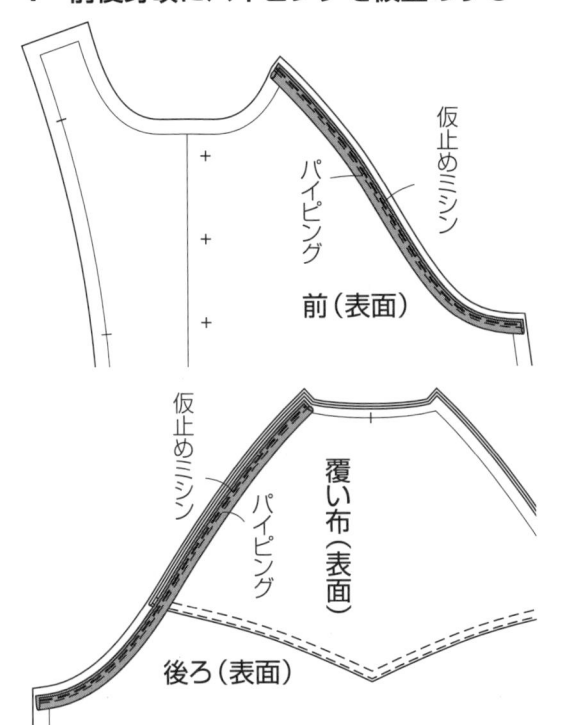

- 前(表面)
- 仮止めミシン
- パイピング
- 覆い布(表面)
- 後ろ(表面)

5 身頃と袖を中表に合わせてミシンをかけ、ステッチをかける

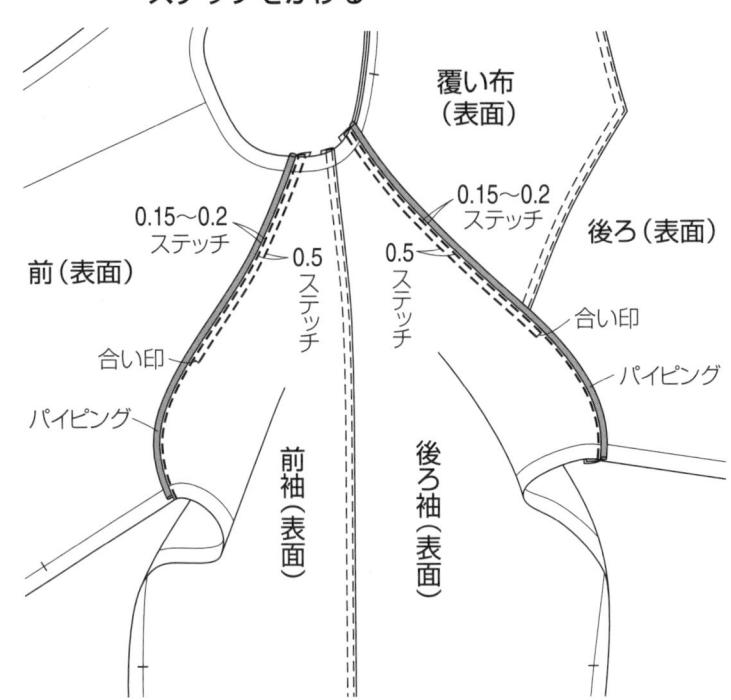

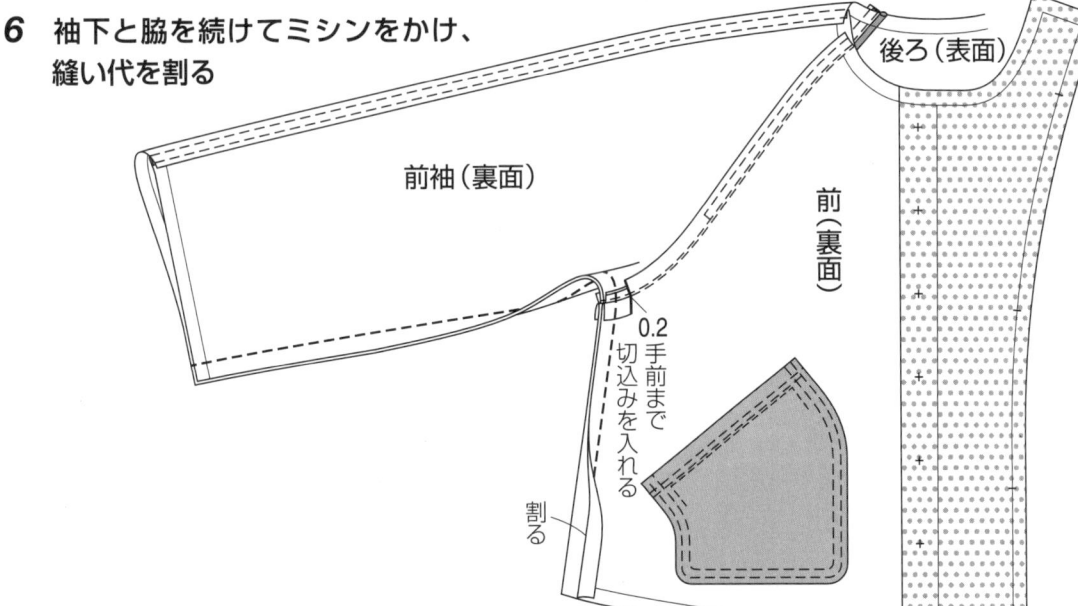

- 覆い布(表面)
- 前(表面)
- 後ろ(表面)
- 0.15〜0.2 ステッチ
- 0.5 ステッチ
- 合い印
- パイピング
- 前袖(表面)
- 後ろ袖(表面)

6 袖下と脇を続けてミシンをかけ、縫い代を割る

- 前袖(裏面)
- 後ろ(表面)
- 前(裏面)
- 0.2手前まで切込みを入れる
- 割る

7 リブをつける。裾ベルトをつける

①リブを二つ折りにして、前ベルトにつける

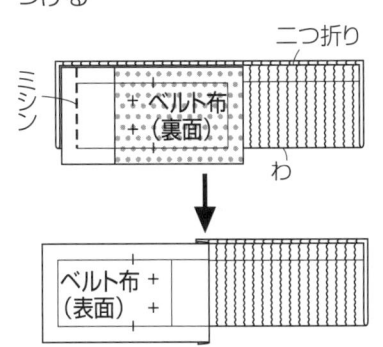

- ミシン
- ベルト布(裏面)
- 二つ折り
- わ
- ベルト布(表面)

②身頃の合い印と前ベルト、リブの合い印を合わせて縫う

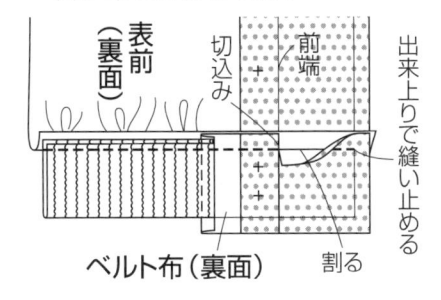

- 表前(裏面)
- 前前端
- 切込み
- 出来上りで縫い止める
- ベルト布(裏面)
- 割る

③ベルト布の裾を縫い返し、リブにまつる

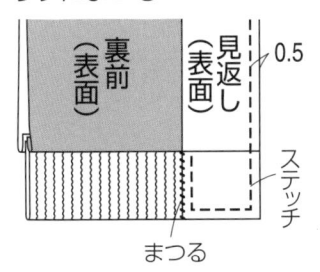

- 裏前(表面)
- 見返し(表面)
- 0.5 ステッチ
- まつる

8 衿をつけ、裾の始末をする

①裏布の背中心は20cmくらいあけておく
②衿のリブを二つ折りにし、身頃と衿ぐりの合い印を合わせてしつけをする
③表布と裏布で衿をはさんでミシンをかける
④裾のリブも衿と同様に二つ折りにし、合い印を合わせ裏布とはさんでミシンをかける

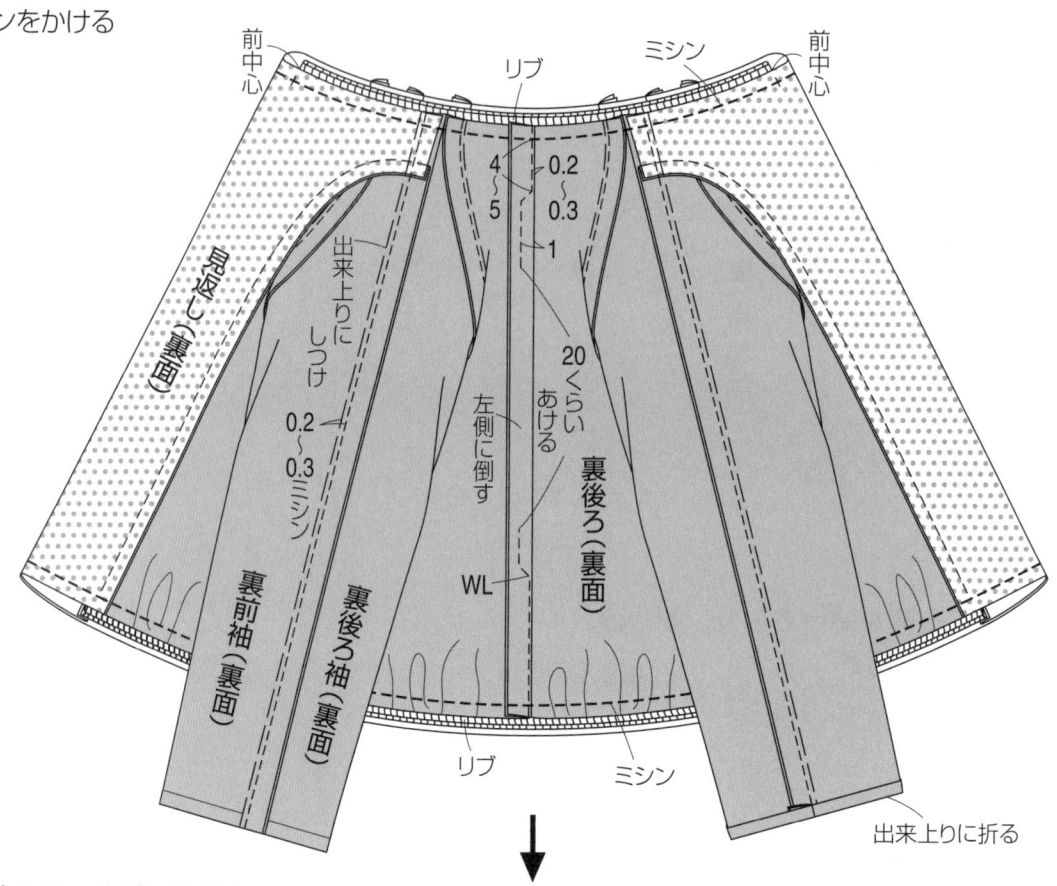

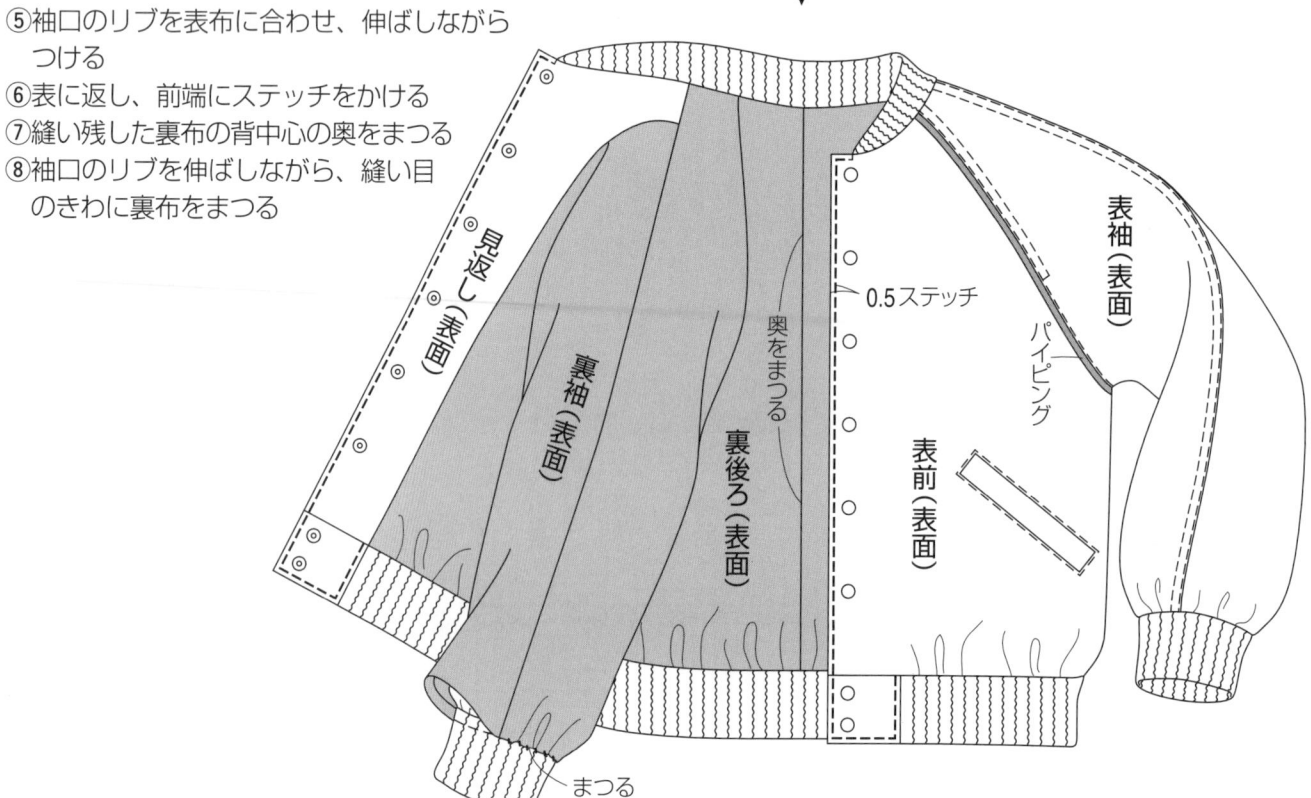

⑤袖口のリブを表布に合わせ、伸ばしながらつける
⑥表に返し、前端にステッチをかける
⑦縫い残した裏布の背中心の奥をまつる
⑧袖口のリブを伸ばしながら、縫い目のきわに裏布をまつる

コート、ケープ

子供のコートは、主として防寒用、防雨用として着用される。年齢に応じた子供らしいシンプルなデザインがよい。また、衿の代わりにフードにしてもよい。子供は成長が早く、またいろいろな衣服の上に着用するので、機能性を考慮して適度なゆとりが必要となる。

素材は活動のしやすいよう、厚地で重いものは避け中肉ウール程度が適している。防寒用でカジュアルなコートには、ポリエステルの起毛素材やナイロン地、ポリエステル地に中わたを組み合わせたものやキルティングしたものなどが軽くて保温力がある。防雨用に防水加工したもの、ナイロン素材が使われる。

1. スローパー　　　　　　　　　　　　　　コートの基本型シルエットパターン

コートはいろいろなアイテムの上に着用するので、着丈、袖丈、身頃幅、それぞれに充分なゆとりを加えなくてはならない。

ここでは、基本型として、着脱のしやすいラグランスリーブとトラペーズシルエットの解説をする。

身長110cm　ラグランスリーブのコート

原型のダーツ操作

- **後ろ身頃**
  肩ダーツを閉じてアームホールに分散する。
- **前身頃**
  F点を基点に腹ぐせダーツを閉じる。

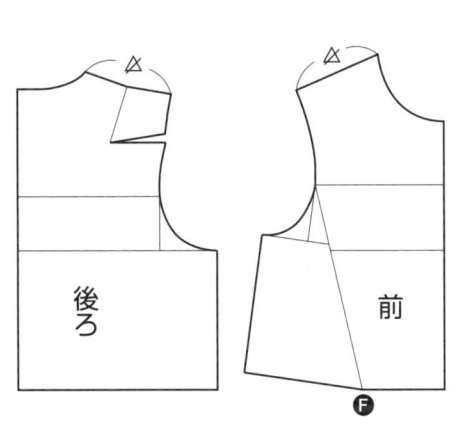

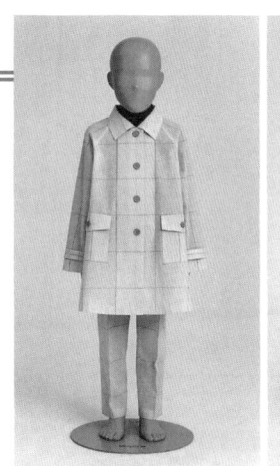

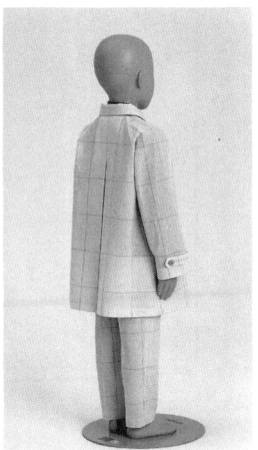

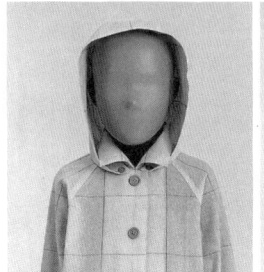

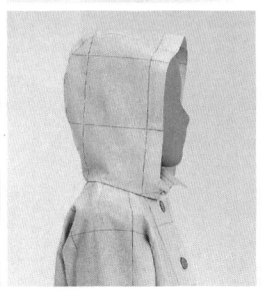

- **フードの採寸のはかり方**

フードの作図ではフード丈の寸法が必要である。フード丈寸法は、頭部の大きさと首の長さによって個人差がある。はかり方は頭部を耳眼水平に保ちFNP（フロントネックポイント）から頭頂点を通ってフロントネックポイントまでを軽くメジャーを回してはかる。また、フードのつけ止りの位置や、丈のゆとりをどの程度にするかによってはかり方が違ってくる。フード丈にゆとりをもたせる場合は、頭頂点でメジャーを一度押さえてもう片方側も同じ分量ゆるめてはかる。作図上ではこの$\frac{1}{2}$寸法がフード丈となる。

前中心からフードがつく場合　　中心から離れた位置からフードがつく場合

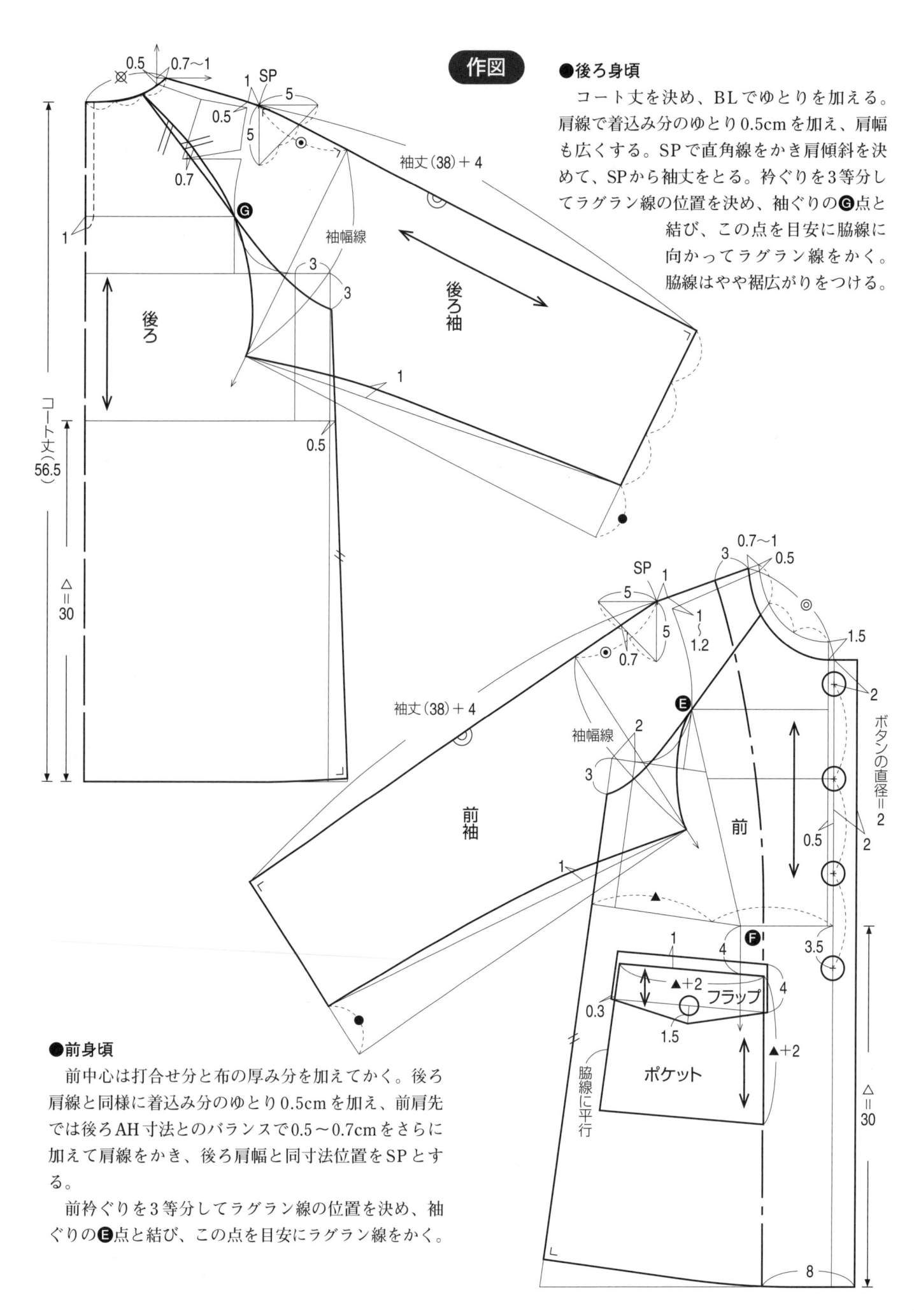

作図

●後ろ身頃

コート丈を決め、BLでゆとりを加える。肩線で着込み分のゆとり0.5cmを加え、肩幅も広くする。SPで直角線をかき肩傾斜を決めて、SPから袖丈をとる。衿ぐりを3等分してラグラン線の位置を決め、袖ぐりのG点と結び、この点を目安に脇線に向かってラグラン線をかく。脇線はやや裾広がりをつける。

●前身頃

前中心は打合せ分と布の厚み分を加えてかく。後ろ肩線と同様に着込み分のゆとり0.5cmを加え、前肩先では後ろAH寸法とのバランスで0.5〜0.7cmをさらに加えて肩線をかき、後ろ肩幅と同寸法位置をSPとする。

前衿ぐりを3等分してラグラン線の位置を決め、袖ぐりのE点と結び、この点を目安にラグラン線をかく。

●袖のかき方

袖ぐり底から前後肩先までの丈をはかり、平均肩丈寸法を算出しその $\frac{1}{2}$ をSPからとり、袖山線に直角をかき、袖幅線とする。❻点から身頃の袖つけ寸法と同寸を袖幅線上にとる。

袖口寸法を算出して袖下縫い目線をかく。前袖は後ろ袖に準じて❺点から身頃の袖つけ寸法と同寸法を袖幅線上にとってかき、後ろ袖と同じ傾斜で袖下線をかく。

前後の袖をつなげて袖口ベルトをかく。

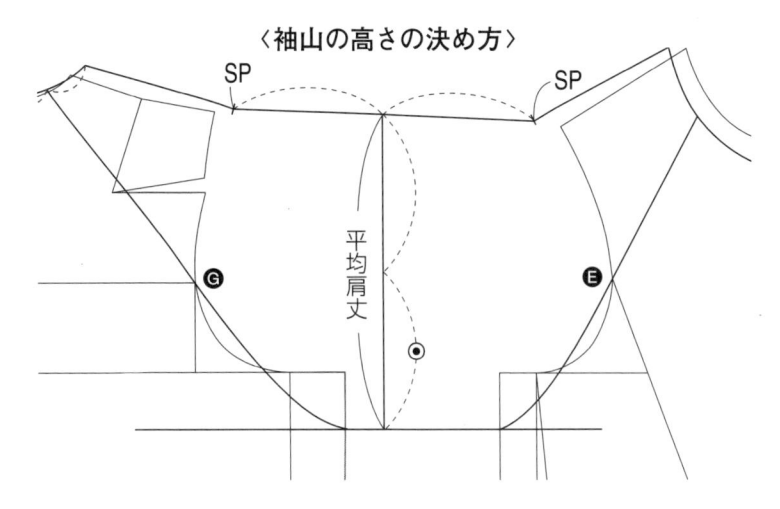

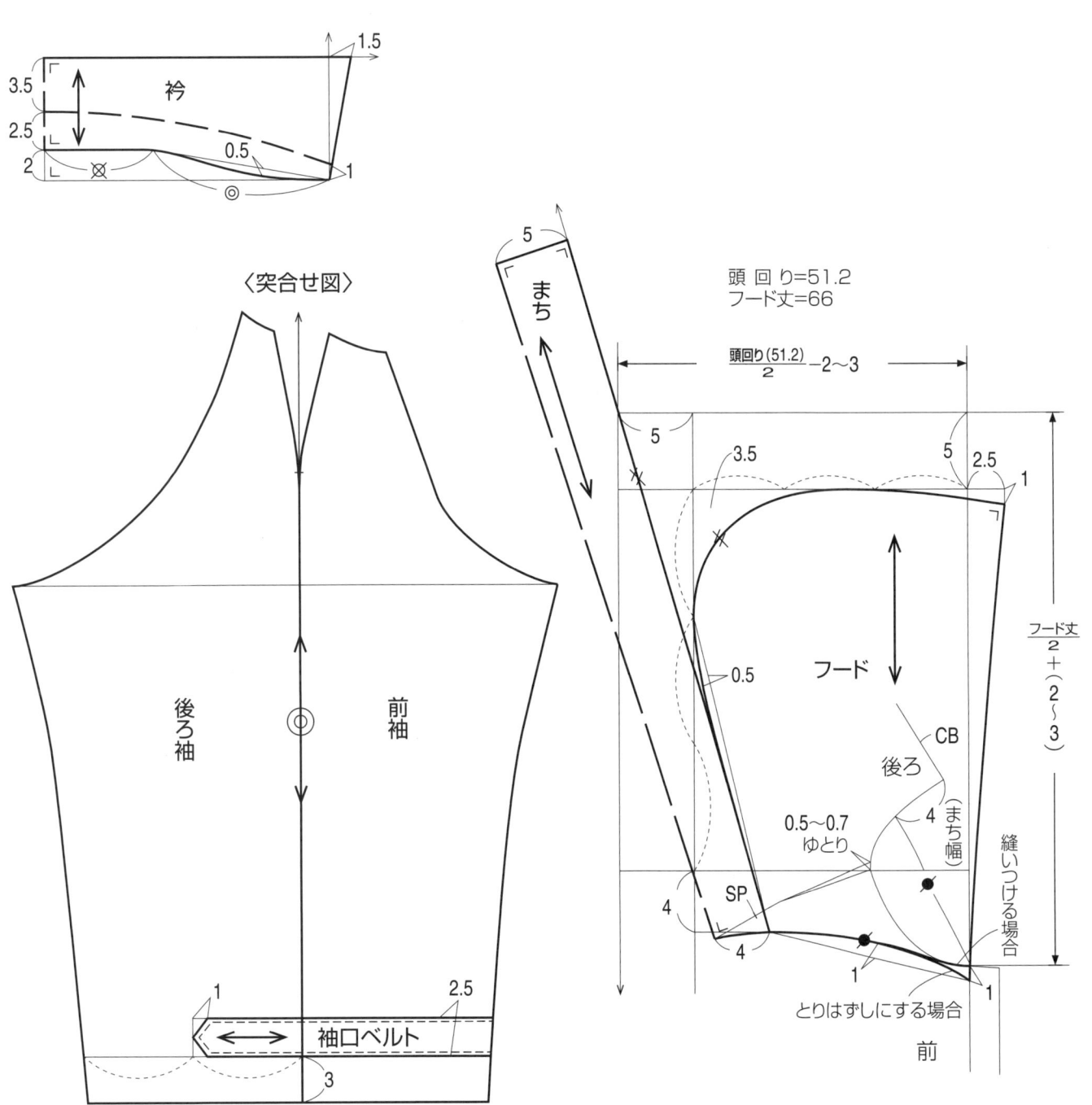

〈袖山の高さの決め方〉

頭回り=51.2
フード丈=66

裾幅を広くする場合

裾幅を広くしてたっぷりしたシルエットにする場合は、後ろは背幅線、前は胸幅線の位置で開くと立体感のあるシルエットになる。

●後ろ身頃

①背中心にプリーツを入れる方法

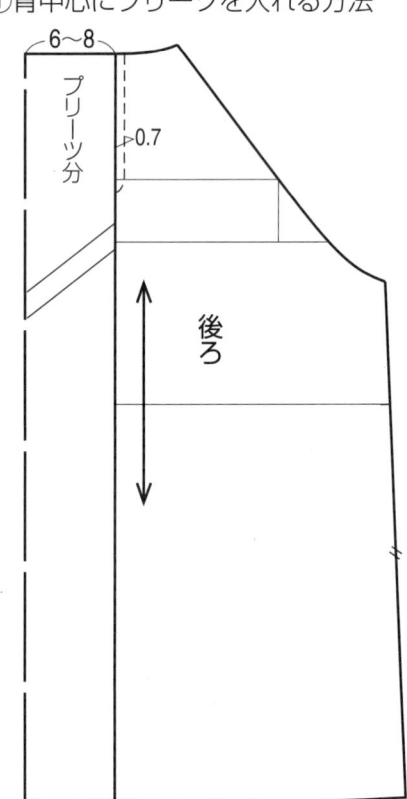

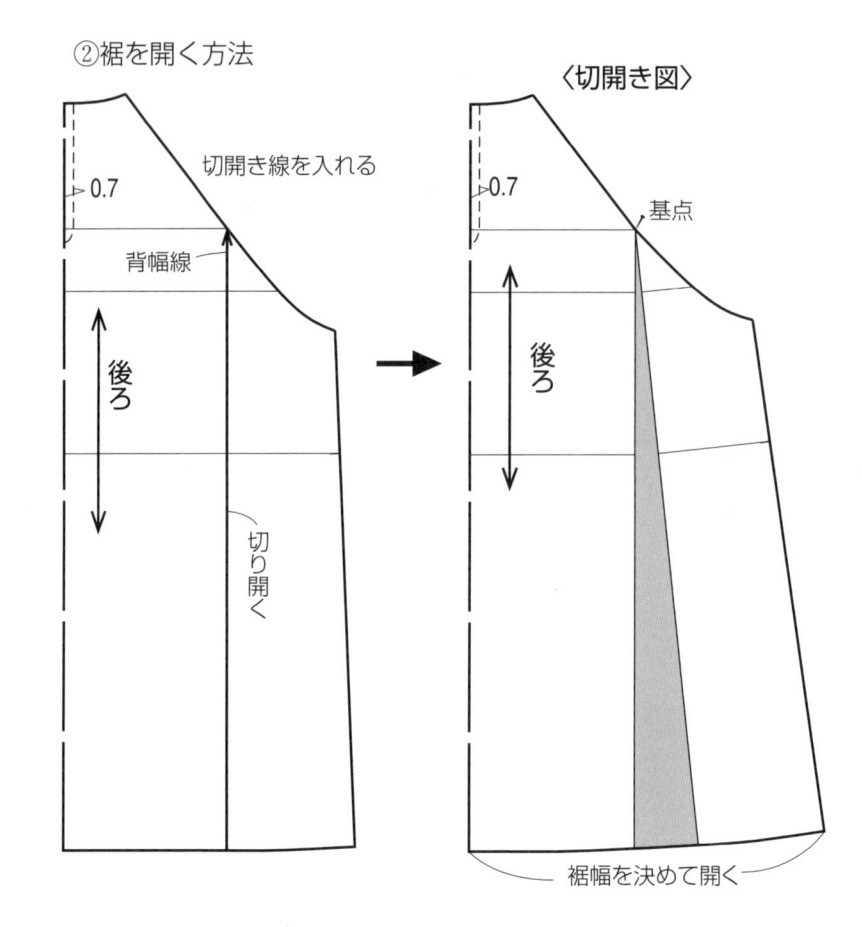

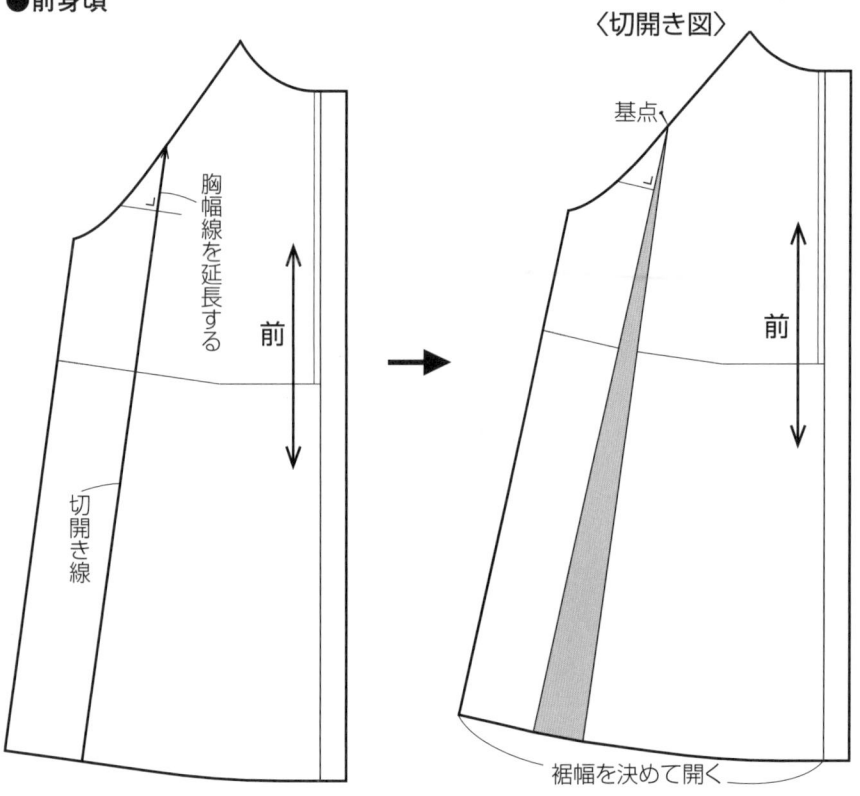

6～8 プリーツ分 0.7 後ろ

②裾を開く方法

0.7 切開き線を入れる 背幅線 後ろ 切り開く

〈切開き図〉

0.7 基点 後ろ 裾幅を決めて開く

●前身頃

胸幅線を延長する 前 切開き線

〈切開き図〉

基点 前 裾幅を決めて開く

身長140cm女児　トラペーズシルエットのコート

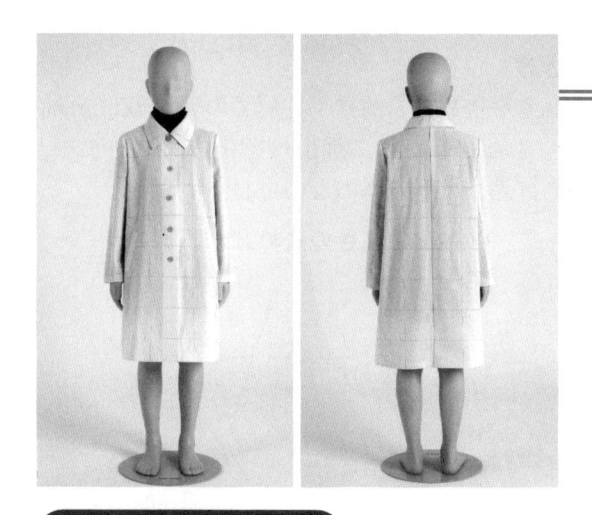

原型のダーツ操作

●後ろ身頃

肩ダーツの $\frac{1}{3}$ を肩のいせ分量、$\frac{2}{3}$ を袖ぐりのゆとりとする。

●前身頃

胸ぐせの $\frac{1}{2}$ を袖ぐりのゆとりとし、$\frac{1}{2}$ はWLに展開する。

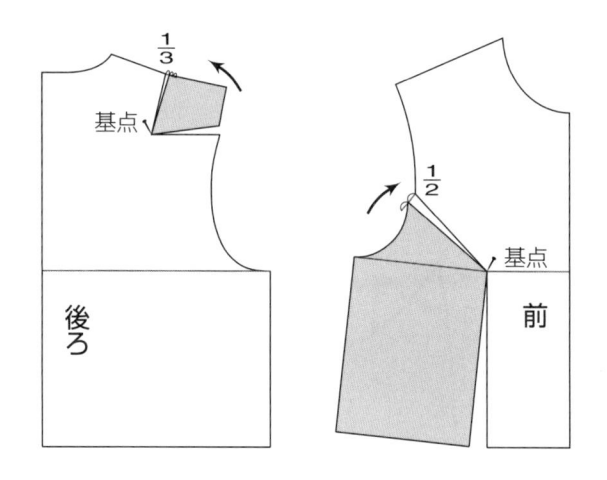

作図方法

●後ろ身頃、前身頃

後ろ衿ぐり、肩線に着込み分量を加える。BLのゆとり、袖ぐりのくり下げ寸法は、下に着る衣服を考慮して決める。脇線での裾開き分量は、WLの位置で基準を決めるとコートの丈が変わっても全体のシルエットが大きく変わらない。

前肩線は着込み分のゆとり0.5cmと、肩先では後ろAH寸法とのバランスで1〜1.2cmを加える。

裾広がりのシルエットにする場合は切開き線で展開する。

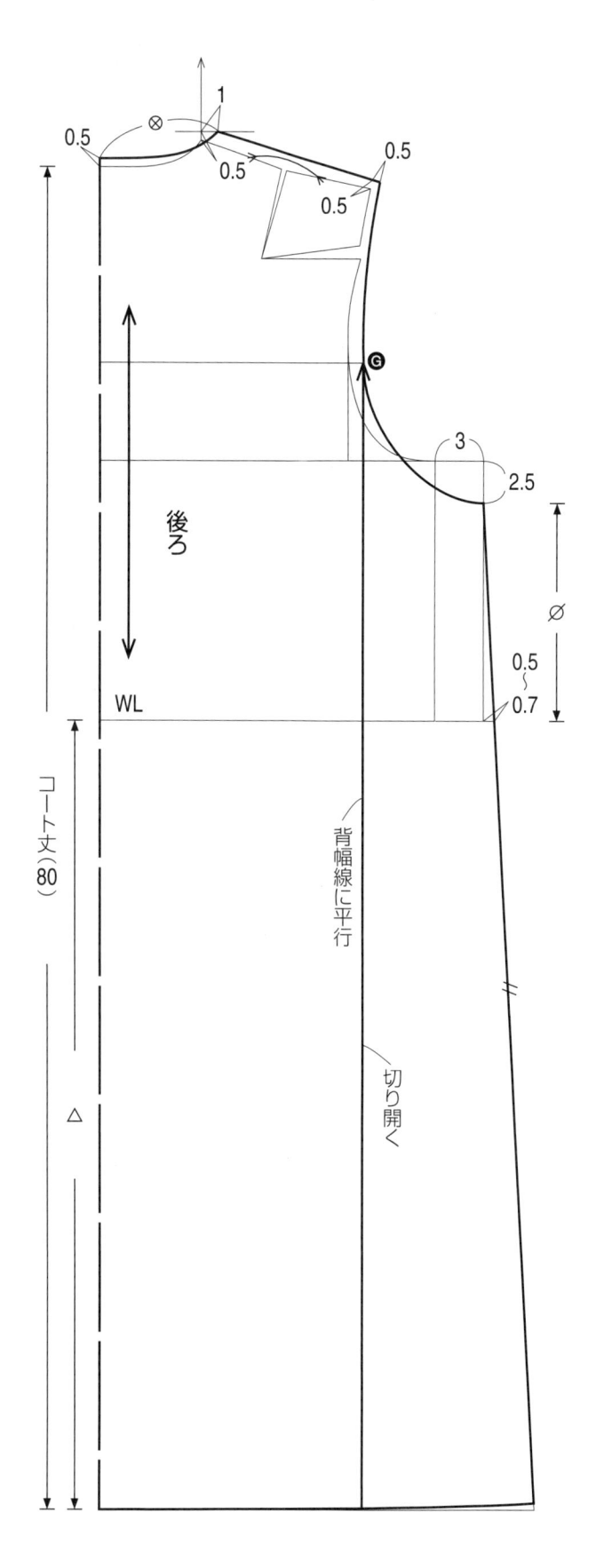

第3章　スローパーと応用デザイン

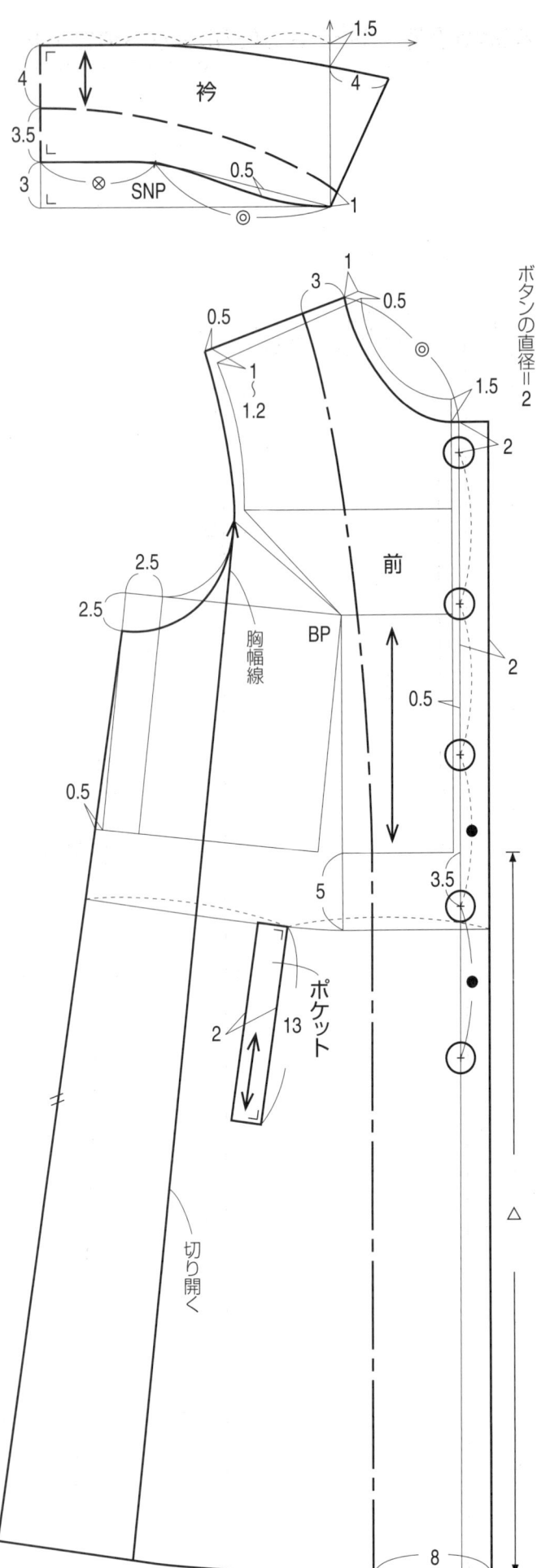

●袖のかき方

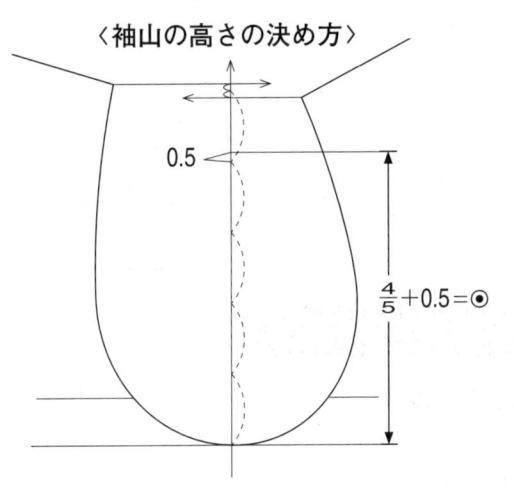

袖山の高さを決める。前後平均肩丈の $\frac{4}{5}$ ＋0.5cm 袖に方向性をもたせるために袖山点を後ろに移動する。袖丈はいちばん上に着るものなので長めにする。

〈袖山の高さの決め方〉

$\frac{4}{5}$ ＋0.5＝◉

2枚袖の場合

「身長110cm テーラードジャケット ジャケット袖（187ページ）」のかき方に準じてかく。

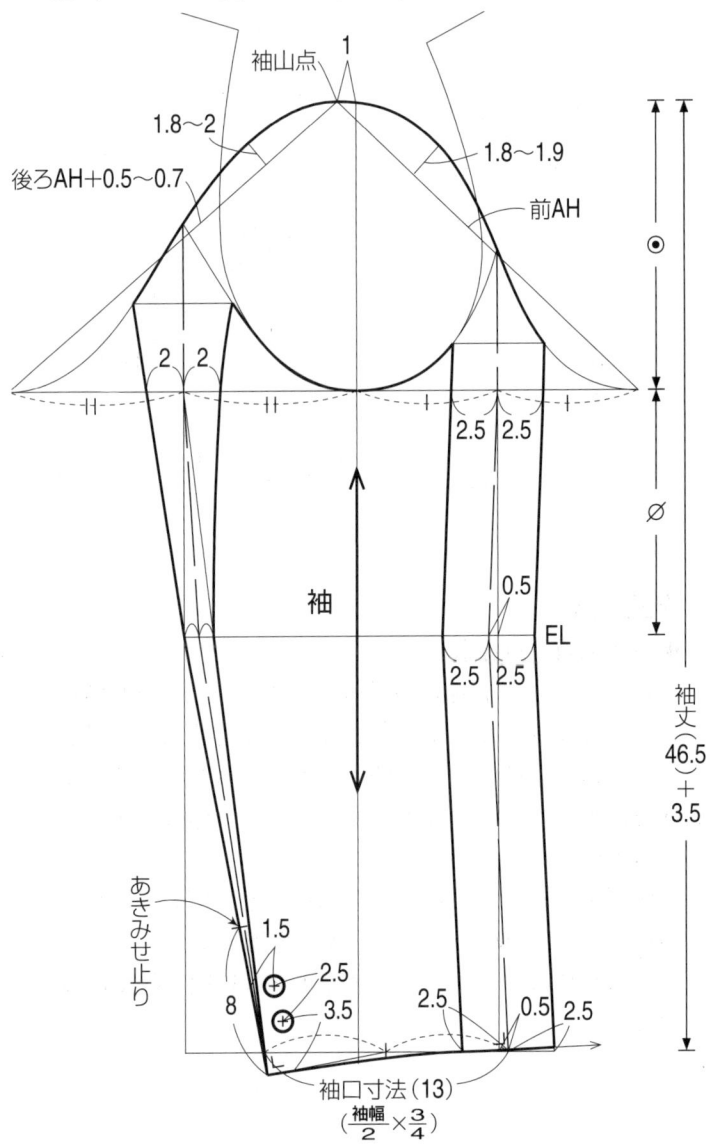

1枚袖の場合

●袖のかき方
① 袖丈、袖山の高さを決め、ELをかき、袖山点を決める。
② 袖山点から前AH、後ろAHに0.5～0.7加えた寸法を袖幅線上にとる。
③ 前後袖幅をそれぞれ2等分して中点を❻点、❽点とし、その点を直上直下する。
④ 前後袖ぐり底のカーブ線をうつし、袖山曲線をかく。❽点の直上線と袖山曲線との交点を❻点とする。
⑤ 前袖折り線をかき、袖幅を4等分して袖口寸法を決め❽点とする。
⑥ ❻点と❽点を直線で結び、EL上の交点と袖幅線間の中点を求め❻点と結び、後ろ袖の折り線とする。
⑦ 袖山線から前袖側に1.5cmと❺点を結んで袖下縫い目線とする。
⑧ 後ろ袖の折り線と❺点が直角に交わる線をとり、後ろ袖を展開する。

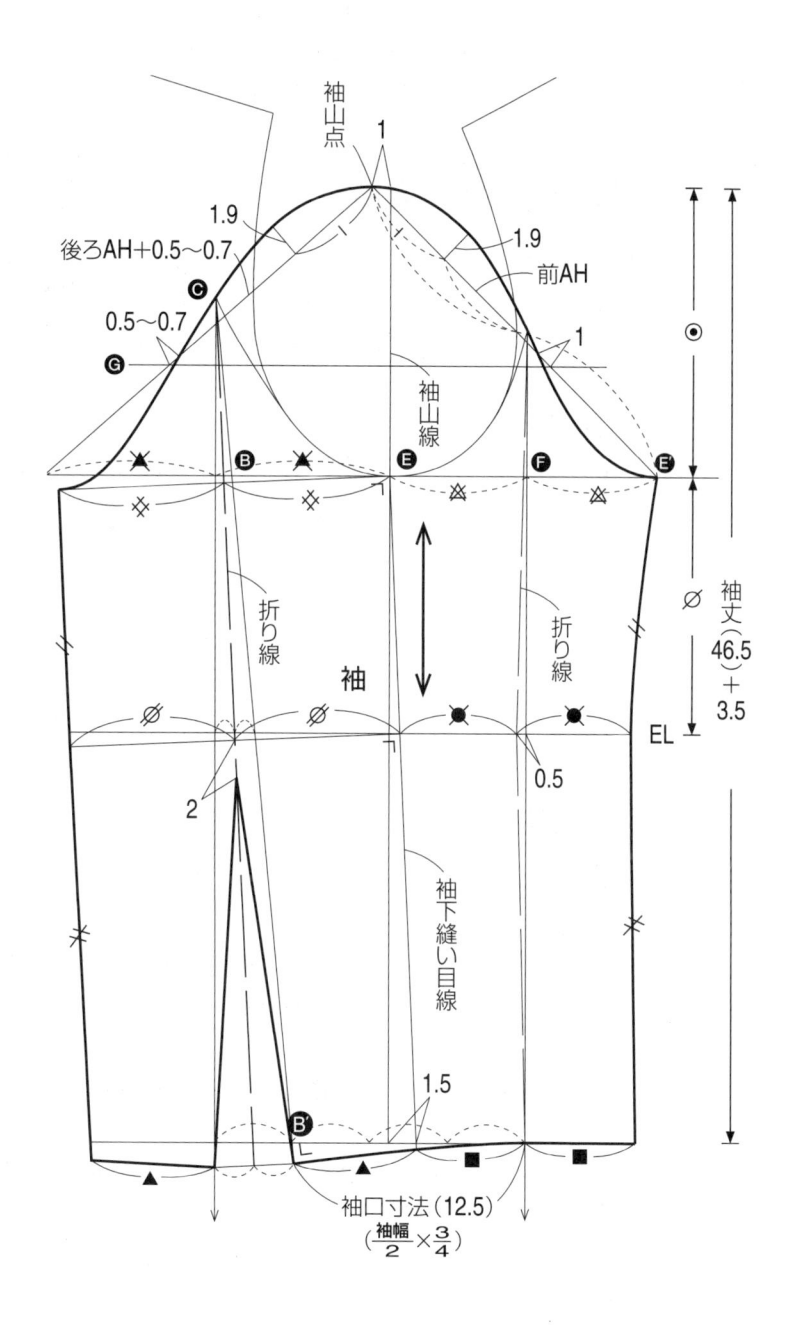

第3章　スローパーと応用デザイン

2. 応用デザイン

Aラインのコート（110cm　女児）

ウエストをややしぼったAラインのコート。衿こしの低いシャツカラーとフラップつきのパッチポケット、マーチンゲールがデザインポイントになっている。
素材は、ツイードやフラノなど軽いウールを選ぶとよい。

使用量

表布　140cm幅130cm
裏布　90cm幅160cm
接着芯　90cm幅110cm

原型のダーツ操作

- **後ろ身頃**
  肩ダーツの $\frac{2}{3}$ を閉じて、袖ぐりのゆとりとし、残りはいせ分にする。
- **前身頃**
  F点を基点にダーツを閉じる。

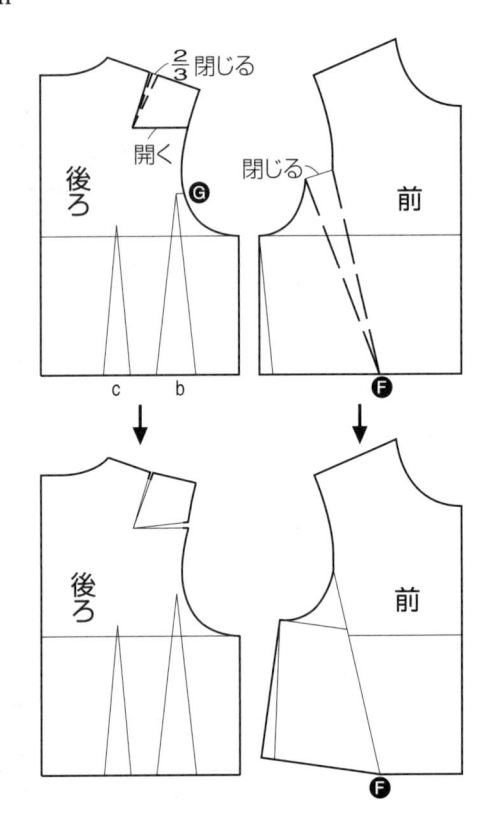

作図

作図要点

- **前後身頃**
  ・前後身幅のゆとりは、背幅の運動量として後ろ身頃に多く入れる。
  ・後ろのパネルラインは、G点からウエストラインのダーツbに向かってかき、ヒップラインで交差するようにかく。
  ・前のパネルラインは、E点より2cm下の点からヒップラインで交差するようにかく。
  ・ポケットの位置は、F点を直下した線を基準にして決める。
- **衿**
  ・衿こしを低くし、衿の外回りを長くしてフラットカラーに近い形にする。
- **袖**
  ・「身長140cm女児　トラペーズシルエットのコート　1枚袖の場合（239ページ）」を参考にしてかく。
  ・袖山の高さは平均肩丈の $\frac{4}{5}$ とする。

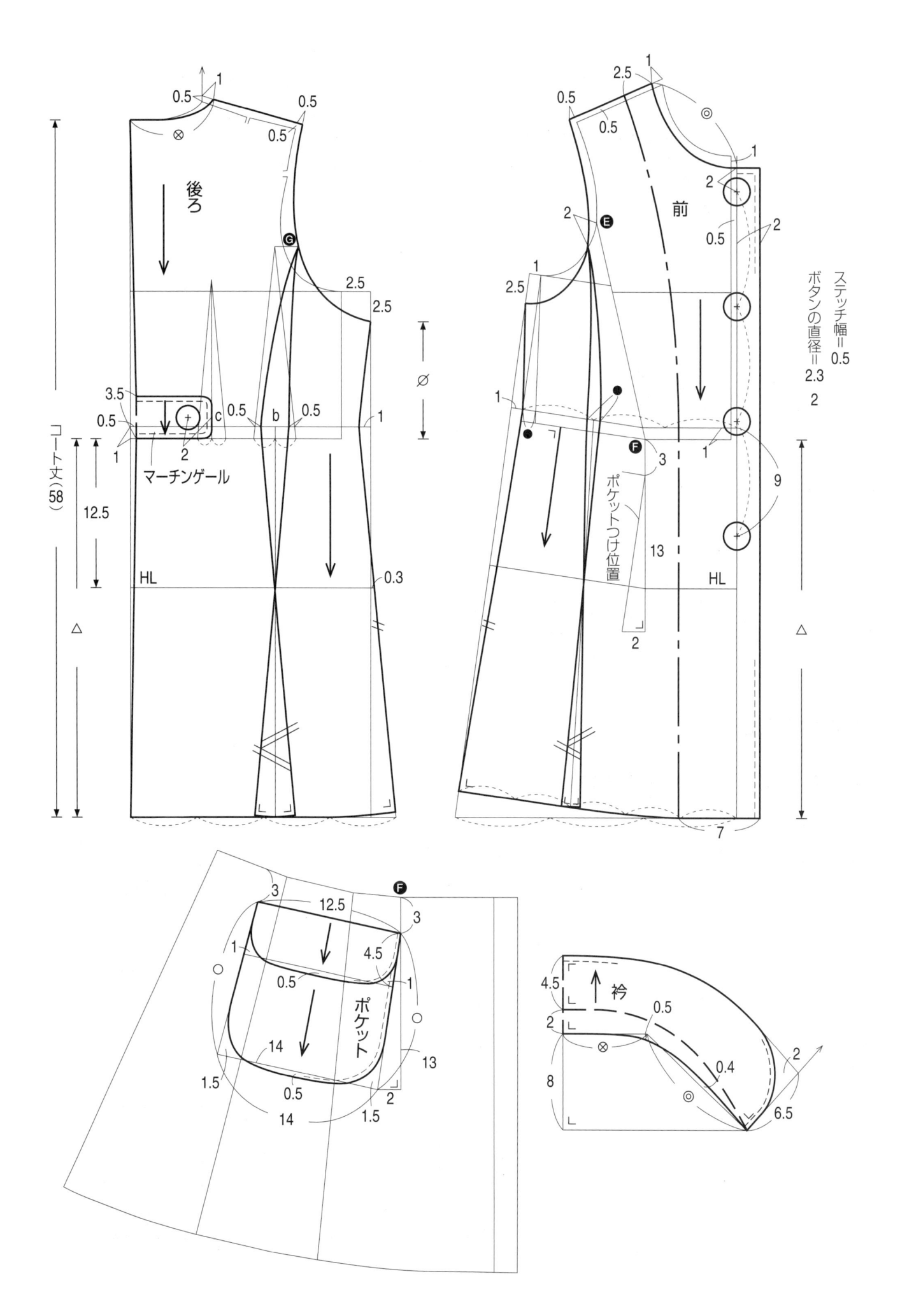

第3章　スローパーと応用デザイン　241

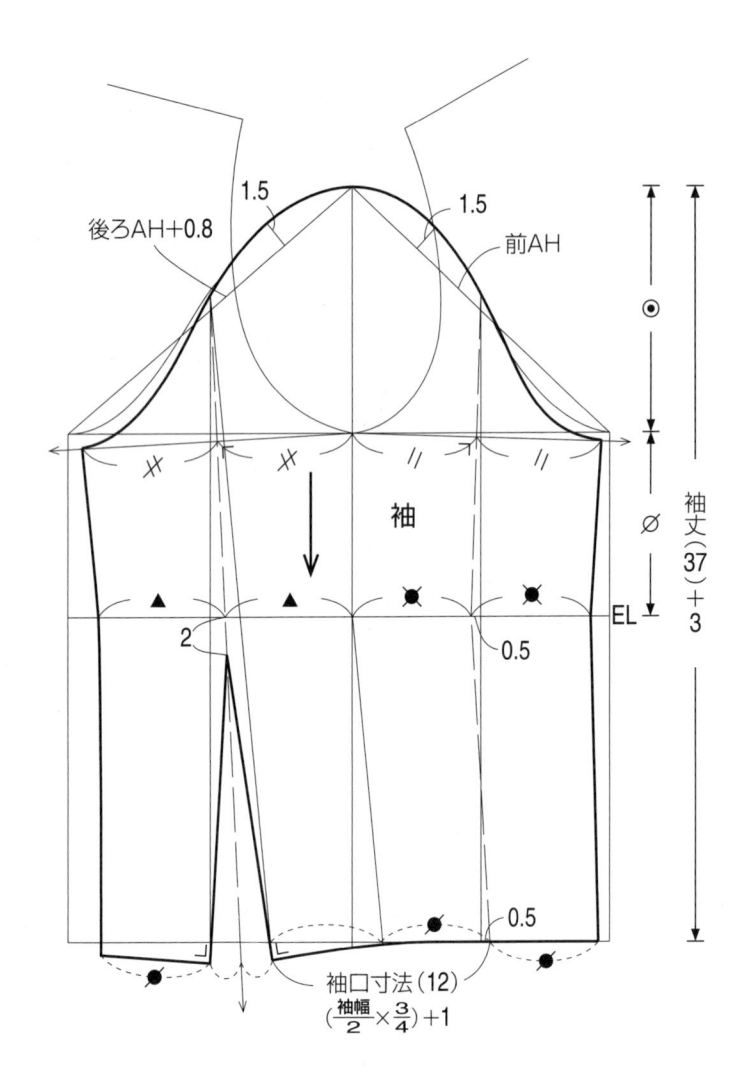

後ろAH+0.8　1.5　1.5　前AH

〈袖山の高さの決め方〉

袖

袖丈（37）+3

EL

2

0.5

0.5

袖口寸法（12）
$(\frac{袖幅}{2} \times \frac{3}{4})+1$

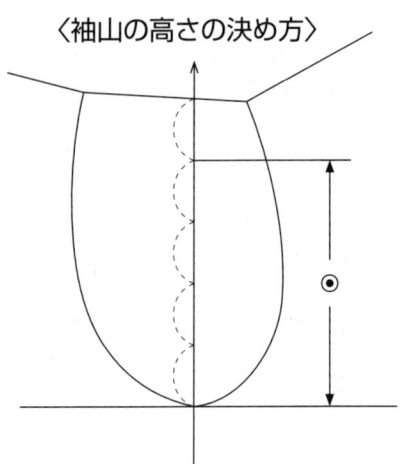

縫製要点

● フラップ続きパッチポケットを作る

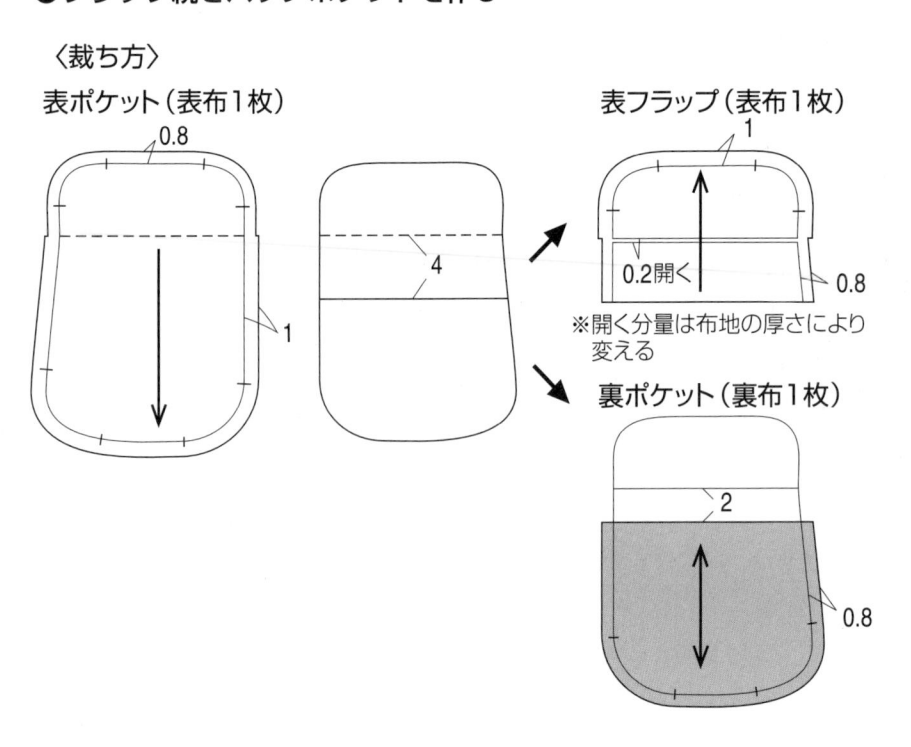

〈裁ち方〉

表ポケット（表布1枚）
0.8
1

4

表フラップ（表布1枚）
1
0.2開く
0.8

※開く分量は布地の厚さにより変える

裏ポケット（裏布1枚）
2
0.8

① 表フラップに芯をはり、止めミシンをかける

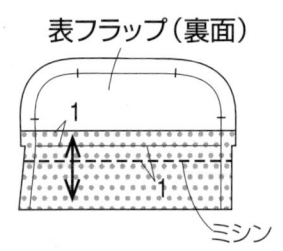

表フラップ（裏面）
1
1
ミシン

② 表フラップと裏ポケットを縫う

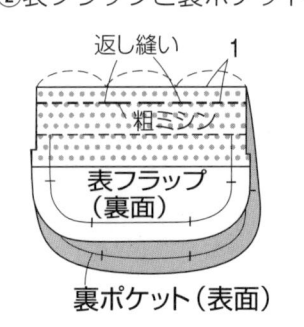

返し縫い　1
粗ミシン
表フラップ（裏面）
裏ポケット（表面）

③表ポケットと裏ポケットの周囲を縫う

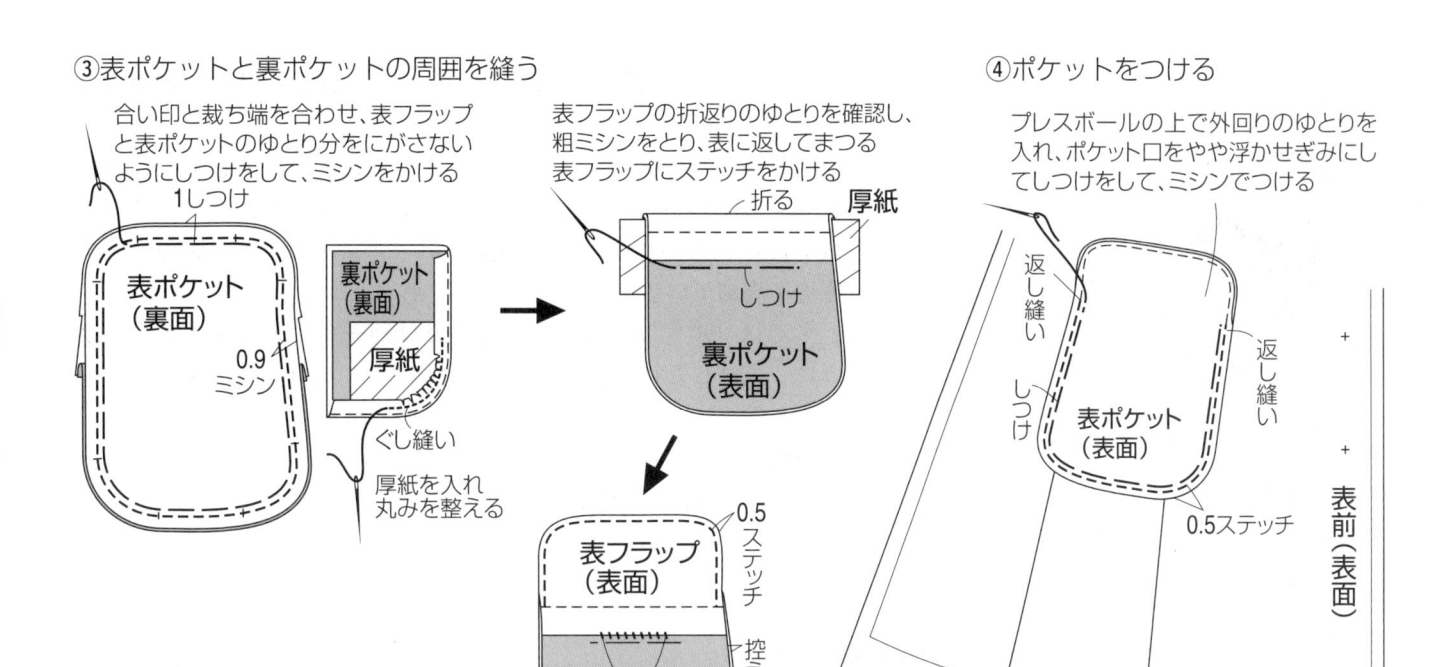

合い印と裁ち端を合わせ、表フラップと表ポケットのゆとり分をにがさないようにしつけをして、ミシンをかける
1しつけ

表ポケット（裏面）
0.9ミシン

裏ポケット（裏面）
厚紙
ぐし縫い
厚紙を入れ丸みを整える

表フラップの折返りのゆとりを確認し、粗ミシンをとり、表に返してまつる
表フラップにステッチをかける

折る　厚紙
しつけ
裏ポケット（表面）

表フラップ（表面）
0.5ステッチ
控える
まつる
裏ポケット（表面）

④ポケットをつける

プレスボールの上で外回りのゆとりを入れ、ポケット口をやや浮かせぎみにしてしつけをして、ミシンでつける

返し縫い
しつけ
表ポケット（表面）
0.5ステッチ
表前（表面）

●マーチンゲールの作り方、つけ方

後ろ身頃に接着芯をはる

後ろ（裏面）
ボタンつけ位置に接着芯をはる

〈裁ち方〉
表布、裏布に接着芯をはる

表布（裏面）0.7
接着芯

裏布（裏面）0.5
接着芯

①裁ち端を合わせて周囲にミシンをかける

0.5ミシン
表布（裏面）　裏布（表面）
返し縫い　返し縫い
4〜5粗ミシン

②粗ミシンを取り、表に返してアイロンで整える

裏布（表面）0.1

③返し口をまつり、表からステッチをかける

0.5ステッチ
裏布（表面）
まつる

④マーチンゲールをボタンで身頃につける

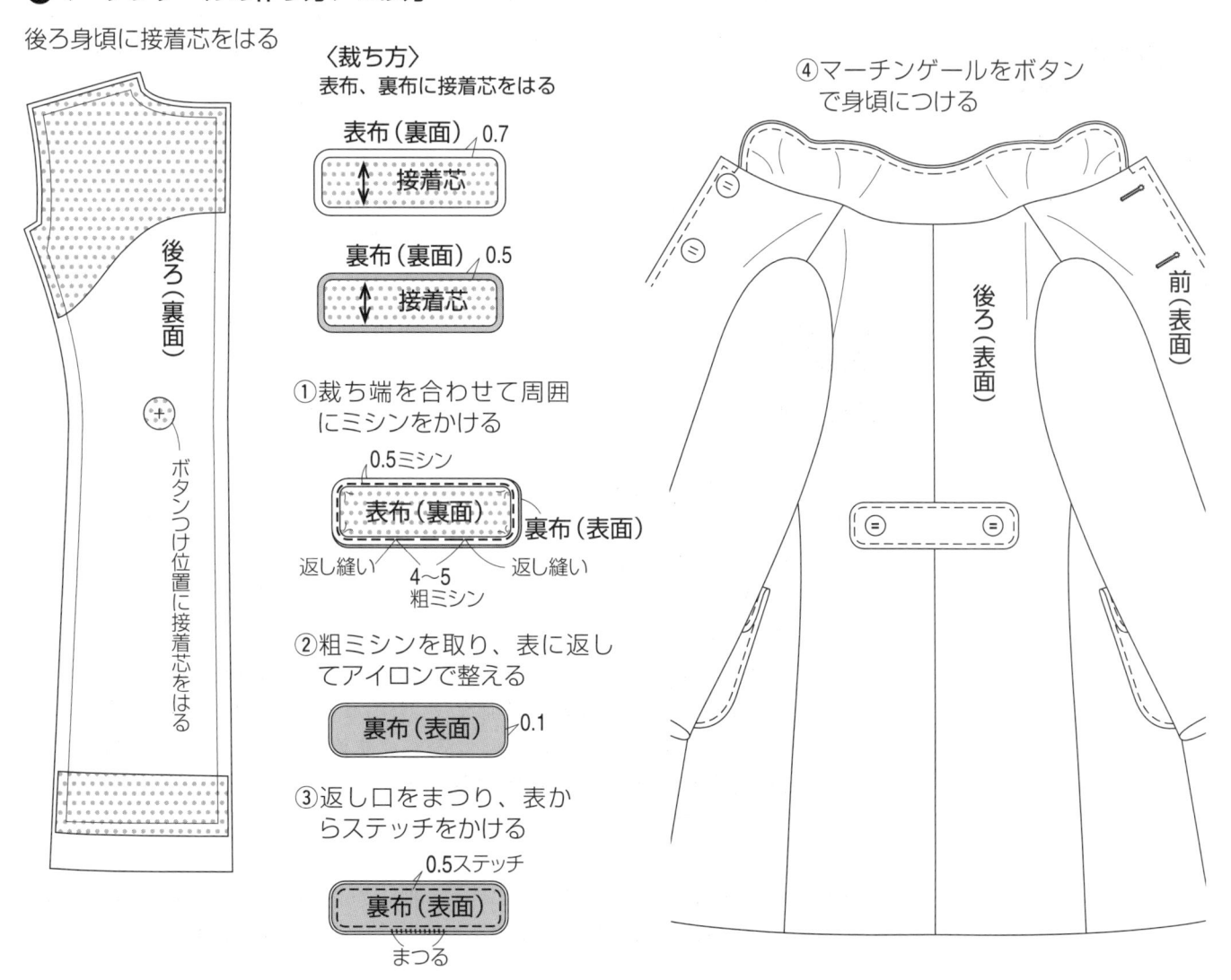

後ろ（表面）
前（表面）

第3章　スローパーと応用デザイン

ダッフルコート（110cm　男女児兼用）

男女を問わず幅広く着用できるゆとりを多めに入れたボックスシルエットのコート。フード、チンフラップ、トグルボタンが特徴である。このコートでは内側にオープンファスナーをつけて防寒性を高めている。

多くは一重仕立てなので、布地はリバーシブルやメルトンのように、縮絨した後に起毛させた厚手のウールが適している。

使用量

表布　145cm幅130cm
裏布　90cm幅15cm

原型のダーツ操作

- **後ろ身頃**
  肩ダーツを閉じて袖ぐりのゆとりとする。
- **前身頃**
  Ｆ点を基点にダーツを閉じて、衿ぐりのゆとり分0.5cm開き、残りはウエストラインに移動する。

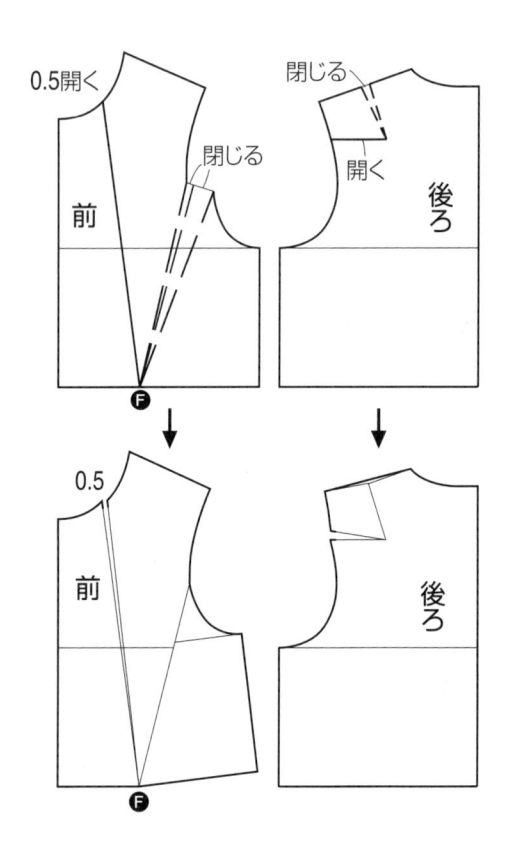

作図

作図要点

- **身頃**
  ・前後身幅のゆとりを多めに入れてある。
- **フード**
  ・前身頃の衿ぐりの上に重ねてかく。
  ・フードつけ止りを直上し、$\frac{フード丈}{4}$（15cm）をとり、前側に3cm傾斜させてフードつけ止りと結ぶ。
  ・サイドネックポイントを基点に直上した線に直角に交わる水平線をかく。
  ・フードつけ止りからこの線上に前後のつけ寸法をとり、前衿ぐりと逆カーブでフードつけ線をかく。さらに、この点を直上して後ろフード丈$\frac{フード丈}{3}$（20cm）をとり、下フードの切替え線をかく。
  ・上フードをかく。
- **袖**
  ・袖山の高さは、平均肩丈の$\frac{2}{3}$とする。袖つけは身頃側にステッチをかけ、いせの少ない袖にするため、袖山線をかいた後に寸法の確認をする。

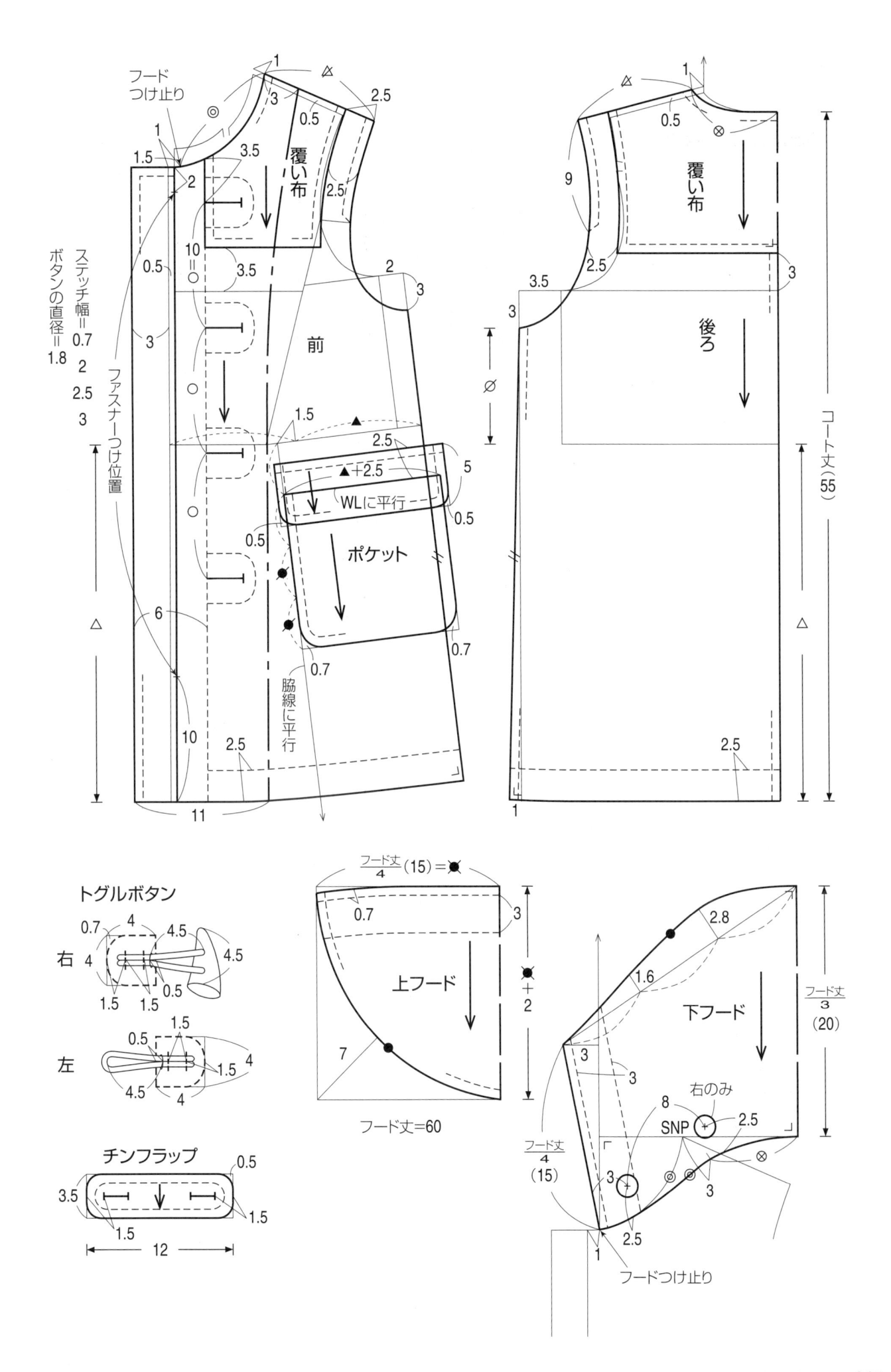

第3章　スローパーと応用デザイン

〈袖山の高さの決め方〉

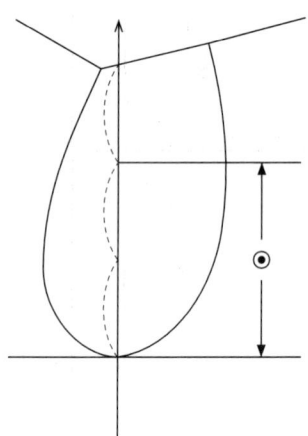

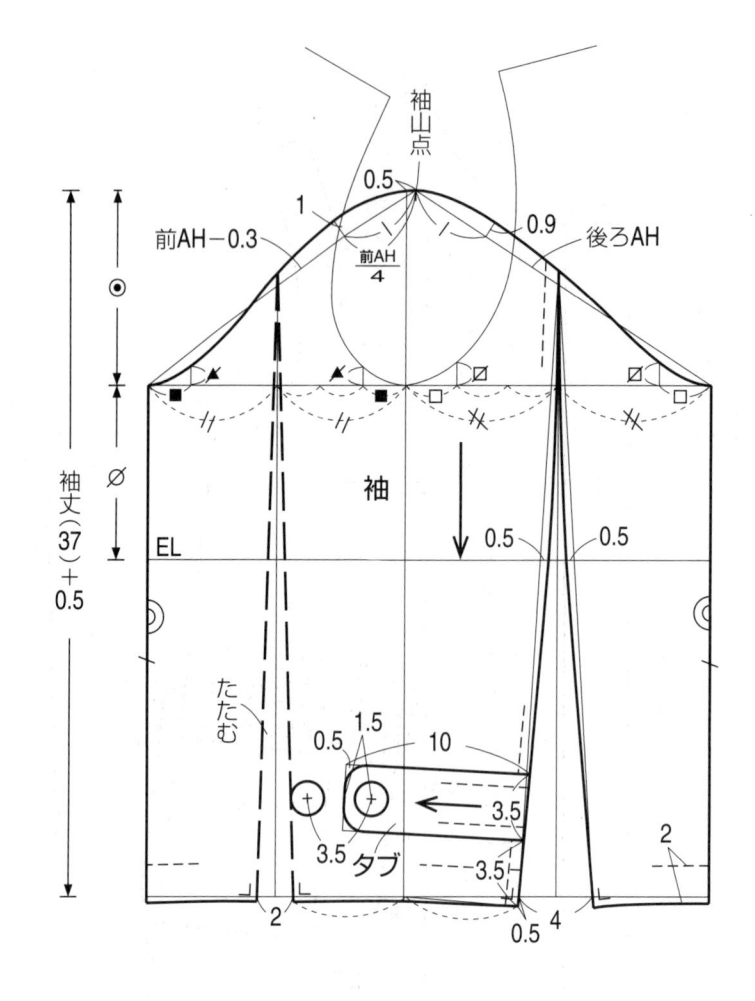

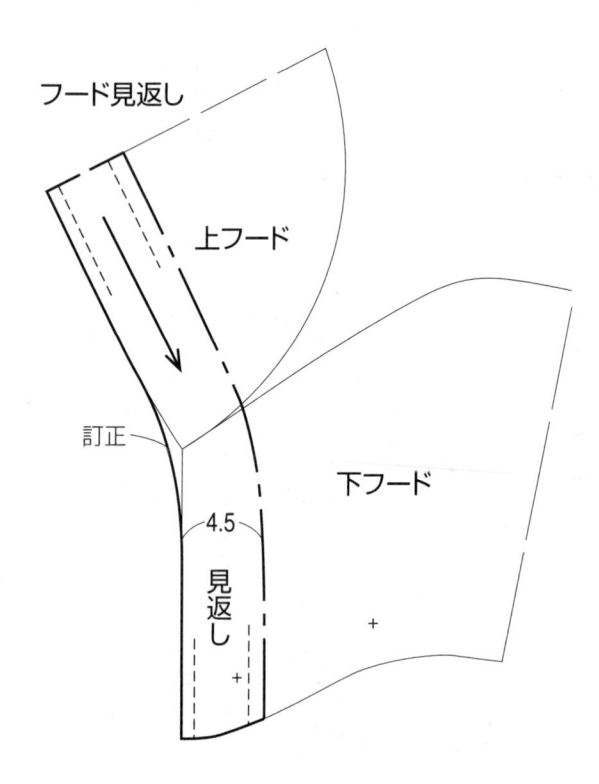

袖山点
前AH−0.3
前AH/4
後ろAH
0.5
1
0.9
袖丈(37)+0.5
EL
袖
0.5 0.5
たたむ
1.5
0.5 10
3.5 ←
3.5 タブ 3.5
2 0.5 4 2

フード見返し
上フード
訂正
下フード
4.5
見返し

〈突合せ図〉
袖

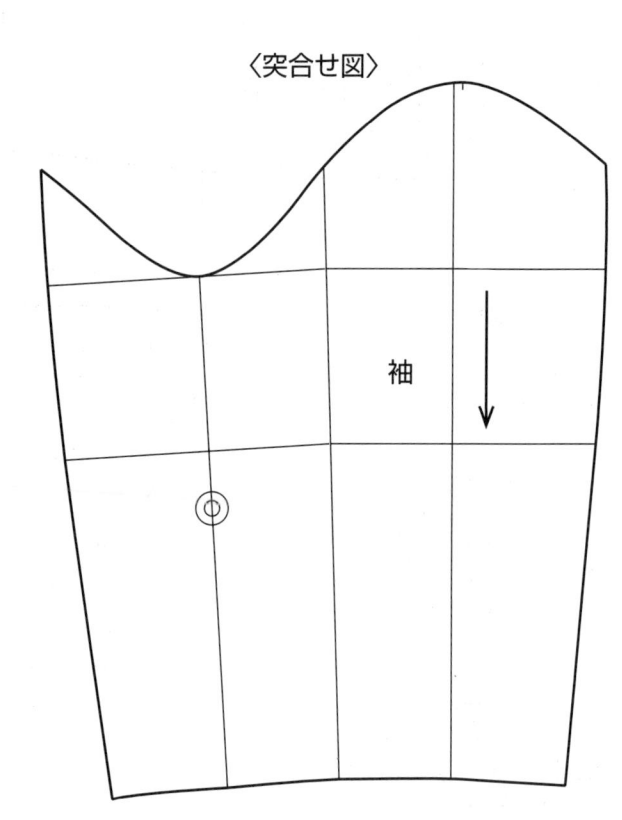

縫製要点

一重仕立て
【本縫い前の準備】
前身頃に伸止めテープをはる

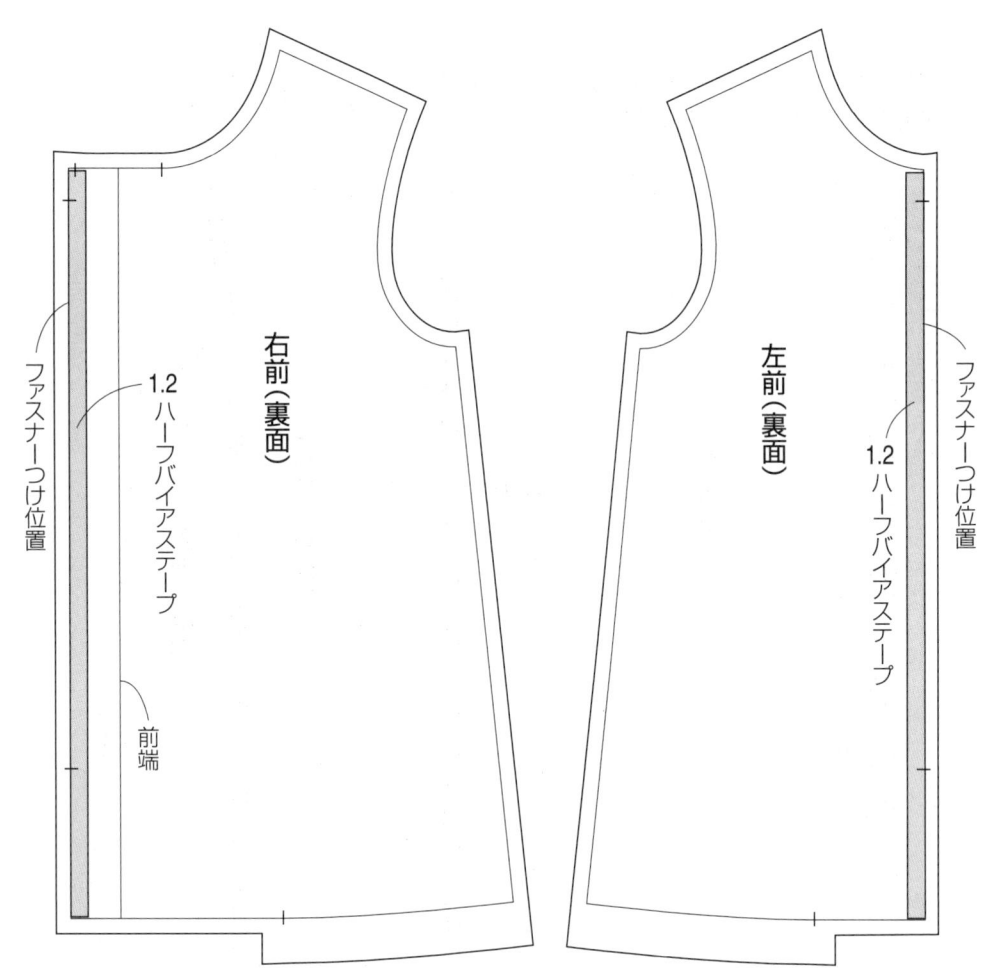

【本縫い】

1 前オープンファスナーあきを作る

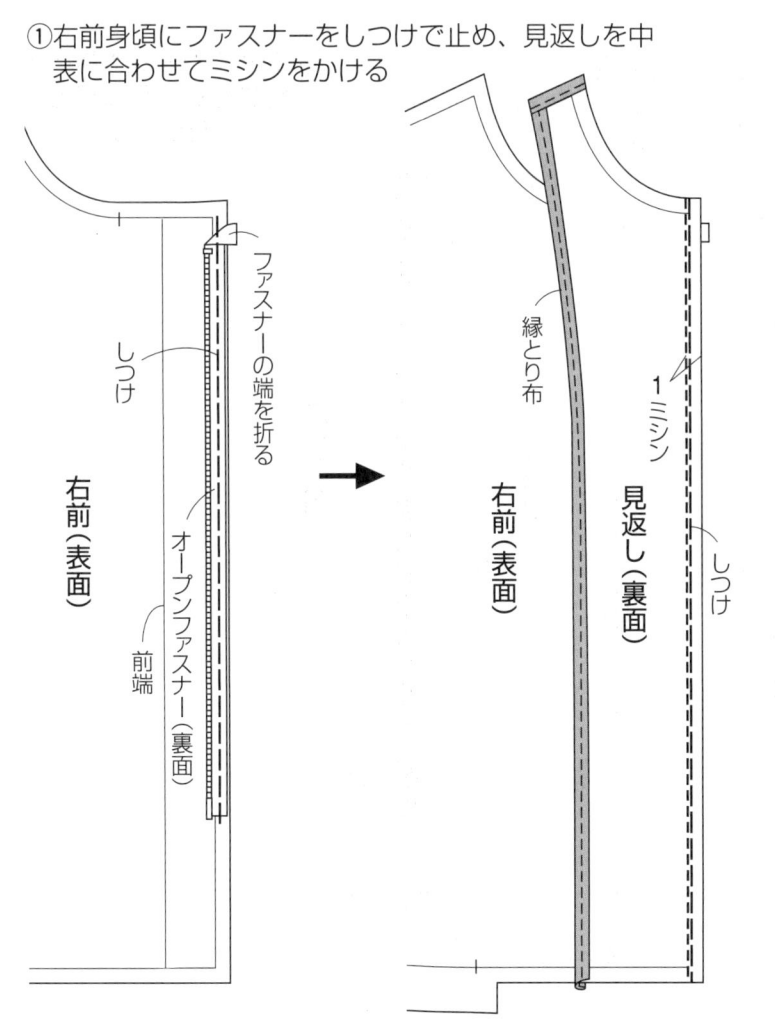

①右前身頃にファスナーをしつけで止め、見返しを中表に合わせてミシンをかける

②右前身頃のファスナーつけの縫い代に切込みを入れ、縫い代の端をカットする

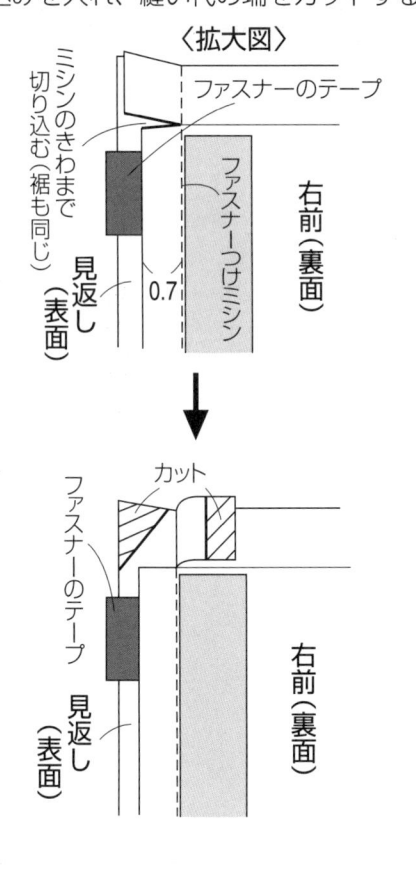

③左前身頃にファスナーをしつけで止め、見返しを中表に合わせてミシンをかける

④見返しのファスナーつけの縫い代に切込みを入れ、縫い代の端をカットする

〈拡大図〉

⑤ファスナーつけの縫い代を見返し側に倒し、ミシンをかける

切り込んだ縫い代は縫わない

⑥ファスナーつけの縫い代を左身頃側に倒し、ミシンをかける

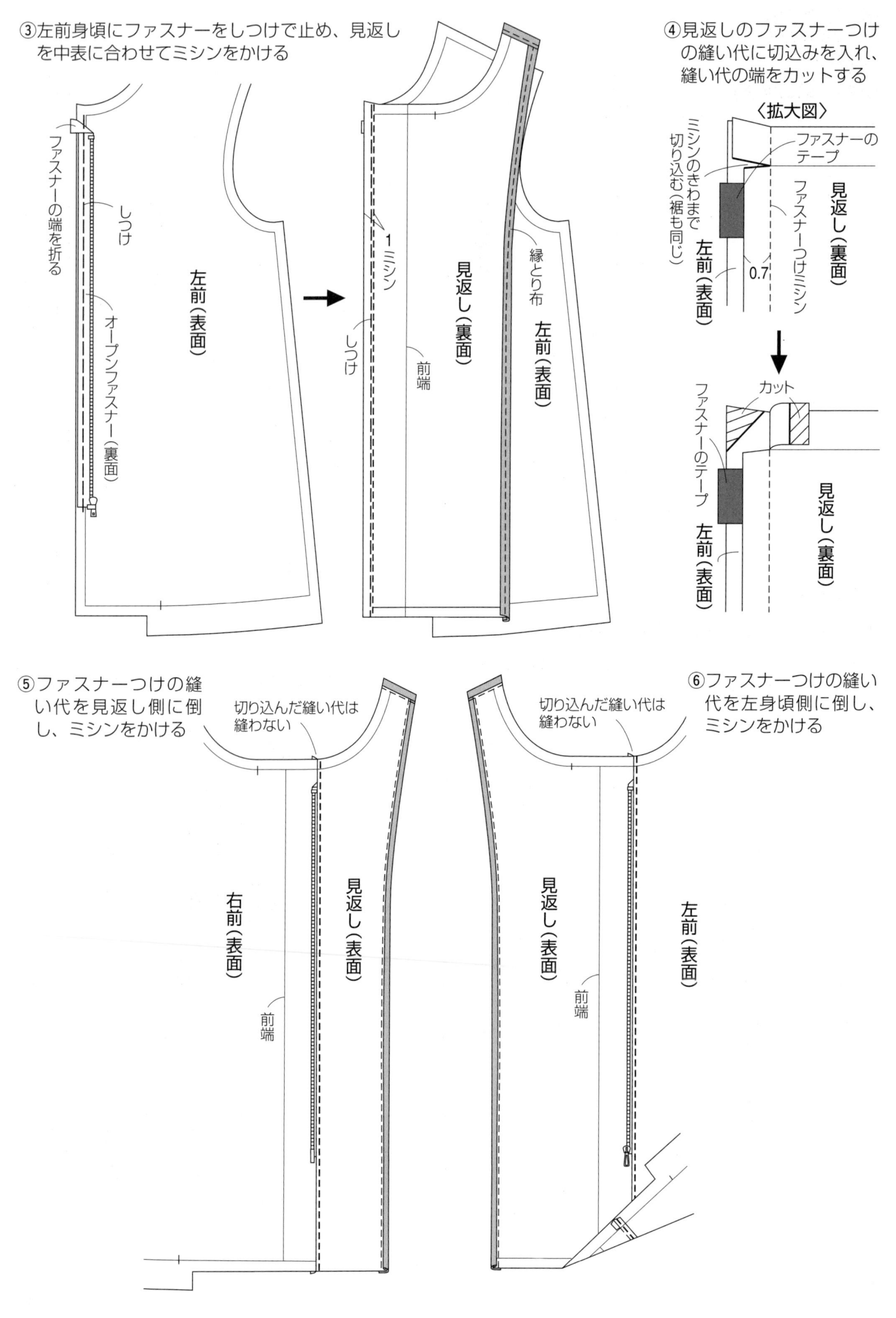

2 覆い布を作り、つける

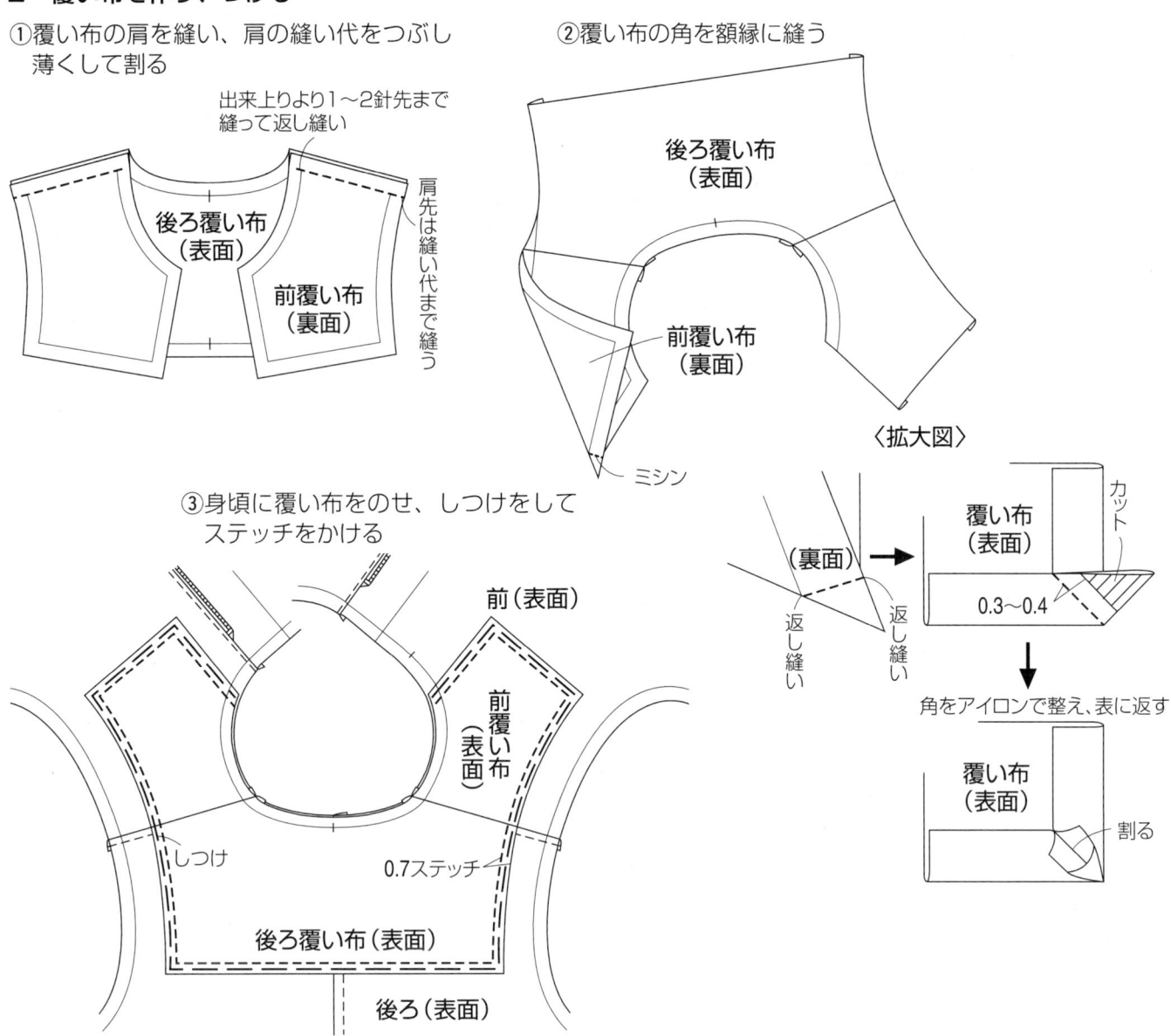

①覆い布の肩を縫い、肩の縫い代をつぶし薄くして割る

出来上がりより1〜2針先まで縫って返し縫い

後ろ覆い布（表面）

前覆い布（裏面）

肩先は縫い代まで縫う

②覆い布の角を額縁に縫う

後ろ覆い布（表面）

前覆い布（裏面）

ミシン

〈拡大図〉

（裏面）

返し縫い

返し縫い

覆い布（表面）

カット

0.3〜0.4

角をアイロンで整え、表に返す

覆い布（表面）

割る

③身頃に覆い布をのせ、しつけをしてステッチをかける

前（表面）

前覆い布（表面）

しつけ

0.7ステッチ

後ろ覆い布（表面）

後ろ（表面）

3 フードを作り、つける

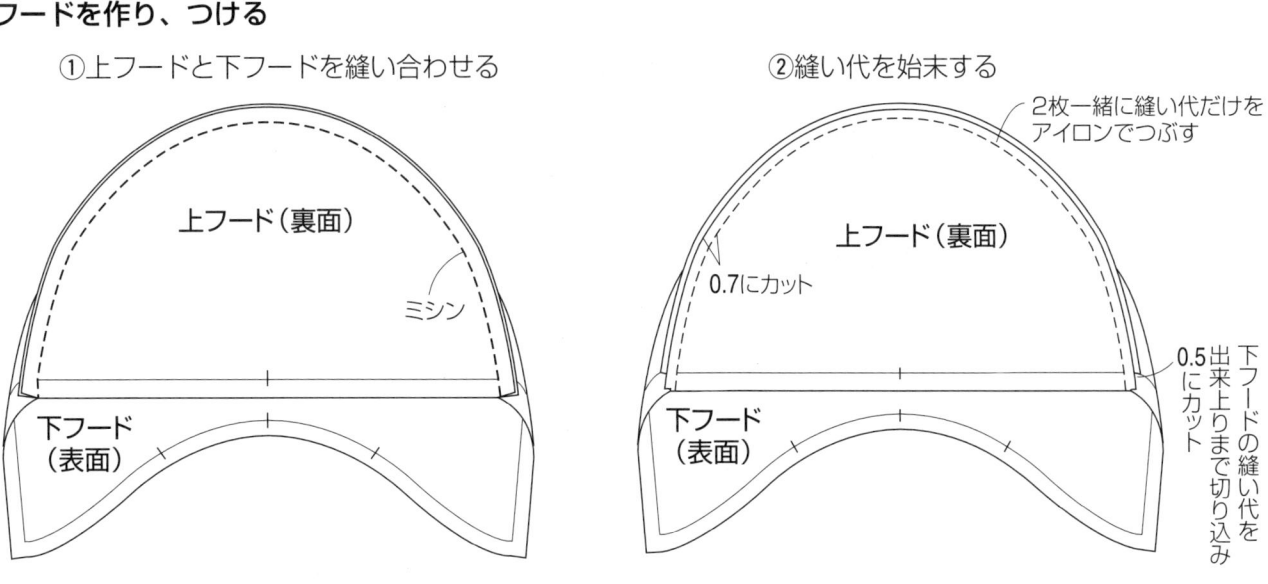

①上フードと下フードを縫い合わせる

上フード（裏面）

ミシン

下フード（表面）

②縫い代を始末する

2枚一緒に縫い代だけをアイロンでつぶす

上フード（裏面）

0.7にカット

下フード（表面）

下フードの縫い代を出来上がりまで切り込み 0.5にカット

第3章 スローパーと応用デザイン

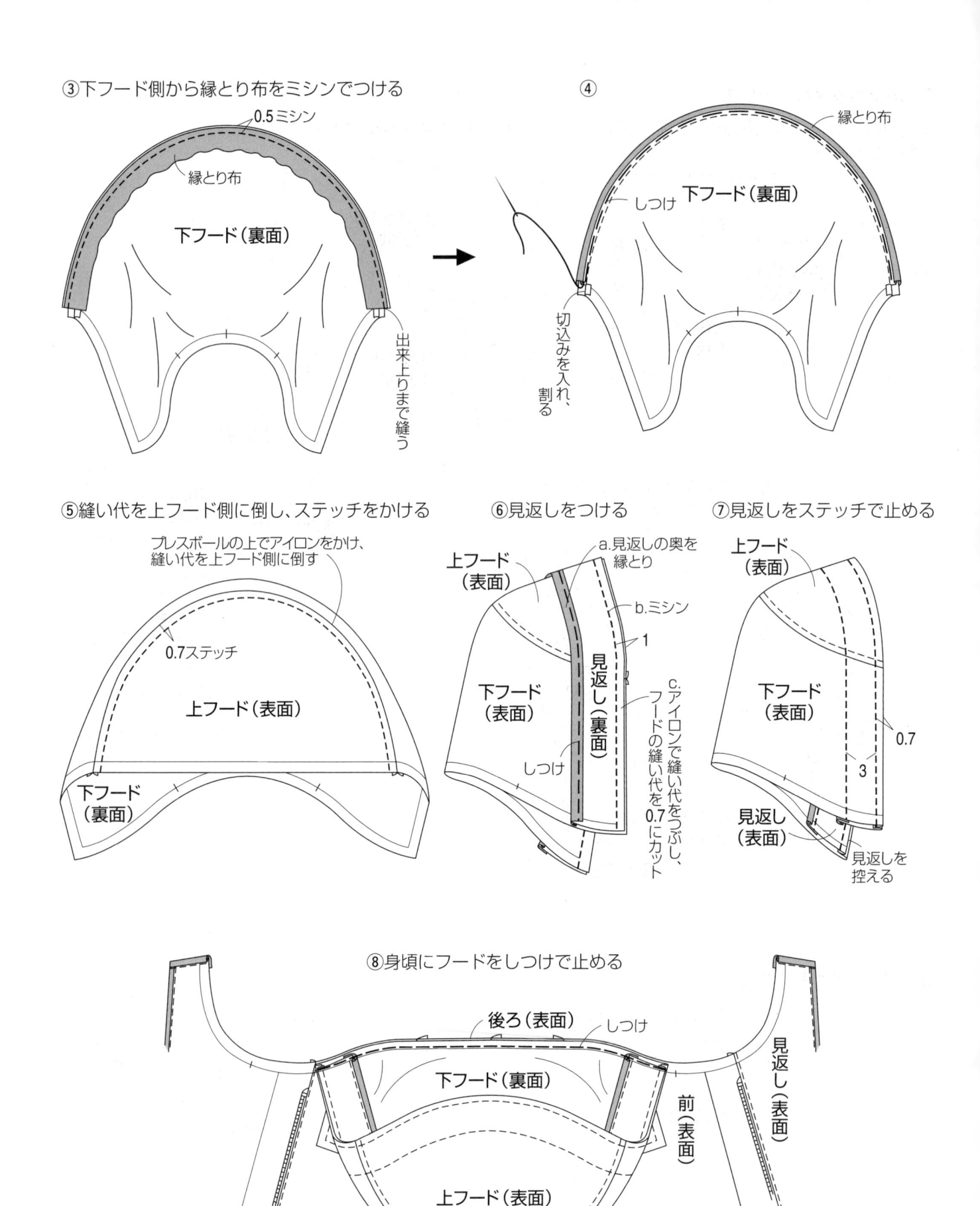

③下フード側から縁とり布をミシンでつける

0.5ミシン
縁とり布
下フード（裏面）
出来上りまで縫う

④
縁とり布
下フード（裏面）
しつけ
切込みを入れ、割る

⑤縫い代を上フード側に倒し、ステッチをかける

プレスボールの上でアイロンをかけ、縫い代を上フード側に倒す
0.7ステッチ
上フード（表面）
下フード（裏面）

⑥見返しをつける

上フード（表面）
下フード（表面）
a.見返しの奥を縁とり
b.ミシン
1
見返し（裏面）
c.アイロンで縫い代をつぶし、フードの縫い代を0.7にカット
しつけ

⑦見返しをステッチで止める

上フード（表面）
下フード（表面）
0.7
3
見返し（表面）
見返しを控える

⑧身頃にフードをしつけで止める

後ろ（表面）
しつけ
下フード（裏面）
上フード（表面）
前（表面）
見返し（表面）

⑨見返しを中表に折り返し、フードを見返しではさむ
　後ろ衿ぐりは縁とり布をつけ、ミシンをかける

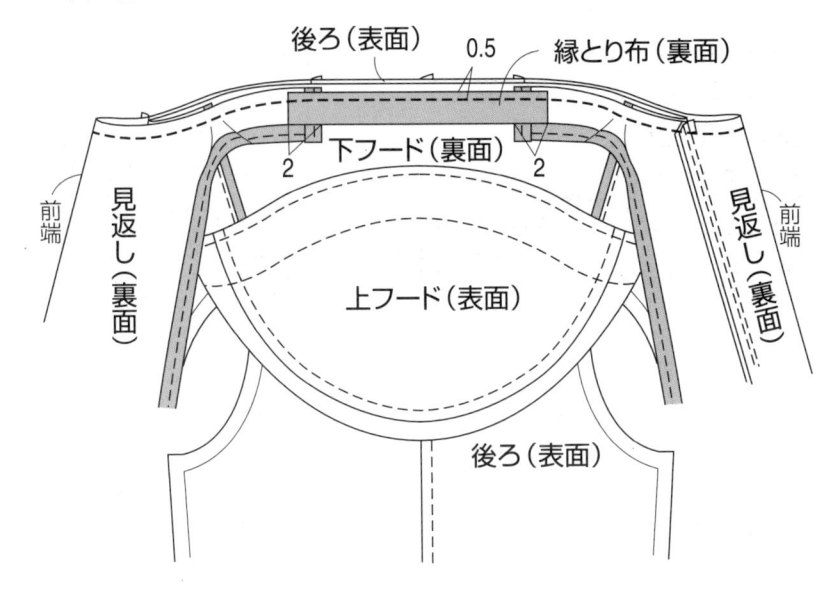

⑩衿ぐりの縫い代を0.7cmにカットする

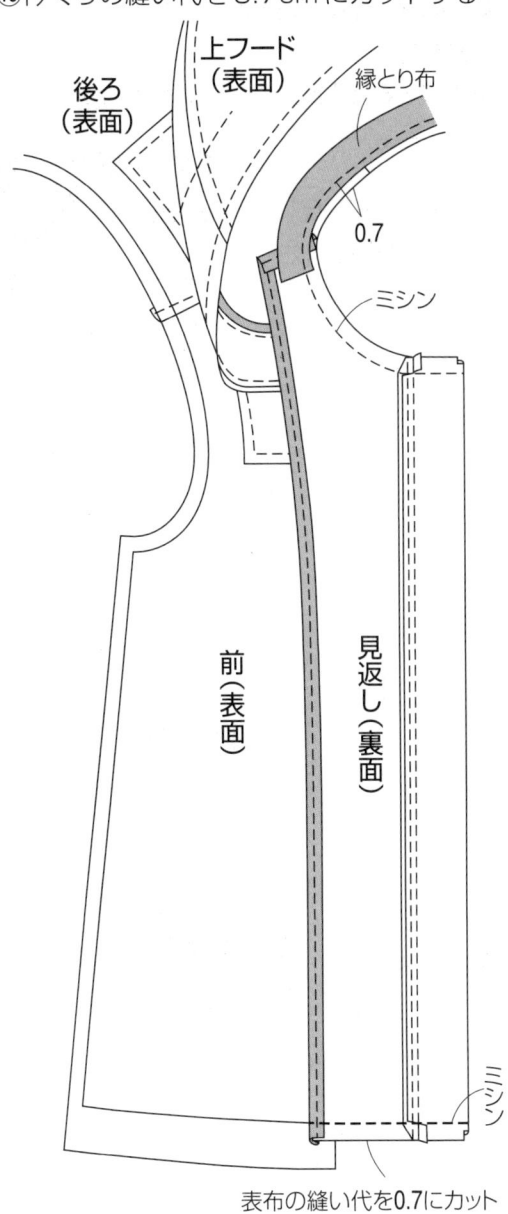

⑪後ろ衿ぐりの縫い代を縁とりで始末し、ステッチで止める

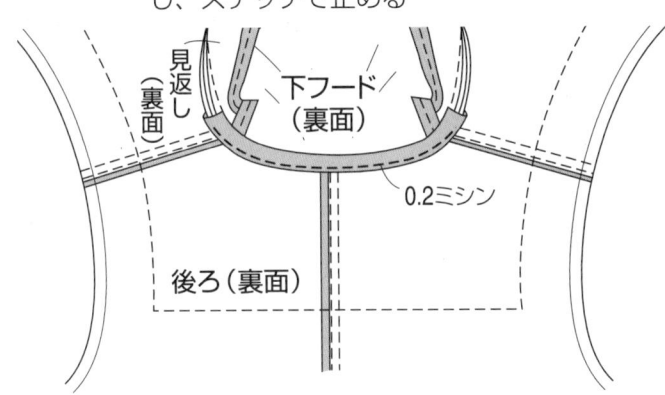

⑫表に返してアイロンで整え、前の衿ぐりにステッチをかける

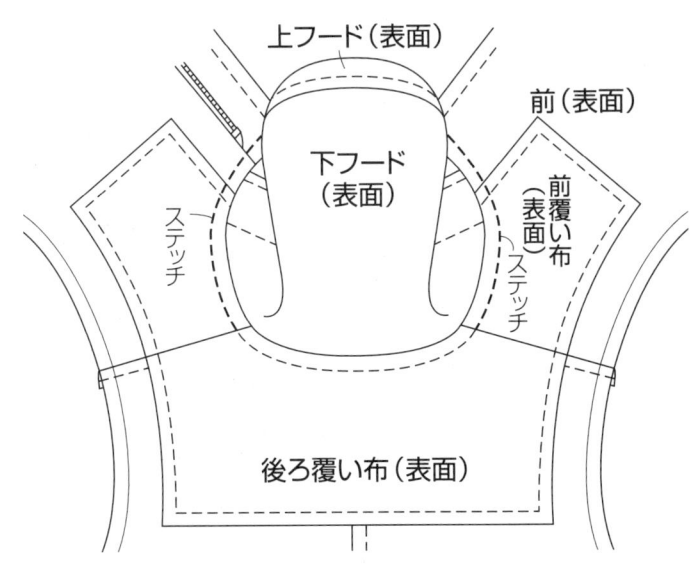

⑬見返しの上端を肩の縫い代にまつる

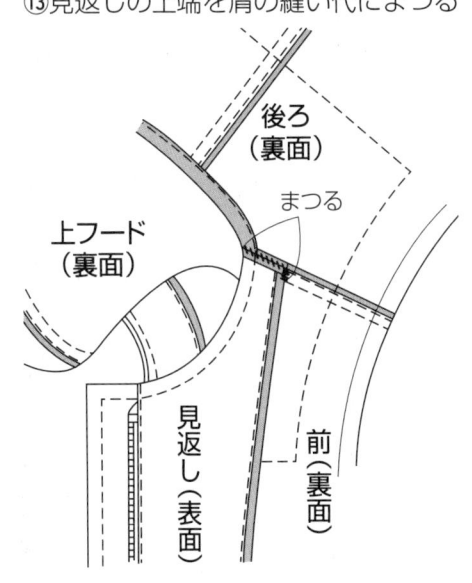

4 袖を作り、つける

〈裁ち方〉
表タブ（表布1枚）
裏タブ（裏布1枚）

① タブの回りを縫う
裏タブ（表面）／表タブ（裏面）
裁ち端と合い印を合わせてミシン

② タブの縫い代をカットし、表に返してアイロンで整える
裏タブ（表面）／表タブ（裏面）
小丸の縫い代を細くする
0.1控える
裏タブ（表面）

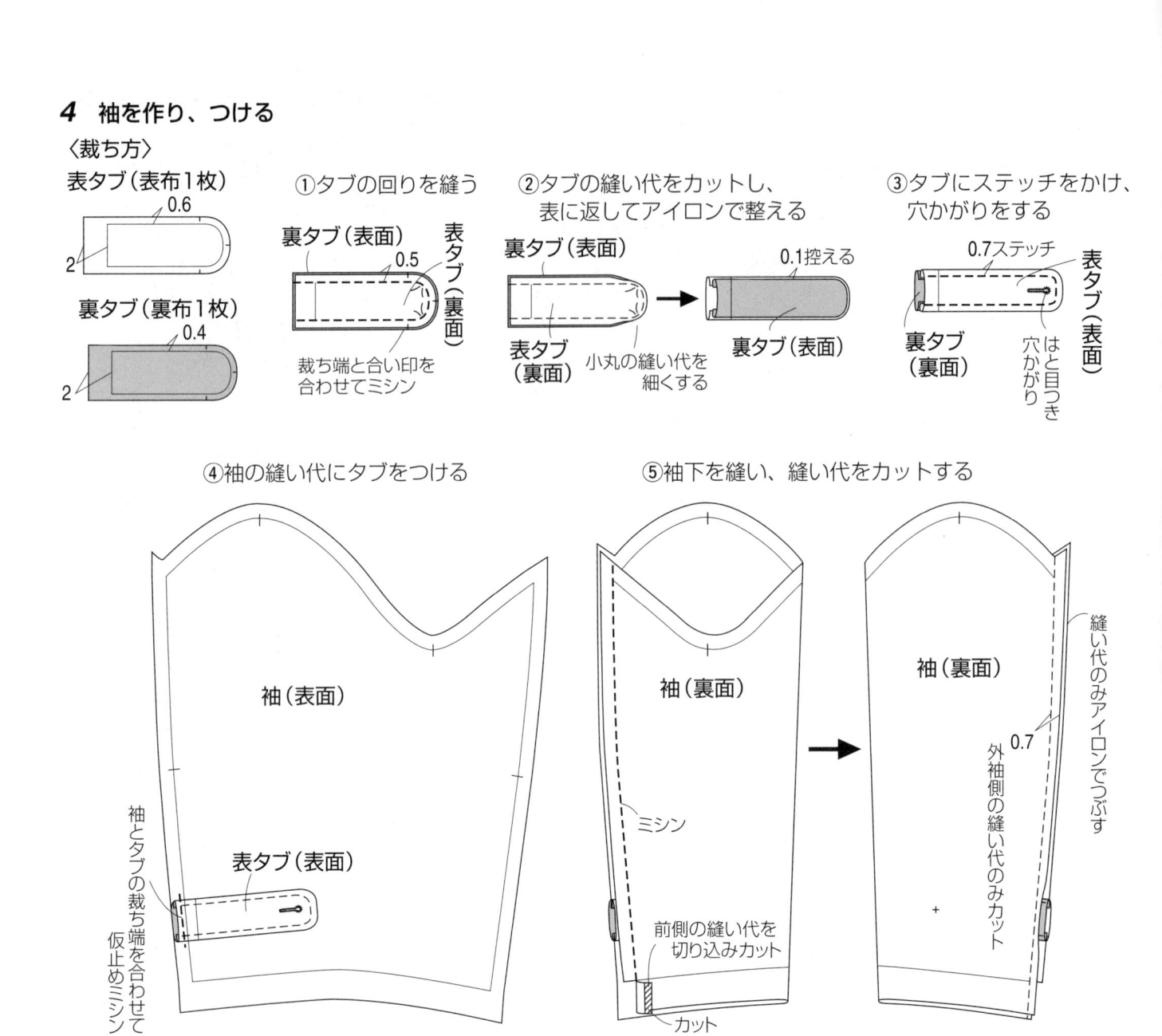

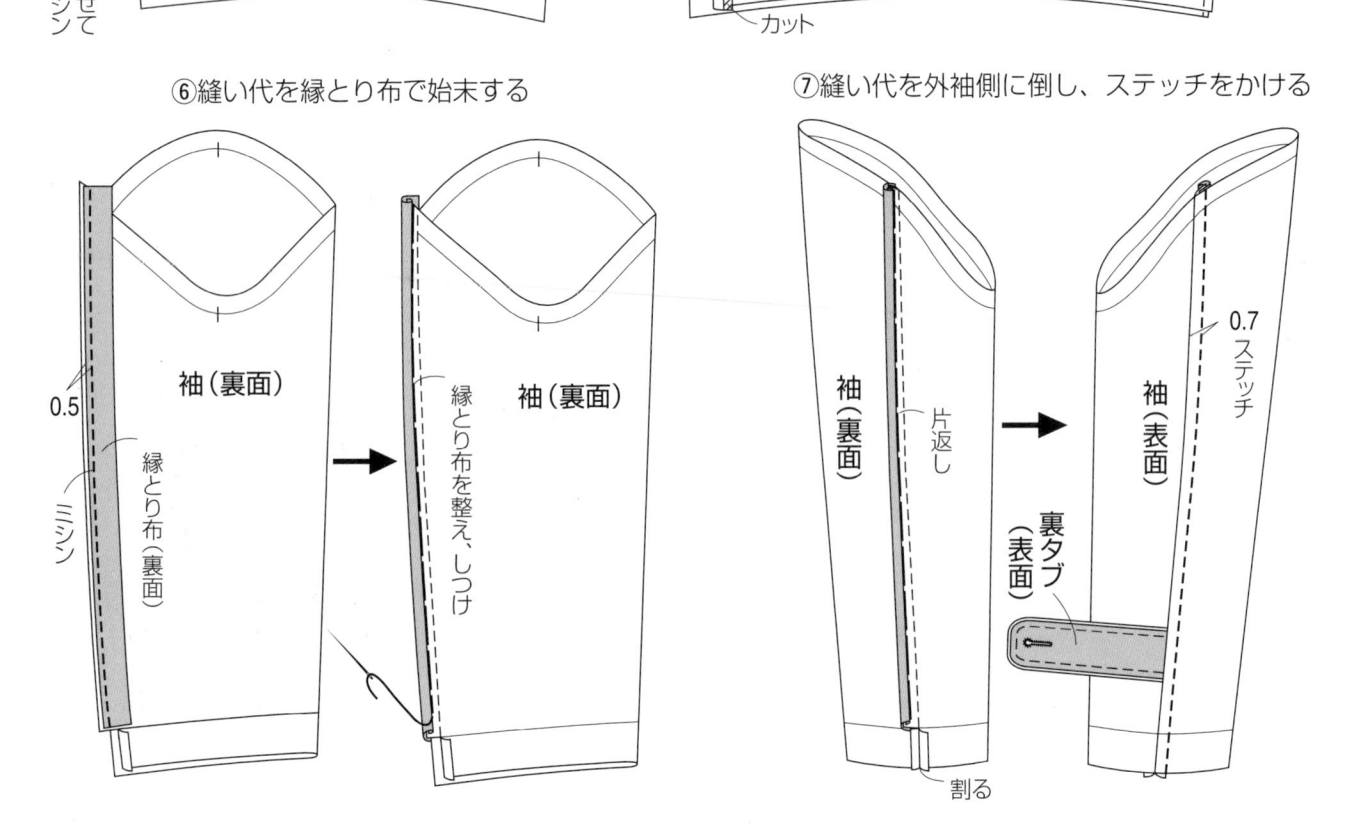

③ タブにステッチをかけ、穴かがりをする
0.7ステッチ
表タブ（表面）
裏タブ（裏面）
はと目つき穴かがり

④ 袖の縫い代にタブをつける
袖（表面）
表タブ（表面）
袖とタブの裁ち端を合わせて仮止めミシン

⑤ 袖下を縫い、縫い代をカットする
袖（裏面）
ミシン
前側の縫い代を切り込みカット
カット
→
袖（裏面）
0.7
縫い代のみアイロンでつぶす
外袖側の縫い代のみカット

⑥ 縫い代を縁とり布で始末する
袖（裏面）
0.5
ミシン
縁とり布（裏面）
→
袖（裏面）
縁とり布を整え、しつけ

⑦ 縫い代を外袖側に倒し、ステッチをかける
袖（裏面）
片返し
割る
→
袖（表面）
0.7ステッチ
裏タブ（表面）

⑧袖口の縫い代を縁とり布で始末する

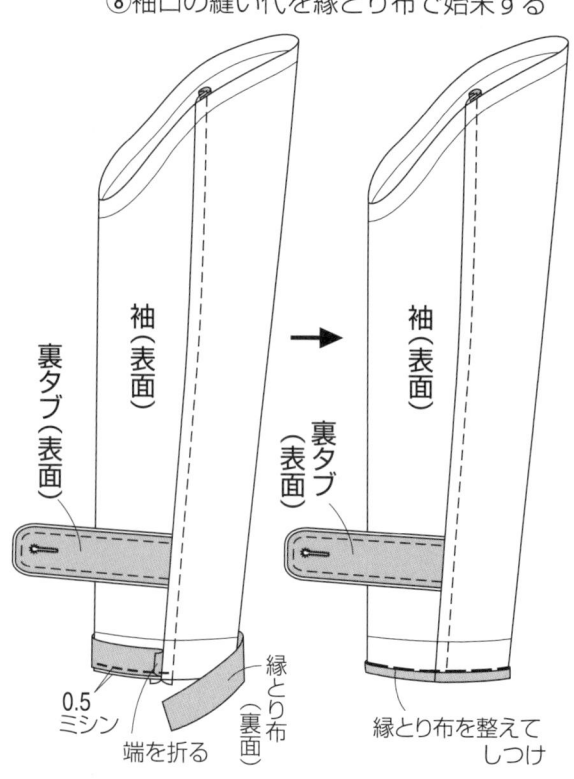

⑨袖口を折り、ステッチをかける

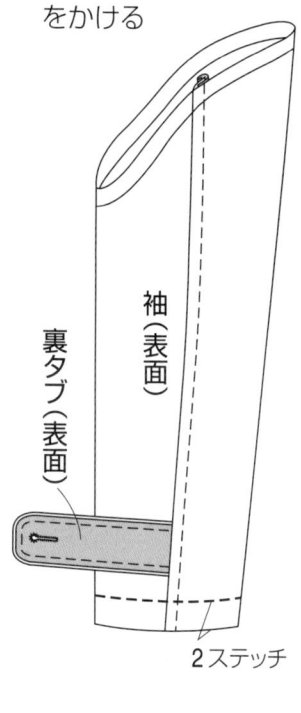

⑩袖をつけ、縫い代を縁とりで始末する

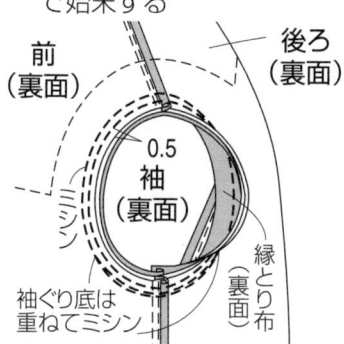

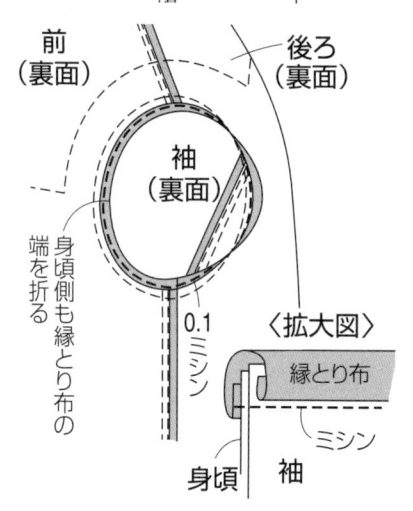

袖ぐり底は重ねてミシン

〈拡大図〉

⑪身頃側にステッチをかけ、袖口にボタンをつける

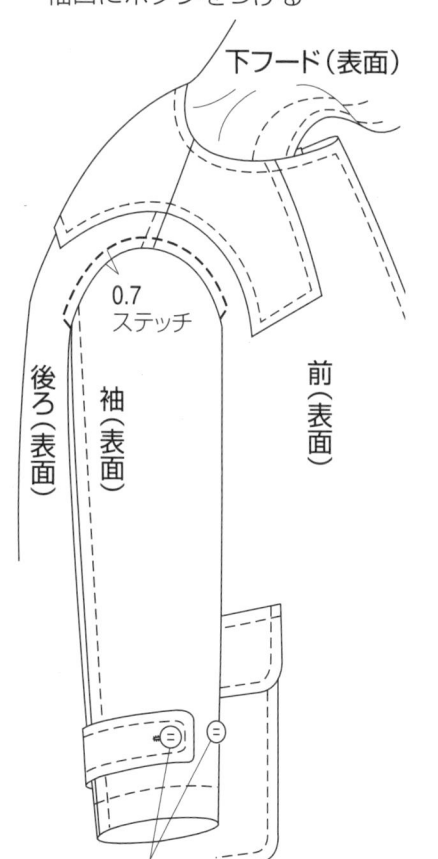

5 トグルボタンをつける

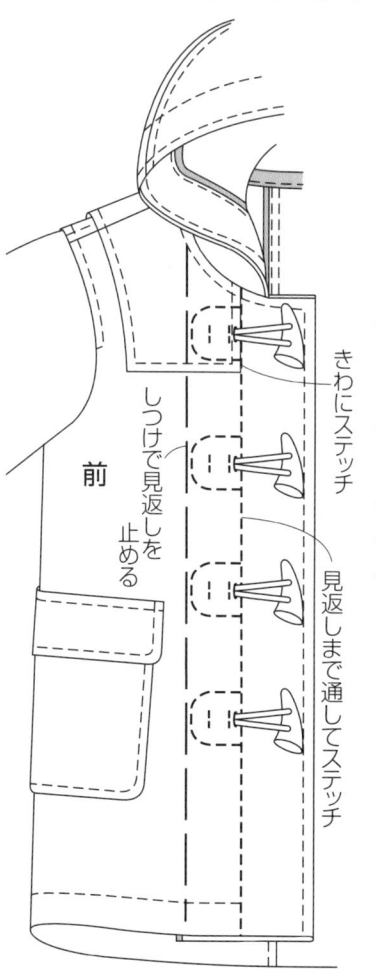

①穴かがり位置の裏面に芯をはる

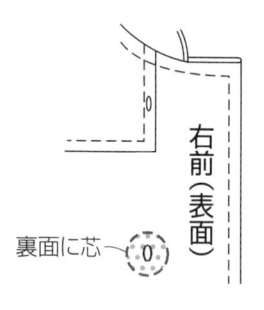

裏面に芯

②前身頃のトグルボタンつけ位置に穴かがりをする
③見返しまで通してステッチをかける
④トグルボタンを通してミシンで止める
⑤飾りのステッチをかける

〈拡大図〉

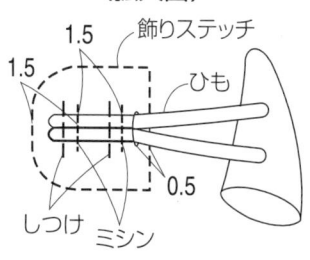

飾りステッチ
ひも
しつけ
ミシン

第3章　スローパーと応用デザイン　253

トレンチコート（140cm　女児）

流行に左右されず、幅広く着用されている。ダブルの打合せとゆとりの多い身幅、やや裾広がりのシルエット、動きやすいラグランスリーブ、肩には肩章がつき、背中と胸には覆い布がついているのが特徴である。

布地はウールギャバジン、コットンギャバジンなどに防水加工したものがよい。

使用量

表布　150cm幅230cm
裏布（身頃　木綿）　110cm幅155cm
　　　（袖）　120cm幅70cm
接着芯　90cm幅155cm

原型のダーツ操作

- **後ろ身頃**
  肩ダーツを閉じて、袖ぐりのゆとりとする。
- **前身頃**
  胸ぐせダーツの $\frac{1}{2}$ を袖ぐりのゆとり分とし、残りはウエストラインに移動する。

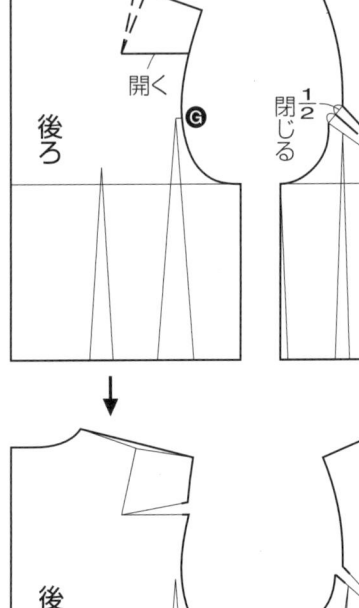

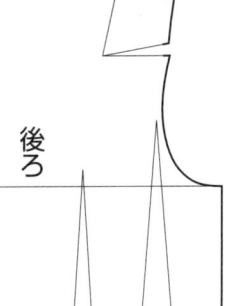

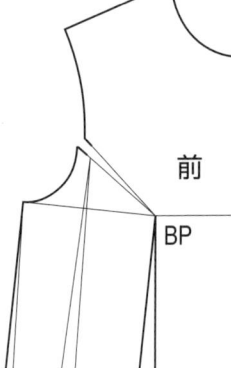

作図

作図要点

- 「身長110cm　ラグランスリーブのコート（233ページ）」を参考にしてかく。
- **身頃**
  - 身幅のゆとりも多く、袖ぐりも深くしたラグランスリーブなので、袖山線の傾斜角度を少なくしてあるので方向性も強くない。
  - 後ろのラグラン線は、衿ぐりの $\frac{1}{3}$ と背幅線の ⒼG点より0.5cm中心側に寄せた位置からバストラインまでの $\frac{3}{4}$ の位置を結んで案内線とする。
  - 前のラグラン線は、衿ぐりの $\frac{1}{3}$ と胸幅線で $\frac{2}{3}$ の位置を結んで案内線とする。
  - 肩章は布ループに通し、折り返してボタン留めにする。
  - ベルトはバックルとDカンをつけ、結び下げにして着こなせるよう長くする。
- **衿**
  - 衿は台衿つきシャツカラーで、台衿は前中心で突合せにし、チンフラップで留める。

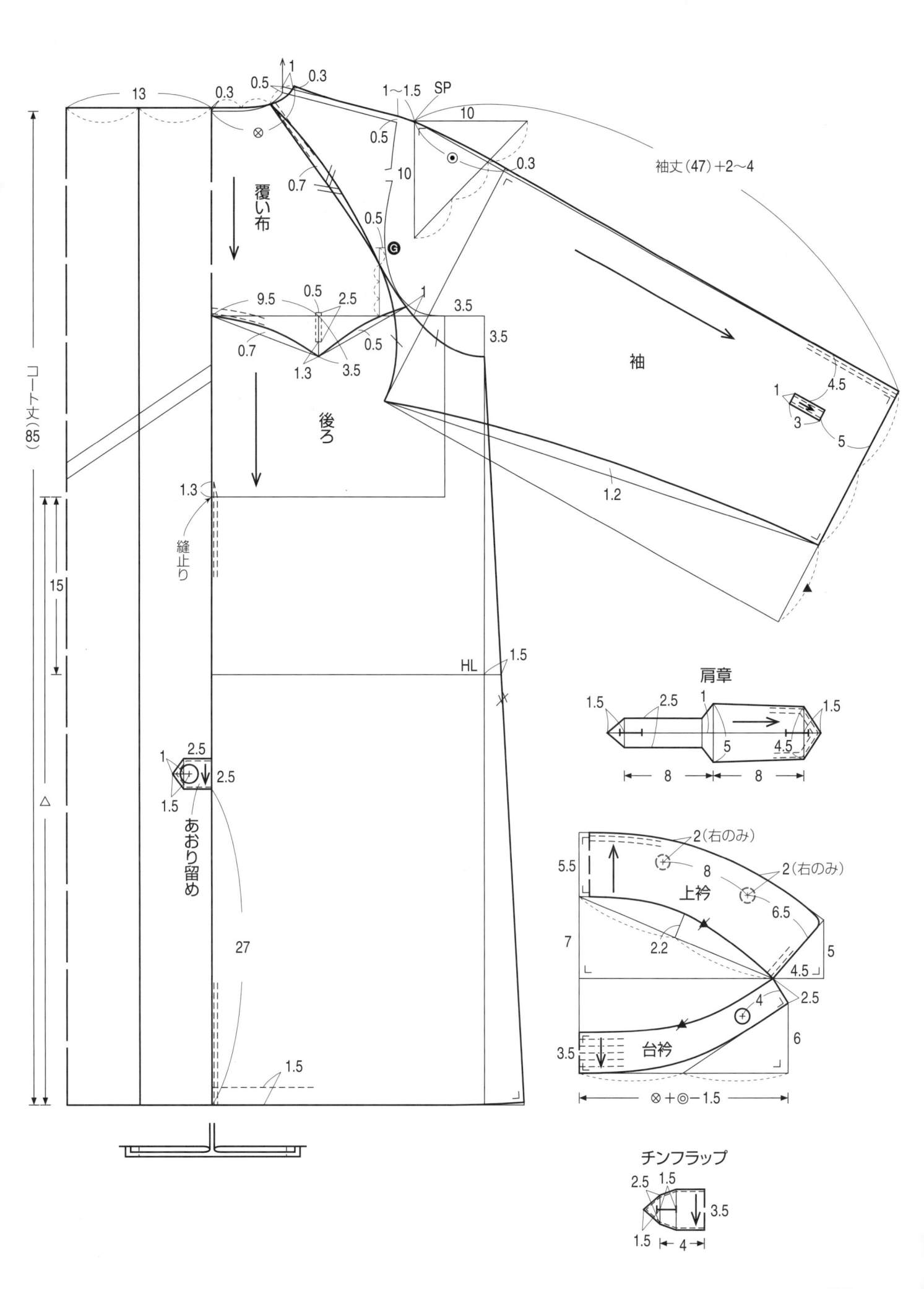

第3章　スローパーと応用デザイン

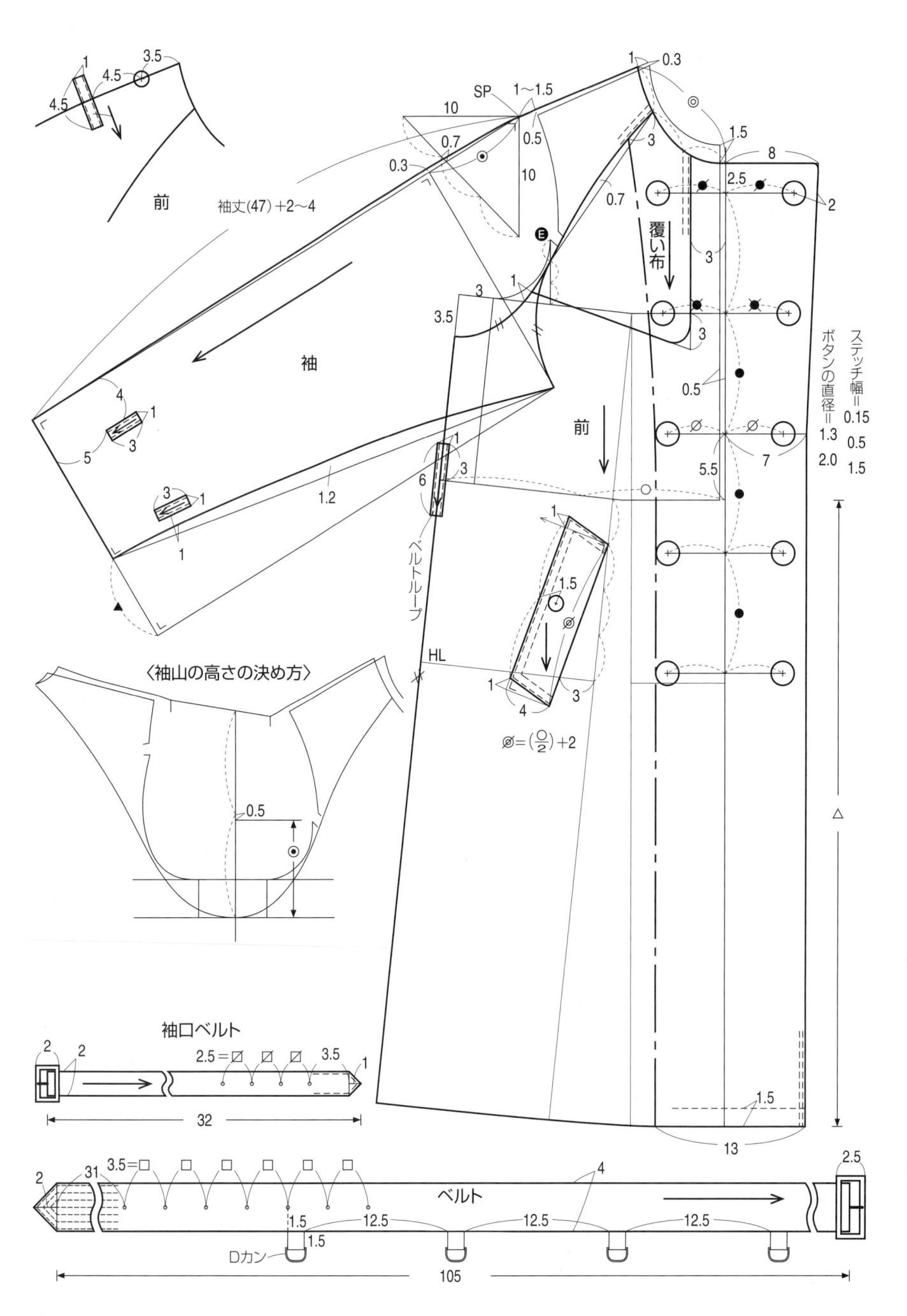

前

袖丈(47)+2〜4

袖

SP 1〜1.5

覆い布

前

〈袖山の高さの決め方〉

ベルトループ

HL

$\emptyset = \left(\dfrac{\bigcirc}{2}\right)+2$

ステッチ幅=0.15
ボタンの直径=0.5
　　　　　　2.0
　　　　　　1.3
　　　　　　1.5

袖口ベルト

ベルト

Dカン

パターンメーキング

● 見返しと裏前のパターン
① 見返しのウエストラインとヒップラインで平行に0.15cm切り開く。
② 裏布は脇のウエストライン、ヒップラインを基点として見返し側で0.3cm開き、0.15cmは裏布のゆとりとする。

● 裏袖は下図のように袖ぐり底の縫い代をくるむゆとりとして丈と幅の寸法を追加したパターンを作る。

〈袖裏布のパターン〉

袖ぐり底縫い代×2
＋布の厚み分＝○

第3章 スローパーと応用デザイン

裁合せ図

―表布―

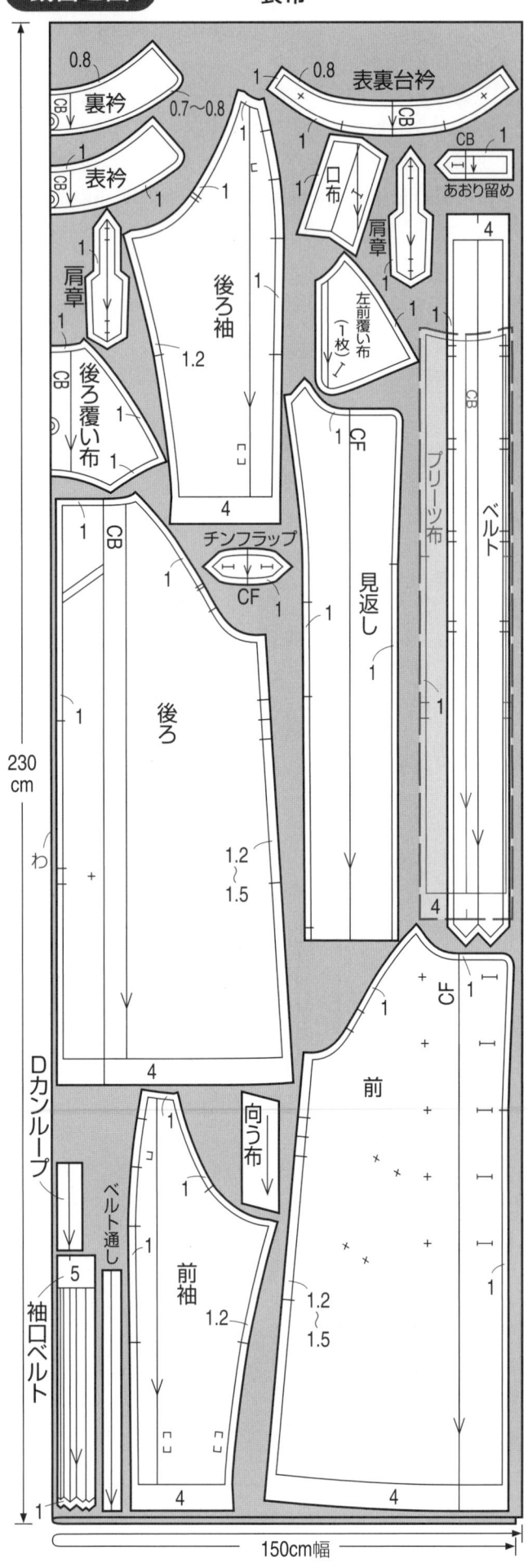

- 裏衿 0.8
- 表衿 1
- 表裏台衿 0.8
- 0.7～0.8
- CB 1
- あおり留め
- 肩章 1
- 後ろ袖 1.2
- 口布
- 左前覆い布（一枚）
- 後ろ覆い布 1
- CB
- ベルト 4
- プリーツ布
- CB
- チンフラップ CF 1
- 見返し 1
- 後ろ 1.2～1.5
- CB
- 4
- Dカンループ
- ベルト通し
- 袖口ベルト 5
- 前袖 1.2～1.5
- 向う布
- 前 CF 1
- 4
- 4
- わ
- 230 cm
- 150cm幅

―裏布―（表地使用）

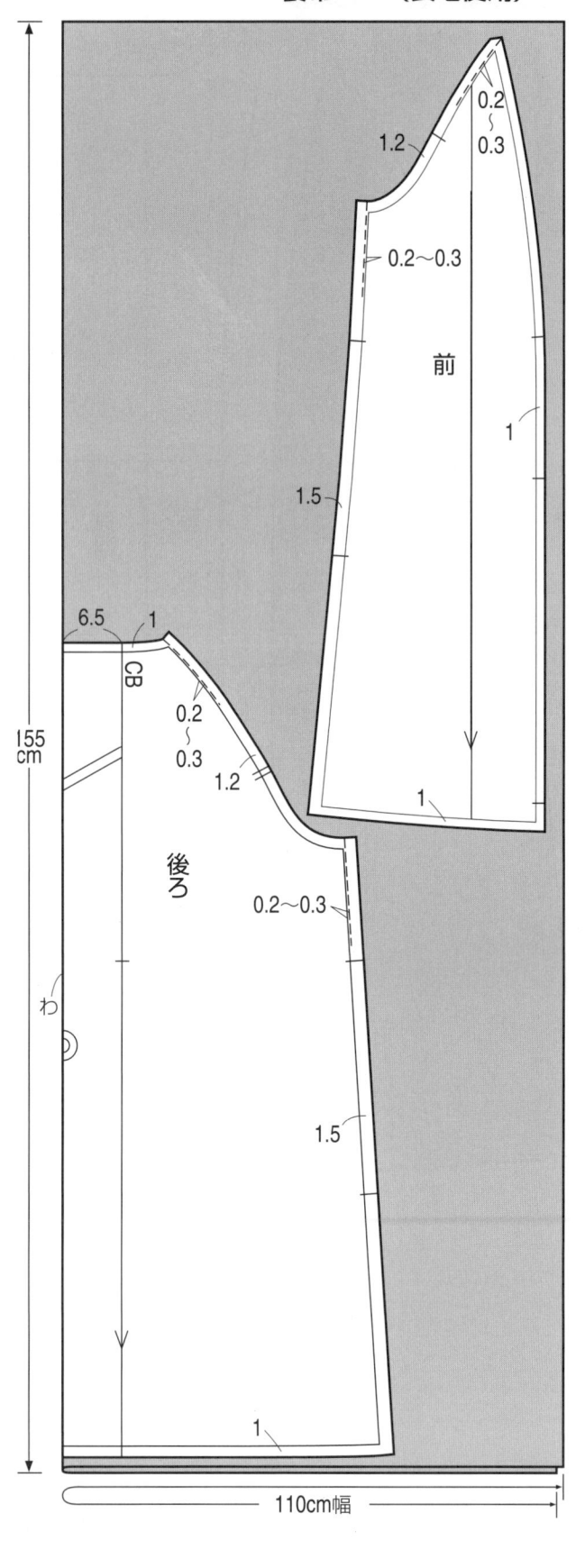

- 前 0.2/0.3
- 1.2
- 0.2～0.3
- 1.5
- 1
- 6.5 1
- CB
- 0.2/0.3
- 1.2
- 後ろ
- 0.2～0.3
- 1.5
- わ
- 155 cm
- 1
- 110cm幅

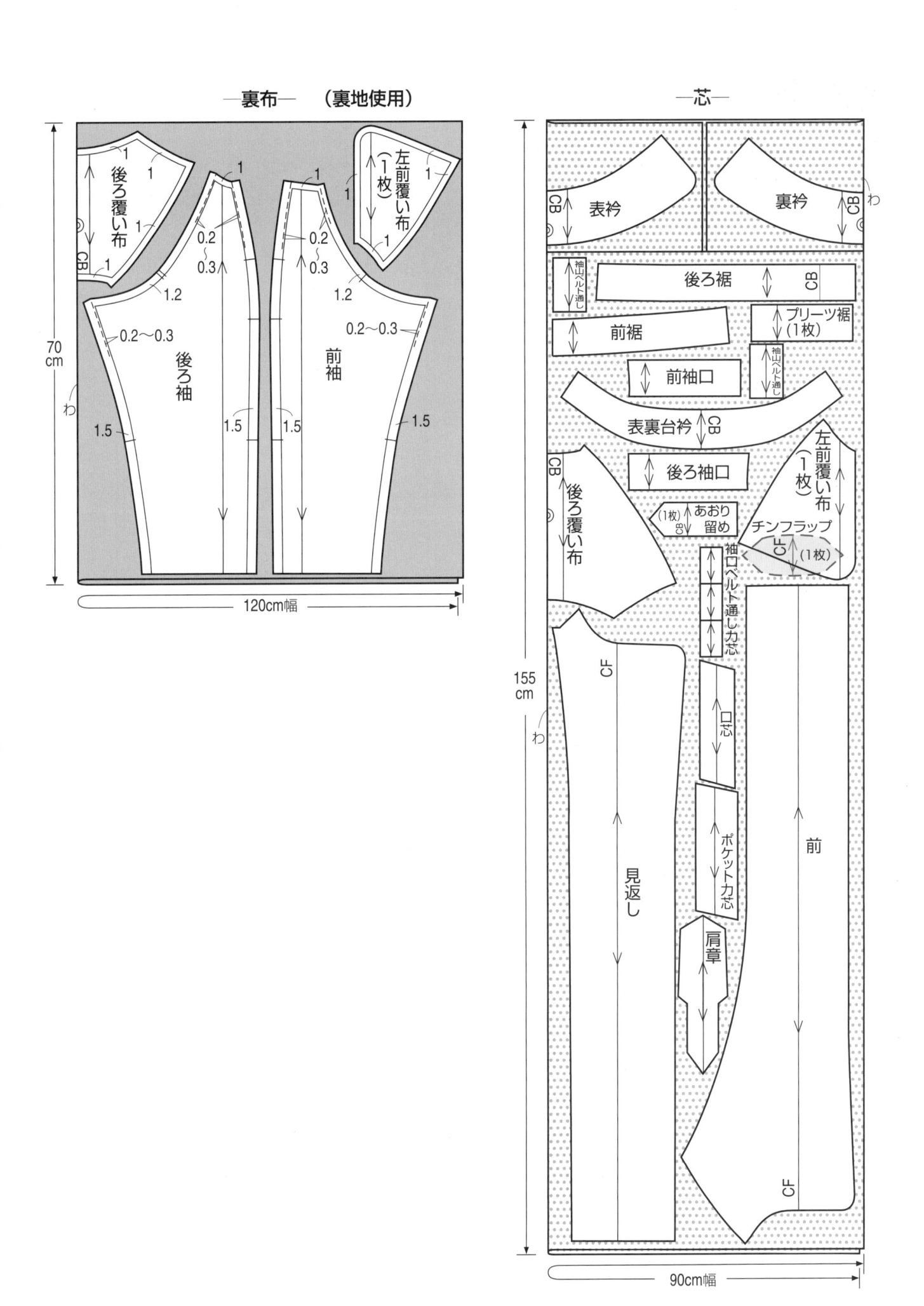

第3章　スローパーと応用デザイン　259

縫製要点

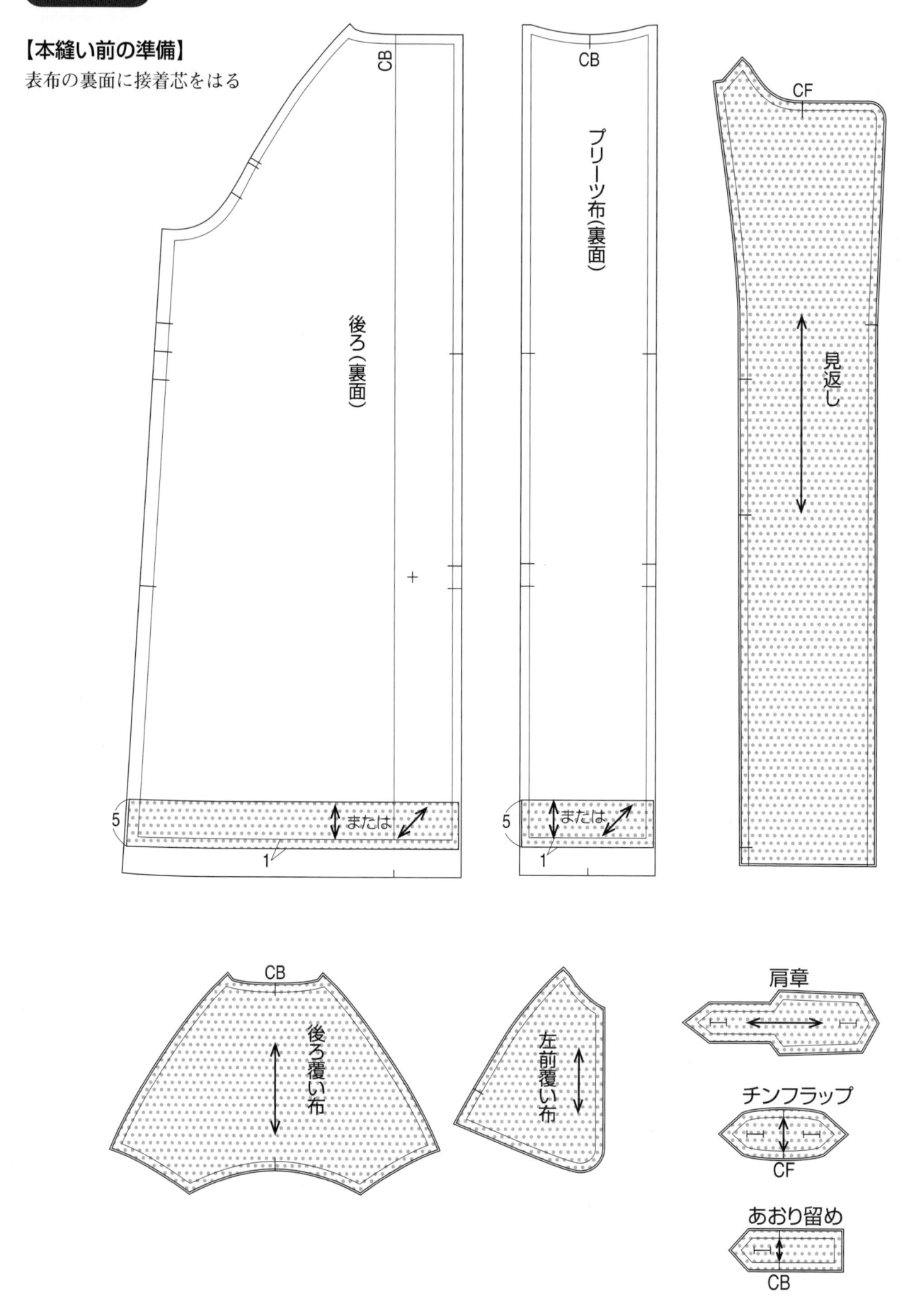

【本縫い前の準備】
表布の裏面に接着芯をはる

CB
後ろ（裏面）

CB
プリーツ布（裏面）

CF
見返し

CB
後ろ覆い布

左前覆い布

肩章

チンフラップ
CF

あおり留め
CB

衿ぐり、前端、裾にテープをはり、脇にロックミシンをかける

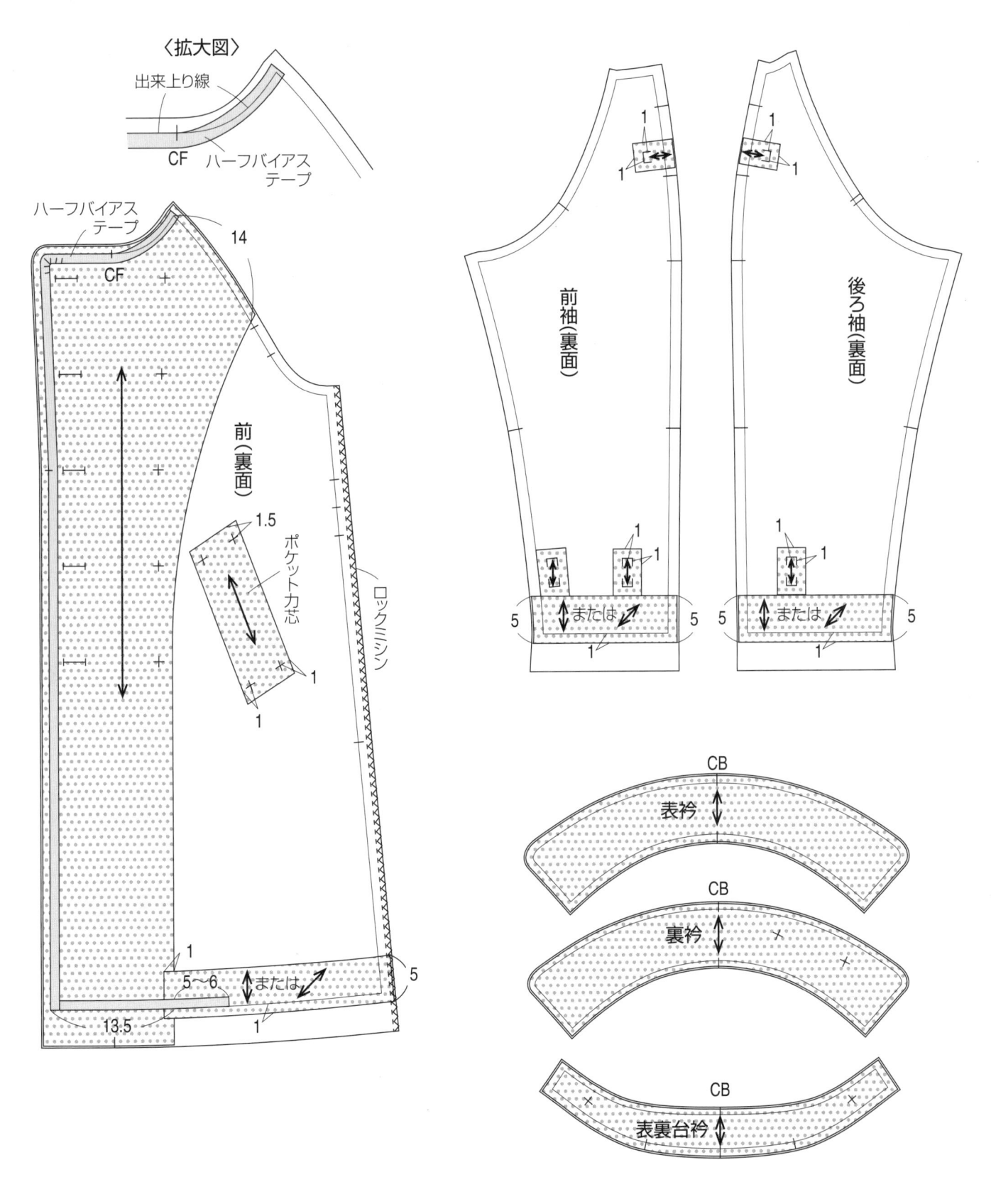

【本縫い】

1 ポケットを作る（箱ポケット）

詳しい縫製方法は「ローウエストのワンピースドレス（72〜73ページ）」参照

〈裁ち方〉

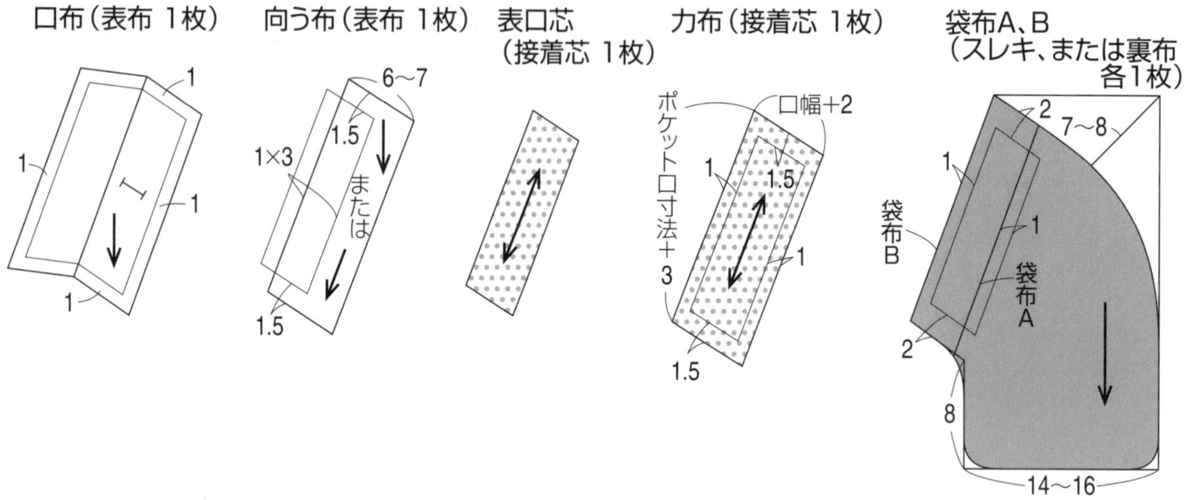

口布（表布 1枚）　向う布（表布 1枚）　表口芯（接着芯 1枚）　力布（接着芯 1枚）　袋布A、B（スレキ、または裏布 各1枚）

表口布に接着芯をはる

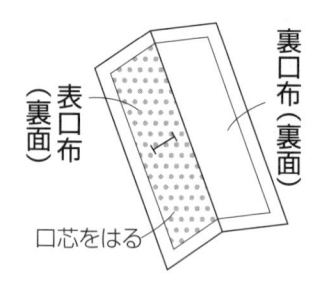

口布の両端を袋布まで通してステッチをかけ、口布の両角に3回止めミシンをかける

〈拡大図〉

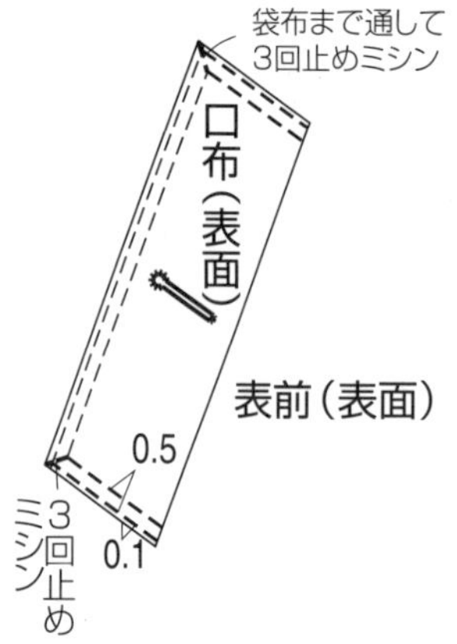

袋布の周囲にミシンをかける

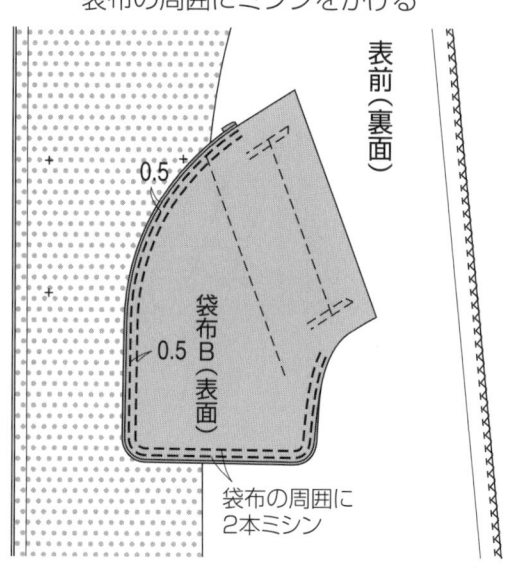

袋布の周囲に2本ミシン

2 覆い布を作る

①裁ち端を合わせてミシンをかけ、縫い代をカットし、カーブに切込みを入れる

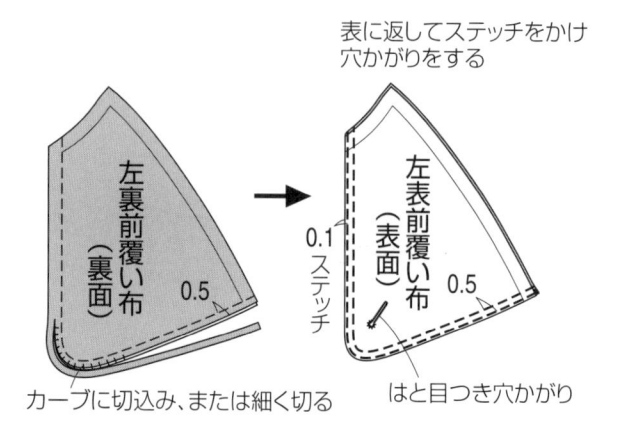

表に返してステッチをかけ穴かがりをする

カーブに切込み、または細く切る

はと目つき穴かがり

②表に返してステッチをかける

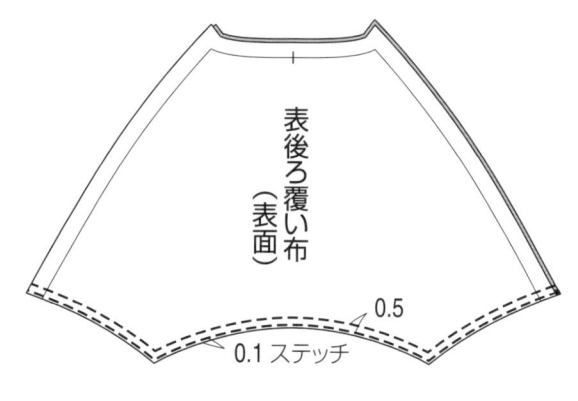

3 あおり留めを作る

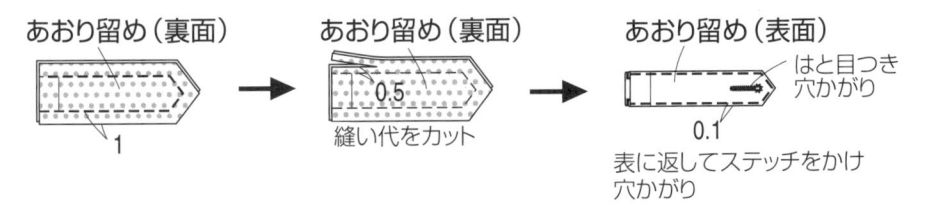

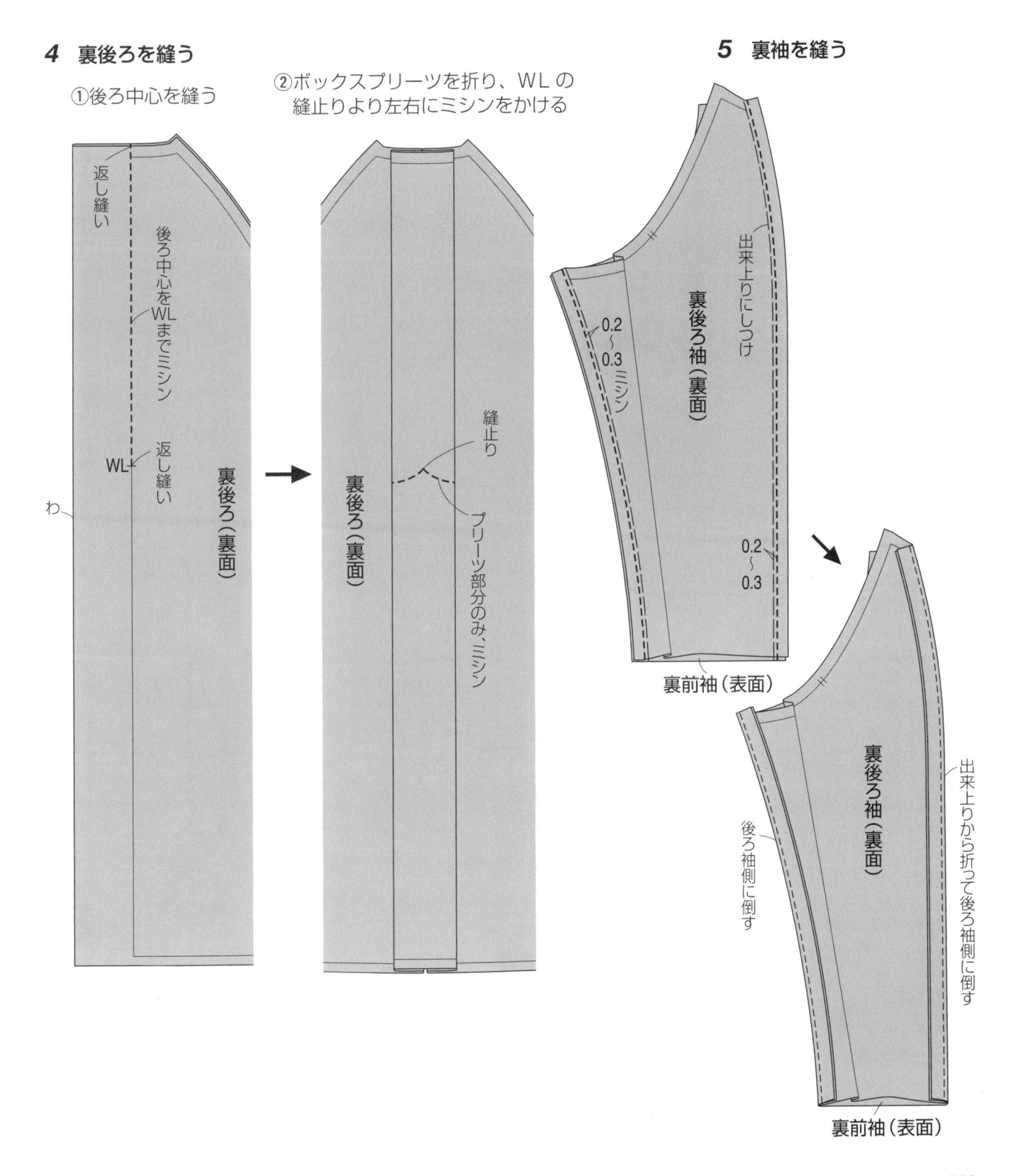

あおり留め（裏面） → あおり留め（裏面） 0.5 縫い代をカット → あおり留め（表面） 0.1 はと目つき穴かがり
表に返してステッチをかけ穴かがり
1

4 裏後ろを縫う

①後ろ中心を縫う

②ボックスプリーツを折り、WLの縫止りより左右にミシンをかける

返し縫い
後ろ中心をWLまでミシン
WL
返し縫い
裏後ろ（裏面）
わ

縫止り
プリーツ部分のみ、ミシン
裏後ろ（裏面）

5 裏袖を縫う

出来上りにしつけ
裏後ろ袖（裏面）
0.2〜0.3（ミシン）
0.2〜0.3
裏前袖（表面）

↓

裏後ろ袖（裏面）
出来上りから折って後ろ袖側に倒す
後ろ袖側に倒す
裏前袖（表面）

6 裏裾の始末をして、見返しの奥を縫う

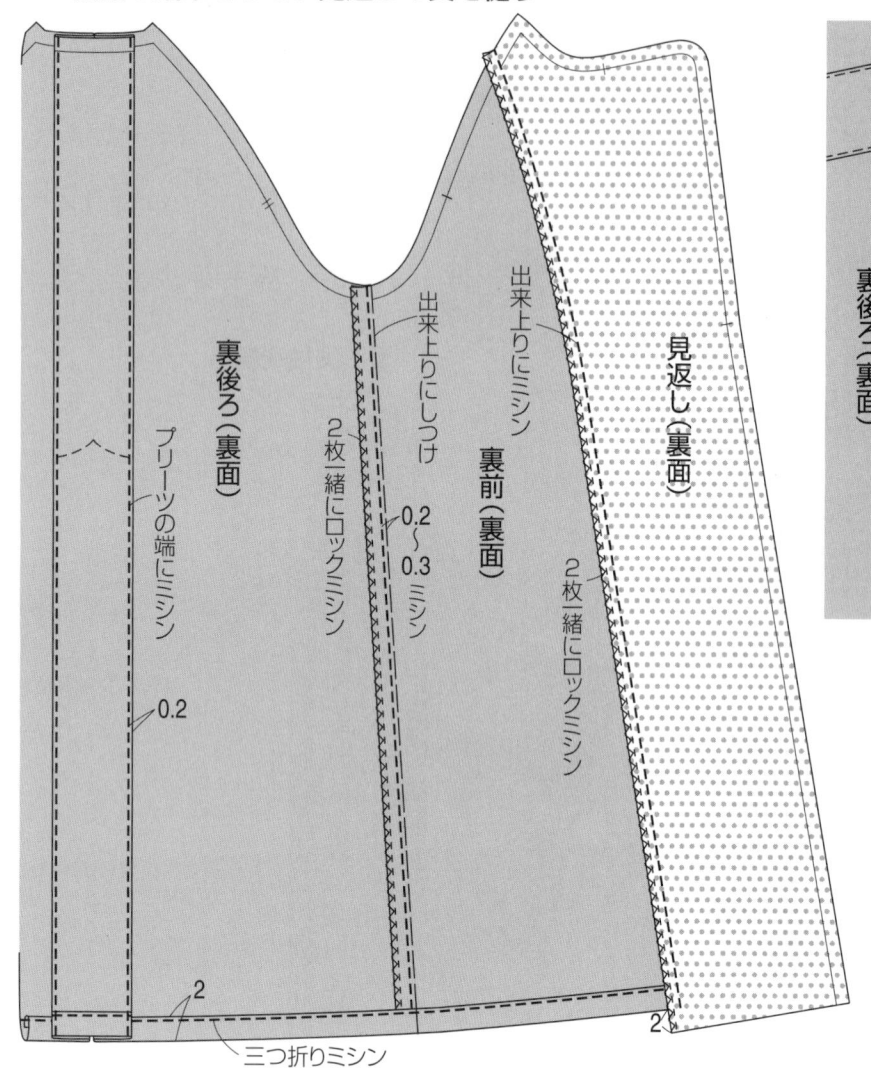

7 裏袖をつける

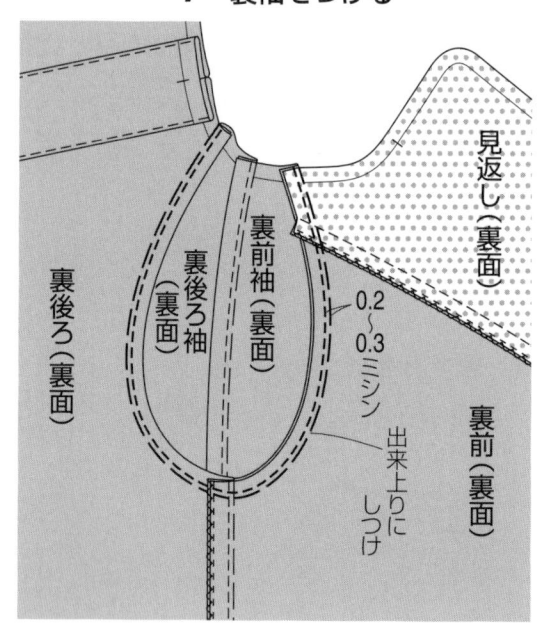

●ベルトループの作り方

A. 布の耳が使用できない場合
（必要本数を続けて作る）

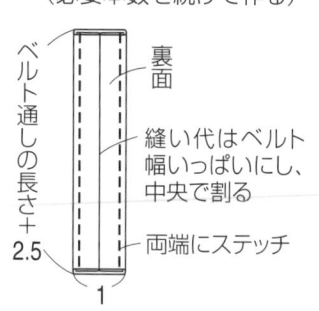

B. 布の耳が使用できない厚地の場合

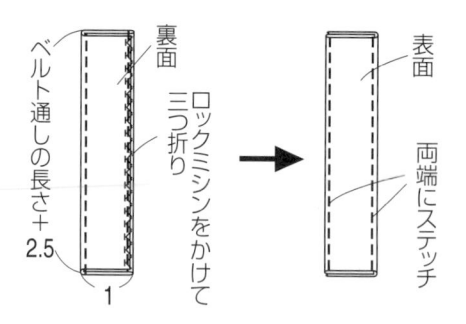

C. 布の耳が使用できる場合

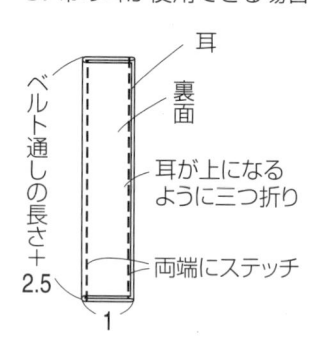

●ベルトループのつけ方

A. 上端を内側からつけ、下端を折って外側からミシンでつける方法

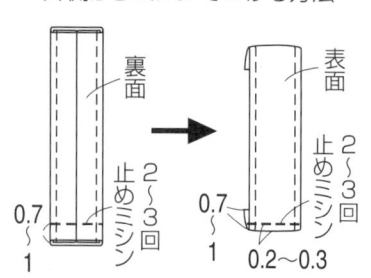

B. 上端、下端を内側からつける方法

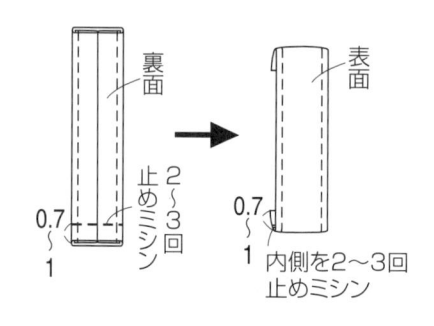

C. 上端、下端を折り、外側からミシンでつける方法

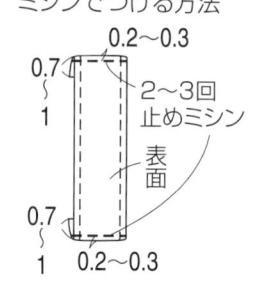

8 表袖を縫う

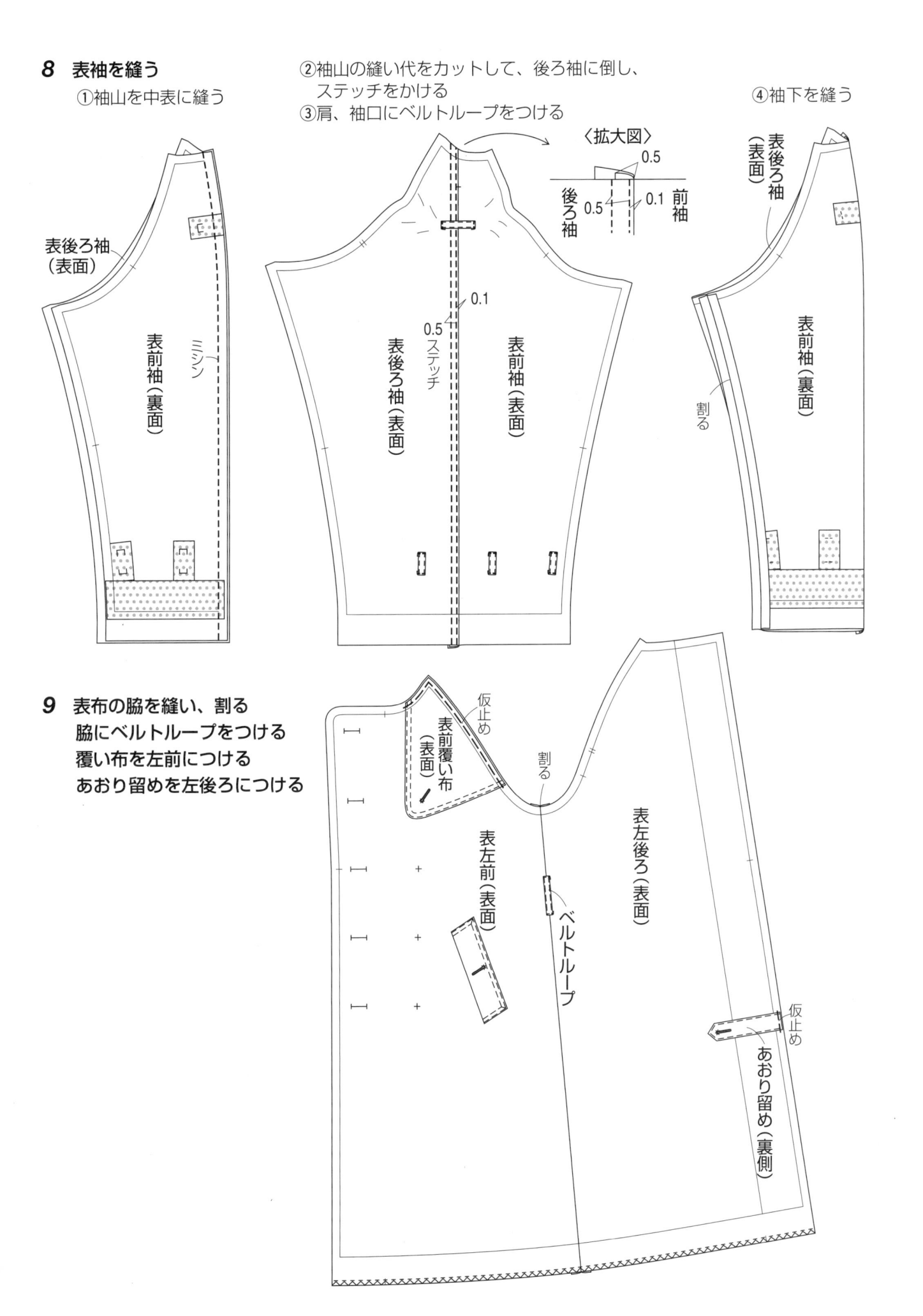

①袖山を中表に縫う

②袖山の縫い代をカットして、後ろ袖に倒し、ステッチをかける
③肩、袖口にベルトループをつける

〈拡大図〉

④袖下を縫う

9 表布の脇を縫い、割る
脇にベルトループをつける
覆い布を左前につける
あおり留めを左後ろにつける

10 見返しの裾を縫う

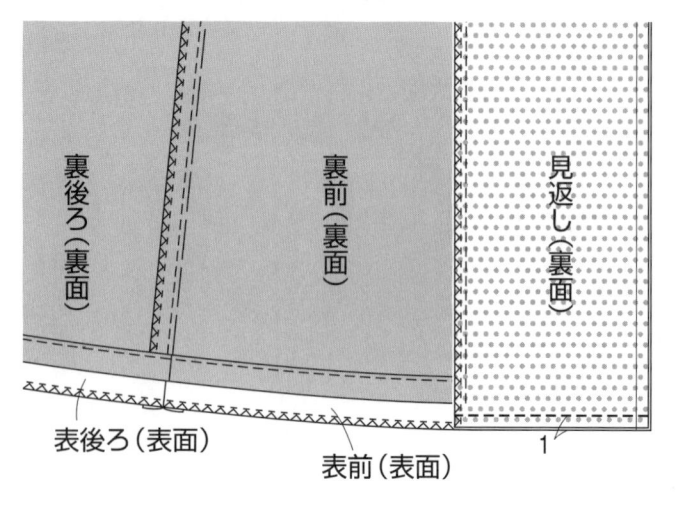

11 表前の裾に切込みを入れ、割る

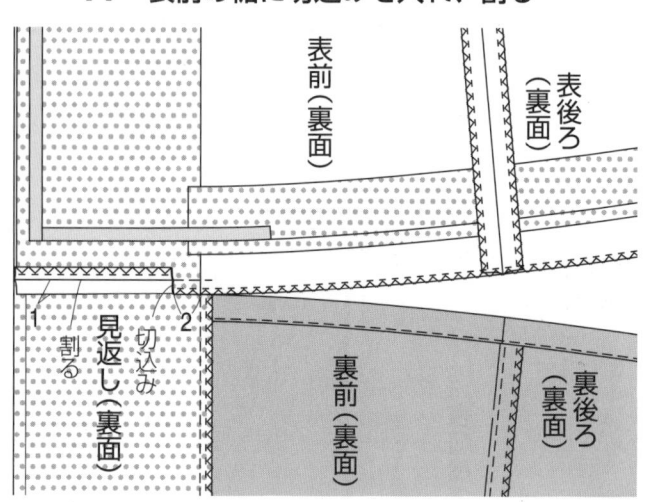

12 見返し裾の奥にきせをかけ、アイロンをかける

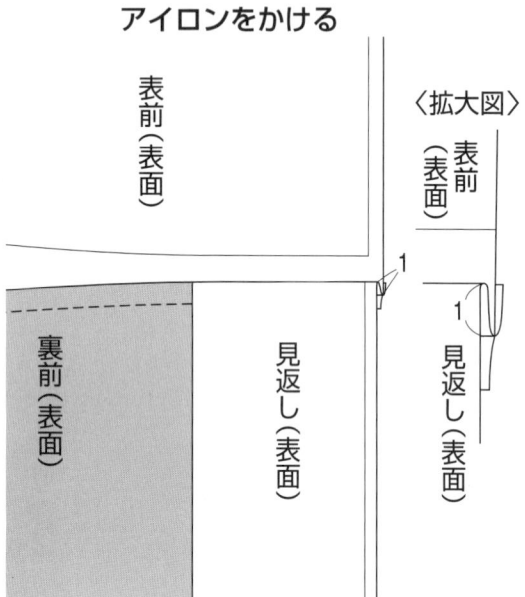

13 前端を縫う

14 衿つけ止りに切込みを入れ、表前の前端を0.5cm、見返しを0.7cmにカットする

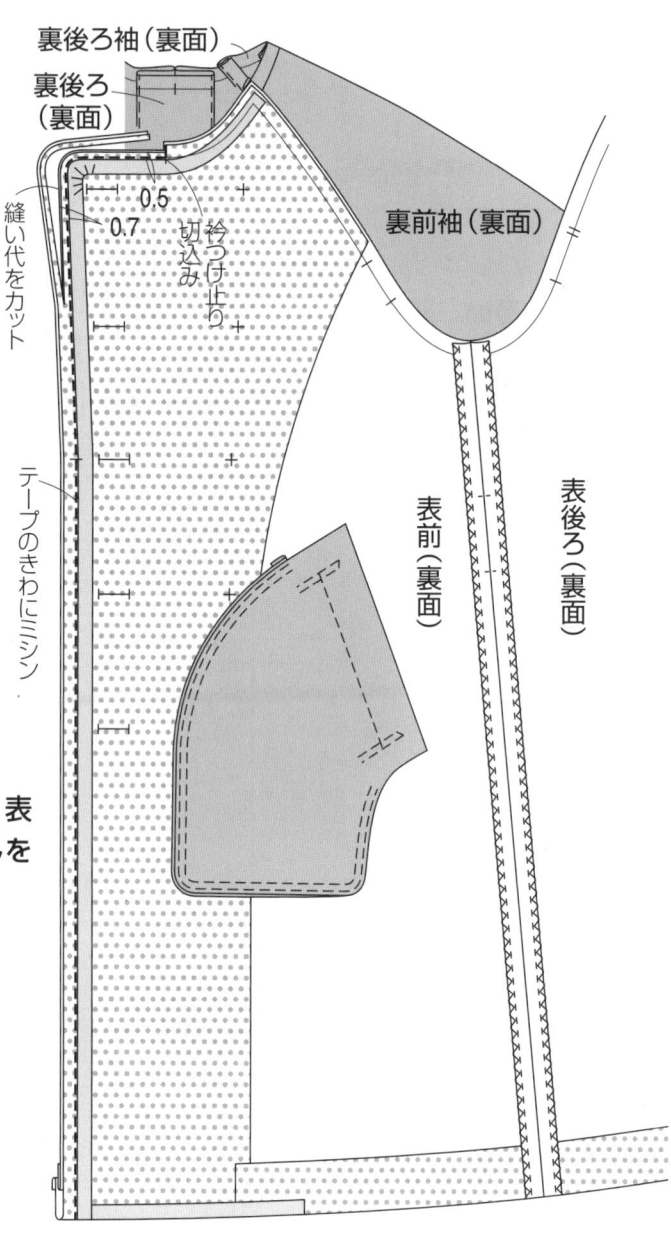

15 前端、裾を表に返し、ステッチをかける

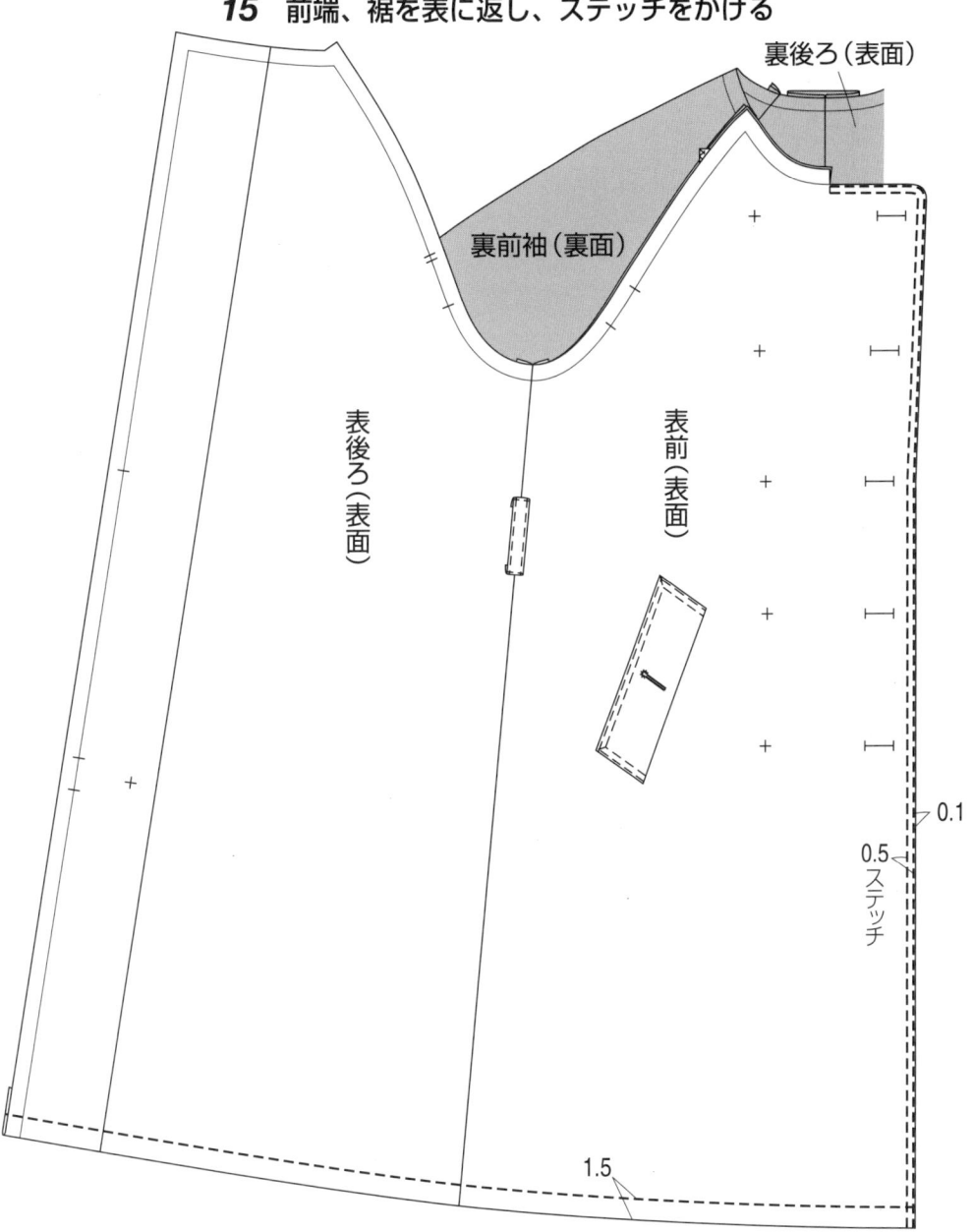

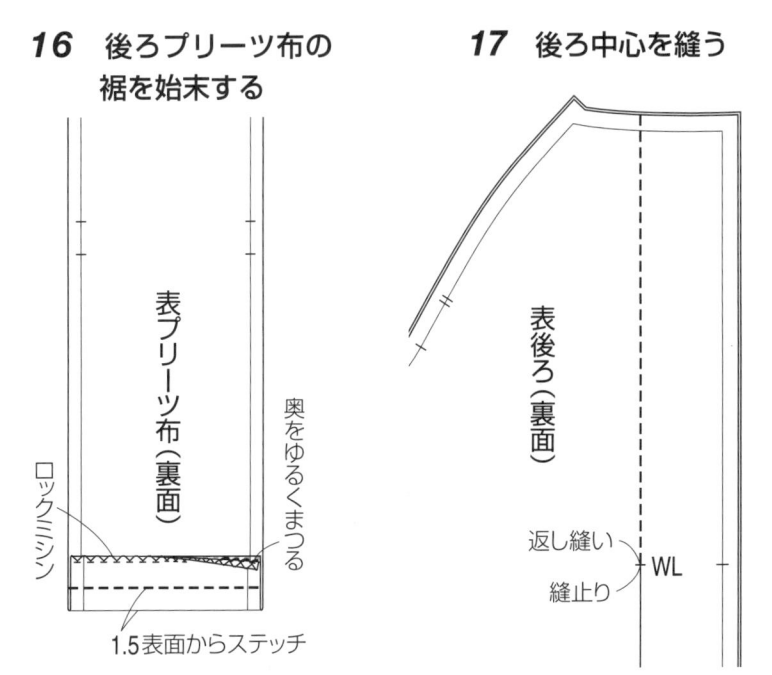

裏後ろ（表面）

裏前袖（裏面）

表後ろ（表面）

表前（表面）

0.1
0.5 ステッチ

1.5

16 後ろプリーツ布の裾を始末する

表プリーツ布（裏面）

ロックミシン
奥をゆるくまつる
1.5 表面からステッチ

17 後ろ中心を縫う

表後ろ（裏面）

返し縫い
縫止り
WL

18 後ろ中心の縫い代をカットし、縫い代に切込みを入れる

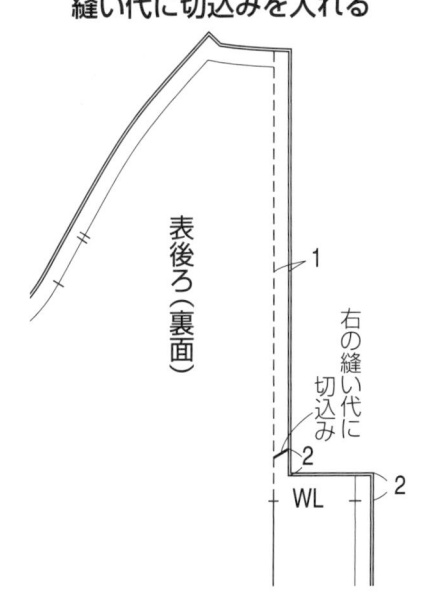

表後ろ（裏面）

1
右の縫い代に切込み
2
WL
2

第3章　スローパーと応用デザイン　267

19 後ろ中心の縫止りまでは左後ろに倒し、下は出来上りに折り、表からステッチをかける

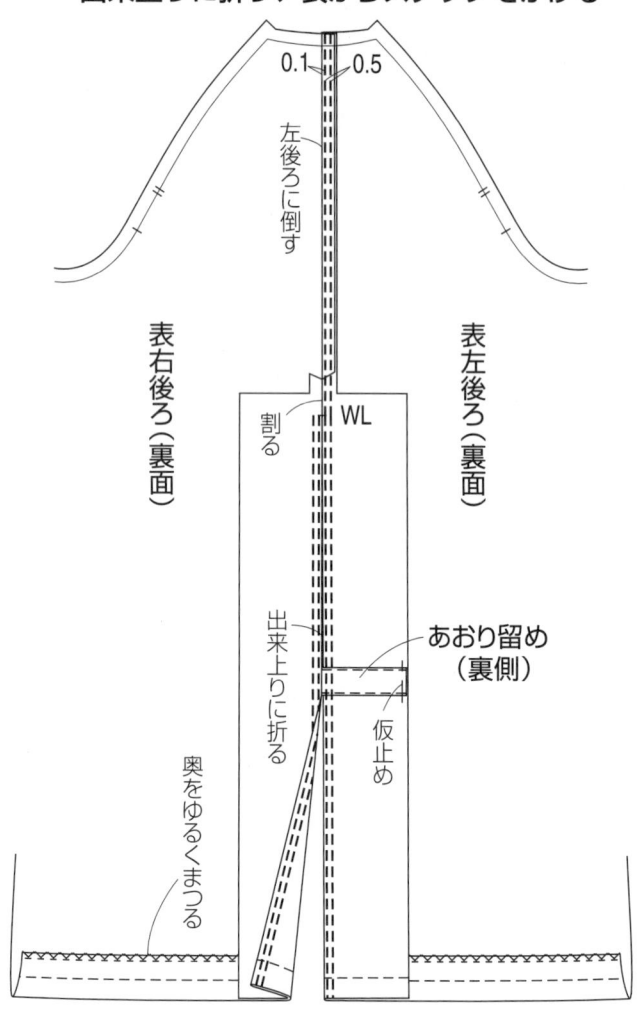

20 後ろ中心にプリーツ布をつける

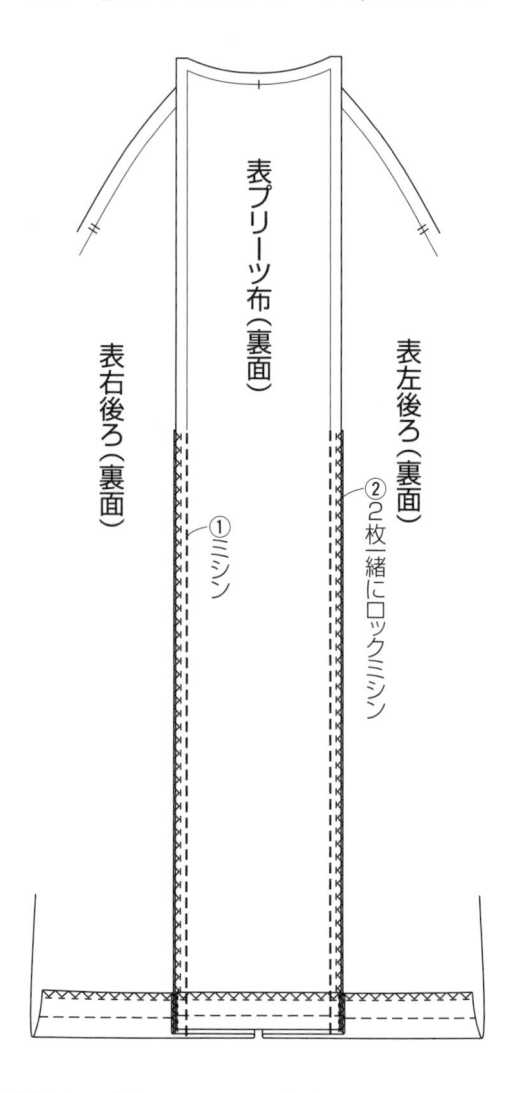

21 後ろ覆い布をつけ、プリーツ止りにステッチをかける

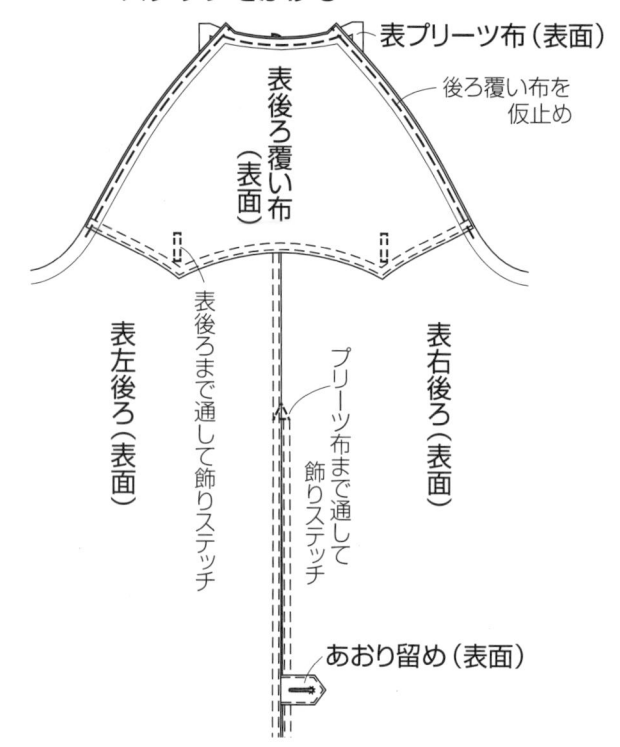

22 表袖をつけ、ステッチをかける
① 身頃に表袖をつける
② ステッチ止りまで表袖の縫い代を0.5cmにカットする
③ ステッチをかける

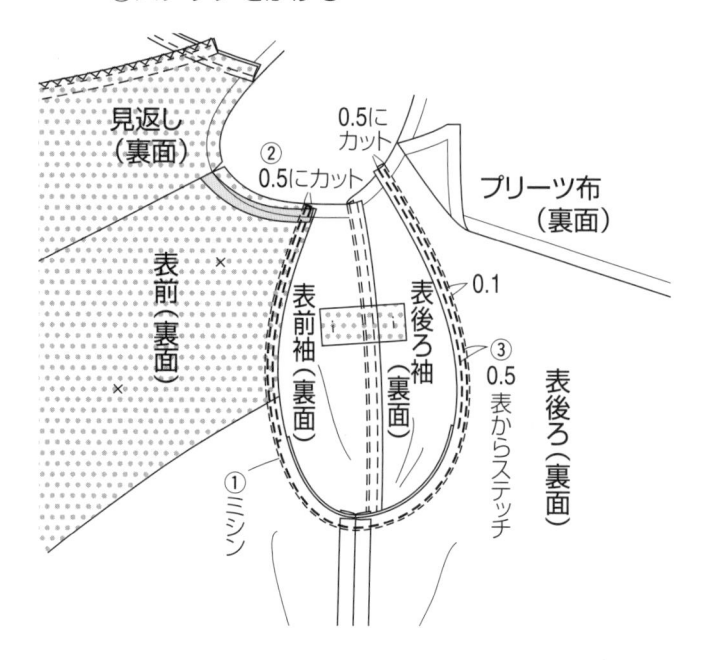

23 衿を作る

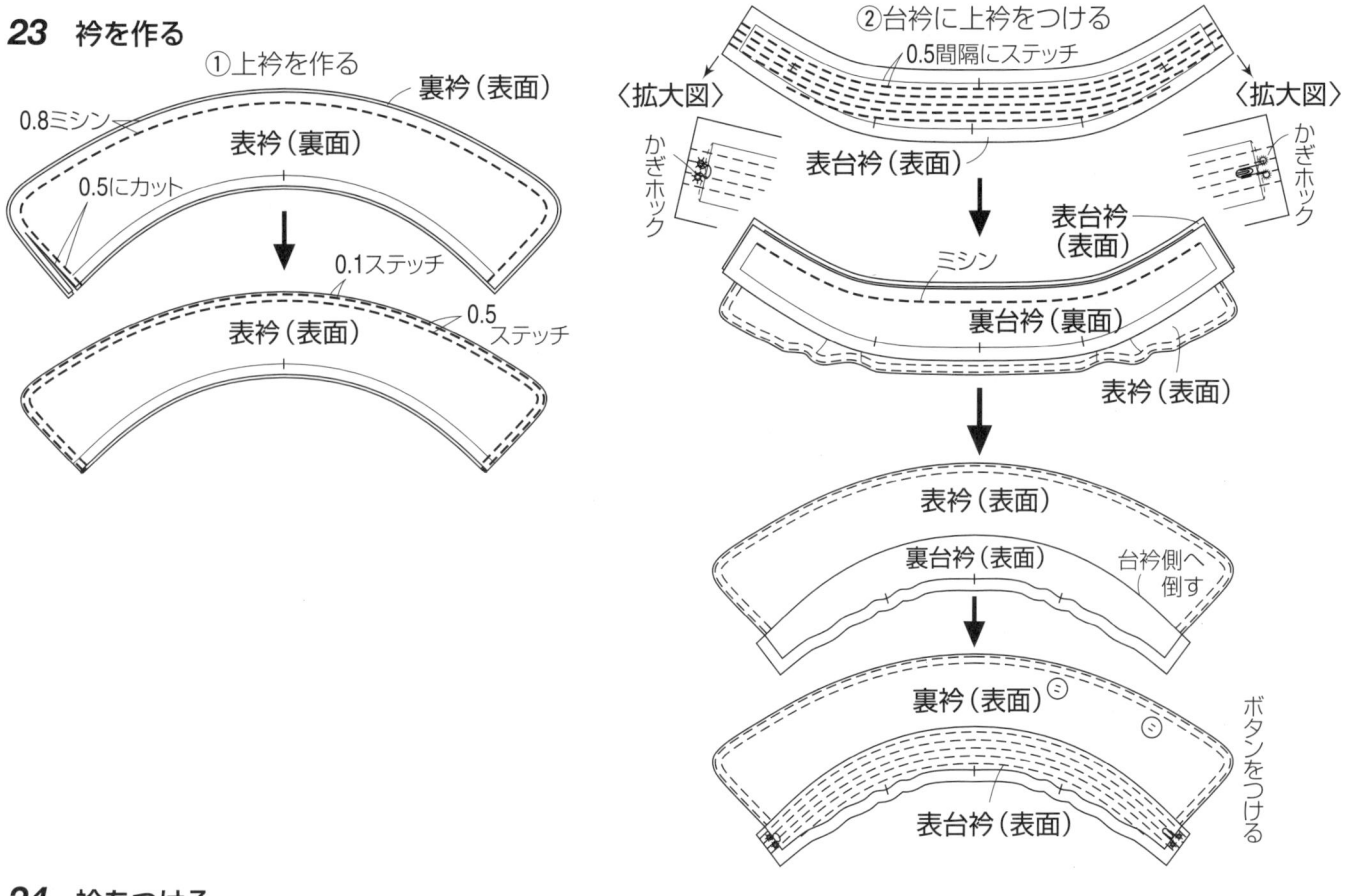

①上衿を作る

0.8ミシン
0.5にカット
裏衿（表面）
表衿（裏面）
0.1ステッチ
0.5ステッチ
表衿（表面）

②台衿に上衿をつける
0.5間隔にステッチ
〈拡大図〉
かぎホック
表台衿（表面）
ミシン
表台衿（表面）
裏台衿（裏面）
表衿（表面）

表衿（表面）
裏台衿（表面）
台衿側へ倒す

裏衿（表面）
表台衿（表面）
ボタンをつける

24 衿をつける

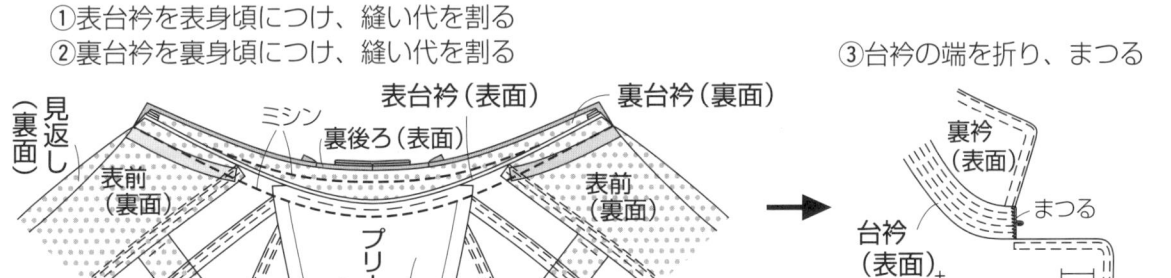

①表台衿を表身頃につけ、縫い代を割る
②裏台衿を裏身頃につけ、縫い代を割る
③台衿の端を折り、まつる

見返し（裏面）
表台衿（表面）
裏台衿（裏面）
ミシン
裏後ろ（表面）
表前（裏面）
表前（裏面）
表前袖（裏面）
表後ろ袖（裏面）
プリーツ布（裏面）
表後ろ（裏面）

裏衿（表面）
まつる
台衿（表面）
表右前（表面）

25 袖口を縫う

①裾から表袖、裏袖を出し、袖口にミシンをかける
②袖口縫い代を出来上りに折る

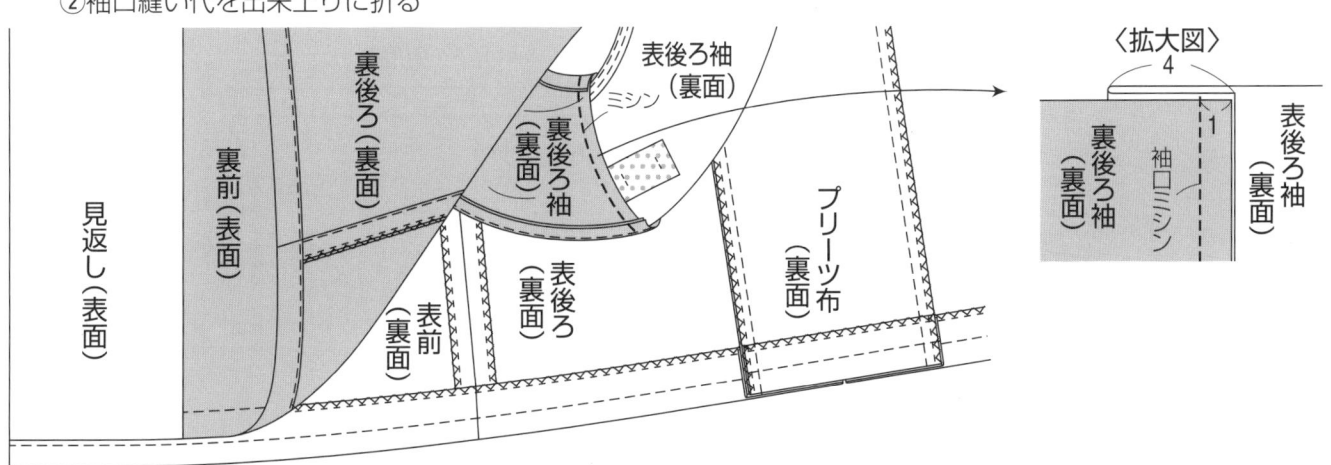

見返し（表面）
裏前（表面）
裏後ろ（裏面）
表後ろ袖（裏面）
ミシン
裏後ろ袖（裏面）
表前（裏面）
表後ろ（裏面）
プリーツ布（裏面）

〈拡大図〉
4
裏後ろ袖（裏面）
袖口ミシン
1
表後ろ袖（裏面）

26 表袖と裏袖の合い印を合わせ、中とじをする

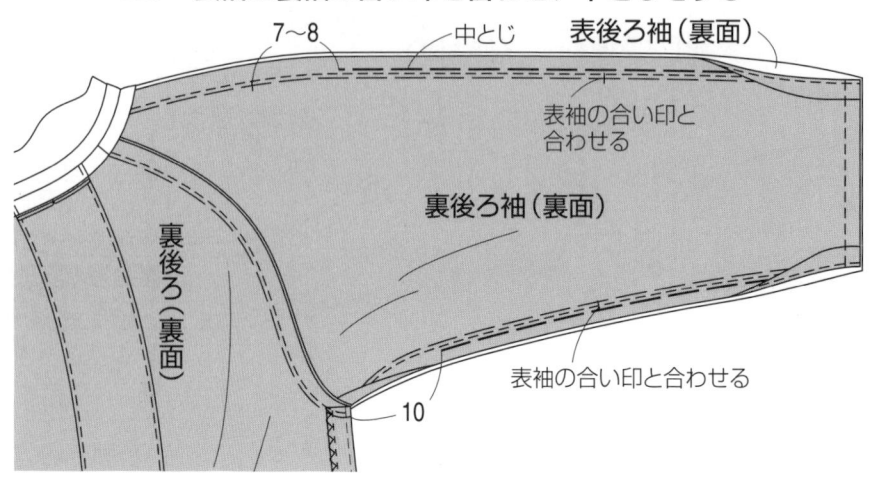

- 7〜8
- 中とじ
- 表後ろ袖（裏面）
- 表袖の合い印と合わせる
- 裏後ろ袖（裏面）
- 裏後ろ（裏面）
- 表袖の合い印と合わせる
- 10

27 ベルトを作る

①Dリングを通すループを折る
②Dリングをループに通して仮止めをする

〈拡大図〉

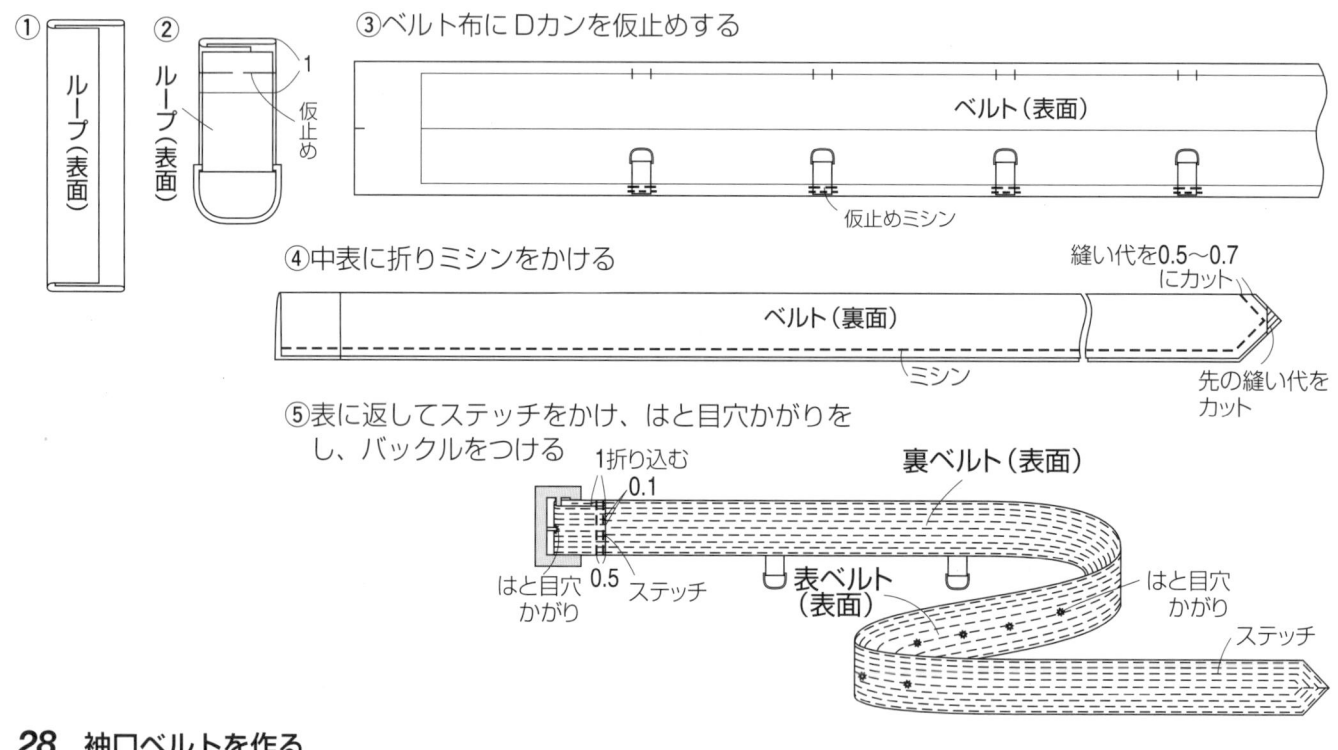

① ループ（表面）
② ループ（表面） 1 仮止め

③ベルト布にDカンを仮止めする
- ベルト（表面）
- 仮止めミシン

④中表に折りミシンをかける
- ベルト（裏面）
- ミシン
- 縫い代を0.5〜0.7にカット
- 先の縫い代をカット

⑤表に返してステッチをかけ、はと目穴かがりをし、バックルをつける
- 1折り込む
- 0.1
- はと目穴かがり
- 0.5
- ステッチ
- 裏ベルト（表面）
- 表ベルト（表面）
- はと目穴かがり
- ステッチ

28 袖口ベルトを作る

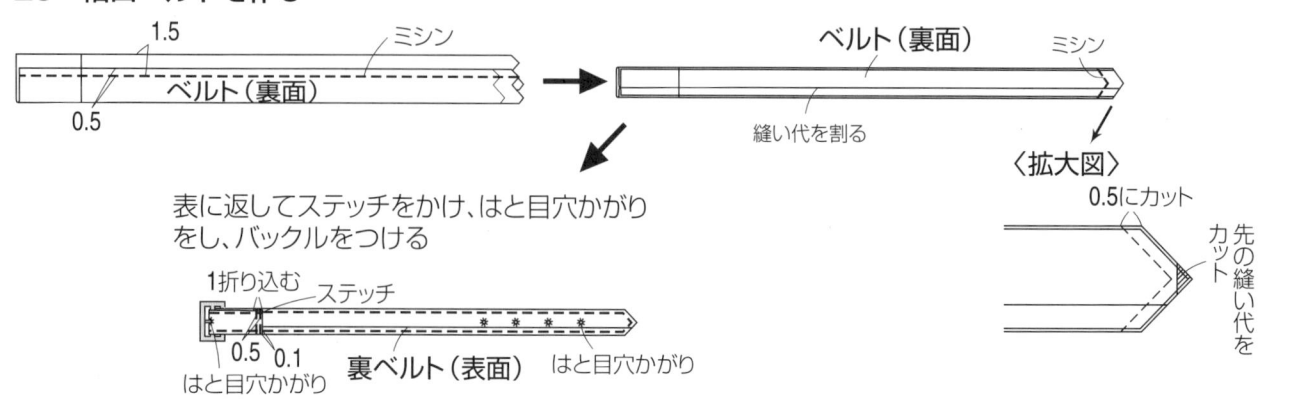

- 1.5
- ミシン
- ベルト（裏面）
- 0.5

→ ベルト（裏面） ミシン 縫い代を割る

〈拡大図〉
- 0.5にカット
- 先の縫い代をカット

表に返してステッチをかけ、はと目穴かがりをし、バックルをつける
- 1折り込む
- ステッチ
- 0.5　0.1
- はと目穴かがり
- 裏ベルト（表面）
- はと目穴かがり

29 肩章とチンフラップを作る

●肩章の作り方

①肩章を中表にし、返し口を残してミシンをかける
- 返し縫い
- 裏肩章（表面）
- ミシン
- 表肩章（裏面）

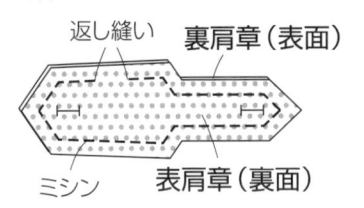

②縫い代を0.5cmにカットし、角に切込みを入れる
- 裏肩章（表面）
- 切込み
- 0.5
- 表肩章（裏面）
- 切込み

③表に返してステッチをかけ、穴かがりをする
- 穴かがり 0.1
- 0.5
- 肩章（表面）
- 穴かがり

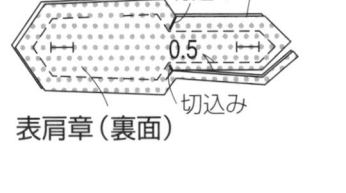

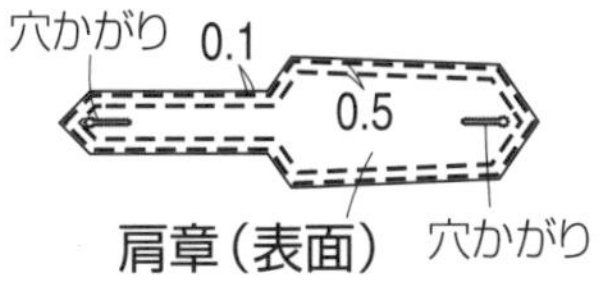

●チンフラップの作り方

①チンフラップを中表にし、返し口を残してミシンをかける
- 表チンフラップ（裏面）
- 裏チンフラップ（表面）
- ミシン
- 返し縫い

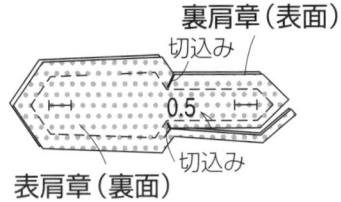

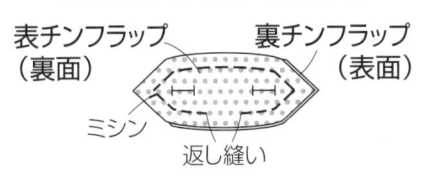

②縫い代を0.5cmにカットする
- 表チンフラップ（裏面）
- 0.5
- 裏チンフラップ（表面）

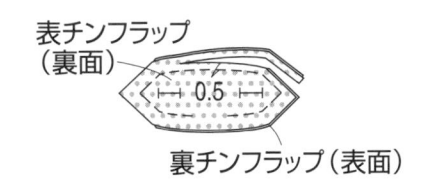

③表に返してステッチをかけ、穴かがりをする
- 0.1
- チンフラップ（表面）

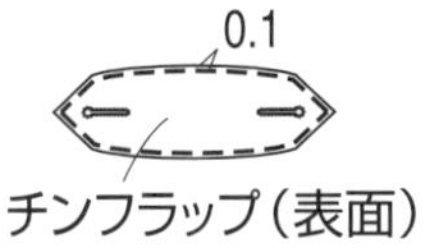

30 衿つけ、袖つけ、脇の中とじをする

①プリーツ止り、脇の裾に糸ループをする
②ボタン穴を作る

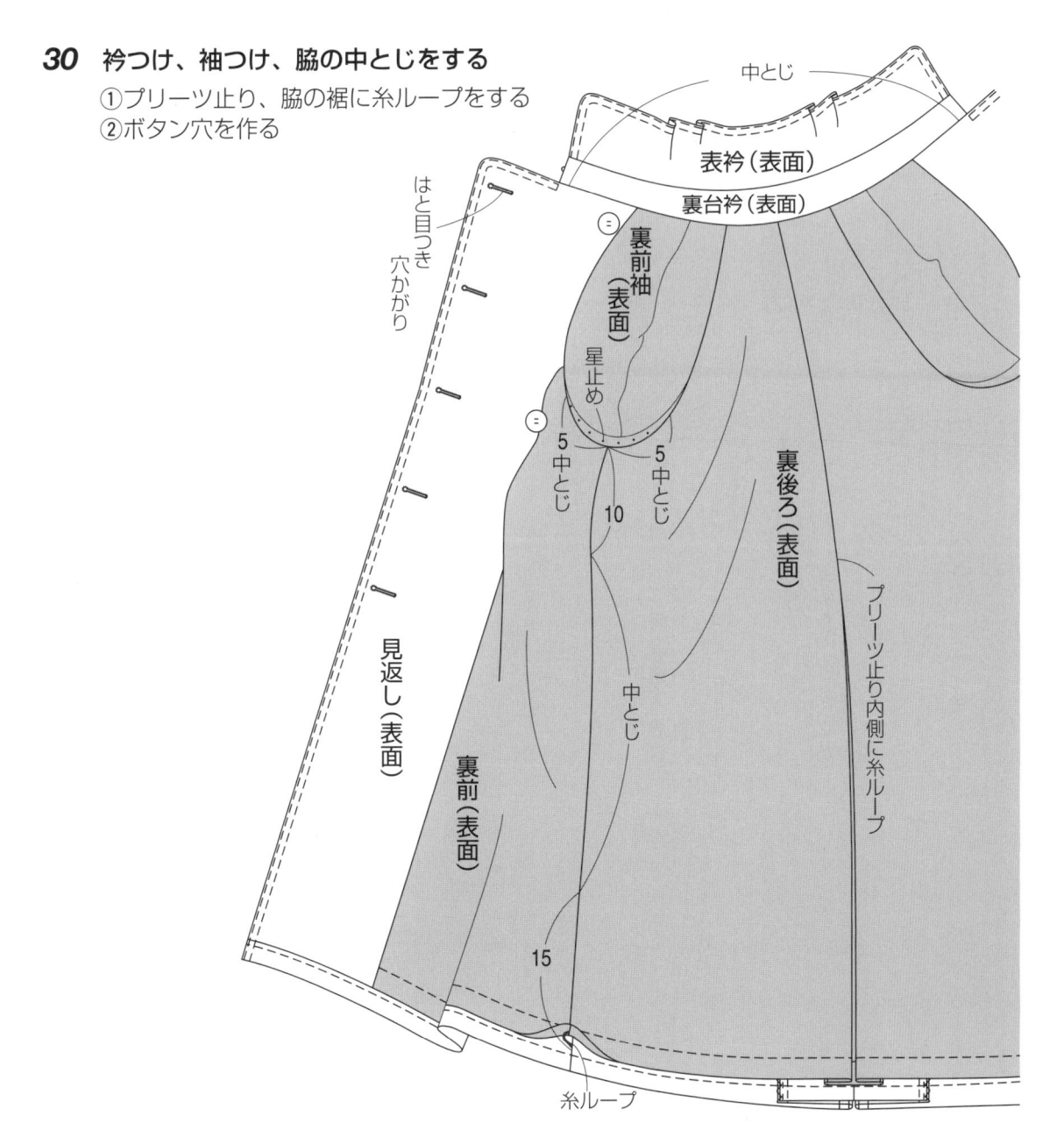

- 中とじ
- 表衿（表面）
- 裏台衿（表面）
- はと目つき 穴かがり
- 裏前袖（表面）
- 星止め
- 5 中とじ
- 5 中とじ
- 10
- 裏後ろ（表面）
- 見返し（表面）
- 中とじ
- 裏前（表面）
- プリーツ止り内側に糸ループ
- 15
- 糸ループ

第3章 スローパーと応用デザイン 271

31 まとめ

①肩章、ベルト、袖口ベルトをベルトループに通してつける
②ボタンをつける

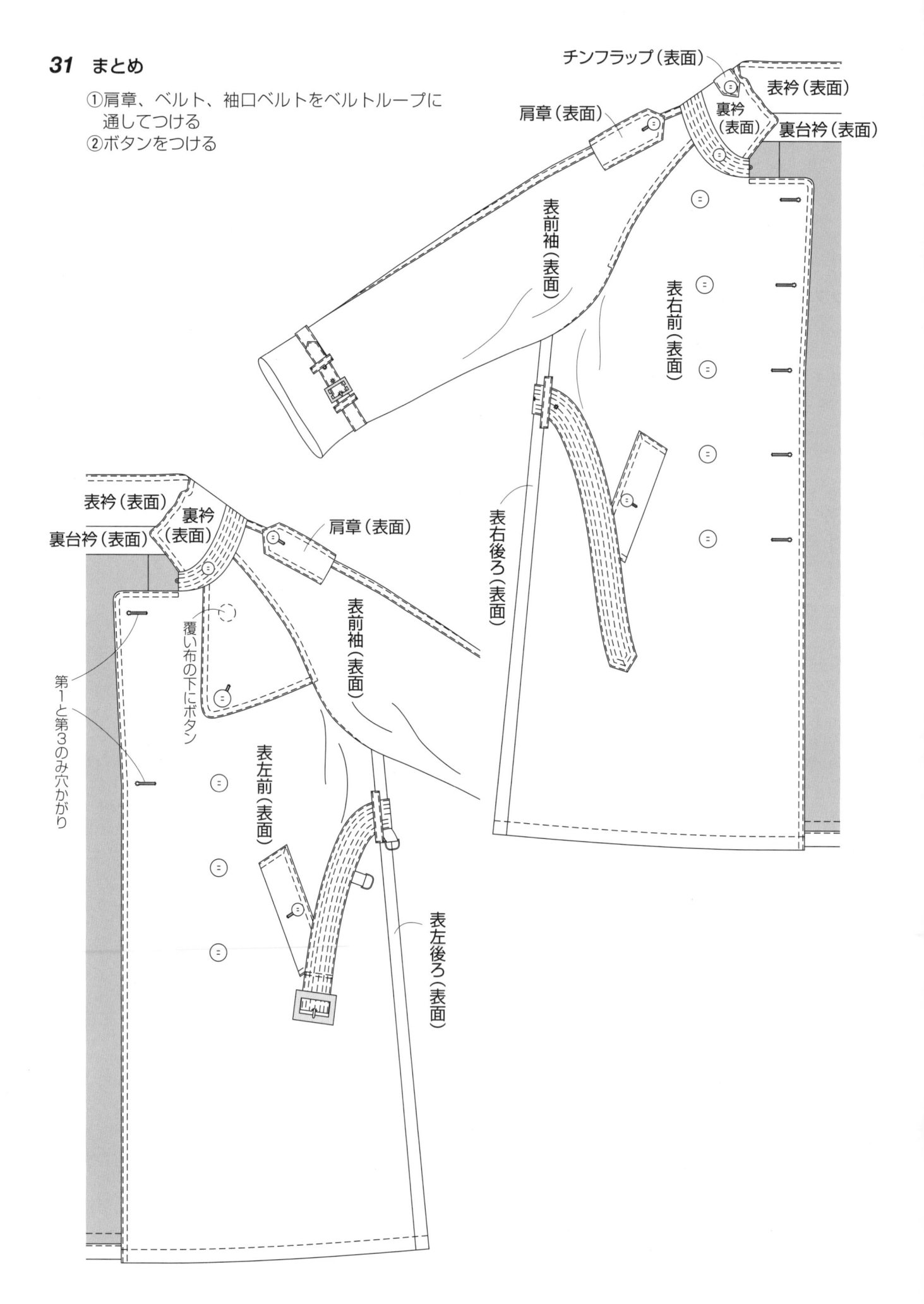

チンフラップ（表面）
表衿（表面）
肩章（表面）
裏衿（表面）
裏台衿（表面）
表前袖（表面）
表右前（表面）
表右後ろ（表面）

表衿（表面）
裏衿（表面）
裏台衿（表面）
肩章（表面）
覆い布の下にボタン
表前袖（表面）
第1と第3のみ穴かがり
表左前（表面）
表左後ろ（表面）

ケープ（90cm　女児）

肩に縫い目を入れた2面構成のショートケープ。リボンの先についたポンポンがアクセントになっている。衿や裾をトリミングにしてもよい。

素材は、ボア、フェイクファー、中肉ウールなど軽くて温かみのあるものが適している。

使用量
表布　140cm幅30cm
裏布　90cm幅30cm

原型のダーツ操作

● 前身頃
　F点を基点として袖ぐりにゆとり分として0.5cm移動する。

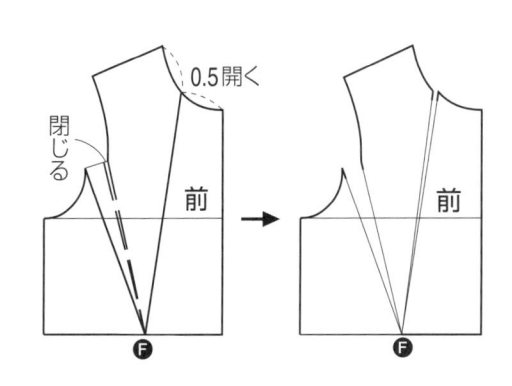

作図

作図要点
・肩傾斜は前後とも45°でとっているが、フレアの分量を多くしたい場合は角度を少なくする。
・後ろ身頃の肩ダーツはダーツ量の$\frac{1}{3}$をいせ分とし、残りはたたんで裾へ切り開き、フレア分とする。

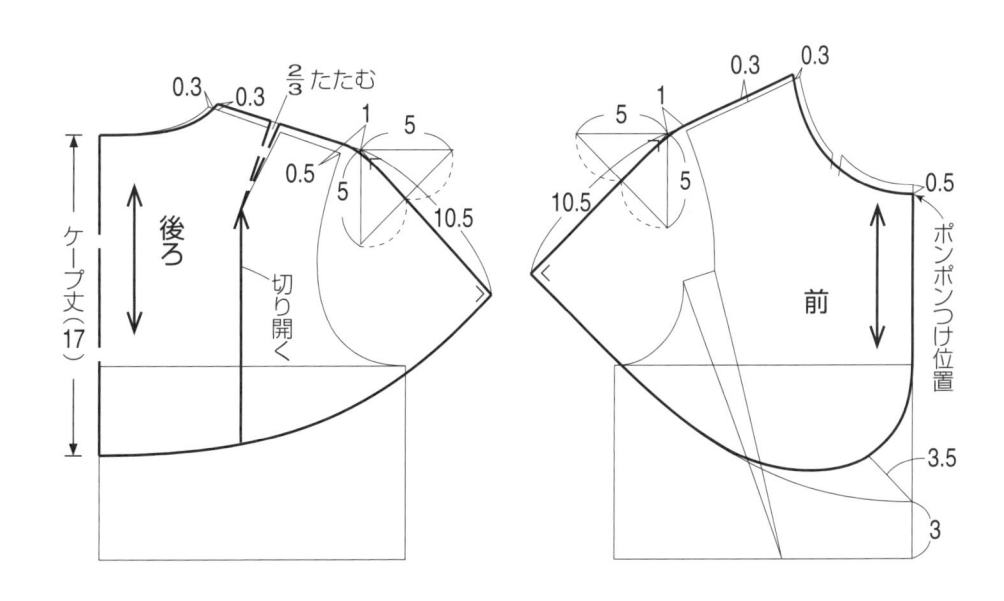

〈切開き図〉

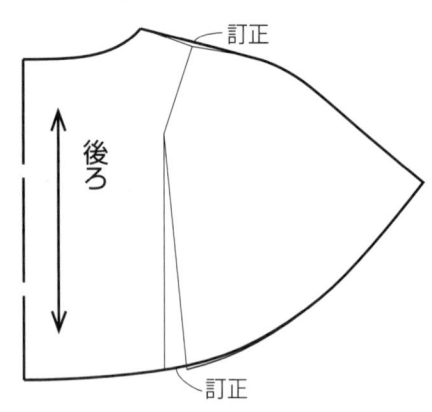

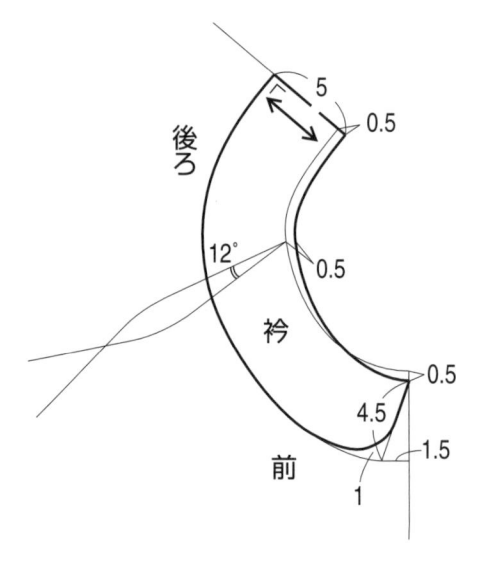

訂正

後ろ

訂正

5
0.5

後ろ

12°
0.5

衿

0.5
4.5
1.5
1

前

縫製要点

●ポンポンの作り方

①厚紙の中心に切込みを入れる

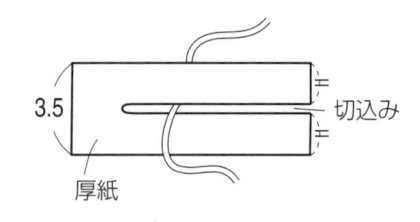

3.5
切込み
厚紙

裏後ろ（表面）
衿（表面）
表前（表面）

0.1〜0.2控える

②巻く回数は、糸の太さによって加減する

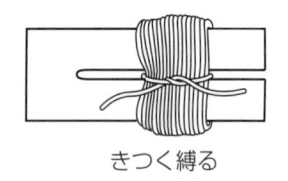

きつく縛る

③回りを丸く切りそろえる

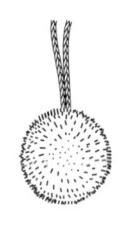

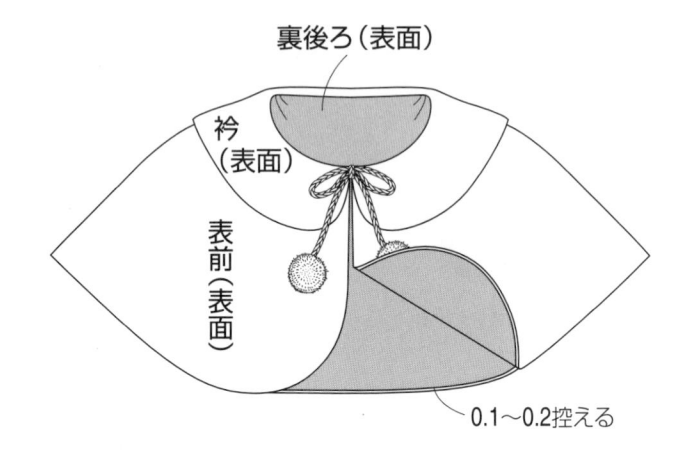

新生児服

ドレスオール

ボタンの留替えでドレスとカバーオールの2通りに使える。新生児期はおむつ替えがしやすいドレス型で着用し、活発に足を動かすようになったらカバーオールとして使うことができる。

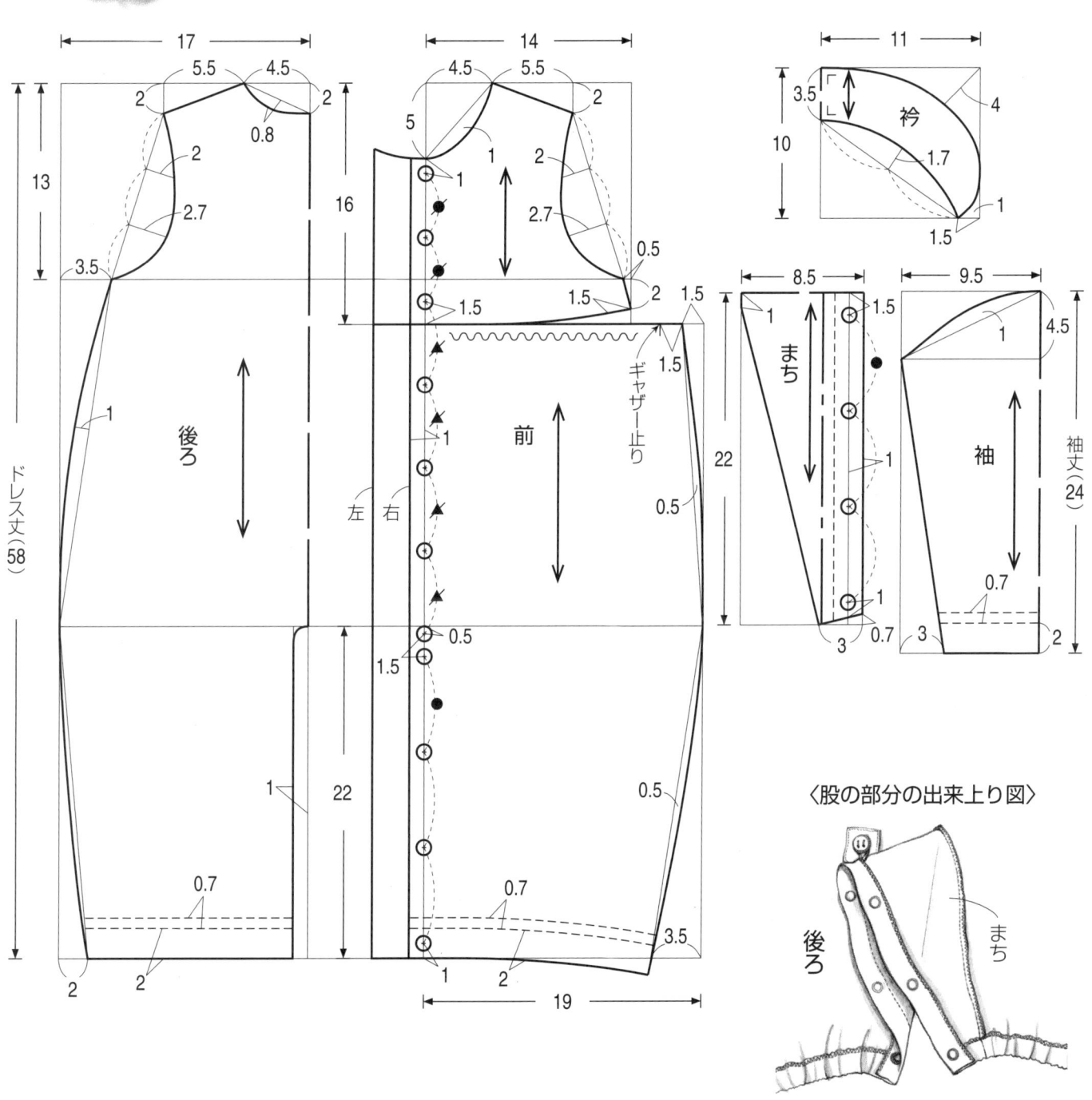

〈股の部分の出来上り図〉

参考作図

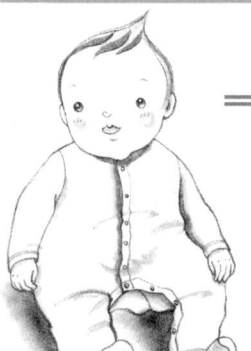

カバーオール

つなぎタイプの新生児服で、足の動きが活発になるころから着用させる。パンツの股の部分がスナップ留めになっているので、おむつ替えがしやすい。

パンツ

1枚の作図で作れるパンツ。伸縮性のある布地であれば、ゴム通しの見返しが裁出しで折り返せるので、簡単にできる。

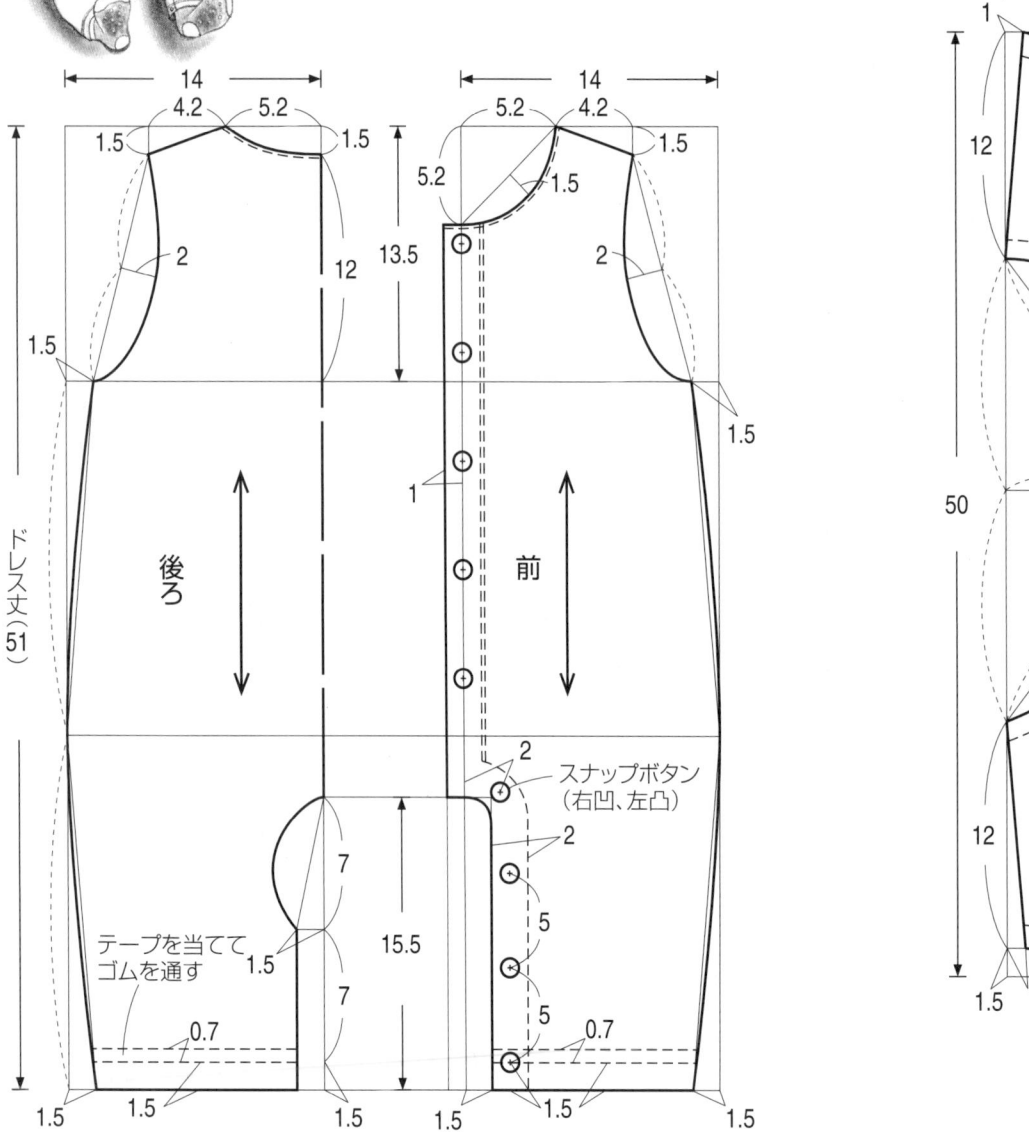

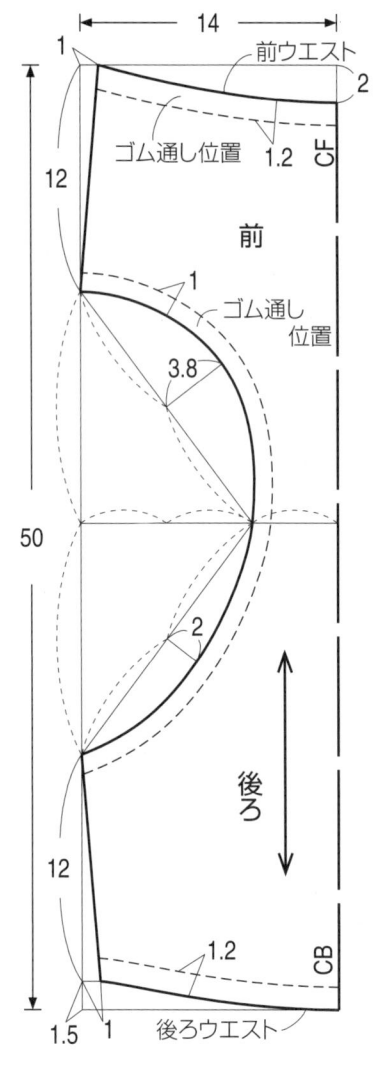

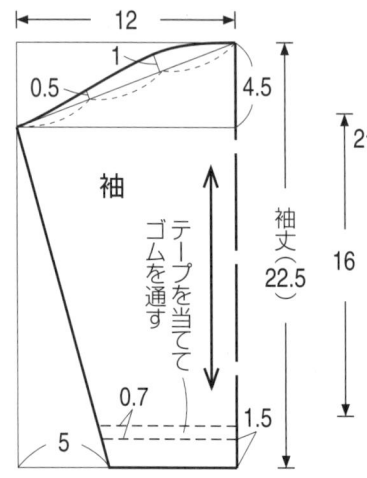

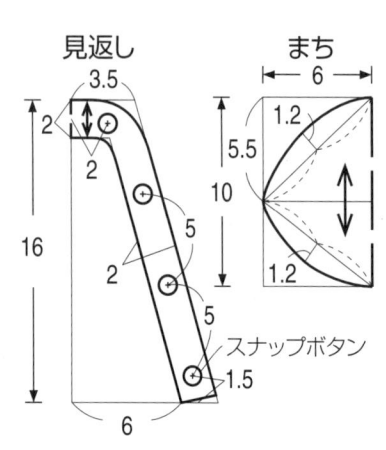

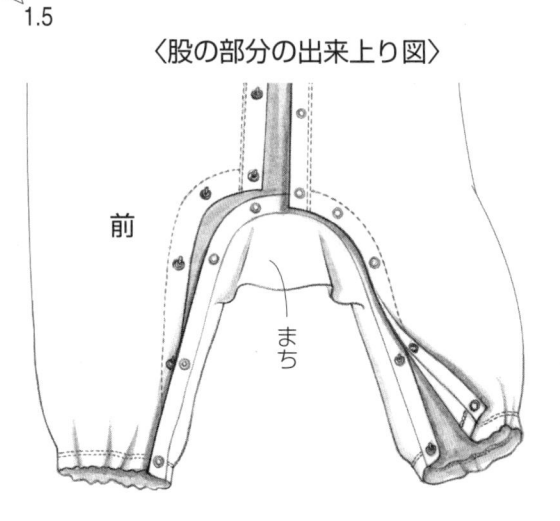

〈股の部分の出来上り図〉

作図の凡例

━━━ ━ ━	出来上り線	太い実線／太い破線
───────	案内線	細い実線
━ ・ ━ ・ ━	見返し線	一点鎖線
━ ━ ━ ━	わに裁つ線	太い破線
━ ━ ━ ━ ━	折返し線、折り山線	太い破線
- - - - - - -	ステッチ線	細い破線
(点線の山型)	等分線	細い点線または実線同寸法を示す符号をつけるときもある。符号は○●など。
↕ なで毛／逆毛 ↓↑	布目線	矢印の方向に布の縦地を通す。片方だけの矢印の布目線は毛並みの方向を示す。
×	バストポイントを示す印	
∟	直角の印	水平線、垂直線に対する直角には原則として入れない。
(交差印)	線の交差を区別する印	
たたむ（閉じる）／切り開く（開く）	たたんで切り開く印	閉じて開く場合もある。

(図)	型紙を突き合わせて裁つ印	わに裁つ印の場合もある。
(図)	プリーツ	斜線の方向は、たたむ方向をあらわす。
(図)	タック	斜線の方向は、たたむ方向をあらわす。
表ピンタック　裏ピンタック	ピンタック	
⊕	ボタンの印	ボタンの位置をあらわす。
⊢──⊣	ボタンホールの印	ボタンホールの位置をあらわす。
後ろ／前	ノッチ	合い印
～～～	ギャザーの印	
⌒	伸ばす印	
⌢	いせる印	

- B　Bust（バスト＝乳頭囲胸囲）の略
- UB　Under Bust（アンダーバスト）の略
- W　Waist（ウエスト）の略
- MH　Middle Hipt（ミドルヒップ）の略
- H　Hip（ヒップ）の略
- BL　Bust Linet（バストライン＝乳頭囲胸囲）の略
- WL　Waist Linet（ウエストライン）の略
- MHL　Middle Hip Line（ミドルヒップライン）の略
- HL　Hip Line（ヒップライン）の略
- EL　Elbow Line（エルボーライン）の略
- KL　Knee Line（ニーライン）の略
- BP　Bust Point（バストポイント）の略
- SNP　Side Neck Point（サイドネックポイント）の略
- FNP　Front Neck Point（フロントネックポイント）の略
- BNP　Back Neck Point（バックネックポイント）の略
- SP　Shoulder Point（ショルダーポイント）の略
- AH　Arm Hole（アームホール）の略
- HS　Head Size（ヘッドサイズ）の略

作図のための参考寸法

	項目　身長	90cm	110cm	140cm
1	乳頭囲胸囲	53.0	58.0	70.0
2	背丈	22.5	26.5	33.0
3	ウエスト回り	50.0	52.0	60.0
4	殿突囲	52.0	60.0	75.0
5	股上丈	14.0	18.0	21.0
6	腰丈	9.0	12.5	15.0
7	パンツ丈	46.0	60.0	79.0
8	手首回り	11.5	12.7	14.0
9	袖丈	29.0	37.0	47.0

参考文献

『装苑アイ No.12 子供服』　文化学園ファッション情報センター編集　1993年
『日本こども史』　森山茂樹、中江和恵著　平凡社　2002年
『子供の誕生』　フィリップ・アリエス著　みすず書房　1980年
『忘れられた子どもたち：1500～1900年の親子関係』　L.A.ポロク著　頸草書房　1988年
『Clothes and the Child』　Anna Buck著　Holmes & Meier　1996年
『Children's Clothes』　Clare Rose著　B.T.BATSFORD LIMITED　1989年
『The Well Dressed Child』　Anna MacPhail著　Schiffer Publishing,Ltd　1999年

監修

文化ファッション大系監修委員会

大沼　淳	横田　寿子
高久　恵子	小林　良子
松谷　美恵子	石井　雅子
坂場　春美	川合　直
阿部　稔	平沢　洋
徳永　郁代	

執筆

田中　源子	坂場　春美	高久　恵子	松本　トシ子
米長　正子	成田　邦子	清藤　ひろみ	土井　恭子
長島　早苗	宮原　祐紀子	花田　浩朝	荒井　裕見子
安島　直美	尾花　京子	諏訪　景子	太田　るみ子

文化・服装形態機能研究所　　笠井　フジノ　　伊藤　由美子

朝日　真

表紙モチーフデザイン

酒井　英実

イラスト

岡本　あづさ
金谷　容子

写真

林　敦彦
尾島　敦

共同研究

株式会社ベベ

協力

田中刺繡株式会社
文化・服装形態機能研究所

文化ファッション大系 服飾造形講座 ⑧

子供服

文化服装学院編

2007年3月18日　第1版第1刷発行
2025年1月17日　第8版第1刷発行

発行者　清木孝悦
発行所　学校法人文化学園 文化出版局
〒151-8524
東京都渋谷区代々木3-22-1
TEL03-3299-2474（編集）
TEL03-3299-2540（営業）
印刷所　株式会社 文化カラー印刷

©Bunka Fashion College　2007　Printed in Japan

本書の写真、カット及び内容の無断転載を禁じます。

・本書のコピー、スキャン、デジタル化等の無断複製は著作権法上での例外を除き、禁じられています。本書を代行業者等の第三者に依頼してスキャンやデジタル化することは、たとえ個人や家庭内の利用でも著作権法違反になります。
・本書で紹介した作品の全部または一部を商品化、複製頒布することは禁じられています。

文化出版局のホームページ　https://books.bunka.ac.jp/